现代化视野下的当代中国70年

第四届当代中国史国际高级论坛论文集

主编 姜 辉

70 Years of Contemporary China from
the Perspective of Modernization:
A Collection of Papers Presented at
the Fourth International Advanced Forum on
Contemporary China History

图书在版编目(CIP)数据

现代化视野下的当代中国 70 年：第四届当代中国史国际高级论坛论文集 / 姜辉主编. -- 北京：当代中国出版社, 2022.3
ISBN 978-7-5154-1190-3

Ⅰ.①现… Ⅱ.①姜… Ⅲ.①中国历史—现代史—文集 Ⅳ.① K270.7-53

中国版本图书馆 CIP 数据核字(2022)第 100405 号

出 版 人	冀祥德
责任编辑	袁又文
责任校对	康　莹
印刷监制	刘艳平
封面设计	华子图文
封面制作	鲁　娟
出版发行	当代中国出版社
地　　址	北京市地安门西大街旌勇里 8 号
网　　址	http://www.ddzg.net
邮政编码	100009
编 辑 部	(010)66572156
市 场 部	(010)66572281　66572157
印　　刷	北京润田金辉印刷有限公司
开　　本	787 毫米 ×1092 毫米　1/16
印　　张	27 印张　2 插页　510 千字
版　　次	2022 年 3 月第 1 版
印　　次	2022 年 3 月第 1 次印刷
定　　价	158.00 元

版权所有，翻版必究；如有印装质量问题，请拨打(010)66572159 联系出版部调换。

目录

001　中国现代化的鲜明特征及历史意义
　　——在第四届当代中国史国际高级论坛开幕式上的讲话 / 谢伏瞻
005　毫不动摇地坚持走中国特色社会主义发展道路
　　——在第四届当代中国史国际高级论坛开幕式上的讲话 / 王京清
009　新中国70年：中国现代化建设的壮丽史诗
　　——第四届当代中国史国际高级论坛开幕词　姜辉
012　中国社会主义现代化建设的成功奥秘 / 陈理
016　中国特色现代化道路 / 谢春涛
018　必须正确认识毛泽东领导新中国前27年艰辛探索与改革
　　开放之间的关系
　　——庆祝中华人民共和国成立70周年 / 李慎明
039　新中国70年的变与不变
　　——在第四届当代中国史国际高级论坛上的发言 / 朱佳木
043　第四届当代中国史国际高级论坛学术总结 / 李正华

050　论中国特色社会主义的基本特性 / 杨明伟
062　"站起来、富起来、强起来"与中国特色社会主义的奠基、
　　开创与发展 / 杨凤城
075　解码中国特色社会主义伟大的奥妙 / 王灵桂
080　新时代中国的国家能力和形象 / 辛向阳
087　纪念新中国成立70周年 / [美国] 傅高义
089　中国政治体制改革和政治文明建设70年 / 李正华

108	人民民主专政理论的形成和发展及其历史地位 / 张星星
117	国际视野下中国政治发展的经验优势与理论总结 ——庆祝新中国成立70周年 / 张树华
128	从"独立民主和平统一富强"到"富强民主文明和谐美丽" ——论中华人民共和国发展目标的与时俱进 / 陈述
137	新中国社会主义现代化建设奋斗目标的历史演进 / 张金才
144	中国现代发展模式：历史演变的逻辑与前景 / [俄罗斯]华可胜
150	新中国70年经济建设是持续走向繁荣富强的整体 / 程恩富 曹雷
163	新中国经济奇迹的历史与逻辑 / 武力 李扬
174	集中力量办大事与中国的历史性跨越发展 ——围绕由弱势窘境向优势跨越发展转变实现路径的研究 / 郑有贵
188	新中国改革开放前打下的坚实基础 / 李文
201	中国现代化：20世纪的道路建设和汽车制造 / [荷兰]基杰斯·莫穆
207	中国的对外经济开放政策：主要成果和前景 / [俄罗斯]波尔契科夫
219	20世纪60年代中国与欧洲石化企业的贸易 / [比利时]张丽雅
224	新中国社会主义文化建设的演进及基本经验 / 欧阳雪梅
240	自力更生与引进、消化相辅相成 ——1949—1978年中国科技发展回顾与启示 / 董志凯
254	从卫生与健康事业发展看新中国70年的成就与经验 / 姚力
264	新中国70年社会建设的成就与经验 / 朱汉国
277	新中国70年：中国如何成为消除极端贫困的国家？ / [英国]唐迈 齐冰

282	新中国外交70年的国际环境变化：分期、演变和动力 / 王健　顾炜
301	新中国70年独立自主和平外交实践与经验 / 王巧荣
313	中国传统外交政策的演变：海外视角 / ［俄罗斯］德米特里·萨夫金
317	"一带一路"倡议面临的阻挠性因素分析 / ［白俄罗斯］苏加克·瓦金
326	折冲与共处：中国和美国关系的历史变迁（1949—2019）/ 宫力
338	苏联和中国（1949—1955年）：研究军事—政治互动的前景 / ［俄罗斯］帕威尔·诺维科夫
341	从白俄罗斯视角看白俄罗斯与中国在面对保护主义不断增长的国际关系背景下的合作发展前景 / ［白俄罗斯］弗·贝尔斯基　德·普里姆斯基茨　塔·维尔金斯卡娅　德·贝拉斯诺科·扎伊采娃
354	白俄罗斯和中国：21世纪的命运共同体 / ［白俄罗斯］韦尔盖奇科·谢尔盖
359	新中国史通史研究及其编纂方法 / 宋月红
367	唯物史观在新中国创建前后的创造性运用和发展 / 金民卿
392	从大历史的角度审视中华人民共和国70年 / 程美东
408	中华人民共和国成立70周年：来自白俄罗斯的观点 / ［白俄罗斯］阿·阿·托济克
411	东邻观华70年——日本学界的当代中国研究掠影 / 何培忠
418	俄罗斯和欧亚研究的历史回顾 / 孙壮志

CONTENTS

001   The Distinctive Features and Historical Significance of China's Modernization
—The Speech at the Opening Ceremony of the Fourth International Advanced Forum on Contemporary China History/*Xie Fuzhan*

005   Remaining Steadfast in Adhering to the Development Path of Socialism with Chinese Characteristics
—The Speech at the Opening Ceremony of the Fourth International Advanced Forum on Contemporary China History/*Wang Jingqing*

009   70 Years of New China: A Magnificent Epic of China's Modernization
— The Opening Speech of the Fourth International Advanced Forum on Contemporary China History/*Jiang Hui*

012   The Profound Mystery of the Success of China's Socialist Modernization/*Chen Li*

016   The Modernization Path with Chinese Characteristics/*Xie Chuntao*

018   Correctly Understanding the Relationship between Mao Zedong's Leadership on the Exploration through Great Hardship in the First 27 Years of New China and Reform and Opening Up
— Celebrating the 70th Anniversary of the Founding of the People's Republic of China/*Li Shenming*

039   The Variation and Invariability of 70 years of New China
—The Speech of the Fourth International Advanced Forum on Contemporary China History/*Zhu Jiamu*

043   The Academic Summary of the Fourth International Advanced Forum on Contemporary China History/*Li Zhenghua*

050   A Discussion on Basic Features of the Socialism with Chinese Characteristics/*Yang Mingwei*

062	"Standing up, Growing Rich and Becoming Strong" and the Foundation, Inception and Development of the Socialism with Chinese Characteristics/*Yang Fengcheng*
075	An Interpretation on the Great Mysteries of Socialism with Chinese Characteristics/*Wang Linggui*
080	China's Capabilities and Image in the New Era/*Xin Xiangyang*
087	The Commemoration of the 70th Anniversary of the Founding of New China/*Ezra F. Vogel*
089	70-Years' Political System Reform and Political Civilization Construction of People's Republic of China/*Li Zhenghua*
108	The Extending Exploration and Historical Integrity of Army Strengthening Route with Chinese Characteristics/*Zhang Xingxing*
117	Experience Advantages and Summary of Theories for China's Political Development under an International Vision —A Celebration of the 70th Anniversary of the Establishment of People's Republic of China/*Zhang Shuhua*
128	From "Independence, Democracy, Peace, Unity, Prosperity and Strength" to "a Strong, Prosperous, Democratic, Civilized, Harmonious and Beautiful Socialist Modernized Country" —A Discussion on How Developmental Goals of People's Republic of China Advance with the Times/*Chen Shu*
137	Historical Evolution of the Goals of Socialist Modernization of People's Republic of China/*Zhang Jincai*
144	Modern Development Model of PRC: Logic and Prospects of Historical Evolution /*Alexei Voskressenski*
150	The 70-Year Economic Construction of New China Was A Whole of Steady Progress toward Prosperity and Strength/*Cheng Enfu, Cao Lei*
163	History and Logics of Economic Miracle of People's Republic of China/*Wu Li, Li Yang*

174	Concentrating on the Completion of Key National Undertakings and China's Historic Leaping Development — Research on the Path to Realize the Transition from the Weak Dilemma to the Advantage of Leaping Development/*Zheng Yougui*
188	The Solid Foundation Laid Before the Reform and Opening-up of New China/*Li Wen*
201	Modernizing China: Road and Automobile Construction in the Twentieth Century/*Gijsbertus Mom*
207	Policy of Foreign Economic Openness in the People's Republic of China: Main Results and Prospects/*Vladimir Portyakov*
219	Trade Between Chinese and European Petrochemical Enterprises in the 1960s/*Valeria Zanier*
224	Evolution and Basic Experience of Socialist Cultural Construction of People's Republic of China/*Ouyang Xuemei*
240	Complementation of Self-reliance, Import and Digestion —Review and Enlightenment of China's Science and Technology Development From 1949 to 1978/*Dong Zhikai*
254	An Observation of the Achievements and Experience in Terms of Development of the Health and Well-being Cause During 70 Years Since the Establishment of People's Republic of China/*Yao Li*
264	Achievements and Experience of Social Construction for 70 Years Since the Establishment of People's Republic of China/*Zhu Hanguo*
277	In 70 years how did the New China eliminate extreme poverty? /*Michael Dunford、Qi Bing*
282	International Environment Changes During Chinese 70-Years' Diplomacy Since the Establishment of People's Republic of China: Periodization, Evolution and Momentum/*Wang Jian, Gu Wei*

301	The Practice and Experience of the Independent and Peaceful Diplomacy for 70 Years Since the Establishment of People's Republic of China/*Wang Qiaorong*
313	Evolution of Traditional Foreign Policy: View from Abroad /*Savkin Dmitry*
317	An Analysis on Challenges faced by the Belt and Road Initiative /*Vadzim Suhak*
326	Contradictions and Coexistence: Evolution of the Relationship Between China and the USA (1949-2019)/*Gong Li*
338	The Soviet Union and the People's Republic of China over the Period of 1949-1955: A Study on the Prospect of the Interaction Between Military Affairs and Politics/*Novikov Pavel*
341	Prospects for the Development of Belarusian-Chinese Cooperation in the Face of Increasing Protectionism in International Relations: A view from Belarus /*V.Belsky, D.Primschitz, T.Viartinskaya, D.Berasneu, K.Zaitsava*
354	Belarus and China: a Community of Future for the 21st Century /*Siarhei Viarheichyk*
359	Research on the General History of New China History and Its Compilation Methods/*Song Yuehong*
367	The Creative Application and Development of Materialist Conception of History before and after the Construction of People's Republic of China/*Jin Minqing*
392	70 Years of the History of People's Republic of China from the Perspective of Great History/*Cheng Meidong*
408	70th anniversary of the PRC: a view from Belarus/*Anatoliy A.Tozik*
411	An Observation of China by an Eastern Neighbour for 70 Years —A Brief Description of Modern Chinese Studies by Japanese Academics/*He Peizhong*
418	Historical Review of Russian and Eurasian Studies/*Sun Zhuangzhi*

中国现代化的鲜明特征及历史意义
——在第四届当代中国史国际高级论坛开幕式上的讲话

The Distinctive Features and Historical Significance of China's Modernization
— The Speech at the Opening Ceremony of the Fourth International Advanced Forum on Contemporary China History

（2019年9月7日）

中国社会科学院院长、党组书记　谢伏瞻（Xie Fuzhan）

尊敬的各位嘉宾，女士们，先生们，朋友们：

在中国人民喜迎中华人民共和国70华诞之际，由当代中国研究所主办的第四届当代中国史国际高级论坛今天隆重开幕。我谨代表中国社会科学院向会议的召开表示衷心祝贺！向与会的中外专家学者和各界朋友表示热烈欢迎！向当代中国史研究工作者致以诚挚问候！

当代中国史国际高级论坛，是当代所为推动中华人民共和国国史研究及其国际学术交流而设立的高端论坛。在座的专家学者有的曾多次参加该论坛，是我们的老朋友；也有的专家学者是第一次参加这个论坛，是我们的新朋友。经过多年的努力，该论坛已成为中外学者交流当代中国史研究最新成果的重要学术平台，成为中国学术"走出去、迎进来"的重要窗口，在增进了解、加深友谊、向世界传播中国等方面发挥了积极作用。

本届论坛的主题是"现代化视野下的当代中国70年"，旨在交流当代中国史研究中关于新中国现代化建设的学术成果。中国社会主义现代化的发展历程波澜壮阔，取得的建设成就辉煌巨大，积累的历史经验弥足珍贵。在庆祝中华人民共和国成立70周年的伟大时刻，围绕"现代化视野下的当代中国70年"这个主题进行交流和研讨，具有重要的学术价值和现实意义。

借此机会，我就中国现代化问题谈几点体会和认识。

中国的现代化是中国共产党领导的社会主义现代化。把中国建设成为现代化国家，实现中华民族的伟大复兴，是近代以来无数仁人志士孜孜以求的梦想。但这一梦想只有在中国共产党的领导下走社会主义道路才能变成现实。中国共产党成立后，团结带领全国各族人民，经过长期浴血奋斗，完成了新民主主义革命，建立了中华人民共和国，确立了社会主义基本制度，成功实现了中国历史上最深刻最伟大的社会变革，为当代中国一切发展进步奠定了根本政治前提和制度基础，也为在新中国实现社会主义现代化扫清了障碍，开辟了道路，创造了条件。在中国共产党的坚强领导下，经过70年的不懈努力和接续奋斗，我国社会主义现代化建设取得巨大成就，我们的国家发生了翻天覆地的变化，中华民族迎来了从站起来、富起来到强起来的伟大飞跃。今天，我们比历史上任何时期都更接近、更有信心和能力实现中华民族伟大复兴的目标，也更有信心和能力全面建成社会主义现代化强国。

中国的现代化是以人民为中心的现代化。把中国建设成为社会主义现代化强国，实现中华民族的伟大复兴，最终目的都是为了实现国家富强、民族振兴、人民幸福。以人民为中心，是新中国70年现代化建设一以贯之的鲜明特征。新中国成立后，以毛泽东同志为主要代表的中国共产党人，为改变国家"一穷二白"的落后面貌，让人民过上好日子，提出了实现四个现代化的宏伟目标。进入改革开放新时期，以邓小平同志为主要代表的中国共产党人，提出了小康社会的建设目标，把国家的现代化建设和人民生活水平的提高紧密联系在一起，极大地调动了人民群众建设社会主义现代化国家的积极性。中共十八大以来，以习近平同志为核心的党中央，坚持以人民为中心的发展思想，着眼于人民对美好生活的新期待，对新时代社会主义现代化建设作出新的顶层设计，推进了我国社会主义现代化建设的历史进程，提高了人民群众的安全感、幸福感和获得感。

中国的现代化是符合国情的现代化。中国的现代化同西方发达国家有很大不同，一开始走的就是一条有别于西方的现代化道路。以毛泽东同志为主要代表的中国共产党人，从新中国成立之初"一穷二白"的基本国情出发，决定先从实现社会主义工业化入手，进而提出了实现四个现代化的奋斗目标。进入改革开放新时期，邓小平同志科学总结我国社会主义现代化建设的历史经验，从我国仍处于并将长期处于社会主义初级阶段的基本国情出发，坚持实事求是的原则，提出了中国式现代化的命题。在此基础上，我们党对我国社会主义现代化建设提出了"三步走"的战略目标。中共十八大以来，以习近平同志为核心的党中央根据中国特色社会主义进入新时代后我国社会主要矛盾发生的变化，提出了在全面建成小康社会的基础上，分两步走全面建成社会主义现代化强国的战略安排。作出这一战略安排，是实事求是的、符合实际和国情的，经过长期努力，一定可以如期实现。

中国的现代化是全面发展的现代化。新中国成立70年来，我们的现代化建设一直坚持全面发展的方向。以毛泽东同志为主要代表的中国共产党人提出的四个现代化的奋斗目标，即现代化的农业、现代化的工业、现代化的国防和现代化的科学技术，涵盖了现代化建设的基本方面。改革开放以来特别是中共十八大以来，我们党提出了全面小康的建设目标，强调全面小康是"五位一体"全面进步的小康，是惠及全体人民的小康，是城乡区域共同的小康。习近平总书记围绕如何全面建设社会主义现代化这一重大问题，提出了一系列新思想新观点新要求。他强调"要在坚持以经济建设为中心的同时，全面推进经济建设、政治建设、文化建设、社会建设、生态文明建设，促进现代化建设各个环节、各个方面协调发展"。这些重大战略思想、重大理论观点，极大深化了我们党对社会主义现代化建设规律的认识，有力指导和推动了我国社会主义现代化建设的发展。

中国的现代化是符合时代潮流和人类进步的现代化。和平与发展是不可逆转的时代潮流与人类进步的前进方向。中国实现现代化，是人类历史上前所未有的大变革。我们这个世界上最大发展中国家实现了现代化，意味着比现在所有发达国家人口总和还要多的中国人民将进入现代化行列，这是对人类社会的伟大贡献，其影响将是世界性的。当我国成为世界上第一个不是走资本主义道路，而是走社会主义道路成功建成的现代化强国时，我们党领导人民在中国进行的伟大社会革命将更加充分地展示出其历史意义和世界意义。

今年是新中国成立70周年，也是全面建成小康社会的关键之年。明年，我们将努力实现第一个百年奋斗目标，全面建成小康社会。那将是中国历史乃至人类发展史上一个令人激动的重大时刻，也将是中华民族发展史上重要的里程碑。实现这个宏伟目标，标志着我们向全面建成社会主义现代化强国迈出了至关重要的一步。现在到了一鼓作气、决战决胜的历史时刻。只要我们紧密团结在以习近平同志为核心的党中央周围，坚持以习近平新时代中国特色社会主义思想为指导，坚定信心，攻坚克难，勠力同心，埋头苦干，全面建成小康社会和全面建成社会主义现代化强国的宏伟目标一定可以如期实现。

本届论坛是中外当代中国史研究工作者的一次盛会。习近平总书记多次强调学习党史、新中国史的重要意义，强调指出，历史是最好的教科书。学习党史、新中国史，是坚持和发展中国特色社会主义、把党和国家各项事业继续推向前进的必修课。这门功课不仅必修，而且必须修好。近日，中共中央要求各地区各部门各单位把学习党史、新中国史作为开展"不忘初心、牢记使命"主题教育的重要内容。习近平总书记的重要指示和党中央的明确要求，为当代中国史研究工作提供了难得的历史机遇，指出了明确的前进方向。当代中国史研究工作者责任重大，使命光荣；当代中国史研究工作前景广阔，大有可为。下面，我对当代中国史研究工作者提出几点希望：

一是坚持正确的政治方向和学术导向。当代中国史研究具有鲜明的政治性和现实性，坚持正确的政治方向和学术导向至关重要。希望当代中国史研究工作者要深入学习贯彻习近平新时代中国特色社会主义思想,毫不动摇坚持马克思主义的指导地位,以正确的立场、观点和方法对待党和国家的历史,旗帜鲜明地运用唯物史观指导国史研究工作,引导学术界、思想界和整个社会对中国共产党和中华人民共和国的正确认识和高度认同,为建设马克思主义理论阵地发挥重要作用。

二是以重大理论和现实问题研究为主攻方向。现在是实现"两个一百年"奋斗目标的关键历史时期,是重要的历史交汇期和战略机遇期,也是哲学社会科学研究大有作为的时期。希望当代中国史研究工作者紧紧抓住历史机遇,聚焦重大理论和现实问题,从历史的视角研究和宣传全面建成小康社会取得的伟大成就,从国史的角度深入总结中国共产党领导中国人民进行伟大社会革命的宝贵经验,深入阐释和宣传只有中国共产党才能领导中国人民站起来、富起来、强起来,只有坚定不移走中国特色社会主义道路才能实现中华民族的伟大复兴。

三是推出国史研究的高质量成果。中国特色社会主义进入了新时代,党和国家事业发展对国史研究提出了新的更高的要求。希望当代中国史研究工作者要增强责任感和使命感,树立精品意识,通过扎实严谨的学术研究,形成对新中国发展历程、辉煌成就、丰富经验的权威历史记述,推出一批高质量、有影响的新中国史研究成果,为全党全社会学习党史、新中国史提供权威参考,为新时代坚持和发展中国特色社会主义提供有力学理支撑,为资政育人、服务社会作出重要贡献。

四是团结凝聚一支高水平的国史研究人才队伍。人才是第一资源。国史研究事业要发展,关键要有一支立场坚定、业务精湛、作风优良的高水平研究人才队伍。经过几十年的努力,国史学界已经形成了一支老中青相结合的研究梯队,培养了一批国史研究的领军人才和科研骨干,产生了很多国史领域的名家大家。但国史研究是一项宏大事业,需要大家团结合作,齐心协力。希望当代中国史研究工作者加强交流,相互支持,群策群力,凝聚起一支国史研究的人才队伍,为繁荣发展国史研究事业提供有力的人才支撑。

今天,有这么多国内外的知名学者汇聚一堂,围绕"现代化视野下的当代中国70年"这个主题进行交流研讨。我相信,在与会学者的共同努力下,这届国际论坛必将取得丰硕的学术成果,必将推动当代中国史研究及其国际交流与合作向新的广度和深度拓展,也必将为增进中外当代中国史学者之间的相互沟通、了解与友谊作出新的更大的贡献。

最后,预祝本次论坛取得圆满成功!谢谢大家!

毫不动摇地坚持走中国特色社会主义发展道路
——在第四届当代中国史国际高级论坛开幕式上的讲话

Remaining Steadfast in Adhering to the Development Path of Socialism with Chinese Characteristics

— The Speech at the Opening Ceremony of the Fourth International Advanced Forum on Contemporary China History

（2019年9月7日）

中国社会科学院副院长、党组副书记　王京清（Wang Jingqing）

尊敬的各位嘉宾，女士们，先生们，朋友们：

在中国人民喜迎中华人民共和国七十华诞之际，由当代中国研究所主办的第四届当代中国史国际高级论坛今天隆重开幕。我谨代表中国社会科学院向会议的召开表示衷心祝贺！向与会的中外专家学者和各界朋友表示热烈欢迎！向当代中国史研究工作者致以诚挚问候！

历史是最好的教科书，能让我们变得更加成熟理智；历史是最好的营养剂，能让我们变得更加坚定自信。新中国70年的历史，尤其是改革开放40多年的历史充分证明，中国特色社会主义发展道路符合中国国情、适应中国社会、解决中国问题，是完全正确的。在当代中国，只有坚持走中国特色社会主义发展道路，才能实现全面建成小康社会以及中华民族伟大复兴的中国梦，才能实现建设社会主义现代化强国的奋斗目标。下面，我结合新中国70年的伟大实践，谈谈坚持走中国特色社会主义发展道路的问题。

中国特色社会主义发展道路内涵极为丰富。中国特色社会主义发展道路，坚持了马克思主义根本立场，把促进人的全面发展和逐步实现全体人民共同富裕作为核心理念和价值目标，科学回答了实现社会主义现代化和中华民族伟大复兴的一系列重大问题。中国特色社会主义发展道路从兴国之要、强国之路、政治保证、建设布局等方面提出了社会主义现代建设的发展路径，强调必须坚持以经济建设为中心，坚持四项基本原则，坚持改革开放，解放和发展生产力，包括建设社会主义市场经济、社会主义民主政治、社会主义先进文化、社会主义和谐社会、社会主义生态文明等具体内容。

中国特色社会主义发展道路特色极为鲜明。中华人民共和国成立以后，如何在中国这样一个人口众多、生产力落后的东方大国建设社会主义，确实是以前从来没有遇到过的历史性课题。中国特色社会主义道路，是新中国成立以后中国共产党领导和团结全国人民经过艰辛探索之后才最终形成的一条社会主义建设道路。一方面，中国特色社会主义道路是中国共产党将马克思主义基本原理同中国具体实际和时代特征相结合的产物，是中国共产党领导中国人民进行长期实践探索的必然结果。另一方面，中国特色社会主义道路得到了广大人民的高度认同。中国特色社会主义道路的开辟，根本目的就是为中国人民谋幸福、为中华民族谋复兴。人民的参与、认可和衷心拥护，是中国特色社会主义道路自信最深厚最宝贵最强大的力量所在。改革开放以来，中国共产党立足基本国情，坚持党在社会主义初级阶段基本路线这个党和国家的生命线、人民的幸福线，领导和团结全国各族人民开拓前进，人民的获得感、幸福感不断提升，中国特色社会主义道路得到了广大人民的高度认同。中国特色社会主义发展道路，坚持了以人民为中心，体现了广大人民群众的根本利益，具有鲜明的实践特色、理论特色、民族特色、时代特色，是全面建成小康社会、加快推进社会主义现代化、实现中华民族伟大复兴的必由之路。

中国特色社会主义发展道路实践极为成功。中国特色社会主义发展道路非常成功。比如，据统计，1952年我国国内生产总值只有679亿元，2018年，我国经济总量超越90万亿元，按不变价格计算，2018年国内生产总值比1952年增长175倍，年均增长8.1%；我国科技创新能力持续提升，我们在载人航天、探月工程、量子科学、深海探测、超级计算、人工智能、杂交水稻、第五代移动通信网络、长江三峡水利枢纽、C919大飞机、高铁等方面取得了重大成就；我国城乡居民收入持续增加，2018年全国居民人均可支配收入达到2.8万元，比1978年实际增长24.3倍；我国人口平均预期寿命大幅增长，从新中国成立之初的35岁增长到2018年的77岁。

总的来说，新中国成立70年来，尤其是改革开放40多年来，中国不仅在经济建设上创造了令世界瞩目的"中国奇迹"，而且在政治建设、文化建设、社会建设以及生态文明建设和党的建设等各个方面都取得了伟大成就和宝贵经验，迎来了从站起来、富起来到强起来的伟大飞跃。这样的飞跃发展以及伟大巨变在人类社会发展史上是极为罕见的。新中国70年所取得的伟大成就，以无可辩驳的事实说明中国特色社会主义发展道路在实践上已经取得了巨大成功。

中国特色社会主义道路历史极为深厚。中国特色社会主义发展道路具有深厚的历史渊源。它是在改革开放的伟大实践中走出来的，是在中华人民共和国成立以来的持续探索中走出来的，是在对近代以来中华民族发展历程的深刻总结中走出来的，是在对中华民族5000多年悠久文明的传承中走出来的。

需要指出的是，我们必须科学认识改革开放前后两个历史时期的关系问题。中国特色社会主义发展道路是在新中国已经建立社会主义基本制度并进行20多年建设的基础上开创的。中华人民共和国成立后，中国共产党坚持从中国实际出发，艰辛探索社会主义建设的规律与经验，形成了许多宝贵的思想理论成果，取得了社会主义建设的一系列成就，为中国的现代化打下了重要的基础。改革开放以来，中国共产党又在新中国已经建立起社会主义基本制度进行了20多年建设的基础上开创了中国特色社会主义发展道路。习近平总书记明确地指出："改革开放前的社会主义实践探索为改革开放后的社会主义实践探索积累了条件，改革开放后的社会主义实践探索是对前一个时期的坚持、改革、发展。"这为我们科学认识改革开放前后两个历史时期的关系提供了科学依据与根本遵循。

中国特色社会主义发展道路影响极为深远。中国特色社会主义现代化建设的伟大成就，不仅使中国人民走上富裕安康的广阔道路，而且为世界经济和人类文明发展作出重大贡献。当前，世界处于百年未有之大变局的时期，中国正日益走近世界舞台的中央。在这个过程中，中国的国际地位和国际影响力也正在逐步增强，成为维护世界和平、推动世界经济发展的重要力量。党的十八大以来，以习近平同志为核心的党中央，提出"一带一路"倡议以及构建人类命运共同体的战略构想，真正为世界各国发展提供了中国方案，分享了中国智慧。随着中国对外开放进程的加快，中国特色社会主义制度必将越来越成熟，优越性必将进一步显现，中国特色社会主义发展道路必将越走越宽广，对世界的影响也将越来越大。

中国特色社会主义发展道路前景极为美好。党的十八大以来，以习近平同志为核心的党中央科学总结坚持走中国特色社会主义发展道路的经验，以巨大的政治勇气和强烈的责任担当统揽伟大斗争、伟大工程、伟大事业、伟大梦想，着力增强道路自信、理论自信、制度自信、文化自信，提出和贯彻"四个全面"战略布局与"五位一体"总体布局，为实现"两个一百年"的奋斗目标和中华民族伟大复兴"中国梦"而奋力开拓。按照党的十九大对于建设社会主义现代化强国所部署的时间表与路线图，从现在到2020年是全面建成小康社会决胜期；随着全面建成小康社会、实现第一个百年奋斗目标，中国将进入全面建设社会主义现代化强国的新征程，向第二个百年奋斗目标进军。这是中国共产党对中国特色社会主义发展道路的丰富与发展，可以想象的是，未来30年是中国即将迎来从富起来向强起来巨大转变的时期，建设富强、民主、文明、和谐、美丽的社会主义现代化强国一定能够实现。

中国特色社会主义发展道路是实现民族复兴之路、国家富强之路、人民幸福之路，从根本上解决了在中国这样一个经济科技相对落后的国家建设社会主义现代化强国的历史性课题。今天，我们正站在比历史上任何时期都更接近中华民族伟大复兴目标的新时代，我国更应该不忘初心、牢记使命、不懈奋斗。随着全面改革的深入推进以及对外开放步伐的加快，中国特色社会主义发展道路应该还会遇到很多挑战，还会有很多艰难险阻，但只要我们始终与以习近平同志为核心的党中央保持高度一致，始终坚持中国共产党的领导，毫不动摇地坚持走中国特色社会主义发展道路，就一定能够战胜任何困难，就一定能够实现中华民族的伟大复兴。

新中国 70 年：中国现代化建设的壮丽史诗
——第四届当代中国史国际高级论坛开幕词

70 Years of New China: A Magnificent Epic of China's Modernization
— The Opening Speech of the Fourth International Advanced Forum on Contemporary China History

（2019 年 9 月 7 日）

中国社会科学院党组成员、当代中国研究所所长　姜辉（Jiang Hui）

尊敬的京清院长，各位嘉宾，各位朋友，同志们：

今年是中华人民共和国成立 70 周年，由中国社会科学院当代中国研究所举办的主题为"现代化视野下的当代中国 70 年"的第四届当代中国史国际高级论坛，今天在这里隆重开幕。首先，请允许我代表当代中国研究所，向应邀出席本届论坛的各位领导和国际国内的专家学者们，向各位嘉宾和新闻界的朋友们，表示热烈欢迎和衷心感谢！

当代中国研究所是 1990 年经中共中央批准成立，专事研究、编纂和出版中华人民共和国史的科研机构。建所近 30 年来，当代中国研究所在研究、编纂和出版中华人民共和国史方面，取得了许多重要成果。主要有：参与组织出版了总卷数为 152 卷的国家重点图书工程《当代中国》丛书，该丛书目前仍是规模最大、最权威的国史学术著作。2012 年出版了五卷本《中华人民共和国史稿》，在当代中国史研究的学科发展史上具有标志性意义；自 2015 年以来当代中国研究所启动续修《中华人民共和国史稿》第 5—7 卷的项目，下限写到中共十八大之前，目前撰写工作顺利，明年在建所 30 周年之际有望顺利出版；在此基础上还将启动重大工程多卷本《中华人民共和国史》的编写。2016 年出版了《中华人民共和国史研究丛书》，今年又修订出版第 2 版。具有编年史性质的大型资料书《中华人民共和国史编年》已出版至 1963 年卷，今年又出版了 7 卷。为庆祝新中国成立 70 周年，当代中国研究所承担了中共中央宣传部委托项目《新中国 70 年》的编写任务，为全党和全国人民学习新中国史提供了权威读本。在国史学科和人才队伍建设方面，当代中国研究所也做了许多卓有成效的工作，培育了国史优势学科和政治史、经济史、文化史、社会史、外交史、"一国两制"史等重点学科，培养出一大批在国内外有影响的学科带头人，形成了老中青相结合的科研梯队。当代中国研究所主办的中华人民共和国史学术年会，已连续召开18届，成为国内最权威的当代中国史学术交流平台；主管、主办的中华人民共和国国史学会，是目前唯一全国性的专门研究中华人民共和国史的学术团体。总之，经过近30年的努力，当代所已经成长为当代中国史研究的重要阵地，为构建中国特色哲学社会科学作出了重要贡献。

当代中国研究所每五年举办一次当代中国史国际高级论坛，自2004年以来，已经连续成功举办了三届。前三届的论坛主题分别为"当代中国与它的外部世界""当代中国与它的发展道路""中国道路与中国梦"。今年论坛的主题为"现代化视野下的当代中国70年"。之所以确定这个主题，是因为今年是新中国成立70周年，又是中国社会主义现代化建设进程中的关键之年和重要节点。

实现现代化，是近代以来世界各国各民族崛起的重要条件，也是近代以来中国无数仁人志士的梦想。中国共产党成立后，就以为中国人民谋幸福、为中华民族谋复兴为初心使命，以为世界谋大同为责任担当，为实现中国现代化而上下求索。新中国的成立，为中国真正实现现代化开辟了全新道路。随着社会主义现代化建设的推进，社会生产力获得前所未有的解放和发展，中国不仅赢得了民族独立，也逐步实现了经济上的独立，为建设社会主义现代化强国奠定了必要的物质基础和社会基础。以毛泽东同志为主要代表的中国共产党人制定社会主义"四个现代化"的宏伟目标，提出"把我国建设成为一个具有现代农业、现代工业、现代国防和现代科学技术的社会主义强国"。以邓小平同志为主要代表的中国共产党人正确认识我国所处的发展阶段和根本任务，提出了实现"中国式现代化"奋斗目标和"三步走"发展战略，把改革开放和社会主义现代化建设逐步推向前进。经过数十年如火如荼的社会主义建设和改革，建设社会主义现代化强国的伟业一以贯之、接续进行。党的十八大以来，以习近平同志为核心的党中央全面推进新时代的现代化建设事业，坚持以经济建设为中心，全面推进经济建设、政治建设、文化建设、社会建设、生态文明建设，推进国家治理体系和治理能力现代化，促进现代化建设各个环节、各个方面协调发展。党的十九大提出了在全面建成小康社会的基础上分两步走全面建设社会主义现代化国家的新目标，描绘了我国现代化建设的宏伟蓝图，开启了全面建设社会主义现代化国家新征程。今天，我们比历史上任何时期都更接近、更有信心和能力实现中华民族伟大复兴的目标，也更有信心和能力全面建成社会主义现代化强国。

新中国70年的发展史，就是中国共产党领导全国各族人民不断探索中国社会主义现代化道路并不断创造辉煌成就的历史。中国社会主义现代化建设，是人类社会现代化的普遍规律和中国建设发展特殊规律的统一。中国现代化建设取得的历史性成就，不仅使中华民族迎来了从站起来、富起来到强起来的历史性飞跃，而且为人类进步发展作出了巨大贡献，拓展了发展中国家走向现代化的途径，给世界上那些既希望加快发展又希望保持自身独立性的国家和民族提供了全新选择，为解决人类问题贡献了中国智慧和中国方案。中国这个世界上最大的发展中国家实现全面现代化，是人类历史上前所未有的大变革，其意义和影响是世界性的。在庆祝新中国成立70周年之际，以现代化为视角回顾中国社会主义事业发展历程，总结中国现代化建设的宝贵经验，无论对于中国的未来还是世界的将来，都有着重要的启迪意义。今天，有这么多国内外的知名学者汇聚一堂，共同就"现代化视野下的当代中国70年"这一话题进行深入研讨和交流，期待各位专家学者提出真知灼见并很好地交流借鉴。

自2004年以来，当代中国史国际高级论坛已经成为中外学者关于当代中国史研究的重要学术交流平台，在座的专家学者有的曾多次参加该论坛，是我们的老朋友；也有的专家学者是第一次参加这个论坛，是我们的新朋友。经过多年的努力，该论坛已成为中外学者交流当代中国史研究最新成果的重要学术平台，成为中国学术"走出去、迎进来"的重要窗口，在增进了解、加深友谊、向世界传播中国声音等方面发挥了积极作用。我相信，在与会学者的共同努力下，这届论坛必将产生更加丰硕的学术成果，让国内外对于中国社会主义现代化有更加客观、更加全面的了解和认识，使当代中国史研究的国际交流与合作向新的广度和深度拓展。

最后，预祝第四届当代中国史国际高级论坛圆满成功！祝各位代表生活愉快，身体健康！

谢谢大家。

中国社会主义现代化建设的成功奥秘
The Profound Mystery of the Success of China's Socialist Modernization
（2019年9月7日）

中共中央党史和文献研究院学术和编审委员会主任　　陈理（Chen Li）

建设现代化国家和实现中华民族伟大复兴，是近代以来中国人民最伟大的梦想。新中国成立后，我们党团结带领人民开启社会主义现代化建设的伟大进程，取得举世瞩目的辉煌成就，把一个积贫积弱、被称为"东亚病夫"的旧中国，建设成为一个经济实力、科技实力、国防实力、综合国力进入世界前列并日益走向繁荣富强的社会主义中国，用几十年时间走完了发达国家几百年走过的工业化历程，创造了世界历史上叹为观止的发展奇迹。中国社会主义现代化建设成功的原因有许多，梳理起来，包括以下几个方面。

一、中国社会主义现代化建设，是立足于中国实际的成功探索

选择什么样的发展道路，是由一个国家的基本国情决定的。我们党在社会主义现代化建设中，始终注意从中国实际出发，把马克思主义基本原理同中国实际结合起来，走出一条符合中国国情的现代化建设道路。

我们是在农民占人口的绝大多数、半殖民地半封建的东方大国取得新民主主义革命胜利并进行社会主义建设的。社会主义现代化建设究竟应该怎么搞，是一个全新课题。以毛泽东同志为主要代表的中国共产党人对此进行艰辛探索，并取得独创性理论成果和巨大成就。以邓小平同志为主要代表的中国共产党人，总结新中国成立以来正反两方面的经验，紧紧抓住"什么是社会主义、怎样建设社会主义"这个基本问题，响亮提出"走自己的道路，建设有中国特色的社会主义"，成功探索出一条中国社会主义现代化建设正确道路。以习近平同志为主要代表的中国共产党人，顺应时代发展，从理论和实践结合上系统回答了新时代坚持和发展什么样的中国特色社会主义、怎样坚持和发展中国特色社会主义这个重大时代课题，推动党和国家事业取得历史性成就、发生历史性变革，推动中国特色社会主义进入了新时代。

中国社会主义现代化道路的成功之处在于，弄清楚了在中国进行社会主义现代化建设必须牢牢立足于社会主义初级阶段这个最大实际。邓小平指出："过去搞民主革命，要适合中国情况，走毛泽东同志开辟的农村包围城市的道路。现在搞建设，也要适合中国情况，走出一条中国式的现代化道路。"我们立足中国国情对社会主义现代化的成功探索，有力证明了发展中国家实现现代化可以打破对西方的"路径依赖"，走出一条符合自身实际的现代化道路。

二、中国社会主义现代化建设，是加强党的领导的成功探索

我们党对社会主义现代化的坚强领导，很重要的一个方面体现在，始终注意根据时代形势和条件变化，制定出符合实际的发展目标，引领中国的发展进步和现代化进程。就长期计划来说，新中国成立之初，我们便开始制订和实施五年计划。通过顶层设计，对国家重大建设项目、生产力分布和国民经济重要比例关系等进行战略谋划和安排。就更宏观的发展战略而言，20世纪80年代，我们党提出著名的"三步走"战略目标，对中国发展进行长远战略规划部署。党的十九大在综合分析国际国内形势和我国发展条件的基础上，进一步对全面建设社会主义现代化国家作出分两个阶段来安排的战略部署，完整勾画了社会主义现代化建设的时间表、路线图，是新时代中国特色社会主义发展的战略安排。

从中可以清晰地看到，我们党胸怀大局、勇于担当，志存高远、规划长远，善于进行长远战略思维，一张蓝图绘到底。这是中国社会主义现代化建设的一个制度优势，是"马克思主义为什么行、中国共产党为什么能、中国特色社会主义为什么好"的一个重要原因。西方国家受政治制度特别是选举制度的限制，不可能像我们国家、我们党这样对几十年上百年、几代人十几代人的事情进行长远规划和战略思维，久久为功，直至最终实现既定的发展目标。

历史已经并将继续证明，没有中国共产党的领导，中华民族复兴必然是空想，社会主义现代化建设也不可能成功。70年来，我们党始终是社会主义现代化建设的坚强领导核心，统揽伟大斗争、伟大工程、伟大事业、伟大梦想，统筹推进"五位一体"总体布局，协调推进"四个全面"战略布局，团结带领人民奋勇开拓。特别是不断结合发展着的中国实际，不断深化对共产党执政规律、社会主义建设规律、人类社会发展规律的认识，用不断发展的马克思主义指导中国社会主义现代化建设。中国社会主义现代化建设成功的奥秘，千条万条归结到一点，是党中央的坚强领导，是党的创新理论的科学指引。

三、中国社会主义现代化建设，是坚持以人民为中心的成功探索

中国社会主义现代化建设的实践证明，党的根基始终在人民、党的力量始终在人民，坚持一切为了人民、一切依靠人民，充分发挥广大人民群众积极性、主动性、创造性，我们就能不断把为人民造福事业推向前进。

曾经不断地有人问，中国发展速度为什么那么快，中国人民发展热情为什么那么高？这个问题只要看看中国的昨天、今天和明天，就不难找到答案。其中很重要的一点是，在近代漫长的历史进程中，中国人民经历了太多太多的磨难，付出了太多太多的牺牲，进行了太多太多的拼搏。在中国共产党的坚强领导下，中国人民和中华民族在历史进程中积累的这种强大能量得以充分迸发，这是实现中华民族伟大复兴势不可挡的磅礴力量。

新中国成立，亿万人民第一次翻身做了国家主人，掌握了自己命运，极大调动了亿万人民投身新中国建设的积极性。在不长的时间里，我们迅速医治战争创伤，恢复国民经济，建立起独立的比较完整的工业体系和国民经济体系。十一届三中全会后，我们党作出实行改革开放的历史性决策。广大农民获得对土地的经营自主权，极大调动了亿万农民的生产积极性。人还是那些人，地还是那些地，短短几年间，中国农村面貌和广大农民群众的生活发生了翻天覆地的变化，并带动了改革的全面展开和深入。党的十八大以来，我们党顺应人民的期待和愿望，进一步提出以人民为中心的发展思想，坚持发展为了人民、发展依靠人民、发展成果由人民共享。中国社会主义现代化建设的巨大成就，归结为一句话：这不是天上掉下来的，更不是别人恩赐施舍的，而是全党全国各族人民用勤劳、智慧、勇气干出来的！

四、中国社会主义现代化建设，是全面发展的成功探索

中国社会主义现代化建设，不限于经济发展，是建立在社会全面进步、全面发展基础上的现代化建设。新中国成立后，我们党提出要实现农业、工业、国防和科学技术的现代化，把我国建设成为社会主义的现代化强国。20世纪七八十年代，提出要建设富强、民主、文明的社会主义现代化国家。进入21世纪，提出要在本世纪头20年，集中力量，全面建设惠及十几亿人口的更高水平的小康社会，使经济更加发展、民主更加健全、科教更加进步、文化更加繁荣、社会更加和谐、人民生活更加殷实。随着中国特色社会主义进入新时代，我们党开启了决胜全面建成小康社会、全面建设社会主义现代化国家的新征程，进一步提出把我国建成富强民主文明和谐美丽的社会主义现代化强国。

中国社会主义现代化建设，还包括要实现国家治理体系和治理能力现代化。今天摆在我们党面前的一项重大历史任务，是推动中国特色社会主义制度更加成熟更加定型，为党和国家事业发展、为人民幸福安康、为社会和谐稳定、为国家长治久安提供一整套更完备、更稳定、更管用的制度体系，为社会主义现代化建设提供更加可靠的制度保证。

中国社会主义现代化建设，还始终注意着力解决发展不平衡不充分问题，注意工农、城乡的协调发展。在现代化过程中，如何避免乡村衰退，是人类面临的一个共同性难题。中国是一个传统农业大国，是最大的发展中国家，十几亿人正在为实现现代化而奋斗，这是人类历史前所未有的伟大壮举。在这个过程中，实现乡村振兴，解决好农业农村农民现代化问题，是对全球的重大贡献。

五、中国社会主义现代化建设，是既加快发展又保持自身独立性的成功探索

进行现代化建设，不可避免会遇到道路和模式选择的问题。过去很长一段时间，不少人总以为实现现代化，只有西方一种模式，只有西方一条道路。美国学者福山的《历史的终结》认为，西方那套自由民主制度是最好的，世界文明最后的历史是西式民主的历史，将终结于自由民主的美国模式。这显然并不符合客观实际。

邓小平当年说得很明确："我们要实现工业、农业、国防和科技现代化，但在四个现代化前面有'社会主义'四个字，叫'社会主义现代化'。"习近平总书记一再强调，我们的改革开放是有方向、有立场、有原则的。世界在发展，社会在进步，不改革开放死路一条，搞否定社会主义方向的"改革开放"也是死路一条。要坚定不移走中国特色社会主义道路，既不走封闭僵化的老路，也不走改旗易帜的邪路。我们思想上必须十分明确：中国推进国家治理体系和治理能力现代化，绝不是搞西方化、资本主义化！

冷战结束后，一些发展中国家采纳西方模式，不仅没有解决发展问题，带来的却是党争纷起、社会动荡、人民流离失所，很长时间都难以稳定下来。与此形成鲜明对比的是，科学社会主义在中国取得巨大成功，今天中国经济持续健康发展、社会持续安全稳定，被国际上普遍认为是中国创造的"两大奇迹"。中国特色社会主义的成功，中国特色社会主义道路、理论、制度、文化不断发展，中国社会主义现代化建设既注意加快发展又注意保持自身独立性，拓展了发展中国家走向现代化的途径，给世界上那些既希望加快发展又希望保持自身独立性的国家和民族提供了全新选择，为解决人类问题贡献了中国智慧和中国方案。

中国特色现代化道路

The Modernization Path with Chinese Characteristics

（2019年9月7日）

中共中央党校（国家行政学院）副校（院）长　谢春涛（Xie Chuntao）

各位女士，各位先生，上午好！

我发言的题目是中国特色现代化道路。

实现现代化是几代中国人的夙愿。新中国成立以来，尤其是改革开放以后，中国共产党人走出了实现国家现代化的成功之路，也就是中国特色社会主义道路，丰富了社会主义建设和人类社会发展的实践，为世界社会主义和众多发展中国家提供了重要借鉴。

我以为，中国特色的现代化道路有六个主要特征：

一是坚持中国共产党领导。这是中国特色社会主义最本质的特征，也是中国现代化道路成功的根本保证。中国实行中国共产党领导的多党合作和政治协商制度，中国共产党执政，其他党派参政，各党派为国家发展和人民福祉共同协商。中国共产党总揽全局，协调各方，其重要决策由各级党委集体作出，然后由政府、人大、政协等有关各方实施。这一政党制度和领导体制具有明显优势，能够有效避免政治上的无序和内耗，保持社会稳定性和政策连续性，还有决策的高效性和很强的执行力。中国能够制定和执行一个个五年发展计（规）划，作出和实施一系列重大改革决策，集中全国的力量办大事，都源于中国特色的政党制度。

二是立足社会主义初级阶段的基本国情。中国最大的国情是长期处于社会主义初级阶段，这是中国实现现代化的前提和基础。中国共产党人认识到，马克思设想的社会主义社会是建立在发达的资本主义生产力基础上的，而中国的社会主义社会是建立在半殖民地半封建基础上的，没有资格实行马克思设想的那样的政策。在社会主义初级阶段，党和人民的主要任务是发展社会生产力，为此就要允许非公有制经济发展，建立社会主义市场经济体制，允许按劳分配和按生产要素分配并存，允许农业以家庭为单位经营，还要学习借鉴资本主义国家发展生产力的先进理念和办法。

三是始终以经济建设为中心。改革开放以来，中国共产党人总结历史经验教训，始终以经济建设为中心，不断满足人民不断增长的物质文化需求，逐步实现共同富裕。这就抓住了社会主义的本质，认清了执政党的使命，中国人民拥护和支持中国共产党，这是很重要的原因。而一些社会主义国家的执政党被人民所抛弃，与经济建设和人民生活长期搞不上去有很大的关系。

四是把马克思主义作为指导思想。中国特色社会主义坚持马克思科学社会主义的基本原理，包括马克思主义的世界观和方法论，共同富裕、人人平等、每个人自由全面发展的价值观，始终为绝大多数人民谋利益的政治立场。坚持了中国共产党的领导和人民当家作主的社会主义基本政治制度，坚持了公有制的主体地位和按劳分配的基本原则，坚持了马克思主义在意识形态领域的指导地位，这是全党全军全国各族人民团结奋进的共同政治基础，进行社会主义现代化建设的根本前提和根本保证。

五是不断推进改革开放。中国共产党人坚持体制改革，不断解放和发展社会生产力。农村联产承包责任制的推行，解决了中国人的温饱问题。社会主义市场经济体制的建立，带来了经济发展的活力和动力。社会主义初级阶段基本经济制度的确立，使非公有制经济成分得到快速发展，在经济发展、政府税收、劳动者就业等方面发挥了巨大作用。而对外开放则带来了外国的资金、技术、设备、先进的管理理念，带来了人类文明的共同成果，带来了外国的资源能源，带来了巨大的国际市场份额。中国主动加入全球化竞争，发挥了劳动力价格低廉、市场广大的比较优势，还发挥了后发优势，在高铁、核电等领域居于世界领先地位。

六是经济、政治、文化、社会和生态文明建设五位一体。这反映了中国共产党人对共产党执政规律、社会主义建设规律和人类社会发展规律认识的深化，说明中国特色社会主义追求的发展是全面发展，要满足人民群众多方面需求。

中国特色现代化道路的正确性，已为中国的发展实践所充分证明，西方发达国家和广大发展中国家发展的经验教训，也从不同方面佐证了中国道路的成功。中国共产党人一再强调，要坚定中国特色社会主义道路自信，我认为这个自信有着足够的理由。

谢谢大家！

必须正确认识毛泽东领导新中国前 27 年艰辛探索与改革开放之间的关系
——庆祝中华人民共和国成立 70 周年

Correctly Understanding the Relationship between Mao Zedong's Leadership on the Exploration through Great Hardship in the First 27 Years of New China and Reform and Opening Up
— Celebrating the 70th Anniversary of the Founding of the People's Republic of China

（2019 年 9 月 7 日）

中国社会科学院原副院长、原党组副书记　李慎明（Li Shenming）

2013 年 1 月 5 日，习近平在新进中央委员会的委员、候补委员学习贯彻党的十八大精神研讨班的讲话中明确指出："我们党领导人民进行社会主义建设，有改革开放前和改革开放后两个历史时期，这是两个相互联系又有重大区别的时期，但本质上都是我们党领导人民进行社会主义建设的实践探索。中国特色社会主义是在改革开放历史新时期开创的，但也是在新中国已经建立起社会主义基本制度，并进行了 20 多年建设的基础上开创的。虽然这两个历史时期在进行社会主义建设的思想指导、方针政策、实际工作上有很大差别，但两者决不是彼此割裂的，更不是根本对立的。不能用改革开放后的历史时期否定改革开放前的历史时期，也不能用改革开放前的历史时期否定改革开放后的历史时期。要坚持实事求是的思想路线，分清主流和支流，坚持真理，修正错误，发扬经验，吸取教训，在这个基础上把党和人民事业继续推向前进。"[①]这一论断既完全符合历史的实际和历史的真实，又在最广大的人民群众中找到了共识的最大公约数。习近平所讲正确对待改革开放前后两个不同的历史时期，也完全符合毛泽东所说："割断历史是不行的，好像什么都是我们白手起家，这种看法是不对的。"[②]

由于前些年历史虚无主义的泛滥，造成一些人认为毛泽东没有出过国，根本不会搞经济建设，把中国经济搞得一团糟，甚至饿死几千万人这一问题。笔者在这篇文章中，主要从经济建设方面回答这一诘难。

---

① 《习近平谈治国理政》第 1 卷，外文出版社 2018 年版，第 22—23 页。
② 《毛泽东文集》第 6 卷，人民出版社 1999 年版，第 359 页。

社会主义革命和建设时期在经济建设上确实有失误，我们应认真吸取教训。但说毛泽东不懂经济，不会搞经济建设，不是事实。这种误解，从一定意义上讲，是否定毛泽东关于社会主义革命和建设以及党不变质思想正确的物质和经济基础。这一时期经济建设方面的成就与失误相比，成就不仅是主要的，更是伟大的。我们就从经济建设上说，新中国成立时经济基础十分薄弱。从 1840 年开始，中国进入半殖民地半封建社会。1840 年至 1949 年这 109 年期间，我国对外共签订 1100 多个不平等条约，帝国主义列强直接间接掠夺了我国大量有形和无形的巨额财富。1949 年，我国钢产量仅有 15.8 万吨，全中国每个女同志头上一个发夹还不够；蒋介石逃往台湾时，又带走了国家几乎所有的外汇储备和国家财政所拥有的黄金。旧中国积弱积贫，新中国一穷二白，这绝不是形容词。新中国一成立，并不是我们要闭关锁国。笔者的老领导王震告诉笔者："早在延安时期，主席就几次与我谈过，革命胜利以后，他要出访的第一个国家，就是美国，要向美国学习如何搞现代化工业和现代化农业。"在解放战争之时，西方强国便协助蒋介石政府对我解放区实行经济封锁。新中国一成立，帝国主义列强即对我国实行了更加严酷的经济封锁，美国等西方强国对我国科技禁运的项目比对苏联、东欧社会主义国家竟然还多出 500 多项。但新中国成立后一直到毛泽东去世的新中国前 27 年的成就是十分伟大而无比辉煌的。

一、先后打赢了抗美援朝、抗美援越战争，并投入大量人力、物力和财力进行"大三线""小三线"建设，成功化解苏联霸权主义企图对我国进行的"核打击"

这实际上相当于打赢了三场较大规模的反侵略战争，有力地捍卫了我国的主权和神圣领土。出兵援朝的决策何其艰难。出兵朝鲜后的半个多月时间里，除了极少数的吃饭、睡觉时间外，毛泽东几乎每天 24 小时都在高负荷地工作。逢先知、金冲及主编的《毛泽东传》用整整两个章节的篇幅来反映毛泽东这一巨大的历史贡献。抗美援朝、抗美援越这两场战争，都是美帝国主义强加给我们的，都是不得不打的，都是与世界上最强的对手打的，也都是在境外打的。在土地革命战争时期，我们和对手在苏区打，反对"御敌于国门之外"；在抗日战争中，我们开赴敌人后方；在解放战争后期，我们挺进蒋管区；新中国成立后的战争，我们基本上都是御敌于国门之外，这极大地减轻了我们国力财力民力的伤耗特别是人民生命财产的重大损失。抗美援朝、抗美援越这两场战争，我们与美国、美军斗勇斗智，都打赢了。从一定意义上讲，中国人民真正站立起来，不是在天安门城楼上宣布的，而是这两场战争打出来的。2004 年，我到德国访问，一位华侨告诉我，说他的父亲告诉他，他们在海外，原来总受人欺负，每天邻里各家的垃圾总是先堆放在他家的门口。一天早晨，突然发现，往日要堆放的垃圾不见了，他感到很奇怪。一位邻居告诉他说："你不知道呀？！昨天中美签订了朝鲜停战协议，你们中华人民共和国，打败了美利坚合众国！"这位华侨说，他父亲此时激动不能自已，长跪东方，泪水滂沱。

在赫鲁晓夫执政时期，苏联霸权主义利用我国的自然灾害和工作中的失误，逼迫我国还债，企图压迫我国屈服。有人说，在我国三年经济困难时期，苏联不仅没有对我国逼过债，而且对我国十分友好。这不是事实。20世纪50年代末60年代初，苏联赫鲁晓夫领导集团为实现其"苏美合作，主宰世界"的全球战略的需要，先后提出并坚持在我国领土共同建立、共同所有的"长波电台"和"联合舰队"，企图从军事上政治上控制我国。在遭到我严词拒绝后，1959年6月，苏联单方面撕毁中苏双方1957年10月签订的关于国防新技术协定，拒绝向我国提供某些核技术的样品及其生产技术资料。1959年9月30日，赫鲁晓夫访美结束后，即匆匆率苏联党政代表团访华，要我们放弃台湾，并要我释放在中国的美国罪犯。这理所当然遭到我国的坚决抵制。此后，苏联又开列相关的小打小闹的所谓"援助"方案，不过是想重新诱骗我国在台湾主权等一些重大原则问题上让步。1960年7月16日，苏联对我发出照会，单方面决定要在1960年7月28日至9月1日一个月之内全部撤回在华的苏联专家1390人，并对我国逼债。这里仅举一例，说明苏联当年曾对我国逼债并尤甚。周恩来的经济秘书顾明回忆："有一次，苏联的一个外贸部副部长在人民大会堂和总理谈判，要我们还钱。总理说，我们现在暂时有困难。谈完后，总理送他出来，他看见门口有一块三百多公斤重的大石英石，就对总理说，你们如果没有别的东西，这个就很好。总理顶他说，你要你就拿走。"①当时中国欠苏联的各项借款和应付利息共计折合人民币52亿余元（其中60%以上是抗美援朝战争中我国借支的军事物资的贷款和利息）。按照原定协议，这些外债于1965年全部还清。当时我国建国仅10年有余，工业尚在起步阶段，所以只能用猪肉、鸡蛋、苹果等农副产品来偿还。河南省一直是全国生产粮食和生猪的大省。现任郑州市金水区一基层单位党总支书记的宋丰年曾告诉笔者："20世纪60年代，我曾在郑州市肉联加工厂生产一线劳动过。该厂连续几年每年冬季前后的半年时间里，每天都要宰杀5000多头优质肥猪，当即运往苏联还债。"这就更加重了我国人民群众的生活困难。但是，我国人民有志气，到1964年，我国提前一年还清了20世纪50年代欠苏联的全部贷款和利息。1969年国庆节，苏联霸权主义者原本打算是要对我们刚刚拥有的原子弹动用核武器的。是毛泽东和周恩来决定疏散老帅到全国各地，以防万一，这并不是林彪的迫害。苏联最终为什么没敢动用核武器？这主要是因为毛泽东催促数次，

---

① 《周恩来传》第3册，中央文献出版社2008年版，第1399页。

花了大量的人力、物力、财力,早早就布置建设好了"大三线""小三线",提前作了有效的准备。不战而屈人之兵,这也就化解了苏联对我们的一场核打击。在实施"大三线""小三线"的建设之中,当然也出现过个别失误,但这也是我国开发大西南、大西北的先声。毛泽东执政的27年,等于打了三次大仗,这三次大仗,都是与世界上最强的对手打,并且都打赢了,这是多么大的贡献!

二、独立自主、自力更生研发出"两弹一星一潜艇"

1960年10月,中国第一枚导弹发射成功。1964年10月,我国第一颗原子弹爆炸成功。1966年12月,我国第一颗氢弹原理试验爆炸成功。1970年4月,我国第一颗人造卫星发射成功。1970年12月,我国第一艘核潜艇下水;1974年8月,正式加入人民海军战斗序列。不少人对"两弹一星"关注多,对核潜艇了解得少。这里所说的核潜艇不是核动力潜艇,而是意味着具备了具有战略意义上的第二次核还击能力的核潜艇,是最后制约霸权主义和强权政治者企图威慑我和平发展的最有力的"杀手锏"。邓小平1988年明确指出,"如果六十年代以来中国没有原子弹、氢弹,没有发射卫星,中国就不能叫有重要影响的大国,就没有现在这样的国际地位"[①],这一评价中肯、公道。

三、建立了独立的比较完整的工业体系和国民经济体系

以上两条,其中有大量的自主科研成就与研发的技术,而"两弹一星一潜艇"的研发,又全部是我国自力更生取得的成就。苏联援助我们的156个项目,因我们没有外汇储备,都是用我们的物美价廉的农副产品,成车皮成车皮"咣当咣当"北上换回来的。当时,我国农业生产力水平又十分低下,本来就吃不饱肚子,这又进一步使人民生活面临严重困难。新中国成立初期,我国科学技术领域基本属于一片空白。社会主义革命和建设时期培养了大批的科技人才,取得了石油大发现、人工合成牛胰岛素、一百万次计算机、杂交水稻、哥德巴赫猜想证明等众多重大科研成果。

四、建成了国计民生所必需的大量的基础设施

李先念明确讲过,基本建设是投入七块产出一块,而加工工业是投入一块产出

---

① 《邓小平文选》第3卷,人民出版社1993年版,第279页。

七块。新中国成立后短短 27 年中，我国主要靠人力修建的 84000 多座水库，至今仍在农业生产中发挥着最基础和中坚性作用。北京的密云水库、官厅水库、十三陵水库都是那时修建的，其中仅密云水库目前的蓄水量最高能达到 43.75 亿立方，相当于南水北调年调水量的 22 倍。1966 年到 1976 年间，全国展开大规模的农田水利基本建设，中国的农业受灾面积和成灾面积总体上呈现降低趋势，尤其在应对洪涝灾害方面成效显著，成灾面积占受灾面积的比例由 1952 年的 54.1% 降低到 1974 年的 16.9%，年均下降 5.2%。这些，都没有计入当时的 GDP。如果那时没修建这些基础设施，现在会有不少困难，因为成本太高。

五、完成了"一化三改"的所有制改造，特别是农业合作化，为迅速增加粮食产量、建立牢固的工农联盟、加快工业化建设和军工国防建议，奠定了坚实的基础

有同志说，现在看来，1952 年提出的"一化三改"（社会主义工业化，农业、手工业、资本主义工商业的社会主义改造）是不是搞得有点急了。应该说，"这项工作中也有缺点和偏差"，但是，从总体和根本上看，"一化三改"是十分成功的，也必须这么搞。正因如是，1981 年通过的《关于建国以来党的若干历史问题的决议》中明确指出："历史证明，党提出的过渡时期总路线是完全正确的"；"在过渡时期中，我们党创造性地开辟了一条适合中国特点的社会主义改造的道路。"① 让我们先看当时的国际环境。1951 年 8 月 30 日，《美菲联防条约》签订；1951 年 9 月 1 日，美国、澳大利亚、新西兰《太平洋安全保障条约》签订；1951 年 9 月 8 日《美日安全条约》签订；1953 年 10 月 1 日，《美韩共同防御条约》签订；1954 年 5 月 19 日，《美国、巴基斯坦共同防御条约》签订；1954 年 9 月 6—8 日，美、英、法、澳大利亚、菲律宾、新西兰、泰国、巴基斯坦等八国《东南亚集体防务条约》签订；1954 年 12 月美国与蒋介石在华盛顿又签订了"共同防御协定"，基本完成了以美国为核心的对中华人民共和国的 C 形包围圈。1953 年 7 月至 1965 年 8 月曾任山西省委第一书记的陶鲁笳同志回忆说："美国对新中国的包围圈是一个岛链套一个岛链。强敌压境，我们当时如果不委曲求全，唯命是从，就要坚决整合国力才能维护主权。新中国那时很穷啊，拿什么和强敌抗争？现在不少人说当年农业合作化搞早了搞快了，那是忽略了这一段大背景。毛主席党中央原计划建国 15 年后再过渡到社会主义。不

---

① 《三中全会以来重要文献选编》（下），人民出版社 1982 年版，第 800 页。

行啊,环境不给你15年和平发展时间。"①

毛泽东在读苏联《政治经济学教科书》(社会主义部分)时说:"现在我们都不算土地的价值。从古以来,没有不被破坏的房屋,但是有不被破坏的土地。我国现有十五亿八千万亩耕地,绝大部分是古人留下来,是人们千秋万代的劳动所经营出来的。到现在我们也是每年把自己的劳动加到上面去。土地是最基本的生产资料,经济学家最好能算算土地的价值。"②毛泽东的这一论述,至今仍熠熠生辉。从一定意义上讲,我们所有的财富都离不开土地。土地是所有财富之母。离开土地,我们一无所有。除非将来能到月球和其他星球上拿资源。改革开放40多年来,除了我们实行了正确的改革开放政策起决定性作用之外,我们经济高速增长的关键奥妙之一,就是960万平方公里大地上的各种物质财富进入数据化、货币化领域。这是新中国成立初期的"一化三改",土地收归国有和集体所有为我们奠定的根本的物质基础。这样,搞经济特区、高新科技开发区,吸引外资,扩建城市,修建高速铁路、高速公路、机场等,不仅毫无成本,而且可以大规模出让土地,产生地租、级差地租、超级地租。另外,还可以把油田、煤田、稀土、金矿等种种矿山租赁出去,一租就是六七十年,这其中释放了多少"红利"呀。这也就是说,我们这几代人,享受的基本上都是这一红利释放的结果,这也极有可能是把自己子孙后代的应该享受的财富提前给预支消费了。我们自己的子孙后代可能也必须是要找一条另外的谋生之路,寻找到这样一条谋生之路,过程可能会十分艰难。70多年了,台湾历届当局,都想修建一条环岛高速公路,但始终无果,因为成本太高,公共财政根本无法负担。改革开放以来,我们"经营城市"即经营土地,成就巨大。但现在土地财政与我们的粮食战略安全发生了尖锐严重的冲突,因此,如何贯彻习近平总书记关于"我们的饭碗里必须盛着自己生产的粮食"和"房子是用来住的,不是用来炒的"的指示任务十分艰巨。可以说,主要依靠土地财政维持经济增长的周期即将基本结束。我国经济发展方式如再不下决心壮士断腕,结束土地财政,主动实行转变,将来就会被迫转变,代价就会更大更多,甚至经济也极有可能会进入一个较为困难的时期。习近平总书记高瞻远瞩,及时提出了"五大发展理念",而"五大发展理念"的首位,便是"创新"。现在必须排除一切干扰,认真扎实地贯彻落实"五大发展理念"。从一定意义上讲,转变"经济增长方式"和调节"财富占有和收入分配方式"刻不容缓。这"一个转变"和"一个调节"是当前经济社会可持续发展的"牛鼻孔"。抓住了这两个"牛鼻孔",就牵住了整个经济社会发展的"牛鼻子",改

---

① 马社香:《中国农业合作化运动口述史》,中央文献出版社2012年版,第448页。
② 《毛泽东谈社会主义政治经济学批注和谈话》(下),中华人民共和国国史学会1998年,579页。

革开放和社会主义现代化建设，实现中华民族伟大复兴的中国梦，就可能打开一个崭新的局面。

六、人均预期寿命不断提升

这是衡量经济社会发展水平的一个最根本性的指标。社会主义革命和建设时期，在人口增加 4 亿的情况下，人均预期寿命从 35 岁提高到 65 岁，而印度 1952 年人均预期寿命 41 岁，直到 2011 年人均预期寿命才达到 65 岁，比我国整整晚了 35 年。这充分体现了社会主义制度的优越。人口的急遽增加，一方面摊薄了本来应该快速增加的人均国内生产总值，另一方面，也为后来的改革开放积累了十分低廉的宏大的劳动力红利。

七、排除种种干扰重返联合国

由于毛泽东关于"三个世界"划分理论的正确指导，我国与美国、欧洲诸国和日本等主要国家的外交关系取得突破性进展，成功打破外部霸权主义和强权政治对我的严酷封锁，真正跨入了大国的行列，并迎来和平与发展的时代主题。

以上七条需要投入大量的人力、物力和财力，并且十分耗时。这为我国的改革开放奠定了坚实的物质财富，又为我国后来的改革开放创造了必需的和平与发展的时代主题与良好的国际环境，真正奠定了我国的大国地位，赢得我国近 70 年的和平建设和改革开放的先决前提条件。从这个意义上讲，没有毛泽东的垫底，就没有后来的改革开放。

八、社会主义革命和建设时期，我国既无内债，又无外债

当然，我国不借外债，一度没有内债，影响甚至严重影响了当时的经济社会发展，也可以说是思想僵化的一种表现，我们应从中吸取教训。但从当时的客观情况看，那时还不具备大规模引进外资的国际环境；从两分法的角度看，没有内外债，也就没有为后人留下还债的包袱。而现在相当数额的地方和企业、私人债务不仅是压在我们头上甚至也是压在我们子孙后代头上的大山。

以上八项成就的取得，是全国各族人民共同勒紧"裤腰带""过穷日子"，从嗓子眼里抠出食物和节省必要日常生活开支而积攒下大量的物力和财力换来的。《关于建国以来党的若干历史问题的决议》明确指出："中国共产党在中华人民共和国成

立以后的历史，总的说来，是我们党在马克思列宁主义、毛泽东思想指导下，领导全国各族人民进行社会主义革命和社会主义建设并取得巨大成就的历史。社会主义制度的建立，是我国历史上最深刻最伟大的社会变革，是我国今后一切进步和发展的基础。"①

九、如何正确看待毛泽东在经济建设中所犯的错误

毛泽东决不是一点错误都不犯的圣人。"大跃进"一开始，大家头脑都有些发热，比如，1958年2月18日，毛泽东在中共中央政治局扩大会议上指出："所有制问题已经解决了，现在就要解决人与人在生产中的相互关系问题，就是党政军干部和群众，工厂的领导和职工，合作社的领导和社员之间的相互关系问题。群众中间有一个很大的革命热情"；"要以普通劳动者的姿态出现。不论你官多大，无非是当主席、当总理、当部长、当省长那么大的官，但是你只能以一个劳动者的姿态出现"；"以前没有解放，一部分上层建筑，一些环节，有错误、缺点，生产关系上不完善。因为整风，就改善了，破坏了不好的，建立了比较好的，人与人之间的关系比较平等了，能讲话了，可以贴大字报了，老爷气少了。这样，群众就高兴了，就来了一个生产高潮"；"一九五六年春季是有一个高涨"；"有一点冒是难免的"；"一九五六年反冒进，这是个什么事情呢？这是大家都在正确的路线之下，在个别问题上意见不一致，这么一种性质"；"今年下半年，你们就会看到要有一个大冒就是了。为了对付这个情况，我们怎么办？处在这个大的群众高潮面前，中共中央，共产党要采取态度。以后反冒进的口号不要提，反右倾保守的口号要提，人们的思想是往往落后于实际的"。② 毛泽东这时是主张"反冒进的口号不要提，反右倾保守的口号要提"。

但毛泽东是最早察觉并开始纠正"大跃进"、人民公社建立过程中出现的错误倾向。他首先从《人民日报》开始纠正。曾担任《人民日报》总编辑、新华社社长的吴冷西于1990年12月至1994年4月间，写出专著《忆毛主席——我亲身经历的若干重大历史事件片断》。书中说，1958年3月15日，毛泽东找吴冷西谈话说："《人民日报》硬是卡死，否则这个省登报，那个省登报，大家抢先，搞得天下大乱。""我就是有点机会主义，要留有余地。各省不要一阵风，不要看河南说一年完成，你也说一年完成。就让河南今年试一年，灵了，让它当第一。你明年再搞。只

---

① 《三中全会以来重要文献选编》(下)，人民出版社1982年版，第794页。
② 《毛泽东年谱（1949—1976）》第3卷，中央文献出版社2013年版，第300—301页。

差一年,有什么要紧。""此事关系重大"。"现在报纸宣传报道上要调整一下,不要尽唱高调,要压缩空气,这不是泼冷水,而是不要鼓吹不切实际的高指标,要大家按实际条件办事,提口号、订指标要留有余地。"①

接着,毛泽东又在党的正式会议上大声疾呼。1957年3月20日,毛泽东在成都会议上作第三次讲话时就指出:"河南省提出一年实现'四、五、八'②,水利化,除四害,消灭文盲,可能有些能做到,即使是全部能做到,也不要登报。就全国来说,我们的口号还是五年、六年、七年、八年,争取实现'四、五、八'。大家抢先,搞得天下大乱。实干就是了。各省不要一阵风,说河南一年,大家都一年。可以让河南试验一年,如果河南灵了,明年各省再来一个运动,大跃进。如果一年实现'四、五、八'消灭文盲,也可能缺点很大,起码是工作粗糙,群众过分紧张。只要总路线正确,晚一年、二年、三年乃至五年完成'四十条',那也不能算没有面子,不算不荣誉,也许还更好一些。搞社会主义有两条路线,我们做工作要轰轰烈烈,高高兴兴,不要寻寻觅觅,冷冷清清。建设的速度,是个客观存在的东西。凡是根据主观条件和客观条件能办到的,就应当多快好省,鼓足干劲,力争上游。但办不到的不要勉强。现在有股风,十级台风,不要公开去挡,要在内部讲清楚,把空气压缩一下。压缩空气不是泼冷水,而是要把事情办得扎实一点。要去掉虚报、浮夸,不要争名,而要务实,要有具体措施。""在多快好省、鼓足干劲、力争上游的总路线下,波浪式地前进,这是急与缓的对立的统一,劳与逸的对立的统一。如果只有急和劳,则是片面性。苦战与休整的对立的统一,这是规律,而且是互相转化的。""错误还是要犯的,不可能不犯,犯错误是正确路线形成的必要条件。难免论是正确的,可免论是不正确的。问题是犯得少一点,犯得小一点。"③1958年3月25日,毛泽东在成都会议上作第五次讲话时又指出:"我希望一些过高的指标不要那么太高,要能办得到、行得通,至少有些东西不要去登报。""今年这一年,群众出现很高的热潮,我很担心我们一些同志在这种热潮下面被冲昏了头脑,提出一些办不到的口号。我并不是想消灭空气,而只是要求压缩空

---

① 吴冷西:《回忆主席与战友》,人民出版社2016年版,第67—68页。
② 中共中央政治局根据毛泽东同志的倡议提出的,在1956年1月以草案形式公布的《1956年到1967年全国农业发展纲要(草案)》中规划:粮食,从1956年开始,在12年内,粮食每亩平均年产量,在黄河、秦岭、白龙江、黄河(青海境内)以北地区,由1955年的150多斤增加到400斤;黄河以南、淮河以北地区,由1955年的208斤增加到500斤;淮河、秦岭、白龙江以南地区,由1955年的400斤增加到800斤。其中的沙荒地区、土地瘠薄地区、常年旱涝地区、高寒山区、无霜期很短地区、地广人稀地区、大面积垦荒地区,可以按照情况,另外规定增产指标。
③ 《毛泽东年谱(1949—1976)》第3卷,中央文献出版社2013年版,第318—320页。

气,把膨胀的脑筋压缩一下,冷静一些"。①1958年4月3日,毛泽东在武汉会议上说:"说苦战三年就水利化了,我是怀疑的。三年基本改变面貌,我看只能初步改变。三年初步改变面貌的提法比较好,但也不好改了。《人民日报》不要随便轻易宣布什么'化',现在'化'搞得很烂,动不动就宣布'化'。"4日,他说:"现在宣传注意了多、快,但对好、省注意不够。大话不须讲。好大喜功需要,但华而不实不好。"4月9日,他说:"世界上的事,有真必有假,有得必有弊,不可不信,不可全信。百分之百相信,就会上当;不相信,就会丧失信心。我们对各项工作、各种典型,要好好检查,核对清楚,有的是假博士、假教授、假交心、假高产、假跃进、假报告。"②毛泽东在1958年上半年就苦口婆心地说服全党,一定要防止和纠正"大跃进"中"左"的错误,但是,收效甚微,甚至完全无济于事。个中原因,值得深思。与此同时,我们也应看到,此时的毛泽东既看到了"大跃进"中已经露头的虚报、浮夸等严重问题的出现,但同时他又担心一种倾向可能掩盖着的另一种倾向的出现,他是担心对"左"的错误纠正过度,会给广大群众刚刚高涨的生产积极性泼了凉水。但此时的毛泽东,无疑已经把自己工作的重心放到了纠正"左"的错误上。

1958年4月11日,毛泽东又找吴冷西谈话说:"近来报纸的宣传反映实际不够,但也有不实之处,如指标、计划讲得过头了。现在要调整一下,压缩空气。鼓劲的话要讲,但不要华而不实。""现在在各地提出这个'化'那个'化'很多。'化'就是要变,反映群众的愿望。提出'化'的口号响亮,能动员群众。但是报纸在宣传的时候要慎重。""报纸的宣传要搞深入、踏实、细致。我们讲多快好省的方针,报纸上不能只讲多快,不讲好省。我们是要好大喜功的。大而无功,其实不好大而是好小。不实就是无功而还。""报纸的问题带有普遍性,不仅《人民日报》存在,省报也存在。今年夏天要召开全国报纸的总编辑会议,讨论新闻宣传如何改进。此事要告诉陆定一同志并报告中央书记处。"关于报刊宣传问题,吴冷西接着回忆说:"此事我都按照毛主席的意见办了",相关领导同志说"夏天太忙,秋后再说。在北戴河会上,也没有就此作出决定"。"到了5月间的八大二次会议,解放思想、敢想敢做的呼声压倒一切。我主持《人民日报》和新华社的宣传也随大流,但因有毛主席的再三叮咛,开始还是比较谨慎,但到了6月份,农业上的生产'卫星'开始放了,接着是钢铁'卫星'、煤炭'卫星'也陆续出现了,大跃进形成高潮,浮夸风到处泛滥。对人民公社,开始还只限于典型报道,后来从河南全省公社化起,就刮起一

---

① 《毛泽东年谱(1949—1976)》第3卷,中央文献出版社2013年版,第325页。
② 《毛泽东年谱(1949—1976)》第3卷,中央文献出版社2013年版,第333—337页。

股共产风。虽然不能说《人民日报》和新华社应对 1958 年的浮夸风和共产风负有主要责任,但我主持这两个单位的宣传工作在这期间所造成的恶劣影响,至今仍深感内疚。"①

根据吴冷西的看法,1958 年下半年,毛泽东很大一部分精力被国际问题吸引去了。一是赫鲁晓夫 8 月初访华,二是不久又炮击金门,三是戴高乐上台、黎巴嫩事件等国际重大事件。具体领导"大跃进"、人民公社运动的主要是在第一线工作的其他中央领导同志。②1958 年 7 月 14 日到 18 日,中央一主要领导同志到山东寿张县视察。报道说:在参观并了解到台前社亩产将达 3 万至 5 万斤玉米、3 万至 5 万斤谷子、30 万斤地瓜,以及宏伟社亩产 15000 斤籽棉后,领导赞扬他们说:"你们压倒了科学家,他们没敢想的,你们做到了,这是个革命。"这些谈话一经中央主要报刊发表,全国各地的实验田、丰产田,纷纷把原来亩产千几斤、几千斤的牌子换为几千斤、上万斤甚至十几万斤的牌子。不少地方也开始仿效办起了公共食堂、托儿所等。

当《人民日报》上多次宣布亩产上万斤甚至数万斤的特大喜讯和迅速推进"一大二公"的人民公社时,在中央政治局扩大会议在北戴河召开前夕,毛泽东决定于 1958 年 8 月 4 日开始用一个星期时间到外地考察。他先后到了河北、河南、江苏、山东、天津等地。在考察中,他同各地各级干部群众座谈、察看试验田、高产田,与所遇群众聊天,他听到、看到的几乎全部都是粮食年产翻一番的大好喜讯,他总是接连发问,当场进行核实。实事求是地说,1958 年,全国各地农田生机盎然,庄稼也确实长势喜人。毛泽东所到之处,一派喜人景象。这也使他对农业生产"大跃进"进一步增强了信心。在河北徐水,毛泽东曾问:"粮食多了怎么办?"在河南七里营口,毛泽东说:"看来'人民公社'是一个好名字,包括工农兵学商,管理生产,管理生活,管理政权。""公社的特点,一曰大,二曰公。公社的内容,有了食堂,有了托儿所,自留地的尾巴割掉了,生产军事化了,分配制度变化了,一个小并大,一个私并公,乡社合一了。人民公社还是社会主义性质的,但比合作社高了一级。"③这说明,毛泽东在"大跃进"和人民公社的初始,头脑也确实发热过。但就在这次考察中,毛泽东也十分警觉地发现了浮夸等"左"倾错误倾向。之后他把自己工作的重点很快转到了纠正浮夸等"左"倾错误上,这一努力一直到 1959 年庐山会议的前半段。

直到现在,还有一些人把"大跃进"与人民公社中出现的浮夸、取消商品生产、

---

① 吴冷西:《回忆主席与战友》,人民出版社 2016 年版,第 72—74 页。
② 吴冷西:《回忆主席与战友》,人民出版社 2016 年版,第 89 页。
③ 《毛泽东年谱(1949—1976)》第 3 卷,中央文献出版社 2013 年版,第 403 页。

取消家庭生活、蛮干、"穷过渡"等错误的主要责任都放在毛泽东一个人身上，甚至还经常用轻蔑、嘲弄的口吻谈论他。这不是历史的真实。请看如下权威史料。

关于浮夸。1958年8月8日，毛泽东问一起陪同考察的河南商丘县委副书记刘学勤："你相信他那亩产3000多斤的试验田吗？"刘学勤表示不相信。毛泽东说："脑子太热，没有科学根据，不符合实际。""给下面打招呼，不要提万斤口号。"比如，8月10日，毛泽东考察天津市东郊区四合庄乡新立村公社，据当年跟随毛泽东这次外出视察的卫士长李银桥回忆，对有关区社领导汇报的这亩试验田能产十万斤的事，毛泽东曾摇头撇嘴，表示不相信："不可能的事。"他指着一位负责人说："你没种过地，这不是放卫星，这是放大炮。"有人解释说新立村用电灯为水稻照明，用鼓风机朝水稻吹风，就可以亩产十万斤。毛泽东仍然摇头，说："吹牛，靠不住。我是种过地的。亩产十万斤？堆也堆不起来么！"有人想让小孩子往水稻上站以此证明一下，毛泽东还是摇头，说："娃娃，不要上去。站得越高，跌得越重哩。"[1]

关于取消商品生产。1958年11月2日，毛泽东在停靠郑州的专列上主持第一次郑州会议时指出："人民公社问题，究竟扩大自然经济还是扩大商品经济？还是两者都扩大？人民公社的经济主要是自给经济的说法不对。人民公社应向两方面发展，它同时要扩大社会交换，不交换，就不能消费；不扩大交换，就不能发工资。"最后，毛泽东再次强调指出："公社要多搞商品生产，现在好像只有自给自足才是有名誉的，而生产商品是不名誉的，这不好。要扩大商品生产，扩大社会交换，要大搞交通运输。"[2] 1958年11月10日，毛泽东在第一次郑州会议上指出："现在，我们有些人大有要消灭商品生产之势。他们向往共产主义，一提商品生产就发愁，觉得这是资本主义的东西，没有分清社会主义商品生产和资本主义商品生产的区别，不懂得在社会主义条件下利用商品生产的作用的重要性。这是不承认客观法则的表现，是不认识五亿农民的问题。在社会主义时期，应当利用商品生产来团结几亿农民。我以为有了人民公社以后，商品生产、商品交换更要发展"。"商品生产不能与资本主义混为一谈。为什么怕商品生产？无非是怕资本主义。现在是国家同人民公社做生意，早已排除资本主义，怕商品生产做什么？不要怕，我看要大大发展商品生产。商品生产，要看它是同什么经济制度相联系，同资本主义制度相联系就是资本主义的商品生产，同社会主义制度相联系就是社会主义的商品生产。商品生产从古就有，商朝的'商'字，就是表示当时已经有了商品生产的意思。"[3]

关于取消家庭生活。1958年10月，毛泽东让吴冷西、田家英到河南调查人民

---

[1] 吴晓梅、刘蓬：《毛泽东走出红墙》，中共中央党校出版社1993年版，第151—156页。
[2] 《毛泽东年谱（1949—1976）》第3卷，中央文献出版社2013年版，第486页。
[3] 《毛泽东年谱（1949—1976）》第3卷，中央文献出版社2013年版，第504—505页。

公社的现状。吴冷西、田家英来到河南省新乡调查了兴宁人民公社。这个社 4000 户、2 万人，实行军事化管理，全公社编成 15 个营 50 个连。尤其是实行房屋公有，搞集体宿舍，男女老幼分开住。星期天才能回家团聚。河南许多地方都在这样做。当地领导说，这是一位中央负责同志说的，共产主义社会也要革家庭的命。① 毛泽东听了汇报十分生气地说："那种搞法不是给国民党对我们的污蔑帮了忙吗？凡是这样胡搞的地方我都支持群众起来造反。这些干部头脑发昏了，怎么共产党不要家庭呢？要禁止拆散家庭"。② 1958 年 11 月 3 日，毛泽东在第一次郑州会议上又指出："遂平有的干部主张在实现共产主义以前，先消灭家庭。""现在老的住幸福院，小的进托儿所，青壮年住到一起，不是分割了吗？我们不是破灭家庭，而是废除家长制。家长制是个封建制度，本来应该在民主革命的时期解决，但是不可能，在社会主义时代才能解决。""废除家长制，肯定不是废除家庭制度。"③

关于蛮干。1958 年 11 月 3 日，毛泽东在第一次郑州会议上还指出："现在是十五小时工作，要下一个命令，忙时必须睡足六小时，少了一个钟头就是没有完成任务，要受批评。现在十五小时不能持久，持久了，工作的量同质势必要降低。除了睡觉、工作、吃饭以外，还要有点自由时间。吃饱吃好，还要加一个睡足歇足，歇者就是午休。忙时至少睡六个钟头，平时睡八个钟头。"④ 他还指出："水利建设，还有别的任务，实在压得透不过气，压得太重，恐怕也需要考虑一下。谭震林、廖鲁言同志搞的那个文件，要求全国今冬明春和明年夏天水利工程要搞一千九百亿土石方，还说一定不可少。去年冬季到今年秋季是搞了五百亿土石方，一千九百亿土石方比五百亿土石方要多差不多三倍。我看这样搞下来，中国人非死一半不可，不死一半也要死三分之一，不死三分之一也要死十分之一。中国五亿农民，十分之一就是五千万人。如果死了五千万人，那个时候至少我的职要撤掉，你们都可以不撤，那不是撤职问题，我这个头也没有了。你（指曾希圣——编者注）是想搞多的，你搞多也可以，总是不要死人，以不死人为原则。一千九百亿土石方，总是多了，请你们议一议。你们如果一定要搞，那也没有办法，不能杀我的头就是了。我看，明年水利工程照五百亿土石方，一点也不翻。今年是五百亿，明年是五百亿，后年是五百亿，你搞他十年，不就五千亿了吗？我说留一点给我们的儿子去搞也可以，何必我们统统搞光！比如钢三千万吨，究竟要不要那么多？能不能搞那么多？现在才搞到八百万吨，就是六千万人上阵，明年三千万吨钢，要多少人上阵？是不

---

① 吴冷西：《回忆主席与战友》，人民出版社 2016 年版，第 93 页。
② 吴冷西：《回忆主席与战友》，人民出版社 2016 年版，第 95 页。
③ 《毛泽东年谱（1949—1976）》第 3 卷，中央文献出版社 2013 年版，第 488 页。
④ 《毛泽东年谱（1949—1976）》第 3 卷，中央文献出版社 2013 年版，第 488 页。

是定三千万吨,值得考虑。这三千万吨,还联系到焦煤、煤、运输等,请你们议一议。此外,还有其他各种任务,煤、电、油、运输、化工、森林、建筑材料、纺织、造纸。我们在这一次唱个低调,把脑筋压缩一下,把空气变成固体空气。先搞少一点,如果行有余力,情况顺利,再加一点。胡琴的弦不要拉得太紧,搞得太紧了,就有断弦的危险。还有,农业的任务是搞多少?还是要议一下,总是要有实际可能。"① 武昌会议是我们党的历史上一次十分重要的会议。值得注意的是,人们往往认为,浮夸、蛮干是要死人的,是要上史书的,是中央其他领导在1962年的七千人大会上最先讲的。其实,毛泽东早在1958年在"大跃进"进行之中就已经事先给全党提醒过了,并且讲得更为严厉。

关于尽快向共产主义过渡。1958年11月4日,河南省委书记吴芝圃汇报说上午议了文件的题目,一个叫"中国共产主义建设十年规划纲要",时间是一九五八年至一九六七年。毛泽东说:"你现在牵涉到共产主义,这个问题就大了,全世界都不理解了。现在的题目,我看还是社会主义。社会主义里头有共产主义因素,不要一扯就扯到共产主义。"吴芝圃说:"不过这个文件主要的目标是十年内建成社会主义、向共产主义过渡。"毛泽东说:"建成社会主义,这好。准备向共产主义过渡,你说十年就过渡了,我就不一定相信,你加'准备'两个字,准备过渡,机动一点。"陶鲁笳说:"现在有些公社一九六二年就要过渡。"毛泽东说:"人们的想法是一件事,是否符合客观规律,又是一件事。"② 11月9日,毛泽东在第一次郑州会议上又指出:"山东范县提出两年实现共产主义,要派人去调查一下。现在有些人总是想在三五年内搞成共产主义。"③ 10日,毛泽东在会上又指出:"河南提出四年过渡到共产主义,马克思主义'太多'了,不要急于在四年搞成。我们搞革命战争用了二十二年,曾经耐心地等得民主革命的胜利。搞社会主义没有耐心怎么行?没有耐心是不行的。"④ 1958年11月21日,在武昌召开的中共中央政治局扩大会议上,毛泽东说:"我有一些想法,请大家斟酌斟酌。第一,过渡到共产主义问题。现在我们乡级以上的各级干部就是要过渡得快,抢先于苏联。我们现在是一穷二白,还有一个一穷二弱。现在吹得太大了,我看是不合事实,没有反映客观实际。建设社会主义,我们没有经验,现在吹得那么厉害。我担心我们的建设。有一种树,叫钻天杨,钻得非常快,就是不结实,建设搞得太快了,可能天下大乱。这个问题,我总是担心得很。总的是讲,我们一定要让苏联先进入共产主义,我们后进。如果我们

---

① 《毛泽东年谱(1949—1976)》第3卷,中央文献出版社2013年版,第522页。
② 《毛泽东年谱(1949—1976)》第3卷,中央文献出版社2013年版,第489页。
③ 《毛泽东年谱(1949—1976)》第3卷,中央文献出版社2013年版,第499页。
④ 《毛泽东年谱(1949—1976)》第3卷,中央文献出版社2013年版,第505页。

实际上进了，还是挂社会主义的招牌，行共产主义的实际。我们是有缺点的，北戴河会议中说三四年、五六年或者更多一点时间就搞成全民所有制。……这个东西恐怕办不到，那个时候就搞全民所有制呀？只好改一下。"说到这里，彭真插话说："农村公社化了，工业化了，向全民所有制转得太慢了，到农民很富了以后再转也不利。"刘少奇说："农民穷一点好转。在北京讨论的时候，我的意见是达到一百五十元到二百元就发工资，达到一批转一批，再达到一批再转一批。"彭真主张"两年转完，发工资"。毛泽东明确表示："就是这个少则三四年、多则五六年，恐怕犯了冒险主义错误了。"刘少奇说："如果这个时候不搞，他什么东西都搞起来了，再发工资，那就很难包了。"彭真说："搞慢了不利。"毛泽东不赞成："照刘少奇和彭真两位的意见，是趁这个穷来过渡，不然他不想过渡了。这个问题今天不讨论。"①笔者十分敬重少奇和彭真同志。笔者也曾直接接触过彭真同志。他理论功底十分深厚，党性原则也十分强。据笔者所知，彭真在晚年，对新中国成立后的党史、国史也有了更加深刻的认识，对毛泽东也更加敬重。笔者在引用《毛泽东年谱》中所述这一史实时，也就照录下来，并未为尊者讳。

关于价值法则、等价交换、瞒产私分等。1958年11有9日，毛泽东在第一次郑州会议上指出："人民公社必须生产适宜于交换的社会主义的商品，以便逐步提高每个人的工资。在生活资料方面，发展社会主义的商业，并且利用价值法则的形式，在过渡时期内，作为经济核算的工具，以便逐步过渡到共产主义。是利用价值法则的形式，不是利用价值法则的内容，是作为过渡时期经济核算的工具。事实上，我们就是这样做的，而且年年要做，处处要做。现在我们的经济学家不喜欢经济学，苏联也是这样。谁讲到价值法则，就是不名誉似的"。"这些人不赞成商品生产，以为苏联好像就是共产主义了，实际上还差得很远。我们搞社会主义只有几年，则差得更远。"②1959年3月5日，毛泽东在第二次郑州会议的最后一次会议上指出："什么瞒产私分，完全必要，这是我们的政策造成的结果。明明是我们以及在座诸公叫他们瞒产私分的，是我们的政策要他们这么搞，叫他们磨洋工，叫他们外逃。我现在代表五亿农民和一千多万基层干部说话，搞'右倾机会主义'，坚持'右倾机会主义'，非贯彻不可。你们如果不一齐同我'右倾'，那么我一个人'右倾'到底，一直到开除党籍。现在，六中全会决议很多东西没有实行。比如等价交换，根本就忘记了，否认价值法则，否认等价交换。这种办法，人民公社非散伙不行。这样搞下去，势必搞翻了农民"。"什么大跃进，肯定没有了，任何跃进都没有

---

① 《毛泽东年谱（1949—1976）》第3卷，中央文献出版社2013年版，第519—520页。
② 《毛泽东年谱（1949—1976）》第3卷，中央文献出版社2013年版，第496—497页。

了。""谢谢几亿农民瞒产私分,坚决抵抗,就是这些事情推动了我,我就想一想。现在问题是在县和公社,特别是公社这一级,要使他们懂得价值法则、等价交换,这是个客观规律,违反它,要碰得头破血流。""还有人说富队会要搞资本主义,怎么样才叫资本主义?有人说富队这个小行星要跑掉,不围着太阳转了。它跑到哪里去?我就不相信。"①

但是,当时急于向共产主义过渡和浮夸之风甚盛。毛泽东的上述纠正措施根本未收到什么成效。1972年2月21日,尼克松来访时对毛泽东说:"我知道主席是一位思想深刻的哲学家。主席的著作感动了全国,改变了世界。"毛泽东说:"没有改变世界,只改变了北京附近几个地方。"②从一定意义上讲,毛泽东所讲的才是真正的实际情况。

1958年11月9日,毛泽东在第一次郑州会议上指出:"提倡实事求是,不要谎报,不要把别人的猪报成自己的,不要把三百斤麦子报成四百斤。今年的九千亿斤粮食,最多是七千四百亿斤,把七千四百亿斤当数,其余一千六百亿斤当作谎报,比较妥当。人民是骗不了的。过去的战报,谎报战绩只能欺骗人民,欺骗不了敌人,敌人看了好笑。有真必有假,真真假假搞不清。偃师县原想瞒产,以多报少,也有的以少报多。《人民日报》最好要冷静一点。"③但问题似乎没有得到任何解决。1959年4月29日,毛泽东又不得不给全国省级、地级、县级、社级、队级、小队级等六级干部写信,他在信中尖锐指出:"去年亩产实际只有三百斤的,今年能增产一百斤、二百斤,也就很好了。吹上八百斤、一千斤、一千二百斤,甚至更多,吹牛而已,实在办不到,有何益处呢?""密植问题。不可太稀,不可太密。许多青年干部和某些上级机关缺少经验,一个劲儿要密。有些人竟说愈密愈好。不对。"④"节约粮食问题。要十分抓紧","每年一定要把收割、保管、吃用三件事(收、管、吃)抓得很紧很紧,而且要抓得及时。""在十年内,一切大话、高调,切不可讲,讲就是十分危险的。"⑤"讲真话问题。……老实人,敢讲真话的人,归根到底,于人民事业有利,于自己也不吃亏。爱讲假话的人,一害人民,二害自己,总是吃亏。应当说,有许多假话是上面压出来的。上面'一吹二压三许愿',使下面很难办。""同现在流行的一些高调比较起来,我在这里唱的是低调,意在真正调动积极性,达到增产的目的。如果事实不是我讲的那样低,而达到了较高的目的,我变为保守主义

---

① 《毛泽东年谱(1949—1976)》第3卷,中央文献出版社2013年版,第622—623页。
② 《毛泽东年谱(1949—1976)》第6卷,中央文献出版社2013年版,第427页
③ 《毛泽东文集》第7卷,人民出版社1999年版,第434—435页。
④ 《毛泽东文集》第8卷,人民出版社1999年版,第48页。
⑤ 《毛泽东文集》第8卷,人民出版社1999年版,第49页。

者,那就谢天谢地,不胜光荣之至。"① 但是,对毛泽东这一及时、严厉的指示,竟有不少省市不作传达,更不执行。因为如果传达这一指示,就必然否定了自己所虚吹出的亩产几万斤的巨大成就。否定别人容易,否定自己往往是最难最难的呀!

1965年1月13日,毛泽东阅四川省农业科学院水稻研究所所长马建献来信。信中说:"我将深藏心里已五年的隐忧疑问,大胆向您反映。""一九五九年三月,我下放泸县石洞公社,四月初(可能应为五月或六月初,写信者记忆有误——作者注)看到一封主席写给生产队长的信。当时我迫不及待把这封信向社员宣读了,社员们无不欢天喜地。接着,我又回本单位向职工读了。没想到,不几天,听说主席这封信不往生产队发了,许多生产队根本不知主席写过这封信。""单位支部书记批评我,说我向社员和职工宣读主席的信是歪曲主席写这封信的意图。把主席的信收起来不宣传的事,在四川不是个别县、个别单位,干部对此很不满,但又不敢说。这里面究竟是什么原因?值得主席注意了解。"毛泽东即批示:"印发工作会议同志们。这位人民代表的信写得很好。他提出的批评是正确的。今后千万不要做那些危害人民利益的蠢事。"②

如果认真读读以上史料,有谁还能把"大跃进"与人民公社中出现的浮夸、取消商品生产、取消家庭生活、蛮干、"穷过渡"等错误的主要责任都放在毛泽东一个人身上呢?这里,请允许笔者再说一遍,实际情况是,毛泽东对这些偏差直至错误察觉最早,不仅纠正态度坚决,而且也甚为苦口婆心。

对于自己在"大跃进"初期提出的相关口号,毛泽东在实践中逐渐加以完善。比如毛泽东在"大跃进"初期提出"破除迷信",1958年11月23日,毛泽东在中央政治局扩大会议第二次讲话中指出了问题的另一面。他说:"破除迷信,不要把科学当迷信破除了。破除迷信以来,效力极大,敢想敢说敢做,但有一小部分破得过分了,把科学真理也破了。凡迷信一定要破除,凡真理一定要保护。""破除资产阶级法权",也是毛泽东在发动"大跃进"时提出来的。对这个问题,他在第一次郑州会议上作过一个分析。在这次讲话中,他又进一步作了较为全面的分析。他说:"资产阶级法权只能破除一部分,例如三风五气,等级过分悬殊,老爷态度,猫鼠关系,一定要破除,而且破得越彻底越好。另一部分,例如工资等级,上下级关系,国家一定的强制,这些还不能破除。资产阶级法权有一部分在社会主义时代是有用的,必须保护,使之为社会主义服务。把它打得体无完肤,会有一天我们要陷于被动"。③

---

① 《毛泽东文集》第8卷,人民出版社1999年版,第50页。
② 《毛泽东年谱(1949—1976)》第5卷,中央文献出版社2013年版,第468—469页。
③ 《毛泽东年谱(1949—1976)》第3卷,中央文献出版社2013年版,第527页。

对于在"大跃进"初期自己所犯的错误，毛泽东总是毫不避讳，坦诚相认，并利用各种机会作自我批评，甚至在一些外交场合也不例外。1958年10月2日，毛泽东在中南海会见保加利亚等六个国家代表团时公开作自我批评："今年六月十九日那一天，我们中央一些同志和冶金工业部一些同志在一个地方吹，我说你们搞九百万吨，何必不多搞一点，索性翻一番可不可以呀？搞一千零七十万吨。他们说行。到八月一查，还差得很多，我就着了急，我说我的炮放错了。"①

毛泽东特别注重从自己和别人的教训中汲取经验。1965年1月23日，毛泽东主持召开中共中央政治局常委扩大会议，听取余秋里汇报计划工作革命问题和长期计划的一些设想。毛泽东在插话中说："干部没有缺点和错误的，一个也没有。我就没有缺点、错误？别人不讲，我就知道。世界上圣人是没有的。错误性质有严重和不严重的。"当余秋里汇报到1958年那股干劲很可贵时，毛泽东说："干劲很足，浮夸不少！"②当余秋里汇报到今年钢可搞到一千一百万吨时，毛泽东说："不是有个消息吗，英国人听说我们搞调整、巩固，就害怕了。你不搞冒进，搞质量，搞品种、规格，他就怕了。数量慢慢地上去，不要急。"③当余秋里汇报到中央的方针政策完全正确时，毛泽东说："不一定都正确，要有分析，要一分为二，有正确的，也有错误的。十五年来，正确的总是主要的，没有搞修正主义嘛！多快好省搞了多快，忘了好省，那也能说正确吗？哪能都怪计委？不能都怪计委。犯点错误也有好处，取得经验，有免疫性。高征购，瞎指挥，一千七百项，都是不正确的。多快好省，你们注意，不要闹五八年、五九年、六〇年那样的盲目多快，结果也不多，也不快。"④1965年6月16日上午，毛泽东听取余秋里关于编制第三个五年计划的汇报时指出："我看五年搞一千零八十亿元的建设规模是大了，留的余地太少了。少搞些项目就能打歼灭战，大了歼灭不了。不要搞一千个亿，搞个八百亿、九百亿。一九七〇年那些指标不要搞那么多，粮食四千八百亿斤能达到吗？……钢一千六百万吨就行了。你这个数字压不下来，就压不下那些冒进分子的瞎指挥。我看大家想多搞，你们也想多搞，向老百姓征税征粮，多了会闹翻，不行的。这是个原则问题。要根据客观可能办事，绝不能超过客观可能，按客观可能还要留有余地。留有余地要大，不要太小。要留有余地在老百姓那里，对老百姓不能搞得太紧。"⑤1969年2月21日，《人民日报》发表社论《抓革命，促生产，夺取工业战线

---

① 《毛泽东年谱（1949—1976）》第3卷，中央文献出版社2013年版，第454页。
② 《毛泽东年谱（1949—1976）》第5卷，中央文献出版社2013年版，第472、473页。
③ 《毛泽东年谱（1949—1976）》第5卷，中央文献出版社2013年版，第473页。
④ 《毛泽东年谱（1949—1976）》第5卷，中央文献出版社2013年版，第473—474页。
⑤ 《毛泽东年谱（1949—1976）》第5卷，中央文献出版社2013年版，第501页。

的新胜利》，毛泽东在社论中加写了"在订计划的时候，必须发动群众，注意留有充分的余地"。①直到 1970 年 11 月 13 日，毛泽东在接见巴基斯坦总统叶海亚·汗时，针对我国不少钢铁企业又要掀起翻番的情况还说："管经济很不容易。我们早先不会搞，经过几个转折，搞的稍微好一点，才学会了一点。""现在倒要警惕，要防止有些人动不动就要翻一番。这个积极性一上来，又要发生事。一是材料不够，一是设备、投资跟不上，全国紧张。"②

以上事实，完全可以说明，一是在"大跃进"中特别是"大跃进"初期，毛泽东头脑与全党一样，头脑发热，犯过不切实际的"左"的错误，但是，他对自己所犯的错误一直认账，并在后来的实际工作中，一直避免重犯。二是毛泽东所犯错误远不是大家所想的那么大，那么多。现在，一些人仍把"大跃进"期间所出现的荒唐现象，包括各级领导（其中包括其他中央领导）所犯的错误，都堆到毛泽东一个人的头上，甚至肆意进行嘲弄、辱骂，这难道不是历史虚无主义的一种特殊表现吗？

对于自己的前辈，我们必须实事求是。前辈错了，我们当然要勇于承认，不能因为是自己的前辈甚至是自己的亲生老子就为尊者讳，或盲目为其辩护；但也不能因为其有过一点错误就无限夸大，甚至把他的伟大业绩和功绩都涂抹得漆黑一团。实际上，人们的生理上的血脉只能是一条纵线，承接历史，伸向未来；而人们思想政治上的血脉，只能是从后天获得。"文化大革命"中所泛滥的"龙生龙，凤生凤，老鼠生来会打洞"的错误思潮，伤害了不少人甚至几代人，一些人至今仍固执地认为毛泽东是这一错误思潮泛滥并造成恶果的始作俑者。这也是至今仍有一些人对毛泽东关于党和政权永不变质思想抱有偏见的缘由之一。但这决不是历史的真实。

1980 年 2 月 29 日，邓小平在中共十一届五中全会第三次全体会议上讲话时说："不要造成一个印象，好像别人都完全正确，唯独一个人不正确。……一九五八年大跃进，我们头脑也热，在座的老同志恐怕头脑热的也不少。这些问题不是一个人的问题。我们应该承认，不犯错误的人是没有的。"③

有的人误认为毛泽东仅有诗人的浪漫，缺乏科学的求是精神，因而将他诗人的浪漫不适当地运用到国家的政治生活和经济生活中时，便难以避免出现重大的失误。笔者不赞成这一说法。理由有三：一是如前一节中所列举的毛泽东在"大跃进"中极力纠正浮夸、"共产风"、急于过渡到共产主义等"左"倾错误的大量事实，应该可以澄清不少人对此的模糊认识。二是进入社会主义革命和建设时期后，我们党所要做的，实质上是马列主义的基本原理同中国革命和建设的具体实际的第二次

---

① 《毛泽东年谱（1949—1976）》第 6 卷，中央文献出版社 2013 年版，第 230—231 页。
② 《毛泽东年谱（1949—1976）》第 6 卷，中央文献出版社 2013 年版，第 352 页。
③ 《邓小平文选》第 2 卷，人民出版社 1994 年版，第 277 页。

结合。从一定意义上讲,在艰难探索中国特色社会主义建设道路中,出现一定的曲折,犯下一定错误,则是题中应有之义。1954年3月23日晚上,在中南海游泳池毛泽东住处主持召开中共中央书记处扩大会议,讨论赫鲁晓夫的秘密报告和中国共产党的对策时,毛泽东说:"共产主义运动,从马克思和恩格斯发表《共产党宣言》算起,于今只有一百年多一点。无产阶级专政的历史,从十月革命算起,还不到四十年。实现共产主义是空前伟大而又空前艰巨的事业。不艰巨就不能说伟大,因为很艰巨才很伟大。在这艰巨斗争的过程中,不犯错误是不可能的,因为我们走的是前无古人的道路。我历来是'难免论'。斯大林犯错误是题中应有之义,赫鲁晓夫同样也要犯错误。苏联要犯错误,我们也要犯错误。问题在于共产党能够通过批评和自我批评克服自己的错误。"①1956年4月4日中午,在讨论修改《关于无产阶级专政的历史经验》一稿时,毛泽东说:"最重要的是要独立思考,把马列主义的基本原理同中国革命和建设的具体实际相结合。民主革命时期,我们吃了大亏之后才成功地实现了这种结合,取得了新民主主义革命的胜利。现在是社会主义革命和建设时期,我们要进行第二次结合,找出在中国怎样建设社会主义的道路。""现在更要努力找到中国建设社会主义的具体道路。"②三是在实际工作中,毛泽东从来都是强调革命精神与实践相结合。1958年5月8日,毛泽东在中共八大二次会议上作第一次讲话中指出:"革命精神应与实际精神统一,要把俄国的革命热情和美国的实际精神统一起来。在文学上,就是革命的浪漫主义和革命的现实主义的统一。我们的革命精神不是与实践相脱离的,而是与实践相结合的。"③

笔者在20世纪60年代的三年困难时期,就曾吃过草籽和榆树皮等,但笔者认为:我们审视历史,决不能简单地站在个人得失立场,必须跳出个人局限站在人民和历史乃至最终站在全人类文明进步的角度去观察问题,方可能得到事物的真谛与本质。不能因为在毛泽东时代自己曾经饿过几天肚子,过了几年穷日子,就把新中国成立后27年的艰辛奋斗与后40年的改革开放割裂甚至对立起来。现在回想起来,从一定意义上讲,笔者也曾为当年吃过草籽和榆树皮而感到自豪和骄傲,这也是自己为我国研制出"两弹一星一潜艇"等社会主义建设取得的辉煌成就而忍过饥挨过饿,为中国特色社会主义的艰辛探索乃至最终形成而作出的个人极其微薄的贡献。我也想提醒改革开放后成长起来的一些年轻人,千万不要不了解情况,就无端指责当年的我们"蠢""笨",甚至是大锅饭养的"懒鬼",就否认我们当年为今天的美好生活打基础而付出的血汗。

---

① 《毛泽东年谱(1949—1976)》第2卷,中央文献出版社2013年版,第549页。
② 《毛泽东年谱(1949—1976)》第2卷,中央文献出版社2013年版,第557页。
③ 《毛泽东年谱(1949—1976)》第3卷,中央文献出版社2013年版,第346页。

我们决不能否认新中国前 27 年的失误和错误，决不能为毛泽东的错误辩护，并一定要汲取其中的教训。但失误和错误也不是毛泽东一个人的，有的失误的主要责任也在毛泽东。我们不能把前 27 年的艰辛奋斗与改革开放后 40 年割裂甚至对立起来。现在有的人把新中国前 27 年说得一无是处，甚至是暗无天日，这不是糊涂，就是别有想法。

邓小平说得好："不提毛泽东思想，对毛泽东同志的功过评价不恰当，老工人通不过，土改时候的贫下中农通不过，同他们相联系的一大批干部也通不过。毛泽东思想这个旗帜丢不得。丢掉了这个旗帜，实际上就否定了我们党的光辉历史。"[①] 党的十八大报告中作出的"以毛泽东同志为核心的党的第一代中央领导集体""为当代中国一切发展进步奠定了根本政治前提和制度基础""为新的历史时期开创中国特色社会主义提供了宝贵经验、理论准备、物质基础"的重要结论，[②] 深得党心民心。

[①] 《邓小平文选》第 2 卷，人民出版社 1994 年版，第 298 页。
[②] 胡锦涛：《坚定不移沿着中国特色社会主义道路前进 为全面建成小康社会而奋斗——在中国共产党第十八次全国代表大会上的报告》，《人民日报》2012 年 11 月 18 日。

新中国 70 年的变与不变
——在第四届当代中国史国际高级论坛上的发言

The Variation and Invariability of 70 years of New China
— The Speech of the Fourth International Advanced Forum on Contemporary China History

（2019 年 9 月 7 日）

中国社会科学院原副院长、当代中国研究所原所长　朱佳木（Zhu Jiamu）

　　新中国 70 年发生了翻天覆地的变化，对这一点，现在已经没有什么人怀疑了。但是不少人对没有变的东西却注意不够，或者注意了却没有在意。然而，新中国 70 年为什么会有这么大变化，这个变化是否会持续，中国会不会因此称霸等等问题的答案，恰恰就在这变与不变的关系之中。

　　中国共产党作为工人阶级政党，首先是为被压迫被剥削的工人和劳苦大众利益而成立的。但由于身处半殖民地半封建社会，所以，它同时肩负了争取民族解放和独立的重任。和其他政党不同的是，它虽然也主张中国工业化，但认为必须首先打倒挡在中国工业化道路上的帝国主义和封建势力，并为此奋斗了 28 年。新中国成立前夕，共和国第一代领导人鉴于中国当时不具备开展大规模工业化建设的条件，曾决定先用一段较长时间实行新民主主义政策，着重发展轻工业、农业，以积累资金和物质，培养技术和管理人才。然而，1950 年朝鲜战争爆发后，凸显了发展重工业的紧迫性；苏联答应全面援助中国第一个五年计划建设，又使优先发展重工业具有了现实可能性。于是，中共中央决定提前向社会主义过渡，用 3 到 5 个五年计划实现国家工业化。在第二个五年计划即将完成时，中共中央又提出在 20 世纪末实现工业、农业、国防和科学技术四个现代化的目标，并决定第一步先在 1980 年以前建成独立的比较完整的工业体系和国民经济体系。20 世纪 80 年代初，第二代领导人根据实际情况，在原有"两步走"战略基础上提出"三步走"战略，即第一步先用 10 年，使人民生活达到温饱水平；第二步再用 10 年，到 20 世纪末使人民生活达到小康水平；第三步用 50 年，在 21 世纪中叶使人均国民生产总值达到中等发达国家水平，基本实现现代化。21 世纪初，鉴于人均国民生产总值虽然已经达到小康指标，但经济、社会发展还存在不少问题，中共中央又提出到 21 世纪中叶之前再分两步走，第一步先用 20 年全面建成小康社会。中共十八大之后，第三代领导人鉴于全面建成小康社会的目标在 2020 年即将实现,又提出到 21 世纪中叶前的 30 年再分两步走,第一步用 15 年基本实现现代化,然后用 15 年建成社会主义现代化强国。可见,新中国 70 年里在国家发展目标的具体提法上有许多变化,但是,实现工业化、现代化的大目标始终没有变。

当 20 世纪 50 年代初决定提前开展大规模工业化建设时,我国资金和物资匮乏、人才和经验不足的矛盾并没有解决,相反更趋尖锐。为了解决这个问题,第一代领导人选择了能把有限资金、物资、人才集中用于工业化建设的计划经济体制,并对私营工商业和个体农业进行社会主义改造,对粮食、棉花等主要农产品实行统购统销政策。70 年代末,第二代领导人为抓住机遇、加快发展,根据国内国际形势新变化,决定实行改革开放总方针,在公有制为主体、国有经济占主导地位的前提下发展个体私营经济,在计划经济的框架内增加市场调节部分,并在计划中减少指令性、增加指导性;同时,随着市场情况的改善,逐步取消了对农副产品和日用轻工业品供应的限制。20 世纪 90 年代,随着经济规模和对外开放的不断扩大,中共中央进一步将计划经济体制转变为社会主义市场经济,让市场在国家宏观调控下对资源配置起基础性作用,确立公有制为主体、多种经济成分共同发展的社会主义初级阶段基本经济制度。中共十八大后,第三代领导人提出稳中求进的工作总基调,将市场在资源配置中的作用由"基础性"改为"决定性",同时强调更好发挥政府作用和社会主义制度集中力量办大事的优越性。可见,新中国 70 年里在经济建设的体制、方针、政策上也有很多变化,但是,一切从实际出发、最大限度地调动人民积极性的指导思想始终没有变。

夺取政权以后如何使人民真正当家作主,使执政党不脱离群众,是第一代领导人在全国胜利前夕就开始考虑的问题。为此,新中国建立了人民代表大会制度、共产党领导的多党合作和政治协商制度、民族区域自治制度等基本政治制度,以及生产资料全民所有制和集体所有制等基本经济制度。为防止党的干部蜕化变质、以权谋私、当官做老爷,第一代领导人大力倡导"两参一改三结合",接连进行了"三反""四清"等整党整风运动。改革开放后,第二代领导人为克服官僚主义和权力过分集中的问题,又启动政治体制改革,并从市场经济和多种经济成分共同发展的实际出发,规定担任公职的党员干部不得经营私人企业,重申矿藏等自然资源和土地属于国家或集体所有,防止私人资本掌握国民经济命脉、干扰国家政策的制定。从 20 世纪 80 年代初到 21 世纪头 10 年的 30 年间,执政党仍然连续进行了四五次整风活动。中共十八大以来,为加强反腐败工作,国家又进行了监察体制改革,对所有行使公权力的公职人员实现监察全覆盖;并强调政治体制改革绝不照搬西方政治制度和政党模式,共产党的领导是中国特色社会主义最本质特征；同时要求全面从严治党，改变管党治党宽松软的状况，坚持反腐败无禁区、零容忍，并在全党范围和县处级以上干部中分别以群众路线和端正作风为主题各进行了一次整风活动，目前又在进行以保证党的纯洁性为宗旨的主题教育活动。可见，新中国70年里在国家政治体制和执政党自身建设的具体形式和做法上虽有不少变化，但是，由人民当家作主的基本政治制度和设法保证执政党与人民群众密切联系的理念始终没有变。

中国有着长期遭受帝国主义侵略的历史，中华人民共和国成立后又长期遭受帝国主义军事威胁、经济封锁、贸易禁运。因此，新中国在世界政治舞台上天然属于进步与和平的力量，必然奉行独立自主的和平外交政策、和不同社会制度国家和平共处、支持被压迫民族的正义斗争，并会不惜一切代价捍卫领土完整、主权独立，维护国家统一和安全。正因为如此，新中国刚成立时，站在了社会主义阵营一边；当美国出兵侵占台湾海峡并把战火烧到中朝边境时，毅然进行了抗美援朝战争。面对20世纪五六十年代风起云涌的民族民主解放运动和来自帝国主义的战争威胁，中共第一代领导人根据马克思主义关于时代问题的理论，作出不是战争引起革命，就是革命制止战争的论断，并同亚非拉民族独立、人民革命运动相互支持。当美苏两个超级大国为争夺霸权而进行冷战时，又及时调整外交战略，提出"三个世界"划分理论，表示反对任何形式的霸权主义，中国永远不称霸，并由此打开了长期僵持的中美关系，同时，大力加强国内"三线"建设和战备措施，避免了可能遭受的突然袭击，也为同资本主义世界开展经济往来铺平了道路。20世纪80年代初，第二代领导人根据国际形势新变化，提出和平和发展是当今时代的主要问题，同时仍然把反对霸权主义、维护世界和平、加强同第三世界团结合作作为新时期的基本外交政策，全方位地发展对外友好关系，先后与有关国家一起启动了中国—东盟自贸区，组成上海合作组织、金砖国家组织、亚太经合组织，建立中非定期协商机制和合作平台，加入世界贸易组织和二十国集团，推动建设和谐世界。中共十八大后，第三代领导人坚持和平与发展仍然是时代主题的判断，同时指出世界面临的不稳定性不确定性正日益突出，强调当今依然处在马克思主义所指明的历史时代，资本主义必然消亡、社会主义必然胜利是社会历史发展不可逆转的总趋势，要求干部深刻认识资本主义社会的自我调节能力和西方发达国家在经济科技军事方面占据优势的客观现实，认真做好两种社会制度长期合作和斗争的各方面准备；提出构建人类命运共同体的理念，在积极参与已有国际对话和合作平台的基础上，倡议和促进"一带一路"建设；明确表示中国既不认同"国强必霸"的陈旧逻辑，也不会吞下损害自身利益的苦果，推动国际秩序和经济全球化朝更加公平、合理和合作、共赢的方向发展。可见，新中国70年里在国际问题和对外关系上的具体看法、提法、做法也都有不少变化,但顺应世界发展趋势、争取和维护世界和平、捍卫自身核心利益的决心始终没有变。

当前,新中国仍然在日新月异地向前发展,未来的变化会更多更大。但只要了解了过去70年里的变与不变,对新中国为什么会有这么大变化,这种变化能否持续,中国今后会不会称霸等问题,也就不言自明了。

第四届当代中国史国际高级论坛学术总结
The Academic Summary of the Fourth International Advanced Forum on Contemporary China History
（2019年9月8日）

当代中国研究所副所长　李正华（Li Zhenghua）

尊敬的各位代表，各位嘉宾：

深刻反映新中国70年中国共产党领导中国人民进行社会主义现代化建设的奋斗实践，客观总结新中国70年成就与经验及其背后所蕴含的内在逻辑，是对中华人民共和成立70周年的最好纪念。由当代中国研究所主办的主题为"现代化视野下的当代中国70年"的第四届当代中国史国际高级论坛，经过中外学者一天半的紧张研讨，即将结束。受大会组委会委托，由我对本次论坛作简要总结。

本届论坛得到中国各方面高度重视。中国社会科学院副院长、党组副书记王京清出席开幕式并讲话。中国社会科学院党组成员、当代中国研究所所长姜辉致开幕词。中共中央党史和文献研究院学术和编审委员会主任陈理，中共中央党校（国家行政学院）副校（院）长谢春涛，中国社会科学院原党组副书记、副院长李慎明，中国社会科学院原副院长、当代中国研究所原所长、中华人民共和国国史学会会长朱佳木等领导出席开幕式并致辞。中外专家学者、期刊媒体记者100余人出席了开幕式。

本次论坛共收到论文40篇，其中海外学者13篇，中方学者27篇。在一天半时间里，来自越南、比利时、白俄罗斯、荷兰、英国、美国、俄罗斯等国以及国内科研院所、高等学校的专家学者30多人作了大会发言，并进行了讨论交流。会议实现了预定的目标。《人民日报》《光明日报》《北京日报》《中国社会科学报》等新闻媒体对论坛作了报道。

下面，我对本次论坛作一学术总结。

一、充分肯定新中国70年社会主义现代化建设的巨大成功以及坚持和发展中国特色社会主义的重要性

实现现代化，是几代中国人孜孜以求的梦想与目标。为了这个梦想与目标，中

国共产党人经过不懈探索实践，在不同时期提出了符合当时实际的社会主义现代化发展目标。党的十八以来，以习近平同志为核心的党中央又郑重提出社会主义现代化强国的奋斗目标，将中国现代化建设提升到一个新的发展阶段。

围绕着中国的现代化问题，本届论坛进行了较为深入的研讨。中国社会科学院副院长、党组副书记王京清在讲话中指出，新中国70年的历史，尤其是改革开放40多年历史充分证明，中国特色社会主义发展道路符合中国国情、适应中国社会、解决中国问题，是完全正确的。在当代中国，只有坚持走中国特色社会主义发展道路，才能实现全面建成小康社会以及中华民族伟大复兴的中国梦，才能实现建设社会主义现代化强国的奋斗目标。哈佛大学傅高义教授指出了新中国70年现代化建设取得的重要成绩。埃因霍温理工大学基杰斯·莫穆教授以道路建设与汽车为例考察了20世纪中国的现代化发展问题，强调中华人民共和国成立前后中国现代化发展的历史连续性。北京大学程美东教授从大历史观的角度对比后现代化国家、中国历史上王朝以及国际共运史上的一些国家与中华人民共和国70年的发展情况，认为新中国70年的发展是社会主义道路在落后国家成功发展的典型，丰富了社会主义理论和实践，使社会主义制度大放异彩，并提升了人们对社会主义活力的认识。中央党校陈述教授分析了新中国70年国家发展目标的形成与发展情况，认为从建立"独立、民主、和平、统一、富强"的新中国到建设"民主、富强、文明、和谐、美丽"的社会主义现代化强国的目标，是中国共产党和中国人民紧密结合时代条件和实践要求，不断深化对共产党执政规律、社会主义建设规律、人类社会发展规律的认识所取得的成果，必将指引中国人民继续为实现中华民族的伟大复兴而奋斗。当代中国研究所张金才研究员指出，新中国70年社会主义现代化建设奋斗目标经历了从实现社会主义工业化到实现四个现代化、从实现四个现代化到全面建设小康社会、从全面建成小康社会到全面建成社会主义现代化强国的演进过程。莫斯科国际关系学院华可胜教授深入总结了自中华人民共和国成立以来中国现代化发展模式的演变，认为中共十九大提出的"新时代"标志着成熟的现代化政策的形成。越南社科翰林院阮春强研究员详细比较了中国与越南在现代化建设方面的情况。

与中国现代化问题紧密相连的是如何坚持和发展中国特色社会主义的问题。习近平总书记指出："中国特色社会主义是社会主义而不是其他什么主义，科学社会主义基本原则不能丢，丢了就不是社会主义。"① 长期以来，国内外当代中国史学界在如何认识中国特色社会主义的形成与发展问题上确实存在一些分歧，需要

---

① 《十八大以来重要文献选编》（上），中央文献出版社2014年版，第109页。

作出澄清。中央党史和文献研究院杨明伟研究员深入论证中国特色社会主义具有自身的原则性、自适性、坚定性，强调只要保持和坚守这些基本特性，新中国就能更加坚定"四个自信"，更好做到"两个维护"，更加稳步地沿着中国特色社会主义道路走向光辉灿烂的未来。中国社会科学院信息情报研究院王灵桂研究员认为，中国道路是当今时代最有作为的发展道路，中国制度是当今世界最有优势的制度模式，中国方案是当今世界最有前途的发展方案。当代中国研究所李文研究员认为，以毛泽东为首的第一代党的领导人在社会主义革命和建设时期奠定了三大基础，它们分别是：根本政治制度和基本政治制度，独立的比较完整的工业和国民经济体系，充沛、良好的人力资源。中国人民大学杨凤城教授认为，新中国第一个30年为社会主义在中国奠基的时期，最终使中华民族以一个有尊严的形象屹立于世界民族之林；新时期最鲜明的特征是改革开放，最伟大的成就是开创和发展了中国特色社会主义，这是中国人民富起来的制度保障；新时代是中华民族终于迎来强起来的时代，是日益走近世界舞台中央的时代，是进一步发展和完善中国特色社会主义的时代。新中国、新时期、新时代，构成前后相续的中华人民共和国70年历史演进。

二、深入总结新中国70年各个领域取得的成就与经验

新中国70年来，我国各个领域的社会主义现代化建设都取得了重要成就与宝贵经验。以下分五个方面作简要分析。

关于新中国70年经济建设的成就与经验　武力研究员、李扬助理教授把新中国经济发展分为三个时期：从1949年新中国成立到1978年中共十一届三中全会前，为向社会主义过渡和计划经济时期；中共十一届三中全会到2012年中共十八大前为改革开放和中国特色社会主义形成时期；中共十八大起，中国特色社会主义进入新时代，认为这三个时期一脉相承，接续完成中国经济从起步到腾飞，再到转型升级的历史任务。中国社会科学院大学程恩富教授分析了新中国70年经济建设发展的三个阶段，指出新中国70年经济建设是统一发展的有机整体，割裂、扭曲改革开放前后两个历史时期关系的观点事实上是不客观的、理论上是站不住的，对于今后的实践和理论发展更是有害的。当代中国研究所郑有贵研究员认为，中国发挥能够集中力量办大事的社会主义制度优势，并在开辟社会主义市场经济发展道路中探索形成与之相适应的集中力量办大事新机制，进而形成以快活稳统一为特征的优势跨越发展路径。比利时鲁汶大学张丽雅教授指出，1961年末中国与西欧工业企业的关系迎来了一个新的阶段，并具体讨论了中国与英国石化贸易的情况。俄罗斯科学院

远东研究所波尔契科夫研究员详细梳理了改革开放以来中国在外贸、服务贸易、投资和经济特区等对外开放方面的主要成果，认为中国已经成为世界贸易、吸引外资和海外投资等领域的领导者之一。白俄罗斯瓦金研究员分析了"一带一路"倡议的阻挠因素。

关于新中国政治建设的成就与经验　当代中国研究所李正华研究员指出，70年政治体制改革和政治文明建设为新中国取得历史性成就提供了有力保障，是新中国历史的重要组成部分。中国社会科学院政治学研究所张树华研究员认为，当代中国的政治发展冲破了西方固有的"民主—专制"二元对立的思维定式和双重标准，抵制住了西方以"民主、自由、人权"为幌子的文化霸权的侵扰，破除了"民主激进主义"和"民主原教旨主义"的干扰，以坚定的政治立场、全面的发展视野，顺应人民的意愿，开辟了独具特色而卓有成效的政治发展道路，在世界政治舞台上展示着独特的理论价值和实践魅力。当代中国研究所张星星研究员指出，在中国共产党领导下的人民民主专政的国体和中国特色社会主义政治发展道路，既能充分发扬人民民主、实现人民当家作主，又能发挥社会主义制度优势、政治优势，符合中国国情和中国社会发展要求。白俄罗斯帕威尔·诺维科夫研究员从军事政治角度论述了1949—1955年苏中关系。

关于新中国文化建设的成就与经验　中国社会科学院经济研究所董志凯研究员从自力更生与引进消化吸收创新相辅相成的角度讨论了1949年至1978年中国科技发展的历程及启示，指出新中国工业化在坚持自力更生方针指引下很好地处理了技术引进的问题，既注意了消化吸收，同时也坚持不以牺牲主权为代价；强调认为真正的核心技术是买不来的，一个国家要真正成为科技强国、经济强国，必须努力提高科技自主创新能力。当代中国研究所欧阳雪梅研究员指出，新中国70年中国共产党领导人民探索形成了中国特色社会主义文化发展道路，其基本经验有：党对文化工作的领导是关键；坚持以马克思主义为指导是保持社会主义文化先进性的根本保证；坚持以人民为中心是社会主义文化的价值追求；重视社会主义核心价值体系建设；发挥文化引领风尚、教育人民、服务社会、推动发展的作用；正确处理古今中西文化关系，推动中华文化守正创新。

关于新中国70年社会建设的成就与经验　英国萨塞克斯大学唐迈教授分析了中国消除贫困的历程，认为中国已经在解决贫困问题上取得了显著的成绩。当代中国研究所姚力研究员认为，新中国70年的卫生与健康事业取得了巨大的成就，取得的基本经验有：始终坚持"为人民健康服务"的初心和使命，把人民健康作为关乎全局的筑基性任务，放在优先发展的重要位置；始终坚持正确的卫生工作方针，从不同时期卫生与健康工作的特点出发，制定适宜的工作策略；始终坚持发挥中国共产党领导的政治优势和社会主义国家的制度优势，遵循公平普惠的原则，将政府主导和全社会广泛参与完美结合。北京师范大学朱汉国教授认为，新中国 70 年社会建设主要成就有：一是社会保障体系日趋健全，全国普遍实行城乡居民最低生活保障，社会保险覆盖范围不断扩大，以家庭为基础、社区为依托、机构为补充的社会福利事业发展格局初步形成；二是就业与收入分配制度的建立与完善；三是教育事业取得跨越式发展，人民群众已享有越来越多的受教育机会；四是社会治理体系的建立与发展；五是民众生活发生了巨变，人们对日益改善的生活条件和不断提升的生活质量满意度越来越高。其基本经验有：社会建设要以经济建设为基础，要以改善民生为重点，要循序渐进、量力而行等。

关于新中国 70 年外交发展的成就与经验 哈佛大学傅高义教授认为，目前中国与美国的关系变得非常紧张，但双方必须找到共同维护和平和解决共同面临的全球问题的办法，要同舟共济，寻找到合作共赢的方式。白俄罗斯国立大学孔子学院院长阿·阿·托济克指出，中国的发展和崛起对世界来说并不是威胁，而是机会，"中国所积累的经验不仅对中国的未来发展、对东南亚地区的发展有所裨益，而且在很大程度上对世界上其他国家的发展具有重要的实践意义"。白俄罗斯谢尔盖研究员从 21 世纪的命运共同体角度分析了白俄罗斯与中国的关系。俄罗斯的萨夫金教授分析了传统外交政策的演变。越南社科翰林院杜进森研究员提出要共同研究社会主义理论及革新，改革开放实践中的新问题，促进越中关系健康稳定发展。中共中央党校宫力教授指出，新中国成立后中美关系经历过对抗与对话，折冲与共处，逐渐了解和认清了对方的过程；强调中美关系从来都是在克服困难中前行，中美关系的内生动力已经形成；认为新时代虽然大国竞争加剧，但两国利益交织无法切割，推进以协调、合作、稳定为基调的中美关系是事关全局的战略抉择。中国社会科学院马克思主义研究院辛向阳研究员从习近平总书记关于当代中国国家形象的重要论述出发讨论新时代中国国家形象的本质及鲜明特征。上海社会科学院国际问题研究所所长王健研究员指出，70 年间中国外交与国际环境的互动是双向的，中国外交既受制于国际环境的变化，同时中国外交本身也推动了国际环境的变化。当代中国研究所王巧荣研究员把新中国 70 年中国外交分为三个时期：坚持独立自主，坚定捍卫国家独立权和平等权（1949—1978 年）；坚持和平发展，为国内经济建设营造良好的国际环境（1979—2012 年）；坚持和平、发展、合作、共赢，推动构建人类命运共同体（2012—2019 年）。认为新中国 70 年中国外交的经验有：坚持党对外交工作的集中统一领导、外交工作要围绕党和国家的中心工作、科学把握国际国内形势、对国家实力及应承担的国际责任要有一个清醒的认识、坚持独立自主的外交政策、坚持走和平发展道路。

三、有重点地讨论了当代中国史研究的理论与方法的创新问题

当代中国史研究日益成为中国史领域新的知识增长点,备受国内外学界的高度关注。在迎接中华人民共和国成立70周年纪念的重要历史时间节点,对于当代中国史的学术研究状况进行总结与反思,对于加快推进当代中国史的学科体系、学术体系、话语体系建设具有十分重要的意义。

本届论坛有部分文章着重谈到当代中国史研究的理论与方法的创新问题。当代中国研究所宋月红研究员认为,国史通史研究和编纂具有基础性、战略性、根本性的意义,指出国家观与历史观、新中国的国家理论与国史观、国史理论和国史研究理论构成了国史通史研究和编纂的学理基础。他强调,国史通史研究和编纂必须遵循"八重"研究方法,分别是:中华民族史总体法,新旧中国对比法,改革开放前后历史时期统一法,"五位一体"统筹法,思想、制度和实践融合法,中央与地方关系互动法,中国和世界比较法,党史国史一体法。中国社会科学院何培忠研究员以日本现代中国学会为中心来考察日本学界在不同时期关注的中国问题与中国观的变化,指出日本当代中国史研究对于国内当代中国史学界的研究具有启示作用。中国社会科学院俄罗斯东欧中亚研究所孙壮志研究员分析了当代中国和俄罗斯、欧亚研究的学术历程以及体制建设等方面的情况。中国社会科学院近代史研究所金民卿研究员讨论了唯物史观在新中国创建前后的运用和发展情况,认为这个时期形成了马克思主义中国化的一次理论创新高潮,产生了一系列影响深远的重大理论成果。

总的来说,第四届当代中国史国际高级论坛所涉议题重大,内容广泛,成果丰硕,是当代中国史学界研究成果一次高水平的展示。但对于波澜壮阔的新中国70年历史来说,从现代化视域来研究仅只是其中一个角度而已,还可以从其他角度来研究。通过本次会议,我们可能会取得以下几点共识:

首先,要将宏观研究与微观研究结合起来。这次会议,国内学者大都侧重于宏观层面的考察,国外学者讨论问题则比较具体。宏观研究与微观研究,各有所长,但也都有所不足,二者必须很好地结合起来,才能对问题的讨论更为深入。

其次,要聚焦问题进行深入讨论。这次会议上,与会学者都作了精彩发言,但不足在于安排过于紧凑,没有讨论与提问的时间,与会专家的观点未能得到充分表达与分享。

最后,要注意多学科交叉研究的方法。当代中国史研究,是综合性很强的学术研究。除了要注意当代中国史的学科属性是历史学研究以外,还要注意吸收经济学、政治学、法学、社会学等多学科的研究方法,进行多学科交叉研究。如果这样做的话,我相信一定会产生更多更好的研究成果。

各位代表，各位嘉宾，新中国70年社会主义现代化建设所取得的伟大成就与宝贵经验，还需要我们深入地总结。随着中国对外开放进程的加快，国内外当代中国史学界的交流与研讨活动一定会越来越多，高质量、高水平的当代中国史研究成果一定会越来越多。论坛虽有期，但友谊会长远。我们真诚地希望国际上有更多的专业学者来深入地研究当代中国史，用史实来讲好中华人民共和国的故事，用交流来消弭误解与偏见，用创新来推动当代中国史研究的繁荣发展。

谢谢大家！

论中国特色社会主义的基本特性
A Discussion on Basic Features of the Socialism with Chinese Characteristics

杨明伟（Yang Mingwei）

杨明伟，中共中央党史和文献研究院对外合作交流局局长、研究员。曾任中共中央文献研究室第一编研部主任、第五编研部主任、《党的文献》常务副主编等职。长期从事党和国家领导人思想生平的研究工作，参加过众多历史文献和现实文献的编辑工作。出版过多部有关中共领导人的学术专著。主编或参与主编《中国共产党重要文献汇编》《毛泽东军事箴言》《毛泽东哲学思想研究三十年》《周恩来生平》《走向新中国——中共五大书记》等。发表过众多研究党和国家领导人思想、党的历史和理论的学术论文和纪实作品。

[摘　要]深入了解新中国70年来社会主义实践特别是改革开放40年来中国特色社会主义开创性探索实践所取得的巨大成就，需要把握中国特色社会主义的一些基本特性。首先，中国特色社会主义有自身的原则性，包括生产力决定生产关系的原理原则、共同富裕的原则、历史唯物主义的原理原则、坚持中国共产党领导的根本原则等。其次，中国特色社会主义有自身的适应性，一个国家的发展道路合不合适，只有这个国家的人民才最有发言权，走中国特色社会主义道路才能解决中国面临的重大问题，也才是适合当代中国发展的唯一路径。最后，中国特色社会主义有自身的坚定性，这种坚定性，主要体现在道路自信、理论自信、制度自信和文化自信上。有了"四个自信"，也就有了中国特色社会主义的坚定性，同样也就有了我们党、国家和民族在新时代不断开辟新天地、创造新奇迹的底气。

经过新中国70年来社会主义实践的艰辛探索，特别是改革开放40多年来中国特色社会主义的开创性探索，中国社会发生了天翻地覆的巨大变化，取得了前所未有的巨大成就，这些，都是与中国共产党人始终坚守科学社会主义的一系列基本原理和重大原则分不开的。习近平总书记指出："中国特色社会主义是社会主义，不是别的什么主义。"① 这里面就包含一些基本的原理原则。搞清这些问题，既是一个重

---

① 《十八大以来重要文献选编》（上），中央文献出版社2014年版，第109页。

大的理论课题，也是一个重大的实践问题。

一、中国特色社会主义有自身的原则性

有关中国特色社会主义的原则性，习近平总书记讲得非常清楚，他指出："中国特色社会主义是社会主义而不是其他什么主义，科学社会主义基本原则不能丢，丢了就不是社会主义。"① 这就告诉我们，中国特色社会主义首先是社会主义，是科学社会主义。我们坚持中国特色社会主义，首先必须坚持科学社会主义的基本原则。任何科学理论都有一些基本原理原则，是必须始终不渝地坚持的。

自马克思主义经典作家在深刻分析人类社会基本矛盾和历史发展一般规律的基础上创立科学社会主义理论以来，这一理论及其指导下的实践经过的风风雨雨、曲折坎坷，恰恰证明了马克思主义理论的生命力，证明了科学社会主义原理的科学性。中国共产党人正是遵循这些基本原理与中国的社会实际相结合进行自主探索并引领中国发展进步的。

70年来的实践证明，中国特色社会主义的基本原则中最为突出的有以下几条。

（一）"生产力是最革命的因素"：生产力决定生产关系的原理不能丢，必须坚持把发展生产力作为社会主义的根本任务

在领导中国社会主义建设过程中，中国共产党人始终遵循生产力决定生产关系，而生产关系要适应生产力发展的原理。尽管党内也曾经一度出现过"忽视发展社会生产力"②的倾向，但在基本认识上，我们党始终注意生产力与生产关系之间的辩证关系，正如毛泽东反复强调指出的："生产力是最革命的因素。生产力发展了，总是要革命的。"③"生产关系的革命，是生产力的一定发展所引起的。但是，生产力的大发展，总是在生产关系改变以后。"④ 毛泽东在提醒全党同志关注生产力和生产关系、经济基础和上层建筑这两对社会基本矛盾问题时，既强调"生产力和生产关系的矛盾，生产力是主要的"，又指出"生产关系、理论、上层建筑这些方面，在一定条件之下，又转过来表现其为主要的决定的作用"，认为"这不是违反唯物论，正是避免了机械唯物论，坚持了辩证唯物论"。⑤

改革开放后，从历史的经验教训中走出来的中国共产党人，把发展生产力作为

---

① 《十八大以来重要文献选编》（上），中央文献出版社2014年版，第109页。
② 《邓小平文选》第3卷，人民出版社1993年版，第116页。
③ 《毛泽东著作专题摘编》（上），中央文献出版社2003年版，第160页。
④ 《毛泽东文集》第8卷，人民出版社1999年版，第132页．
⑤ 《毛泽东选集》第1卷，人民出版社1991年版，第325—326页。

社会主义的首要任务。在总结社会主义建设经验时，邓小平明确指出："经验告诉我们：贫穷不是社会主义，社会主义要消灭贫穷。不发展生产力，不提高人民的生活水平，不能说是符合社会主义要求的。"他特别强调："马克思主义的基本原则就是要发展生产力。""社会主义的首要任务是发展生产力"。① 在建设中国特色社会主义过程中，党内形成这样的共识：如果不发展生产力，就体现不出社会主义的本质。

党的十八大以来，以习近平同志为核心的党中央高度重视解放和发展社会生产力的问题，正如习近平总书记所指出的："生产力是推动社会进步最活跃、最革命的要素。""解放和发展社会生产力是社会主义的本质要求，是中国共产党人接力探索、着力解决的重大问题。"② 习近平总书记在提出"全面深化改革"等战略布局时，就特别强调树立生产力标准上的两个"自觉"，即："自觉通过调整生产关系激发社会生产力发展活力，自觉通过完善上层建筑适应经济基础发展要求"。③ 其目的就是让中国特色社会主义更加符合社会发展规律地向前发展。

（二）"社会主义特征是搞集体富裕"：共同富裕的原则不能丢，要坚持改善全体人民生活，走共同富裕道路

带领全体人民走共同富裕的社会主义、共产主义道路，这是由马克思主义政党的根本性质决定的。邓小平在回答外国记者提问时，曾经特别强调社会主义的两条基本原则，即发展生产原则和共同富裕原则。他指出："社会主义财富属于人民，社会主义的致富是全民共同致富。社会主义原则，第一是发展生产，第二是共同致富。"还强调："我们的政策是不使社会导致两极分化，就是说，不会导致富的越富，贫的越贫。坦率地说，我们不会容许产生新的资产阶级。"④ 在解释什么叫社会主义的时候，邓小平也着重强调了两条，一是大力发展社会生产力，二是发展社会主义公有制，增加全民所得，最终达到共同富裕，"这就叫社会主义"。⑤ 邓小平坚持认为，社会主义，就是要通过大力发展生产力，逐步摆脱贫穷，使国家富强起来，但是"这种富是人民共同富裕"⑥。他特别提醒，在建设中国特色社会主义过程中，"要对大家讲这个道理"："社会主义的本质，是解放生产力，发展生产力，消灭剥削，消除两极分化，最终达到共同富裕。"⑦

从一定意义上说，建设中国特色社会主义的最终目标，就是实现全体人民的共

---

① 《邓小平文选》第3卷，人民出版社1993年版，第116页。
② 习近平：《在纪念马克思诞辰200周年大会上的讲话》，《人民日报》2018年5月5日。
③ 习近平：《在纪念马克思诞辰200周年大会上的讲话》，《人民日报》2018年5月5日。
④ 《邓小平文选》第3卷，人民出版社1993年版，第172页。
⑤ 《邓小平文选》第3卷，人民出版社1993年版，第195页。
⑥ 《邓小平文选》第3卷，人民出版社1993年版，第265页。
⑦ 《邓小平文选》第3卷，人民出版社1993年版，第373页。

同富裕。为了实现这一目标，我们党从中国社会的实际出发，灵活运用马克思主义的基本原则，提出允许和鼓励一部分地区、一部分人通过诚实劳动、合法经营先富起来，以带动越来越多的地区和人们走上致富之路，与此同时，共同富裕的理论在中国特色社会主义实践中也得到创造性发展。正如习近平总书记所说："人民对美好生活的向往就是我们的奋斗目标。我们要坚持以人民为中心的发展思想，抓住人民最关心最直接最现实的利益问题，不断保障和改善民生，促进社会公平正义，在更高水平上实现幼有所育、学有所教、劳有所得、病有所医、老有所养、住有所居、弱有所扶，让发展成果更多更公平惠及全体人民，不断促进人的全面发展，朝着实现全体人民共同富裕不断迈进。"①

（三）"尊重人民主体地位"：历史唯物主义的原理原则不能丢，必须遵循人民群众是历史创造者、是历史前进动力的道理

科学社会主义遵从的是唯物史观，推崇人民的主体地位和创造伟力。在这方面，毛泽东有过许多精辟和透彻的论述，比如他强调："人民，只有人民，才是创造世界历史的动力。"②"人民是有能力的，他们的力量是最伟大的，他们结成了团体，就是所向披靡、天下无敌的常胜军。"③他还特别指出："群众是真正的英雄，而我们自己则往往是幼稚可笑的，不了解这一点，就不能得到起码的知识。"④这些论述和认识基点为中国共产党人提供了基本遵循。

党的十八大以来，以习近平同志为核心的党中央进一步提出"以人民为中心"的发展思想，彻底地推崇"人民主体地位"。特别是在党的十九大报告中，"以人民为中心"的发展思想和执政理念随处可见。例如，"必须坚持以人民为中心的发展思想，不断促进人的全面发展、全体人民共同富裕"；"必须坚持人民主体地位，坚持立党为公、执政为民，践行全心全意为人民服务的根本宗旨，把党的群众路线贯彻到治国理政全部活动之中，把人民对美好生活的向往作为奋斗目标，依靠人民创造历史伟业"；"党的一切工作必须以最广大人民根本利益为最高标准"；"我们要坚持把人民群众的小事当作自己的大事，从人民群众关心的事情做起，从让人民群众满意的事情做起，带领人民不断创造美好生活"；等等。⑤正因为人民群众是历史的创造者、是推动历史前进的动力，是真正的英雄，所以我们党领导建设的中国特色社会主义事业，必须尊

---

① 习近平：《在纪念马克思诞辰200周年大会上的讲话》，《人民日报》2018年5月5日。
② 《毛泽东选集》第3卷，人民出版社1991年版，第1031页。
③ 《毛泽东文集》第2卷，人民出版社1993年版，第171页。
④ 《毛泽东选集》第3卷，人民出版社1991年版，第790页。
⑤ 习近平：《决胜全面建成小康社会 夺取新时代中国特色社会主义伟大胜利——在中国共产党第十九次全国代表大会上的报告》，《人民日报》2017年10月28日。

重人民主体地位，把人民群众的安危冷暖放在一切工作的首位。

（四）"坚持党对一切工作的领导"：坚持中国共产党领导的根本原则不能丢，东西南北中、党政军民学，党是领导一切的

中国共产党的领导，是中国革命、建设和改革取得胜利的根本保证，也是中国特色社会主义最本质的特征。毛泽东在总结中国革命为什么能够取得胜利时，曾经特别指出，"一个有纪律的，有马克思列宁主义的理论武装的，采取自我批评方法的，联系人民群众的党"，是我们"区别于前人的""战胜敌人的主要武器"。[1] 在新中国社会主义建设过程中，毛泽东进一步指出："领导我们事业的核心力量是中国共产党"[2]，"中国共产党是全中国人民的领导核心。没有这样一个核心，社会主义事业就不能胜利"[3]。正是中国共产党的核心领导地位和核心领导力量，进一步开创和发展了中国特色社会主义的伟大事业。党的十八大以来，在推进新时代中国特色社会主义伟大事业中，习近平总书记特别强调"我们要坚持党总揽全局、协调各方的领导核心作用"[4]，他明确指出："中国共产党是中国特色社会主义事业的领导核心，处在总揽全局、协调各方的地位。在当今中国，没有大于中国共产党的政治力量或其他什么力量。党政军民学，东西南北中，党是领导一切的，是最高的政治领导力量。"[5] 改革开放以来中国特色社会主义的历史逻辑和实践逻辑充分说明：中国特色社会主义最本质的特征是中国共产党领导，中国特色社会主义制度的最大优势是中国共产党领导。

上述这些基本的原理原则是我们必须坚持的。当然，社会主义在新中国70年来的探索实践中，特别是在改革开放40多年的创造性实践中，还有一些体现科学社会主义新内容的其他基本原则、基本要求，也都是我们必须坚持并"不能丢"的内容。比如，坚持人民代表大会制度的根本政治制度、中国共产党领导的多党合作和政治协商制度、民族区域自治制度以及基层群众自治制度等基本政治制度的要求；比如，坚持人民民主专政的国家政治制度，实行民主与专政相结合的原则，对人民实行最广泛的民主、对敌人实行专政的要求；比如，建设社会主义市场经济、社会主义民主政治、社会主义先进文化、社会主义和谐社会、社会主义生态文明的要求；比如，实行生产资料公有制的原则，在社会主义初级阶段体现为基本经济制度以公有制为主体、多种所有制经济共同发展的要求；比如，实行按劳分配原则，充分调动劳动者积极性、主动性、创造性和实现社会公平正义的要求；等等。我们党

---

[1] 《毛泽东选集》第4卷，人民出版社1991年版，第1480页。
[2] 《毛泽东文集》第6册，人民出版社1999年版，第350页。
[3] 《毛泽东文集》第7册，人民出版社1999年版，第303页。
[4] 《十八大以来重要文献选编》(上)，中央文献出版社2014年版，第91页。
[5] 《习近平关于社会主义政治建设论述摘编》，中央文献出版社2017年版，第30页。

在改革开放的各个历史阶段，都反复强调必须遵循科学社会主义的基本原理，强调必须坚持中国特色社会主义的基本原则和基本要求。党的十八大以来，以习近平同志为核心的党中央进一步提出夺取中国特色社会主义新胜利的一系列基本要求，也清楚地表明了我们必须始终坚持的中国特色社会主义的基本内容，正如习近平总书记特别指出的："在新的历史条件下体现科学社会主义基本原则的内容，如果丢掉了这些，那就不成其为社会主义了。"①

说到底，我们不论怎么改革，也无论如何开放，都始终坚守在中国特色社会主义道路、中国特色社会主义理论体系、中国特色社会主义制度、中国特色社会主义文化的大框架内。

搞清了我们坚持的科学社会主义根本原理原则，就不会产生思想认识上的模糊。社会上之所以会产生疑问，有些是属于思想糊涂，有些则是出于别有用心的有意误导。

当然，对中国社会主义的怀疑甚至嘲讽，并不是改革开放后才有的现象。早在新中国成立不久就有人提出过这样那样的怀疑，那时毛泽东是这样回答的："现在还有人怀疑我们社会主义建不成功，说我们是假共产党，那又有什么办法呢？这些人吃完饭，睡完觉，就在那里宣传，说什么中国党不是真正的共产党，中国建不成社会主义，要建成那才怪呢！"对这些人的言论，毛泽东有着清醒的认识，他明确告诫说："关于中国的前途，就是搞社会主义。要使中国变成富强的国家，需要五十到一百年的时光。现在已不存在障碍中国发展的力量。中国是一个大国，它的人口占全世界人口的四分之一，但是它对人类的贡献是不符合它的人口比重的。将来这种状况会改变的，可是这已不是我这一辈的事，也不是我儿子一辈的事。将来要变成什么样子，是要看发展的。"② 经过一代代中国共产党人带领人民接续奋斗，当今中国特色社会主义欣欣向荣的成就和蓬勃发展的势头，就是毛泽东所预言的"将来"。毛泽东自信地作的预言，恰恰是今天中国的现实。今日中国之伟大成就，恰恰是中国共产党根据马克思主义有关科学社会主义的原理，与中国社会具体实际紧紧地结合起来，带领全中国人民接续奋斗干出来的。

二、中国特色社会主义有自身的适应性

有关中国特色社会主义在中国大地的适应性问题，习近平总书记也讲得非常清

---

① 《习近平总书记系列重要讲话读本（2016年版）》，学习出版社、人民出版社2016年版，第29—30页。
② 《毛泽东文集》第7卷，人民出版社1999年版，第122—123、124页。

楚:"一个国家实行什么样的主义,关键要看这个主义能否解决这个国家面临的历史性课题。历史和现实都告诉我们,只有社会主义才能救中国,只有中国特色社会主义才能发展中国,这是历史的结论、人民的选择。"① 这就告诉我们,走中国特色社会主义道路,是中国共产党领导人民在解决中国革命、建设、改革各个历史时期面临的历史性重大课题中得出的结论;是在解决中国面临的一系列根本性问题的过程中探索出来的,探索的结论是历史作出的,探索的目标是人民选择的,是历史的必然。2013年3月23日,习近平在莫斯科国际关系学院发表重要演讲时强调:"我们主张,各国和各国人民应该共同享受尊严,一个国家的发展道路合不合适,只有这个国家的人民才最有发言权。"② 也就是说,无论别人如何说三道四,唯有中国人民自己的回答最有说服力。

为选择符合中国实际的社会主义发展道路,解决中国自身面临的历史性课题,中国人民在中国共产党的领导下,经历了艰辛的探索。这种探索的结果说明:"中国特色社会主义不是从天上掉下来的,是党和人民历尽千辛万苦、付出巨大代价取得的根本成就。"③ 这种探索及其成就,既反映在改革开放前的社会主义建设实践中,也反映在改革开放后的中国特色社会主义实践中。习近平总书记在论述改革开放前和改革开放后两个历史时期关系问题时,明确指出:"这是两个相互联系又有重大区别的时期,但本质上都是我们党领导人民进行社会主义建设的实践探索。中国特色社会主义是在改革开放历史新时期开创的,但也是在新中国已经建立起社会主义基本制度、并进行了20多年建设的基础上开创的。"④ 实践发展的轨迹,让我们看清一个基本的历史走向,即中国特色社会主义,是随着中国共产党团结带领全中国人民艰辛探索的步伐,一步一步走向光辉未来的。

首先,我们要明白这样一个道理,改革开放前中国社会主义建设实践,充分说明只有走中国式的社会主义道路才能解决新中国面临的重大问题,也为建设中国特色社会主义奠定了探索的基础。在积贫积弱、任人宰割的旧中国,一批批先进的知识分子曾经在各种主义和思潮中进行尝试。一度有人主张走资本主义道路,但没有走通;也曾经有人试图走改良主义、自由主义、社会达尔文主义、无政府主义、实用主义、民粹主义、工团主义等道路,也只是"你方唱罢我登场"。这些都没能解决中国的前途和命运问题。真正开始解决中国历史性课题,是以毛泽东为主要代表

---

① 《习近平谈治国理政》第1卷,外文出版社2018年版,第22页。
② 《习近平在莫斯科国际关系学院发表重要演讲时强调 建立以合作共赢为核心的新型国际关系》,《人民日报》2013年3月24日。
③ 习近平:《在庆祝中国共产党成立95周年大会上的讲话》,《人民日报》2016年7月2日。
④ 《习近平谈治国理政》第1卷,外文出版社2018年版,第22页。

的中华民族优秀分子接受了马克思列宁主义、团结带领最广大的中国人民取得了中国革命的胜利并探索了社会主义道路以后。随着中华人民共和国的成立和发展,在中国共产党的正确领导下,在探索社会主义道路的过程中,创造性地发展了马克思主义关于社会主义的理论,逐步建立了比较完善的社会主义制度,丰富和发展了社会主义文化,一步一步解决了并且仍在有效地解决着我们这个经济文化比较落后、民族积贫积弱的国家面临的各种历史性课题,成功实现了中国历史上最深刻最伟大的社会变革,为当代中国一切发展进步奠定了根本政治前提和制度基础,也为在新的历史时期开创中国特色社会主义提供了宝贵经验、理论准备、物质基础。

其次,我们还要明白这样一个道理,改革开放后中国社会主义建设的进一步创新发展实践,充分反映出科学社会主义在中国重新焕发出勃勃生机,除了坚持和发展中国特色社会主义,没有任何什么主义能够真正解决当代中国面临的一切重大问题。党的十一届三中全会后,在已经走过的40多年间,我们党提出建设中国特色社会主义,在总结前30年探索社会主义实践经验的基础上,进一步把社会主义与中国特色进行了有机的结合,并在世界上第一次比较系统地初步回答了在中国这样经济文化比较落后的国家如何建设社会主义、如何巩固和发展社会主义的一系列基本问题,既一步步开拓了马克思主义的新境界,也一步步把我们对社会主义的认识和实践提高到新的境界。以邓小平同志为主要代表的中国共产党人,深刻总结我国社会主义建设正反两方面经验,借鉴世界社会主义历史经验,作出了把党和国家工作中心转移到经济建设上来、实行改革开放的历史性决策。我们党在深刻揭示社会主义本质基础上,确立社会主义初级阶段基本路线,明确提出走自己的路、建设中国特色社会主义,科学回答了建设中国特色社会主义的一系列基本问题,成功开创了中国特色社会主义。以江泽民同志为主要代表的中国共产党人,在国内外形势十分复杂、世界社会主义出现严重曲折的严峻考验面前,捍卫了中国特色社会主义,确立了社会主义市场经济体制的改革目标和基本框架,确立了社会主义初级阶段的基本经济制度和分配制度,成功地把中国特色社会主义推向21世纪。以胡锦涛同志为主要代表的中国共产党人,根据新的发展要求,深刻认识和回答了新形势下实现什么样的发展、怎样发展等重大问题,成功地在新的历史起点上坚持和发展了中国特色社会主义。进入中国特色社会主义新时代,以习近平同志为核心的党中央全面审视国际国内新的形势,通过总结实践、展望未来,深刻回答了新时代坚持和发展什么样的中国特色社会主义、怎样坚持和发展中国特色社会主义这个重大时代课题,推动了党和国家事业发生历史性变革、取得历史性成就,中国特色社会主义展现出更加光明的前景。

新中国成立70年来,特别是改革开放40多年来,社会主义在中国的伟大实践充分说明,中国人民选择中国特色社会主义,不是少数人凭空臆想的,更不是外人强加的,而是在这块土地上的人民在解决自身面临的重大历史性课题中主动从实践中得出的答案;走中国特色社会主义道路,是适合当代中国发展的唯一路径。一代代中国共产党人,在这条道路上紧跟时代步伐,不断书写着中国特色社会主义的精彩篇章。正如习近平总书记所指出的:"极大改变了中国的面貌、中华民族的面貌、中国人民的面貌、中国共产党的面貌。中华民族迎来了从站起来、富起来到强起来的伟大飞跃!中国特色社会主义迎来了从创立、发展到完善的伟大飞跃!中国人民迎来了从温饱不足到小康富裕的伟大飞跃!中华民族正以崭新姿态屹立于世界的东方!"①

新中国成立70年来特别是改革开放40多年来的事实已经摆在世人面前:我国经济实力、综合国力大幅提升,人民生活显著改善,经济总量跃居世界第二,成功实现从低收入国家向中等收入国家的跨越,中国的国际地位空前提高,比以往任何时候都接近世界舞台的中央。这样的伟大成就和历史巨变,在人类发展史上都是罕见的。特别是进入新时代以来,以习近平同志为核心的党中央,正在书写着中国特色社会主义的更加精彩的篇章,带领中国人民为实现中华民族伟大复兴的中国梦而奋斗。事实雄辩地证明,中国特色社会主义,在道路、理论、制度、文化等方面,是最切合当代中国发展进步的内在推进器,是中国人民真正"合脚"的"鞋子"。对此,习近平总书记深刻指出:"中国特色社会主义,是科学社会主义理论逻辑和中国社会发展历史逻辑的辩证统一,是根植于中国大地、反映中国人民意愿、适应中国和时代发展进步要求的科学社会主义,是全面建成小康社会、加快推进社会主义现代化、实现中华民族伟大复兴的必由之路。"②"这是历史的结论、人民的选择。"③

三、中国特色社会主义有自身的坚定性

有关中国特色社会主义的坚定性问题,习近平总书记也有过深刻阐述,他指出:"随着中国特色社会主义不断发展,我们的制度必将越来越成熟,我国社会主义制度的优越性必将进一步显现,我们的道路必将越走越宽广,我们发展道路对世界的影响必将越来越大。我们就是要有这样的道路自信、理论自信、制度自信,真正做到'千磨万击还坚劲,任尔东西南北风'。"④他还不断强调过"文化自信",指出:"坚定

---

① 习近平:《在庆祝改革开放40周年大会上的讲话》,人民出版社2018年版,第19页。
② 《十八大以来重要文献选编》(上),中央文献出版社2014年版,第118页。
③ 《习近平谈治国理政》第1卷,外文出版社2018年版,第22页。
④ 《十八大以来重要文献选编》(上),中央文献出版社2014年版,第111页。

中国特色社会主义道路自信、理论自信、制度自信，说到底是要坚定文化自信，文化自信是更基本、更深沉、更持久的力量"。① 在党的十九大报告中，他更加深刻地指出："文化是一个国家、一个民族的灵魂。文化兴国运兴，文化强民族强。没有高度的文化自信，没有文化的繁荣兴盛，就没有中华民族伟大复兴。要坚持中国特色社会主义文化发展道路，激发全民族文化创新创造活力，建设社会主义文化强国。"② 这就告诉我们，正因为有了中国特色社会主义的道路、理论、制度、文化，才使中国人民真正树立了高度的自信，坚定地昂首走向中华民族伟大复兴的光明大道。

首先，树立道路自信，是中国特色社会主义的方向性要求。中国特色社会主义既是我们的旗帜，也是我们的方向。中国特色社会主义道路，是实现社会主义现代化的必由之路，是创造人民美好生活的必由之路，也是当代中国发展进步的唯一正确的道路。我们要实现国家富强、民族振兴、人民幸福，要夺取全面建成小康社会的伟大胜利，要推进社会主义现代化、实现中华民族伟大复兴，走中国特色社会主义道路，是我们坚定不移的方向。我们选择这条道路，是经过了风雨吹打、曲折磨炼的，特别是经过了众多重大历史关头考验的。在各种复杂的国际国内背景下，我们党都带领人民坚定地沿着这条道路一路前行，取得一个又一个胜利。尽管在这条道路的探索过程当中也出现过一些波折，但我们党都带领人民经过自我校正、自我纠偏后，走出了艰难困境，走上正确轨道。这恰恰说明这条道路发展的内存逻辑，说明中国人民在中国共产党的带领下具有强大的自主探索、自我完善、自我纠偏的能力，也说明中国特色社会主义道路具有内在的自我完善、自我校正、自我革新的机制。对这条道路，我们没有理由不充满坚定的自信。

其次，树立理论自信，是中国特色社会主义的真理性要求。中国共产党之所以把马克思主义确定为自己的指导思想和理论基础，是因为它是无产阶级的科学世界观和方法论，它揭示了人类社会发展的客观规律，这一理论的中国化，成为中国共产党带领人民认识世界、改造世界的强大思想武器，显示出它对于改造中国社会的强大真理特性。特别是中国共产党人在运用这一理论指导中国改革开放的伟大实践中，紧紧围绕什么是社会主义、怎样建设社会主义等一系列基本问题，形成了中国特色社会主义理论。这一理论是立于时代前沿、与时俱进的。只有这一理论，才能指导我们的实践，化解我们面临的大大小小的各种危机，解决我们面临的一系列复杂难题，指引党和人民沿着中国特色社会主义道路实现中华民族伟大复兴。这一理论，也使马克思主义在中国得到不断深化和创造性发展，具有更加强大的生命力，

---

① 习近平：《在哲学社会科学工作座谈会上的讲话》，《人民日报》2016年5月19日。
② 习近平：《决胜全面建成小康社会 夺取新时代中国特色社会主义伟大胜利——在中国共产党第十九次全国代表大会上的报告》，《人民日报》2017年10月28日。

成为我们党领导人民进一步取得中国特色社会主义伟大胜利的精神财富和真理力量，成为全党全国各族人民团结奋斗的共同思想基础。同时，马克思主义的真理性和科学性，也进一步在中国特色社会主义的实践中得到验证。对这种一切从实际出发、实事求是，又不断与时俱进、开拓创新的科学理论，我们没有理由不充满坚定的自信。

再次，树立制度自信，是中国特色社会主义的保障性要求。中国特色社会主义有一整套政治制度以及一系列完备制度，是中国共产党人带领中国人民经过长期实践探索、慎重选择后建立起来的，它既是中华人民共和国站起来、富起来的制度保障，也是推动当代中国社会发展进步的制度保障，更是新时代中国强起来的制度保障。实践证明，只有中国特色社会主义制度，才能从根本上保障中国实现由富起来到强起来的历史跨越。这一制度，具有鲜明的中国特色、明显的制度优势、强大的自我完善能力。对这样既适合中国自身发展，又体现国际先进性的制度，我们没有理由不充满坚定的自信。

最后，树立文化自信，是中国特色社会主义的基础性要求。中国特色社会主义文化，包涵了中国优秀传统文化、革命文化和社会主义先进文化，是中华民族走向复兴的精神之根和思想之魂。我们讲"四个自信"，说到底要坚定文化自信，文化自信是更基本、更深沉、更持久的力量。我们民族在5000多年文明发展中孕育了丰富的优秀传统文化，中国共产党在领导人民进行伟大斗争中孕育了鲜亮的革命文化，在探索社会主义建设实践中又进一步孕育了特色鲜明的社会主义先进文化，这些，都为中华民族建设中国特色社会主义积淀了最深层的精神追求，形成了中华民族在当代独特的精神标识，也为实现中华民族伟大复兴积累了更基础、更深厚、更广泛的精神力量。有了这种植"根"铸"魂"的中国特色社会主义文化，我们没有理由不充满坚定的自信。

道路自信、理论自信、制度自信、文化自信，高度统一于中国特色社会主义中。坚定"四个自信"，是中国特色社会主义的题中应有之义，也是坚持中国特色社会主义的根本要求。纵观中国共产党近百年发展壮大的历程，以及新中国成立70年中国社会发生伟大变革的历程，特别是改革开放40多年中国共产党带领人民创造世界发展奇迹的历程，从一步步绘就的波澜壮阔、气势恢宏的历史画卷中，从一次次谱写的感天动地、气壮山河的奋斗赞歌中，我们可以坚定而自豪地说，正是中国特色社会主义，使中华民族真正树起了坚定的自信，使中国人民具备了前所未有的高度自信姿态。事实雄辩地证明，中国特色社会主义是我们党、国家和民族坚定自信的根本所在。正因为如此，习近平总书记深刻指出："当今世界，要说哪个政党、哪个国家、哪个民族能够自信的话，那中国共产党、中华人民共和国、中华民族是最有理由自信的。"①

有了"四个自信",也就有了中国特色社会主义的坚定性,同样也就有了我们党、国家和民族在新时代不断开辟新天地、创造新奇迹的底气。也只有坚定道路自信、理论自信、制度自信、文化自信,也才能在中国特色社会主义伟大事业中真正做到"千磨万击还坚劲,任尔东西南北风"。

总之,自身的原则性、适应性、坚定性,构成了中国特色社会主义的一些基本特性。只要我们保持和坚守这些基本特性,就能够更加坚定"四个自信",更好做到"两个维护",更加稳步地沿着中国特色社会主义道路走向党、国家、民族更加光辉灿烂的未来。

---

① 习近平:《在庆祝中国共产党成立95周年大会上的讲话》,《人民日报》2016年7月2日。

"站起来、富起来、强起来"与中国特色社会主义的奠基、开创与发展

"Standing up, Growing Rich and Becoming Strong" and the Foundation, Inception and Development of the Socialism with Chinese Characteristics

杨凤城（Yang Fengcheng）

杨凤城，教育部长江学者特聘教授，享受国务院政府特殊津贴专家。中国人民大学中共党史党建研究院执行院长，兼任中国中共党史学会副会长、北京市中共党史学会会长，以及多所高校和研究机构兼职教授等。主要研究领域为中共党史党建、马克思主义中国化。主要著作有《中国共产党与当代中国文化发展研究》《中国共产党的知识分子理论与政策研究》《二十世纪的中国：走向现代化的历程·思想文化卷》等，主编《中国共产党历史》《毛泽东思想研究述评》《中共党史重大问题研究》《全面从严治党新阶段》和《改革开放四十年》（丛书）等教材和著作。在《中共党史研究》《当代中国史研究》《人民日报》《光明日报》等报刊发表文章百余篇。主持多项国家社科基金项目、教育部和北京市哲学社会科学项目以及部委委托项目。

[摘　要] 新中国第一个30年，一言以蔽之，为社会主义在中国奠基，最终使中华民族以一个有尊严的形象屹立于世界民族之林；新时期最鲜明的特征是改革开放，最伟大的成就是开创和发展了中国特色社会主义，这是中国人民富起来的制度保障；新时代是中华民族终于迎来强起来的时代，是日益走近世界舞台中央的时代，是进一步发展和完善中国特色社会主义的时代。

1949年中华人民共和国的成立翻开了中国历史新的一页，1978年中共十一届三中全会标志着改革开放新时期的到来，2012年中共十八大之后中国特色社会主义逐步迈入新时代。新中国、新时期、新时代，构成前后相续的中华人民共和国70年历史演进。70年历史变迁是显著的，从新时代的认识高度，可以概括为站起来、富起来到强起来的历史飞跃；70年历史内涵是丰富的，但主线是社会主义在中国的建立和发展。如果说历史变迁的视角关注的是社会层面的实际变化，那么，历史主线的

视角着重的则是制度,也就是这种变化背后的制度支撑和保障。很明显的是,制度更具有根本性全局性稳定性,所以,社会主义在中国的奠基、变革和发展,无疑可以成为俯瞰中华人民共和国70年历史的核心视点。本文即以此为主题,同时结合站起来、富起来、强起来的历史进程展开考察和分析。

一、新中国:"站起来"与为社会主义奠基

1949年9月21日,毛泽东在中国人民政治协商会议第一届全体会议上致开幕词,他说:"我们有一个共同的感觉,这就是我们的工作将写在人类的历史上,它将表明:占人类总数四分之一的中国人从此站立起来了。"① 10月1日举行的中华人民共和国开国大典,标志着近代以来中国半殖民地屈辱地位的正式终结,中国人民终于站起来了,这是自鸦片战争以来中华民族接续奋斗尤其是中国共产党成立后领导中国人民奋斗的结果。从被打倒在地到站立起来是一个过程,站稳、不再倒下也需要一个过程,这个过程就是新中国成立后的第一个30年。道理很简单,就一个民族国家而言,经济实力和国防实力,是站起来并屹立不倒的基础和保障。进一步讲,在现代世界,一个比较完整的工业体系和国民经济体系是国家独立和主权完整的前提,在此基础上拥有现代化的国防,是赢得世界尊重的保证。而这样的基础或前提恰恰是新中国所缺乏因而亟须解决的。1954年6月,毛泽东在中央人民政府委员会第三十次会议上感慨道:"现在我们能造什么?能造桌子椅子,能造茶碗茶壶,能种粮食,还能磨成面粉,还能造纸,但是,一辆汽车、一架飞机、一辆坦克、一辆拖拉机都不能造。"② 翌年10月,毛泽东再次谈道:"我国是个大国,但不是富国,也不是强国。飞机也不能造,大炮也不能造,坦克也不能造,汽车也不能造,精密机器也不能造,许多东西我们都不能造,现在才开始学习制造。我们还是一个农业国。在农业国的基础上,是谈不上什么强的,也谈不上什么富的","所以,全国各界,包括工商界、各民主党派在内,都要努力,把我国建设成为一个富强的国家"。③ 经过30年的努力,到改革开放启动之际,中国已经建立了一个独立的比较完整的工业体系和国民经济体系,特别是拥有了旧中国所稀缺的重工业,而没有重工业就不可能有巩固的国防,没有巩固的国防"站起来"就缺乏保障。毛泽东当年感慨不能造的东西已经都能制造了,不仅如此,国防科技领域内更取得以"两弹一星"为标志的骄人成就。概言之,中国终于以一个有尊严的形象矗立于世界民族之

---

① 《毛泽东文集》第5卷,人民出版社1996年版,第343页。
② 《毛泽东文集》第6卷,人民出版社1999年版,第329页。
③ 《毛泽东文集》第6卷,人民出版社1999年版,第495、500页。

林，并且站稳了。

这一成就的取得与社会主义制度选择密不可分。换言之，没有社会主义制度在中国的确立便不可能取得这样的成就。众所周知，中国原来是一个落后的农业大国，改变中国贫穷落后的面貌，实现工业化，一直是鸦片战争以来中国人民孜孜以求的目标。中国共产党选择社会主义制度，其动因之一亦在此。如何利用社会主义的制度优势，动员一切力量，加快中国发展，加速实现国家强大、人民富裕，一直萦绕于毛泽东那代共产党人的胸怀。何况，共产党人的最高理想是实现共产主义，而社会主义是共产主义的第一阶段。总之，实现民族与国家的强盛和社会主义、共产主义理想，是中国共产党率领全国人民选择社会主义道路和制度的关键。当然，改革开放前中国的社会主义总体上还是属于以苏联为典型的社会主义模式。

在国际共产主义运动史上，究竟什么是社会主义或者更准确地说什么是科学的社会主义，长期以来困扰着各国共产党和工人党。无疑，马克思和恩格斯对未来社会主义的描绘或设想，构成了科学社会主义的基本原则。例如，提出由社会占有生产资料；在公有制基础上有计划地组织生产；要尽可能快地增加生产力总量，"保证一切社会成员有富足的和一天比一天充裕的物质生活"，"保证他们的体力和智力获得充分的自由的发展和运用"；[①] 实行按劳分配等等。不过，这些设想是非常粗略的，而且是以19世纪资本主义为参照。列宁领导建立了第一个社会主义国家，但由于列宁去世较早，所以没有形成社会主义建设的系统理论，只提出过一些原则设想，如"苏维埃政权＋普鲁士的铁路秩序＋美国的技术和托拉斯组织＋美国的国民教育等等等等……＝社会主义"[②]；"共产主义就是苏维埃政权加全国电气化"[③] 等。我们日常所讲的苏联社会主义模式实际上是斯大林时期形成并在斯大林身后延续了数十年的"斯大林模式"。这种模式的主要特征是单一公有制、高度指令性计划经济体制、单一按劳分配制度，另外，也体现在政治体制上高度集权，以及以"政治挂帅"为特征的单一价值追求与一元一体化的文化样态等方面。这种社会主义模式是时代的产物，也发挥过特定的历史作用，对此需要给予"同情之理解"和公正评价。

具体到中国，要在短时期内实现工业化尤其是建立重工业基础，非社会主义制度莫属。相关研究表明，工业革命以来，主要有三种工业化模式：一是英、美等先期工业化国家，以发展轻工业起步，待积累大量资本后，再发展重工业。这种工业化模式经历了漫长的历程。二是19世纪中后期的德国、日本，在继承先期工业化所创造的科技成果基础上，由政府投资发展重工业尤其是军事工业，由民间投资发展轻工业，

---

① 《马克思恩格斯选集》第3卷，人民出版社1995年版，第633页。
② 《列宁全集》第34卷，人民出版社1985年版，第520页。
③ 《列宁全集》第40卷，人民出版社1986年版，第156页。

政府与民间合力，很快成为后起工业化国家。三是20世纪二三十年代的苏联，为打破帝国主义包围，捍卫国家安全，选择优先发展重工业道路，在短期内建成独立完整的工业体系，迅速成为欧洲强国。①苏联工业化道路与苏式社会主义是密切联系在一起的。苏联的快速工业化与制度选择对于经济落后的中国之示范作用不言而喻。在战后社会主义与资本主义两大阵营对立尤其是朝鲜战争的背景下，中国共产党在全国执政后不久便选择了优先发展重工业的工业化道路。重工业需要高积累，而中国是一个落后的农业国，那么，如何才能将有限的资源最大限度地集聚起来，如何才能做到有效地抑制消费增加投资等，一系列现实问题摆在中国共产党人面前。无疑，单一公有制、高度指令性计划体制和单一分配制度，是解决问题的一种选择，苏联就是这样做的。由此，我们就能够理解中国为什么在第一个五年计划开始实施的同时，便启动了私有制的社会主义改造，并且没有按原定15年的计划表而是仅用3年就基本完成了。实际上，在多种所有制结构、市场配置资源的情况下，国家是无法通过行政命令在短期内集聚资源、优先发展重工业的。无论是从国际国内背景看，还是从实际结果看，传统社会主义模式在特定时期的特定作用应给予客观评价。

在此，还需要指出的是，我们说改革开放前的30年中国基本上遵循的是苏联模式，并不意味着以毛泽东为代表的中国共产党人在一切方面均照抄照搬。事实上，毛泽东在1956年就提出以苏联为借鉴，实现马克思主义与中国实际的第二次结合。从这一原则出发，毛泽东、刘少奇、周恩来、陈云等中央领导人为探索符合中国国情的社会主义建设之路付出了巨大努力，中国共产党第八次全国代表大会，毛泽东《论十大关系》的报告、《关于正确处理人民内部矛盾的问题》的讲话等，便集中地体现着这种探索。从为后来中国特色社会主义提供理论起点的角度看，这一探索主要包括：（1）社会主义基本制度建立后，国内主要矛盾已经是人民对于建立先进的工业国的要求同落后的农业国现实之间的矛盾，已经是人民对于经济文化迅速发展的需要同当前经济文化不能满足人民需要的状况之间的矛盾。由此，党和国家的主要任务就是发展生产力。（2）在经济体制方面，国家经营和集体经营是工商业的主体，一定数量的个体经营作补充；计划生产是工农业生产的主体，按照市场变化在国家计划许可范围内的自由生产作补充；国家市场是主体，但附有一定范围内国家领导的自由市场作补充。（3）社会主义要发展商品生产，尊重价值规律的作用。（4）在社会主义社会，疾风骤雨式的大规模的阶级斗争已经基本结束，社会矛盾大量的是属于人民内部矛盾；要发扬社会主义民主、建立健全社会主义法制，学会用法制保障国家建设。（5）坚持马克思主义在思想文化领域的指导地位，同时实

---

① 参见《中国共产党历史·第2卷（1949—1978）》上册，中共党史出版社2011年版，第197页。

行"百花齐放、百家争鸣"的方针,尊重学术艺术自由。这些探索虽然在当年并未得到完全落实甚至相当长的时间内反其道而行之,但是,30年后,这些探索为改革开放、为中国特色社会主义开局提供了最初的也是最为珍贵的合法性支持、理论起点。回想20世纪70年代末80年代初的历史情境,在传统社会主义观念根深蒂固的情况下,在极左思想依然高强度地束缚着人们头脑的情况下,没有上述探索,改革开放的破冰之旅会更艰难。

当然,就总体而言当年的中国依然处在传统社会主义模式内。实际上,如果我们进一步研究会发现,改革开放前中国的社会主义在某些方面距离传统社会主义还很远。例如,在分配方面,更多的是平均主义而不是按劳分配;在所有制方面,不仅是单一公有制,而且追求"一大二公",即公有制规模越大越好公有化程度越高越好;在政治方面,不仅是高度集权,而且发展到个人专断和个人崇拜;等等。尽管如此,我们还是要充分肯定,改革开放之前30年为社会主义在中国奠基的作用,这不仅表现在前述经济基础方面,而且表现在人民代表大会制度、共产党领导的多党合作和政治协商制度、民族区域自治制度等新中国的根本政治制度和基本政治制度方面,正如习近平所言:"如果没有一九四九年建立新中国并进行社会主义革命和建设,积累了重要的思想、物质、制度条件,积累了正反两方面经验,改革开放也很难顺利进行。"① "以毛泽东同志为主要代表的中国共产党人,把马克思列宁主义基本原理同中国革命具体实践结合起来,创立了毛泽东思想,团结带领全党全国各族人民,经过长期浴血奋斗,完成了新民主主义革命,建立了中华人民共和国,确立了社会主义基本制度,成功实现了中国历史上最深刻最伟大的社会变革,为当代中国一切发展进步奠定了根本政治前提和制度基础。在探索过程中,虽然经历了严重曲折,但党在社会主义革命和建设中取得的独创性理论成果和巨大成就,为在新的历史时期开创中国特色社会主义提供了宝贵经验、理论准备、物质基础。"② 没有这个前提和基础,改革开放和中国特色社会主义便会失去出发点。从改革开放前后两个时期的接续看,最重要的恐怕还是社会主义基本制度的一脉相承。

二、新时期:"富起来"与中国特色社会主义开创和发展

1978年中共十一届三中全会,标志着新中国历史上一个新时期的到来,这个新时期最鲜明的特征便是改革开放。改革开放使中华民族在站起来的基础上实现了富

---

① 《十八大以来重要文献选编》(上),中央文献出版社2014年版,第112页。
② 习近平:《在庆祝改革开放40周年大会上的讲话》,《人民日报》2018年12月19日。

起来。

"党的十一届三中全会是在党和国家面临何去何从的重大历史关头召开的。当时,世界经济快速发展,科技进步日新月异,而'文化大革命'十年内乱导致我国经济濒临崩溃的边缘,人民温饱都成问题,国家建设百业待兴。党内外强烈要求纠正'文化大革命'的错误,使党和国家从危难中重新奋起。邓小平同志指出:'如果现在再不实行改革,我们的现代化事业和社会主义事业就会被葬送。'"①1978年中国GDP总量仅相当于美国的6.5%,日本的15.2%,西德的20.6%。②从国内居民生活来看,1957年全国职工平均工资624元,1976年下降至575元,不进反退。③1976年全国人均粮食消费量为380.56斤,比1956年减少28.02斤。④全国有2.5亿绝对贫困人口。⑤正是在对贫困落后有着深刻认识的基础上,邓小平在70年代末80年代初反复强调,贫穷不是社会主义,长期贫穷影响社会主义声誉,社会主义应该更富裕、共同富裕。1987年6月,邓小平在会见南斯拉夫客人时谈道:"中国社会从一九五八年到一九七八年二十年时间,实际上处于停滞和徘徊的状态,国家的经济和人民的生活没有得到多大的发展和提高。这种情况不改革行吗?"⑥概言之,贫穷拷问着社会主义和党的领导,再不实行改革,中国的社会主义事业和现代化事业就会被葬送。由此,邓小平开启了改革开放的伟大进程,希望找到一条尽快摆脱贫穷、实现富裕和现代化的新路,这就是后来逐步形成的中国特色社会主义道路。正如习近平所言:"我们党作出实行改革开放的历史性决策,是基于对党和国家前途命运的深刻把握,是基于对社会主义革命和建设实践的深刻总结,是基于对时代潮流的深刻洞察,是基于对人民群众期盼和需要的深刻体悟。"⑦

根据邓小平的设想,中共十三大明确了"三步走"发展战略,第一步80年代解决温饱,第二步90年代实现小康,第三步21世纪中叶基本实现现代化。2002年中共十六大宣布:"人民生活总体上达到小康水平",不过"现在达到的小康还是低水平的、不全面的、发展很不平衡的小康","我们要在本世纪头二十年,集中力量,全面建设惠及十几亿人口的更高水平的小康社会"。⑧由此,中国开启了进一步走向共同富裕的全面建设小康社会的新征程。当改革开放行进到30年之际,

---

① 习近平:《在庆祝改革开放40周年大会上的讲话》,《人民日报》2018年12月19日。
② 王天玺:《中美关系论》,云南人民出版社2013年版,第210页。
③ 曾培炎主编:《新中国经济50年》,中国计划出版社1999年版,第897—898页。
④ 《中国共产党历史·第二卷(1949—1978)》下册,中共党史出版社2011年版,第969页。
⑤ 陈大斌:《饥饿引发的变革——一个资深记者的亲身经历与思考》,中共党史出版社1998年版,第19页。
⑥ 《邓小平文选》第3卷,人民出版社1993年版,第237页。
⑦ 习近平:《在庆祝改革开放40周年大会上的讲话》,《人民日报》2018年12月19日。
⑧ 《十六大以来重要文献选编》(上),中央文献出版社2005年版,第14页。

国家实力和民众生活水平的迅速提升已经引起世界瞩目。从 1978 年到 2007 年，中国国内生产总值由 3645 亿元增长到 24.95 万亿元，年均增长 9.8%，是同期世界经济年均增长率的 3 倍多，经济总量上升为世界第四。改革开放 30 年也是中国城乡居民收入增长最快、得到实惠最多的时期。从 1978 年到 2007 年，全国城镇居民人均可支配收入由 343 元增加到 13786 元，实际增长 6.5 倍；农民人均纯收入由 134 元增加到 4140 元，实际增长 6.3 倍；群众家庭财产普遍增多，吃穿住行用水平明显提高。"改革开放前长期困扰我们的短缺经济状况已经从根本上得到改变。"① 到 2010 年中国超过日本成为世界第二大经济体。世界银行公布的数据显示，2010 年中国人均 GDP 超过 4300 美元。按照中共中央的设想，到 2020 年要实现在 2010 年基础上翻一番的目标，这也就意味着，届时中国人均 GDP 将达到 1 万美元左右，稳步进入中高收入国家行列。依据世界银行公布的数据，中国在 2016 年人均 GDP 已达 8236 美元，虽然仍低于世界平均水平 10302.4 美元，更是远低于高收入国家的平均水平 41045.7 美元，但已高于上中等收入国家的平均水平 8209.6 美元，在世界银行统计的人均 GDP 水平排序中，中国在 216 个国家中列第 93。② 这就是改革开放的成绩单，这就是富起来的表征。

富起来是改革开放的显见成就，其背后是中国特色社会主义制度的支撑和保障。制度更具有长期性稳定性全局性，从这个角度说，改革开放最集中最伟大的成就是中国特色社会主义的开创和发展。在庆祝改革开放四十周年大会上，习近平指出："改革开放是我们党的一次伟大觉醒，正是这个伟大觉醒孕育了我们党从理论到实践的伟大创造。改革开放是中国人民和中华民族发展史上一次伟大革命，正是这个伟大革命推动了中国特色社会主义事业的伟大飞跃！"③ 回顾历史，邓小平作为改革开放总设计师，一方面面对的是长期以来高调宣传的突出无产阶级专政、阶级斗争、单一公有制、指令性计划等内容的社会主义优越性，另一方面则是贫困落后的残酷现实。在理论言说与现实的巨大反差面前，邓小平开始深刻思考社会主义优越性问题，思索的结果是：社会主义制度优越性的根本表现，是社会生产力的发展和人民生活水平的不断提高，"这是压倒一切的标准"，"空讲社会主义不行，人民不相信"；"社会主义最大的优越性就是共同富裕，这是体现社会主义本质的一个东西"。④ 而要实现共同富裕就必须集中精力发展生产力。正因为此，邓

---

① 《胡锦涛文选》第 3 卷，人民出版社 2016 年版，第 152 页。
② 刘伟：《中国特色社会主义新时代与新发展理念》，《前线》2017 年 11 期。
③ 习近平：《在庆祝改革开放 40 周年大会上的讲话》，《人民日报》2018 年 12 月 19 日。
④ 《邓小平文选》第 2 卷，人民出版社 1994 年版，第 314 页；《邓小平文选》第 3 卷，人民出版社 1993 年版，第 364 页。

小平在不同场合反复指出，社会主义的"首要任务""中心任务""根本任务"就是发展生产力，增强社会主义国家的力量，不断提高人民的物质和文化生活水平。而社会主义几十年的实践表明，生产力要获得迅速发展必须对传统社会主义体制进行改革。于是，从1984年到1987年，邓小平多次提出"什么叫社会主义，什么叫马克思主义"的问题，指出我们最重要的经验教训"就是要搞清楚这个问题"，"我们过去对这个问题的认识不是完全清醒的"，"我们提出的课题是：什么是社会主义和怎样建设社会主义"，等等。① 及至1988年5月，邓小平有了结论："什么叫社会主义的问题，我们现在才解决"，"过去我们满脑袋框框，现在就突破了"。② 邓小平这样讲，显然和1987年中共十三大有关。如果说，中共十一届三中全会开启了中国特色社会主义探索的大门，中共十二大提出了建设中国特色社会主义重大命题，那么中共十三大则对改革开放以来中国特色社会主义探索作了理论上的总结，尤其是社会主义初级阶段和"一个中心两个基本点"的基本路线的概括，"什么是社会主义、怎样建设社会主义"因此有了初步而基本的解答。及至1992年南方谈话，邓小平明确概括道："社会主义的本质，是解放生产力，发展生产力，消灭剥削，消除两极分化，最终达到共同富裕。"③

1992年邓小平南方谈话在中国特色社会主义形成和发展史上具有里程碑意义。这不仅表现在对社会主义本质的揭示上，更重要的是表现在打破长期以来的思想禁锢，旗帜鲜明地提出，计划与市场不是社会主义与资本主义的本质区别，社会主义有市场，资本主义有计划，把计划与市场结合起来更能促进生产力发展；衡量党和国家一切工作的标准是"三个有利于"——是否有利于发展社会主义社会的生产力，是否有利于增强社会主义国家的综合国力，是否有利于提高人民的生活水平。邓小平南方谈话开启了中国波澜壮阔的改革进程，以建立和健全社会主义市场经济体制为基础和重心的全面改革和全方位对外开放登上中国历史舞台。实际上，改革作为一场新的"革命"对社会与民众的真正震撼和改变，或者换言之，社会与民众真正感受到改革作为一场"革命"的深刻意义，是在党的十四大至十八大的20年间尤其是在世纪之交。社会主义市场经济体制的建立，涉及深层理念的深刻转变、体制机制的解构与重组、权力与利益格局的巨大变动，其难度之大、风险之巨、问题之复杂不难想见。进一步言之，建立社会主义市场经济体制，需要彻底改变长期以来的计划经济体制和理念，紧紧抓住转变政府职能这个关键进行政府管理体制改革；需

---

① 《邓小平文选》第3卷，人民出版社1993年，第116、130、63、63、116、63页；中共中央文献研究室编：《邓小平年谱（1975—1997）》(下)，中央文献出版社2004年，第1158页。
② 《邓小平文选》第3卷，人民出版社1993年，第261页。
③ 《邓小平文选》第3卷，人民出版社1993年，第373页。

要作为国民经济支柱的国有企业进行深度改革,包括"抓大放小"的国有经济布局、公有制实现形式的多样化、建立现代企业制度的股份制改造等;需要通过分配制度改革,让一切有利于生产力发展的要素活力充分迸发;需要打破地区、行业区隔与利益,促成统一开放的现代市场体系;社会主义市场经济是法治经济,法治建设与法制改革势必需要加快速度加大力度;社会主义市场经济需要建立并逐步完善社会保障体系,创新社会治理体制机制;社会主义市场经济需要融入全球化经济体系,需要全方位对外开放,等等。正是在建立社会主义市场经济体制的目标下,更严格意义上的全面改革有规划、有重点、分领域、分阶段,整体推进、纵深发展。进入21世纪后,一幅绚丽的改革画卷已经绘就,其主画面是社会主义市场经济体制。进一步言之,中国已经不再是计划而是市场在资源配置中起基础性作用;已经不再是单一公有制而是公有制为主体多种所有制共同发展的基本经济制度,"两个毫不动摇"是党和国家的长期战略方针;中国也不再只有单一的分配制度,而是以按劳分配为主体,资金、技术、智力等生产要素同时参与分配。与此同时,依法治国,建设社会主义法治国家的目标已经确立,中国特色社会主义法律体系于2010年前后已经形成;马克思主义一元指导思想下的多样化文化发展格局已经成型,一元一体化的"一字长蛇阵"式的文化格局已经转型为社会主义主流价值观引领下的"雁阵"格局;国家与社会混为一体或者社会在国家面前消失的传统体制逐渐发生变化,社会保障体系与社会治理体制机制不断探索前行。与传统社会主义模式相比,上述总体性中国特色已经跃然纸上,中国道路、中国经验已然呈现在世人面前。

可以说,进入21世纪后,中国特色社会主义的基本框架、四梁八柱已经铸就。这是改革开放的结果,换言之,作为新时期最鲜明特征的改革开放构成中国特色社会主义的历史和逻辑起点,而中国特色社会主义则是改革开放最伟大的成就、构成改革开放四十年全部理论和实践的主题。只有社会主义能够救中国,只有中国特色社会主义能够发展中国,这一结论是建立在坚实历史基础上的。

三、新时代:"强起来"与建设社会主义现代化强国

中共十九大报告指出:"经过长期努力,中国特色社会主义进入了新时代,这是我国发展新的历史方位。"[①] "40年来,我们始终坚持以经济建设为中心,不断解放和发展社会生产力,我国国内生产总值由3679亿元增长到2017年的82.7万亿

[①] 《中国共产党第十九次全国代表大会文件汇编》,人民出版社2017年版,第60页。

元,年均实际增长9.5%,远高于同期世界经济2.9%左右的年均增速。我国国内生产总值占世界生产总值的比重由改革开放之初的1.8%上升到15.2%,多年来对世界经济增长贡献率超过30%。我国货物进出口总额从206亿美元增长到超过4万亿美元,累计使用外商直接投资超过2万亿美元,对外投资总额达到1.9万亿美元。我国主要农产品产量跃居世界前列,建立了全世界最完整的现代工业体系,科技创新和重大工程捷报频传。我国基础设施建设成就显著,信息畅通,公路成网,铁路密布,高坝矗立,西气东输,南水北调,高铁飞驰,巨轮远航,飞机翱翔,天堑变通途。现在,我国是世界第二大经济体、制造业第一大国、货物贸易第一大国、商品消费第二大国、外资流入第二大国,我国外汇储备连续多年位居世界第一,中国人民在富起来、强起来的征程上迈出了决定性的步伐!"[①]中共十九大宣布了中国发展新的"两步走"战略,从2020年到2035年基本实现社会主义现代化;从2035年到21世纪中叶即新中国成立100年前后,建成富强民主文明和谐美丽的社会主义现代化强国。这比改革开放初期邓小平提出后来领导人不断重申的现代化目标实现时间大大提前,且内涵更丰富目标要求更高。总之,进入新时代的中国在经济实力、科技实力、国防实力、综合国力方面已经居于世界前列,近代以来久经磨难的中华民族终于迎来了从站起来、富起来到强起来的伟大飞跃,迎来了实现中华民族伟大复兴的光明前景。

不仅如此,中国特色社会主义进入新时代还"意味着科学社会主义在二十一世纪的中国焕发出强大生机活力,在世界上高高举起了中国特色社会主义伟大旗帜;意味着中国特色社会主义道路、理论、制度、文化不断发展,拓展了发展中国家走向现代化的途径,给世界上那些既希望加快发展又希望保持自身独立性的国家和民族提供了全新选择,为解决人类问题贡献了中国智慧和中国方案"[②]。回顾历史,新中国成立后,以毛泽东为代表的中国共产党人,遵循马克思主义经典理论,立足中国,放眼世界,胸怀世界革命理想,努力于"红旗插遍世界",然而,时代主题由革命与战争向和平与发展的转化,中国国家实力和发展状况的制约,只能导致力不从心和"无可奈何花落去"之局。一个激进但贫穷还有些神秘的东方大国便是中国留给世界的印象。改革开放后,鉴于时代变化和历史教训,邓小平及其后的中共领导人确立并遵循着韬光养晦、先办好中国自己的事情之原则,以经济建设为中心,埋头苦干,致力于发展这个执政兴国的第一要务,国家实力和民众生活因此有了举世瞩目的巨大提高。中国成就、中国道路无论对于发达国家还是发展中国家(尤其

---

① 习近平:《在庆祝改革开放40周年大会上的讲话》,《人民日报》2018年12月19日。
② 习近平:《决胜全面建成小康社会 夺取新时代中国特色社会主义伟大胜利——习近平同志代表第十八届中央委员会向大会作的报告》,《人民日报》2017年10月28日。

是广大发展中国家),均成为富有魅力的故事或者力图破解的发展之谜。"桃李不言,下自成蹊",中国"日益走近世界舞台中央",中国致力于推动构建人类命运共同体,是新时代的又一特征。所以,"中国特色社会主义进入新时代,在中华人民共和国发展史上、中华民族发展史上具有重大意义,在世界社会主义发展史上、人类社会发展史上也具有重大意义"[①]。

无论是从强起来的特征看,还是从中国智慧、中国方案看,无论是从国内看,还是从国际看,新时代的核心或要义还是中国特色社会主义,离开中国特色社会主义,"强起来"不会到来也不可持续;离开中国特色社会主义,中国智慧与中国方案便失去灵魂、基石,甚至无从谈起。正如习近平所言,"新时代是中国特色社会主义新时代,而不是别的什么新时代"[②]。习近平新时代中国特色社会主义思想的主题便是"坚持和发展什么样的中国特色社会主义、怎样坚持和发展中国特色社会主义"。换言之,新时代就是在邓小平及其后继者奠定和发展的中国特色社会主义之四梁八柱、基本架构的基础上进一步完善和发展中国特色社会主义。依据中共十九大确立的路线,发展和完善中国特色社会主义的着力点在于贯彻落实"五位一体"总体布局和"四个全面"战略布局。

党的十九大报告指出:"我国经济已由高速增长阶段转向高质量发展阶段,正处在转变发展方式、优化经济结构、转换增长动力的攻关期,建设现代化经济体系是跨越关口的迫切要求和我国发展的战略目标。"[③]而要实现这一目标,必须加快完善社会主义市场经济体制,使市场在资源配置中起决定性作用,同时更好发挥政府作用;必须坚持和完善社会主义基本经济制度,毫不动摇地巩固和发展公有制经济,毫不动摇地鼓励、支持、引导非公有制经济发展;必须坚持和完善以按劳分配为主体各类生产要素参与分配的基本分配制度,而这些恰恰构成中国特色社会主义基石。

中国特色社会主义是全面发展的社会主义。在新时代,中国特色社会主义需要加快实现经济与社会协调发展、人与自然和谐共生。换言之,以保障和改善民生为出发点和落脚点,以加快实现共同富裕和更好体现公平正义为目标,推进社会主义和谐社会建设。到2020年全面建成小康社会,保证一个不能少,一个不能掉队全面进入小康,是中国共产党对全国人民的庄严承诺,也是共同富裕道路上的里程碑。如果说社会建设聚焦于人与人的关系,那么,建设生态文明,实现人与自然和谐共

---

① 习近平:《决胜全面建成小康社会 夺取新时代中国特色社会主义伟大胜利——习近平同志代表第十八届中央委员会向大会作的报告》,《人民日报》2017年10月28日。
② 《习近平在学习贯彻党的十九大精神研讨班开班式上发表重要讲话》,《人民日报》2018年1月6日。
③ 习近平:《决胜全面建成小康社会 夺取新时代中国特色社会主义伟大胜利——习近平同志代表第十八届中央委员会向大会作的报告》,《人民日报》2017年10月28日。

生,则聚焦于人与自然的关系。天蓝地绿水清的美丽家园、"天人合一"的理想状态,是社会主义强国建设的应有之义。中国特色社会主义是一个整体,民主与法治是现代国家必备的内涵与特征。在党的领导、人民当家作主与全面依法治国的三者辩证统一中推进中国特色社会主义民主政治,建设法治国家、法治政府、法治社会,是中国特色社会主义发展和完善的不可或缺的内容。

综观世界历史,对人类影响最深远的是文化。就现代历史而言,一个国家的强盛,首先是经济实力的迅速增长,接着是军事实力的壮大,最后是文化影响力的持续。一个不争的事实是,在经济实力、科技实力与军事实力相当的情况下,比拼的恐怕就是文化影响力了。正因为如此,中国特色社会主义文化建设,包括继承和弘扬中华优秀传统文化、革命文化,发展社会主义先进文化,便显得格外重要,"中国人民不仅将为人类贡献新的发展模式、发展道路,而且将把自己在文化创新创造中取得的成果奉献给世界"[①]。

中国特色社会主义进入新时代完全可以说是改革开放持续推动的结果,没有改革开放新时期就没有中国特色社会主义新时代,新时代是新中国新时期历史发展的逻辑结果。中国改革事业在十八大前后进入攻坚期、深水区,全面深化改革任重而道远。但是,"改革再难也要向前推进"[②],因为只有全面深化改革才能"不断拓展中国特色社会主义道路,不断丰富中国特色社会主义理论体系,不断完善中国特色社会主义制度"[③]。"中国特色社会主义是与时俱进的事业。从这个意义上说,改革开放只有进行时没有完成时。"[④]

中国改革事业是和开放联系在一起的。从开放这一角度看,十八大前后亦发生了显著变化。在改革开放最初的20多年间,开放主要表现为"引进来"、开放倒逼改革。"文化大革命"结束后,国门打开,中国人越来越深切地感受到世界科技革命的浪潮、感受到现代化的冲击,也在比较中痛感中国的落后。[⑤]引进发达国家的技术、资金和管理经验,设立经济特区,开放沿海城市和地区等一系列举措陆续出

---

① 习近平:《在中国文联十大、中国作协九大开幕式上的讲话》,《人民日报》2016年12月1日。
② 《习近平关于全面深化改革论述摘编》,中央文献出版社2014年版,第51页。
③ 习近平:《在纪念毛泽东同志诞辰120周年座谈会上的讲话》,《人民日报》2013年12月27日。
④ 《习近平关于全面深化改革论述摘编》,中央文献出版社2014年版,第4页。
⑤ 1978年国务院副总理谷牧率代表团访问欧洲五国,亲身感受到现代化的冲击。他在回国后的报告中列举了大量实例,如,西德来因-威斯特伐利亚电力公司所属的一个露天矿,年产褐煤5000万吨,职工只有2000人。而我国现有露天煤矿的生产水平,产5000万吨煤,大约要16万工人。法国马赛的索尔梅尔钢铁厂,年产350万吨,全厂只有7000名职工。而我国武汉钢铁公司,年产钢230万吨,不包括矿山,职工有67000人。参见谷牧:《关于访问欧洲五国的情况报告(一九七八年六月二十二日)》,《党的文献》2009年第1期。阅读1978年邓小平访问日本和1979年访问美国的材料,同样也能够感受到邓小平当年感受到的现代化冲击,这些对于改革开放决策的出台至关重要。

台，而这就要求改变国内的旧观念、旧做法、旧体制，逐步与国际接轨。进入新世纪后，随着中国正式加入WTO，在继续"引进来"的同时，"走出去"步伐越来越大越来越快。中共十八大之后，"一带一路"倡议更带来了中国开放的新理念新顶层设计，也带来了中国开放的新面貌新特征：一方面是继续高质量的"引进来"、进一步扩大开放；另一方面，"走出去"更具系统性整体性并逐步走向高端。这些在贸易保护主义抬头的背景下，对于构建开放型世界经济可谓举足轻重。

中国特色社会主义最本质的特征是中国共产党的领导。回顾改革开放40多年的历史，我们可以看到，改革开放是中国共产党的自觉选择。无论是改革开放的启动，还是深化、拓展，在关键时期和关键问题上，均由党作出决定或决议。也因此，保证着改革开放始终围绕中国特色社会主义这个主题，保持正确的方向。新时代是中华民族比历史上任何时期都更接近也更有能力和信心实现民族复兴的时代。中国人民在为强起来而自豪的同时，还面临着一系列挑战和考验，国内地区之间城乡之间不同收入群体之间的发展差距，关键技术仍受制于人的现状等；"世界百年未遇的大变局"，阻抑中国崛起的意图和举动越来越明显等，这一切均需要中国共产党作为民族团结和凝聚力的核心发挥更好作用，需要不断提升自身的执政能力和领导水平，把自己建设得更为坚强和有力量；而这就需要"全面从严治党"，以保证党始终成为中国特色社会主义事业的领导核心，保证"两个百年"奋斗目标如期实现。

解码中国特色社会主义伟大的奥妙

An Interpretation on the Great Mysteries of Socialism with Chinese Characteristics

王灵桂（Wang Linggui）

王灵桂，1967年11月生，山东诸城人。现为中国社会科学院信息情报研究院党委书记、院长，研究员。自2015年底起，同时担任中国社会科学院国家全球战略智库常务副理事长兼秘书长，研究员。从2019年5月起，担任中国社会科学院国家全球战略智库首席专家。从2020年5月起，担任中国社会科学院国家高端智库理事会副理事长。主要研究方向是"一带一路"、全球战略、反恐研究、伊斯兰教研究、中东问题研究、港澳问题研究等多个领域。多个重要部门的特聘咨询专家，多次获中国社会科学院表彰。

[摘 要] 中国特色社会主义是改革开放以来党的伟大理论探索和波澜壮阔实践的总主题，是中国共产党和中国人民的制胜和发展法宝。她不仅使中国面貌焕然一新，而且为世界面貌的改变贡献了中国经验。中国道路鲜明回答了"坚持和发展什么样的中国特色社会主义、怎样坚持和发展中国特色社会主义"的时代课题，丰富了国家治理的理论形态和实践模式，具有无比深厚的历史底蕴、无比广阔的时代舞台、无比强大的前进定力。中国制度鲜明回答了"发展中国家走什么样的现代化道路，怎样走好现代化道路"的实践课题，为"两种制度"的"两种命运"提供了生动对比和鲜活案例，"为世界上那些既希望加快发展又希望保持自身独立性的国家和民族提供了全新选择"。中国方案鲜明回答了"建设一个什么样的世界、如何建设这样的世界"的重大问题，首次提出构建人类命运共同体的创新理念，努力践行建设"一带一路"的创新实践，为开展全球治理、打造新型国际关系提供了中国智慧。

中国特色社会主义是改革开放以来党的伟大理论探索和波澜壮阔实践的总主题，是中国共产党和中国人民的制胜和发展法宝。她不仅使中国面貌焕然一新，而且为世界面貌的改变贡献了中国经验。

一、中国道路是当今世界最有作为的发展道路

中国道路鲜明回答了"坚持和发展什么样的中国特色社会主义、怎样坚持和发

展中国特色社会主义"的时代课题,丰富了国家治理的理论形态和实践模式,具有无比深厚的历史底蕴、无比广阔的时代舞台、无比强大的前进定力。

中国道路具有无比深厚的历史底蕴。旗帜决定方向,道路决定命运。道路问题是关系党和国家事业兴衰成败第一位的问题。在革命战争年代,我们党之所以能够赢得新民主主义革命的胜利,建立起中华人民共和国,是因为团结带领人民走出农村包围城市、武装夺取政权的正确革命道路;在和平发展时期,我们党之所以能够破除阻碍国家和民族发展的一切思想和体制障碍,使中国大踏步赶上时代,是因为团结带领人民进行改革开放新的伟大革命,开辟了中国特色社会主义道路。改革开放以来,我们不仅经历了东欧剧变、苏联解体带来的冲击和挑战,而且正在经历着美国为主的西方势力主导的贸易战、金融战、科技战的打压和"围剿",但我们始终坚持和发展中国特色社会主义,始终确保中国经济发展、政治稳定、文化繁荣、社会和谐、生态良好、民族团结,不仅成功走过了发达国家几百年的现代化历程,而且正在走向更加光明的未来。历史已经雄辩证明,中国道路是实现中国社会主义现代化、创造中国人民美好生活的必由之路。

中国道路具有无比广阔的时代舞台。必须清醒看到,当今时代仍然处于马克思所判定的资本主义和社会主义两条道路、两大力量、两种前途命运互相角逐和博弈的历史大时代。当前,资本主义国家对世界的驾驭能力虽然有所下降,但仍然不遗余力地利用它们在军事科技、经济贸易、教育文化等方面的主导地位,在政治领域频繁发动战争和"颜色革命",在经济领域奉行贸易保护主义政策、引导逆全球化潮流,在文化领域抢夺意识形态话语权。相比而言,包含着充分的历史逻辑、理论逻辑、实践逻辑的中国道路在世界上独树一帜,对引领和塑造、振兴和发展21世纪世界社会主义作出独特的贡献:我们坚持中国特色社会主义是科学社会主义而不是其他什么主义,既不走封闭僵化的老路,也不走改旗易帜的邪路;坚信世界上没有完全相同的政治制度模式,政治制度不能定于一尊,不能脱离特定社会政治条件和历史文化传统来抽象评判,不能生搬硬套外国政治制度模式;坚定奉行独立自主的和平外交政策,坚持走和平发展道路,尊重各国人民自主选择发展道路的权利。

中国道路具有无比强大的前进定力。以习近平同志为核心的党中央以坚定的政治定力,提出了一系列治国理政新理念新思想新战略,解决了许多长期想解决而没有解决的难题,办成了许多过去想办而没有办成的大事,推动党和国家事业取得历史性成就、发生历史性变革,理论创新和实践创新都达到了前所未有的高度。在前进的道路上,不可避免地会遇到拦路虎、绊脚石,不可避免地会遭遇一波波惊涛骇浪、艰难险阻,但邓小平同志早就坚定指出:"只要中国社会主义不倒,社会主义在世界将始终站得住。"我们党有决心有能力,高举新时代中国特色社会主义伟大旗帜，团结我们这个世界上最大的无产阶级政党，带领我们这个世界上最大的社会主义国家，始终保持永不懈怠的精神状态和一往无前的奋斗姿态，使中国特色社会主义在中国、在全世界焕发出更加强大的生机活力。

二、中国制度是当今世界最有优势的制度模式

中国制度鲜明回答了"发展中国家走什么样的现代化道路，怎么走好现代化道路"的实践课题，为"两种制度"的"两种命运"提供了生动对比和鲜活案例，"为世界上那些既希望加快发展又希望保持自身独立性的国家和民族提供了全新选择"。

中国制度为当代中国发展进步提供了根本制度保障。改革开放以来，在坚持四项基本原则基础上，中国特色社会主义逐渐发展完善了根本政治制度、基本政治制度、基本经济制度以及在此基础上建立的其他政治制度、经济制度、文化制度、社会制度，为新时期中国发展进步提供了根本制度保障。进入新时代，为进一步筑牢改革基石、激发发展活力，我们党以"完善和发展中国特色社会主义制度、推进国家治理体系和治理能力现代化"为总目标推进全面深化改革，着力构建更加完备、更加成熟、更加定型的制度体系，在新时代"四个伟大"实践中，在统筹推进"五位一体"总体布局、协调推进"四个全面"战略布局中，在继续推进伟大社会革命和伟大自我革命的历史创造中，进一步为新时代中国发展进步提供更加坚实的制度保障。

中国制度是具有社会主义先天优势、中国特色比较优势的制度模式。一方面，中国制度的优势体现在社会主义制度与资本主义制度相比较的先天优势。中国特色社会主义制度文明成果，有力地回答了能否以及如何在落后国家发展社会主义的问题，有力地证明了社会主义制度是人类社会发展的前途和归宿，为处于两种制度迷津中的发展中国家的制度建设提供了全新选择，为丰富发展人类制度文明贡献了中国智慧。另一方面，体现在中国特色社会主义制度相比其他社会主义制度的独特优势。中国特色社会主义制度的建设过程，既没有可供延续套用的制度母版、模板，也没有对其他国家的制度模式进行再版、翻版，但以实际行动和实际效果，为如何更好地进行国家治理和全球治理积累了丰富经验，为推动21世纪世界社会主义前进提供了宝贵实践。

中国制度正在不断汇聚优势增量成为"世界上最好的制度"。改革开放初期，邓小平同志就曾指出："我们的制度将一天天完善起来，它将吸收我们可以从世界各国吸收的进步因素，成为世界上最好的制度"，"世界上赞成马克思主义的人会越来越多"。当今世界，资本主义各方面制度越来越呈现出无效衰败迹象，政治问题

议而不决、经济发展停滞不前、社会治理低效混乱等难题不仅困扰着后发国家，老牌资本主义国家也饱受其苦。与之相比，新时代中国特色社会主义在世界上独树一帜，以不容置疑的治理效果和发展成就，谱写着发展中国家、第三世界国家发展的光辉篇章。越来越多的国家正在将目光投向中国，试图解读中国经济稳健、政治清明、社会稳定背后的制度密码，中国特色社会主义正在赢得比资本主义更广泛的制度优势。我们有理由相信，随着新时代中国特色社会主义制度越来越成熟定型，我们的制度能够越来越多地汇聚优势增量、越来越多地释放制度活力，不仅能够为中国社会主义现代化建设和中华民族伟大复兴提供制度保障，而且能够不断扩大中国模式的说服力、影响力、感召力，对世界社会主义发展、人类社会发展产生更加广泛和深远的影响。

三、中国方案是当今世界最有前途的发展方案

中国方案鲜明回答了"建设一个什么样的世界、如何建设这样的世界"的重大问题，首次提出构建人类命运共同体的创新理念，努力践行建设"一带一路"的创新实践，为开展全球治理、打造新型国际关系提供了中国智慧。

中国方案是充分体现"四个自信"的全新方案。中国特色社会主义道路、理论、制度、文化不断发展，为解决人类问题贡献了中国方案。中国方案植根于"四个自信"，是中国共产党在深刻把握人类社会发展规律的基础上提出的全新方案，为世界上那些希望加快经济社会发展的国家和民族，提供了与西方模式全然不同的视角、理念和主张。中国方案的总目标是坚持以维护世界和平、促进共同发展为宗旨推动构建人类命运共同体，总规划是坚持以共商共建共享为原则推动"一带一路"建设，基本原则是坚持以相互尊重、合作共赢为基础走和平发展道路，努力方向是坚持以公平正义为理念引领全球治理体系改革，等等。这些"中国版"的国际治理新理念新思想新战略，与西方主导的国际经济政治旧思维旧秩序全然不同，反映了大多数国家的利益和意愿。

中国方案以推动构建人类命运共同体为崇高目标。推动构建人类命运共同体代表了中国共产党的理想追求和为世界和平与发展作出更大贡献的崇高目标。它是中国特色社会主义"五位一体"总体布局的"国际版"，是国内经济、政治、文化、社会、生态建设在全球层面的延伸，反映了人类社会共同价值追求，汇聚了世界各国人民对美好生活向往的最大公约数，为人类社会实现共同发展、持续繁荣、长治久安绘制了蓝图。它在政治领域倡导相互尊重、平等协商，坚决摒弃冷战思维和强权政治，走对话而不对抗、结伴而不结盟的国与国交往新路；在安全领域倡导坚持以

对话解决争端、以协商化解分歧，统筹应对传统和非传统安全威胁，反对一切形式的恐怖主义；在经济领域倡导同舟共济，促进贸易和投资自由化便利化，推动经济全球化朝着更加开放、包容、普惠、平衡、共赢的方向发展；在文化领域倡导尊重世界文明多样性，以文明交流超越文明隔阂、文明互鉴超越文明冲突、文明共存超越文明优越；在生态领域，倡导坚持环境友好，合作应对气候变化，保护好人类赖以生存的地球家园。

中国方案为世界共同发展开辟了康庄大道。"建设一个什么样的世界、如何建设这样的世界"是关乎人类前途命运的重大问题。当今世界正处在大发展大变革大调整时期，各国相互依存，全球命运与共，和平力量的增加远远超过战争因素的增长。与此同时，人类正处在一个挑战层出不穷、风险日益增多的时代，冷战思维和强权政治还没有彻底退出历史舞台，"国强必争、国强必霸"的传统观念依然存在，"颜色革命"的幕后黑手还在蠢蠢欲动。求和平、谋发展、促合作、要进步，已经成为国际社会的迫切愿望和不懈追求，遍观当今世界的各种国际治理主张，中国方案和中国行动最契合这一愿望。近年来，我们积极参与全球治理，在推动构建人类命运共同体过程中，把打造全球伙伴关系网络作为重要路径，把建设"一带一路"作为创新实践平台，把积极参与全球治理体系改革和建设作为重要行动。随着越来越多的发展中国家开始在全球治理体系中拥有发言权和话语权，越来越多的中国倡议正在上升为国际共识，越来越多的中国主张正在汇聚成国际行动，越来越多的中国方案正在引领人类前进方向，全球治理体系也越来越朝着更加公正合理的方向发展。

新时代中国的国家能力和形象
China's Capabilities and Image in the New Era
辛向阳（Xin Xiangyang）

辛向阳，1991年毕业于中国人民大学，获法学博士学位。现任中国社会科学院马克思主义研究院副院长，兼任中国特色社会主义理论体系研究中心副主任、习近平新时代中国特色社会主义思想研究中心执行副主任、世界社会主义研究中心副主任，二级研究员、博士生导师。2012年获国务院政府特殊津贴，2015年评为中宣部宣传文化系统"四个一批人才"，2016年评为中组部、人社部的"万人计划"领军人才、国家社科基金评委、国家出版基金评委。社会兼职：中国思想政治工作研究会特约研究员，全国党的建设研究会特邀研究员等。主要研究成果：个人专著20部，主编和参与编写著作30余部，在《人民日报》《光明日报》《马克思主义研究》《中国特色社会主义研究》等报刊发表文章400余篇，主持和参与的国家和省部级课题50余个，先后获得过10余项国家和省部级奖项。

［摘　要］观察中国、研究中国、认识中国是一个很大的课题，新中国成立70年，国家能力建设取得了巨大成就，国家形象越来越清晰。新时代的中国是一个突破了政治发展天花板的国家，国家治理体系和治理能力向着现代化的方向不断迈进。新时代的中国是一个能够突破经济发展天花板的国家，国家能力的提升使产业升级能力不断跃升。新时代的中国是一个能够应对各种风险和考验的国家，国家制度有足够能力化解"灰犀牛"事件和"黑天鹅"事件。新时代的中国是一个可以驾驭社会主义市场经济的国家，国家能力在促进市场经济发展的同时又能抑制其消极面。新时代的中国是一个能够突破太空天花板的国家，在建设航天强国的过程中促进人类和平利用外太空事业。

关于中国的国家形象，习近平总书记有过系统的阐述。2014年4月1日，习近平在比利时布鲁日欧洲学院发表演讲时说："借此机会，我想给大家谈谈中国是一个什么样的国家，希望有助于大家观察中国、研究中国、认识中国。"他阐明了中国的五个特点："第一，中国是有着悠久文明的国家。""第二，中国是经历了深重苦难的国家。""第三，中国是实行中国特色社会主义的国家。""第四，中国是世界上最大的发展中国家。""第五，中国是正在发生深刻变革的国家。""总之，观察和认识中国，历史和现实都要看，物质和精神也都要看。中华民族5000多年文明史，中国人民近代以来170多年斗争史，中国共产党90多年奋斗史，中华人民共和国60多年发展史，改革开放30多年探索史，这些历史一脉相承，不可割裂。脱离了中国的历史，脱离了中国的文化，脱离了中国人的精神世界，脱离了当代中国的深刻变革，是难以正确认识中国的。"①

习近平总书记关于当代中国国家形象的重要论述体现了广阔的知识视野、国际视野、历史视野以及深邃的国际眼光，既有历史的维度，又有现实的考量，更有未来的自信。看待新时代中国的国家形象，就要运用习近平总书记关于当代中国国家形象的分析方法，抓住新时代中国国家形象的本质及鲜明特征。

一、新时代的中国是一个突破了政治发展天花板的国家

所谓"政治发展天花板"是指国家政治制度和政治发展缺乏活力和稳定性，导致执政不稳定和政权更替的无序性，从而拖累经济社会发展。当前，西方发达国家在出现严重的政治衰败。美国著名政治学家福山在2011年出版的《政治秩序的起源》、2014年出版的《政治秩序与政治衰败》两部著作中，以及在2016年发表的《美国政治衰败抑或新生：2016年大选的意义》一文中都在探讨一个问题，西方国家的政治制度在衰败之中。进入2019年，美国总统特朗普宣布进入国家紧急状态、英国混乱的脱欧过程、法国持续不退的黄马甲运动都说明了这一点。一些发展中国家也是如此。2011年2月，在外部势力的干涉下，"阿拉伯之春"波及利比亚，首都的黎波里和第二大城市班加西等地爆发反对卡扎菲的大规模示威游行，最终推翻了卡扎菲政权，卡扎菲被打死，利比亚陷入了持续8年的动荡。2019年4月4日，利比亚国民军司令哈夫塔尔下令对首都的黎波里发动进攻，表示"要把首都从恐怖分子手中解放出来"，民族团结政府也宣布进入备战状态，一场血雨腥风又要降临到利比亚人民头上。

回观中国，改革开放40多年来，我们扭住完善和发展中国特色社会主义制度这个关键，为解放和发展社会生产力、解放和增强社会活力、永葆党和国家生机活力提供了有力保证，为保持社会大局稳定、保证人民安居乐业、保障国家安全提供了有力保证。新时代中国特色社会主义制度越来越完善，我们不仅使人民代表大会制度这一根本制度越来越完善，而且使社会主义初级阶段的基本经济制度和中国共产党领导的多党合作和政治协商制度、民族区域自治制度、基层群众自治制度这

---

① 习近平：《在布鲁日欧洲学院的演讲》，《人民日报》2014年4月2日。

三大基本政治制度越来越有生机活力。新时代中国特色社会主义制度把稳定性与活力性有机结合起来，使制度体系既保持强大的稳定性，无论出现什么局面都会保持政治大局稳定；又保持生机活力，制度不会出现僵化和衰退，更不会出现政治衰败的情形。这一制度把党的领导、人民当家作主、依法治国有机统一起来，使各种政治诉求通过三者的有机统一加以充分实现，防止了指头政治、戏剧政治和无厘头政治。这一制度使我们突破了权力交接的天花板，在领导层更替过程中不会发生政治动荡。新中国成立至今70年，我们进行的每一次领导机关和领导层的更替都是平稳有序进行的，这在世界政治史上是极其罕见的。习近平总书记在2014年9月明确指出："我们废除了实际上存在的领导干部职务终身制，普遍实行领导干部任期制度，实现了国家机关和领导层的有序更替。"① 实际上，从1949年到今天的70年中，没有几个国家能够做到在每一次权力交接中不出现问题，无数的国家因为权力交接导致社会政治动荡、混乱、大衰退。这一天花板极难突破，中国突破了。

二、新时代的中国是一个能够突破经济发展天花板的国家

经济发展天花板包括很多方面，主要有市场容量有限、人才规模狭小以及产业转型难以升级等方面。

首先，中国14亿多人口正在突破发展的市场容量天花板。人口多、消费强意味着市场潜力巨大。到2020年全面建设小康社会目标实现之时，我们这个历史悠久的文明古国和发展中社会主义大国，将成为国内市场总体规模位居世界前列的国家。2019年中央经济工作会议明确指出："我国市场规模位居世界前列，今后潜力更大。要努力满足最终需求，提升产品质量，加快教育、育幼、养老、医疗、文化、旅游等服务业发展，改善消费环境，落实好个人所得税专项附加扣除政策，增强消费能力，让老百姓吃得放心、穿得称心、用得舒心。"② 进入新时代，人民日益增长的美好生活需要更加广泛，需要的质量更高，为经济社会发展提供了强大动力。

其次，中国人才资源十分雄厚，为经济社会发展提供有力的人才保障。14亿多人口中的9亿多劳动力、1亿多受过高等教育和有专业技能的人才，是我们最大的资源和优势。2018年10月24日，李克强总理应邀在中国工会第十七次全国代表大会上作经济形势报告。他指出："我国拥有世界上规模最大的人力人才资源，这是发

---

① 习近平：《在庆祝全国人民代表大会成立60周年大会上的讲话》，《人民日报》2014年9月6日。
② 《中央经济工作会议在北京举行》，《人民日报》2018年12月22日。

展的巨大潜力和优势。随着国民受教育水平提高，劳动者素质持续提升，高技能人才队伍不断壮大。只要我们把千千万万劳动者的积极性主动性创造性调动起来、发挥出来，就没有克服不了的困难。"①

最后，能够使自身的产业结构持续升级，摆脱转型升级中的天花板。一些国家能够成功地使产业实现一次或者两次转型，但很难实现第三次或者更多次转型。苏联在20世纪30年代完成了轻工业到重工业的升级，正是由于重视了重工业的发展，有了雄厚的经济技术基础，苏联才能在卫国战争期间每年制造出4万架飞机、3万辆坦克、12万门大炮和15万挺机枪。20世纪五六十年代开始，苏联想把重工业为主的产业结构升级为更加合理的产业结构，发展了以人造卫星为代表的高科技。苏联在制定第九个五年计划时（1971—1975），确定经济工作的重点是把外延增长转变为内涵增长，但始终没有转变过来，产业第二次转型升级没有能够实现，导致苏联经济出现各种问题。二战之后，日本先是完成了重建重化工业、扩大煤和钢铁再生产能力等产业升级任务，以此带动了整个经济复苏。20世纪80年代，日本产业又进一步转型升级，半导体产量超过美国，以总收益排序的世界十大半导体公司中，日本占有一半席位。随着制造业水平提高，日本对美欧出口急剧上升，成为一流的制造强国。但进入20世纪90年代，日本产业结构转型再升级就遇到了重大挑战，一直到现在，仍然在艰难转变中，日本的诸多产业呈现衰退的迹象。中国是一个可以全方位持续突破产业升级天花板的国家。中国基本上已经完成了从农业社会向工业社会的转型升级，进入新时代，我国主要农产品产量跃居世界前列，建立了全世界最完整的现代工业体系，科技创新和重大工程捷报频传。中国正在从高速增长转向高质量发展，正从工业社会向信息化社会迈进，我们实施"互联网+"行动计划，带动全社会兴起了创新创业热潮，中国的大数据、智能化、移动化、云计算等产业蓬勃发展，信息经济在我国国内生产总值中的占比不断攀升。

三、新时代的中国是一个能够应对各种风险和考验的国家

近代以后，中华民族复兴的进程多次被打断。新中国成立后重新开启的中华民族伟大复兴进程也遇到了很多风险和挑战，例如，美国等西方国家对我们的全面封锁、抗美援朝战争、三年自然灾害、中苏决裂及边境冲突、抗美援越战争、中印边境冲突、"文化大革命"等。这些风险和挑战性质和程度不同，但处理不好、处理不当都会对中

---

① 《坚定信心攻坚克难调动各方面积极性 促进经济持续平稳运行和高质量发展》，《人民日报》2018年10月25日。

国发展产生重大冲击和干扰。但我们依靠党的领导，依靠全体人民，渡过了难关。

改革开放新时期，我们又遇到了诸如中越边境冲突、苏东剧变、银河号事件、亚洲金融危机、1998 年大洪水、1999 年美国轰炸中国驻南斯拉夫大使馆、2001 年南海撞机事件、国际金融危机、汶川大地震、新疆"7·5"事件等。我们通过加强和完善党的领导，通过政府体制改革，比较顺利地解决了这些风险，而且不断化风险为机遇。

进入新时代，我们面临的风险和考验更多更大。在国内，推动高质量发展和推进供给侧结构性改革过程中不可避免会遇到一些困难和挑战，经济运行稳中有变、变中有忧；世界大变局加速深刻演变，全球动荡源和风险点增多。这就要求我们既要高度警惕"黑天鹅"事件，也要防范"灰犀牛"事件；既要有防范风险的先手，也要有应对和化解风险挑战的高招；既要打好防范和抵御风险的有准备之战，也要打好化险为夷、转危为机的战略主动战。"灰犀牛"是什么？就是中美贸易战，就是美国千方百计地想迟滞中华民族的伟大复兴，于是出现了对中国华为 5G 的打压，在香港制造各种混乱，在台湾问题上大做文章。"黑天鹅"有哪些？诸如经济增速下滑带来的就业困难问题、中美贸易战对经济增长的消极影响问题等。如何应对？一方面要进一步增强忧患意识，不断提高防控能力着力防范化解重大风险；另一方面要提高国家治理能力现代化的水平，无论什么样的风险和挑战，都能依靠人民顺利化解。

四、新时代的中国是一个可以驾驭社会主义市场经济的国家

在社会主义建设时期，中国共产党一直强调社会主义社会还存在商品生产和商品交换，要尊重价值法则，大力发展商品生产。早在 20 世纪 50 年代，毛泽东就认为，在我国，除了全民所有制外，还存在集体所有制和部分个体所有制，不同所有制的存在决定了商品经济存在的必要性。他还明确指出："需要有一个发展商品生产的阶段"；"必须肯定社会主义的商品生产和商品交换还有积极作用"。[1] 针对那种将商品经济与资本主义混为一谈的错误观点，他指出："商品生产，要看它是同什么经济制度相联系，同资本主义制度相联系就是资本主义的商品生产，同社会主义制度相联系就是社会主义的商品生产。"[2] 尽管在很长一个时期，我们实行了计划经济，但商品法则、价值规律依然在一定范围内发挥着作用，这种作用是受到控制的。

改革开放新时期，我们党把马克思主义基本原理和中国国情结合，创造性地提

---

[1]《毛泽东文集》第 7 卷，人民出版社 1999 年版，第 436 页。

[2]《毛泽东文集》第 7 卷，人民出版社 1999 年版，第 439 页。

出了社会主义市场经济的理论，并且建立和完善了社会主义市场经济体制，极大地调动了整个社会的积极性创造性。同时，我们一直注意市场经济的消极方面。1991年7月，江泽民在庆祝中国共产党成立70周年大会上强调："决不能把商品交换的原则引入党内政治生活"[①]。2001年7月，江泽民在庆祝中国共产党成立80周年大会上又强调："所有党员干部必须真正代表人民掌好权、用好权，而绝不允许以权谋私，绝不允许形成既得利益集团。"[②] 2009年9月党的十七届四中全会通过的《关于加强和改进新形势下党的建设若干重大问题的决定》指出："按照加快形成统一开放竞争有序现代市场体系要求推进相关改革，建立健全防止利益冲突制度，完善公共资源配置、公共资产交易、公共产品生产领域市场运行机制。"[③] 这在党的文件中第一次提出了关于防止利益冲突的思想。

进入新时代，习近平十分重视防止市场经济消极作用的问题。首先，强调防止党内出现利益集团。2015年10月29日，习近平总书记在中共十八届五中全会第二次全体会议上的讲话中指出了防范利益集团的最根本的方法："全党同志特别是各级领导干部都要牢记党章中的规定：党除了工人阶级和最广大人民群众的利益，没有自己特殊的利益。如果有了自己的私利，那就什么事情都能干出来。党内不能存在形形色色的政治利益集团，也不能存在党内同党外相互勾结、权钱交易的政治利益集团。党中央坚定不移反对腐败，就是要防范和清除这种非法利益关系对党内政治生活的影响，恢复党的良好政治生态，而这项工作做得越早、越坚决、越彻底就越好。"[④] 其次，强调防止商品交换原则渗透到党内生活中来。2014年10月8日，习近平总书记在党的群众路线教育实践活动总结大会上的讲话中指出："不可否认的是，在发展社会主义市场经济条件下，商品交换原则必然会渗透到党内生活中来，这是不以人的意志为转移的。社会上各种各样的诱惑缠绕着党员、干部，'温水煮青蛙'现象就会产生，一些人不知不觉就被人家请君入瓮了。"[⑤] 怎么解决这一问题？一方面，广大党员干部要增强党内政治生活的政治性、时代性、原则性、战斗性，自觉抵制商品交换原则对党内生活的侵蚀，营造风清气正的良好政治生态。另一方面，要从制度上确立当官与发财之间的界限。习近平总书记明确说过："当官发财两条道，当官就不要发财，发财就不要当官。"[⑥] 防止被利益集团俘获。领导干部严格

---

① 江泽民：《在庆祝中国共产党成立七十周年大会上的讲话》，《人民日报》1991年7月2日。
② 江泽民：《在庆祝中国共产党成立八十周年大会上的讲话》，《人民日报》2001年7月2日。
③ 《中共中央关于加强和改进新形势下党的建设若干重大问题的决定》，《人民日报》2009年9月28日。
④ 《习近平关于严明党的纪律和规矩论述摘编》，中央文献出版社、中国方正出版社2016年版，第30—31页。
⑤ 习近平：《在党的群众路线教育实践活动总结大会上的讲话》，《人民日报》2014年10月9日。
⑥ 《十八大以来重要文献选编》（中），中央文献出版社2016年版，第326页。

自律,要注重防范被利益集团"围猎",坚持公正用权、谨慎用权、依法用权,坚持交往有原则、有界限、有规矩。

五、新时代的中国是一个能够突破太空天花板的国家

当今世界要成为世界一流强国,必须成为航天强国,能够自由进出太空,通过进出太空,既可以展示国家实力,又可以带动国家很多产业的发展。太空是很多国家发展的天花板。成为航天强国,需要具备太多的条件,完备的工业体系、强有力的人才储备、强大的意志、雄厚的经济实力和科技实力。我们有强大的意志,改革开放以来,中央对于发展航天事业的决心一直清晰坚定。2002年3月26日,江泽民在考察酒泉卫星发射中心时指出:"要不断提高自主创新能力,造就一支高素质的、勇于创新的航天科技队伍,集中力量攻克重大关键技术,掌握核心技术,形成自主知识产权,走出一条投入少效益高、有中国特色的航天发展道路。"[①] 2012年6月11日,胡锦涛在两院院士大会上指出:"发展空天战略高技术,保证我国有效进出与和平利用空间"[②]。

党的十九大明确提出建设航天强国。习近平反复指出:"航天梦是强国梦的重要组成部分。随着中国航天事业快速发展,中国人探索太空的脚步会迈得更大、更远。"[③] 按照中国载人航天工程"三步走"战略,2020年中国建成长期有人照料的空间站,实现月球采样返回和火星着陆探测,完成全球卫星导航系统和高分辨率对地观测系统建设,全面推进重型运载火箭研制,建成以通信、导航和遥感卫星系统为主的民用空间基础设施,使我国具备全面的宇宙空间探索和应用能力。到2020年,我国在轨航天器数量超过200颗,年发射数量达到30次左右,基本达到世界航天强国水平;力争到2030年,推动我国达到国际一流水平的航天技术指标从30%提高到60%,跻身世界航天强国行列;到2045年,全面建成世界航天强国。建成世界航天强国使我们能够以更加广阔的视野来看待人类发展,当我们站在月球上回望地球的时候,会更加深刻地理解人类命运共同体的深邃意义。建成世界航天强国能够带动一系列重要产业的突破,月球采样返回和火星着陆探测会给我们带来新的能源革命,全球卫星导航系统和高分辨率对地观测系统建设会使中国人的生活和世界人民的生活更加美好。

---

① 《不断夺取航天事业和国防科技发展新胜利》,《人民日报》2002年3月27日。
② 《在中国科学院第十六次院士大会、中国工程院第十一次院士大会上的讲话》,《人民日报》2012年6月12日。
③ 《习近平同神舟十号航天员亲切通话》,《人民日报》2013年6月25日。

纪念新中国成立70周年
The Commemoration of the 70th Anniversary of the Founding of New China

[美国] 傅高义（Ezra F. Vogel）

傅高义，美国哈佛大学费正清中国研究中心前主任、哈佛大学社会学教授。

[摘　要] 1949年中华人民共和国成立，宣告中华民族从此站起来了。此后，在中国共产党的领导下，中华人民共和国取得了长足发展。尤其是改革开放以来，中国不断对内实行改革对外实行开放，发展成绩显著。与此同时，以美国为首的一些西方国家也与中国产生了分歧，因此，中美应找到平衡点，实现合作共赢的良好局面。

作为一个研究近现代中国的外国人，我认为我能理解自鸦片战争以来，中国走向团结和现代化所经历的巨大困难。从1840年到1949年，中国几乎一直处于动乱中。在1949年毛泽东带领中国共产党人取得胜利之前，从未有过一位领导人成功地有效团结了这个国家。中国太大，太多元化，人口比任何其他国家都多，在1949年之前，没有一个领导人或政党能够有效地团结国家。

从1949年到1966年，中国在建设统一的国家结构方面取得了巨大的进步。从1966年到1976年，中国领导人在试图进入现代工业社会方面因步子迈得过大而遭受挫折，使中国的发展遭受了一定的挫折，中国的发展在曲折中前进。

在1978年11月之前，中国领导人在如何团结国家，与外国发展友好关系等方面开始形成共识，并开始实行改革。

中共十一届三中全会以后，中国开始实行改革开放，中国在此后40余年里发生的变化在世界历史上绝无仅有。改革开放40多年来，中国"国内生产总值由3679亿元增长到2017年的82.7万亿元，年均实际增长9.5%，远高于同期世界经济2.9%左右的年均增速"；"全国居民人均可支配收入由171元增加到2.6万元，中等收入群体持续扩大"，"贫困人口累计减少7.4亿人，贫困发生率下降94.4个百分点"。① 中国改革开放的辉煌成就令世人为之瞩目。

---

① 习近平：《在庆祝改革开放40周年大会上的讲话》，《人民日报》2018年12月19日。

一方面，中国对内实行改革，另一方面，中国不断扩大对外开放。1978年以来，中国与美国、日本等建立了良好的关系。1978年8月12日，《中华人民共和国日本国和平友好条约》签订。[①] 12月16日，《中华人民共和国和美利坚合众国关于建立外交关系的联合公报》公布，中华人民共和国和美利坚合众国决定自1979年1月1日起建立外交关系。[②] 中国还派遣人员出国留学，学习世界上先进的知识和管理技术。到2018年以前，每年约有800万中国人访问日本，并有35万中国留学生在美国学习。

2010年，世界银行宣布中国经济总量超过日本，扭转了自1895年以来一直到2010年中日之间日强中弱的局面。

到2015年，一些国家都感受到了来自中国强有力的竞争。对于一些习惯于在全世界高高在上的美国政府官员来说，关于另一个国家在某些领域超越美国而不以他们认为的"公平和开放的方式"行事的想法激起了他们对中国的敌意。

因此，中国与美国的关系变得非常紧张。随着现代科学技术的发展，世界变得越来越小，世界面临的问题迫切需要中国与其他国家之间开展合作。与很多美国人一样，我认为美中两国必须找到共同维护和平和解决我们共同面临的全球问题的办法。虽然我们面临很多挑战，但中国和世界上其他国家必须同舟共济，并找到合作的方式。

---

① 《中华人民共和国日本国和平友好条约》，《人民日报》1978年8月13日。
② 《中华人民共和国和美利坚合众国关于建立外交关系的联合公报》，《人民日报》1978年12月17日。

中国政治体制改革和政治文明建设 70 年
70-Years' Political System Reform and Political Civilization Construction of People's Republic of China

李正华（Li Zhenghua）

李正华，湖南衡阳人。中国社会科学院当代中国研究所副所长兼当代中国出版社社长，二级研究员，博士生导师。入选文化名家暨"四个一批"人才工程、国家"万人计划"哲学社会科学领军人才，享受政府特殊津贴。主要从事中华人民共和国史、中共党史研究。著有《中国改革开放的酝酿与起步》《中国改革开放再出发》《中华人民共和国政治史》等 10 余部作品。参与《中华人民共和国史稿》《新中国 70 年》等书的撰稿统稿工作。

[摘　要] 新中国成立后，确立了人民当家作主的政治体制，并根据新的形势要求不断对之进行调整、改革，党和国家机构经历了从计划经济条件下的机构职能体系向社会主义市场经济条件下的机构职能体系的重大转变。70 年的政治体制改革和政治文明建设，为新中国取得历史性成就提供了有力保障，是新中国历史的重要组成部分。

新中国成立后，中国共产党构建了中国特色政治制度的核心内容和基本框架，改革开放后，适应党和国家工作中心转移的需要，中国不断推进政治体制改革，完善和发展中国特色社会主义制度，逐步形成了以根本政治制度、基本政治制度为基本框架的中国特色政治制度体系。根本政治制度是人民代表大会制度，基本政治制度是中国共产党领导的多党合作和政治协商制度、民族区域自治制度、基层群众自治制度，此外还有选举制度、决策制度、监督制度、政务公开制度、协商民主制度等具体政治制度。70 年中国政治体制改革的过程，也是政治文明建设的过程。

一、构建中国特色的政治体制（1949—1978）

新中国的政治体制[①]是 1949 年中华人民共和国成立后逐步建立起来的。以毛泽东为核心的中国共产党领导中国人民经过 28 年的艰苦奋斗，取得了新民主主义革命的胜利，建立了人民当家作主的国家政权，进而又完成了生产资料所有制的社会主义改造，实现了从新民主主义到社会主义的过渡，最终建立了社会主义制度。

（一）建立以三大政治制度为核心内容的政治体制

新中国成立后，建立了工人阶级领导的以工农联盟为基础的人民民主专政的国家政权，完成民主革命遗留的任务、医治战争创伤、恢复国民经济，彻底废除外国列强强加给中国的不平等条约和帝国主义在中国的一切特权，彻底结束旧中国半殖民地半封建社会的历史，彻底结束旧中国一盘散沙的局面，实现国家空前的团结统一。1954 年 9 月召开第一届全国人民代表大会，通过《中华人民共和国宪法》，用根本大法的形式，确定人民代表大会制度、中国共产党领导的多党合作和政治协商制度、民族区域自治制度三大基本政治制度。与此同时，制定党在过渡时期总路线，进行卓有成效的"一五"计划建设。开展对农业、手工业和资本主义工商业生产资料私有制的社会主义改造，用不到三年时间成功实现了由新民主主义向社会主义转变这一中国历史上最深刻最伟大的社会变革。新中国的成立，社会主义基本制度的确立，为当代中国一切发展进步奠定了根本政治前提和制度基础。

中国特色政治制度是中国共产党从中外历史经验的比较以及中国人民的革命实践和民主体验中作出的符合中国国情的重大选择，是中国共产党和中国人民的伟大创造。

人民代表大会制度是中国共产党根据中国的具体国情作出的理性选择，是有中国特色的、符合中国国情的、适合社会主义现代化建设需要的政权组织形式，是中国的根本政治制度。中国共产党把马克思主义的无产阶级专政学说同中国革命的具体实践相结合，创造性提出人民民主专政的思想，确定了新中国的国体和与之相适应的政权组织形式。辛亥革命结束封建帝制后，袁世凯曾复辟帝制，资产阶级也曾效法欧美资产阶级国家的"议会制""三权分立"，建立过国家政权，但这些不是在人们的唾弃声中以失败收场，就是成为政客愚弄百姓的骗人把戏，丝毫没有改变其代表帝国主义、封建主义、官僚资本主义利益的本质。中国共产党成立后，学习列宁在苏联建立苏维埃（即代表会议）及中央执行委员会的政权形式，对建立新型人

---

① 政治体制是指政权的组织形式，表现为一整套的关于政权组织方式、运行方式的政治制度体系。政治体制不仅受到国家性质的影响，而且受到本国的文化传统的影响，具有灵活可变、多样选择的特点。政治体制需不断地进行改革、调整，以适应生产力不断发展的需要。

民民主政权及其组织形式进行了不懈的探索和实践,并得出了一个重要结论,这就是:新民主主义革命胜利后建立的政权,只能是工人阶级领导的、以工农联盟为基础的人民民主专政;同这一国体相适应的政权组织形式,只能是民主集中制的人民代表大会制度。①新中国的成立,标志着革命根据地的人民民主专政变成了全国的人民民主专政。②1954年第一届全国人民代表大会的召开,标志着以人民代表大会为基础的国家政权制度全面确立。

在政党制度方面,孙中山仿效西方国家实行过多党制,蒋介石搞过国民党一党独裁,都以失败告终。事实证明,在中国,搞多党制不行,搞一党专政也不行。根据马列主义的普遍原理,毛泽东从中国的具体历史和社会条件出发,提出了新民主主义历史阶段各革命阶级联合专政的思想,创造了中国共产党领导的多党合作制度。他指出:"中国无产阶级应该懂得:他们自己虽然是一个最有觉悟性和最有组织性的阶级,但是如果单凭自己一个阶级的力量,是不能胜利的。而要胜利,他们就必须在各种不同的情形下团结一切可能的革命的阶级和阶层,组织革命的统一战线。"③在抗日战争中,"共产党主导"和"多党派参与"的"三三制"政权形式,成为中国共产党领导的多党合作和政治协商的政党制度的雏形。1949年3月,毛泽东在党的七届二中全会的报告中明确提出:"我党同党外民主人士长期合作的政策,必须在全党思想上和工作上确定下来。"④这个讲话,实际上提出并确立了中国共产党与民主党派长期共存、团结合作的方针。1949年9月,中国人民政治协商会议第一次全体会议召开,标志着中国共产党领导的多党合作和政治协商制度正式确立。1954年《中华人民共和国宪法》用根本大法的形式确定了这一制度。

中国共产党成立后,就把解决民族问题、实现民族平等和团结作为新民主主义革命的一项重要内容,进行了长期的探索。由于受列宁民族自决理论、苏联联邦制实践及共产国际的影响,在整个新民主主义革命时期,中国共产党基本上都是主张民族自决和建立联邦制国家的。尽管抗日战争和解放战争期间中国共产党也曾有过民族自治的主张和实践,并在1947年5月1日成立内蒙古自治政府,但当时提出的"民族区域自治"还比较原则和笼统,建立的少数民族自治政权,也基本上是联邦制思想框架下的民族区域自治,而不是后来意义上的统一国家内部地方性的民族区域自治。在探索解决民族问题的过程中,中国共产党形成了一个共识:中国是统一的多民族国家;中国各族人民都是中华民族的成员,赞成平等的联合,而不赞成互相

---

① 参见《毛泽东选集》第2卷,人民出版社1991年版,第675页。
② 《建国以来毛泽东文稿》第6册,中央文献出版社1992版,第141页。
③ 《毛泽东选集》第2卷,人民出版社1991年版,第645页。
④ 《毛泽东选集》第4卷,人民出版社1991年版,第1437页。

压迫；中华民族具有光荣的革命传统和优秀历史遗产，中华民族的历史发展趋向是统一、团结。这一共识，为中国实行民族区域自治政策奠定了理论基础。在筹建新中国、研究采取何种国家结构形式时，党正是根据这一共识，最后放弃了民族自决和建立中华联邦共和国的设想，选择了统一国家内部地方性的民族区域自治和建立一个统一的多民族的人民共和国，把民族区域自治制度郑重写入了《中国人民政治协商会议共同纲领》之中，将其作为我国的一项基本政治制度。

（二）新中国政治制度集中体现了中国人民当家作主的要求

1954年第一届全国人民代表大会的召开，标志着以人民代表大会为基础的国家政权制度全面确立，国家权力开始由人民代表大会统一行使。中国为什么要实行人民代表大会制度而不能照搬西方民主那一套？邓小平对此曾从三方面作过深刻的论述：一是中国人口多，人民的文化素质不够；二是中国的地区之间发展不平衡；三是中国的建设和发展，需要安定的政治环境。因此，"西方民主那一套我们不能照搬，中国的事情要根据自己的实际情况办。"[1]

人民代表大会制度是中国的政体，与中国的根本性质相适应，是实现人民当家作主的根本的制度保证。在人民代表大会制度规定下，国家权力由人民代表大会统一行使，有利于中央权威的确立，有利于国家的统一和社会的稳定，有利于党和政府承担起领导全国人民进行改革开放和社会主义现代化建设的艰巨任务；能够便利人民行使自己的权力，参加国家的管理。实践证明，这一极富创造性的制度，既充分体现了国家的一切权力属于人民，人民真正当家作主，能够充分发挥人民群众的积极性和创造性，又保证了国家政权机关能够有效地领导和管理国家的各项工作，具有较高的效率。

实行中国共产党领导的多党合作和政治协商制度，"也是我国政治制度中的一个特点和优点"[2]。这一制度既不同于西方资本主义国家的多党制，也有别于苏联的一党制。其显著特征和独特优势是：共产党领导、多党派合作，共产党执政、多党派参政，各民主党派不是在野党或反对党，而是同共产党亲密合作的友好党和参政党；共产党和各民主党派在国家重大问题上进行民主协商、科学决策，集中力量办大事；共产党和各民主党派互相监督，促进共产党领导的改善和参政党建设的加强。实践证明，这一制度既能避免多党竞争、相互倾轧造成的政治动荡，又能避免一党专制、缺少监督的弊端。

在第一个社会主义国家苏联已经实行共和国联邦制的情况下，新中国没有照搬

---

[1] 《邓小平文选》第3卷，人民出版社1993年版，第249页。
[2] 《邓小平文选》第2卷，人民出版社1994年版，第205页。

苏联的经验，而是创造性地确立了民族区域自治制度，把新中国确定为一个统一的多民族的人民共和国，这是"史无前例的创举"[①]。中国的民族区域自治是在国家的统一领导下，各少数民族聚居的地方实行区域自治，设立自治机关，行使自治权。其核心是保障少数民族当家作主，管理本民族、本地方事务的权利。实行这种制度，体现了中国坚持实行各民族平等、团结、合作和共同繁荣的原则。实践证明，民族区域自治制度把民族因素与区域因素相结合，把政治因素与经济因素相结合，促进了新型社会主义民族关系的确立和发展，有利于维护国家统一和社会稳定，加强民族团结和经济发展。实行民族区域自治，代表了中华民族的根本利益，是合乎中国国情的正确选择，具有不可估量的意义和作用。

二、政治体制改革的提出并在探索中初步改革（1978—1992）

政治体制需要不断进行改革、调整，以适应生产力不断发展的需要。1978年12月，中共十一届三中全会的召开，开启了中国改革开放历史新时期，也开始了中国的政治体制改革。

（一）中共十一届三中全会开始了政治体制改革

新中国确立的政治体制，为社会主义建设取得巨大成就提供了重要保证。但由于中国人民建设社会主义是一项前无古人的伟大事业，经验不足，党在领导探索建设社会主义道路的进程中，出现了失误和挫折。中国社会主义建设的实践表明，社会主义制度的建立，并不等于社会主义制度的完善。社会主义制度必须在不断变化的国情中，对妨碍社会主义制度优越性发挥的具体制度、体制和机制进行不断改革，实现自我完善和发展。中共十一届三中全会着重提出了健全社会主义民主和加强社会主义法制的任务。为维护党规党法、切实搞好党风，全会决定重新设立中央纪律检查委员会，选举陈云为书记。中央纪律检查委员会在中央委员会领导下进行工作，每届任期5年。

《中国共产党第十一届中央委员会第三次全体会议公报》明确指出："实现四个现代化，要求大幅度地提高生产力，也就必然要求多方面地改变同生产力发展不适应的生产关系和上层建筑，改变一切不适应的管理方式、活动方式和思想方式，因而是一场广泛、深刻的革命。"[②]《公报》还指出，我国经济管理体制的一个严重缺点是权力过于集中，应该有领导地大胆下放，应该着手大力精简各级经济行政机构，

[①]《周恩来选集》下卷，人民出版社1984年版，第258页。
[②]《三中全会以来重要文献选编》（上），人民出版社1982年版，第4页。

应该在党的领导之下，认真解决党政企不分、以党代政、以政代企的现象。

中共十一届三中全会不仅包含政治体制改革的内容，而且明确提出了政治体制改革的任务。正是在十一届三中全会精神指引下，机构改革、干部人事制度改革、克服官僚主义等，成为改革开放之初被关注的重要问题。因此，邓小平说："我们提出改革时，就包括政治体制改革。"①

（二）《党和国家领导制度的改革》明确了政治体制改革的总体思路

制度带有根本性、全局性、稳定性和长期性。制度建设、制度设计和制度安排，是民主政治发展的关键，是现代政治文明的精髓所在。中共十一届三中全会结束不久，邓小平就多次强调"体制改革"。1980年8月18日，邓小平在中共中央政治局扩大会议上作了题为《党和国家领导制度的改革》②的讲话，集中体现了他在改革开放初期对政治体制改革的认识和总体思路。

这篇讲话深刻总结了国内外社会主义国家政权建设的历史经验，特别是中国"文化大革命"的深刻教训，对中国政治体制中存在的主要弊端及其产生的历史和现实原因进行了深刻剖析，阐明了政治体制改革的客观依据。讲话指出："只有对这些弊端进行有计划、有步骤而又坚决彻底的改革，人民才会信任我们的领导，才会信任党和社会主义，我们的事业才有无限的希望。"③讲话提出了改革党和国家领导制度的任务，明确强调："改革并完善党和国家各方面的制度，是一项艰巨的长期的任务，改革并完善党和国家的领导制度，是实现这个任务的关键。对此，我们必须有足够的认识。"④讲话将我国政治制度分为基本政治制度和具体政治制度，提出了要对这两方面的制度进行区分的论断。讲话指出：社会主义制度并不等于建设社会主义的具体做法，这些具体做法在政治制度方面就表现为具体政治制度即政治体制，而在这些具体制度（领导、组织、工作制度）上，还存在不少的弊端，需要加以革除。这一论断，对于准确把握我国政治制度的丰富内涵、推进政治体制改革提供了重要遵循。讲话科学分析了人和制度的因素在政治中的重要性，既承认人的因素在政治中的极端重要性，又重视制度的作用。邓小平在讲话中精辟地指出："我们过去发生的各种错误，固然与某些领导人的思想、作风有关，但是组织制度、工作制度方面的问题更重要。这些方面的制度好可以使坏人无法任意横行，制度不好可以使好人无法充分做好事，甚至会走向反面。"⑤因此，邓小平认为"制度是决定因素"，

---

① 《邓小平文选》第3卷，人民出版社1993年版，第176页.
② 《邓小平文选》第2卷，人民出版社1994年版，第320—343页。
③ 《邓小平文选》第2卷，人民出版社1994年版，第333页。
④ 《邓小平文选》第2卷，人民出版社1994年版，第342页
⑤ 《邓小平文选》第2卷，人民出版社1994年版，第308、333页。

"领导制度、组织制度问题更带有根本性、全局性、稳定性和长期性"。①

这篇讲话是邓小平在中共十一届三中全会后，第一次比较系统地、公开地发表对政治体制改革问题的见解，是新时期党的文献中首次提出对政治体制改革的系统的意见。它敏锐而又深刻地对我国政治体制改革，特别是作为其关键领域的党和国家领导制度的改革作出了系统深入而又精辟明确的论述，吹响了政治体制改革的号角，为政治体制改革奠定了坚实的理论基础，指明了原则和方向，成为指导政治体制改革，特别是党和国家领导制度改革的纲领性文件。随后，废除领导干部职务终身制，调整、精简各级行政机构，完善人民代表大会制度，发展中国共产党领导的多党合作和政治协商制度、民族区域自治制度，推进社会主义民主法制建设等改革，成为政治体制改革的主要内容。

比如，在党的领导体制改革方面，中共十二大制定的新党章，明确了全国党代会的职权，规定召开全国党代会的程序、规则，确定了它与中央委员会的关系；改革了中央机构的设置，规定党中央不设主席只设总书记，总书记负责召集中央政治局、政治局常委会议和主持中央书记处的工作；中央和省一级设顾问委员会；党的各级纪律检查委员会由同级党的代表大会选举产生，并对中央以下的同级党委及其成员实行党章规定范围内的监督，对中央委员会成员违犯党纪的行为可以向中央委员会检举。提出了改革领导机构和干部制度，实现干部队伍的革命化、年轻化、知识化、专业化。中共十二大以后，党的全国代表大会按期召开，各级党组织自上而下恢复建立起来。农村基层党组织的设置逐步健全。中共中央顾问委员会的成立，成为党的领导体制改革的一件大事。在行政机构改革方面，国务院各部门从100个减为61个，人员编制从原来的5.1万人减为3万人；明确规定了各级各部的职数、年龄和文化结构，减少了副职，提高了素质。

（三）中共十三大对政治体制改革进行全面部署

随着经济体制改革的不断深入，政治体制与经济体制不相适应的问题突出出来。邓小平敏锐地感觉到了这个问题，多次指出，现在经济体制改革每前进一步，都深深感到政治体制改革的必要性。"我们所有的改革最终能不能成功，还是决定于政治体制的改革。"② 必须把政治体制改革提到议事日程，应该把政治体制改革"作为改革向前推进的一个标志"③，要求党的十三大要对政治体制改革进行总体设计，制定改革蓝图。

根据邓小平的意见，1986年9月，中共中央成立中央政治体制改革研讨小组，

---

① 《邓小平文选》第2卷，人民出版社1994年版，第333页。
② 《邓小平文选》第3卷，人民出版社1993年版，第164页。
③ 《邓小平文选》第3卷，人民出版社1993年版，第160页。

开始了总体方案的酝酿和设计。1987年10月,中共十二届七中全会原则同意了《政治体制改革总体设想》,决定将这一设想的基本内容写入中共十三大报告。随后召开的中共十三大,对政治体制改革进行了全面部署。

中共十三大报告认为,我国原来的政治体制存在着一些重大缺陷,主要是权力过分集中,官僚主义严重,封建主义影响远未肃清。不进行政治体制改革,经济体制改革不可能最终取得成功。进行政治体制改革的目的,就是要兴利除弊,清除官僚主义,发展社会主义民主,调动人民的积极性,建设有中国特色的社会主义民主政治。政治体制改革的长远目标,是建立高度民主、法制完备、富有效率、充满活力的社会主义政治体制;近期目标,是建立有利于提高效率、增强活力和调动各方面积极性的领导体制。

中共十三大之后,我国政治体制改革全面启动。通过1988年的改革,国务院部委由45个减为41个,直属机构从22个减为19个,非常设机构从75个减到44个。在国务院66个部、委、局中,有32个部门共减少1.5万多人,有30个部门共增加5300人。机构改革后的国务院人员编制比原来减少了9700多人。国有企业、高校、科研院所逐步确立行政首长负责制。

1989年6月,以江泽民为主要代表的中共中央领导集体担负起历史重任,进一步强调了社会的政治稳定和政治体制改革的重要性,继续推动政治体制改革有序、健康地发展。

1978年中共十一届三中全会到1992年的中共十四大,中国政治体制改革的内容涉及许多方面、许多领域,但更多关注的是"文革"结束后所面临的现实问题,着眼点主要是如何从制度上防止"文革"这类历史悲剧重演、实现国家长治久安。改革的核心,主要针对权力过分集中,特别是领导干部个人高度集权问题。重要的改革主要有:倡导解放思想,彻底否定"文化大革命";强调民主法制,恢复宪法和法律的权威,着手建立国家的法律体系;改革党和国家领导制度,开始进行适度的党政分开;废除实际存在的领导职务终身制,禁止个人崇拜和个人专制;转变党的执政方式,终止急风暴雨式的政治运动;推行基层民主和党内民主,等等。这一阶段的政治体制改革的理论和实践,深刻地影响和改变了中国的政治发展进程。

三、政治体制改革进一步发展与政治文明的提出(1992—2012)

中共十四大后,伴随社会主义市场经济体制的确立和完善,政治体制改革从着重解决权力过分集中调整为完善和发展社会主义政治制度。从1992年中共十四大到2012年中共十八大,围绕着建立社会主义市场经济体制,政治体制改革进一步发展。

（一）政治体制改革以完善和发展社会主义政治制度为主要内容

为了推动中国改革向前发展，1992年1月至2月，邓小平视察南方并发表重要谈话，提出了计划与市场都是经济手段、不是社会主义与资本主义的本质区别的重要论断。中共十四大明确我国经济体制改革的目标是建立社会主义市场经济体制，明确提出：政治体制改革的目标"是以完善人民代表大会制度、共产党领导的多党合作和政治协商制度为主要内容，发展社会主义民主政治"[①]。中共十五大至十七大也都明确规定，政治体制改革要不断推进社会主义政治制度的自我完善和发展。

人民代表大会制度虽在"文革"期间一度遭到破坏，但1979年以后得到恢复并不断完善。人民代表大会制度优越性主要来自集中，不足之处也来自集中。因此，需要完善和发展。保证全体人民行使国家权力，是人民代表大会制度的实质，也是人民代表大会制度的先进性和生命力之所在。人民当家作主的一个重要标志就是实现选举权的平等。2010年，十一届全国人大三次会议对选举法进行了修改，规定要按城乡同比例选举人大代表。按城乡同比例选举人大代表的这一规定，促成了宪法规定的平等原则的充分实现。十一届全国人大代表中，基层代表比例明显增加。其中，一线工人代表比十届增加一倍以上，基层农民代表增加70%以上。

中共十四大后特别是进入新世纪后，多党合作和政治协商的制度化、规范化和程序化向前推进。中共中央先后颁发《关于进一步加强中国共产党领导的多党合作和政治协商制度建设的意见》（2005年）、《关于加强人民政协工作的意见》（2006年）和《关于巩固和壮大新世纪新阶段统一战线的意见》（2006年）等文件，为各民主党派和无党派人士发挥作用创造了更为广阔的空间，巩固和发展了广泛的爱国统一战线。越来越多的党外人士在各级人大、政府、政协和司法机关担任领导职务。中国共产党在作出重大决策之前和决策执行过程中，都坚持同党外人士进行充分协商，通报情况、听取意见，广集民智、广求良策。从中国共产党全国代表大会、中央委员会重要文件到宪法和重要法律修改建议，从国家领导人建议人选到推进改革开放的重要决定，从国民经济和社会发展中长期规划到关系国家全局的重大问题，中共中央与民主党派进行协商和听取建议的形式丰富多样、通畅高效，有力地推动了科学决策、民主决策，有力维护了国家和人民的利益。人民政协通过政治协商和民主监督，组织参加政协的各党派、团体和各族各界人士参政议政，在国家的政治生活、社会生活和对外友好活动中，在进行现代化建设，维护国家的统一和加强各民族的团结中，发挥了重要作用。

民族区域自治制度不断完善。1982年宪法，不仅恢复了1954年宪法中关于民族

---

① 《十四大以来重要文献选编》（上），人民出版社1996年版，第11页。

区域自治的一些重要原则，而且在总结实行民族区域自治正反两方面的经验的基础上，增加了新的内容。1984年又通过了《民族区域自治法》。民族自治地方的自治机关除行使同级地方国家机关的职权外，还享有制定自治条例和单行条例，自主地安排使用属于民族自治地方的财政收入，自主地安排和管理本地方的建设事业和教育、科学、文化、卫生事业等广泛的自治权利。国家大力培养少数民族干部和专业技术人员；在财力和物力上给予民族自治地方积极支援，促进当地经济文化的发展。中央确立了各民族共同团结奋斗、共同繁荣发展的民族工作主题，强调促进民族团结、实现共同进步是民族工作的根本任务，并作出一系列加强和改进民族工作的重大部署。平等、团结、互助、和谐的社会主义民族关系不断巩固和发展，少数民族和民族地区呈现出经济繁荣、政治安定、文化发展、社会和谐、民族团结的喜人景象。

基层群众自治制度，是指城乡居民群众以相关法律法规政策为依据，在城乡基层党组织领导下，在居住地范围内，依托基层群众自治组织，直接行使民主选举、民主决策、民主管理和民主监督等权利，实行自我管理、自我服务、自我教育、自我监督的制度与实践。基层群众自治是人民当家作主最有效、最广泛的途径。中共十七大根据以农村村民委员会、城市居民委员会和企业职工代表大会为主要内容的基层民主自治体系逐步建立的事实，正式将基层群众自治制度作为我国一项基本政治制度，有力地推动了民主政治的发展，丰富了中国特色政治制度体系。中共十七大把国家层面的民主制度与基层范畴的民主制度有机地结合在一起，使社会主义政治制度体系的内容更全面丰富，结构更完整，功能更强大。基层民主犹如一所民主的"大学校"，广大群众在一次次民主实践活动中经受了锻炼，有序政治参与热情高涨，民主意识不断增强，参与管理、依法维权的能力不断提高。

（二）不断推进党政体制改革

政治体制改革的内容最核心的是党和国家领导制度的改革。这一阶段，1993年、1999年，中共中央部门先后进行了2次改革，1993年、1998年、2003年、2008年，国务院机构先后进行了4次改革。

在党的机构改革方面，中共十四大就指出："党必须适应改革开放和现代化建设的需要，不断改善和加强对各方面工作的领导，改善和加强自身建设"。"党的基层组织是党的全部工作和战斗力的基础。各级党委要采取得力措施，努力把基层党组织建设成为团结和带领群众进行改革和建设的战斗堡垒。农村要进一步搞好以党支部为核心的村级组织建设。全民所有制企业要充分发挥党组织的政治核心作用，坚持和完善厂长负责制，全心全意依靠工人阶级。在其他各种经济组织中，也要从实际出发，抓紧建立健全党的组织和工作制度。机关、学校、科研院所、街道等基层党组织，都要根据自己的特点，加强和改进自身建设。要十分注意把生产第一线的工人、农民、知识分子中的优秀分子吸收到党内来。现在有一部分基层党组织软弱无力,上级党委要派出专门力量帮助整顿。"[①] 1999年,中共中央部门机构改革坚持"有利于坚持、加强、改善党的领导,有利于巩固党的执政地位和提高党的执政水平,有利于全面加强党的思想建设、组织建设和作风建设"的指导思想,"坚持一件事情由一个机构管理为主,减少职责交叉"原则。通过改革,中共中央领导机构确定由中央委员会(包括中央政治局常委会、中央政治局、中央书记处)、中央纪律检查委员会和中央军事委员会这三个委员会组成。中央委员会是党中央的决策部门和执行部门,由其选举产生的中央政治局、中央政治局常委会为中央决策机构,中央书记处为中央执行机构。中央纪律检查委员会是党中央的监督、检查部门。中央军事委员会是党中央的军事领导部门。这三个委员会的职能各有分工而又统一在中央委员会的领导之下,构成了中共中央领导框架。

在政府机构改革方面,1993年,中共中央审议通过的《关于党政机构改革的方案》,确定减少行政机关工作人员25%、政企分开的目标。改革实施后,国务院组成部门、直属机构从原有的86个减少到59个,人员减少20%。国务院不再设置部委归口管理的国家局,国务院直属事业单位调整为8个。

1998年,中共十五届二中全会审议通过《国务院机构改革方案》,国务院组成部门从40个减少到29个,部门内设机构精简1/4,移交给企业、社会中介机构和地方的职能200多项,人员编制总数减少一半。

2003年的国务院机构改革是在加入世贸组织的大背景之下进行的,改革的目标是"实现行为规范、运转协调、公正透明、廉洁高效",提出了"决策、执行、监督三权相协调"的要求。改革后,除国务院办公厅外,国务院由28个部门组成。

2008年,国务院机构改革的中心思想是"转变政府职能和理顺部门职责关系,探索实行职能有机统一的大部门制"。新组建工信部、交通运输部等5个部委,国务院组成部门改革为27个。国务院共取消和调整行政审批事项2183项。

通过改革,政府职能转变、法治政府建设、政府管理方式等,都取得了成效。行政复议和行政诉讼制度建设,让"民告官"成为现实;政府信息公开条例的实施,让政府逐渐适应在老百姓的监督下工作;领导干部和行政执法过错责任追究,给权力戴上了"紧箍咒"。利用互联网等新兴媒体改进工作、提高效率、服务人民,服务型政府建设不断深化。积极运用和发挥好互联网等新兴媒体的作用,逐渐成为各级党和政府的普遍做法。2008年颁布实施政府信息公开条例,政府部门召开公共事务听证会成为常态,"三公经费"逐步公开,"网络问政"蓬勃发展。

[①] 《十四大以来重要文献选编》(上),人民出版社1996年版,第12、43页。

干部的公开选拔、竞争上岗、任前公示及推荐责任制逐步推广。2006年实施公务员法，全国有超过24万人通过竞争上岗走上了领导岗位，中央机关公开遴选公务员正式实施。实行了领导干部任期经济责任审计制度、会计委派制度、政府采购制度及领导干部用车、住房等福利待遇货币化试点。此外，还根据变化了的情况，调整了中央与地方关系，进行了地方党政机构改革、行政区划调整和干部人事制度改革，开展了农村基层政权的改革与建设，强化了对权力的监督和制约。

（三）确定建设社会主义法治国家的目标和任务，提出建设社会主义政治文明新命题

中共十五大明确提出："我国经济体制改革的深入和社会主义现代化建设跨越世纪的发展，要求我们在坚持四项基本原则的前提下，继续推进政治体制改革，进一步扩大社会主义民主，健全社会主义法制，依法治国，建设社会主义法治国家。"[①] 在党的历史上第一次确立了"法治"概念。1999年九届全国人大二次会议将"依法治国，建设社会主义法治国家"写入宪法，使之成为党领导人民治理国家的基本方略。

提出建设社会主义法治国家的目标和任务，是政治体制改革一个重大突破性进展，对中国政治发展的意义重大而深远。

它反映了市场经济发展的客观要求。市场经济本质上是法制经济，它内在地要求法治国家的建立，没有法制的市场经济不是真正意义上的市场经济。它有利于推进法制建设和法治国家建设。新中国成立之初，人民政权在废除国民党的"六法全书"后，积极建设人民的新法制，先后制定了《婚姻法》《工会法》等法律。特别是1954年《中华人民共和国宪法》的制定与实施，为发展社会主义民主和社会主义法制奠定了初步基础，为社会主义社会的确立提供了法律保障。从此，中国人民民主政治和人民民主法制建设进入了一个崭新的阶段。《中华人民共和国宪法》颁布后，曾分别于1975年、1978年、1982年被三次全面修改。1982年修改后的宪法即现行宪法，于1988年、1993年、1999年、2004年、2018年被五次部分修正。在宪法的制定和修改过程中，全国人大及其常务委员会还制定了一大批法律。截至2011年8月底，中国已制定现行宪法和有效法律共240部、行政法规706部、地方性法规8600多部，涵盖社会关系各个方面的法律部门已经齐全，各个法律部门中基本的、主要的法律已经制定，相应的行政法规和地方性法规比较完备，法律体系内部总体做到科学和谐统一，以宪法为核心，以刑事、民事、行政、经济、诉讼等方面的基本法律为支柱的中国特色社会主义法律体系已经形成。这些法律在国家政治、经济和社会生活等方面发挥了重要作用。

---

① 《十五大以来重要文献选编》（上），中央文献出版社2000年版，第30页。

2002年5月31日，江泽民在中央党校省部级干部进修班毕业典礼上的讲话中明确提出建设社会主义政治文明的任务。中共十六大报告进一步指出："发展社会主义民主政治，建设社会主义政治文明，是全面建设小康社会的重要目标。"[①]十六大报告特别提出建设社会主义政治文明，这在党的文献中是第一次。

进行社会主义政治文明建设，基本内容就是不断发展社会主义民主政治，核心和关键就是要着重加强社会主义民主政治的制度建设，实现社会主义民主政治的制度化、规范化、程序化。十六大报告认为，政治体制改革和发展社会主义民主政治，最根本的是要坚持党的领导、人民当家作主和依法治国的有机结合和辩证统一。党的领导是人民当家作主和依法治国的根本保证，人民当家作主是社会主义民主政治的本质要求，依法治国是党领导人民治理国家的基本方略。党的领导、人民当家作主和依法治国的统一性，是社会主义民主政治的重要优势。把社会主义政治文明与社会主义民主政治紧密联系在一起，为我国政治文明建设指明了方向。

在建立和发展社会主义市场经济的过程中，政治体制改革以完善和发展社会主义基本政治制度、发展社会主义民主为主要内容，社会主义政治制度体系的内容更全面、更丰富，结构更完整；实行城乡按相同人口比例选举人大代表，人大选举工作更加规范化、制度化；重要决策事前进行政治协商成为制度，决策的科学化与民主化不断推进，公民有序的政治参与不断扩大；各级人大"开门立法"，政府部门问需于民、问计于民，公共事务听证成为常态；充分运用网络同人民群众沟通；"国家尊重和保障人权"写入宪法，中国特色社会主义法律体系的框架逐步形成，在我国政治、经济和社会生活的基本方面，做到了有法可依；开展各级政府职能转变、党政机关精简机构工作，实施了公务员制度；对干部选拔开展了民主推荐，公开考试，择优录用，引进了竞争机制；党政机构改革，干部人事制度改革，反腐倡廉工作，取得了明显的进展。政治体制改革朝着发展社会主义民主政治、建设社会主义政治文明的方向前进。

四、政治体制改革全面深化（2012—2019）

中共十八大开启了中国特色社会主义新时代，明确政治体制改革的七项主要任务[②]，十八届三中全会确定全面深化改革的总目标是完善和发展中国特色社会主义制度，推进国家治理体系和治理能力现代化，中共十九届三中全会落实十九大精神，专

---

① 《十六大以来重要文献选编》（上），中央文献出版社2005年版，第24页。
② 即：支持和保证人民通过人民代表大会行使国家权力；健全社会主义协商民主制度；完善基层民主制度；全面推进依法治国；深化行政体制改革；健全权力运行制约和监督体系；巩固和发展最广泛的爱国统一战线。

门研究党和国家领导机构改革问题，通过《中共中央关于深化党和国家机构改革的决定》和《深化党和国家机构改革方案》，开辟了中国特色社会主义政治发展新境界。

（一）突出党的全面领导，推进党的领导体制改革

中国共产党领导是中国特色社会主义最本质的特征。中共十八大重申加强和改善党的领导，坚持党总揽全局、协调各方的领导核心作用。中共十九大提出了坚持和加强党的全面领导的任务，中共十九届三中全会把"形成总揽全局、协调各方的党的领导体系"[①]纳入改革目标。党的领导体现在政治改革的整个过程和方方面面，党的领导体制进入全方位改革的新时期。

确立了习近平在党中央的核心和全党的核心地位。中共十八届六中全会正式提出"以习近平同志为核心的党中央"[②]。习近平成为党中央的核心、全党的核心，是关系党和人民根本利益、关系党和国家事业长远发展的大事，是在领导和推进伟大事业、伟大工程、伟大斗争、伟大梦想的实践中形成的，对于进一步开创治国理政新局面，意义重大，影响深远。为了提高高层权力协调性，中共十八大以来中央成立了20多个专门的领导小组（委员会），由正国级的中共中央政治局常委亲自挂帅，以协调各个副国级、部级单位。其中国家安全委员会、中央全面深化改革领导小组、中央网络安全和信息化领导小组、中央军委深化国防和军队改革领导小组、中央党的群众路线教育实践领导小组、中央海洋权益工作领导小组、中央统战工作领导小组为中共十八大后新建。中央全面深化改革领导小组、中央网络安全和信息化领导小组、中央财经领导小组3个领导小组（中共十九大之后改为"委员会"）由习近平总书记任组长。2017年1月，中共中央政治局召开会议，决定设立中央军民融合发展委员会，习近平任主任。设立中央领导小组，有利于整合职能部门的资源，从最高层统一配置资源，有助于冲破原有的利益格局，实现工作的快速推进。

建立健全党对一切工作的领导体制机制。强化党的组织在同级组织中的领导地位。突出加强党的领导、理顺党政关系。统筹设置党政机构，"党的相关机构同职能相近、联系紧密的其他部门统筹设置，实行合并设立或合署办公"[③]。2018年全国人大通过的党和国家机构改革方案，把党和国家的机构整合在一起改革，这是改革开放以来的第一次。这一改革，有助于理顺党政机构职责关系，统筹调配资源，减少多头管理，减少职责分散交叉，使党政机构职能分工合理、责任明确、运转协调，形成统一高效的领导体制，保证党实施集中统一领导。

---

① 《中共中央关于深化党和国家机构改革的决定》，《人民日报》2018年3月5日。
② 《中共十八届六中全会在京举行》，《人民日报》2016年10月28日。
③ 《〈中共中央关于深化党和国家机构改革的决定〉〈深化党和国家机构改革方案〉辅导读本》，人民出版社2018年版，第11页。

深化党内治理制度改革。中共十八届三中全会提出了"深化党的建设制度改革"[①]的重大命题和任务，随后中央出台了《深化党的建设制度改革实施方案》，规定了深化党的组织制度、干部人事制度、党的基层组织建设制度、人才发展体制机制四个方面的改革任务，并分解为26项改革举措，明确了责任单位、改革成果形式和时间进度。具体制度改革主要有：坚持民主集中制，健全党内民主制度体系；保障党员主体地位，健全党员民主权利保障制度；完善党的代表大会制度，提高工人、农民代表比例，落实和完善党的代表大会代表任期制，试行乡镇党代会年会制，深化县（市、区）党代会常任制试点，实行党代会代表提案制；完善党内选举制度，规范差额提名、差额选举，形成充分体现选举人意志的程序和环境；强化全委会决策和监督作用，完善常委会议事规则和决策程序，完善地方党委讨论决定重大问题和任用重要干部票决制；扩大党内基层民主，完善党员定期评议基层党组织领导班子等制度，推行党员旁听基层党委会议、党代会代表列席同级党委有关会议等做法，增强党内生活原则性和透明度等。

在我国政治生活中，中国共产党居于领导地位，对中国社会生活的各个领域实行全面的领导。东西南北中，党是领导一切的。中国共产党在政治体制中的核心地位，体现在各个方面和各个环节、各个层面，既控制着从中央到地方各级政府的权力，也控制着经济、社会、军事、司法等各个领域的权力，决定着政府政策的制定和执行、干部的选拔和任用以及人们的政治价值观念等。加强党的集中统一领导，支持人大、政府、政协和监察机关、审判机关、检察机关、人民团体、企事业单位、社会组织履行职能、开展工作、发挥作用，二者是统一的。

（二）明确提出制度现代化任务，不断完善和发展中国特色政治制度

制度成熟与完善的程度，是一个国家和社会成熟与完善程度的集中体现。党的十八大后把完善和发展中国特色社会主义制度作为重大政治任务，不断推进国家治理体系和治理能力现代化。

1992年邓小平就提出再用30年的时间，在各方面形成一整套更加成熟更加定型的制度。习近平将新中国的制度建设分为两个阶段，他指出："从形成更加成熟更加定型的制度看，我国社会主义实践的前半程已经走过了，前半程我们的主要历史任务是建立社会主义基本制度，并在这个基础上进行改革，现在已经有了很好的基础。后半程，我们的主要历史任务是完善和发展中国特色社会主义制度，为党和国家事业发展、为人民幸福安康、为社会和谐稳定、为国家长治久安提供一整套更完备、更稳定、更管用的制度体系。这项工程极为宏大，零敲碎打调整不行，碎片

---

① 《中共中央关于全面深化改革若干重大问题的决定》，《人民日报》2013年11月16日。

化修补也不行，必须是全面的系统的改革和改进，是各领域改革和改进的联动和集成，在国家治理体系和治理能力现代化上形成总体效应、取得总体效果。"① 这一论述，提出了建立更完备、更稳定、更管用的制度体系这一全面深化改革的新的历史任务和长远战略目标，深刻阐明了完善和发展中国特色社会主义制度的重大意义和实现路径，丰富了现代化的内涵，有力推动了中国特色政治制度的完善和发展。

人民代表大会制度按照"四个必须"②坚持完善。加强科学立法、民主立法，立法主动适应改革发展需要，是人民代表大会制度与时俱进的重要体现。2015年十二届全国人大三次会议，对有"管法的法"之称的立法法作出重要修改，进一步明确立法权限，赋予设区的市地方立法权。这对于更好发挥立法引领和推动改革的作用、建设社会主义法治国家意义深远。全国人大常委会依法行使立法、监督、决定、任免等职权，充分履行最高国家权力机关职责。各级人大充分发挥权力机关和人大代表作用，不断加强和改进监督工作，进一步拓宽人民监督权力的渠道，人民通过人大行使国家权力的制度化保障更加完善，实践方式不断创新，展示了社会主义民主政治的蓬勃生机。进一步健全立法工作向党中央请示报告制度，党的主张和人民的意愿通过法定程序转化为国家意志，立法引领和推动改革的路径越来越清晰。2014年，中共中央审议通过了《关于改进完善专题询问工作的若干意见》，人大专题询问工作更加规范化、机制化和常态化。2015年，中共中央首次以文件的形式转发了《关于加强县乡人大工作和建设的若干意见》，为各地积极开展县乡人大建设指明了方向。此外，在推进人民代表大会制度理论和实践创新，完善中国特色社会主义法律体系，健全立法起草、论证、协调、审议机制，提高立法质量，防止地方保护和部门利益法制化等方面，也取得了新成就。

中国共产党领导的多党合作和政治协商制度发展进入新阶段。中共十八大提出："健全社会主义协商民主制度。要完善协商民主制度和工作机制，推进协商民主广泛、多层、制度化发展"；"坚持和完善中国共产党领导的多党合作和政治协商制度，充分发挥人民政协作为协商民主重要渠道作用"。③2015年至2017年，中共中央先后印发了《关于加强社会主义协商民主建设的意见》《中国共产党统一战线工作条例（试行）》《关于加强人民政协协商民主建设的实施意见》《关于加强政党协商的实施意见》《关于加强和改进人民政协民主监督工作的意见》等规范性文件，对统一战线及多党合作作出了一系列新的规定。它们主要包括：明确了社会主义协商

---

① 《习近平关于全面深化改革论述摘编》，中央文献出版社2014年版，第27页。
② 习近平强调"四个必须"：坚持和完善人民代表大会制度，必须毫不动摇坚持中国共产党的领导，必须保证和发展人民当家作主，必须全面推进依法治国，必须坚持民主集中制。
③ 《十八大以来重要文献选编》(上)，中央文献出版社2014年版，第21页。

民主的基本内涵和本质属性,阐明加强社会主义协商民主建设的指导思想、基本原则、渠道程序和重要意义,对新形势下开展政党协商、人大协商、政府协商、政协协商、人民团体协商、基层协商、社会组织协商进行部署;对统一战线的性质、地位作用作出新概括,对统战工作的指导思想、主要任务、范围和对象进行新完善;明确了加强人民政协协商民主建设的重要意义、指导思想、重要原则、内容和形式;详细规定政党协商的指导思想和重要意义、内容、形式、程序、保障机制,提出了政党协商的三种主要方式——会议协商、约谈协商和书面协商;规定人民政协协商式监督八个方面的主要内容、主要形式以及程序机制等。2018 年 3 月 15 日,中国人民政治协商会议第十三届全国委员会第一次会议通过了《中国人民政治协商会议章程修正案》。这次政协章程修改的重要成果是以习近平新时代中国特色社会主义思想为指导,充分体现中共十九大提出的重要思想、重要观点、重大判断、重大举措。人民政协发挥协商式监督特色优势,重点监督党和国家重大改革举措、重要决策部署贯彻执行情况,通过调研察看发现问题,围绕履责不力提出批评,针对问题不足督促改进。中国政党制度在理论政策、相关章程和制度机制方面不断发展和完善,中国共产党对统一战线重要法宝作用的认识提升到新的高度。特别是中共十八大将协商民主和选举民主作为中国社会主义民主的两种重要形式,开辟了我国社会主义民主政治新境界。努力推进协商民主广泛多层制度化发展,构建程序合理、环节完整的协商民主体系,拓宽国家政权机关、政协组织、党派团体、基层组织、社会组织的协商渠道,深入开展立法协商、行政协商、民主协商、参政协商、社会协商,加强中国特色新型智库建设,建立健全决策咨询制度;积极发展基层民主,畅通民主渠道,健全基层选举、议事、公开、述职、问责等机制,开展形式多样的基层民主协商,推进基层协商制度化。

(三)党和国家机构改革迈出了重大步伐,监察体制改革成为亮点

中共十八届三中全会提出:"完善党和国家领导体制,坚持民主集中制,充分发挥党的领导核心作用。"[①] 中共十九届三中全会强调统筹设置党政机构,统筹推进党政军群机构改革。

与以往机构改革主要涉及政府机构和行政体制不同,中共十八大以来机构改革包括党、政府、人大、政协、司法、群团、社会组织、事业单位、跨军地以及中央和地方各层级机构的改革。统筹设置党政机构,坚持一类事项原则上由一个部门统筹,一件事情原则上由一个部门负责,避免政出多门、责任不明、推诿扯皮。这场统筹推进党政军群机构改革,是推进国家治理体系和治理能力现代化的一场深刻变

---

① 《中国共产党第十八届中央委员会第三次全体会议文件汇编》,人民出版社 2013 年版,第 54 页。

革,是系统性、整体性、重构性的变革,①力度规模之大、涉及范围之广、触及利益之深前所未有。

党和国家机构改革不断取得新成效。中共十八大以来,中共中央机构于2018年集中进行了改革,国务院机构于2013年、2018年集中进行了2次改革。改革后,党中央机构共计减少6个,其中,正部级机构减少4个,副部级机构减少2个。国务院机构共计减少15个,其中,正部级机构减少8个,副部级机构减少7个。党政合计,共计减少21个部级机构,其中,正部级12个,副部级9个。全国人大和全国政协各增加1个专门委员会。②

国家监察体制改革是党的十八大以来最重要的政治体制改革。深化国家监察体制改革的总目标是建立党统一领导下的国家反腐败工作机构,就是要建立集中统一的反腐败机构,形成权威高效的国家监察体制。由于我国80%的公务员、95%以上的领导干部都是共产党员。党内监督与国家监察是一体两面,既具有高度内在一致性,又具有高度互补性。党的纪律检查是全面从严治党的利器,国家监察是对公权力最直接最有效的监督。国家监察体制改革是在继承和借鉴党的纪律检查体制改革经验的基础上进行的。改革构建国家监察体系,有利于对党内监督达不到的地方,或者不适用执行党的纪律的公职人员,依法实施监察,真正把公权力关进制度的笼子,完成与党内监督全覆盖相匹配的国家监察全覆盖,实现依法治国与依规治党、党内监督与国家监察有机统一。

国家监察体制改革先在北京市、山西省、浙江省试点基础上推开,2018年2月,全国31个省区市三级监察委员会组建工作全部完成。3月,国家监察委员会正式挂牌。国家监察委员会的成立,使中国的国家机构序列发生重大变化,"一府两院"为"一府一委两院"所代替。中华人民共和国国务院是最高行政机关,中华人民共和国国家监察委员会是最高监察机关,中华人民共和国最高人民法院是最高审判机关、中华人民共和国最高人民检察院是最高检察机关。一府一委两院都由全国人民代表大会产生,对全国人大负责,受其监督。

中共十八大以来,政治体制改革更加注重加强党的全面领导,更加注重系统性、整体性、协同性,更加注重发挥法治规范和保障改革的作用。通过不断探索新时期党的领导、人民当家作主、依法治国的现实推进路径,丰富其内在的形式,在整体性和有效性相统一的基础上使三者有机结合。人民民主更加广泛、更加充分、

---

① 《〈中共中央关于深化党和国家机构改革的决定〉〈深化党和国家机构改革方案〉辅导读本》,人民出版社2018年版,第103页。

② 《〈中共中央关于深化党和国家机构改革的决定〉〈深化党和国家机构改革方案〉辅导读本》,人民出版社2018年版,第102—103页。

更加健全。

回顾70年来中国政治建设的进程，可以清楚地看到，这一进程与经济发展同步，为社会主义现代化建设提供了有力的政治保障，为经济发展提供了必须具备的政治结构和稳定的政治环境。中国经济高速发展和政治稳定这种共生现象，必须从政治体制改革中去寻求解释。这一进程，形成了适应发展阶段、符合发展要求的独具特色的民主政治体系，显示了社会主义民主政治强大生命力，开创出一条发展中国特色民主政治道路的有效途径。这一进程的经验值得借鉴：政治体制和政治文明建设必须坚持从中国的实际出发，围绕党的中心任务来展开，朝着总目标[①]来加强；必须着眼于中国的实际，坚持党的领导、人民当家作主和依法治国的有机统一；必须与时代同步伐，稳步推进中国特色政治制度的完善和发展。

[①] 中共十八届三中全会明确指出全面深化改革的总目标就是"完善和发展中国特色社会主义制度，推进国家治理体系和治理能力现代化"。

人民民主专政理论的形成和发展及其历史地位
The Extending Exploration and Historical Integrity of Army Strengthening Route with Chinese Characteristics

张星星（Zhang Xingxing）

张星星，中国社会科学院当代中国研究所研究员、中国社会科学院大学特聘教授。毕业于中国人民大学中共党史专业，获法学博士学位，历任国防大学中共党史党建教研室主任、当代中国研究所副所长、《当代中国史研究》主编，兼任中华人民共和国国史学会秘书长，第十三届全国政协委员。主要著作有《毛泽东思想概论》《邓小平理论的形成和发展》《中华人民共和国史稿》《简明中华人民共和国史》等40余部；主要论文有《中华人民共和国史研究述论》《新世纪以来中华人民共和国史研究的发展和成熟》《中华人民共和国史研究40年》等160余篇。

[摘 要] 人民民主专政是中华人民共和国的国体。人民民主专政理论在中国新民主主义革命的实践和理论探索中逐步形成，为确立新中国的国体奠定了科学的理论基础，成为当代中国一切发展进步的根本政治前提；在改革开放新时期，人民民主专政成为党和国家长期坚持的基本原则和立国之本，成为党在社会主义初级阶段基本路线和中国特色社会主义的重要内容；在中国特色社会主义新时代，中国将坚持人民民主专政的国体，继续发展社会主义民主政治，坚定不移走中国特色社会主义政治发展道路。

人民民主专政理论是毛泽东思想的重要独创性内容。1981年6月，中共十一届六中全会通过的《关于建国以来党的若干历史问题的决议》指出："毛泽东同志提出的对人民内部的民主方面和对反动派的专政方面互相结合起来就是人民民主专政的理论，丰富了马克思列宁主义关于无产阶级专政的学说。"[①] 人民民主专政理论是中国新民主主义革命伟大实践的宝贵结晶，为新中国国体的确立奠定了科学的理论基础，成为当代中国一切发展进步的根本政治前提。在改革开放新时期，邓小平把坚持人民民主专政确立为必须长期坚持的四项基本原则之一，作为党在社会主义初级

---

① 《三中全会以来重要文献选编》（下），人民出版社1982年版，第827—828页。

阶段基本路线的重要基本点，成为中国特色社会主义政治发展道路的重要内容。在庆祝中华人民共和国成立70周年之际，认真回顾人民民主专政理论的形成和发展及其历史地位，具有重要的理论意义和现实意义。

一、人民民主专政理论是中国新民主主义革命的主要经验

中国共产党对中国新民主主义革命胜利后国家政权性质问题的认识，经历了曲折的复杂的探索过程。1921年7月，中国共产党第一个纲领即提出："由劳动阶级重建国家"①。1922年7月中国共产党二大制定民主革命纲领之后，曾先后提出过建立"劳农专政""真正平民的政权""革命民众政权"等政治主张。1926年1月，毛泽东提出：中国革命的"目的是建设一个革命民众合作统治的国家"②。

土地革命战争时期，中国共产党在农村革命根据地逐步建立起工农民主专政的苏维埃政权，并于1931年11月在江西瑞金创建了中华苏维埃共和国。工农民主专政的苏维埃政权，实质上是无产阶级领导的民主主义性质的革命政权，但不可避免地受到当时"左"倾错误的影响。毛泽东后来曾对"苏维埃"一词批评说："我们又叫'苏维埃'，又叫'代表大会'，'苏维埃代表大会'就成了'代表大会代表大会'。这是死搬外国名词。"③

1935年12月中共中央政治局瓦窑堡会议以后，中国共产党为适应建立广泛的抗日民族统一战线的需要，将"工农共和国"口号先后改为"人民共和国""民主共和国"等口号。抗日战争时期，毛泽东在《新民主主义论》等著作中，系统地阐述了"新民主主义的政治"，完整地形成了新民主主义国家政权的基本思想。他指出："国体——各革命阶级联合专政。政体——民主集中制。这就是新民主主义的政治，这就是新民主主义的共和国，……这就是今天'建国'工作的唯一正确的方向"。④ 1945年，毛泽东在党的七大政治报告《论联合政府》中提出"将中国建设成为一个独立、自由、民主、统一和富强的新国家"⑤的战略目标，并对未来中国的制度架构作了阐述。

人民解放战争转入战略决战的前夜，毛泽东根据革命形势和斗争实践的发展，明确提出和阐述了人民民主专政的理论。1948年9月，毛泽东在中共中央政治局

---

① 《中共中央文件选集》第1册，中共中央党校出版社1989年版，第5页。
② 《毛泽东文集》第1卷，人民出版社1993年版，第25页。
③ 《毛泽东文集》第5卷，人民出版社1996年版，第136页。
④ 《毛泽东选集》第2卷，人民出版社1991年版，第677页。
⑤ 《毛泽东选集》第3卷，人民出版社1991年版，第1053页。

会议的报告中第一次提出了"人民民主专政"的概念,要求在革命胜利后建立无产阶级领导的、以工农联盟为基础的、有资产阶级民主分子参加的人民民主专政的国家,组织形式就是人民代表大会和它的过渡形式人民代表会议,"不必搞资产阶级的议会制和三权鼎立等"。[①]此后不久,他向全国发出"将革命进行到底"的号召,正式提出要"在全国范围内建立无产阶级领导的以工农联盟为主体的人民民主专政的共和国"[②]。1949 年 6 月,毛泽东发表《论人民民主专政》,全面阐述了建立人民民主专政的历史必然性、中国社会各阶级在人民民主专政政权中的地位、民主和专政的关系、人民民主专政的基本任务等问题,完整地形成了人民民主专政理论。

人民民主专政是马克思主义无产阶级专政理论与中国革命具体实践相结合的产物,是中国新民主主义革命发展的必然结果,是中国革命的主要经验和主要纲领。毛泽东指出:"总结我们的经验,集中到一点,就是工人阶级(经过共产党)领导的以工农联盟为基础的人民民主专政。这个专政必须和国际革命力量团结一致。这就是我们的公式,这就是我们的主要经验,这就是我们的主要纲领。"[③]中国共产党领导的新民主主义革命,是有工人阶级、农民阶级、城市小资产阶级和民族资产阶级等各革命阶级参加的人民大革命,具有中国历史上空前广泛的人民性。人民民主专政中的"人民",在新民主主义国家中也就包括了工人阶级、农民阶级、城市小资产阶级和民族资产阶级。"这些阶级在工人阶级和共产党的领导之下,团结起来,组成自己的国家,选举自己的政府,向着帝国主义的走狗即地主阶级和官僚资产阶级以及代表这些阶级的国民党反动派及其帮凶们实行专政"[④]。人民民主专政是民主和专政的统一,对人民内部的民主和对反动派的专政互相结合起来,就是人民民主专政。人民民主专政的新中国的成立,开创了人民当家作主的新纪元,实现了中华民族从几千年的封建、半封建专制政治向人民民主政治的历史跨越。

二、人民民主专政理论在探索社会主义建设道路中丰富发展

新中国成立后,经过抗美援朝战争和镇压反革命运动等同国内外敌对势力的较量,毛泽东深刻指出:"一切事实都证明:我们的人民民主专政的制度,较之资本主义国家的政治制度具有极大的优越性。在这种制度的基础上,我国人民能够发挥

[①] 《毛泽东文集》第 5 卷,人民出版社 1996 年版,第 135、136 页。
[②] 《毛泽东选集》第 4 卷,人民出版社 1991 年版,第 1375 页。
[③] 《毛泽东选集》第 4 卷,人民出版社 1991 年版,第 1480 页。
[④] 《毛泽东选集》第 4 卷,人民出版社 1991 年版,第 1475 页。

其无穷无尽的力量。这种力量，是任何敌人所不能战胜的。"①在迅速恢复国民经济、巩固人民民主政权的基础上，新中国首次举行了历史上前所未有的全国普选，并在1954年9月召开第一届全国人民代表大会，正式确立了人民代表大会制度、中国共产党领导的多党合作和政治协商制度、民族区域自治制度等社会主义根本和基本政治制度，为当代中国一切发展进步奠定了制度基础。

人民当家作主的人民民主专政国家建立后，人民内部是不是就没有矛盾、没有问题了？1945年7月，毛泽东与黄炎培在延安有一段关于"历史周期率"的对话，对黄炎培提出的如何跳出"其兴也勃焉，其亡也忽焉"的历史周期率问题，毛泽东回答说："我们已经找到新路，我们能跳出这周期率。这条新路，就是民主。只有让人民来监督政府，政府才不敢松懈。只有人人起来负责，才不会人亡政息。"②正是基于这样的政治考虑，毛泽东在新中国成立前夕明确地告诫全党："夺取全国胜利，这只是万里长征走完了第一步"，"中国的革命是伟大的，但革命以后的路程更长，工作更伟大，更艰苦。这一点现在就必须向党内讲明白，务必使同志们继续地保持谦虚、谨慎、不骄、不躁的作风，务必使同志们继续地保持艰苦奋斗的作风。"③

新中国成立后，党和政府对如何"让人民来监督政府"作出了积极探索。1950年5月，中共中央发出指示，要求各级党组织进行一次大规模的整风运动，严格地整顿全党首先是领导干部的骄傲自满、命令主义作风，以及少数人贪污腐化、政治上堕落颓废、违法乱纪等现象。1951年底，中共中央又大张旗鼓地开展了以反贪污、反浪费、反官僚主义为主要内容的"三反"运动，对遏止贪污腐败、脱离群众的倾向产生了重要影响。1953年1月，中共中央再度发出指示，要求各级领导机关对官僚主义、命令主义和违法乱纪分子作坚决的斗争，展开了一场"新三反"运动。

在1955年4月的中共中央政治局扩大会议上，毛泽东在总结讲话中明确提出："艺术问题上的百花齐放，学术问题上的百家争鸣，我看应该成为我们的方针。'百花齐放'是群众中间提出来的，不晓得是谁提出来的。人们要我题词，我就写了'百花齐放，推陈出新'。'百家争鸣'，这是两千年以前就有的事，春秋战国时代，百家争鸣。讲学术，这种学术也可以讲，那种学术也可以讲，不要拿一种学术压倒一切。你讲的如果是真理，信的人势必就会越来越多。"④ 5月2日，毛泽东在最高国务会议上再次讲十大关系问题，正式宣布了"百花齐放、百家争鸣"的方针。他

---

① 《毛泽东文集》第6卷，人民出版社1999年版，第184页。
② 黄炎培：《八十年来》，文史资料出版社1982年版，第148—149页。
③ 《毛泽东选集》第4卷，人民出版社1991年版，第1438—1439页。
④ 《毛泽东文集》第7卷，人民出版社1999年6月版，第54—55页。

说:"我们在中共中央召集的省、市、区委书记会议上还谈到这一点,就是百花齐放、百家争鸣。在艺术方面的百花齐放的方针,学术方面的百家争鸣的方针,是有必要的。这个问题曾经谈过。百花齐放是文艺界提出的,后来有人要我写几个字,我就写了'百花齐放,推陈出新'。现在春天来了嘛,一百种花都让它开放,不要只让几种花开放,还有几种花不让它开放,这就叫百花齐放。百家争鸣,是说春秋战国时代,二千年以前那个时候,有许多学派,诸子百家,大家自由争论。现在我们也需要这个。在大的范围内,让杜威来争鸣好不好?那不好嘛。让胡适来争鸣好不好呢?也不好。那么说胡适要回来可以不可以呢?只要他愿意回来,是可以回来的,让我们批评过他以后再回来,就批评不着他了嘛,批评已经过去了嘛。只有反革命议论不让发表,这是人民民主专政。香港报纸、台湾报纸在北京出版是不是许可?应该不许可,不许可有好处。在中华人民共和国宪法范围之内,各种学术思想,正确的、错误的,让他们去说,不去干涉他们。李森科、非李森科,我们也搞不清楚,有那么多的学说,那么多的自然科学学派。就是社会科学,也有这一派、那一派,让他们去谈。在刊物上、报纸上可以说各种意见。"①"双百"方针的提出,对扩大和完善人民民主具有十分重要的意义。

社会主义基本制度建立后,由于社会主义改造后期出现的要求过急、工作过粗、改变过快、形式过于简单划一等问题和经济建设中的"冒进"倾向,国内经济出现了生产资料和生活资料供应紧张的情况,一些社会矛盾也比较突出地表现出来。有些地方发生工人罢工、学生罢课和部分农民要求退社的情况,对政府的批评意见和对现实不满的言论也多了起来。毛泽东认为,产生这些问题的重要根源,是部分领导干部和领导机关中的官僚主义。他在1956年11月的中共八届二中全会上尖锐地指出:"县委以上的干部有几十万,国家的命运就掌握在他们手里。如果搞不好,脱离群众,不是艰苦奋斗,那末,工人、农民、学生就有理由不赞成他们。我们一定要警惕,不要滋长官僚主义作风,不要形成一个脱离人民的贵族阶层。谁犯了官僚主义,不去解决群众的问题,骂群众,压群众,总是不改,群众就有理由把他革掉。"②

1957年2月,毛泽东发表《关于正确处理人民内部矛盾的问题》的讲话,对社会主义时期的人民内部矛盾特别是人民政府与人民群众之间的矛盾作出了深刻分析。他指出:"在我国现在的条件下,所谓人民内部的矛盾,包括工人阶级内部的矛盾,农民阶级内部的矛盾,知识分子内部的矛盾,工农两个阶级之间的矛盾,工

---

① 转引自《毛泽东传(1949—1976)》(上),人民出版社2003年版,第491—492页。
② 《毛泽东传(1949—1976)》(上),人民出版社2003年版,第612页。

人、农民同知识分子之间的矛盾，工人阶级和其他劳动人民同民族资产阶级之间的矛盾，民族资产阶级内部的矛盾，等等。我们的人民政府是真正代表人民利益的政府，是为人民服务的政府，但是它同人民群众之间也有一定的矛盾。这种矛盾包括国家利益、集体利益同个人利益之间的矛盾，民主同集中的矛盾，领导同被领导之间的矛盾，国家机关某些工作人员的官僚主义作风同群众之间的矛盾。"①

对于人民民主专政的主体——人民——内部的矛盾，显然绝不能用专政的办法、强迫的办法、压服的办法来解决，而只能用发扬民主的办法来解决。毛泽东指出："专政的制度不适用于人民内部。人民自己不能向自己专政，不能由一部分人民去压迫另一部分人民。人民中间的犯法分子也要受到法律的制裁，但是，这和压迫人民的敌人的专政是有原则区别的。在人民内部是实行民主集中制。我们的宪法规定：中华人民共和国公民有言论、出版、集会、结社、游行、示威、宗教信仰等等自由。我们的宪法又规定：国家机关实行民主集中制，国家机关必须依靠人民群众，国家机关工作人员必须为人民服务。我们的这个社会主义的民主是任何资产阶级国家所不可能有的最广大的民主。我们的专政，叫做工人阶级领导的以工农联盟为基础的人民民主专政。""凡属于人民内部的争论问题，只能用民主的方法去解决，只能用讨论的方法、批评的方法、说服教育的方法去解决，而不能用强制的、压服的方法去解决。"②

在1962年1月召开的扩大的中央工作会议上，毛泽东针对有些党政主要领导的家长制、一言堂，倡导恢复和发扬党的民主集中制，实行充分的民主，指出："解决人民内部矛盾，不能用咒骂，也不能用拳头，更不能用刀枪，只能用讨论的方法，说理的方法，批评和自我批评的方法，一句话，只能用民主的方法，让群众讲话的方法。""不论党内党外，都要有充分的民主生活"。"如果不充分发扬人民民主和党内民主，不充分实行无产阶级的民主制，就不可能有真正的无产阶级的集中制。没有高度的民主，不可能有高度的集中，而没有高度的集中，就不可能建立社会主义经济。我们的国家，如果不建立社会主义经济，那会是一种什么状况呢？就会变成修正主义的国家，变成实际上是资产阶级的国家，无产阶级专政就会转化为资产阶级专政，而且会是反动的、法西斯式的专政。这是一个十分值得警惕的问题，希望同志们好好想一想。"③

遗憾的是，在此后的探索过程中逐渐偏离了"充分发扬人民民主和党内民主"的正确轨道，偏离了民主与专政相结合的人民民主专政理论和用民主的方法解决人

---

① 《毛泽东文集》第7卷，人民出版社1999年版，第205—206页。
② 《毛泽东文集》第7卷，人民出版社1999年版，第207、209页。
③ 《毛泽东文集》第8卷，人民出版社1999年版，第291、291、296—297页。

民内部矛盾的理论,把一定范围内的阶级斗争扩大化、绝对化,陷入了所谓"无产阶级专政下继续革命理论"的迷误,使党、国家和人民遭到严重的挫折和损失。

三、人民民主专政理论是中国特色社会主义政治发展道路的重要基石

在实现伟大的历史转折之际,邓小平鲜明地提出:"民主是解放思想的重要条件","当前这个时期,特别需要强调民主";同时,他又以政治家、战略家的敏锐目光和丰富的政治经验,在理论工作务虚会上明确提出:"必须在思想政治上坚持四项基本原则。"[①]四项基本原则的第二条,就是必须坚持无产阶级专政即人民民主专政。虽然邓小平的讲话最初采用了当时的通行提法,即"坚持无产阶级专政",但他后来指出:"人民民主专政的提法更适合于我们的国情。"[②]

邓小平不仅提出坚持人民民主专政等四项基本原则,而且将其确立为不可动摇的立国之本。1980年五届全国人大三次会议决定修改宪法之际,他明确提出:"对于这四项基本原则,必须坚持,绝不允许任何人加以动摇,并且要以适当的法律形式加以确定。"[③]全国人大宪法修改委员会以四项基本原则作为修改宪法"总的指导思想",把这些原则的内容写入了宪法修改草案。1982年12月,五届全国人大五次会议正式通过了新的《中华人民共和国宪法》,以国家根本大法的形式把四项基本原则确定下来,使其"具有最高的法律效力",成为全国各族人民的"根本的活动准则"。[④]

坚持人民民主专政等四项基本原则,为确保改革开放和现代化建设的正确方向提供了根本保证。邓小平强调指出:"这里所说的一切,都是为贯彻执行三中全会各项方针政策所必须采取的措施。再说一遍,不采取这些措施,三中全会的方针政策就要落空,工作着重点的转移就要落空,四个现代化建设就要落空,党内外民主生活的发展也要落空。"[⑤]在改革开放新时期,由于"文化大革命"十年内乱的消极后果和党对自身错误的拨乱反正,以及国际大环境的影响,一些政治立场不坚定、缺乏政治经验的同志在思想上发生了动摇和混乱,一些别有用心的人大肆散布背离四项基本原则的言论。在这种情况下,如果我们在思想上和政治上不清醒,不旗帜鲜明地坚持四项基本原则,就可能动摇党的领导地位,偏离社会主义道路,削弱人

---

① 《邓小平文选》第2卷,人民出版社1994年版,第144、144、164页。
② 《邓小平文选》第2卷,人民出版社1994年版,第372页。
③ 《邓小平文选》第2卷,人民出版社1994年版,第358页。
④ 《十二大以来重要文献选编》(上),人民出版社1986年版,第135、219页。
⑤ 《邓小平文选》第2卷,人民出版社1994年版,第178页。

民民主专政，背离马列主义、毛泽东思想。党的十一届三中全会以来的实践充分证明，坚持人民民主专政等四项基本原则，是改革开放和现代化建设沿着正确方向前进的根本政治保证。

改革开放的伟大实践，为坚持人民民主专政等四项基本原则不断赋予新的时代内容。邓小平指出："实现四个现代化所必须坚持的四项基本原则，虽然我已经说过都不是什么新问题，但是这些原则在目前的新形势下却都有新的意义，都需要根据新的丰富的事实作出新的有充分说服力的论证。"[①] 党的十一届三中全会以后，我们党克服了对社会主义的一些不科学的甚至完全扭曲的认识，突破了对马克思主义某些原则、某些本本的教条式理解，纠正了那些超越社会主义初级阶段的不正确的观点和政策，努力加强改善党的领导，扩大社会主义民主，健全社会主义法制。改革开放和现代化建设的崭新实践，不断赋予了四项基本原则以新的时代内容，使其在开创中国特色社会主义的伟大事业中进一步焕发了强大生命力。人民民主专政等四项基本原则在新的实践中不断发展，充分体现了它与改革开放政策的辩证统一。实践证明："这样才能够教育全国人民，全国青年，全国工人，解放军全体指战员，也才能够说服那些向今天的中国寻求真理的人们。这是一项十分重大的任务，既是重大的政治任务，又是重大的理论任务。这决不是改头换面地抄袭旧书本所能完成的任务，而是要费尽革命思想家心血的崇高的创造性的科学工作。"[②]

坚持人民民主专政等四项基本原则的提出，为中国的改革开放事业沿着正确的方向前进，提供了可靠的政治保障，为维护社会稳定、团结全国人民共同奋斗，奠定了可靠的政治基础。坚持人民民主专政等四项基本原则，构成了与党的改革开放政策相互依存、相互贯通的另一个基本点，为形成党在社会主义初级阶段的基本路线奠定了重要基础，成为中国特色社会主义理论的重要内容，成为中国特色社会主义政治发展道路的重要基石。

1980年8月，邓小平在《党和国家领导制度的改革》中指出："我们进行社会主义现代化建设，是要在经济上赶上发达的资本主义国家，在政治上创造比资本主义国家的民主更高更切实的民主，并且造就比这些国家更多更优秀的人才。达到上述三个要求，时间有的可以短些，有的要长些，但是作为一个社会主义大国，我们能够也必须达到。所以，党和国家的各种制度究竟好不好，完善不完善，必须用是否有利于实现这三条来检验。"[③] 新中国成立以来，中国人民在中国共产党正确领导下不断战胜各种艰难险阻，中国经济实力、综合国力、人民生活不断跨上新台阶，

[①] 《邓小平文选》第2卷，人民出版社1994年版，第179—180页。
[②] 《邓小平文选》第2卷，人民出版社1994年版，第180页。
[③] 《邓小平文选》第2卷，人民出版社1994年版，第322—323页。

中国各民族长期共同团结奋斗、共同繁荣发展，中国社会长期保持和谐稳定。"这些事实充分证明，中国社会主义民主政治具有强大生命力，中国特色社会主义政治发展道路是符合中国国情、保证人民当家作主的正确道路。"①

中华人民共和国70年特别是改革开放40多年的发展成就充分证明，在中国共产党领导下确立的人民民主专政的国体和中国特色社会主义政治发展道路，既能充分发扬人民民主、实现人民当家作主，又能发挥社会主义制度优势、政治优势，是符合中国国情和中国社会发展要求的。在中国共产党的正确领导下，中国人民将继续坚持和拓展中国特色社会主义政治发展道路，为创新和发展社会主义政治文明，丰富人类社会政治文明多样性作出积极的贡献。

---

① 《十八大以来重要文献选编》（中），中央文献出版社2016年版，第62页。

国际视野下中国政治发展的经验优势与理论总结
——庆祝新中国成立70周年

Experience Advantages and Summary of Theories for China's Political Development under an International Vision
— A Celebration of the 70th Anniversary of the Establishment of People's Republic of China

张树华（Zhang Shuhua）

张树华，中国社会科学院政治学研究所所长、研究员，中国政治学会常务副会长，"海外中国学"优势学科带头人，全国政协人口资源环境委员会委员。2002年起担任院级高级职称评委会委员。2004年参加中央"马克思主义理论研究和建设工程"，《国际共产主义运动史》教材编写组主要专家。莫斯科大学荣誉教授，《马克思主义研究》杂志编委，《政治学研究》杂志编委，《俄罗斯东欧中亚研究》杂志编委，俄罗斯科学院《经济与社会研究》杂志国际编委，《莫斯科大学学报·政治学》编委。学科专业与研究专长：政治学、科学社会主义与国际共产主义运动；中国政治、世界政治、比较政治学；苏联及当代俄罗斯问题；民主化问题、国家功勋荣誉表彰制度。发表论文、研究报告及文章等近500篇，出版学术著作（译著）近30部。5项科研成果获中国社会科学院优秀科研成果奖，30余篇研究报告获中国社会科学院优秀对策信息奖。

[摘　要] 中国特色社会主义政治发展是全面性、协调性和实践性的统一，是民主、秩序、效能等政治价值的有机统一。新中国成立70年来，中国政治建设以提高政治发展力为宗旨，实现了全面的、真实的、有效的人民民主。中国持续、稳定的政治发展实现了政治稳定、政治秩序、政治绩效、政治能力、政治动员、政治廉洁等指标的协调性和全面性的增长，大大提高了政治发展力。在世界政治舞台上，当代中国的政治发展冲破了西方固有的"民主—专制"二元对立的思维定式和双重标准，抵制住了西方以"民主、自由、人权"为幌子的文化霸权的侵扰，破除了"民主激进主义"和"民主原教旨主义"的干扰，以坚定的政治立场、全面的发展视野，顺应人民的意愿，开辟了独具特色而卓有成效的政治发展道路，在世界政治舞台上展示着独特的理论价值和实践魅力。

一、新中国 70 年政治发展的逻辑与原则

（一）中国政治发展道路的开创性与独创性

当代中国政治发展起始于中国共产党领导中国人民建设新中国的历史基点。马克思主义是中国革命、建设、改革与发展的重要指导思想。马克思主义关于政治发展的基本原理，揭示了人类政治发展的客观规律，这个客观规律为中国革命指明了方向，也指引了当代中国的建设、改革与发展。但是，中国的政治发展有其特殊性，中国共产党并没有将马克思主义教条化，也没有盲目照搬他国政治模式，而是解放思想，实事求是，将马克思主义基本原理与中国实际相结合，吸取世界上其他国家的经验与教训，坚持带领人民走出了一条具有中国特色的政治发展道路。[①]

新中国成立 70 年来，中国共产党带领中国人民实现了国家独立、民族解放和广大人民当家作主，保证了国家的主权安全、政治安全和社会安定。国家政治发展的战略将国家振兴与人民民主相结合，面对建国之后贫穷落后的国情，以实现社会主义工业化、现代化为目标，充分调动人民群众的支持与活力，既实现了国家发展的战略目标，又始终坚持人民民主。[②] 人民民主是政治民主、经济民主和社会民主的统一。[③] 以工人阶级领导的、工农联盟为基础的人民民主专政的国体与人民代表大会制度的政体共同奠定了政治民主的根基，实现了"多数人的统治"[④]。新中国成立后，按照过渡时期的总路线和总任务，党领导人民逐步实现国家对农业、对手工业和对资本主义工商业的社会主义改造。[⑤] 社会主义改造实现了把生产资料私有制转变为社会主义公有制的目标，标志着社会主义制度在我国基本建立起来，实现了社会主义经济民主。政治民主与经济民主为社会民主的实现奠定了基础，社会民主实现了最广大人民的基本权利的平等，包括政治权利、经济权利和社会权利（集体生存权和集体发展权）。新中国成立之后前 30 年的社会主义革命和建设，为改革开放之后经济社会的飞速发展奠定了坚实基础。改革开放之后，面对国内外复杂的环境，政治发展不仅更加注重国家能力建设，而且注重在实现集体权利的基础之上保障并渐进有序地扩大个人权利。

改革开放 40 多年来，中国取得伟大成就在国际上被誉为"21 世纪最重大的政

[①] 参见《中国共产党章程》，人民出版社 2012 年版，第 1—10 页；《十八大以来重要文献选编》（上），中央文献出版社 2014 年版，第 1—44 页。
[②] 参见房宁：《中国的民主道路》，中国社会科学出版社 2014 年版，第 80—95 页。
[③] 参见房宁：《民主政治十论》，中国社会科学出版社 2007 年版，第 208—211 页。
[④] 《列宁全集》第 22 卷，人民出版社 1990 年版，第 53 页。
[⑤] 参见《建国以来重要文献选编》第 4 册，中央文献出版社 1993 年版，第 700—701 页。

治事件"。特别是30年前，苏联为首的许多国家在"冷战"的政治对抗中失败后，或分崩离析、或改弦易辙。中国没有重蹈苏东剧变、亡党亡国的覆辙，在中国共产党的正确领导下，不仅实现了经济发展和民族复兴，而且始终保持着改革、发展、稳定的良好势头。2008年世界性的金融危机爆发后，西方社会经济制度和社会治理模式或碰壁或搁浅，国际上不少国家面临着不稳定和不确定的未来，中国波澜不惊的应对和表现显得尤为突出，中国经济愈益成为世界经济发展的强大推动力。经济上的成就不是孤立的，中国奇迹的基石在于中国政治经济体制的相互促进。中国稳定的政局和政治治理形式作为经济发展的保障机制，起到了保驾护航的重要作用。中国政治发展的价值取向和经验原则丰富着世界政治面貌，丰富了人类发展的内涵和理念，无疑将深刻影响着世界格局与人类政治文明的发展。

坚持中国特色社会主义发展道路，坚持走中国特色社会主义政治发展道路是"中国奇迹"的政治表彰和政治根源。中国特色社会主义政治发展冲破了西方所谓"自由、民主、人权"口号的攻击与围堵，用实际行动证明了政治发展要走自己的路，彰显了集发扬民主、保持稳定、保证效能于一体的全面政治发展的思想价值，为广大发展中国家探索适合本国国情的政治发展道路提供了宝贵经验。[①]

（二）坚持中国共产党的领导，保证发展始终有一个稳定的政治核心

中国共产党是中国工人阶级的先锋队，同时是中国人民和中华民族的先锋队，是中国特色社会主义事业的领导核心，代表中国先进生产力的发展要求，代表中国先进文化的前进方向，代表中国最广大人民的根本利益。[②]党的领导起始于带领中国人民挽救国家危亡、实现人民解放的爱国主义伟大事业，贯穿于社会主义现代化建设事业的全部历史过程。政治领导、思想领导和组织领导体现在党领导社会主义事业的实际作为的各个方面，是历史发展的必然趋势，是人民的共同期盼，承载了人民群众对在党的领导下建设社会主义现代化事业的坚定信仰。

政治领导、思想领导和组织领导是相互统一，不可分割的。党的领导的首要问题是政治领导，即正确的路线、方针、政策和政治方向的领导。[③]坚强的政治领导是国家政权和全部社会生活的领导核心，服务于党和国家发展的战略目标。中国人民在党的正确的政治方向的指引下，依照党的正确的路线、方针、政策，取得了新民主主义革命的胜利，建立了人民民主专政的共和国，新中国成立后进行社会主义改

---

① 参见张树华：《民主化悖论：冷战后世界政治的困境与教训》，中国社会科学出版社2015年版，第370—373页。
② 《中国共产党章程》，《人民日报》2017年10月29日。
③ 参见《新时期党的建设文献选编》，人民出版社1991年版，第535页。

造，确立了社会主义制度，按照中央改革开放的历史性部署，进行社会主义现代化建设，取得建设中国特色社会主义事业的伟大成就。党的坚强有力的政治领导把握了社会主义事业的发展方向和大局，是当代中国政治发展的政治优势。思想领导体现为党的指导思想、思想路线和思想工作。毛泽东思想和中国特色社会主义理论体系是党的思想领导的伟大结晶。思想领导塑造了党的领导的灵魂、建构起党的领导的信仰体系，是政治领导、组织领导的前提和基础。组织领导服从和服务于政治领导、思想领导，体现在以组织原则和组织路线把全党各级党组织、领导干部、普通党员和人民群众组织起来，同心协力进行社会主义建设。组织领导以促进社会主义事业发展为指向、以为人民服务为根本宗旨，注重发挥党组织的战斗堡垒作用和党员的先锋模范作用，突出党组织的先进性、政治领导力和思想感召力。

新中国成立后，在党的领导下建立的议行合一体制，建立在中国革命、建设、改革的基础之上，符合中国的国情。议行合一体制是人民民主的制度形式，是以代表制民主的形式实现人民当家作主，不同于西方自由民主选举体制下的代议制民主。而这一制度差别，往往成为西方中心主义者攻击中国"不民主""专制"的靶子。面对种种偏见和攻击，我们应该坚持"四个自信"，保持政治定力。中国政治自信来源于改革开放40多年来发展的巨大成就。特别是2008年金融危机之后，在西方普遍低迷的情况下，中国仍保持稳步发展，引领世界经济的增长。而近年来西方民主政治陷入泥潭，暴露出西式民主的结构性弊病——金钱政治、短视政治、失灵政体带来的"资本绑架权力、治理失灵、议而不决、缺乏长远政治战略与规划"等等。[1] 近年来一些国家和地区模仿西式大规模自由竞争选举，不仅没能带来和平和稳定，反而撕裂了社会政治基础，导致了激进主义、宗教极端主义、民族分裂势力、地方帮派势力盛行，威胁国家主权安全，引发政治冲突，导致政治衰退。

坚持中国共产党的领导，保证了中国特色社会主义发展始终有一个稳定的政治核心。这一稳定的政治核心，有利于制定维护国家统一、民族团结、国民经济持续健康发展的战略规划，有利于形成代表最广大人民根本利益和国家长远利益的方针政策，有利于集中力量调配、整合资源，"集中力量办大事"[2]，有利于维护稳定的政治发展氛围，维护社会安定，有利于"寻求最大公约数、增进最大共识度、形成最大凝聚力"[3]，避免因利益分裂、社会冲突消耗改革发展的认同与合力。

---

[1] 参见《西式民主怎么了》，学习出版社2014年版，第35—57页。
[2] 《邓小平文选》第3卷，人民出版社1993年版，第377页。
[3] 《中国人民政治协商会议第十二届全国委员会第二次会议文件》，人民出版社2014年版，第46页。

（三）始终坚持人民主体地位，不断夯实执政基础和增强发展动力

坚持人民主体地位是当代中国政治发展的出发点与归宿。人民民主始终是当代中国政治发展的重要内容。将人民民主与提高国家的政治发展力相结合，是当代中国政治发展的主要经验。新中国成立后，国家建设是头等大事，党领导人民真正实现当家作主是国家建设的根本宗旨和动力来源。面对"一穷二白"的国情、西方强势围堵的世情，实现国家的跨越式发展，缩小与西方国家的差距，实现政治独立、经济自足、国家振兴是这一时期国家建设的首要任务。在这一艰难的历史时期，政治发展服从于国家建设的大局，主要战略就是实行广泛、有效的社会动员，尽最大可能争取人民群众的支持、激发人民群众的活力，集中民力民智建设新中国，进而改变国家贫穷落后的面貌。[①] 人民群众作为新中国的主人投身国家建设，在政治权利得以保障的前提下，逐步实现了经济权利与社会权利。国家发展为人民权利提供了根本政治保障，人民权利在国家发展的大局中得到彰显。

20世纪70年代末实行改革开放以来，政治发展的道路和模式为经济发展、社会进步铺垫了道路，使国家关于改革发展的大政方针得以顺利实行。改革开放及其之后的国家发展方略回答了什么是社会主义、怎样建设社会主义的问题。人民群众在党的领导下，遵循中国特色社会主义发展道路，在中央关于改革开放的战略指引下，围绕建设社会主义现代化国家、实现共同富裕，逐步进行经济建设、社会建设、文化建设，取得了举世瞩目的成就。人民群众的生存权、发展权等基本社会权利在改革开放的建设热潮中，得以保障、丰富与有序完善。政治发展和民主政治建设的理论和实践探索，始终服从和服务于改革开放的大局，并与经济改革、社会转型保持协调，追求政治发展与经济建设、社会进步的相互促进、相得益彰。政治发展始终坚持民主、秩序、效率的相互统一。

进入21世纪，随着国际形势风云变幻、国际竞争日趋激烈、国内社会结构深刻变动、社会阶层分化调整、社会问题不断涌现，改革发展面临提高国家治理能力、提升经济发展质量、促进社会公平正义、发展成果由人民共享的格局转向。政治发展遵循"四个全面"的总体布局，既要与经济、社会、文化、生态的发展保持平衡，又要兼顾民主、秩序、效率的有机统一，更要在国际舞台上彰显中国道路的思想价值与实践意义。政治发展的能力愈益关系到改革发展事业的成败、关涉到人民群众的幸福安康、影响着国家的前途和命运。不断提高政治发展力成为凝聚共识、抵御风险、推进发展、弘扬价值的重要动力和不竭源泉。

---

① 参见房宁：《当代中国的民主政治发展》，《中国政协理论研究》2009年第2期。

二、当代中国政治发展的特质与优势

中国特色社会主义政治发展是全面性、协调性和实践性的统一，是民主、秩序、效率等政治价值的有机统一。70年来，特别是改革开放40多年来，中国的政治以提高政治发展力为宗旨，实现了全面的、真实的、有效的人民民主。中国的政治发展进程以持续、稳定的政治发展，提高了中国在国际上的政治竞争力和政治影响力，实现了政治稳定、政治秩序、政治绩效、政治能力、政治动员、政治廉洁等指标的协调性和全面性的增长。当代中国的政治发展冲破了西方固有的"民主—专制"二元对立的思维定式和双重标准，抵制住了西方以"民主、自由、人权"为幌子的文化霸权的侵扰，破除了"民主激进主义"和"民主原教旨主义"的干扰，以坚定的政治立场、开放的发展视野顺应人民的意愿，秉承全面、协调、包容的发展理念，开辟了独具特色、卓有成效的政治发展道路。①

政治发展是一定时期、一定社会政治进程中民主、秩序与效率三组要素的协调发展或最佳组合。政治发展包含三组相互依赖、相互作用的变量和价值追求：民主（公平、权利、自由）、秩序（稳定、法治）、效率（效能、责任、廉洁）。民主、秩序和效率三组之间是内在的对立统一关系。②科学的政治发展观的本质含义是民主、秩序、效率三组价值要素的协调进步、相比增长和共同发展。③

民主切忌泛化、不能单兵突进、不能盲目移植。面对来自"西式民主"的压力和诱惑，应保持清醒头脑。政治发展是全局的、全方位的。多年来的国际政治实践表明，在政治发展战略上，一味地强调民主"急速推进"，并不能提高政治发展的能力和质量，往往还会事与愿违。第二次世界大战以来，国际上有些国家盲目移植西方民主制度，不仅没能解决发展问题，反而陷入政治权威溃散、经济停滞、战乱频发、种族矛盾加剧、社会混乱的困境。冷战结束近30年来，一些国家和地区爆发的、以"推广民主"为旗号的"街头政治""广场民主"，乃至"颜色革命"等，不仅没有带来民族振兴，反而使国家陷入政治衰退的怪圈。

当代中国政治以全面发展的格局统合民主、秩序、效率，在不同时期和不同战略目标的要求下，实现民主、秩序、效率等政治价值的有序发展。中国政治发展的特征和经验突出表现在以下几个方面：

（1）稳定性。稳定性体现在稳定的政治秩序、有序的政治参与、法治与民主并行、有效的国家治理能力等几个方面。稳定的政治秩序是当代中国得以进行一切

---

① 参见张树华、赵卫涛：《"民主化"悖论与反思》，《红旗文稿》2015年第9期。
② 张树华：《民主化悖论：冷战后世界政治的困境与教训》，中国社会科学出版社2015年版，第374页。
③ 张树华：《中国与俄罗斯：政治发展的理论价值与现实意义》，《俄罗斯中亚东欧研究》2008年第3期。

改革与发展的必要条件。有序的政治参与建立在政治制度稳固、可调适的基础之上，既保障了人民的权利，又促进政治制度在充满活力的环境中得以完善。法治与民主并行，意味着将政治发展的价值要素——民主与秩序相融合、相平衡，使人民群众公平、自由、发展的权利得以在法治的轨道上实现，并致力于权力监督、遏制腐败。有效的国家治理能力体现在当代中国的政治体系既能够抵御环境的挑战、冲击，有制度韧性，能够吸纳意见诉求，又能够实施高质量、见成效的政治管理，还能够解决公共危机带来的一系列问题。

（2）发展性。谋求发展是当代中国政治发展的出发点和目标。当代中国政治发展是中国特色社会主义现代化事业的有机组成部分，与经济发展、社会发展、文化发展、人的全面发展相互协调、相互促进。这意味着政治发展与其他几个方面的发展紧密联系，政治作为上层建筑的一部分，不能脱离经济基础而单兵突进，也不能庸俗化和简单化，演绎成类似西方选举政治一样的"短视政治"。政治发展不仅致力于政治领域的各项发展目标，而且致力于中国特色社会主义现代化事业，服务于国家的发展大局。

（3）持续性。当代中国政治发展按照社会主义改革发展总体事业的部署而连续进行。从新中国成立之初服务于实现工业化、现代化的跨越式发展，到改革开放之后服务于中国特色社会主义事业建设，当代中国政治发展一方面始终与国家发展总体战略保持同步，另一方面，在发展大局的指导下，政治发展也有自身的战略、规划、步骤，依照规划逐步展开，是连续的、循序渐进的发展过程。政治发展犹如单行道，几乎容不得出错。经济改革不能贪大求洋，需要精耕细作和"摸着石头过河"，同样，政治改革也不得急功近利和激进冒进。尤其是中国还是一个人口众多、发展不平衡的大国，还未完成国家统一大业，还面临着民族分离和领土完整的种种威胁和挑战。

（4）协调性。协调性一方面体现在政治发展价值目标（民主、秩序、效率）的协调与平衡，另一方面，体现在政治发展与经济、社会、文化的发展相互协调。当代中国政治发展注重民主、秩序、效率的协调与均衡，在不同历史时期，政治发展服务于国家发展的阶段性战略，进而调整价值目标的侧重点，而不是仅仅追求某一个或者某几个价值要素。同时，政治发展注重与经济发展保持同步、相互促进，并致力于带动社会、文化、人的和谐发展。

（5）包容性。提倡"包容性"，绝不意味着拒绝一般意义上的民主，而是以全面政治发展的理念带动民主的进步，通过政治发展解决社会问题，为经济提供政治保障，带动经济发展、文化进步和社会和谐。拒绝对"民主、自由、人权"的抽象化、简单化的议论，超越了西式狭隘的"民主、自由"说教，以开阔的发展视野探讨民主和政治改革的方向和着力点。当代中国政治发展致力于实现政治稳定、政治秩序、政治绩效、政治能力、政治动员、政治廉洁等指标的包容性增长。①

三、中国政治发展的理论建构

（一）新民主观与全面政治发展

政治发展是一个社会在一定历史文化条件下政治制度与经济体制等相互作用而产生的社会政治结果。政治发展进程包含两个方面的含义：即政治发展、进步或政治倒退、衰败。② 政治发展作为人类社会发展的重要方面，既体现了人类社会发展的本质属性和普遍规律性，又体现出政治发展作为政治上层建筑的一个部分所呈现的特征。政治发展并不是神秘莫测的历史运动，而是建立在一定社会的经济基础之上，在特定历史文化条件下，以人为实践主体的政治实践活动。作为一种历史性存在，政治发展从社会内部孕育，伴随着人类社会从低级向高级演化的过程，逐渐由低级向高级发展。政治发展的影响因素包括经济基础、现实国情、历史文化条件、国际国内环境等。

政治发展遵循人类社会政治发展的基本规律，体现了客观规律性与特殊性的辩证统一。这意味着要始终站在马克思主义的立场，借鉴其他国家政治发展的先进经验，吸取教训，兼收并蓄人类政治文明的优秀成果。不同国家的历史发展阶段、经济基础、现实国情、社会结构、国际环境不同，政治发展因而具有特殊性。特殊性体现为主权性、历史性、发展性等。特殊性意味着不同国家的政治发展进程有着自身的特点，遵循自身独特的发展脉络。

对政治发展的判断标准不能一概而论，更不能以一些流行的、西式的、泛化的政治标准对别国政治指手画脚。政治发展要走自己的路，不能盲目移植别国的政治发展模式，否则会带来政治衰退甚至社会混乱。近年来，沉醉在"颜色革命"胜利喧嚣中的国家不久便尝到了盲目移植西式民主的苦果，导致了政治动乱和政治衰退。而政治衰退对社会的综合性毁坏效应，犹如多米诺骨牌，破坏力极大。

要树立全面的、科学的政治发展观。全面的政治发展观具备以下几个特性：全面协调性、动态发展性、主权历史性。全面协调性不仅要求政治发展价值要素（民主、秩序、效率）的有机统一、平衡协调、因势而动，而且要求政治发展应当有利于经济发展和社会进步，强调政治发展与经济发展、文化发展、社会发展、人的发

---

① 参见张树华、赵卫涛：《"民主化"悖论与反思》，《红旗文稿》2015年第9期。
② 张树华：《中国道路的政治优势与思想价值》，《红旗文稿》2011年第1期。

展的相互协调和共同进步。①动态发展性强调政治发展是长期、复杂、永无止境的历史过程,是历史性的社会存在,是循序渐进的、分阶段、多层面的发展过程。政治发展必须以特定社会的经济基础与现实国情为基础,建立多维的发展构架,服务于国家发展战略。在不同的社会历史条件下,政治发展有着不同的含义和要求。政治发展要遵循社会发展和人类政治发展的一般性规律,速度过快或过慢都将破坏政治发展的正常进程,而政治发展的效应是贯穿性的,一旦出现政治衰退,其负面效应将波及社会的各个层面,造成严重的倒退。主权历史性强调政治发展要立足国情,坚持走自己的路,充分发挥我国社会主义政治制度优越性,积极借鉴人类政治文明有益成果,绝不照搬西方政治制度模式。②

坚持全面的政治发展观,在推进全面政治发展的框架内发展民主,全面实现人民的民主权利要求遵循以下政治原则:

(1)坚持四项基本原则。党的十一届三中全会决定将全党的工作重心转移到社会主义现代化建设上来,这是党和社会主义新中国历史上一次伟大的转折,是党中央作出的关系中国共产党和中国人民命运的战略决策。邓小平同志指出:"我们要在中国实现四个现代化,必须在思想政治上坚持四项基本原则。这是实现四个现代化的根本前提。这四项是:第一,必须坚持社会主义道路;第二,必须坚持无产阶级专政;第三,必须坚持共产党的领导;第四,必须坚持马列主义、毛泽东思想。"③四项基本原则是社会主义中国的立国之本,是社会主义制度的基石,是党中央制定一系列具有中国特色社会主义方针政策的基础,是维护改革开放和现代化建设所必须的安定团结的政治局面的根本政治保证。坚持四项基本原则保证了改革开放的政治方向,保证改革开放和现代化建设有一个团结稳定的环境和统一的意志与行动。

(2)坚持党的领导、依法治国与人民当家作主的有机统一。党的领导、人民当家作主和依法治国的有机统一,是社会主义民主政治的基本规律和根本特征。党的领导是人民当家作主和依法治国的根本保证。人民当家作主是社会主义民主政治的目标和本质。依法治国是党领导人民治理国家的基本方略。发展社会主义民主,必须坚持党的领导、人民当家作主和依法治国的有机统一,三者缺一不可。④

(3)坚持民主集中制。邓小平指出:"我们实行的是民主集中制,这就是民主基础上的集中和集中指导下的民主相结合。民主集中制是社会主义制度的一个不可

---

① 参见张树华:《民主化悖论:冷战后世界政治的困境与教训》,中国社会科学出版社2015年版,第374页。
② 参见《十八大以来重要文献选编》(上),中央文献出版社2014年版,第20页。
③ 《邓小平文选》第2卷,人民出版社1994年版,第164—165页。
④ 《十七大以来重要文献选编》(上),中央文献出版社2009年版,第234—239页。

分的组成部分。在社会主义制度之下，个人利益要服从集体利益，局部利益要服从整体利益，暂时利益要服从长远利益，或者叫做小局服从大局，小道理服从大道理。"① 习近平也指出："民主集中制是中国国家组织形式和活动方式的基本原则。"②

（二）发扬社会主义民主、提高政治发展力

在当代中国，发展民主必须在全面政治发展的框架下推进，同时也必须以有效的民主形式推动政治发展。在政治发展的框架中推进民主，意味着要发展优质民主，而不要劣质民主。优质民主以主权安全、政治秩序稳定、经济社会有序稳步发展为前提，政治制度的吸纳整合能力与人民权利的渐进有序扩展相互促进、相互融合。优质民主对政治发展起促进作用，劣质民主将破坏政治发展的稳固格局，其破坏效应是贯穿性质的，将点燃社会发展的其他阴暗面，进而分裂统一、引发混乱、阻碍发展。劣质民主徒具民主的形式，丧失内涵和实质。劣质民主表现为民主泛化、意识形态化、模式化、格式化、工具化、庸俗化。③ 应当把推进民主融入政治发展的轨道，以提高政治发展力为目标，融合民主、秩序、效率等价值要素，统合政治运行的力量安排。

政治发展力是容纳了政治发展全方位因素的综合能力，包括国家治理能力、政治理论能力、政治制度能力（完善的制度架构、制度吸纳整合的能力）、政治宣传能力、价值建构能力等等。政治发展力不是发展形式的综合，也不是抽象内涵的概括，而是以政治发展目标为指引，考量政治发展的各个层面，设置评估参数和数据库，为政治发展提供评价体系和政策性支持。当代中国应以政治发展力统合全面的政治发展，以政治竞争力树立政治发展的自信。

民主是政治发展的价值追求和必然趋势之一，民主在政治发展的过程中不断丰富价值内涵、创新实践形式、检验实施效果。民主作为政治发展的重要价值要素之一，与秩序、效率等共同构建起全面政治发展的总体格局。

民主是历史的、具体的、发展的，深受一国历史文化条件的影响，服从于一个国家经济、社会、文化发展的总目标。发展民主应选择合适的路径、合理的速度、有效的方式，这样才能使民主政治更有效、更优质，否则就会陷入"花瓶民主、对抗政治和劣质民主"的泥潭。

民主发展是当代中国政治发展的重要组成部分，人民民主是政治发展的价值依规和实践起点。与国际上一些国家表面上奉行"自由""民主"、实质上是"财阀统治""寡头民主"不同，中国的民主是最广泛而真实的人民民主。中国共产党是政治

---

① 《邓小平文选》第2卷，人民出版社1994年版，第175页。
② 习近平：《在庆祝全国人民代表大会成立60周年大会上的讲话》，人民出版社2014年版，第8页。
③ 参见张树华：《冷战后西方民主与民主化研究：理论困境与现实悖论》，《红旗文稿》2011年第11期。

发展的领导力量，也是发展民主的根本政治保障。发展民主，必须在中国共产党的领导下，在中国特色社会主义现代化事业的大局下，尊重国情，立足实际，沿着中国特色社会主义政治道路稳步推进。发展民主、坚持中国特色社会主义政治道路，是全面建成小康社会、全面深化改革、全面推进依法治国、全面从严治党，推动改革开放和社会主义现代化建设迈上新台阶的必由之路。

从"独立民主和平统一富强"到"富强民主文明和谐美丽"
——论中华人民共和国发展目标的与时俱进

From "Independence, Democracy, Peace, Unity, Prosperity and Strength" to "a Strong, Prosperous, Democratic, Civilized, Harmonious and Beautiful Socialist Modernized Country"
— A Discussion on How Developmental Goals of People's Republic of China Advance with the Times

陈述（Chen Shu）

陈述，湖南省宁乡县人，中共中央党校（国家行政学院）教授、博士生导师，中共中央党校中共党史教研部新时期教研室原主任，中央马克思主义理论研究和建设工程《中华人民共和国史》课题组首席专家，教育部马克思主义理论研究和建设工程《中国革命史》课题组首席专家之一。长期从事中国共产党历史、党的建设、毛泽东思想和中国改革开放史的教学和研究工作。撰写《中华人民共和国史》等专著多部，发表学术理论文章上百篇。

[摘　要] 中华人民共和国的70年，是近代以来中华民族命运发生根本改变的70年，是中国人民地位发生前所未有改变的70年，是中国人民艰苦奋斗实现伟大飞跃的70年，是实现人类发展史上最伟大的进步的70年。本文试图以深远宽广的历史视野回顾国家发展目标的与时俱进。基本结论是：从建立"独立、民主、和平、统一、富强"的新中国到建设"富强民主文明和谐美丽"的社会主义现代化强国的目标，是中国共产党和中国人民紧密结合时代条件和实践要求，不断深化对共产党执政规律、社会主义建设规律、人类社会发展规律的认识所取得的成果。必将指引中国人民继续为实现中华民族的伟大复兴而奋斗。

中华人民共和国70年的伟大历程，如同一幅波澜壮阔而又气势磅礴、跌宕起伏而又绚丽多彩的3D画卷，展现在世人面前。在这壮丽辉煌的70年中，中国共产党引领中国人民追求人类社会最美好的理想：实现物质极大发展、人们道德水平极大提高、人的自由全面发展的共产主义社会。为实现这个理想，中国共产党带领人民奋力开辟最科学的、遵循马克思科学社会主义基本原理和历史发展客观规律的、吸收中国5000多年优秀文明传统和人类先进文化的、从中国实际出发的中国特色社会主义道路，努力实现中华民族伟大复兴这个伟大历史使命。为实现这个使命，中国共产党带领全国各族人民排除一切强大干扰，从国情出发，依据中国社会主要矛盾，与时俱进确定明确的国家发展目标，实现了人类历史上最伟大的进步和发展。"独立、民主、和平、统一和富强"[①]的国家发展目标，是在新中国成立时人民政治协商会议通过的《共同纲领》中规定的，而"富强民主文明和谐美丽"[②]的目标是中共十九大报告中提出来的。体现了国家发展目标的与时俱进。

一、建立"独立、民主、和平、统一和富强"的新中国，从新民主主义走向社会主义

从历史视野来看，中华民族在5000多年的文明发展过程中，形成了勤劳勇敢、文明智慧、自强不息、独立自主、热爱祖国、团结统一、爱好和平、文明礼貌的民族特点和文明传统。这些民族特点和优良传统伴随着中华民族生生不息。中华民族以其发达的、世界上唯一没有断裂的文明著称于世，中国作为一个伟大的国家屹立在世界的东方。但从1840年开始的近代中国，由于腐朽的封建专制统治与各资本、帝国主义列强的侵略压迫和奴役掠夺，中国逐渐变成了一个半殖民地半封建的国家。中国人民和中华民族承受着本国封建专制主义和资本帝国主义的双重压迫。在中国共产党成立以前，已经有许多先进人士提出若干建国目标，带领人民进行了不屈不挠、前赴后继的斗争，但无论是农民起义、洋务运动、变法维新，还是孙中山提出的"民主、民权、民生"等目标，都没能实现。

1921年7月，在马克思列宁主义同中国工人运动相结合的进程中，中国共产党诞生了。中国共产党把反对帝国主义、封建主义作为纲领，把反帝反封建推翻旧中国、建立新中国作为任务。1921年7月，中共一大提出由劳动阶级重建国家的任务。1922年7月，中共二大提出中华民族完全独立，统一中国为真正民主共和国，渐次实现共产主义的纲领。1945年4月24日，毛泽东在中共七大上作题为《论联合政府》的政治报告，要求"将中国建设成为一个独立、自由、民主、统一和富强的新国家"[③]。1949年3月，中共七届二中全会为新中国的成立作了各项准备，并提出了各项大政方针和政策；6月30日，为纪念中国共产党成立28周年，根据中共七届二中全会的精神，毛泽东发表题为《论人民民主专政》的重要文章。这篇文章

---

① 《建国以来重要文献选编》第1册，中央文献出版社1992年版，第2页。
② 习近平：《决胜全面建成小康社会 夺取新时代中国特色社会主义伟大胜利——在中国共产党第十九次全国代表大会上的报告》，《人民日报》2017年10月28日。
③ 《建党以来重要文献选编（1921—1949）》第22册，中央文献出版社2011年版，第131页。

进一步论述了人民民主专政的理论。1949年9月21日至30日,中国人民政治协商会议第一届全体会议在北平(京)召开。中国人民翘首以盼的新中国恰如喷薄欲出的朝日,即将升起在世界东方的地平线上。为建立新中国而奋斗并积极参加新政协筹备的中国共产党和各民主党派、各人民团体、人民解放军、各地区、各民族的代表共45个单位,600多名政协代表和候补代表以创造历史的使命感和神圣的责任感参加建立新中国的盛会。在这次盛会上通过的建立新中国的大宪章《中国人民政治协商会议共同纲领》中,确定了建立"独立、民主、和平、统一和富强"的目标。以此为开端,全国各族人民在中国共产党的领导下,开始真正建设一个"独立、民主、和平、统一和富强"的新中国。中国人民以改天换地的精神,经过几十年的建设,在实现"独立、民主、和平、统一和富强"的国家发展目标上取得了辉煌成就。

独立。这体现在中国人从此站立起来了——新中国废除了西方列强强加给中国的不平等条约和帝国主义在中国的一切特权,彻底结束了近代以来屈辱外交的历史。面对外来的各种形式的压力,一贯成功地维护了自己的国家独立、主权完整和民族尊严,挫败了外国侵略势力先后对我国进行的孤立、封锁、干涉和挑衅。中国建立了强大的国防力量,足以保卫自己的安全。新中国作为一个独立的、具有完整主权的国家屹立于东方,平等地和世界各国交往,并且积极地参与世界事务。新中国维护了国家的主权、安全和民族尊严,实现了真正的民族独立和民族自由。

民主。这体现在中国人民翻身解放了——新中国的成立结束了几千年剥削阶级的统治,结束了在帝国主义支持下的反动阶级的统治,结束了广大人民连最起码的生存权利都受到侵害的状况。实现了人民的翻身解放和人民的民主自由,人民成为国家、社会和自己命运的主人。中国共产党带领人民制定了国家法律,人民享有政治、经济和文化上的民主权利,能够通过各种途径和形式管理国家事务、管理经济和文化事务、管理社会事务。

和平。这体现在新中国结束了帝国主义的压迫和侵略,结束了旧中国由于帝国主义列强的互相争夺,由于各个军阀、官僚集团的互相争夺,由于国家内部的阶级矛盾和民族矛盾,由于落后的封建经济而产生的四分五裂的状态。新中国坚决维护国家主权、领土完整和民族尊严,新中国成立之初抗美援朝,把美国为首的16国军队赶回"三八线",保卫了国家安全,维护了亚洲和世界和平。新中国提出"和平共处五项原则"的国际关系准则。新中国为世界和平而努力,国际地位迅速提升。

统一。这体现在新中国实现了国家的高度统一和各民族的空前团结。新中国的法律和政令普遍实施于全国各地区。国内人民间的团结、各民族间的团结日益加强,56个民族同呼吸、共命运,共同建设祖国家园。这是建立在人民民主基础上的统一,这种统一局面是中国近代历史上从未有过的,甚至是中国历史上从未有过的。

富强。这体现在旧中国的那种近代工业极端落后，农业生产也不能满足本国的最低需要，对外几乎完全丧失自卫能力的贫弱状况已经一去不复返了。新中国成立后，以毛泽东为代表的中国共产党人带领全国人民迅速医治战争创伤，恢复国民经济；完成由新民主主义向社会主义过渡的任务，建立社会主义基本政治制度和经济制度；并开始引领占人类总人口1/5的中国人民，进行史无前例的社会主义现代化的全面建设，开创了中华民族实现伟大复兴的宏伟事业。开始彻底改变百年来贫穷愚昧的状况和落后挨打的命运，走向繁荣富强。为实现中华民族的伟大复兴奠定了物质基础和人才基础。

"独立、民主、和平、统一和富强"是旧社会中国近代历史上几代人所渴望达到而没有能达到的目标。新中国在中国大地上终于能实现这一切，是新民主主义革命胜利后走上了社会主义的道路的结果。中国的新民主主义革命，中国的社会主义革命和建设事业，都是在中国共产党领导下的。没有共产党的领导就没有新民主主义革命的胜利，就没有社会主义，也就不可能有上述的一切。

二、建设"富强民主文明和谐"的社会主义现代化国家，从传统社会主义走向中国特色社会主义

1978年召开的中共十一届三中全会是新中国历史的转折点。中国共产党依据人民意愿拨乱反正，作出实行改革开放的伟大决策，开启了中国改革开放和社会主义现代化建设的历史时期。中华民族实现伟大复兴的宏伟事业继续全面推进。

为实现中华民族伟大复兴的目标，中国共产党带领人民不断总结经验，与时俱进，继续完善自己的发展目标。1982年9月，邓小平在中共十二大的开幕词中，"确定党为全面开创社会主义现代化建设新局面而奋斗的纲领"；指出："我们一定要兢兢业业地做好自己的工作，加强同全国各族人民的团结，加强同全世界人民的团结"，"把我国建设成为现代化的，高度文明、高度民主的社会主义国家"。[①] 此后的历次中国共产党的全国代表大会，都以建设中国特色社会主义为主题，不断完善国家发展目标。中共十三大对中共十一届三中全会以来9年治国理政的经验进行了全面总结，明确提出建设"富强、民主、文明"[②]的社会主义现代化国家的目标；在中共十四大、十五大、十六大继续完善这个发展目标的基础上，中共十七大以科学

---

① 邓小平：《中国共产党第十二次全国代表大会开幕词》，《人民日报》1982年9月2日。
② 《中国共产党第十三次全国代表大会关于十二届中央委员会报告的决议》，《人民日报》1987年11月2日。

发展观为指导,在对此前社会主义改革开放和现代化建设全部经验进行总结的基础上,明确提出"建设富强民主文明和谐的社会主义现代化国家"①。

改革开放和社会主义现代化建设极大改变了中国的面貌、中华民族的面貌、中国人民的面貌、中国共产党的面貌。具体地说,就是在不断地实现着"富强民主文明和谐"这个国家发展目标。

富强。改革开放以来,中国共产党逐步制定和实施现代化建设"三步走"战略,经全党和全国人民的艰苦奋斗,中华民族在实现伟大复兴的道路上已经取得了阶段性的辉煌成就。这体现在已经提前解决了温饱问题、实现了整体小康,完成了全面建设小康社会第一个10年的任务,正向基本实现富强民主文明和谐的社会主义现代化强国的目标全面推进。中国具有世界先进水平的重大科技创新成果不断涌现,高新技术产业蓬勃发展,基础设施建设取得突破性进展,生态文明建设不断推进,城乡面貌焕然一新。中国历史上从未有过的改革开放,是中国人民认识世界、改造世界的伟大创举,是根本改变中华民族命运、深刻影响人类历史进程的伟大变革。

民主。改革开放以来民主法制建设迈出新步伐。中国特色社会主义法律体系形成,社会主义法治国家建设成绩显著。人民代表大会制度、中国共产党领导的多党合作和政治协商制度、民族区域自治制度、基层民主制度的优势彰显,政治体制改革继续推进。爱国统一战线巩固壮大。行政体制改革深化,司法体制和工作机制改革取得新进展。

文明。改革开放以来文化建设迈上新台阶。中国人民努力建设社会主义精神文明,加强思想道德建设和科学文化的发展,社会主义核心价值体系建设深入开展,文化体制改革全面推进,公共文化服务体系建设取得重大进展,文化产业快速发展,文化创作生产更加繁荣,人民精神文化生活更加丰富多彩。全民健身和竞技体育取得新成绩。

和谐。改革开放以来社会建设取得新进步。中国共产党和政府坚持为人民服务,高度重视民生,中国的基本公共服务水平和均等化程度明显提高。教育事业迅速发展,城乡免费义务教育全面实现。社会保障体系建设成效显著,城乡基本养老保险制度全面建立,新型社会救助体系基本形成。全民医保基本实现,城乡基本医疗卫生制度初步建立。保障性住房建设加快推进。加强和创新社会管理,社会保持和谐稳定。

以"富强民主文明和谐"为目标,调动了全国各族人民的积极性,通过改革

---

① 胡锦涛:《高举中国特色社会主义伟大旗帜 为夺取全面建设小康社会新胜利而奋斗》,《人民日报》2007年10月25日。

开放中国成功实现了从高度集中的计划经济体制到充满活力的社会主义市场经济体制、从封闭半封闭到全方位开放的伟大历史转折。亿万人民发挥积极性和主动性，全面推进中华民族实现伟大复兴的宏伟事业。

三、建设"富强民主文明和谐美丽"的社会主义现代化强国，从社会主义现代化国家走向社会主义现代化强国

中共十八大中国特色社会主义进入新时代。中国共产党以巨大的政治勇气和强烈的责任担当，推动党和国家事业发生历史性变革。在中共十九大全面总结治国理政经验，科学分析中国国情和揭示社会主要矛盾的基础上，中国共产党再次与时俱进，提出建设"富强民主文明和谐美丽"的社会主义现代化强国的目标。具体体现在：

富强。在新时代中国坚定不移贯彻新发展理念，坚决端正发展观念、转变发展方式，发展质量和效益不断提升。经济保持中高速增长，在世界主要国家中名列前茅，国内生产总值稳居世界第二，成为世界第一大工业国、第一大货物贸易国、第一大外汇储备国。供给侧结构性改革深入推进，经济结构不断优化，数字经济等新兴产业蓬勃发展，高铁、公路、桥梁、港口、机场等基础设施建设快速推进。农业现代化稳步推进。区域发展协调性增强，"一带一路"国际合作、京津冀协同发展、长江经济带发展成效显著。开放型经济新体制逐步健全，对外贸易、对外投资、外汇储备稳居世界前列。创新驱动发展战略大力实施，创新型国家建设成果丰硕，天宫、蛟龙、天眼、悟空、墨子、大飞机等重大科技成果相继问世。南海岛礁建设积极推进。着眼于实现中国梦强军梦，制定新形势下军事战略方针，全力推进国防和军队现代化。国防和军队改革取得历史性突破，形成军委管总、战区主战、军种主建新格局，人民军队组织架构和力量体系实现革命性重塑。加强练兵备战，有效遂行海上维权、反恐维稳、抢险救灾、国际维和、亚丁湾护航、人道主义救援等重大任务，武器装备加快发展，军事斗争准备取得重大进展。人民军队在中国特色强军之路上迈出坚定步伐。

民主。新时代中国积极发展社会主义民主政治，推进全面依法治国，党的领导、人民当家作主、依法治国有机统一的制度建设全面加强，党的领导体制机制不断完善，社会主义民主不断发展，党内民主更加广泛，社会主义协商民主全面展开，爱国统一战线巩固发展，民族宗教工作创新推进。科学立法、严格执法、公正司法、全民守法深入推进，法治国家、法治政府、法治社会建设相互促进，中国特色社会主义法治体系日益完善，全社会法治观念明显增强。国家监察体制改革重

建，行政体制改革、司法体制改革、权力运行制约和监督体系建设有效实施。中国政治生活中的全国党代会、全国人大和全国政协及产生的国家机构，高度一致地为中华民族的伟大复兴而努力，相比较于欧美国家政治生活中的内斗、党争，其优势逐渐显现。

文明。新时代思想文化道德建设取得重大进展。加强党对意识形态工作的领导，党的理论创新全面推进，马克思主义在意识形态领域的指导地位更加鲜明，中国特色社会主义和中国梦深入人心，社会主义核心价值观和中华优秀传统文化广泛弘扬，群众性精神文明创建活动扎实开展。公共文化服务水平不断提高，文艺创作持续繁荣，文化事业和文化产业蓬勃发展，互联网建设管理运用不断完善，全民健身和竞技体育全面发展。主旋律更加响亮，正能量更加强劲，文化自信得到彰显，国家文化软实力和中华文化影响力大幅提升，全党全社会思想上的团结统一更加巩固。

和谐。新时代人民生活不断改善。深入贯彻以人民为中心的发展思想，一大批惠民举措落地实施，人民获得感显著增强。从贫困到温饱再到总体小康，中国人民的生活实现了历史性跨越。我们告别了商品短缺，扔掉了各种票证，消费结构迅速从生存型向发展型进而向享受型转变，就业、教育、医疗、住房、养老、社保等民生福祉持续改善，人均预期寿命快速提高，人民的获得感幸福感显著增强。特别是改革开放40多年来，中国创造了人类减贫史上的奇迹。社会治理体系更加完善，社会大局保持稳定，国家安全全面加强。

美丽。新时代生态文明建设成效显著。大力度推进生态文明建设，全党全国贯彻绿色发展理念的自觉性和主动性显著增强，忽视生态环境保护的状况明显改变。生态文明制度体系加快形成，主体功能区制度逐步健全，国家公园体制试点积极推进。全面节约资源有效推进，能源资源消耗强度大幅下降。重大生态保护和修复工程进展顺利，森林覆盖率持续提高。生态环境治理明显加强，环境状况得到改善。引导应对气候变化国际合作，成为全球生态文明建设的重要参与者、贡献者、引领者。

新中国国际地位空前提高的70年。随着中国综合国力的日益提升，中国在国际上的分量越来越重，影响力越来越大。中国坚持正确的对外方针和政策，广泛开展双边和多边外交，发展同世界各国的友好合作关系，在国际事务中发挥着越来越重要的作用。无论是推动建设新型国际关系还是推进全球治理体系变革，无论是促进"一带一路"国际合作还是推动构建人类命运共同体，都彰显了中国外交的大国特色、大国风格、大国气度，为维护世界和平发展贡献了中国智慧和中国方案。

建设"富强民主文明和谐美丽"的社会主义现代化强国的目标，是中国共产党和中国人民紧密结合新的时代条件和实践要求，以全新的视野深化对共产党执政规律、社会主义建设规律、人类社会发展规律的认识，总结治国理政经验，进行艰辛理论探索，取得的重大创新成果。必将指引中国人民继续为实现中华民族的伟大复兴而奋斗。

四、坚持道路自信理论自信制度自信文化自信，中华人民共和国 70 年的历史启示

以深远的历史视野和宽广的世界眼光审视中华人民共和国 70 年的历史，我们可以自豪地说：中国共产党带领中国人民开辟了中国历史新纪元、全面推进了中华民族的伟大复兴、创新了中华文明、开辟了中国道路、创立了新型国家、锻造了中国特色执政党。中国共产党带领人民 70 年治国理政取得的伟大成就，不仅已经载入中国历史，也载入了世界历史。我们每个中国人都应该了解我们的历史，珍惜我们的历史，从中总结经验、吸取智慧、走向未来。

新中国 70 年确定发展目标的历史给我们深刻的启示：第一，作为中国工人阶级、中国人民和中华民族的先锋队，中国共产党要始终引领中国人民追求人类社会最美好的理想——实现物质财富极大丰富，人民精神境界极大提高，每个人自由而全面发展的社会。第二，作为建设中国特色社会主义现代化强国的领导核心，中国共产党要带领人民奋力开辟最科学的、遵循马克思科学社会主义基本原理和历史发展客观规律的、吸收中国 5000 多年优秀文明传统和人类先进文化的、从中国实际出发的中国特色社会主义道路，努力实现中华民族伟大复兴这个伟大的历史使命。第三，为实现这个使命，中国共产党带领全国各族人民排除一切强大干扰，从国情出发，依据中国社会主要矛盾，与时俱进地确定明确目标，实现了人类历史上最伟大的进步和发展。第四，中国共产党和中国人民对为实现"独立、民主、和平、统一和富强"伟大目标而牺牲的先烈永远铭记，有在中国共产党的代表大会上，在中华苏维埃全国代表大会上，在全国政协会议和全国人大会议上，对为建立新中国而流血牺牲的先烈表示崇高的敬意的传统；对为实现"富强民主文明和谐美丽"宏伟目标而作出贡献的人士给予表彰和奖励。以激励一代又一代的中国人努力奋斗。

70 年的历史，也给我们留下了宝贵的经验。这就是：第一，必须坚持共产党强有力的领导，加强和改进党的建设，提高党的执政能力和领导水平，坚定不移全面从严治党。第二，必须始终确保建设和改革的正确方向，坚持道路、制度自信。坚持走中国特色的经济、政治、文化、社会、生态文明、军队建设和发展之路，不断进行制度创新、体制改革，开创新的制度体系。第三，必须坚持解放思想、实事求

是，在实践中发展马克思列宁主义和毛泽东思想，坚持理论自信。创立自己的科学理论指导实践，既不僵化，也不西化。一切从实际出发，总结国内成功做法，敢于学习借鉴国外有益经验，勇于推进理论和实践创新。第四，必须实行"稳健式发展和改革战略"。建设、发展和改革开放胆子要大、步子要稳，在推进发展、改革开放的过程中，提高决策科学性，广泛凝聚共识，形成合力。该快则快，该稳则稳，做到行稳致远。第五，必须坚持以人为本，尊重人民主体地位。继续发挥人民群众首创精神，紧紧依靠人民推动建设和改革，促进人的全面发展，始终坚持中国共产党全心全意为人民服务的宗旨，把人们对美好生活的向往，作为中国共产党的奋斗目标。

纵观世界百年未有之大变局，我们看到：有的国家不顾世界人类的安全，在全世界建立和维持几百个军事基地，退出"中导条约"，发展武器给世界安全和人类生存带来严重威胁；不顾人类的可持续发展退出"巴黎气候协定"，给世界环境和地球生态带来严重后果；嘴上高唱"人权"，退出联合国人权理事会，却花费上万亿美元不断地进行战争；搞霸权主义、搞零和博弈，世界上哪个国家发展好了，就对其进行打压，以置之死地而后快。展望未来，我们希望未来的世界应该是一个和平合作友好和谐的世界，而不应该是充满战争敌对和危机难民的世界；未来的世界应该是一个各民族和谐相处的美丽的世界，而不应该是一个文明冲突、破坏自己家园不顾子孙后代利益的世界；未来的世界应该是共商共建共享的世界、是人类命运共同体，而不应该是老子天下第一、自私自利霸权主义横行的世界。

与此同时，我们更要清醒地认识到：新中国 70 年取得的成就前所未有，而遇到的和可能遇到的问题困难和挑战，也将前所未有。所以在新中国成立 70 周年之际，我们还应该正视存在的问题和困难，积极应对挑战，为实现"富强民主文明和谐美丽"的社会主义现代化强国的目标，为实现中华民族伟大复兴的历史使命而继续努力奋斗。

新中国社会主义现代化建设奋斗目标的历史演进
Historical Evolution of the Goals of Socialist Modernization of People's Republic of China

张金才（Zhang Jincai）

张金才，1968年生，山东德州人。2003年毕业于中国人民大学中共党史系，获法学博士学位。现任中国社会科学院当代中国研究所研究员，中国社会科学院大学（研究生院）博士生导师。从事中国当代政治史研究，主要方向为新中国法治建设史及邓小平、陈云思想生平研究。主要著作有《中国法治建设40年（1978—2018）》《邓小平与中美关系》等；合编《中华人民共和国政治史（1949—2019）》；合著《1977—1982：实现转折，打开新路》等。

[摘　要]新中国成立70年来，中国共产党人根据我国社会主义现代化建设的实际进程，提出了一系列接续奋斗的宏伟目标，引领我国社会主义现代化建设不断推向前进。在党的坚强领导下，经过70年的不懈努力和接续奋斗，我国社会主义现代化建设取得巨大成就，我们的国家发生了翻天覆地的变化，中华民族迎来了从站起来、富起来到强起来的伟大飞跃。

把我国建设成为社会主义现代化国家，是几代中国共产党人始终不渝的奋斗目标。为把这一宏伟目标变成现实，在新中国的不同历史时期，中国共产党人根据我国社会主义现代化建设的实际进程，提出了一系列接续奋斗的宏伟目标，引领我国社会主义现代化建设不断推向前进。回顾我国社会主义现代化建设奋斗目标的历史演进，展示我们党团结带领全国各族人民为实现这一宏伟目标而不懈奋斗的光辉历程及取得的伟大成就，对于总结我们党推进社会主义现代化建设的历史经验，激励全国各族人民为实现这一宏伟目标而继续团结奋斗，具有十分重要的意义。

一、从实现社会主义工业化到实现"四个现代化"

把中国建设成为现代化国家，实现中华民族的伟大复兴，是近代以来无数仁人志士孜孜以求的梦想。但这一梦想只有在中国共产党的领导下、走社会主义道路才能变成现实。中国共产党成立后，团结带领全国各族人民，经过28年浴血奋斗，取得了新民主主义革命的胜利，建立了中华人民共和国，确立了社会主义基本制度，实现了中国历史上最深刻最伟大的社会变革，为当代中国一切发展进步奠定了根本政治前提和制度基础，也为在新中国实现社会主义现代化扫清了障碍，开辟了道路，创造了条件。

现代化首先是实现工业化。新中国成立后，以毛泽东为主要代表的中国共产党人，从当时一穷二白的基本国情出发，决定先从实现社会主义工业化入手，并在推动工业化建设的进程中逐步提出了到20世纪末实现"四个现代化"的奋斗目标。

早在1949年3月召开的中共七届二中全会上，我们党就指出了中国由农业国转变为工业国的发展方向。新中国成立后，经过三年的国民经济恢复，获得了开始进行大规模经济建设的条件。在此背景下，毛泽东在1953年正式提出了以社会主义工业化为主体的过渡时期总路线。按照过渡时期总路线的设想，实现"一化三改"特别是实现国家的社会主义工业化要经过一个相当长的时期。当时估计大约需要经过三个五年计划，即15年左右的时间。但后来社会主义改造提前完成了，以优先发展重工业为主要特征的"一五"计划也取得巨大成功。这在为新中国的工业化奠定初步基础的同时，也一度助长了急于求成的情绪，所制定的发展战略逐渐脱离了中国实际。"大跃进"运动使新中国的工业化进程遭受了曲折，也促使中国共产党人从挫折和教训中开始重新确立更加符合经济规律和中国国情的社会主义工业化和现代化发展战略。

1963年9月6日至27日，党中央召开工作会议，讨论《关于工业发展问题》初稿。这份文件提出："在三年过渡阶段之后，我们的工业发展可以按两步来考虑：第一步，搞十五年，建立一个独立的完整的工业体系，使我国工业大体赶上世界先进水平；第二步，再用十五年，使我国工业接近世界的先进水平。"[①]该文件改变了之前单纯追求个别工业指标的做法，提出了建立独立完整的工业体系的任务，体现了我们党对工业化建设规律认识的深化。文件中还提出要"在一个不太长的历史时期内把我国建设成为一个农业现代化、工业现代化、国防现代化和科学技术现代化的伟大的社会主义国家"[②]。这个文件虽然后来没有正式下发，但它对我国工业发展提出的"两步走"设想，特别是对我国社会主义现代化内涵的初步表述、"四个现代化"的奋斗目标及发展步骤的提出作了重要准备。

1964年12月，周恩来在三届全国人大一次会议上所作的《政府工作报告》中，

---

① 三年过渡阶段指1963、1964、1965年。这次中共中央工作会议确定把这三年作为第二个五年计划到第三个五年计划的过渡阶段，继续对国民经济实行调整、巩固、充实、提高的方针。参见《邓小平传（1904—1974）》（下），中央文献出版社2014年版，第1285页。

② 《邓小平传（1904—1974）》（下），中央文献出版社2014年版，第1285页。

提出了"四个现代化"的奋斗目标。之所以在这次会议上提出这一目标，是因为"调整国民经济的任务已经基本完成，工农业生产已经全面高涨，整个国民经济已经全面好转，并且将要进入一个新的发展时期"①。三届全国人大一次会议不仅要总结前几年的经验教训，更要为此后一个时期的发展确立目标，以统一人们的思想，提振人们的信心，步调一致继续前进。

在这次会议上，周恩来将"四个现代化"的具体内涵正式表述为现代农业、现代工业、现代国防和现代科学技术，并提出了从"三五"计划开始，分两步来实现这一奋斗目标的战略安排。即："第一步，建立一个独立的比较完整的工业体系和国民经济体系；第二步，全面实现农业、工业、国防和科学技术的现代化，使我国经济走在世界的前列。"②这是我们党首次正式完整地提出"四个现代化"的奋斗目标，在全国人民中留下了强烈印象，产生了深远影响。

1975年1月，周恩来在四届全国人大一次会议上所作的《政府工作报告》中，郑重地重申了他在三届全国人大一次会议上提出的实现"四个现代化"的"两步走"设想，而且对实现"四个现代化"的"两步走"设想作出了具体的时间安排。第一步，在1980年以前，建成一个独立的比较完整的工业体系和国民经济体系。第二步，至20世纪末，全面实现农业、工业、国防和科学技术的现代化，使我国国民经济走在世界的前列。③

二、从实现"四个现代化"到全面建设小康社会

党的十一届三中全会后，以邓小平为主要代表的中国共产党人科学总结新中国成立后我国社会主义现代化建设的历史经验，立足中国正处于并将长期处于社会主义初级阶段的基本国情，遵循实事求是、一切从实际出发的原则，对实现"四个现代化"的内涵标准和发展步骤进行了调整，提出了"中国式现代化"的命题和"小康社会"的具体目标，制定了"三步走"发展战略。在此基础上，我们党根据小康社会的建设进程，逐步提出了全面建设小康社会的奋斗目标，有力地推进了中国社会主义现代化建设的历史进程。

进入改革开放新时期，全党把工作重点转移到了经济建设上来，一心一意地进行"四个现代化"建设。在领导社会主义现代化建设的进程中，邓小平从我国人口多、底子薄的基本国情以及与西方国家发展水平差距较大的具体实际出发，对"四

---

① 《建国以来重要文献选编》第19册，中央文献出版社1998年版，第456页。
② 《周恩来选集》(下)，人民出版社1984年版，第439页。
③ 《周恩来传》(四)，中央文献出版社2008年版，第1908页。

个现代化"的内涵和标准做了调整。1979年3月21日，邓小平在会见英中文化协会会长麦克唐纳时，首次提出了"中国式现代化"的命题。他说："我们定的目标是在本世纪末实现四个现代化。我们的概念与西方不同，我姑且用个新说法，叫做中国式的四个现代化。"① "中国式现代化"的提法为调整我国现代化的内涵和标准赢得了主动和空间。1979年10月4日，邓小平在中共省、市、自治区委员会第一书记座谈会上的讲话中，明确指出了这一点。他说："我们开了大口，本世纪末实现四个现代化。后来改了个口，叫中国式的现代化，就是把标准放低一点。"②

两个月以后，即1979年12月6日，邓小平在会见日本首相大平正芳，回答他关于中国将来会是什么样的情况，整个现代化的蓝图是如何构思的问题时，首次提出"小康"的概念，并将我国现代化的标准进行了具体化。他指出："我们的四个现代化的概念，不是像你们那样的现代化的概念，而是'小康之家'。"邓小平用人均国民生产总值的指标说明了"小康之家"的具体内涵。他说："到本世纪末，中国的四个现代化即使达到了某种目标，我们的国民生产总值人均水平也还是很低的。要达到第三世界中比较富裕一点的国家的水平，比如国民生产总值人均一千美元，也还得付出很大的努力。"③ 后来考虑到人口增长因素，又把这一标准放在人均国民生产总值争取达到800美元的水平上。

把中国建设成为社会主义现代化强国，实现中华民族的伟大复兴，其最终目的都是为了实现国家富强、民族振兴、人民幸福。坚持以人民为中心，是新中国现代化建设一以贯之的鲜明特色。小康目标的提出即充分体现了这一点。这一目标把国家的现代化建设和人民生活水平的提高紧密联系在一起，克服了之前的现代化目标偏重国家整体经济实力的增长、忽视个体生活水平提高的问题，因而一经提出就受到全国人民的热烈响应，极大地调动了人民群众建设社会主义现代化国家的积极性，对此后中国的社会主义现代化建设产生了深远影响。

小康目标提出后，邓小平又提出了"三步走"发展设想，即分解决人民温饱问题、人民生活总体上达到小康水平、基本实现现代化三个步骤发展的战略。这一战略安排把"到20世纪末实现四个现代化"改为"人民生活总体上达到小康水平"，把基本实现现代化的时间推到了21世纪中叶，避免了急于求成、指标过高的问题。

在"三步走"发展战略的指引和全国人民的积极努力下，我国改革开放和社会主义现代化建设事业迅速推进。到2000年，国内生产总值已达89404亿元，人均国

---

① 《邓小平年谱（1975—1997）》(上)，中央文献出版社2004年版，第496页。
② 《邓小平文选》第2卷，人民出版社1994年版，第194页。
③ 《邓小平文选》第2卷，人民出版社1994年版，第237页。

民生产总值比1980年翻两番的任务,已经超额完成,①由此,我国现代化建设"三步走"战略的第一步、第二步目标已顺利实现,人民生活总体上实现了由温饱到小康的历史性跨越。小康目标的基本实现,是我国社会主义制度的伟大胜利,是改革开放和社会主义现代化建设事业取得的伟大成就。

但此时达到的小康还是低水平的、不全面的、发展很不平衡的小康,实现工业化和现代化还有很长的路要走,巩固和提高目前达到的小康水平,还需要进行长时期的艰苦奋斗。因此,2000年10月召开的党的十五届五中全会,又提出了从21世纪开始全面建设小康社会的目标和任务。党的十六大制定了全面建设小康社会的具体目标,提出要在21世纪头20年,集中力量,全面建设惠及十几亿人口的更高水平的小康社会。党的十六大提出在优化结构和提高效益的基础上,国内生产总值到2020年力争比2000年翻两番,综合国力和国际竞争力明显增强。②这次大会确立的全面建设小康社会的目标,是经济、政治、文化全面发展的目标,符合我国国情和现代化建设实际,意义十分重大。

党的十七大在十六大确立的全面建设小康社会目标的基础上,提出了新的更高的要求。在经济方面,提出要增强发展协调性,在优化结构、提高效益、降低消耗、保护环境的基础上,实现人均国内生产总值到2020年比2000年翻两番,将经济发展指标落实到了人均收入上。③党的十七大同样注重发展目标的全面性,对扩大社会主义民主、加强文化建设、加快发展社会事业、建设生态文明等提出了明确要求。这些目标要求对切实提高人民的生活水平,调动人民的生产积极性,具有重要意义。

三、从全面建成小康社会到全面建成社会主义现代化强国

党的十八大基于我国经济社会发展的新形势特别是小康社会建设的实际进程,将"全面建设小康社会"提升为"全面建成小康社会",并在党的十六大、十七大确立的全面建设小康社会目标的基础上,提出了新的更高要求。在经济方面,党的十八大提出要在发展平衡性、协调性、可持续性明显增强的基础上,实现国内生产总值和城乡居民人均收入比2010年翻一番。④这不仅提高了总量标准,而且落实到了人均收入上,更加充分地体现了全面小康社会的本质要求。

---

① 《十五大以来重要文献选编》(中),中央文献出版社2011年版,第754—755页。
② 参见《十六大以来重要文献选编》(上),中央文献出版社2011年版,第14—15页。
③ 参见《十七大以来重要文献选编》(上),中央文献出版社2011年版,第15—16页。
④ 参见《十八大以来重要文献选编》(上),中央文献出版社2014年版,第13—14页。

党的十八大根据国内外形势的新变化，顺应各族人民过上更加美好生活的新期待，把握经济社会发展的趋势和规律，在我国社会主义现代化建设"三步走"战略目标基础上，明确提出了"两个一百年"奋斗目标，即到中国共产党成立一百年时全面建成小康社会；到新中国成立一百年时建成富强民主文明和谐的社会主义现代化国家。"两个一百年"奋斗目标，既与时俱进、鼓舞人心，又立足现实、切实可行，为中华儿女团结奋进、开辟未来树起了一面新的光辉旗帜，向世人清晰地勾画了实现我国社会主义现代化的时间表和路线图。

党的十八大以来，以习近平同志为核心的党中央在全面建成小康社会的进程中，坚持以人民为中心的发展思想，提出并丰富和充实"两个一百年"奋斗目标的内涵，对新时代推进社会主义现代化建设作出新的顶层设计，在党的十九大上提出了全面建成社会主义现代化强国这一更高目标，推进了我国社会主义现代化建设的历史进程，提高了人民群众的幸福感和获得感。

全面建成小康社会，是我们党向人民、向历史作出的郑重承诺，是全中国人民的共同期盼。实现这个宏伟目标，标志着我们向全面建成社会主义现代化强国迈出了至关重要的一步。2020年，我们将努力实现第一个百年奋斗目标，全面建成小康社会。那将是中国历史乃至人类历史上一个令人激动的重大时刻。当前，全面建成小康社会进入决胜阶段，脱贫攻坚战大力推进，贫困人口脱贫进程明显加快。2018年末我国农村贫困人口减少至1660万人，农村贫困发生率下降至1.7%。[①] 截至2019年5月中旬，全国共有436个贫困县脱贫摘帽，占全部贫困县的52.4%，[②] 贫困县摘帽进程过半，解决区域性整体贫困步伐加快。正如习近平所说："从现在的情况看，只要国际国内不发生大的波折，经过努力，全面建成小康社会目标应该可以如期实现。"[③]

党的十九大综合分析国际国内形势和我国发展条件，特别是中国特色社会主义进入新时代后我国社会主要矛盾发生的变化，提出从2020年到本世纪中叶，在全面建成小康社会的基础上，分两个阶段全面建成社会主义现代化强国。第一个阶段，从2020年到2035年，在全面建成小康社会的基础上，再奋斗15年，基本实现社会主义现代化。第二个阶段，从2035年到21世纪中叶，在基本实现现代化的基础

---

① 国家统计局综合司：《沧桑巨变七十载 民族复兴铸辉煌——新中国成立70周年经济社会发展成就系列报告之一》，国家统计局网，http://www.stats.gov.cn/ztjc/zthd/bwcxljsm/70znxc/201907/t20190701_1673373.html，2019年9月7日。
② 《过半贫困县脱贫摘帽，解决区域性整体贫困步伐加快》，《人民日报》2019年7月3日。
③ 《习近平关于全面依法治国论述摘编》，中央文献出版社2015年版，第11页。

上,再奋斗15年,把我国建成富强民主文明和谐美丽的社会主义现代化强国。[①]这一战略安排,把党的十三大提出的到21世纪中叶基本实现社会主义现代化的时间提前了15年,是我们未来30年乘势而上、向着第二个一百年奋斗目标进军的时间表和路线图。关于基本实现社会主义现代化的目标,党的十九大从经济、政治、文化、民生、社会、生态等6个方面进行了谋划;关于全面建成社会主义现代化强国的目标,党的十九大提出了五大文明同步提升的要求。这些目标和要求,体现了新时代"两步走"战略安排的全局性和前瞻性。这些目标只有原则性发展方向,没有具体翻番指标,体现了我国现代化从量的提升到质的飞跃的发展要求。

党的十九届四中全会是在"两个一百年"奋斗目标历史交汇点上,召开的一次具有开创性、里程碑意义的重要会议。全会在党的十八届三中全会提出的"推进国家治理体系和治理能力现代化"这个重大命题的基础上,专题研究国家制度和国家治理问题,对坚持和完善中国特色社会主义制度、推进国家治理体系和治理能力现代化进行了系统总结,提出了与时俱进完善和发展的前进方向和工作要求,充分体现了以习近平同志为核心的党中央高瞻远瞩的战略眼光和强烈的历史担当,对于决胜全面建成小康社会、开启全面建设社会主义现代化国家新征程具有重要的现实意义和深远的历史意义。

在党的坚强领导下,经过70年的不懈努力和接续奋斗,我国社会主义现代化建设取得巨大成就,我们的国家发生了翻天覆地的变化,中华民族迎来了从站起来、富起来到强起来的伟大飞跃。今天,我们比历史上任何时期都更接近、更有信心和能力实现中华民族伟大复兴的目标,也更有信心和能力全面建成社会主义现代化强国。只要我们紧密团结在以习近平同志为核心的党中央周围,坚持以习近平新时代中国特色社会主义思想为指导,坚韧不拔,锲而不舍,锐意进取,埋头苦干,经过长期奋斗,全面建成社会主义现代化强国的宏伟目标一定可以实现。

---

① 参见《十九大以来重要文献选编》(上),中央文献出版社2019年版,第20页。

中国现代发展模式：历史演变的逻辑与前景
Modern Development Model of PRC: Logic and Prospects of Historical Evolution

[俄罗斯] 华可胜（阿列克谢·德米特里耶维奇·沃斯克列先斯基，Alexei Voskressenski）

华可胜，俄罗斯莫斯科国际关系学院汉学中心主任、研究员。

[摘　要] 中华人民共和国成立 70 年来，尤其是改革开放 40 余年来，形成了独特的现代化发展模式。通过改革开放，中国推动了社会主义现代化建设，既巩固了中国共产党的领导，也保障了最广大人民群众的根本利益。通过分析中华人民共和国的现代发展模式，可以为世界政治、经济、社会的发展提供有益借鉴。

当中国正日益强大并通过与外部世界交往在周边产生强大影响力之时，了解中国及其周边国家的实际发展状况、这些国家在各自历史发展道路上曾经遇到的困难以及中国现代化战略的形成方式是极为重要的。由此，可以对不同国家和地区在各自环境中实现现代化、改革和发展的模式进行比较，并从历史的角度分析中国福利社会模式形成的路径。中华人民共和国成立 70 周年为开展上述分析提供了良好契机。

一、关于中国现代化与改革的讨论

自中华人民共和国成立以来，中国国内一直就国家现代化模式进行讨论。这种讨论在 20 世纪 70 年代末尤为激烈。[1] 中国的政界和学界历来将接近现代性、符合现代精神视为现代化。在社会主义革命和建设时期，现代化被认为是在马克思主义中国化基础上进行的强制性动员与改造，而如今中国领导层面临的抉择是如何在维持现有政治和经济管理体制的同时，实现国家经济的集约化发展。[2]

在 20 世纪三四十年代，国民党推行的基于西方发展模式的变革未能带领中国

---

① 详见胡鞍钢：《中国历史和政治纪事（1949—1976）》，布基韦迪出版社 2014 年版；Chen Li, *Chinese Politics in the Xi Jingping Era*, Washington DC：Brookings Institution Press，2016；等等。

② 详见［俄］加列诺维奇：《毛泽东之死》，伊佐格拉夫出版社 2005 年版。

走向成功，中国爆发了内战，中国共产党联合当时中国所有反对国民党的进步政治力量，在解放战争中取得了胜利，[①] 最终建立起人民民主专政的中华人民共和国。当然，1949年人民民主专政政治制度的胜利还基于其他许多原因，如国民党政府没有能力进行行之有效的政治和社会经济改革；国民党中央和地方政治集团内部无休止的明争暗斗；政治腐败；错误的经济战略；不够重视农业政策，对作为传统社会政治变革推动力量的农民缺乏关注；对青年和大学生群体的革命潜力关注度不足；等等。

中华人民共和国成立之初对新民主主义制度作出如下设想：发展过渡时期经济；完成工业化并实施经济建设规划；按农业—国防工业—重工业的顺序进行发展；保留私有财产；在中国共产党的领导下联合其他各民主党派共同开展国家建设。[②] 然而，西方国家并不急于承认中华人民共和国的政治制度，与此同时在中共内部就发展模式也开始了新的讨论。在经济发展方面，由于以美国为首的西方国家拒绝承认新中国，拒绝与新中国建立外交关系、开展经济合作，中国转向了苏联的社会主义发展模式。在这种情况下，毛泽东有关建设社会主义的理论占据了主导地位，即中国在被资本主义阵营国家孤立的情况下，只能依靠自身力量和苏联的支持来摆脱贫穷和落后。

采用苏联的计划经济模式不仅使新中国取得了经济成就，也逐渐加强了新中国政治制度的权威性。当时新中国的领导人认为，可以仿照苏联的模式推进民主主义进程，并按照苏联模式制定了"五年计划"，以有条不紊地建设社会主义。但1958年"大跃进"运动开始后，新中国开始加速向共产主义过渡。当加速模式给中国经济带来严重破坏后，经过短暂的调整期，新中国又重新回归到经济管理模式上。

二、改革政策的形成与发展

1978年召开中共十一届三中全会后，中共不仅批判了"以阶级斗争为纲"，恢复了实事求是的思想路线，而且总结了新中国成立以来的经验教训，形成了《关于建国以来党的若干历史问题的决议》，这份文件被翻译成世界上所有主要的语言，并通过官方渠道转交给其他国家领导人。

从1978年到中共十八大期间，中国发展进程主要以整体经济效率低下的粗放型、资源消耗型、资本密集型的经济增长为基础。此种类型的经济增长表现出如下

---

① 详见胡鞍钢：《中国历史和政治纪事（1949—1976）》，布基韦迪出版社2014年版。
② 详见胡鞍钢：《中国历史和政治纪事（1949—1976）》，布基韦迪出版社2014年版。

特征：经济快速增长和调整阶段周期性交替；行业和区域经济发展不平衡；人均指标和绝对指标的差距难以缩小；与世界经济进行有限、定量但持续的协作；经济结构的持续多元性以及所有制关系缓慢调整；逐步实现经济市场化；保持国家强有力的宏观调控作用，不断转变国家经济职能——从直接的行政管理方式向以指示性规划为主的间接管理方法过渡。这种发展模式由于逐渐受到资源和生态的限制与束缚，因而必须向集约化发展道路过渡。

在外部经济形势发生变化、经济增长日益放缓、世界向"后西方"发展阶段转变的时期，我们需要以全新的方式思考中国的发展模式，包括"西方"与"非西方"的对立、中国模式和东亚模式的区别，并从不同的历史、政治和经济现实中就这些模式的前景进行思考。[1]

现代化和改革思想本身的必要性没有受到质疑，但面对金融—经济危机的挑战，越来越有必要寻找国家、地区和全球层面的对策，这当然也包含美国等国家在内。中国是世界第二大经济体，是一个在经济上获得成功的发展中国家，中国用一代人的时间从发展中国家步入发达国家之列，尽管官方并没有承认这一新的定位，但对中国而言，面临的挑战也并不比其他国家轻松。因为此前中国的发展模式主要依赖于外部需求、廉价劳动力和全球贸易的互联互通，中国不可能在短时间内依靠国内需求成功替代对外贸易关系。在中共十九大上，习近平的报告及大会出版的材料已清楚地表明，中国领导人已开始根据重要指标和关键领域（政治、军事、经济和社会等）的综合发展水平来评估中国是否为发达国家，[2]中国领导人正在评价中国的发展成就，同时为中国的未来设定新的任务。

三、中国和俄罗斯经验的比较

苏联解体前，苏共及俄共的战略家是通过两种发展模式（社会主义和资本主义）的对抗来观察世界的，这种对抗是军事对抗还是经济对抗取决于特定领导人的世界观。与苏共和俄共战略家不同，从20世纪70年代末开始，中共的战略家认识到需要制定国家经济和政治体制改革目标，到目前为止，中共仍然保持世界处于"和平与发展的时代"[3]的判断。中国共产党和中国国家战略家的这一结论极为重要，

---

[1] 详见［俄］加列诺维奇：《中国奇迹还是中国末路》，穆拉韦伊出版社2002年版。
[2] 习近平：《决胜全面建成小康社会 夺取新时代中国特色社会主义伟大胜利——在中国共产党第十九次全国代表大会上的报告》，《人民日报》2017年10月28日。
[3] ［俄］斯韦什尼科夫：《中国在外交政策与国家安全领域的构想》，［俄］А.Д.沃斯克列斯基编：《国际政治中的中国》，俄罗斯政治百科书籍出版社2001年版，第93—143页。

因为不论是过去还是现在，这都使中国为实现其主要目标（即实现中国国家发展和提高人民生活水平和生活质量）而专注于达成国家内政外交的共识。中共十九大将"新时代"一词引入政治和科学的范畴，这个用词符合中国世界观的变化。中国作为发展中大国，强调在人类命运共同体框架内和平发展的必要性，中国领导人还通过新的对外政策及举措不断予以扩充和丰富。习近平在中共十九大报告中指出："中国特色社会主义进入新时代，我国社会主要矛盾已经转化为人民日益增长的美好生活需要和不平衡不充分的发展之间的矛盾。"①

苏共无法适应时代的挑战、无力提出与时俱进的政治和经济发展模式而瓦解，这导致整个苏联的国家政治和经济体制彻底崩溃。独立后的俄罗斯持有急于建成新的政治和经济体制的理念，而这一理念以市场经济模式为基础，同时保留原有的干部队伍（与新政权公开对抗的部分人员除外）作为国家的骨干。苏联解体后，俄罗斯的经济处于完全不可控的状态，无力保证经济发展的接续性和渐进性，盖达尔推行的所谓"休克疗法"实际上也只是维持了俄罗斯经济的现状，同时演变为设计俄罗斯新经济体制的基础。

俄罗斯新的政治和经济体制是在20世纪七八十年代经济理论的基础上，由完全脱离旧政治阶级的新政治阶级设计建立的。其目标是与苏联的经济和政治体制彻底决裂，依据当时经济最发达国家的经验，通过国家内部政治派别的直接对抗来获取政治利益。

与俄罗斯不同，"和平与发展"概念的实际应用使中国领导人能够按部就班、有的放矢、有条不紊地实现经济体制改革，而这种经济体制是基于现实的、复杂的生产过程而形成的。中国取消了人民公社，在农村施行家庭联产承包责任制，在沿海地区设置了经济特区并将其成功经验加以推广，进而促使整个经济逐步转向市场经济轨道。与此同时，在经济持续增长的基础上，新的、复杂的金融经济体系保障了人民币汇率的稳定性。该体系的结构和发展趋势完全由中国共产党监督，其决策主要依靠市场因素驱动，当然也不完全出于市场因素考虑。在这个发展阶段内，中国显然没有过多考虑形成现代社会福利国家必要性的问题，以及超过8亿农民没有养老金的问题。在中国城市，无论是与西方还是与苏联的退休金制度相比，中国的社会保障和养老金水平都是处于比较低的阶段的。在这种情况下，中共面临以下任务：确保经济高速增长，让所有社会阶层特别是城市和农村最活跃的社会阶层有工可做，有钱可挣，依靠新经济资源扩大社会保障和养老保障的规模，逐步建立农村

---

① 习近平：《决胜全面建成小康社会 夺取新时代中国特色社会主义伟大胜利——在中国共产党第十九次全国代表大会上的报告》，《人民日报》2017年10月28日。

社保制度，从整体上维护国家资源公平公正的分配和再分配原则。

四、如何评价邓小平时代

中国的经验可以帮助俄罗斯绕过建设健康的发展中社会过程中存在的许多陷阱。中国领导人宣布实行改革开放政策，大力加强国家现代化建设，实施党内集体领导，建立确保权力更替机制，在保持政治稳定和中国共产党领导地位的前提下发展公民社会、推行基层选举——这是近几十年来中国政治现代化的主要方向。

从中国有效运用的新马克思主义理论角度看，现代世界的经济关系在相当程度上独立于政治关系。基于这一立场得出的结论是，市场不仅仅是属于资本主义生产方式的范畴，还意味着在经济—政治分析框架下可以将国家、经济和社会分开，即最小化国家在经济中的作用。但这种最小化不是指弱化，而是指从经济单独运行的角度看，国家应该促进（特别是在立法上）经济规律的运行，在政治上国家应确保政治稳定。①

邓小平作为中华人民共和国"老一辈领导人"的代表人物，其贡献在于他为欠发达国家寻找有效的国家发展模式开辟了道路。在其领导下，一批受过良好教育、工作效率高的管理人员开始为国家现代化建设贡献力量。在其领导下，根据中国的实际情况并参照国际经验重建了政治机构。②这些改革维护了党和国家的公信力，激发了民众的积极性，推动了经济社会的发展。

中国共产党领导中国人民不断推进改革开放的伟大事业，使中国迅速走上了富强的道路。中国的对外开放程度日益扩大，中国市场成为国际市场的重要组成部分，与欧盟、美国和东盟国家一起成为世界领先的经济体之一。

五、现代化政策的完善

20世纪90年代末以来，由于外资进入中国受限以及为持续推动经济发展创造条件，中国开始深入讨论关于现代化和中国模式的问题。

中国社会模式的特色在于，所有与这种新认知相契合的大规模社会—经济和社会—政治变化，在中国都成为中共和国家努力的方向。中国共产党要求自身必

---

① ［俄］А.Д.沃斯克列先斯基：《全球领导背景下的中国》，《国际进程》2004年第2卷，2号，第21—33页。
② ［俄］А.Д.沃斯克列先斯基：《普遍规律：区域特色和非西方民主的概念》，［俄］А.米格拉尼亚恩、［俄］А.普舍沃尔斯基编：《俄罗斯镜子中的民主》，莫斯科国立国际关系学院出版社2013年版，第289—349页。

须成为基于正义原则、反映全体中国人民进步意愿的政党。[①] 如果说苏共在20世纪八九十年代的动荡时期已不能反映苏联以及其后俄罗斯民众的进步愿望,丧失了对正义的坚持,那么中国则走上了国家治理思想"去苏联化"、意识形态"中国化"的道路,使马克思列宁主义的学说可以适应瞬息万变的世界经济环境,使其"服务于中国"。

移民政策在这一过程中发挥了重要作用。中国早在10世纪就开始向外移民,在最近150年间,中国青年十分积极地移民海外。在过去的几十年里,中国对此给予了有针对性的支持,大批青年被派遣出国留学。这里所说的"留学"不仅是指工作实习,还包括真正意义上的全面的学习,以获得真正的专业经验。最初,受过良好教育的中国年轻人积极尝试在其他国家站稳脚跟,逐渐形成一个广泛的公民阶层,他们加入外国国籍并获得了与世界上几乎所有国家的政治、经济和社会制度接触的现实经验,同时他们并没有失去与中国的联系。而当中国积累了大量财富且有意实施改善技术人员待遇的政策时,在国外尤其是在大学和研究机构接受过教育、具有相应工作经验的中国人开始回到中国国内谋职。中国国内大学和研究机构为在世界顶尖大学毕业、具有实际工作经验的中国人提供可观的薪酬、世界一流的研究条件、良好的工作环境以及有吸引力的职业发展的机会。最为重要的是,这些留学归来的训练有素、经验丰富的年轻专家感受到自身的价值,进而积极地推动中国教育、研究和管理体系等现代化。

20世纪90年代以来,中国领导层开始派遣包括中共中央机关在内的党务人员到国外接受教育,这里指的并非实习,而是指通过留学、答辩来获得相应学位,目的在于逐步提高管理人员水平和中共党员的竞争力。

中国共产党在确保制定国家方针科学性的前提下,领导中国所有政治力量,带领全国人民创造美好的未来。中国共产党发展了党的监督机构,增设了反腐机构。

中国共产党的几代领导人不断阐述党执政为民的特殊使命,团结带领中国人民艰苦奋斗,书写了可歌可泣的时代篇章。习近平在党的十九大报告中指出:"大会的主题是:不忘初心,牢记使命,高举中国特色社会主义伟大旗帜,决胜全面建成小康社会,夺取新时代中国特色社会主义伟大胜利,为实现中华民族伟大复兴的中国梦不懈奋斗。"[②]

---

① [俄] А.Д.沃斯克列先斯基编:《东方与政治:政治制度、政治文化、政治进程》,新闻观点出版社2011年版。
② 习近平:《决胜全面建成小康社会 夺取新时代中国特色社会主义伟大胜利——在中国共产党第十九次全国代表大会上的报告》,《人民日报》2017年10月28日。

新中国 70 年经济建设是持续走向繁荣富强的整体

The 70-Year Economic Construction of New China Was A Whole of Steady Progress toward Prosperity and Strength

程恩富（Cheng Enfu） 曹雷（Cao Lei）

程恩富，中国社会科学院学部委员、学部主席团成员，经济社会发展研究中心主任，中国社会科学院大学学术委员会副主任兼首席教授、博士生导师；全国人大教科文卫委员会委员；中央马克思主义理论研究和建设工程首席专家；国务院学位办马克思主义理论学科评议组成员；全球学术团体——世界政治经济学学会会长、中国政治经济学学会会长、中华外国经济学说研究会会长；圣彼得堡大学荣誉教授、日本理论经济学会国际顾问等。在 10 个国家共出版 8 部个人文集、30 多部著作，发表 600 多篇文章，被中外论著和媒体数千次引用或采访报道，在学术研究、理论宣传、政策探讨三方面均有较多成果，在国内外马克思主义及其经济学界较有影响。

曹雷，南京审计大学金审学院教授、上海财经大学海派经济学研究院研究员。

［摘　要］新中国 70 年经济建设是一个辉煌整体，是"持续走向繁荣富强的"。具体分为改革开放前、改革开放后、党的十八大后新时代的三大阶段，先后形成初等富强、次中等富强和世界经济体系"准中心"的中等富强。新中国与旧中国纵向比较和国际横向比较的实证数据，均证明新中国前 30 年也取得了辉煌绩效，并为改革开放积累下雄厚的发展红利，如人口、公地、国资、科教、产业、保障制度和国际环境等红利。需对期间的失误作实事求是的科学分析，而不能把改革开放前后的经济建设绩效对立起来，有意贬低前 30 年的成就来论证改革开放的必要性和伟大成就。改革开放前后的经济建设是继承和发展的关系，都是在探索社会主义这一主题，在社会主义政治制度核心框架下展开的，在坚持社会主义四项基本原则的基础上进行的。

2019 年是新中国成立 70 周年。党的十九大报告强调新中国是"持续走向繁荣富强的"①。因此，我们有必要对新中国 70 年经济发展的辉煌历程和成就作一分析，

---

① 习近平：《决胜全面建成小康社会　夺取新时代中国特色社会主义伟大胜利——在中国共产党第十九次全国代表大会上的报告》，人民出版社 2017 年版，第 14 页。

以便取得更加准确的共识,协同助力新时代我国经济高质量发展,续写持续辉煌。

一、新中国 70 年经济建设可分为三大阶段

把新中国迄今的经济发展历史分为三个大的阶段,具有充分的实践依据。运用历史唯物主义方法,从新中国的社会主要矛盾、党和国家工作中心、国际地位三个方面考量,都可以分为明显的三个阶段和跃迁。

新中国的成立,彻底结束了中国积贫积弱的半殖民地半封建状态和从鸦片战争以来 100 多年的战乱频仍,在中国共产党的领导下,在一穷二白的基础上,开启了伟大的中国社会主义实践和探索。经过三年的国民经济恢复和四年的社会主义改造后,我国社会主要矛盾已不是资本主义与社会主义的矛盾和阶级矛盾,而"已经是人民对于建立先进的工业国的要求同落后的农业国的现实之间的矛盾,已经是人民对于经济文化迅速发展的需要同当前经济文化不能满足人民需要的状况之间的矛盾"[①]。社会主要矛盾的转变,决定了党和国家的工作中心由"生产关系上的社会主义改造"转变到"抓革命,促生产"[②]上来。后来强调以阶级斗争为纲,是不正确的。在国际地位上,抗美援朝战争和对印度自卫反击战的胜利、"两弹一星一艇"(核潜艇)为标志的科技、独立的工业和国民经济体系的初步建立、教科文卫体的全面发展、人口激增和民生的较大改善、中国成功恢复在联合国及安理会的合法席位、我国在广大第三世界国家的号召力等,表明新中国在国际经济政治军事上已摆脱旧中国积贫积弱的状况,真正站起来和初步富强起来了,标志着我国处于"初等富强"的地位,是新中国经济发展的"第一个奇迹"。

1978 年党的十一届三中全会的召开,标志着我国社会主义实践进入改革开放新时期。人所共认,阶级斗争不是社会主要矛盾,人口快速增长基础上的城乡居民生活水平亟待快速提高,这才是突出的经济社会问题。1981 年党的十一届六中全会明确:"我国所要解决的主要矛盾,是人民日益增长的物质文化需要同落后的社会生产之间的矛盾。"[③] 适应社会主要矛盾的重新表述,我们党和国家的工作中心适时转变为"以经济建设为中心"。在"一个中心、两个基本点"的中国特色社会主义建设方针下,截至 2012 年,我国工业产值和外汇储备跃居世界第一、经济总量稳居世界第二、教科文卫体发展显著、民生从温饱提升为小康、香港和澳门的成功回归、政治和军事的国际地位也日益上升,标志着我国处于"次中等富强"的地位,是新中国

---

① 《中国共产党第八次全国代表大会关于政治报告的决议》,《人民日报》1956 年 9 月 28 日。
② 《抓革命,促生产》,《人民日报》1966 年 9 月 7 日。
③ 《〈关于建国以来党的若干历史问题的决议〉注释本》,人民出版社 1983 年版,第 63 页。

经济发展的"第二个奇迹"。

党的十八大以来,以习近平同志为核心的党中央校正了党和国家前进的航向,开启了中国特色社会主义的新时代。党的十九大报告明确指出:"新时代我国社会主要矛盾是人民日益增长的美好生活需要和不平衡不充分的发展之间的矛盾"[1]。随着我国社会主要矛盾的转变,我们党和国家的工作中心在继续强调"以经济建设为中心"的基础上进一步丰富和提升。我国通过贯彻落实"以人民为中心"的发展思想、"五位一体"的总体布局、"四个全面"的战略布局,贯通"伟大斗争、伟大工程、伟大事业、伟大梦想"方针,不断促进人的全面发展、全体人民共富共享,并通过一带一路、金砖国家、上合组织、亚投行等国际合作,为人类发展贡献中国智慧、提供中国方案,推动人类命运共同体建设,国际号召力和影响力日益增强,已成为世界体系中的"准中心"[2]国家,标志着我国处于"中等富强"的地位,正在造就新中国经济发展的"第三个奇迹"。

顺便说一下,我们认为,2035年基本实现现代化,则是进入世界经济体系"中心"的"次高等富强"国家行列;2050年实现充分现代化,则是名列世界经济体系中数一数二"顶级中心"的"富强"国家。

二、新中国前30年经济建设的辉煌绩效

新中国成立,终结了中国100多年的任人欺凌、苦难深重的屈辱历史,中国从此开始了近代史上迟迟无法推进的大规模的快速现代化的历史进程。新中国成立后30年间,中国人民在中国共产党和自己的领袖毛泽东的领导下,在探索道路上虽然出现了一些曲折和失误,但总体而言实现了经济社会的全面进步,取得了堪称辉煌的发展绩效。新中国成功实现经济现代化起飞,发展速度大大超过同期世界大多数国家,年均GNP6.44%可以跻身同期世界最快之列;也超过同期号称处于"黄金时期"的发达资本主义国家的平均水平,迅速缩小了与主要发达国家的重要经济差距;实现了经济社会的全面进步,发展成为一个门类初步齐全、具有自己相对独立完整的工业体系的国家,实现导弹卫星上天、核武器自我武装。农业上完成了对许多大江大河的治理改造任务,实现了农田的大规模基本建设,主要农产品的产量大幅度提高。经济和科技的发展支持国防上取得抗美援朝等多次战争的胜利,对帝国主义

---

[1] 习近平:《决胜全面建成小康社会 夺取新时代中国特色社会主义伟大胜利——在中国共产党第十九次全国代表大会上的报告》,人民出版社2017年版,第19页。
[2] 程恩富:《马克思主义及其中国化理论的巨大成就——习近平新时代中国特色社会主义经济思想述论》,《东南学术》2018年第5期。

的侵略和包围给予了坚决的回击。这些成就的取得，使中国从根本上扭转了在世界政治经济体系中的边缘化趋势。这是稍讲一点客观的西方专家也不得不承认的基本事实。[①] 以下是可以客观彰显新中国前30年经济建设成就的纵向比较的一些具体数据。[②]

旧中国是名副其实的一穷二白的社会状况，包括国民党统治的20多年在内，中国与世界主要国家的经济差距在不断拉大。而新中国30年发展，彻底扭转了这种状况，与世界主要国家的主要经济差距在不断缩小。

第一，新旧中国国民收入的发展比较。1920年到1949年，中国国民收入从200亿元增长到358亿元，增长了79%，年均增长2%，而同期世界各国的国民收入增长了几倍、几十倍或几百倍。从人均国民收入来说，中国在世界的排名反而后退了，1949年中国人均国民收入为27美元，在亚洲倒数第二，仅高于印尼的25美元。而新中国国民收入从1949年的358亿元增长到1978年的3350亿元，增加9倍多，年均增长15%。从人均国民收入来说，从66元增到了343元，尽管同期中国人口增加迅猛（约增加80%），但在国际上的排名反而提高了。同期我国国民消费额也增加较快，从1952年的477亿元增加到1978年的2195亿元，增加4.6倍；从人均消费额来看，扣除人口增长因素，增长了1.6倍。[③]

第二，新旧中国国民生产总值的发展比较。按已完成了国民经济恢复的1952年价格计算，此前约70年时间里，国民生产总值从22.7亿美元增加到285.4亿美元，增长了11倍多，年均增长率为3.68%。而按1980年的不变价和汇率计算，新中国国民生产总值从1950年的380.6亿美元增加到1980年的3045.3亿美元，增长了8倍，年均增长7.4%。即使不考虑人口增长因素，旧中国年均增长率也不到新中国的一半。

第三，新旧中国工业的发展比较。1978年，中国工业企业数量达35万家，其中全民所有制工业企业的固定资产值3200亿元，相当于至1949年旧中国近百年积累的工业固定资产的25倍。1949—1978年，新中国前30年工业年复合增长率达22.78%，远超同期美国、苏联、印度，同期美、苏、印工业年复合增长率分别为3.78%、8.93%、11.05%，分别约是美国的7倍、苏联的3倍、印度的2倍。再以现代化最重要的两种工业产量为例：旧中国所谓经济最繁荣的1936年，人均发电量7.9度，美、苏、印分别是中国的141倍、27倍、1.7倍。而到了1981年，人均发电量美、苏分别只是中国的33倍、16倍，印度则只有中国的一半。1936年中国人

---

① 董金明：《毛泽东时代中国经济发展的绩效及现实启示》，《海派经济学》2005年第3期。
② 程恩富：《西方产权理论评析》，当代中国出版社1997年版，第163—165页。
③ 郑继兵、杨仑：《艰难的历程——中国现代化的百年追求》，黑龙江人民出版社1992年版，第216—218页。

均钢产量 0.9 公斤，美、苏、印分别为中国的 418 倍、106 倍、13 倍。而到了 1981 年，人均钢产量美、苏分别只是中国的 13.3 倍、15.7 倍，印度则仅有中国的 42%。

第四，新旧中国农业的发展比较。农业总产值占国民生产总值的比重，中国 1880 年代、1952 年、1988 年分别为 90%、67.7%、40%。旧中国 70 年这一占比共下降 22.3%，年均下降 0.4 个百分点；新中国 36 年里这一占比共下降 27.7%，年均下降 1.47 个百分点，新中国比旧中国快 2 倍多。全国非农业就业人口占就业总人口的比重，中国 1915 年、1952 年、1986 年分别为 5%—10%、16.5%、38.9%，新中国 40 年这一比重上升 22 个百分点，旧中国 40 年这一比重上升不到 10 个百分点，新中国比旧中国快 1 倍多。

第五，新旧中国人均寿命的比较。旧中国人均寿命是 35 岁。而 1978 年我国公民平均寿命达 68 岁，其中男性平均寿命达 66.95 岁，女性达 69.55 岁，比旧中国延长近 1 倍。[1]

通过以上纵向比较，我们应当形成这样的正确判断：旧中国从鸦片战争开始的 100 多年间，经济社会发展速度极为缓慢，总体上呈现一副落后挨打和一穷二白的衰败社会状态，与世界主要国家的经济社会发展差距不断拉大。新中国前 30 年，尽管存在缺乏社会主义建设经验、资本主义国家实行经济封锁、对外援助较多的不利条件，但经济社会发展速度比过去大大加快，并且伴随着发展质量和结构布局的质变跃升，从根本上扭转了中国在世界体系中的边缘化趋势，与世界主要国家的经济差距加速缩小。[2]

对此，我们党的领导人和相关文献一直高度评价社会主义革命和建设时期的经济建设伟大成就。邓小平指出，改革开放前，"我们尽管犯过一些错误，但我们还是在三十年间取得了旧中国几百年、几千年所没有取得过的进步"[3]。"这三十年是值得我们回顾的，值得我们总结的。"[4] 江泽民在党的十五大报告中讲到 20 世纪有三次历史性的巨大变化，其中第二次是"中华人民共和国的成立和社会主义制度的建立"，"中国人民从此站起来了，并且从新民主主义走上社会主义道路，取得建设社会主义的巨大成就。这是中国从古未有的人民革命的大胜利，也是社会主义和民族解放的具有世界意义的大胜利"[5]。胡锦涛在纪念党的十一届三中全会召开 30 周年大会上的讲话中进一步指出，近一个世纪以来，我国先后发生三次伟大革命，"第二次革

---

[1] 郑继兵、杨仑：《艰难的历程——中国现代化的百年追求》，黑龙江人民出版社 1992 年版，第 216—218 页。
[2] 曹雷、程恩富：《新中国 60 年经济发展是一个辉煌整体》，《军队政工理论研究》2009 年第 4 期。
[3] 《邓小平文选》第 2 卷，人民出版社 1994 年版，第 167 页。
[4] 《邓小平思想年编（1975—1997）》，中央文献出版社 2011 年版，第 262 页。
[5] 《江泽民文选》第 2 卷，人民出版社 2006 年版，第 3 页。

命是中国共产党领导的新民主主义革命和社会主义革命，推翻了帝国主义、封建主义、官僚资本主义在中国的统治，建立了新中国，确立了社会主义制度，为当代中国一切发展进步奠定了根本政治前提和制度基础"[1]。在党的十七大报告基础上，党的十八大报告增加了"提供了宝贵经验、理论准备、物质基础"[2]的评价。不仅邓小平主持写作和党中央通过的《关于建国以来党的若干历史问题的决议》，对社会主义革命和建设时期的各项成就有高度评价，而且宪法也一向客观地加以肯定："中华人民共和国成立以后，我国社会逐步实现了由新民主主义到社会主义的过渡。生产资料私有制的社会主义改造已经完成，人剥削人的制度已经消灭，社会主义制度已经确立。工人阶级领导的、以工农联盟为基础的人民民主专政，实质上即无产阶级专政，得到巩固和发展。中国人民和中国人民解放军战胜了帝国主义、霸权主义的侵略、破坏和武装挑衅，维护了国家的独立和安全，增强了国防。经济建设取得了重大的成就，独立的、比较完整的社会主义工业体系已经基本形成，农业生产显著提高。教育、科学、文化等事业有了很大的发展，社会主义思想教育取得了明显的成效。广大人民的生活有了较大的改善。"[3]

三、新中国前30年经济建设存在的失误分析

新中国前30年，经济建设中存在的主要问题是经济增长中的波动幅度较大。以毛泽东同志为核心的中共第一代中央领导集体擘画经济社会发展蓝图的原则是将马克思主义基本原理与中国具体实际创造性地相结合，并未对任何模式照抄照搬，可谓殚精竭虑审慎创新，但仍然由于社会主义实践的探索性质导致主观认识和客观实际之间产生偏差，以及选择赶超战略这一总体历史背景等方面的原因，发生了"大跃进"和"文化大革命"这两次挫折，导致经济发展在此期间也发生了两次较大幅度的波动。如果没有这些偏差，新中国前30年经济发展的绩效无疑会更好。但考虑到中国是一个有着深远农业传统的民族国家，以及新中国成立之时国内外特定的社会政治历史条件，事后诸葛亮式地要求在大规模地推进国家工业化和现代化建设的探索中不犯错误，这至少是吹毛求疵。

新中国初期历史上的一个重大事件是"大跃进"，由于指导思想和政策实施等失误导致了一系列问题，表现在经济方面就是积累与消费比例失调、工农业比例失

---

[1] 胡锦涛：《在纪念党的十一届三中全会召开30周年大会上的讲话》，《人民日报》2008年12月19日。
[2] 胡锦涛：《坚定不移沿着中国特色社会主义道路前进 为全面建成小康社会而奋斗——在中国共产党第十八次全国代表大会上的报告》，《人民日报》2012年11月18日。
[3] 《中华人民共和国宪法》，人民出版社2018年版，第3—4页。

调、工业内部比例失调、市场供应紧张、消费品严重短缺、财政赤字严重等,这都是不可否认的。但同样不可否认的是,"大跃进"的本意,是用群众运动的方式来加速工业化。除被后人视为荒唐的全民"大炼钢铁"外,在已建成的工业企业内部,虽然计划指标超常扩大,但由于其技术性较强和拥有系统管理,我国工业还是得到了迅速发展。第一,建成了一批重要工业项目,生产能力大为提高,中央和地方投入大量资金,先后施工大中型工业项目2200个左右,期间完成和部分完成并投产的有1100个,其中钢铁、煤炭、石油化工、精密仪器、拖拉机、有机合成等工业部门发展迅速;第二,工业中国有企业固定资产原值由1957年的334.6亿元增加到1960年的721.8亿元,增长1.16倍,工程技术人员由1957年的17.5万人增加到1960年的40多万人,也增长1倍多;第三,技术改造和革新形成规模,并由此提高了广大职工的技能素质;第四,国有企业的经营管理机制得以改革;第五,工业地区布局有了进一步改善。这些事实表明,虽然在三年经济困难时期的大背景下"大跃进"确实造成了当时整个国民经济的暂时困难,但具体到工业企业,依然取得重大发展,支撑中国经济度过了困难时期,并在此后继续主导中国工业化现代化进程。

  1966年开始的"文化大革命"使中国经济社会的正常发展又一次受到影响。但事实表明,其间党和国家的最高领导人还是始终坚持中国工业化现代化的方向,强调"独立自主、自力更生""抓革命、促生产",因而保持了国家资本和国有企业的发展壮大,特别是大中型企业和科学技术还获得较大发展。以1966—1976年几项主要工业产量的增长为例:1976年发电量2031亿千瓦小时,与1966年相比增长146%;钢2046万吨,增长33.6%;原油8716万吨,增长499%;原煤4.83亿吨,增长91.7%;机床15.7万台,增长186%;汽车13.52万辆,增长141.9%;化肥524.4万吨,增长117.7%;水泥4670万吨,增长131.8%。从总量上说,全国工业总产值增长了172.6%,平均每年增长9.55%。[①]从科学技术方面来说,其间我国取得了氢弹核技术、运载火箭、人造卫星、青蒿素、杂交稻等尖端科技的丰硕成果。需要特别指出的是,这一时期中国国有企业和科学技术的发展,是在苏联1960年代初即撤去援华专家并停止援华项目和技术的情况下取得的,这充分显示了中国在没有外援的情况下实现工业化的"自力更生"能力。

  面对探索中出现的问题和失误,我们还应看到,每次党和国家都是发现问题后就第一时间着手纠正解决,从而使经济重新加快发展。如中国经济在"大跃进""三年困难"期间出现负增长,但在此后的1963—1966年4年间却连续高增

---

① 刘永佶:《国家资本及其国有企业是新中国工业化的基础和主干》,《当代中国史研究》2003年第4期。

长，GDP平均年增长率高达14%以上，成为新中国历史上发展较好的时期之一。又如"文化大革命"中的1967年、1968年中国经济也曾下降，但在此后的1969年、1970年我国GDP增长又分别跃升至16.9%和19.4%，这创下共和国历史上的最高纪录。这种出现挫折后的加倍增长，不仅足以弥补此前年份的损失，而且不断创造出更大新成就，既充分显示了中国经济的韧性和社会主义国家调控的有力，也使中国经济保持着整体上比资本主义国家更快的发展。

历史清楚说明，新中国前30年在经济社会发展问题上的探索，一直是在不断发现和解决问题、改革和调整中前进的。回顾世界历史，在经济发展过程中没有出现失误和挫折的国家是没有的。比较起来，资本主义国家的问题更多更严重。资本主义国家每一次经济波动和危机所造成的破坏都需要很多年才能恢复。不说最近的2008年源自美国的"百年一遇"国际经济危机，即使更早一些的"日本经济泡沫""亚洲金融危机""拉美经济危机""俄罗斯和东欧国家危机"，这一系列国家所遭受的打击很多至今还没有完全恢复。所以改革开放前30年中国在经济社会发展上所发生的问题同资本主义国家根本不能相提并论。新中国个别年份出现的下降和失误都不是陷入不能解决的矛盾中或无路可走的状况，都不过是发展中曲折的表现。有人只抓住新中国改革开放前"大跃进""文化大革命"等急躁做法或错误无限上纲，以偏概全，一笔抹杀新中国前30年所有历史成就，毫无道理可言。如果19世纪以来资本主义市场经济周期性反复发生的严重问题都不能称为失败的话，那把中国改革开放前30年在经济社会发展上出现的曲折问题称为"失败"，全面否定，是何逻辑？倘若一定要与含帝国主义和法西斯主义在内的私有制社会相比，那么，传统公有制社会这些问题性质的严重性及所造成的损失，真可谓"小巫见大巫"。

四、新中国前30年经济建设的国际横向比较

条件相近国家的经济发展水平的国际比较，更能体现建设绩效。新中国前30年经济建设绩效不但比历史和国情与中国相近的印度明显更高，而且与西方各发达资本主义国家含繁荣时期等不同发展阶段相比也毫不逊色。

第一，新中国前30年经济建设绩效与同时期印度相比较。中印最具可比性，实际上20世纪50年代初我国的各种可比指标都要低于印度，而且此后的五六十年代印度同世界其他主要资本主义国家一样处于黄金发展时期，但此后二十多年里中国的经济发展绩效明显优于印度。1949—1978年，印度工业年平均增长速度为6%，年复合增长率11.05%。而新中国同期工业年平均增长速度达到11.2%，年复合增长率达到22.78%，中国是印度的约2倍。具体工业产量上，包括发电量、钢、原油、

原煤、水泥、硫酸、棉纱等在内的工业产量，中国都先后赶上并大大超过印度。1950—1976年，印度农业年平均增长速度为2.5%，年复合增长率为3.88%，而我国同期指标分别达到3.4%、4.84%，同样大大超过印度。具体产品产量上，包括粮食、棉花、茶叶、油菜、花生、甘蔗、猪、羊和水产品在内的农产品以及农业劳动生产率中国都比印度增长快得多。①

比较经济学家格雷戈里、斯图尔特比较中印经济发展的结论是这样的：尽管中国和印度从20世纪50年代至70年代在大致相同的起点上开始发展其摆脱殖民统治后的经济，但印度经济增长的成绩、人均收入增长速度等比中国差得多。②

第二，新中国前30年经济建设绩效与发达资本主义国家不同发展时期相比较。首先，与发达资本主义国家起点相近时期对比。从单项实物量的变化对比来看，我们选取近现代化中最重要的钢产量。1949—1979年我国钢产量从15.8万吨提高到3448万吨，仅用30年时间。而类似的发展过程，日本用了54年（1909年的15.4万吨到1963年的3150万吨），美国用了43年（1872年的14.5万吨到1915年3267万吨）。从整个工业价值量的变化对比来看。新中国完成国民经济恢复的1952年的工业产值的基数比美国1860年大得多，但此后中国的工业增长速度依然大大地快于美国。1952—1957年我国工业总产值从270.2亿元提高到650.2亿元，5年增长了141%；而1860—1880年美国工业总产值从18.9亿美元上升到53.7亿美元，20年才增长了180%。其次，与发达资本主义国家工业化初期对比。工业化初期的资本主义工业生产增长速度最快，其中美国1860—1869年工业生产平均每年增长8.2%，而我国经济正常运转的第一个五年计划时期，工业生产平均每年增长18%。最后，与发达资本主义国家繁荣发展时期对比。二战后至1970年代被称为资本主义国家发展的黄金时期，期间1953—1978年主要资本主义国家工业生产年平均增长速度为：美国4.0%，西德5.7%，日本10.9%，英国2.5%，法国5.2%；农业年平均增长速度为：美国1.8%，西德1.3%，日本2.1%，英国2.1%，法国2.5%。而同期中国的工业年平均增长速度达到11.2%，农业年平均增长速度3.4%，都比发达国家明显更高。③

在把新中国前30年甚至整个新中国的经济建设绩效与发达资本主义国家比较时我们要特别注意以下几点：第一，西方发达国家比现在的中国富裕是历史上形成的。旧中国的贫困正是帝国主义侵略与官僚资本主义、封建主义统治剥削一起

---

① 程恩富：《西方产权理论评析》，当代中国出版社1997年版，第166—167页。
② 〔美〕保罗·R.格雷戈里、〔美〕罗伯特·C.斯图尔特：《比较经济体制学》，林志军、刘平等译，上海三联书店1988年版，第404页。
③ 程恩富：《西方产权理论评析》，当代中国出版社1997年版，第166—167页。

造成的结果。第二，西方列强原始积累过程十分残酷。不少发达国家都是对外发起侵略战争，通过新老殖民主义和霸权主义，非法或合法地大肆掠夺别国财富和世界资源。比如美国现在来自国外的收入占其财富总量的一半左右。而新中国完全没有侵略殖民，是靠自力更生、平等交易。第三，资本主义国家保证的是少数人发财致富，社会财富和收入的贫富差距巨大，存在大量贫困和饥饿人口。就美国而言，它是19世纪末以来世界上最大的"暴发户"，就其历史机遇、可利用因素及致富途径来说，是任何一个国家都无可比拟的：较少的人口拥有特别丰富的资源；在两次世界大战中发了横财；靠发行美元等经济手段使用世界资源和掠取别国财富；利用科技、经济上的"马太效应"和移民政策，千方百计地把别国的科技精英集中于美国。①

通过以上国际横向比较，我们应当形成这样的正确判断：新中国前30年经济建设总体上是成功的，它创造了比资本主义国家高得多的发展绩效。鸦片战争以来中国历史的主题，即通过民族独立和经济现代化，实现中华民族的伟大复兴，经历了一次又一次的失败，直到中国共产党建立新中国才开辟了一条社会主义光明大道。在这条道路上，新中国前30年进行了许多开创性的发展和探索，因而难免存在各种问题和失误，但总体上取得了辉煌成就。②耶鲁大学教授莫里斯·迈斯纳认为："在毛泽东身后的时代里，对毛泽东时代的历史记录的污点……吹毛求疵，而缄口不提当时的成就已然成为一种风尚"。"其实毛泽东的那个时代远非是现在普遍传闻中所谓的经济停滞时代，而是世界历史上最伟大的现代化时代之一，与德国、日本和俄国等几个现代工业舞台上的主要的后起之秀的工业化过程中最剧烈时期相比毫不逊色。"③

五、新中国前30年经济建设为改革开放积累雄厚的发展红利

新中国前30年建设积攒下的多方面发展红利是改革开放成功不可或缺的基础和前提。2013年1月5日，习近平总书记在新进中央委员和候补委员学习贯彻党的十八大精神研讨班上发表讲话，对改革开放前后两个时期的关系有诸多高屋建瓴精辟论述。比如："中国特色社会主义是在改革开放历史新时期开创的，但也是在新中国已经建立起社会主义基本制度并进行了20多年建设的基础上开创的。""如果没有1949年建立新中国并进行社会主义革命和建设，积累了重要的思想、物质、制度

---

① 杨承训、张新宁：《中国道路与发达资本主义国家比较研究》，《学习论坛》2004年第11期。
② 曹雷、程恩富：《新中国60年经济发展是一个辉煌整体》，《军队政工理论研究》2009年第4期。
③ 〔美〕莫里斯·迈斯纳：《为了建设新中国——外国人眼中的毛泽东时代》，李华摘译，《英才》1998年第12期。

条件，积累了正反两方面经验，改革开放也很难顺利推进。"① "改革开放前的社会主义实践探索为改革开放后的社会主义实践探索积累了条件，改革开放后的社会主义实践探索是对前一个时期的坚持、改革、发展。"②

这里只从经济角度简单谈谈新中国前30年为改革开放积累下的雄厚发展红利。

一是人口红利。改革开放前总人口和劳动人口激增，人民教育和健康水平的提高，为改革开放积累了一支由数亿人构成的较有文化素质、刻苦耐劳、年轻力壮的劳动力大军，这是其他所有国家均不具备的人力资源条件。

二是土地公有制红利。新中国实行真正有利于经济社会发展的土地公有制。在城市是土地国有制，在农村是土地集体所有制。土地公有制释放出大量的"公地红利"或"公地喜剧"正效应，为改革开放后政府大规模出租公地的"土地财政"奠定了制度基础，大大降低了城镇化、工业化、交通基础设施建设和教科文卫体发展的成本。

三是国资红利。新中国前30年国有企事业的大力发展，形成了庞大的国有资产和国有资本。③它们既通过长时期高于非公企业的税收、上缴利润和承担大量的国家调控任务，又通过被大量廉价出售或流失给非公企业，支撑改革开放的成本和非公经济的迅猛发展，还通过自身的发展壮大，为改革开放的成就作出了极为重大的贡献。

四是科教红利。新中国前30年人口素质不断提高，科学研究和工程技术人员比重不断增加，形成了一支庞大的科研队伍，新理论、新技术、新工艺、新产品不断涌现，我国技术装备水平与世界先进水平的差距在整体上加速缩小，甚至在部分行业达到世界前列或领先的水平。④"两弹一星一艇"、人工合成胰岛素、青蒿素、杂交稻，甚至微电子、大飞机等成就的取得，为我国以后留下了大国重器和高科技的人才储备和基础。

五是产业红利。1953—1978年我国基础设施资本存量从202亿元上升到1113亿元，农业上治理大江大河，修建水库总库容达4200亿立方，工业上建立了比较独立完整的工业体系，第三产业上1978年我国商贸流通业运力指数达到27.57，大大超出当年苏联、美国、印度的9.07、2.37、5.68，为改革开放之后中国成为"世界工厂"和国际贸易大国奠定了产业基础。⑤

六是社会制度红利。新中国前30年建立的土地公有制和公有经济制度，以及

---

① 习近平：《关于坚持和发展中国特色社会主义的几个问题》，《求是》2019年第7期。
② 习近平：《关于坚持和发展中国特色社会主义的几个问题》，《求是》2019年第7期。
③ 曹雷：《新中国国有企业60年绩效的实证与解析》，《马克思主义研究》2009年第5期。
④ 曹雷：《新中国国有企业60年绩效的实证与解析》，《马克思主义研究》2009年第5期。
⑤ 江宇：《正确认识改革开放的历史——深刻学习习近平关于改革开放前后两个历史时期不能相互否定的重要论断》，《党的文献》2018年第6期。

基于其上的教育、医疗和社会保障制度，和全国一盘棋、集中力量办大事的社会主义国家调节体制机制，在改革开放后依然为我国发展提供力量和保障。

七是国际环境红利。新中国前30年形成了独立完整的国防工业和国民经济体系，实现了导弹核武器等自我武装，取得了抗美援朝等多次战争的胜利，并利用美苏矛盾而使西方国家总体解除对中国的封锁，从而为我国消除了重大的安全威胁，获得了长期的和平国际环境，使我国在对外开放中能够保持独立自主，避免了像很多发展中国家那样沦为大国附庸。

总之，"对改革开放前的历史时期要正确评价，不能用改革开放后的历史时期否定改革开放前的历史时期，也不能用改革开放前的历史时期否定改革开放后的历史时期。"①上述这些红利至今仍在发挥重要作用，因而总结改革开放的成就，要从改革开放前后两个方面找原因，而不能割断和虚无历史。那些否定新中国前30年的观点，都是严重违背历史事实的。

六、新中国70年经济建设是统一发展的有机整体

尽管新中国前30年实行社会主义计划经济体制，后40年逐步实行社会主义市场经济体制，但作为一个整体的社会主义新中国经济建设，改革开放前后的发展阶段都是继承和发展的关系。

第一，新中国经济建设都是在探索社会主义这一主题。习近平总书记指出："我们党领导人民进行社会主义建设，有改革开放前和改革开放后两个历史时期，这是两个相互联系又有重大区别的时期，但本质上都是我们党领导人民进行社会主义建设的实践探索。"②这一精辟论断，明确了新中国历史都具有同一主题或主线，即都是我们党领导人民进行社会主义建设的实践探索。不管改革开放前，还是改革开放后，新中国历史都是统一在建设社会主义这个主题或主线下的。社会主义性质的改革开放目标是社会主义的自我完善和发展，而不是全盘西化的资本主义复辟。有探索就会有失误，而社会主义经济建设的探索失误比任何资本主义国家均小得多。

第二，新中国经济建设都是在社会主义政治制度核心框架下展开的。作为政体的人民代表大会制度是中国社会主义的根本政治制度，而中国共产党领导的多党合作和政治协商制度、民族区域自治制度、基层群众自治制度是中国社会主义的基本

---

① 习近平：《关于坚持和发展中国特色社会主义的几个问题》，《求是》2019年第7期。
② 习近平：《关于坚持和发展中国特色社会主义的几个问题》，《求是》2019年第7期。

政治制度。尽管政治制度的具体形式和体制机制会不断变化和改进，但无论改革开放前，还是改革开放后，这些政治制度的核心框架都是毫不动摇、一脉相承的。①

第三，新中国经济建设都是在坚持社会主义四项基本原则的基础上进行的。在改革开放初期，邓小平便强调必须坚持社会主义道路、坚持人民民主专政、坚持共产党的领导、坚持马克思列宁主义毛泽东思想。其中，只有坚持经济政治文化发展的社会主义道路，国体上才表明属于人民民主专政，政治上才需要共产党的领导，思想上才需要马列主义及其中国化理论指导；否则，后面三项基本原则或迟或早会发生根本变化。从具体层面出发，中国共产党为领导、公有制为主体、马克思主义为指导，"三位一体"共同构成了中国特色社会主义的本质内涵。从政治是经济的集中体现出发，坚持党的领导是几个本质特征中最本质的特征。从历史唯物主义的一般原理出发，坚持公有制和按劳分配为主体的经济基础决定着政治和文化的上层建筑，而党的领导和马克思主义思想指导的上层建筑又对经济基础有反作用，甚至在一定条件下具有决定性的反作用。纵观新中国的发展史，对于上述本质构成与内涵"三位一体"的全面坚持，是新中国成立70年来取得一系列伟大成就的根本原因，也是改革开放前后经济社会发展成就不能互相否定的思想基础。

不过，当今社会上依然有不少舆论为了论证改革开放的必要性和伟大成就，或出于走邪路的目的，而对改革开放前30年经济建设成就或者片面地只讲失误和不足，或者采取历史虚无主义态度以歪曲和污蔑的手段进行全面否定。"对此我们不能不进行思想理论上的'伟大斗争'，及时科学揭露形形色色历史虚无主义观的实质和谬误，积极开展广大干部群众的思想政治教育和宣传工作，准确认识毛泽东领导全党全国人民积极开展社会主义经济建设的伟大成就和民生得到较大提高的客观事实和经验。"②

简言之，那种不把新中国经济建设视为一个有机整体，割裂、扭曲改革开放前后两个时期关系的观点，事实上是不客观的，理论上也是站不住的，对于今后的实践和理论发展也是有害的。因此，我们要在准确认识新中国70年经济建设伟大奇迹的基础上，为新时代中国特色社会主义经济高质量持续发展和进一步繁荣富强而努力奋斗，砥砺前行！

---

① 在中国台湾大学政治系教授朱云汉院士看来，"很多研究中国发展经验的学者，都忽视了中国特殊的政治体制带来的优势。一般流行的看法都认为，1949年新中国的成立到1978年'改革开放'这前面30年都浪费掉了，走了很长的冤枉路，甚至可以说完全是'黑暗时期'，这个认知并不正确，至少是以偏概全。客观地说，这个时期不完全是白费，中国在这个时期以极为高昂的社会代价，牺牲了很多人，建构了日后改革开放的政治与社会基础。这个基础是让其他发展中国家根本没有办法模仿的，只能理解而难以复制。中国共产党摸索奋斗30年，这30年并没有白费。"朱云汉：《高思在云：中国兴起与全球秩序重组》，中国人民大学出版社2015年版，第125页。

② 陈波：《应客观评价社会主义前30年的经济成就》，《海派经济学》2019年第3期。

新中国经济奇迹的历史与逻辑[*]

History and Logics of Economic Miracle of People's Republic of China

武力（Wu Li） 李扬（Li Yang）

武力，中国社会科学院当代中国研究所研究员，中国社会科学院研究生院博士生导师，享受国务院政府特殊津贴。曾参加和主持多项国家社会科学基金重大项目、委托项目、重点项目、一般项目，以及中国社会科学院的重点项目和国际合作项目。主要代表作有：《中华人民共和国经济史》（主编）；《中国改革开放 40 年：历程与经验》（主编）；《当代中国经济发展与制度变革研究》（独著）；《中国社会主义政治经济学演变背景研究》（独著）。

李扬，中央财经大学马克思主义学院讲师。

[摘　要] 新中国 70 年的经济发展分为三个时期。1949—1978 年为向社会主义过渡和计划经济时期，中国依靠高度集中的计划经济体制建立了较为完备的工业体系，保证了国家安全，并为随后的改革开放储备了要素；1978—2012 年为改革开放和中国特色社会主义形成时期，政府与市场"双轮驱动"的社会主义市场经济体制使中国充分利用国内和国际两个市场、两种资源，成功实现了经济腾飞；2012 年至今为中国特色社会主义新时代，中国在政府与市场协同作用下化解传统发展方式的积弊，通过全面深化改革完善政府和市场关系，推进国家治理体系和治理能力现代化，为经济转型与高质量发展提供了新动能。新中国经济的成功还体现在，通过"一带一路"和"人类命运共同体"建设向世界证明了社会主义能够与时俱进，具有强大的生命力和优越性。

70 年在人类发展进程中只是瞬间，但中国人民却在过去的 70 年里创造了波澜壮阔的历史，使国家发生了翻天覆地的变化。习近平指出："重视历史、研究历史、借鉴历史，可以给人类带来很多了解昨天、把握今天、开创明天的智慧。"[①] 抚今追昔，回顾新中国 70 年创造的经济奇迹，对于坚定"四个自信"是非常必要的。

---

[*] 本文所引数据，除特别注明外，均来自国家统计局官网。
[①] 《习近平致第二十二届国际历史科学大会的贺信》，《人民日报》2015 年 8 月 24 日。

新中国经济发展大致分为三个时期：从1949年新中国成立到1978年中共十一届三中全会前，为向社会主义过渡和计划经济时期；中共十一届三中全会到2012年中共十八大前为改革开放和中国特色社会主义形成时期；中共十八大起，中国特色社会主义进入新时代。三个时期一脉相承，接续完成中国经济从起步到腾飞、再到转型升级的历史任务。

一、社会主义工业化奠定发展基础

1949年中华人民共和国成立，具有5000多年文明史的中华民族进入发展进步的新纪元，站起来的中国人民终于可以独立自主选择发展道路。中共七届二中全会在绘制新中国发展蓝图时提出，要"使中国稳步地由农业国转变为工业国，把中国建设成为一个伟大的社会主义国家"①。

成立初期的新中国，通过没收封建地主土地归农民所有、没收官僚资本归人民国家所有和保护民族工商业，建立起在国营经济领导下多种经济成分分工合作、各得其所的新民主主义经济体制，促成了国民经济的迅速恢复。然而，当中国转入大规模经济建设，面临工业化道路选择时，有三大因素影响中国改变了新民主主义经济体制，选择了社会主义工业化道路。

第一，国家安全和统一要求重工业优先发展。近代以来，饱受欺凌的中国对工业实力与国家安全的关系有着异常深刻的认识。新中国成立不久，朝鲜战争爆发，美国立即派第七舰队进驻台湾并随后签订所谓"保护台湾"的条约。当时，中美工业实力悬殊。即使在1952年国民经济恢复完成时，中国的钢、煤、原油、电力产量也分别只有135万吨、6600万吨、44万吨和73亿度；而同期美国的产量依次为8452万吨、46033万吨、30945万吨和4631亿度，分别是中国的62.6倍、7.0倍、703.3倍和63.4倍。②巨大的落差使中国被迫中断了统一大业。朝鲜停战之后又爆发了越南战争，二战后的两次局部热战都发生在中国周边，严峻的安全形势要求中国必须尽快建立国防工业。因此，1953年毛泽东亲自修订的党在过渡时期总路线宣传提纲就指出："因为我国过去重工业的基础极为薄弱，经济上不能独立，国防不能巩固，帝国主义国家都来欺侮我们，这种痛苦我们中国人民已经受够了。如果现在我们还不建立重工业，帝国主义是一定还要来欺侮我们的。"③

第二，国民经济体系迫切要求解决重工业瓶颈问题。落后的重工业不仅有损国

---

① 《毛泽东选集》第4卷，人民出版社1991年版，第1437页。
② 《奋进的四十年（1949—1989）》，中国统计出版社1989年版，第470页。
③ 《中共中央文件选集（1949年10月—1966年5月）》第14册，人民出版社2013年版，第503页。

防安全，而且拖累国民经济均衡发展。毛泽东在1955年曾感慨地说："现在我们能造什么？能造桌子椅子，能造茶碗茶壶，能种粮食，还能磨成面粉，还能造纸，但是，一辆汽车、一架飞机、一辆坦克、一辆拖拉机都不能造。"[①] 谈及重工业落后对国民经济的影响，陈云说："没有重工业就不可能扩大轻工业，因而也就不可能有系统地改善人民生活。我们现在的情况是这样：一方面许多轻工业品不能满足人民需要；另一方面许多轻工业设备还有空闲，原定增加的纱锭还得减少，原因就是缺少原料。除缺少来自农产品的原料，比如棉、丝、毛、烟叶、甘蔗等等以外，还缺少来自重工业的原料，比如化学品、黑色金属、有色金属等等。"[②]

第三，资本严重短缺、农业剩余非常有限，制约了工业发展。新中国成立时还是一个以传统农业为主的国家，当时5.4亿人口中有4.8亿是农民，农业剩余是工业资本积累的主要来源。然而，当时中国人均耕地面积仅为世界平均水平的一半，人均粮食产量只有209公斤。据1954年国家统计局的调查，全国农户土地改革时平均每户拥有耕畜0.6头，犁0.5部，多数农户从事家庭为单位的经营都很困难，在正常年景下，每到青黄不接的春季全国尚有两千万以上农民缺少口粮。而根据1952年才建立起来的完整统计数据显示，当年中国的GDP仅为679.1亿元人民币，人均119元；年末全国城乡储蓄存款8.6亿元人民币，人均1.5元；国家外汇储备只有1.08亿美元。可见，中国当时确实处于发展经济学所说的"贫困陷阱"，依靠市场机制无法为工业化提供积累。

由于上述原因，为建立完整工业体系尤其是国防工业，中国确立了重工业优先发展战略。而为了确保低收入下实现高积累政策和社会稳定，中国选择了社会主义工业化道路，即在快速推进工业化的同时，实行社会主义改造，建立计划经济体制，从而确保了有限的资源在满足人民基本生活的前提下，最大限度地支援工业化建设，使中国在短短20多年里建立起比较完整的工业体系，成功研制出"两弹一星"和核潜艇等尖端武器，为和平发展奠定了基础。1952—1978年，中国工业增加值增长15.9倍，年均增长11.5%，三大产业增加值在国内生产总值中的比重由50.5%、20.8%、28.7%变为27.7%、47.7%、24.6%，实现了由农业主导向工业主导的转变。

这一时期还为日后的改革与发展储备了诸多要素。在基础设施方面，新中国自成立伊始就大力兴修水利工程和进行农田基本建设。据统计，截至1978年，全国各地共建成大中小型水库84585座，建成万亩以上的灌溉区5249处，实现农田有效灌

[①] 《毛泽东文集》第6卷，人民出版社1999年版，第329页。
[②] 《陈云文集》第2卷，中央文献出版社2005年版，第592页。

溉面积 4805.3 万公顷,较 1949 年增加 3212.5 万公顷;[①]1953—1977 年,交通运输业全民所有制单位基本建设投资累计完成 840 亿元,先后建设了青藏公路、武汉长江大桥、京沪铁路等重大项目,改变了落后闭塞的交通面貌。80 年代农田水利基本建设和铁路建设投入是新中国成立以来最少的,明显得益于过去的较多投入。国家高度重视基础教育,1978 年,基本普及小学教育,学龄儿童入学率达到 95.5%;1982 年,文盲率降至 22.8%。这些都为改革开放后的经济腾飞准备了条件。

二、改革开放开启致富之门

单一公有制和计划经济体制在建立独立完整工业体系、保障国防安全、储备发展要素方面作出了历史性贡献。然而,调动各种积极因素、提高经济效益的目标还有待进一步实现。

计划经济时期,人民的生活水平改善不多,人均收入和消费水平整体上还处于贫困状态。从 1957 年到 1976 年,全国职工在长达 20 年的时间里几乎没涨过工资,1976 年全民所有制单位职工平均工资 605 元,比 1957 年的 637 元不升反降,1978 年也仅为 644 元。[②]从消费来看,1957—1978 年,人均粮食消费量由 406.12 斤降至 390.92 斤、食用植物油由 4.84 斤降至 3.19 斤、猪肉由 10.15 斤增至 15.34 斤、食糖由 3.02 斤增至 6.84 斤、布由 20.47 尺增至 24.11 尺、煤炭由 170.19 斤增至 210.31 斤,生活水平提高有限。[③]1978 年,城乡居民恩格尔系数分别为 57.5% 和 67.7%,城市居民消费处于温饱阶段,农村居民则处于贫困阶段。按照 2010 年标准,1978 年末我国农村贫困人口 7.7 亿人,农村贫困发生率高达 97.5%。

从劳动生产率来看,中国与发达国家的差距更大了。从 1977 年下半年起,国务院安排各部委派团出国访问考察,考察结果令国人警醒。法国马赛钢铁厂,从采矿到轧钢,年产 350 万吨钢,职工只有 7 千人;而当时武钢年产 230 万吨钢,职工 6.7 万人。[④]丰田汽车厂,职工 4.3 万人,加上直接协作的工厂不过 15 万人,年产汽车 270 万辆;而长春汽车制造厂,4.3 万人,1977 年生产汽车 4.3 万辆;全国汽车行业 70 万人,1977 年生产汽车总共也只有 13 万辆。在质量方面,中国的汽车跑 10 万公里就要大修,而日本的能跑 40 万公里。中国的电视显像管按规定标准可用

[①] 《中国水利统计年鉴 2009》,中国水利水电出版社 2009 年版,第 34、64、84 页。
[②] 《中国统计年鉴(1983 年)》,中国统计出版社 1983 年版,第 490 页。
[③] 《中国统计年鉴(1984 年)》,中国统计出版社 1984 年版,第 477 页。
[④] 《谷牧回忆录》,中央文献出版社 2009 年版,第 315 页。

1000—2000 小时，实际上有些只能用 700 小时，而日本的能用 1.3 万小时。[①]1978 年 9 月，邓小平谈及这些出访带来的思想震撼时说："最近我们的同志出去看了一下，越看越感到我们落后。什么叫现代化？五十年代一个样，六十年代不一样了，七十年代就更不一样了。"[②]

强烈的忧患意识坚定了中国改革开放的决心。1978 年 12 月召开的中共十一届三中全会开启了改革开放的大门，邓小平率先提出"贫穷不是社会主义"这个引导中国社会主义走向创新发展的最重大命题，中国迎来了活力迸发、财富涌流的时代。在有利的国际形势下，中国对内"搞活"，通过"放权让利"和引入市场调节机制，鼓励多种经济成分并存发展，不仅形成了党的"以经济建设为中心"的基本路线，而且确立了社会主义市场经济体制。"看不见的手"不断提高资源配置效率。同时，政府这只"看得见的手"在招商引资、制度创新等方面积极作为，与市场这只"看不见的手"协同作用，将资本、劳动力、资源、技术等要素普遍调动起来。中国还通过扩大开放，特别是加入世界贸易组织，实现了充分利用国外资源和国际市场。这种政府与市场"双轮驱动"、国内国外资源市场"统筹兼顾"的方针政策，使中国创造了经济发展的奇迹。

1978—2012 年，中国经济总量高歌猛进，年均增速接近 10%。1978 年，中国的 GDP 为 3678.7 亿元，居世界第 11 位；1986 年突破 1 万亿元，居世界第 9 位；2000 年突破 10 万亿元，居世界第 6 位；2010 年突破 40 万亿元，居世界第 2 位。对外贸易飞速发展。1977 年中国内地的货物贸易进出口总额只有 148 亿美元，甚至低于同期香港的 196 亿美元；而到 2012 年，中国大陆的货物贸易进出口总额已经达到 38671 亿美元，增长 260 倍。随着经济快速发展和工业化推进，中国的产业结构持续升级。2011 年，第三产业就业比重提高到 35.7%，首次超过第一产业，成为就业最多的产业；2012 年，第三产业增加值比重提高至 45.5%，首次超过第二产业，成为增加值最大的产业。中国的城市化率也由 1978 年的 17.92% 提高到 2012 年的 52.57%，城市人口超过了农村人口。

三、新时代推动经济高质量发展

中国创造了经济增长的奇迹，但是传统发展方式也存在问题。中国一直在实施赶超型工业化战略，产业结构主要满足于投资和出口需求，最终消费比重长期偏

---

① 《房维中自选集》，中央文献出版社 2015 年版，第 2—3 页。
② 《邓小平年谱（1975—1977）》（上），中央文献出版社 2004 年版，第 372—373 页。

低。2008年全球金融危机使得出口骤降，2000万打工者于10月提前返乡；2009年，约2500万人找工作困难，加之610万应届毕业生，中国面临30年来最严峻的就业形势。在此情况下，中国启动了规模庞大的需求刺激政策，使中国经济在逆境中保持增长，国内基础设施面貌天翻地覆，民生持续改善，国家在整体上实现了富起来。

然而，需求刺激政策也使传统发展方式的弊端更加凸显。首先，在宽松的信贷环境与预算软约束下，基建、开采、冶炼、机械等行业迅速扩张，出现普遍性产能过剩，由此引发的利润率下滑使得一些企业不得不加大债务融资，甚至沦为依赖举债为生的"僵尸企业"。其次，在实体经济利润率下降而货币充裕的大环境下，房屋土地作为投资品的功能凸显，大量资金涌入刺激了房地产行业膨胀与房价暴涨。不断上升的房价抬高了实体经济成本，加剧了社会投机心理，使得资金脱实向虚，瓦解了制造业和科技研发根基。高企的房价也令低收入群体望房兴叹，导致库存积压。最后，因不同企业和居民获得信贷的能力不同，信贷资源分配有失均衡，拉大了财富占有差距。而强刺激政策导致的投资激增，也加剧了国内资源消耗与生态恶化趋势。总的来看，需求刺激政策使中国经济维持了增长势头，但也遇到了产能过剩、库存积压、杠杆率攀升的问题。如果放任旧增长模式延续，终将导致行业亏损加剧，引发债务违约、破产失业的经济硬着陆。

面对上述问题，中共十八大以来的中共中央决定不搞大水漫灌的强需求刺激政策，而是要在经济增长、就业稳定的基本前提下，完成产业结构升级与发展方式转型，这无异于一次难度极大的"空中加油"。为此，中央作出经济发展进入新常态的判断，提出以"去产能、去库存、去杠杆、降成本、补短板"为主要任务的供给侧结构性改革，推动经济发展方式转型。

首先，政府与市场协同作用，完成"三去"任务。

在去产能方面，发挥市场机制的决定性作用，运用市场化、法治化手段化解过剩产能。同时，为更好发挥政府作用，国务院于2016年发布关于钢铁、煤炭行业化解过剩产能的目标要求，并安排1000亿元财政专项奖补资金用于职工分流安置。截至2018年底，"十三五"煤钢去产能的主要目标任务已基本完成，低端供给和无效供给减少，市场供求关系明显改善，企业经营状况好转、效益回升。

在去库存方面，坚持分类调控，因城因地施策，三四线城市商品住宅去库存取得明显成效，热点城市房价涨势得到控制，既扭转了房价只涨不跌的预期、极大地消除了投机炒房的冲动，又避免了房价泡沫骤然破碎及其可能引发的债务风险。

在去杠杆工作中，一方面，通过规范地方政府举债融资行为、加强金融监管，堵住了信贷无序扩张的"邪路"；另一方面，试办民营银行、开设科创板，提供更多规范融资的"正路"。同时,针对存量债务,积极稳妥推动市场化兼并重组,实施地方债务置换,强化企业和地方政府自我约束,企业杠杆率持续降低,宏观杠杆率涨幅明显收窄、总体趋于稳定。

其次,重塑政府与市场边界,降低经济运行成本。与过去一般性的"多予少取"政策不同,这次降成本伴随着政府与市场关系的重塑与整个国家治理能力的重构。中共十八届三中全会提出"发挥市场在资源配置中的决定性作用和更好发挥政府作用",实现国家治理体系和治理能力现代化。因此,改革成为降成本的最大红利,以制度性、长效性变革来降成本成为新时代经济治理的重要特色。政府通过简政放权、实行以减税降费为主基调的税费改革、推进国家机构改革、打造"亲清"的新型政商关系等举措,构建法治型、服务型政府,优化营商环境。同时,更好发挥政府在战略规划方面的作用,中央提出京津冀协同发展、长三角一体化发展、长江经济带、粤港澳大湾区等新时代区域发展战略,持续加快自贸区、自贸港试验,并将国内区域发展与"一带一路"建设对接,对过去混乱无序的城市发展格局进行了重构。此外,针对中国即将步入后工业化时代、城市就业吸纳能力下降等新情况,中共十九大提出乡村振兴战略,通过城市反哺农村、工业反哺农业来夯实农业基础地位、加强农村基础设施建设和公共服务供给、拓宽农村市场、改善村容村风,为中国经济转型与社会长治久安开拓新空间。

最后,发挥制度优势,补齐发展短板。中共十八大以来,中国进行了防范化解重大风险、精准脱贫、污染防治三大攻坚战。在民生领域,脱贫攻坚战取得决定性进展。从2012年到2018年末,农村贫困人口由9899万人减至1660万人,农村贫困发生率由10.2%降至1.7%,中国成为首个实现联合国减贫目标的发展中国家,对全球减贫贡献超过70%。在生态领域,中国将节约资源和保护环境确立为基本国策,出台了《生态文明体制改革总体方案》,实施了大气、水、土壤等三个污染防治行动计划,修订实施"史上最严"的《环境保护法》,实行河湖长制、领导干部生态审计、垃圾分类等制度。污染蔓延势头得到遏制,"绿水青山就是金山银山"的绿色发展理念日益深入人心,为中华民族永续发展筑牢了生态之基。此外,为促进长远发展,政府还加大了科研和教育投入。中国自2013年起成为世界第二大研发经费投入国,2018年研发经费投入达19657亿元,占GDP的比重达到2.18%,超过欧盟15国平均水平。自2012年起,财政性教育经费支出占GDP的比重超过4%,并连续6年保持在4%以上。

中共十八大以来,中国在守住不爆发风险的底线前提下,实现了6.5%以上的中高速增长。2012—2018年,全国就业人员由76704万人持续增至77586万人,年末城镇登记失业率从4.1%稳步降至3.8%;全年全国居民人均可支配收入由18311

元增至 28228 元，年均增长 9%，其中城镇居民和农村居民的年均增速分别为 8.2% 和 9.2%。经济结构调整的成效也开始显现，内需对经济增长的贡献度不断提升。2018 年，最终消费对经济增长的贡献率达到 76.2%，规模以上工业战略性新兴产业增加值比上年增长 8.9%，规模以上工业高技术产业增加值比上年增长 11.7%，分别高于整个规模以上工业 2.7 和 5.5 个百分点。2018 年全国"三新"（新产业、新业态、新商业模式）经济增加值为 145369 亿元，占 GDP 的比重为 16.1%，比上年提高 0.3 个百分点。按现价计算的增速为 12.2%，比同期 GDP 现价增速高 2.5 个百分点。总的来看，在这场旧动能衰落与新动能崛起的转换过程中，中国经济正在企稳向好。

习近平在中共十九大报告中指出："中国特色社会主义进入新时代，我国社会主要矛盾已经转化为人民日益增长的美好生活需要和不平衡不充分的发展之间的矛盾。"[①] 为解决主要矛盾，中国经济正由高速增长阶段转向高质量发展阶段，具体包含三大转变：一是推进经济增长由粗放型向集约型转变，加快增长方式创新；二是推进产业结构由中低端向中高端转变，构建现代产业体系；三是推进城乡二元经济向城乡一体化转变，实现农业现代化。

毋庸讳言，中国经济转型尚未完成，未来发展还面临着诸多困难：一是实体经济内部结构失衡，传统中低端产能过剩和高端产能供给不足并存；二是实体经济与金融、房地产业关系失衡，"脱实向虚"仍然严重，金融风险隐患尤在；三是财富占有和收入分配失衡，贫富差距过大，有效需求不足，人力资本与物质资本积累失衡；四是资源和环境形势依然严峻，传统经济增长方式和外延型扩张受到约束；五是国际经济竞争趋于激烈，中国经济和科技正从跟跑者向并跑者和领跑者转变，竞争对手主要转向经济发达国家，特别是美国，给中国造成更为沉重的外部压力。

但是，中国经济发展所具备的独特优势和有利条件，大大超过了不利因素和困难：一是中国共产党的全面领导和自我革命，确保了中国经济始终向着有利于发展生产力、增强综合国力、提高人民生活水平的方向坚定前行；二是政府与市场"双轮驱动"的体制优势，有助于避免双重失灵，继续充分利用国内国际"两种市场、两种资源"；三是中国经济规模大，创新空间大，回旋余地大；四是中国人力资本雄厚，重视教育，并可以充分利用海外教育资源；五是中国人民具有勤劳的品质和文化传统，尤其是高储蓄率传统有助于规避债务陷阱，并在即将开始的新一轮科技

---

① 习近平：《决胜全面建成小康社会 夺取新时代中国特色社会主义伟大胜利——在中国共产党第十九次全国代表大会上的报告》，人民出版社 2017 年版，第 11 页。

革命中扩大投资生产，最终跻身全球产业链的高端。

四、中国的发展对世界作出贡献

新中国 70 年的发展，不仅改变了自身面貌，也如旭日东升，照耀着世界，集聚了越来越强的影响力，使越来越多的国家对中国抱有信心。

第一，中国自身的经济实力与国际地位今非昔比。从 1952 年到 2018 年，按不变价格计算，中国的实际 GDP 增长 175 倍，年均增长 8.1%，远高于同期世界经济 2.9% 左右的年均增速。经过 70 年的发展，中国工业生产能力迅猛增长。当前，中国是世界上唯一拥有联合国产业分类目录中所有工业门类的国家。自 2010 年起，中国制造业增加值超过美国，连续多年稳居全球制造业第一大国，2017 年中国制造业增加值占世界的份额高达 27%，成为驱动全球工业增长的重要引擎。在微观层面，2019 年财富世界 500 强企业中，有 129 家来自中国，历史上首次超过美国（121 家）。即使不计算台湾地区企业，中国大陆企业（包括香港企业）也达到 119 家，与美国数量旗鼓相当。

第二，中国正由世界经济的参与者向着组织者转变。中国改革开放之初正值西方经济滞胀，中国以庞大的市场和丰富的要素向世界敞开国门，为全球过剩资本和产业转移打开了出路。几十年来，中国人民以辛勤劳动与聪明才智，为世界贡献了物美价廉的"中国制造"，成为支撑全球经济运转的"世界工厂"。2008 年之后，主要发达国家深陷金融危机，需求萎靡不振。而中国此时正在加速进行的工业化和城镇化，为全球各国尤其是新兴市场国家提供了有效需求，使世界经济免于严重衰退。自 2007 年开始，中国对全球经济增长的贡献度始终位列第一。在特朗普上台之后，美国为扭转产业"空心化"趋势而采取保护主义政策，向各国高筑商品和要素流动壁垒，扰乱了全球供求关系，也丢掉了美国作为全球经济组织者的地位。相比之下，中国一方面提出高水平开放，举办人类历史上首个以进口为主题的博览会，加速国内改革进程，将拥有 14 亿多人口的全球最具成长性的市场向世界开放；另一方面，中国加快推进"一带一路"建设，以强大的生产能力动员全球资源，并将其用于沿线落后国家的投资建设，在缓解全球产能过剩、弥补落后地区发展短板方面作出积极贡献，从而在事实上承担起新一轮全球经济组织者的责任。

第三，中国的成功经验为世界提供了更多制度选择。第二次世界大战以后，除新加坡、中国香港等城市型国家或地区之外，其他发展中国家或地区在工业化进程中，要么如拉美等国半途而废、深陷中等收入陷阱，要么如原苏联成员国改旗易帜后经济长期徘徊，要么如日韩等国以部分主权为代价换取经济援助。唯有中国，在不丧失完整主权的情况下将工业化推到了后期阶段，使人民收入达到了中等偏上国家水平。这一成功经验引起了后发国家的强烈关注。而当今发达国家也普遍面临治理能力不足的困境，政府在调整利益格局、化解社会矛盾方面显得力不从心，乃至激发民粹主义回潮。相比之下，中国始终能实现改革、发展、稳定的统一，在保持经济平稳增长的同时，化解风险矛盾，调整利益格局，不断凝聚人心与国力，向着产业升级坚定迈进，并在发展中不断提高人民福祉。中国的发展不仅为全球发展中国家提供了一个不同于西方发达国家的工业化道路，也为发达国家治国理政提供了启示，证明了社会主义的生命力和优越性。

正如习近平在庆祝中华人民共和国成立65周年国庆招待会上的讲话中所说："65年来，中国由新民主主义走向社会主义，开创和拓展中国特色社会主义道路，使社会主义这一人类社会的美好理想在古老的中国大地上变成了具有强大生命力的成功道路和制度体系。这不仅为中华民族实现伟大复兴提供了重要制度保障，而且为人类社会走向美好未来提供了具有充分说服力的道路和制度选择。"①

五、结语

历史需要沉淀，历史也需要比较和反思。回首70年的中国和世界历史，乃至上溯工业革命以来世界现代化的历史和《共产党宣言》发表以来的世界社会主义发展史，新中国70年创造的经济成就都堪称人间奇迹，它至少留给我们三点值得铭记和发扬的经验。

第一，坚持中国共产党的领导和社会主义道路。中国之所以能取得今天这样的成就，就在于独立自主地进行工业化建设，既不盲从于"苏联模式"或"华盛顿共识"等理论教条，也不畏惧外部势力的干扰破坏或极限施压，始终在中国共产党的坚强领导下，为民族复兴而坚定地走社会主义道路。

第二，不断改革和完善体制机制，调动一切积极因素。中国坚持实事求是原则，与时俱进，不断破除阻碍生产力发展和人民生活水平提高的体制障碍，并以"三个有利于"标准检验改革成效，从而探索出多种经济成分并存发展、政府与市场"双轮驱动"的中国特色社会主义经济体制，以较之资本主义制度更大的灵活性、包容性，调动起包括国有经济、私营经济、外资经济等在内的一切积极因素，共同投身中国特色社会主义伟大事业。

---

① 习近平：《在庆祝中华人民共和国成立65周年招待会上的讲话》，《人民日报》2014年10月1日。

第三，坚持对外开放，走和平发展、互利共赢的道路。中国直面资源短缺、科技落后的现实，以开放的姿态融入国际市场，利用国际资源，学习先进技术。进入中国特色社会主义新时代，中国更加自觉地践行合作共赢的开放理念，提倡文明交流互鉴，推动构建人类命运共同体，在防灾减贫、维和反恐、发展援助等领域承担起更多国际责任，从而激发起国际社会日益普遍的情感认同与行动参与，汇聚起携手共进的全球合力。

集中力量办大事与中国的历史性跨越发展
——围绕由弱势窘境向优势跨越发展转变实现路径的研究

Concentrating on the Completion of Key National Undertakings and China's Historic Leaping Development

— Research on the Path to Realize the Transition from the Weak Dilemma to the Advantage of Leaping Development

郑有贵（Zheng Yougui）

郑有贵，中国社会科学院当代中国研究所第二研究室主任、二级研究员，中国经济史学会副会长兼中国现代经济史专业委员会主任，中国合作经济学会副会长，中华人民共和国国史学会三线建设研究分会秘书长，中国工业经济学会中国工业史专业委员会副主任。主编出版《中华人民共和国经济史（1949—2019）》。所著《目标与路径——中国共产党"三农"理论与实践60年》获中华优秀出版物图书奖，《一号文件与中国农村改革》入选新闻出版总署"三个一百"原创出版工程。

[摘 要] 中国成功突破弱势窘境向优势跨越发展转变缘于以集中力量办大事方式推进社会主义建设发展。中国能够制定和持续实施国家发展战略及其导向下的集中力量办大事，在于社会主义国家制度和国家治理体系具有显著优势。中国坚持中国共产党领导，坚持以人民为中心，坚持社会主义市场经济改革方向，在发展社会主义市场经济中充分发挥国家制度和国家治理体系所具有的能够"全国一盘棋，调动各方面积极性，集中力量办大事"的显著优势，各种因素有机耦合，形成快、活、稳统一的优势跨越发展路径。

2018年12月18日，习近平在庆祝改革开放40周年大会上的讲话中指出："40年来取得的成就不是天上掉下来的，更不是别人恩赐施舍的，而是全党全国各族人民用勤劳、智慧、勇气干出来的！我们用几十年时间走完了发达国家几百年走过的工业化历程。"① 对属于世界范畴的中国历史性跨越发展的讨论，应有国际视野。已有关于中国实现历史性跨越发展原因的探讨，有不少国际视野分析的成果，但忽视

---

① 习近平：《在庆祝改革开放40周年大会上的讲话》，《人民日报》2018年12月19日。

了新中国在成立前的弱势与先发国家的强势的势能差这一重要因素。对于中国实现历史性跨越发展原因的讨论,不能忽视在国际体系中国家间势能差这一重要因素,以及由此而面临的与其他后发国家相同的弱势窘境的历史条件和历史逻辑起点。基于后发国家与先发国家存在较大势能差视角,厘清社会主义集中力量办大事机制的构建和完善与中国实现历史性跨越发展的历史逻辑,可以深化对中共十九届四中全会总结提出的我国国家制度和国家治理体系所具有的能够"全国一盘棋,调动各方面积极性,集中力量办大事"[①]的显著优势的认识,进而增强进一步充分发挥这一显著优势的自觉。

一、中国成功突破弱势窘境向优势跨越发展转变缘于以集中力量办大事方式推进社会主义建设发展

后发国家存在弱势窘境。后发国家力争追赶先发国家,但绝大多数难以成功突破所面临的重重障碍,实现不了跨越发展,这被认为存在"贫困陷阱"。这是从现象进行逻辑判断,未涉及问题的实质和主导因素。实质性、主导性因素是,先发国家凭借较强的综合国力,以各种方式,对后发国家的发展进行控制,并索取剩余。具体而言:一是先发国家利用国际规则制定权,形成不利于后发国家发展壮大的种种规则,并通过跨国垄断资本对处于弱势的后发国家的剩余进行索取。例如,第二次世界大战后,强势的美国除对后发国家实施军事干预外,还实行美元霸权(起于1944年构建的布雷顿森林体系,强于1973年10月美国使石油输出国组织欧佩克接受用美元结算石油交易而实现美元与石油挂钩),由此构建起世界财富向其流入的机制。二是先发国家利用跨国垄断资本及科技领先的优势,控制产业链高端和价值链高端,获取高额收益。如此,后发国家难以突破产业链低端和价值链低端的困境。三是一些先发国家曾长期实施殖民掠夺,现今仍以种种方式使后发国家对其依附。由于先发国家的强势与后发国家的弱势的势能差,先发国家通过类似经济和非经济的各种手段,锁定后发国家的发展空间,后发国家摆脱弱势地位更难,进而陷于恶性循环,本文将其简称为弱势窘境。与之相反的是,后发国家如果能厚植起优势,由此破解弱势窘境,实现跨越发展,本文将其简称为优势跨越(中国优势跨越发展的实现路径,见本文余论部分第四段的概括)。正因为如此,后发国家在第二次世界大战后,可以跟学先发国家的先进技术,后发优势有所发挥,也实现了发展,但突破弱势窘境的极少,难以摆脱对先发国家的跟随,甚至依附于先发国家及

---

① 《集中力量办大事》,《人民日报》2019年12月27日。

其跨国垄断资本。

中国成功突破弱势窘境，实现历史性跨越发展，这是不容置疑的。1949年以来，中国经济社会发展水平乃至综合国力跃上一个又一个新台阶，由处于农业社会的后发国家，到70年代末建立起独立的比较完整的工业体系，现今已建立起全世界最完整的现代工业体系，自2010年起稳居全球制造业第一大国。这一历史性跨越发展，成就了中国国内生产总值由1952年的679亿元，增加到1978年的3679亿元，再增加到2019年的99.09万亿元，[①]1953年至2018年国内生产总值年均增长8.1%。其中，1979年至2018年国内生产总值的年均增长率为9.4%，比同期世界经济2.9%的年均增速高两倍多，对世界经济增长的年均贡献率高达18%左右。[②]中国经济总量在国际上的位置，随之由1978年的第11位，跃升至2010年起的稳居第2位。中国国内生产总值在世界生产总值中所占份额，也由1978年的1.8%大幅上升到2018年的15.9%。[③]中国历史性跨越发展奇迹举世关注，从表象分析，是因为中国所用时间仅为较短的几十年，就跨越式走完发达国家几百年才走过的工业化历程，而实质是因为成功突破了后发国家的弱势窘境，并实现了向优势跨越的转变。中国还实现了另外一个转变——由"不能"向"能"的转变，即由中国为什么不能发生工业革命的李约瑟之问（又被称为"李约瑟之谜"），向中国为什么能够取得历史性跨越发展奇迹的"中国之谜"的转变。这两个转变，彰显了中国历史性跨越发展成就的辉煌及来之极为不易。[④]

中国的历史性跨越发展，西方经济学不能解释。坚持中国共产党领导、坚持公有制主体地位、坚持更好发挥政府的作用，与"华盛顿共识"的政策主张相反，因而有的将中国历史性跨越发展奇迹视为"悖论"。20世纪90年代初，中国经济快速增长引起西方经济学界关注和重点研究，提出"中国之谜"。英国剑桥大学经济学家彼得·诺兰在2002年道明了"中国之谜"的实质，即按照主流经济学的理论逻辑，中国不可能获得目前的成就。[⑤]可见，"中国之谜"与"悖论"一样，实质也是因为基于西方经济学难以对中国历史性跨越发展奇迹予以解释。

对于中国实现历史性跨越发展的原因，有学者归结于后发优势、结构效应、比较优势、人口红利等。对历史进行较长时段考察，就会发现，用后发优势、人口红

---

① 国家统计局：《中华人民共和国2019年国民经济和社会发展统计公报》，《人民日报》2020年2月29日。
② 《辉煌70年——新中国经济社会发展成就（1949—2019）》，中国统计出版社2019年版，第2、4页。
③ 《辉煌70年——新中国经济社会发展成就（1949—2019）》，中国统计出版社2019年版，第40页。
④ 参见郑有贵：《新中国70年对既有发展趋势的突破和历史性演进的跨越发展》，《宁夏社会科学》2019年第6期。
⑤ 参见《国情备忘录》，万卷出版公司2010年版，第8—9页。

利、比较优势、结构效应等，可以解释某些时段、某些产业、某些地区的发展，但不能解释新中国70余年历史性跨越发展的全部历程。[①]这些因素不是主导因素和充分条件，归于其中单一因素的结论得不到充分验证。例如，在1949年前，中国就属于后发国家，属于人口大国，有大量低廉劳动力，但并没有实现历史性跨越发展，而是长期陷于落后。再就比较优势而言，后发国家资本稀缺和科技落后，难以摆脱处于产业链低端和价值链低端的困境，加之强势的先发国家对弱势的后发国家实行不同程度的不平等贸易，实施比较优势战略也就难以摆脱弱势地位困境。从中不难发现，如果后发国家不能在战略性先导产业发展、重大尖端科技攻关等实现成功突破，而满足于在先发国家控制产业链高端和价值链高端下发挥比较优势，就会掉入比较优势陷阱。

中国的发展与其他发展中国家一样，受资本稀缺和科技落后约束。那么，中国是靠什么因素成功突破弱势窘境而向优势跨越转变的？[②] 中国成功突破弱势窘境，实现历史性跨越发展，是因为社会主义国家制度和国家治理体系具有能够"全国一盘棋，调动各方面积极性，集中力量办大事"的显著优势。在中国共产党领导下，坚持以人民为中心，全国一盘棋制定和实施国家发展战略，引导有限的资源，尤其是低微的财力和较弱的科技力量，集中起来，办成关系国计民生的诸多大事，树立起一座又一座历史丰碑。一是，集中力量发展战略性先导产业，形成能够突破弱势窘境向优势跨越转变的强劲的增长极，有效地破解了后发国家资本稀缺下战略性先导产业不能快速发展起来的难题。二是，集中力量开展重大尖端科技攻关，有效突破了后发国家科技力量弱和科技落后的约束。中国集中力量对重大尖端科技进行攻关，在不同时期都取得了重大成果，远有改革开放前的成功研制"两弹一星"、杂交水稻、青蒿素等，近有中共十八大以来天宫、蛟龙、天眼、悟空、墨子、大飞机等重大尖端科技攻关的成功突破，不仅大幅提升了综合国力，更是为突破弱势窘境向优势跨越转变提供了强劲的引擎。三是，集中力量推进重大基础设施建设，有效突破后发国家基础设施落后对发展的约束。中国在重大基础设施建设上取得信息畅通、公路成网、铁路密布、高坝矗立、西气东输、南水北调、高铁飞驰、巨轮远航、飞机翱翔的显著成就，为各市场主体的发展提供了更广阔的空间半径，也因降低时间成本、物流成本等增强了市场主体的发展能力和竞争力，为突破弱势窘境向优势跨越转变提供了良好的基础设施支撑。简言之，以制定和持续实施国家发展战略及其导向下的集中力量办大事方式推进社会主义建设

---

① 参见郑有贵：《新中国实现历史性跨越发展的经验和意义》，《红旗文稿》2019年第22期。
② 参见郑有贵：《集中力量办大事：中国跨越发展的法宝》，《人民论坛》2019年第13期。

发展，是中国成功破解后发国家弱势窘境并向优势跨越发展转变，进而实现历史性跨越发展的重要法宝。

二、社会主义集中力量办大事机制由构建到逐步完善的历程

中国能够制定和持续实施国家发展战略及其导向下的集中力量办大事，在于社会主义国家制度和国家治理体系具有显著优势。在改革开放初期，邓小平于 1982 年 10 月 14 日指出："社会主义同资本主义比较，它的优越性就在于能做到全国一盘棋，集中力量，保证重点。"① 进入中国特色社会主义新时代，习近平强调："我们最大的优势是我国社会主义制度能够集中力量办大事。"② 中国以制定和持续实施国家发展战略及其导向下的集中力量办大事方式，推进社会主义建设发展，在改革开放前后两个时期一以贯之。社会主义集中力量办大事机制经历了在实施工业化战略中构建，到在改革开放进程中逐步完善的过程。

（一）社会主义集中力量办大事机制的构建起于要办成国家现代化重要标志的工业化这件大事

新中国在成立初期，以全国一盘棋的国家发展战略及其导向下的集中力量办大事方式，推进社会主义建设，起于要办成被视为现代化重要标志、关系中华民族伟大复兴的国家工业化这件大事。新中国在成立初期，仍处于农业社会，百废待兴，以毛泽东为主要代表的中国共产党人找准了重点，明确了战略性先导产业，这就是工业，尤其是重工业。中国推进国家工业化的瓶颈因素，就是在工业发展初期自身积累能力弱，农业剩余低又不能为工业化提供所需的大量资本，更不能像先发国家那样通过殖民掠夺获取多种资源。新中国在成立初期，由于资本稀缺，加上遭受资本主义国家禁运封锁，只能依靠自身的力量，也只能把有限的财力、物力、技术力量集中到办好工业化这件大事上。这正是新中国在成立初期实行全国一盘棋集中力量办大事的逻辑起点，以及与之相对应的动员全国人民自力更生、艰苦奋斗的历史逻辑。这并非推断，而是以毛泽东为主要代表的中国共产党人从当时的实际出发，所进行的思考和实践探索。1950 年 2 月 13 日，陈云在全国财政会议上的讲话中指出："只要我们把力量集中起来，用于必要的地方，就完全可以办成几件大事。决不应该把眼光放得很小，凌凌乱乱地去办若干无计划的事。"③ 1954 年 6 月 30 日，陈云就第一个五年计划编制情况向中共中央作汇报时指出："我国因为经济落后，要

---

① 《邓小平文选》第 3 卷，人民出版社 1993 年版，第 16—17 页。
② 《习近平谈治国理政》第 2 卷，外文出版社 2017 年版，第 273 页。
③ 《陈云文选》第 2 卷，人民出版社 1995 年版，第 61 页。

在短时期内赶上去,因此,计划中的平衡是一种紧张的平衡。计划中要有带头的东西。就近期来说,就是工业,尤其是重工业。工业发展了,其他部门就一定得跟上。这样就不能不显得很吃力,很紧张。样样宽裕的平衡是不会有的,齐头并进是进不快的。"[1] 中国在改革开放前后两个时期,都积极推进重工业的发展。现今,钢铁、煤炭、石油、电力被视为传统工业,而工业化发展历程显示,这些都是工业化的基础、标志,如煤炭被喻为工业的粮食、石油被喻为工业的血液。鉴于此,在自第一个五年计划时期启动实施国家工业化战略40来年后的1992年,中共十四大还明确提出兴建千万吨级钢铁基地的计划。[2]

在中国,即便到了20世纪末,重工业仍然是中国经济快速增长下的短板,如当时不少地方实行错峰生产就是电力短缺的表现。在经济快速增长而发生的钢铁、煤炭短缺的情况下,各种资本在市场经济下竞相参与,推高了钢铁、煤炭产能,这是中国经济进入新常态推进供给侧结构性改革压缩钢铁、煤炭产能的原因之一。

中国自实施国家工业化战略起,直至中共十一届三中全会起的较长时间内,之所以通过国家发展战略及其导向下集中力量方式发展重工业,不仅仅因为它是工业发展的基础和标志,还有一个不可忽视的重要原因,那就是它属于资金、技术密集型产业,其建设的周期长,且所需资本量大。在工业化初期资本短缺的条件下,如果力量分散,一盘散沙,发展重工业所需大量资本就难以快速聚集,相应的重大关键技术攻关也难以快速成功突破。如此,中国不仅跨越发展实现不了,与先发国家的差距不会缩小,反而还会拉得更大。中国随着工业化的发展,工业自身的资本积累能力显著提升,资本稀缺问题缓解,不仅如此,随着经济发展和居民收入的大幅增加,还可从社会甚至国际上融得所需资本。在这种情况下,钢铁、煤炭等产业无须再由国家集中力量办,将其交给市场调节顺理成章,并把在国家发展战略及其导向下的集中力量办大事的领域,转移到新的战略新兴产业发现孵育与其相应的重大尖端科技攻关。这是历史发展的逻辑。以现今工业资本积累能力显著增强,还可以从国内外融到所需资本,对作为弱势的后发国家的中国为追赶世界工业化进程,而在国家发展战略及其导向下集中力量发展重工业的必要性进行否定,进而对以全国一盘棋集中力量方式推进以重工业为主的国家工业化战略加以否定,是脱离当时历史条件的。

(二)社会主义集中力量办大事的机制在改革开放进程中逐步完善

中国实行高度集中的计划经济体制的弊端,在建立不久就表现出来,以毛泽东

---

[1] 《陈云文选》第2卷,人民出版社1995年版,第242页。
[2] 《江泽民文选》第1卷,人民出版社2006年版,第232页。

为主要代表的中国共产党人发现其弊端,也进行过放权的尝试。然而,由于主要使用计划手段实施国家发展战略及其导向下的集中力量办大事,排斥市场手段,结果"一管就死",经济缺乏活力;为解决经济活力不足问题而尝试放权,却发生"一放就乱"现象,即便是单一调整中央与地方的关系也是如此。中国经济为什么在改革开放前走不出"一管就死,一放就乱"怪圈?这缘于高度集中的计划经济体制所承载的保障工业化战略顺利实施的使命。由此,形成了统一于能够保障国家工业化战略实施的两个层次的计划。第一个层次的计划是,对积累与消费进行计划调节,主要通过比价、财税、工资等政策工具来实现工业资本的快速积累。正因为有这样的资本积累机制,中国的资本积累率在 1953 年至 1978 年期间平均高达 29.5%,[①] 远高于世界平均水平。如果实行自由市场调节,以实现工业资本快速积累为目标的高积累、低工资、低消费政策就难以顺利实施。换言之,新中国成立初期至中共十一届三中全会前,中国选择和坚持实行高度集中的计划经济体制,除了因为当时把计划经济视为社会主义本质特征的认识外,还由于要保障以工业资本快速积累为目标的高积累、低工资、低消费政策的顺利实施。以高积累政策保障工业化特别是重工业发展的时间较长,也导致民生事业发展滞后于快速发展的工业化的结构性问题。第二个层次的计划是,在生产层次对资源进行计划配置,主要通过建设项目行动计划的制定和实施,把有限资源配置到能够促进综合国力和社会生产力水平快速提升的战略性先导产业等领域。中国的计划经济体制在工业化初期发挥了不可忽视的作用,其较强的资源整合能力,保障了 50 年代初启动的 156 项重点工程、60 年代中期启动的三线建设、70 年代初启动的"四三方案"等战略行动计划的顺利实施,促进工业的快速推进,进而实现综合国力和国际影响力显著提升。比如,邓小平对集中全国多种力量研制成功的"两弹一星"给予极高评价:"如果六十年代以来中国没有原子弹、氢弹,没有发射卫星,中国就不能叫有重要影响的大国,就没有现在这样的国际地位。这些东西反映一个民族的能力,也是一个民族、一个国家兴旺发达的标志。"[②] 对于是否使用计划手段、是否发挥政府的作用,不能轻信实际上起着抑制后发国家突破弱势窘境,而把政府限于守夜人的政策主张。美国学者所著《棉花帝国:一部资本主义全球史》一书,把欧洲人将资本和国家两种力量联合起来,国家以强大的行政、军事、司法和基础设施建设能力,所塑造的工业资本主义历史呈现得淋漓尽致。基于这样的历史,该书作者不同意许多历史学家关于"商人"资本主义,或"重商"资本主义时代之称,而是提出了更能反映其野蛮性、暴力性

---

① 蔡昉:《中国改革成功经验的逻辑》,《中国社会科学》2018 年第 1 期。
② 《邓小平文选》第 3 卷,人民出版社 1993 年版,第 279 页。

的"战争资本主义"这一概念。① 这表明,先发的资本主义国家并不是把政府限于守夜人。即便当下发达的美国,2019年2月11日总统特朗普签署行政命令《美国人工智能倡议》,将人工智能列为优先产业而予以相应的政府扶持,2018年在挑起的贸易摩擦中试图使用关税政策打压中国经济发展,乃至对华为、中兴等企业实施多种方式打压,都表明对西方国家政府是否干预市场上存在认识盲区。同时,也应当看到,计划也会发生方案不完善或失灵的问题。在20世纪70年代末,中国独立的比较完整的工业体系已建立起来,工业自身的资本积累能力显著增强,也就有条件逐步改变高积累、低工资、低消费政策,进而也有条件改革高度集中的计划经济体制。

1978年以来,中国在改革开放进程中,根据发展了的实际要求,对实施国家发展战略及其导向下的集中力量办大事的方式进行完善。

一是构建和完善综合运用多种政策工具引导资源向国家发展战略及其导向下的大事集中配置的机制。中共十九大报告明确要发挥国家规划的战略导向作用。② 中国制定的国家发展战略及规划所绘发展蓝图,引导资源向要办大事集中配置,且能够坚持实施而不被中断,在实施中又能根据发展中遇到的新问题加以完善。针对高度集中的计划经济体制下以行政方式实施国家发展战略及其导向下的集中力量办大事的弊端,改革开放以来突出国家发展战略及规划的导向性,通过科学运用多种政策工具促进国家发展战略及规划的实施,进而使市场在资源配置中起决定作用下形成动员多方力量集中办大事的合力,把资源更有效地集中配置到办好关系国计民生的大事上,并将一张蓝图绘到底。

二是构建和完善发挥好市场作用和政府作用协同实施国家发展战略及其导向下的集中力量办大事的机制。有一点需要澄清,实施国家发展战略及其导向下的集中力量办大事,并不是要延续高度集中的计划经济体制的做法,而是在社会主义市场经济体制下,综合运用计划和市场手段推进。改革开放以来,把市场手段引入实施国家发展战略及其导向下的集中力量办大事上。中共十四大报告提出,"国家计划是宏观调控的重要手段之一。要更新计划观念,改进计划方法,重点是合理确定国民经济和社会发展的战略目标,搞好经济发展预测、总量调控、重大结构与生产力布局规划,集中必要的财力物力进行重点建设,综合运用经济杠杆,促进经济更好更快地发展。"③ 综合发挥政府和市场作用促进资源向要办的关系国计民生的大事集中

---

① 参见〔美〕斯文·贝克特:《棉花帝国:一部资本主义全球史》,徐轶杰、杨燕译,民主与建设出版社2019年版,第6—7页。
② 《十九大以来重要文献选编》(上),中央文献出版社2019年版,第24页。
③ 《江泽民文选》第1卷,人民出版社2006年版,第227页。

配置，避免了单一使用计划调节而缺乏活力的缺陷，也避免了任由市场调节而难以迅速办成大事的问题。

三是构建和完善坚持公有制主体地位下多种所有制企业共同实施国家发展战略及其导向下的集中力量办大事的机制。20 世纪 50 年代，毛泽东提出："我们必须逐步地建设一批规模大的现代化的企业以为骨干，没有这个骨干就不能使我国在几十年内变为现代化的工业强国。"[①] 改革开放前，中国实施国家发展战略及其导向下的集中力量办大事的主体是单一的公有制企业，这也是当时历史条件下的可行选择。改革开放以来，基于公有制为主体、多种所有制经济共同发展，实行公有制企业和非公有制企业共同办大事，这不仅增强了实施国家发展战略及其导向下的集中力量办大事的力量，还注入了活力。

实施国家发展战略及其导向下的集中力量办大事方式，在改革中完善，构建起新的机制，所形成的集中力量办大事新版，既适应了社会主义市场经济，又能够更加开放地与世界经济相融，进而使跨越发展优势更加厚植起来。

三、社会主义市场经济与集中力量办大事有机耦合形成快、活、稳统一的优势跨越发展路径

中国坚持中国共产党领导，坚持以人民为中心，坚持社会主义市场经济改革方向，在发展社会主义市场经济中充分发挥国家制度和国家治理体系所具有的能够"全国一盘棋，调动各方面积极性，集中力量办大事"的显著优势，各种因素有机耦合，形成快、活、稳统一的优势跨越发展路径。

（一）社会主义市场经济激发发展活力

习近平指出："理论和实践都证明，市场配置资源是最有效率的形式。"[②] 在改革开放进程中，中国创造性地把社会主义与市场经济有机结合起来，激发要素活力竞相迸发，拓宽了优势跨越发展路径，成为中国突破弱势窘境向优势跨越转变的又一重要因素。

使市场在资源配置中起决定性作用，激发经济发展活力。在高度集中的计划经济体制下，由于实行国家计划管理和政企不分，企业缺乏经营自主权而缺乏活力，加之有的计划不完善也造成一些损失。1982 年 10 月 14 日，邓小平在谈到集中力量保证重点建设时说："缺点在于市场运用得不好，经济搞得不活。计划与市场的关

---

① 《毛泽东文集》第 7 卷，人民出版社 1999 年版，第 240 页。
② 《十八大以来重要文献选编》（上），中央文献出版社 2014 年版，第 499 页。

系问题如何解决？解决得好，对经济的发展就很有利，解决不好，就会糟。"① 改革开放以来，中国经济体制改革的核心是处理好政府和市场的关系。在实施赋权放活改革实践基础上，邓小平南方谈话作出计划和市场都是手段的论断，中共十四大提出要使市场在国家宏观调控下对资源配置起基础性作用，中共十八届三中全会创新发展为使市场在资源配置中起决定性作用和更好发挥政府作用。2020年3月30日，中共中央、国务院印发《关于构建更加完善的要素市场化配置体制机制的意见》，以进一步深化要素市场化配置改革，促进要素自主有序流动，提高要素配置效率，进一步激发全社会创造力和市场活力，推动经济发展质量变革、效率变革、动力变革。中共十八大以来全面深化改革，进一步促进一切劳动、知识、技术、管理、资本的活力竞相迸发，让一切创造社会财富的源泉充分涌流。中国实现历史性跨越发展表明，中国特色社会主义市场经济能够激发多种要素活力竞相迸发。

探索实行公有制为主体、多种所有制经济共同发展和按劳分配为主体、多种分配方式并存，让多种要素参与分配，激活多种要素。中国在20世纪50年代中期完成社会主义改造后，实行较单一的社会主义生产资料公有制，也实行与之对应的较单一的按劳分配。由于排斥资本、土地、技术等要素参与分配，多种要素没有充分激活，加之由于劳动的复杂性，在实行按劳分配的实践中存在平均主义现象，对人的积极性的调动不充分。改革开放以来，中国在探索完善中国特色社会主义道路进程中，坚持公有制为主体、多种所有制经济共同发展和按劳分配为主体、多种分配方式并存，避免了资本主义国家由资本索取剩余的社会矛盾，又有利于激活多种生产要素。在总结实践经验基础上，中共十八届五中全会提出了共享发展理念，并在实践中逐步探索形成和不断完善发展为了人民、发展依靠人民、发展成果由人民共享的实现路径，保障了以人民为中心在实践中的坚持，完善了社会主义制度下资本服务于社会主义和人民的实现路径，② 激发多种要素活力充分地释放出来。

（二）坚持中国共产党领导和以人民为中心使优势跨越之路更加坚实

乱必损，稳中进。改革开放以来，中国经济发展呈现出较强的稳定性。中国经济不仅年均增长速度远高于世界经济同期增幅，发展的持续性、平稳性也较强。与俄罗斯相比，中国改革发展坚持稳中求进，避免了"休克疗法"造成经济下滑现象的发生。与发生经济危机的资本主义国家相比，中国经济发展突显平稳。远有20世纪二三十年代资本主义国家经济的大萧条、70年代美英等资本主义国家经济的滞胀，近有1997年发生的亚洲金融危机、2007年美国次贷危机引发的国际金融危机。尽

---

① 《邓小平文选》第3卷，人民出版社1993年版，第17页。
② 参见郑有贵：《中国特色社会主义政治经济学中的中国共产党、人民、资本——基于改革开放40年跨越发展经验的探讨》，《毛泽东邓小平理论研究》2018年第8期。

管 1997 年和 2008 年外部的两次金融危机都对中国经济发展造成巨大冲击，但中国都加以克服，不仅如此，还成为世界经济恢复增长的引擎。自 2006 年起，中国成为世界经济增长的第一引擎，对世界经济增长的贡献率稳居世界第一位。2013 年至 2018 年，中国对世界经济增长的年均贡献率高达 28.1%。[①]

中国能够避免经济危机、克服国际金融危机的冲击，实现稳步发展，关键在于中国特色社会主义市场经济不仅能够激发经济活力，还能够活而不乱。这缘于以公有制为基石，坚持中国共产党领导、坚持以人民为中心、坚持更好地发挥政府作用。

坚持中国共产党领导，确保党始终总揽全局、协调各方。中国共产党在推进社会主义市场经济体制的建立健全进程中，培炼形成了能够驾驭市场经济的能力。尤其重要的是，中国共产党不忘初心，把人民对美好生活的向往作为奋斗目标，能够在推进改革中处理好全局与局部、长远与近期的关系，避免服务于资本、服务于利益集团而不从全体人民利益出发乱象的发生。中共十八大以来，中国共产党统筹推进"五位一体"总体布局、协调推进"四个全面"战略布局，坚持底线思维和强化风险意识，中共十九大把防范化解重大风险作为决胜全面建成小康社会的三大攻坚战之一，保障了经济的平稳发展。

坚持以人民为中心，促进全体人民共同富裕，为经济平稳发展夯实和谐进步的社会基础。中共十八届三中全会强调政府促进全体人民共同富裕的职能，并着力破解仅靠市场机制而不能解决的城乡差距、区域差距、阶层差距。中共十八大以来，居民收入增速超过经济增速，2013 年至 2018 年城乡居民收入年均增长 7.3%，比同期经济年均增速 7.0% 高出 0.3 个百分点，形成世界上人口最多的中等收入群体，避免财富占有两极分化而导致社会撕裂的发生。中国共产党坚持以人民为中心，坚持促进全体人民共同富裕，夯实和谐进步的社会基础，不仅形成全体人民一心一意谋发展的定力，还有利于供需均衡发展而避免经济危机的发生，进而使持续稳定发展的基础更为坚固。这也是发挥"全国一盘棋，调动各方面积极性，集中力量办大事"显著优势的内在要求。

坚持更好地发挥政府宏观调控在促进经济平稳发展中的作用。中国特色社会主义市场经济的特色之一，是使市场在资源配置中起决定作用的同时，还形成中国特色社会主义的宏观调控体系，并根据实践发展，创新宏观调控方式，区间调控、定向调控、相机调控等有机结合、灵活运用，储备多种政策工具并因势使用，更好地发挥政府的作用，着力避免市场失灵，增强了中国经济发展的稳定性、平衡性，进

[①] 《辉煌 70 年——新中国经济社会发展成就（1949—2019）》，中国统计出版社 2019 年版，第 38 页。

而以较明确的平稳发展预期而增强发展的集聚力。

四、余论

本文基于一国在国际体系中的势能，在考察改革开放前后两个时期一以贯之地以制定和持续实施国家发展战略及其导向下的集中力量办大事方式推进社会主义建设发展历程的基础上，围绕中国成功突破弱势窘境向优势跨越发展转变的实现路径展开研究，在考察中国实现历史性跨越发展的原因上，得出了一些结论。

基于国与国之间势能差视角，以及所用的弱势窘境概念，突出了后发国家在国际体系中的弱势及由此遭受强势的先发国家控制和索取剩余，这不同于"贫困陷阱"概念突出由于贫困而陷入困境。弱势窘境及与之相反的优势跨越，与已有的"贫困陷阱""弯道超车"相比，前者揭示了问题或现象的实质，后者未呈现中国历史性跨越发展深层次的主导原因。中国实现历史性跨越发展，不是基于现象逻辑推断的突破了"贫困陷阱"，也不是所谓练就了高超的"弯道超车"技术的结果，而是因为探索出突破弱势的后发国家在先发国家主导的国际秩序下恶性循环的弱势窘境向优势跨越转变的实现路径。

按照弱者愈弱的马太效应，或者缪尔达尔在所著《经济理论和不发达地区》一书中所指出的先进的地区更先进而落后的地区更落后的循环累计因果论，中国只能陷于落后，只能是先发国家的跟随者。中国面临更为不利的因素还有，一方面，作为后发国家由于弱势而自1840年起长期遭受强势的先发国家控制和索取剩余，另一方面，作为社会主义国家遭受资本主义国家封锁禁运，这就限定了发展空间而更难摆脱落后和跟随态势。中国成功突破弱势窘境，转变为优势跨越，不可或缺的因素是中国发挥社会主义国家制度和国家治理体系所具有的能够"全国一盘棋，调动各方面积极性，集中力量办大事"的显著优势，办成一件又一件大事。如此，国家作为一个整体，能够降低资本、技术、人才等资源配置的机会成本，形成强劲的增长极，进而促进整个国民经济快速发展，这是综合国力和社会生产力水平快速提升的关键。这是不同于仅仅实现单个企业要素生产率最大化的发展路径。中国如果不制定和持续实施国家发展战略及其导向下的集中力量办大事，在资源配置上一盘散沙，就会与绝大多数后发国家一样，难以突破资本稀缺和科技落后约束，进而不能突破弱势窘境而受制于发达国家及其跨国垄断资本的控制，也就不可能成功实现由弱势窘境向优势跨越的转变。换言之，发挥社会主义国家制度和国家治理体系所具有的能够"全国一盘棋，调动各方面积极性，集中力量办大事"的显著优势，以制定和持续实施国家发展战略及其导向下的集中力量办大事方式，推进社会主义建设发展，是中国能够成功突破弱势窘境实现历史性跨越发展，而与绝大多数后发国家难以突破弱势窘境形成鲜明对比的关键所在。

中国是在探索完善独特的社会主义发展道路进程中突破弱势窘境，进而实现向优势跨越转变的。中国坚持中国共产党领导，坚持以人民为中心，坚持社会主义市场经济改革方向，在发展社会主义市场经济中充分发挥国家制度和国家治理体系所具有的能够"全国一盘棋，调动各方面积极性，集中力量办大事"的显著优势，各种因素有机耦合，形成快、活、稳统一的优势跨越发展路径，即：通过制定和持续实施国家发展战略及其导向下的集中力量，突破后发国家资本稀缺和科技落后的困境，办成发展战略性先导产业、重大尖端科技、重大基础设施等关系国计民生的大事，形成强劲的增长极，实现综合国力和社会生产力水平快速提升；通过使市场在资源配置中起决定性作用和允许多种要素参与分配，促进要素活力竞相迸发；通过坚持公有制主体地位，并以此为基础，促进全体人民共同富裕和实施社会主义宏观调控，保障发展行稳致远。

集中力量办大事要紧紧把握以人民为中心的内在要求，切实做到全国一盘棋、调动各方面积极性、集中力量办大事的有机统一。人类社会发展史表明，不同利益主体要办的大事是不同的。集中力量办大事一旦偏离了以人民为中心的内在要求，所要办的大事就得不到人民群众的响应和支持，就无法调动各方面积极性，就难以真正办成人民群众认可的大事。早在新中国实施大规模经济建设启动之年——1953年《人民日报》发表的元旦社论，就向全社会阐释了集中力量快速推进工业化建设的思路，以及集中力量发展工业与全国人民利益的一致性。关于集中力量推进工业化的建设思路，社论提出："国家建设的各个方面都需要资金，而我们的资金是有限的。因此，全国人民和全国一切工作人员，都必须重视资金的来源和资金的正确使用问题。为了保证国家建设的投资，就必须有重点地使用资金，把资金主要用在对国家命运最有决定意义的事业上面，即重工业的建设和国防建设方面，反对百废俱兴，反对要在短期内把一切'好事'都办完的观点。"社论还指出："我国的工业化的速度需要大大超过任何资本主义国家所曾经历的速度，而采取苏联和各人民民主国家在工业化和工业发展过程中所采取的那种高速度。这种速度之所以可能，是由于我国是人民民主主义的国家，我们的国家建设和我国全体人民的利益完全一致，其目的是在于不断提高我国人民的物质生活和文化生活的水平，并巩固国防和保卫和平，因而我国人民在执行建设计划时能够充分发挥自己的劳动积极性和创造性。"[①]社会主义全国一盘棋制定和持续实施国家发展战略及其导向下的集中力量办

---

① 《迎接一九五三年的伟大任务》，《人民日报》1953年1月1日。

大事,不同于封建社会服务于统治者的集中力量办大事,也不同于资本主义社会大资本所有者为获取超额收益进行资本联合集中所办大事,而是始终服从和服务于最广大人民根本利益、服从和服务于中华民族伟大复兴的内在要求,[①]因而能够统筹兼顾全局与局部、远期与近期、积累与消费的关系,能够得到全国人民的积极响应并充分激发人民群众的积极性、主动性和创造性,进而形成把多种资源集中用于发展战略性先导产业、重大尖端科技、重大基础设施等大事的机制。更充分发挥社会主义国家制度和国家治理体系所具有的能够"全国一盘棋,调动各方面积极性,集中力量办大事"的显著优势,要牢牢把握以人民为中心的内在要求,才能够充分激发人民群众的积极性、主动性和创造性,确保在办大事时心往一处想、劲往一处使。

习近平指出:"我国社会主义制度能够集中力量办大事是我们成就事业的重要法宝。"[②]中国以制定和持续实施国家发展战略及其导向下的集中力量办大事方式推进社会主义建设发展,尽管始于国家工业化战略实施初期,却不能因为现今已经建立起全世界最完整的现代工业体系和稳居全球制造业的第一大国,就认为这一方式过时了。恰恰相反,无论是推进现代化工业体系建设还是实施重大尖端科技攻关,无论是建设国家重大基础设施工程还是打好防范化解重大风险、精准脱贫、污染防治这三大攻坚战,包括新近进行的新冠肺炎疫情防控阻击战,都彰显了社会主义国家制度和国家治理体系所具有的能够"全国一盘棋,调动各方面积极性,集中力量办大事"的显著优势,这是成就事业实现历史性跨越发展的重要法宝。鉴此,应当基于制定和实施国家发展战略及其导向下的集中力量办大事,是应对发展进程中各种风险挑战,进而成就事业的重要法宝的认识,予以坚持。同时,还应从适应社会主义市场经济要求出发,根据发展了的实际要求,对实施国家发展战略及其导向下的集中力量办大事的机制进行完善。一是要完善科学决策机制。科学决策是国家发展战略及其导向下的集中力量办大事的初始环节,是大事能办成、能办好的关键所在。科学决策的关键是要准确把握所要办的是什么样的大事,始终坚持以人民为中心,倾听人民呼声、顺应人民意愿、汲取人民智慧,统筹考虑、全面论证、科学决策,不能只顾眼前利益而牺牲长远利益,不能脱离全国一盘棋而仅从局部利益出发。二是要完善有效实施机制。关键是综合运用国家发展战略、规划、政策、法律等,充分发挥市场在资源配置中的决定性作用和更好发挥政府作用,调动各方面积极性。

---

① 参见郑有贵:《成就事业的重要法宝》,《人民日报》2020年3月13日。
② 《十八大以来重要文献选编》(中),中央文献出版社2016年版,第26页。

新中国改革开放前打下的坚实基础
The Solid Foundation Laid Before the Reform and Opening-up of New China

李文（Li Wen）

李文，1963年生。中国社会科学院当代中国研究所第四研究室主任、研究员，中国社会科学院大学教授、博士生导师，主要学术专长是当代中国社会史和经济史。主要代表作有专著《中国土地制度的昨天、今天和明天》《中国当代社会》《中华人民共和国社会史》，论文《城市化滞后的经济后果分析》《新中国社会发展的成就、经验和展望》《陈云、马寅初与20世纪50年代的计划生育——兼谈毛泽东的人口观》等。

[摘　要] 从新中国成立至改革开放前夕，中国共产党将马克思主义普遍原理与中国具体实践相结合，领导全国各族人民进行社会主义革命、探索社会主义建设，取得了巨大成就，积累了宝贵经验。创立的人民代表大会制度、中国共产党领导的多党合作和政治协商制度、民族区域自治制度，建立的独立的比较完整的工业体系和国民经济体系，显著提高的人口素质，为新中国由落后的农业大国转变为工业大国，为当代中国的一切发展进步提供了根本政治前提，打下了坚实的制度、物质技术、人力资源等基础，值得我们永远铭记。

从新中国成立至改革开放前夕，中国共产党在马克思列宁主义、毛泽东思想的指导下，将马克思主义基本原理与中国具体实践相结合，领导全国各族人民进行社会主义革命、探索社会主义建设，取得了巨大成就，积累了宝贵经验。正如《关于建国以来党的若干历史问题的决议》所指出的："中国共产党在中华人民共和国成立以后的历史，总的说来，是我们党在马克思列宁主义、毛泽东思想指导下，领导全国各族人民进行社会主义革命和社会主义建设并取得巨大成就的历史。社会主义制度的建立，是我国历史上最深刻最伟大的社会变革，是我国今后一切进步和发展的基础。"① 笔者认为，新中国改革开放前的历史时期，创建的社会主义根本政治制度和基本政治制度，建立的独立的比较完整的工业体系和国民经济体系，普遍提高的

---

① 《中国共产党中央委员会关于建国以来党的若干历史问题的决议》，人民出版社2009年版，第8页。

人口素质，为当代中国的一切发展进步提供了根本政治前提，打下了坚实的制度、物质技术、人力资源等基础。

一、创立社会主义根本政治制度和基本政治制度

新中国成立初期，中国共产党领导创立的人民代表大会制度、中国共产党领导的多党合作和政治协商制度、民族区域自治制度，为当代中国一切发展进步奠定了根本政治前提和制度基础。

中国共产党早在领导全国人民进行新民主主义革命的时期，对未来新政权的国体和政体就有所设想。1940年1月，毛泽东在《新民主主义论》中明确指出："国体——各革命阶级联合专政。政体——民主集中制。这就是新民主主义的政治，这就是新民主主义的共和国"。关于民主集中制，毛泽东也作了清楚的说明："中国现在可以采取全国人民代表大会、省人民代表大会、县人民代表大会、区人民代表大会直到乡人民代表大会的系统，并由各级代表大会选举政府。但必须实行无男女、信仰、财产、教育等差别的真正普遍平等的选举制，才能适合于各革命阶级在国家中的地位，适合于表现民意和指挥革命斗争，适合于新民主主义的精神。这种制度即是民主集中制"。[①] 此后，他在1945年的中共七大、1948年的"九月会议"和1949年的中共七届二中全会等重要会议上，对新中国的国体和政体作出了更加深入的阐述，对为什么不采用西方国家的议会制和三权分立制作了说明，明确了在以普选为前提的人民代表大会尚无条件召开的情况下可先在解放区范围内召开人民代表会议进行民主建政。至新中国成立前夕，完整的人民民主专政理论基本形成。具有临时宪法作用的《中国人民政治协商会议共同纲领》规定："中华人民共和国的国家政权属于人民。人民行使国家政权的机关为各级人民代表大会和各级人民政府。各级人民代表大会由人民用普选方法产生之。各级人民代表大会选举各级人民政府。各级人民代表大会闭会期间，各级人民政府为行使各级政权的机关。国家最高政权机关为全国人民代表大会。全国人民代表大会闭会期间，中央人民政府为行使国家政权的最高机关。"同时又规定："在普选的全国人民代表大会召开以前，由中国人民政治协商会议的全体会议执行全国人民代表大会的职权"，地方则"在普选的地方人民代表大会召开以前，由地方各界人民代表会议逐步地代行人民代表大会的职权"。[②]

[①] 《毛泽东选集》第2卷，人民出版社1991年版，第677页。
[②] 《建国以来重要文献选编》第1册，中央文献出版社1992年版，第4—5页。

新中国成立后，中国共产党领导建立并巩固了人民政权，恢复了国民经济，为实现从新民主主义向社会主义的过渡创造了条件。1953年3月1日，中央人民政府委员会公布施行《中华人民共和国全国人民代表大会及地方各级人民代表大会选举法》[1]，据此全国进行了第一次普选，逐级召开了乡、县、省（市）人民代表大会，选举产生了地方各级机关。

1954年9月，第一届全国人民代表大会第一次会议在北京隆重举行，会议通过了《中华人民共和国宪法》《中华人民共和国全国人民代表大会组织法》《中华人民共和国国务院组织法》，以及人民法院、人民检察院、地方各级人民代表大会和地方各级人民委员会的组织法，选举产生了国家领导人。一届全国人大的召开，标志着人民代表大会制度的正式确立。宪法明确规定："中华人民共和国是工人阶级领导的、以工农联盟为基础的人民民主国家"；"中华人民共和国的一切权力属于人民。人民行使权力的机关是全国人民代表大会和地方各级人民代表大会。全国人民代表大会、地方各级人民代表大会和其他国家机关，一律实行民主集中制"。[2]人民代表大会制度是"符合中国国情和实际、体现社会主义国家性质、保证人民当家作主、保障实现中华民族伟大复兴的好制度"，是"坚持党的领导、人民当家作主、依法治国有机统一的根本制度安排"，[3]是建立其他有关国家制度的基础。

关于中国共产党领导的多党合作和政治协商制度，宪法规定：政协作为"以中国共产党为领导的各民主阶级、各民主党派、各人民团体的广泛的人民民主统一战线"，"将继续发挥它的作用"。[4]1954年12月召开的中国人民政治协商会议第二届全国委员会第一次全体会议通过的《中国人民政治协商会议章程》明确指出：中国人民政治协商会议是"团结全国各民族、各民主阶级、各民主党派、各人民团体、国外华侨和其他爱国民主人士的人民民主统一战线的组织"。它既不同于国家机关，也不同于一般的人民团体，是人民民主统一战线的组织。其基本任务是"在中国共产党领导下，将继续通过各民主党派、各人民团体的团结，更广泛地团结全国各族人民，共同努力，克服困难，为建设一个伟大的社会主义国家而奋斗"。[5]《章程》还规定了参加政协的七项准则和政协的组织总则等。1955年底，中共中央统战部召开各省、自治区、直辖市统战部长座谈会，认真讨论分析各民主党派在新中国成立以

---

[1] 《建国以来重要文献选编》第4册，中央文献出版社1993年版，第24—37页。
[2] 《建国以来重要文献选编》第5册，中央文献出版社1993年版，第522页。
[3] 《习近平在庆祝全国人民代表大会成立60周年大会上发表重要讲话强调 毫不动摇坚持和完善人民代表大会制度 坚持走中国特色社会主义政治发展道路》，《人民日报》2014年9月6日。
[4] 《建国以来重要文献选编》第5册，中央文献出版社1993年版，第521页。
[5] 《建国以来重要文献选编》第5册，中央文献出版社1993年版，第705页。

后的基本变化，充分肯定了他们向社会主义转变过程中的进步。1956年2—3月，中共中央召开第六次全国统战工作会议，适应社会主义改造迅速发展和阶级关系根本变化的客观要求，进一步明确了同各民主党派团结合作的新方针和新政策。① 在此基础上，1956年4月，毛泽东在《论十大关系》中提出了"长期共存，互相监督"的方针。② 这样，在从新民主主义到社会主义转变的历史关头，人民政协在性质和任务上完成了历史性的转型，"作为多党合作和政治协商机构、作为统一战线组织继续发挥重要作用，在完成社会主义改造、推动各种社会力量为实现国家总任务而奋斗、活跃国家政治生活、调整统一战线内部关系、扩大国际交往等方面发挥了重要作用，为推进新中国各项建设贡献了力量"③。"中国共产党领导的多党合作和政治协商制度作为我国一项基本政治制度，是中国共产党、中国人民和各民主党派、无党派人士的伟大政治创造，是从中国土壤中生长出来的新型政党制度。"④

我国另一项基本政治制度是民族区域自治制度。为了消除民族压迫，实现民族平等、国家统一，中国共产党遵循马克思主义关于民族问题的理论，根据中国的实际情况，在新民主主义革命过程中提出了民族区域自治的主张，并在陕甘宁边区进行了实践。1947年5月1日，中国共产党主导下建立的内蒙古自治区政府成立，对后来我国民族区域自治制度进行了先行实践探索。⑤ 1949年9月，在中国人民政治协商会议第一届全体会议上，经过各民族代表的充分讨论，大家认为实行民族区域自治是各民族在国内实行平等、团结、联合的最适当形式，并在《共同纲领》中把它作为国家的基本国策和重要政治制度确定下来。《共同纲领》第51条明确规定："各少数民族聚居的地区，应实行民族的区域自治，按照民族聚居的人口多少和区域大小，分别建立各种民族自治机关。凡各民族杂居的地方及民族自治区内，各民族在当地政权机关中均应有相当名额的代表。"⑥ 1952年中央人民政府委员会批准施行的《中华人民共和国民族区域自治实施纲要》，以《共同纲领》所确立的原则为依据，就自治区域、自治机关、自治权利、自治区内的民族关系和上级人民政府的领导原则等作了详细规定。⑦ 1954年颁布实施的宪法以国家根本大法

---

① 当代中国研究所：《中华人民共和国史稿》第1卷，人民出版社、当代中国出版社2012年版，第234页。
② 《毛泽东文集》第7卷，人民出版社1999年版，第34页。
③ 习近平：《在庆祝中国人民政治协商会议成立65周年大会上的讲话》（2014年9月21日），《人民日报》2014年9月22日。
④ 《习近平在看望参加政协会议的民盟致公党无党派人士侨联界委员时强调 坚持多党合作发展社会主义民主政治 为决胜全面建成小康社会而团结奋斗》，《人民日报》2018年3月5日。
⑤ 《内蒙古自治区政府的成立》，《人民日报》2007年8月8日。
⑥ 《建国以来重要文献选编》第1册，中央文献出版社1992年版，第12页。
⑦ 《中华人民共和国民族区域自治实施纲要》，《人民日报》1952年8月13日。

的形式进一步明确了民族区域自治制度,规定:"各少数民族聚居的地方实行区域自治。各民族自治地方都是中华人民共和国不可分离的部分。"宪法一方面对民族自治地方的自治机关作了较为详尽的规定,把自治机关确定为自治区、自治州和自治县三级,并以民族乡为重要补充形式;另一方面又重申了《实施纲要》所规定的"自治权利",使其具有了更高的法律效力。① 宪法颁布实施后,民族区域自治制度作为一项基本国策和基本政治制度得到全面实施,民族地区的制度建构也遵照宪法的规定逐步规范。1955 年 10 月,新疆维吾尔自治区宣告成立,实现了从民族民主联合政府向民族区域自治政府的过渡。此后,1958 年 3 月,广西僮族自治区②成立;1958 年 10 月,宁夏回族自治区成立;1965 年 9 月,西藏自治区成立。③ 至此,我国先后建立了 5 个省级民族自治区,并形成延续至今的自治区、自治州、自治县的民族区域自治制度,并辅之以民族乡、民族镇和民族区的设置。这是中国共产党将马克思主义民族理论与中国革命、建设和民族地区的具体实际相结合,在新中国国家政权组织形式和地方政权建设上的创造性发展,奠定了当代中国民族区域自治的基本格局。

人民代表大会制度、中国共产党领导的多党合作和政治协商制度、民族区域自治制度,构成了我国社会主义的政治制度体系,不但为我国逐步建立起社会主义经济基础和相应的经济制度提供了根本政治前提,而且为开展社会主义建设的探索和实践,开创中国特色社会主义建设新局面,打下了坚实的制度基础。

二、建立独立的比较完整的工业体系和国民经济体系

新中国在改革开放前建立起了独立的比较完整的工业体系和国民经济体系,为新中国的经济独立和国防安全提供了物质保障,也为新时期的社会主义现代化建设和民生迅速改善准备了技术条件。

在半殖民地半封建社会的旧中国,经济发展畸形,农业和手工业占国民经济比重达 90%;工业极其落后,仅有的一点重工业也多为列强在华设立的修理厂以及为其提供廉价原料、半成品的矿山和工厂,几乎没有真正的机器制造业,更没有现代化的国防工业,钢铁工业也非常薄弱。正如毛泽东所说:"现在我们能造什么?能造桌子椅子,能造茶碗茶壶,能种粮食,还能磨成面粉,还能造纸,但是,一辆

---

① 《建国以来重要文献选编》第 5 册,中央文献出版社 1993 年版,第 522、536—537 页。
② 1965 年 10 月 12 日,改称广西壮族自治区。
③ 中共中央党史研究室:《中华人民共和国大事记(1949 年 10 月—2009 年 9 月)》(上),《人民日报》2009 年 10 月 3 日。

汽车、一架飞机、一辆坦克、一辆拖拉机都不能造。"① 中国自鸦片战争以来一百多年的近代史是一部屈辱史，中国人民尝尽了因为落后而挨打的苦痛，深知"没有工业，便没有巩固的国防，便没有人民的福利，便没有国家的富强"。② 1952年，在"工农业生产获得了很大的恢复"后，毛泽东就清醒地指出："同志们要知道，中国民族和人民要彻底解放，必须实现国家工业化，而我们已作了的工作，还只是向这个方向刚才开步走。"③

新中国成立初期，苏联曾提出了一种设想，中国的工业化可以考虑采取经互会的方式，即在社会主义阵营的一定范围内分工合作实行一体化生产。但是，新中国领导人立足于中国具体实际，作出了建设"完整的工业体系"的决定。

1956年，刘少奇在中共八大政治报告中明确提出："我们应当在三个五年计划的时期内，基本上建成一个完整的工业体系。"④ 随后，周恩来在具体阐述经济建设的方针时对此作了详细说明："这个方针，把过去的为社会主义工业化而奋斗的提法具体化了，提出了建设一个基本上完整的工业体系的要求。我们的工业化，就是要使自己有一个独立的完整的工业体系。任何一个国家建设社会主义总要有一点独立的能力，更不用说象我们这样一个大国。太小的国家，原料很缺，不可能不靠旁的国家。而我们这样的大国，就必须建立自己的完整的工业体系，不然一旦风吹草动，没有任何一个国家能够支援我们完全解决问题。我们所说的在我国建立一个基本上完整的工业体系，主要是说：自己能够生产足够的主要的原材料；能够独立地制造机器，不仅能够制造一般的机器，还要能够制造重型机器和精密机器，能够制造新式的保卫自己的武器，象国防方面的原子弹、导弹、远程飞机；还要有相应的化学工业、动力工业、运输业、轻工业、农业等等。但是，应该指出，基本上完整并不是说一切都完全自足。就是大国也不可能什么都有。美国算是一个有完整工业体系的大国吧，但是有的东西它也没有，橡胶就没有。苏联也有它没有的东西。另外，所谓完整的工业体系，是不是一定要有很高的产量呢？当然，产量是要高一点，但是不一定很高，这个任务的实现是决定于东西的有无，不决定于是否有很高的产量。从这样的要求来看，我们觉得八大的决议上写三个五年计划或者再多一点的时间是恰当的。现在看，时间可能要长一点"。⑤

事实上，1953年开始启动的大规模工业化建设就是循着建设"完整的工业体

---

① 《毛泽东文集》第6卷，人民出版社1999年版，第329页。
② 《毛泽东选集》第3卷，人民出版社1991年版，第1080页。
③ 《毛泽东文集》第6卷，人民出版社1999年版，第223页。
④ 《刘少奇选集》下卷，人民出版社1985年版，第224页。
⑤ 《周恩来选集》下卷，人民出版社1984年版，第232页。

系"的思路展开的。第一个五年计划的基本任务是："集中主要力量进行以苏联帮助我国设计的一五六个建设单位为中心的、由限额以上的六九四个建设单位组成的工业建设,建立我国的社会主义工业化的初步基础"①。从实际施工的150个项目看,军工企业有44个,钢铁、有色冶金等冶金工业企业20个,化工企业7个,机械工业企业24个,煤炭、电力、石油等能源工业企业52个,轻工业和医药工业3个。②通过这150个项目的建设以及其配套项目的建设,能够在很大程度上改变我国工业布局不平衡的状态,迅速展开较为合理的工业布局,建立起比较完整的基础工业和国防工业体系的框架,起到奠定社会主义工业化初步基础的重大作用。从实际效果来看,"一五"期间的建设很好地实现了上述目标:一是新建了一些工业部门,尤其是在机械工业领域最为突出。1956年,中国制造出解放牌汽车、喷气式歼击机和蒸汽机车。到1957年底,"已经有了载重汽车、高炉、平炉制造设备、汽轮发电设备、拖拉机、精密仪表、石油机械和电讯设备等几十个行业比较齐全的制造系统,并开始试制一批新产品,使机械设备的自给能力从新中国成立前的20%左右提高到60%多"。二是基础工业部门得到大大加强,尤其是以鞍山钢铁公司为代表的钢铁工业获得飞速发展。1957年生铁产量达594万吨、钢535万吨、成品钢材415万吨,钢产量年均递增32%,生产的钢材品种达4000余种,钢材自给率达到了86%。三是纺织、食品、造纸等轻工业得到了很大发展,基本上能够满足人们的需要。四是兵器工业改变了不能生产重型武器装备的现状,初步建立了门类齐全、专业配套的现代工业体系,并且全面开展了制式化武器的试制生产。五是推动了现代技术向中国的大规模转移,奠定了中国现代技术的基础,对20世纪中国经济和社会的发展产生了深远的影响。③总之,正是因为有了"一五"计划实施的基础,我们才能有底气提出建设"完整的工业体系"的目标。中共八大不但提出了这样一个目标,而且据此对第二个五年计划乃至今后更长一段时期的工业化建设任务作出了安排。

在三年经济困难时期,中共中央一边领导调整国民经济,一边反思过去的经济建设方针,对建设"完整的工业体系"的设想有了新的认识。1962年初,中共中央在北京召开扩大的中央工作会议(即"七千人大会"),刘少奇在大会书面报告中提出:对于我国从1963年到1972年国民经济的发展,中央有一个初步的设想。这个设想的主要目标,一是"按照勤俭建国的原则和不高的标准,基本上解决我国人民的吃、穿、用的问题";二是"基本上建成一个独立的完整的经济体系;在科学技

---

① 《中华人民共和国发展国民经济的第一个五年计划(1953—1957)》,人民出版社1955年版,第18—19页。
② 董志凯:《关于"156项"的确立》,《中国经济史研究》1999年第4期。
③ 当代中国研究所:《中华人民共和国史稿》第1卷,人民出版社、当代中国出版社2012年版,第180—182页。

术方面和工业产品的品种、质量方面实现大跃进，接近现代工业大国的水平"。他指出，这个设想是"在总结过去建设工作的经验的基础上，根据总路线和大跃进的精神，根据毛泽东同志关于正确处理农业、轻工业、重工业之间关系的指示提出来的"，"实现了这个十年的初步设想，我国将能够奠定工业现代化、农业现代化、科学技术现代化和国防现代化的巩固基础，使我国的经济建设和国防建设切实地建立在自力更生的基础上"。[1] 可见，此时中央的认识已从建设"完整的工业体系"变更为建设"独立的完整的经济体系"。

1963年8月，周恩来在出席中共中央《关于工业发展问题》起草委员会会议时指出："经过一九六三至一九六五年三年过渡和一九六六至一九七五年十年规划，基本建立一个独立的国民经济体系。国民经济体系不仅包括工业，而且包括农业、商业、科学技术、文化教育、国防各个方面。工业国的提法不完全，提建立独立的国民经济体系比只提建立独立的工业体系更完整。苏联就是光提工业化，把农业丢了。"[2] 这一新的认识逐步在党的领导集体中形成共识。根据毛泽东的指示，1964年12月，周恩来在三届全国人大一次会议上所作的《政府工作报告》中提出"两步走"的发展设想："今后发展国民经济的主要任务，总的说来，就是要在不太长的历史时期内，把我国建设成为一个具有现代农业、现代工业、现代国防和现代科学技术的社会主义强国，赶上和超过世界先进水平。为了实现这个伟大的历史任务，从第三个五年计划开始，我国的国民经济发展，可以按两步来考虑：第一步，建立一个独立的比较完整的工业体系和国民经济体系；第二步，全面实现农业、工业、国防和科学技术的现代化，使我国经济走在世界的前列。"他还说："第三个五年计划时期，是实现上述第一步任务的一个关键时期。这个时期的工作做好了，再经过大约两个五年计划的时间，就可以有把握地使我国建立起一个独立的比较完整的工业体系和国民经济体系"。[3] 1975年1月召开的四届全国人大一次会议重申了这一设想。

经过全国上下的艰苦奋斗和不懈努力，到改革开放以前，以毛泽东同志为核心的党的第一代中央领导集体规划的建设"独立的比较完整的工业体系和国民经济体系"的目标实现了。按照1963年周恩来提出的设想，到1975年建立"独立的国民经济体系"的主要目标包括：粮食产量达到5500亿斤，人均拥有原粮650斤；棉花产量4000万担，加化学纤维25万吨，人均可有16尺布；钢产量2800万—3000万吨；煤炭产量4亿吨，石油产量3000万吨；铁路运输里程达到5.5万公里左右；在木材、有色金属和稀有金属、各种钢材、化肥、酸碱、机床、发电量上达到相应

---

[1]《刘少奇选集》下卷，人民出版社1985年版，第369—370页。
[2]《建国以来重要文献选编》第16册，中央文献出版社1997年版，第614页。
[3]《周恩来选集》下卷，人民出版社1984年版，第439页。

的产量;在轻工业产品和各种运输量上,在国防工业和尖端技术上,也有相应的增长和相当的发展。①对照查阅统计数据,可以看到,由于受"文化大革命"的干扰,1975年一些经济建设指标没有完成。但是,1978年,多数指标完成了。这一年的主要产品产量是:粮食6095.3亿斤,人均633.2斤;棉花4334万担,化学纤维28.46万吨,纱238.2万吨,布330.9亿尺,人均34.4尺布;粗钢3178万吨;原煤6.18亿吨,原油10405万吨;铁路营业里程5.17万公里。②其他如木材、有色金属和稀有金属、各种钢材、化肥、酸碱、机床、发电量以及轻工业产品的生产能力和交通运输能力都有显著增长。国防和科技领域取得了许多重要突破性的成就,如国防工业有"两弹一星"和核潜艇,尖端技术领域有杂交水稻、人工合成蛋白质、返回式遥感卫星等。

可见,尽管有过曲折,新中国在改革开放以前只用20多年的时间就建起了独立的比较完整的工业体系和国民经济体系。到改革开放后工业发展进入腾飞期,再到党的十八大以来,我国工业生产能力日益增强,逐步向中高端迈进。目前,"我国已成为拥有联合国产业分类中全部工业门类的国家,200多种工业品产量居世界第一,制造业增加值自2010年起稳居世界首位"。中国已成为世界上独一无二的经济规模足够大、增长速度足够快,不仅改变了自身面貌也改变了世界经济格局的国家。自2006年以来,中国对世界经济增长贡献率稳居世界第一,成为世界经济增长第一引擎。2018年,中国对世界经济增长的贡献率为27.5%,比1978年提高24.4个百分点。③

三、显著提高人口素质

从新中国成立至改革开放前这一时期,我国显著提高了人民的文化素质和健康素质,在社会发展进步方面取得了突出成就,为改革开放新时期的经济腾飞奠定了宝贵的人力资源基础。

新中国成立以前,广大工农群众及其子女几乎没有受教育的权利,全国人口80%以上是文盲和半文盲,毛泽东说中国的基本国情是"一穷二白","所谓'白',就是文盲还没有完全消灭,不但是识字的问题,还有提高科学水平的问题。有很多

---

① 《建国以来重要文献选编》第16册,中央文献出版社1997年版,第614—615页。
② 1978年的人均数据根据《新中国六十年统计资料汇编》中的统计数字计算得出,当年全国人口为9.6259亿人。参见国家统计局国民经济综合统计司:《新中国六十年统计资料汇编》,中国统计出版社2010年版,第6、37、42、43页。
③ 孙韶华、班娟娟:《经济总量不断飞跃 中国书写世界奇迹》,《经济参考报》2019年9月2日。

科学项目，我们还没有着手进行"。① 而且，"疫病流行，中国人体质孱弱，婴儿死亡率高达200‰，平均期望寿命只有35岁"。② 新中国成立后，在面向大众的基础教育和医疗卫生方面着力甚多。

（一）显著提高人口文化素质

早在新民主主义革命时期，中国共产党就非常重视在根据地（解放区）开展文化教育工作，描写夫妻二人互帮互学的秧歌剧《夫妻识字》传唱至今，经久不衰。新中国成立不久，中央人民政府教育部就组织召开了第一次全国教育工作会议，明确了教育必须为国家建设服务、学校必须向工农开门的总方针，要求中小学广泛招收工农子女，开设工农速成中学、工农干部补习班和技术培训班，同时开展扫盲运动。1950年12月，政务院发出《关于举办工农速成中学和工农干部文化补习学校的指示》。③

1951年1月，全军规模的文化教育也正式开始。10月，政务院公布实施《关于改革学制的决定》。在新学制中，针对工人、农民的干部学校和各种补习学校、训练班取得了应有的地位；小学实行五年修业一贯制，有利于劳动人民子女能够接受完全的初等教育；各种为培养国家建设人才所急需的技术学校被列入正规的学校教育系统内，并建立了必要的制度；各种学校教育在整个教育系统中都能够互相衔接。④ 新学制的实施保证了教育工作按照统一、规范、合理的步骤开展，其制度安排带有奠基性质。1957年，全国高校在校学生达到44.1万人，比1949年的11.7万人增加了近3倍，研究生毕业人数达到1723人，比1949年的107人增加了15倍多，国家工业化建设急需的高级技术人才紧缺的状况有所缓解。⑤ 扫盲运动也在1956年取得了很大的成绩，到1957年上半年，已有2200万人脱离文盲状态，有160万人达到高小和初中毕业文化程度。⑥ "大跃进"时期，全民大办文化、教育事业，为在劳动人民中普及文化知识、丰富文化生活、提高文化水平作出了新的探索。"文化大革命"开始后，教育事业遭到严重破坏，但在推行普及中小学教育方面还是取得了一定的成绩。1975年、1976年全国小学在校学生人数是新中国成立以来最高的。1976年与1965年相比，全国小学生人数增加了29.1%，初中生人数增加了4.4倍，高中生人数增加了10.3倍。⑦ 1978年，我国基本普及小学教育，学龄儿童入学率达

---

① 《毛泽东文集》第8卷，人民出版社1999年版，第216页。
② 《蒋正华文集·人口卷》，人民出版社2018年版，第242页。
③ 《建国以来周恩来文稿》第3册，中央文献出版社2008年版，第646页。
④ 《建国以来重要文献选编》第2册，中央文献出版社1992年版，第391—396页。
⑤ 李文主编：《中华人民共和国社会史（1949—2012）》，当代中国出版社2016年版，第44页。
⑥ 郝和国：《新中国扫除文盲运动》，《党的文献》2001年第2期。
⑦ 李文主编：《中华人民共和国社会史（1949—2012）》，当代中国出版社2016年版，第111页。

到 95.5%；1982 年，文盲率降至 22.8%。①

（二）显著提高人口健康素质

面向大众，同样是新中国发展医疗卫生事业的重要方针。新中国成立后，国家面向公职人员、大学生实行了公费医疗制度，面向国营企业职工实行了劳保医疗制度，但广大农村却基本处于缺医少药状态。1950 年、1952 年和 1953 年，卫生部先后三次组织召开全国卫生工作会议，分析卫生工作的形势、任务，并逐步确立了"面向工农兵，预防为主，团结中西医，卫生工作与群众运动相结合"的卫生工作方针。②本着这一方针，国家卫生部门一方面发动群众广泛开展爱国卫生运动，预防和控制传染病的流行；另一方面，积极组建各级医疗卫生组织，面向基层开展巡回医疗，培养医疗卫生人才，并在农村推广新法接生。到 1952 年底，全国 90% 的地区建立了县级卫生机构，农村建起了大量的合作性质的联合诊所。1955—1956 年农业合作化运动进入高潮，合作医疗随之在多地建立。1956 年 6 月公布的《高级农业生产合作社示范章程》，首次规定合作社要"开展公共卫生工作和社员家庭卫生保健工作"。③人民公社化运动开展以后，全国第一次出现了创办农村合作医疗的高潮。此后经过三年经济困难时期的调整，农村合作医疗进入平稳、有序发展状态。

到 1965 年，医疗卫生事业取得了长足发展，人民群众的健康状况也有了显著改善。在传染病防治方面，霍乱很快在我国绝迹；1955 年人间鼠疫就基本得到了控制；1959 年性病在全国范围内基本被消灭；20 世纪 60 年代初天花已告灭绝，比其在世界范围内灭绝早了 10 余年；到 60 年代中期，结核病的患病率从新中国成立初期的 4% 下降到 1.5% 左右，死亡率从新中国成立初期的 250/10 万下降到 40/10 万；防治血吸虫病取得突出成就，脊髓灰质炎、麻疹、乙脑、白喉、破伤风、百日咳等传染病的发病率明显下降。全国接生员队伍增长到 68.574 万人，产妇的产褥热和新生儿破伤风显著减少，母亲和婴儿的健康得到了一定的保证。④农村地区的绝大多数县、公社和生产大队都建立起了医疗卫生机构，形成以公社卫生院为中心的三级农村基层卫生组织网，在改善农村卫生环境、保障农村群众健康方面发挥了积极作用。

1965 年，毛泽东发出"六二六指示"，要求"把医疗卫生工作的重点放到农村

---

① 国家统计局综合司：《沧桑巨变七十载 民族复兴铸辉煌——新中国成立 70 周年经济社会发展成就系列报告之一》，国家统计局网，http://www.stats.gov.cn/ztjc/zthd/bwcxljsm/70znxc/201907/t20190701_1673373.html，2019 年 7 月 1 日。

② 《当代中国的卫生事业》（上），当代中国出版社、香港祖国出版社 2009 年版，第 3—6 页。

③ 《建国以来重要文献选编》第 8 册，中央文献出版社 1994 年版，第 422 页。

④ 《当代中国的卫生事业》（上），当代中国出版社、香港祖国出版社 2009 年版，第 8—11 页。

去"①。自此，城市卫生人员到农村开展巡回医疗，实现了制度化，到1975年底，全国城市和解放军医务人员先后有110多万人次去农村开展巡回医疗；有十几万城市医务人员在农村安家落户；高等医药院校毕业生中70%以上分配到农村。农村合作医疗制度得到大力推广，到1976年，实行合作医疗的农村生产大队的比重由1968年的20%上升到90%，由合作医疗担负的卫生保健服务覆盖了全国85%的农村人口。②到1977年，合作医疗的普及率进一步提高，全国90%以上的生产大队实行了合作医疗，"赤脚医生"队伍达到180多万人，卫生员、接生员共有420多万人。③1978年9月，世界卫生组织和联合国儿童基金会在苏联阿拉木图主持召开了国际初级卫生保健会议，会议对中国的"赤脚医生"和合作医疗制度给予充分肯定，把中国的经验作为解决初级卫生保健的成功范例在发展中国家推广。④世界银行经济考察团1980年对中国进行考察后发表的报告称，1950—1980年，在人均预期寿命方面，中国的进步远远大于其他发展中国家（预期寿命增加28岁，低收入国家只增加15岁）。并且，1979年中国人的预期寿命（64岁）还超过了中等收入国家的平均数（61岁），比相同收入水平的国家高出约16岁。同期，中国婴儿死亡率和孕产妇死亡率也大幅度下降，1980年中国5岁以下儿童死亡率为37.6‰，是同期世界平均水平的47%，是中国1950年水平的27.2%。考察团的专家们一致认为，这一成就的取得，很大程度上归功于中国当时所拥有的独一无二的医疗保障体系。⑤

面向大众的教育和医疗卫生方针的贯彻实施，使得新中国在改革开放前经济落后的条件下实现了社会发展水平的迅速提升。联合国开发计划署1990年开始提出由人口平均预期寿命、教育和收入三个维度构成的综合评价指标，即人类发展指数（HDI），来全面衡量社会进步。排名结果显示，从国际上看，通常一国社会发展水平与其经济发展水平大致对应，但计划经济时期的中国却是一个例外，中国社会发展的世界排名远远超过了经济水平的世界排名，而且是世界上两者名次差别最大的国家。在改革开放前夕，中国按人均收入排在世界最贫穷国家之列，人口的过快增长稀释了经济发展的成果，而我国的教育发展却接近中等发达国家的水平。1960—1980年，世界上从低教育发展水平上升到中等水平的国家不过十几个，中国就是其中之一。更为突出的是，在这十几个国家中，中国取得的进步最显著，位次上升幅度最大，取得了绝大多数发展中国家难以企及的社会进步，这显示了中国社会主义

---

① 《切实把医疗卫生工作的重点放到农村去》，《人民日报》1965年9月1日。
② 李文主编：《中华人民共和国社会史（1949—2012）》，当代中国出版社2016年版，第114—115页。
③ 卫生部写作组：《全面贯彻执行毛主席的革命卫生路线》，《人民日报》1977年6月26日。
④ 艾笑：《中国的经验可望又可及 我国妇幼保健成就令国际瞩目》，《人民日报》1995年9月8日。
⑤ 世界银行经济考察团编著：《中国：社会主义经济的发展》，财政部外事财务司组织译校，中国财政经济出版社1983年版，第66页。

制度在促进社会发展进步上具有无可比拟的优越性。[1]

中国是世界第一人口大国。在改革开放初期，1982年第三次全国人口普查结果显示，中国的人口年龄中位数为22.9岁[2]，我国人口的年龄结构正处在由年轻型进入成年型的转变时期。可见，新中国改革开放前人口规模的扩大、人口素质的显著提高，为我国改革开放新时期经济社会的迅猛发展奠定了宝贵的人力资源基础。

总之，创立社会主义的根本政治制度和基本政治制度，建立独立的比较完整的工业体系和国民经济体系，显著提高人口素质，是以毛泽东同志为核心的党的第一代中央领导集体带领全国各族人民共同奋斗的辉煌成就，是新中国在改革开放前打下的坚实基础，是新中国70年历史的奠基之作、初创之作，值得我们永远铭记和敬仰。

---

[1] 李文主编：《中华人民共和国社会史（1949—2012）》，当代中国出版社2016年版，第355页。
[2] 国家统计局：《系列报告之五：人口总量适度增长结构明显改善》，国家统计局网，http://www.stats.gov.cn/ztjc/ztfx/qzxzgcl60zn/200909/t20090911_68637.html，2019年7月22日。

中国现代化：20 世纪的道路建设和汽车制造
Modernizing China: Road and Automobile Construction in the Twentieth Century
［荷兰］基杰斯·莫穆（Gijsbertus Mom）

基杰斯·莫穆，荷兰埃因霍温理工大学历史组教授。

［摘　要］在本文中，我先研究了中国铁路现代化，然后，接下来的两个部分讨论了 20 世纪 20 年代和 30 年代的公路网建设，接着分析了邓小平改革开放中的（汽车）机动问题。重点是道路网络建设和汽车制造，从而有效地解释了中国"汽车社会"的兴起。

一、导　言

身为一名非汉语语系的历史学者，研究中国现代化的历史是一件极具挑战的事情，因为只能通过翻译的材料来研究自己的学科。另一方面，论述中国发展的文章极多，使用了作者谙熟的西方语言，所以我愿意冒这个险，尤其是因为掌握中国发展机动方面的知识对于写一部世界机动史至关重要，本研究也是其中的一部分。[①] 在本文中，我先研究了中国铁路现代化，再分两部分进行分析，一是 20 世纪 20 年代和 30 年代的公路网建设，二是改革开放中的（汽车）机动问题。重点是道路网络建设和汽车制造，从而有效地解释了中国"汽车社会"的兴起。

二、现代化与铁路

像许多其他发展中国家一样，无论是在西方、东方还是南半球，正如每个人所看到的，随着铁路的出现，移动现代化才真正开始了。1876 年，上海的商人首倡其议，在没有得到晚清政府的许可之前，该地区的地方长官就买断了外国资本，把设备运到台湾。[②] 此后，1911 年辛亥革命爆发之前，国家铁路网建设就开始高速发展，

---

① 这项研究的原稿目前正由纽约和牛津的伯哈恩图书公司审阅。
② Ralph William Huenemann, *The Dragon and the Iron Horse: The Economics of Railroads in China 1876-1937*, Cambridge, MA/London: The Council on East Asian Studies, Harvard University/Harvard University Press, 1984, pp.2-3.

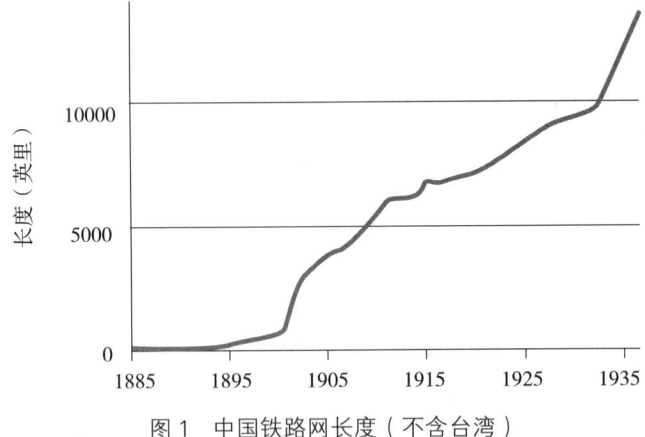

图 1 中国铁路网长度（不含台湾）

资料来源：Ralph William Huenemann, *The Dragon and the Iron Horse: The Economics of Railroads in China 1876-1937*, Cambridge, MA/London: The Council on East Asian Studies, Harvard University/Harvard University Press, 1984, pp.76–77。

如图 1 所示。

这次铁路建设缘于法国（1895 年）、德国（1896 年）和俄罗斯（1898 年）对中国铁路经营特许权的争夺，而晚清政府将铁路国有化（并寻求"外国银行财团贷款"）的决定则是导致 1911 年辛亥革命爆发的导火索之一。孙中山一向重视交通运输业，他认为："交通为实业之母，铁道又为交通之母，国家之贫富，可以铁道多寡定之，地方苦乐，可以铁道之远近计之。"① 为此，孙中山为中国的铁路建设不断奔走，不过，直到他 1925 年去世时，中国的铁路里程仍不是很长，铁路建设的成绩有限。与其他正在实现现代化的国家相比，中国的铁路里程数较低。据一份资料显示，中国每 10 万人口只有 2 英里的铁路轨道，而日本则是 11 英里，俄罗斯是 28 英里，法国、德国和英国是 50—65 英里，美国是 261 英里，澳大利亚是 404 英里。不过，孙中山去世后，中国的铁路里程建设又取得了一定的发展，一些外国资本从中赚取了不少的利润。② 拉尔夫·修内曼认为，中国确实从"外国人制造的铁路"中受益，例如在 1933 年铁路制造工程占了中国 GDP 的一半左右。③

---

① 《孙中山先生之谈话》，《民立报》1912 年 6 月 26 日。
② Kenneth Cantlie, *The railways of China*, London: The China Society, 1981.
③ Ralph William Huenemann, *The Dragon and the Iron Horse: The Economics of Railroads in China 1876-1937*, Cambridge, MA/London: The Council on East Asian Studies, Harvard University/Harvard University Press, 1984, pp.2-3.

三、筹备中国"汽车社会"

然而,不太为人所知的是,孙中山还设想建造一个发达的公路网络。孙中山曾指出:"吾于国际发展计划,提前一步已提议造大路一百万英里。是须按每县人口之比率,以定造路之里数。中国本部十八省约有县二千,若中国全国设县制,将共有四千县,每县平均造路二百五十英里"[①]。孙中山的这一设想在后来得到了一定的实施。孙中山似乎给亨利·福特写过信,中国的第一批汽车(1911年北京只有6辆,天津有12辆),由"从军阀到政府官员"的掌权人物驾驶,也以福特品牌为主,作为"完全拆装"的汽车从日本一家装配厂进口;此后,福特公司还曾计划在中国建厂,但因日本的入侵而未能实现。[②]

这些发展证实了我们早先的论点,即国家与其现代化和机动化之间的关系具有同步性特征:关于现代化的必要性,或者关于公路和铁路之间的关系,或者开汽车的危险的争论或多或少都是同时发生的。它们是一种跨国现象。[③]

据汉学家弗兰克·迪科特尔研究发现:"一个全国性道路网到20世纪30年代就建立起来了,部分弥补了铁路运输不足,让旅行商人和农民都可以做仅数年前尚未听说过的旅行了。"

1932年,南京国民政府在全国范围内修建公路始于一个"三省项目":在南京周围修建六条公路,但同年于汉口举办的一次公路会议却提出了另外一个22000公里的"七省项目",一年后,其规划的公路里程增加到30000多公里。到1936年,"七省项目"完成了将近24000公里,一半是土路,另一半是用碎石铺成的。[④](见图2)到20世纪30年代末,中国"拥有的现代公路里程数与西班牙相同"[⑤]。

四、建造一个中国汽车社会

中华人民共和国成立后,在苏联的支持下,新中国第一个五年计划大大提高了

---

① 孙中山:《建国方略》,黄彦编注,广东人民出版社2007年版,第288页。
② Thomas J. Campanella, "'The civilising road': American influence on the development of highways and motoring in China, 1900-1949," *Journal of Transport History*, Vol.26, No. 1(Mar., 2005), pp.78-98.
③ Gijs Mom, *Atlantic Automobilism: Emergence and persistence of the car, 1895-1940*, New York/Oxford: Berghahn Books, 2015.
④ Lawrence M. Chen, "Highways in China", *Information Bulletin*, Council of International Affairs, Nanking, China,Vol.2, No. 8 (Nov., 1936), pp. 134-157.
⑤ R. Keith Schoppa, *Revolution and Its Past: Identities and Change in Modern Chinese History*, Boston, etc.: Prentice Hall, 2011, pp.213-214.

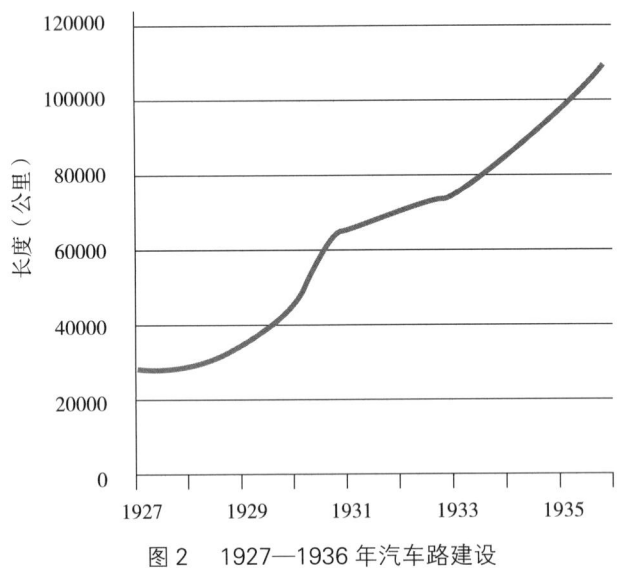

图 2　1927—1936 年汽车路建设

资料来源：Arthur N. Young, *China's Nation-Building Effort, 1927-1937: The Financial and Economic Record*, n.p.: Hoover Institution Press/Stanford University, 1971, pp.396–397。

工业生产。"一五"计划期间，交通运输投资占投资总额的 15%—19%，仅次于工业（占 39%—52%）。[①] 到 1957 年底，全国铁路通车里程达到 29862 公里，比 1952 年增加 22%。穿越崇山峻岭的宝成铁路和鹰厦铁路，贯通南北的武汉长江大桥，都在这个时期先后建成。1957 年底，全国公路通车里程达到 25.5 万公里，比 1952 年增加 1 倍，穿越世界屋脊的康藏、青藏、新藏公路也建成通车。[②]

中国"在苏联和其他东欧国家顾问的帮助下"开始重建和重新配置铁路网。当时，中国的大部分铁路线位于东北和沿海，以至于超过一半的省会城市都没有与北京联通。依照苏联的风格，公路"计划不与铁路竞争，而是弥补铁路的不足"。在第一个五年计划期间，中国将近 70% 的交通运输投资用于修建铁路。[③]

中国通过在西北和西南修建大部分新公路来实现社会主义的发展，努力通过与少数民族的联通来团结全国。例如，建设从青海、新疆和四川到西藏的公路，这些公路是重大的工程成就，因为它们都修建在海拔高达 4000 米的地方。[④]

南京国民政府时期共修筑公路 8 万公里，对中国经济的发展有一定的促进作

[①] Jonathan D. Spence, *The Search for Modern China*, London: Hutchinson, 1990, p.515.
[②] 刘国光：《中国十个五年计划研究报告》，人民出版社 2006 年版，第 108 页。
[③] Kenneth Cantlie, *The railways of China*, London: The China Society, 1981, p.37; Claude Comtois, "Transport and Territorial Development in China (1949-1985)," *Modern Asian Studies*, Vol. 24, No. 4 (1990), pp.777-818.
[④] Claude Comtois, "Transport and Territorial Development in China (1949-1985)," *Modern Asian Studies*, Vol. 24, No. 4 (1990), pp. 777-818.

用。但由于这些公路主要是用于军运,在路线选择、修筑质量和运输设备上都不能配合。这些公路只有约 35% 的有路面,且主要是砂石路面,往往军运需要运后即无人管理。① 中华人民共和国成立后,公路、航运等均取得了突飞猛进的发展。1952 年底,全国只有公路 12 万多公里,有 1/3 的县不通汽车;截至 1959 年底,全国公路里程已达 48 万多公里,基本上形成了全国公路干线网。全国通航河道在 1952 年只有 9 万多公里,1959 年底增加到 16 万公里。与 1952 年相比,公路里程增长 280%,航道里程增长 68%。② 随后,中国公路建设持续推进,里程数不断增加。到社会主义革命和建设时期结束时,中国在交通领域的投资占国内生产总值的比例为 30%(是 1952 年的两倍),中国对交通投入之大可见一斑。③

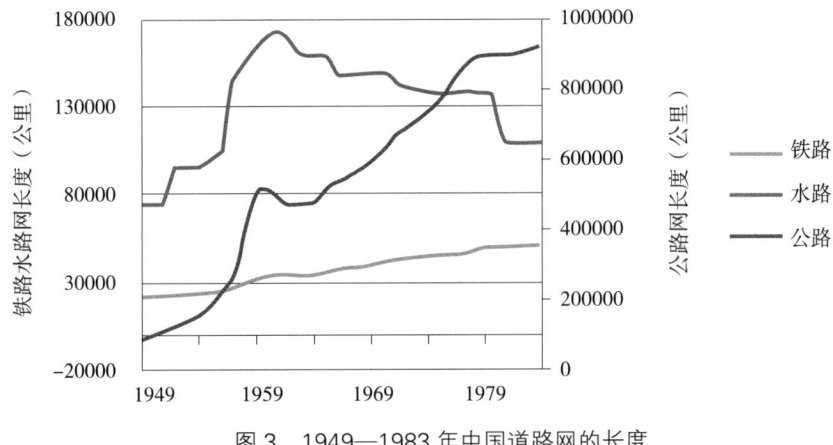

图 3　1949—1983 年中国道路网的长度

资料来源:Claude Comtois, "Transport and Territorial Development in China (1949-1985)," *Modern Asian Studies*, Vol. 24, No. 4 (1990), pp. 777-818。

1978 年中共十一届三中全会召开,中国作出了改革开放的伟大决策。改革开放后,20 世纪 80 年代,中国大量进口国外汽车,同时与外商合作,吸纳资金和技术推进汽车工业的发展。这一策略很奏效,汽车制造厂从 1982 年的 65 个增加到 1992 年的 124 个,汽车生产设备的数量也翻了一番。④ 到 1993 年,中国的汽车保有量较

---

① 许涤新、吴承明:《中国资本主义发展史:新民主主义革命时期的中国资本主义》,人民出版社 2003 年版,第 96 页。
② 王首道:《连续大跃进中的交通运输事业》,《人民日报》1960 年 2 月 19 日。
③ Chris Bramall, *Chinese Economic Development*, London/New York: Routledge, 2009,p. 157.
④ Eric Harwit, *China's Automobile Industry*:*Policies, Problems, and Prospects*, Armonk, NY/London: M.E. Sharpe, 1995; Kelly Sims Gallagher, "Limits to leapfrogging in energy technologies? Evidence from the Chinese automobile industry," *Energy Policy*,Vol.34 (2006),pp. 383-394.

1986 年翻了一番，达到 800 万辆。①

埃里克·哈维特对中国汽车工业的研究时间下限为 1993 年，埃里克·图恩对前者的研究又有进一步的推进，重点研究了中国汽车的再发展，即 1993 年之后的发展，他对中国汽车工业进行了第二次开创性的历史概述，他发现"中国中央政府控制的主要杠杆是监管外国投资进入和推动企业合并成企业集团"。2004 年，中国汽车零部件出口增长 76%，达到 104 亿美元。②此后，中国的汽车制造工业取得了进一步的发展，尤其是在自主创新能力方面。

五、结语

中国的现代化是一个发展中国家的典型案例，通过对其分析有助于更好地理解后发国家的现代化之路。尤其是通过比较视野来展开中国与其他国家发展路径的研究，能取得不错的效果。这不但有助于撰写一部全面的"世界机动史"，而且也有助于更全面地理解全球现代化进程。如此讲来，本文认为，第二次世界大战前和第二次世界大战后的发展基本一脉相承，没有中断。

目前来看，较少有研究关注中国案例和其他亚洲机动化案例之间的连续性，以及西方机动化案例之间的连续性。笔者早先对西方机动化作过研究，结论之一涉及中产阶级在"汽车社会"兴起中的关键作用。中国也是如此。③这是否也意味着未来几年将展现汽车文化的趋同（例如高速驾驶或悠闲地在乡间漫步），这个问题最好由汉语语系研究人员来回答。为此，非常规的资料来源提供了进入这种文化的最佳入口，如小说、电影、歌曲和视频游戏。我希望以上内容可以鼓励这类学者建立一个跨国机动研究社群。④

---

① Beth E. Notar, "Car crazy; The rise of car culture in China," in: Arve Hansen and Kenneth Bo Nielsen (eds.), *Cars, Automobility and Development in Asia: Wheels of change*, London/New York: Routledge, 2017,pp. 152-170.

② Eric Thun, *Changing Lanes in China*：*Foreign Direct Investment, Local Governments, and Auto Sector Development*, Cambridge etc.: Cambridge University Press, 2006.

③ Gijs Mom, *Atlantic Automobilism*：*Emergence and persistence of the car, 1895-1940*, New York/Oxford: Berghahn Books, 2015.

④ Gijs Mom, Colin Divall and Peter Lyth, "Towards a paradigm shift? A decade of transport and mobility history," in: Gijs Mom, Gordon Pirie and Laurent Tissot (eds.), *Mobility in History*：*The State of the Art in the History of Transport, Traffic and Mobility, Neuchâtel*: Alphil, 2009, pp.13-40.

中国的对外经济开放政策：主要成果和前景
Policy of Foreign Economic Openness in the People's Republic of China: Main Results and Prospects

［俄罗斯］波尔契科夫（Vladimir Portyakov）

波尔契科夫，经济学博士，俄罗斯科学院远东研究所教授。

［摘　要］改革开放以来，中国的对外经济贸易持续增长，在对外贸易、服务贸易、投资、经济特区建设等方面取得了重大突破，这既提升了中国的综合国力，也为世界经济发展注入了新的活力。未来，中国对外经济开放政策仍将持续推进，中国也将为世界经济发展提供更丰富的成果。

2018年对于中国对外经济发展来说非常特殊。40年前，在中共十一届三中全会上作出了改革开放的战略决策，在随后的几十年时间里不断发展，跻身现代世界经济和政治领导者之列。2013年，中国又推出一系列举措，标志着其对外经济关系在质量上迈入了新的阶段。首先，国家领导人习近平提出"一带一路"倡议，即建立一条连通中国与亚洲、非洲及欧洲各个地区的陆上丝绸之路经济带，并打造"21世纪海上丝绸之路"。[①]其次，中国在上海设立了第一个自由贸易试验区，[②]旨在快速发展最先进的对外贸易和投资合作实践。

2017年10月18日，习近平在中共第十九次全国代表大会上的报告中指出："建立全面规范透明、标准科学、约束有力的预算制度，全面实施绩效管理"；"中国支持多边贸易体制，促进自由贸易区建设，推动建设开放型世界经济"。[③]这既有效推动了中国治理能力的提升，也有助于构建更加开放的自由贸易格局。

得益于内容丰富的"一带一路"倡议开始实施，尤其是在美国退出《跨太平洋

---

① 《构建人类命运共同体的伟大实践——写在习近平主席提出"一带一路"倡议5周年》，《人民日报》2018年10月4日。
② 《国务院批准设立中国（上海）自贸区》，《人民日报》2013年8月23日。
③ 习近平：《决胜全面建成小康社会 夺取新时代中国特色社会主义伟大胜利——在中国共产党第十九次全国代表大会上的报告》，《人民日报》2017年10月28日。

伙伴关系协定》的背景下，中国正在奋力成为亚洲经济一体化的领导者和推动者。①

中国提倡"一带一路"建设，不断推进各种项目，有助于世界更好地了解中国对外经济开放新阶段的特征。在这之前，中国侧重于从国外引进设备、技术和投资，此后则将重点放在全面推广中国的商品、资本和服务上。对此，本文尝试总结中国改革开放以来对外经济关系发展的主要成果，并为未来的发展提供展望。

一、对外贸易

改革开放以来，对外货物贸易是中国对外经济关系的主要发展方向。

中国对外贸易额增长198.8倍，从1978年的206.4亿美元增加至2017年的41045亿美元，其中包括出口——增长超过232倍（从97.5亿美元增长到了22635.2亿美元）。以人民币计算中国对外贸易总额，贸易、出口和进口增速明显提高（分别为782倍、914倍和664倍），对外贸易额年均增长18.6%，1979—2017年国内生产总值年均增长9.5%左右②。

改革开放以来，中国的对外贸易不仅增长迅速，而且相当稳定；贸易额与上一年相比出现下降的情况仅发生过几次。1982年，贸易额以人民币计算出现下滑（-5.5%），这主要是因为面对严格的投资限制条件，中国拒绝从日本进口大量完整的石化和冶金设备（进口下降12.4%）。③

1998年，中国对外贸易额下降0.4%，这是由于亚洲金融危机导致世界经济形势恶化。2009年，全球金融危机造成中国对外贸易额下降13.9%。2015年，世界贸易中的不良现象——特别是油价大幅下跌——导致贸易额下降8%，2016年再次下降6.8%。2017年，中国恢复了对外贸易增长的积极态势（增长11.4%）。④（详见表1）

除了全球经济危机影响之外，中共十八大后中国进出口增长也与其自身经济增速放缓有关。其中，中国经济增长模式的转变也可能起到一定作用：重心从之前占据主导地位的投资和出口转向了国内消费和创新。

改革开放以来，中国一直在沿着世界贸易大国的台阶向上攀登。从对外贸易额世界排名来看，中国在1978年名列第29位，1990年升至第16位，2000年升至

---

① Miller, Tom., "The Belt and Road to Leadership", *China Economic Quarterly*. Hong Kong – Beijing, Vol. 21, No 2, 2017, p. 11.
② 海关统计数据在线查询平台网，http://43.248.49.97/，2019年6月20日。
③ 海关统计数据在线查询平台网，http://43.248.49.97/，2019年6月20日。
④ 海关统计数据在线查询平台网，http://43.248.49.97/，2019年6月20日。

第8位，2010年升至第2位，并自2013年起超过美国，始终占据着第1位（2016年除外）。与此同时，中国也成为世界货物出口的领导者，进口仅次于美国。中国占世界出口的比重从1978年的0.75%上升至1995年的3%，[1] 2000年增至3.85%，2010年至10.31%，2016年至13.15%；中国占世界进口的份额较少，2000年为3.35%，2010年为9%，2016年为9.78%。

表1　　　　　　　　　　　中国对外货物贸易　　　　　　　　单位：十亿美元

年份	贸易额	出口	进口
1978	20.64	9.75	10.89
1990	115.44	62.09	53.35
1995	280.86	148.78	132.08
2000	474.29	249.20	225.09
2008	2563.26	1430.69	1132.57
2009	2207.54	1201.61	1005.92
2014	4301.53	2342.29	1959.23
2015	3953.63	2273.47	1679.56
2016	3685.57	2098.15	1587.42
2017	4104.50	2263.52	1840.98
2018	4623.04	2487.40	2135.64

资料来源：《中国统计摘要（2017）》，中国统计出版社2017年版，第94页；海关统计数据在线查询平台网，http://43.248.49.97/，2019年6月20日。

整体来看，中国对外贸易额中国有企业的占比在不断降低，自2001年至2017年，占比从42.5%下降到16.3%；外商投资企业和非国有企业所占比重同期从57.7%增长到73.7%。2017年，一般贸易在中国对外贸易额中的占比为56.35%，其中出口占54.3%、进口占58.8%。其他贡献因素包括加工贸易、免税区货物、租赁、边境小额贸易等。外商投资企业占贸易额的比重为44.8%，占出口的比重为43.2%、进口的比重为46.8%。[2]

对外贸易主体数量增多，而且大多数能够根据市场条件变化迅速作出反应，这有助于打造多元化、适应性强的中国进出口商品结构。应当注意的是，这里占据主

---

[1] Potapov M.A., *Vneshneekonomicheskaya politika Kitaya, problemy i protivorechiya* [*China's foreign economic policy, problems and contradictions*], Moskva, Bukva, 1998, p.40.
[2] 海关统计数据在线查询平台网，http://43.248.49.97/，2019年6月20日。

导地位的大趋势，本身是由中国现代化进程的不断推进所决定的。因此，初级产品（主要是农产品和矿产等）在中国出口产品中所占比重持续下降，工业成品的份额持续增长。1980年，这两个数值几乎相等；1996年，两者比例下降至1∶3，2000年又降至1∶10。2015年，这一比例降至最低水平，初级产品的份额仅占中国出口产品的4.8%。

进口方面，初级产品的份额明显较高，且在一些时间阶段内未降反升。因此，这一比例虽从1980年的34.7%下降至1993年的最低值13.7%，但在21世纪的前三年又恢复到了1/3的水平（2011年为34.65%，2012年为34.9%，2013年为33.7%）。2016年则降至27.7%，影响因素是石油市场的变化。20世纪80年代初，中国开始向日本出口石油。1985年，中国的石油出口超过3600万吨，1986年出口约3400万吨。1989年，中国石油出口量降至2900万吨，并从1993年起成为石油净进口国。2000年后，中国石油进口量持续增长，到2017年增至4.195亿吨，石油进口支出达1620亿美元。2017年，中国进口的其他主要初级产品还包括铁矿石（10.74亿吨，762亿美元）和大豆（9550万吨，396亿美元）。①

20世纪90年代，中国开始大量出口照相机、电视机以及各种视听设备，90年代末开始出口个人电脑。到2003年，中国已成为各种电子设备、电脑和通信产品的主要出口国。进口方面占据主导地位的是集成电路和电子平台（约10%），机械设备的份额通常达到54.5%，其中高科技产品占28.8%。

总的来说，根据一些估计，消费品在中国出口产品中的占比从1997年的49%下降到了2012年的37%，而投资品的比重从5%上升至15%，零部件从4%增加至13%。②与此同时，中国与发达国家贸易的特点是机械设备占比较高。2012年，中国对欧盟的出口产品中机械设备占50.8%、进口产品中机械设备占62.5%；对美国的占比分别为52.6%、41.4%，对日本的占比分别为45.1%、64.6%③。然而，尽管中国出口商品结构与发达国家类似，但一些专家认为这种现象属于一种"统计错觉"，因为加工领域的附加值低，尤其是高科技行业更是如此④。

鉴于这种情况，中国开始积极进口替代产品，主要是零部件库中的替代产品。这是中国机械制造发展计划"中国制造2025"的重中之重。此外，中国政府希望减少高

---

① 海关统计数据在线查询平台网，http://43.248.49.97/，2019年6月20日。
② Francoise Lemoine, Deniz Unal,"China's Foreign Trade: A 'New Normal'", *China & World Economy*, Beijing, No 2, 2017, p.4.
③ Potapov M.A., *Vneshneekonomicheskaya politika Kitaya, problemy i protivorechiya*〔*China's foreign economic policy, problems and contradictions*〕, Moskva, Bukva, 1998, pp.326-327.
④ Francoise Lemoine, Deniz Unal,"China's Foreign Trade: A 'New Normal'", *China & World Economy*, Beijing, No 2, 2017, p.8.

科技领域对进口产品的依赖，引发了个别发达国家的强烈不满。中国决心不断提升自己在价值链中的地位，并将此视为从"贸易大国"转变为"贸易强国"的关键一步。

2017年，中国出口了12.948亿部电话（主要是移动电话和无线电话）、2.018亿部电子计算设备（主要是各种计算机）、5200万台空调、4950万台冰箱、2300万台洗衣机、8150万台彩电，以及100多万辆汽车和8千多艘船。与此同时，中国的集成电路贸易额为逆差：出口452亿美元，进口达1759亿美元。①

改革开放以来，中国的主要贸易伙伴是以德国为首的欧盟、美国、日本和韩国等，以及香港地区和台湾地区（统计时也将这两个地区视为外贸伙伴）。在这方面，各个合作伙伴的份额通常会略有变化。2006年，欧盟占中国出口的份额为18.8%，2015年为15.6%；美国的这两个数值分别为21%和18%，东亚国家和地区分别为39.6%和39.1%。与此同时，得益于自由贸易区的建立，东盟国家的份额显著增长——从2006年的7.4%增加至2015年的12.2%。台湾地区（以"中国台北"表示）和韩国的份额比较接近（分别为2%和4%），而日本的份额则因中日关系恶化从9.5%降至6%。②

从中国的进口来看，日本的份额有所下降——从2005年的14.6%下降至2015年的8.5%；美国份额从7.5%增加至8.8%。③

2014年，俄罗斯与中国的贸易额创下历史新高，达到952.8亿美元；④之后，世界石油价格急剧下跌导致此数值暴降，因为石油是俄罗斯向中国出口的主要商品。

表2更全面展示了近年来中国对外贸易的地域分布。

表2　　　　2016—2017年中国对外贸易的地域分布　　　　单位：十亿美元

	2016年			2017年		
	贸易额	出口	进口	贸易额	出口	进口
交易量	3685.57	2098.15	1587.42	4104.50	2263.52	1840.98
亚洲	1948.11	1042.27	905.84	2125.72	1096.35	1029.37
印度	70.15	58.59	11.76	84.40	68.06	16.34
日本	274.78	129.26	145.52	302.97	137.32	165.65
东盟	452.20	255.98	196.22	514.81	279.12	235.69

---

① 海关统计数据在线查询平台网，http://43.248.49.97/，2019年6月20日。
② Wang Weibing, *China Trade Report 2016: Post-Crisis Development*, Beijing, China Social Sciences Press, 2016, pp.27-28.
③ Wang Weibing, *China Trade Report 2016: Post-Crisis Development*, Beijing, China Social Sciences Press, 2016, pp.30-31.
④ 商务部综合司网，http://zhs.mofcom.gov.cn/article/cbw/201505/20150500961584.shtml，2019年6月20日。

续表

	2016年			2017年		
	贸易额	出口	进口	贸易额	出口	进口
大韩民国	252.57	93.70	158.87	280.26	102.75	177.51
台湾地区	179.59	40.37	139.22	199.37	43.99	155.38
香港地区	304.57	287.72	16.85	286.66	279.34	7.32
欧洲	677.36	389.66	287.70	755.88	429.06	326.82
俄罗斯	68.56	37.33	32.23	84.09	42.90	41.19
欧盟	547.02	339.-5	207.97	616.91	377.04	244.87
非洲	149.11	92.21	56.90	170.00	94.74	75.26
南非	35.34	12.85	22.49	39.17	1482	24.35
拉丁美洲	216.56	113.86	102.70	257.85	130.83	127.02
巴西	67.71	21.97	45.74	87.54	28.96	58.58
北美	565.43	412.62	152.81	635.71	461.27	174.44
美国	519.48	385.08	134.40	583.69	429.75	153.94
大洋洲	127.89	47.51	80.38	158.93	51.28	107.67
澳大利亚	107.95	37.29	70.66	136.26	41.44	94.82

资料来源：海关统计数据在线查询平台网，http://43.248.49.97/，2019年6月20日。

二、服务贸易

改革开放前20年，中国未对服务贸易给予应有的重视，这主要是因为当时中国第三产业滞后。与此同时，中国缺少大型商用船队，致使"运输服务"出现巨大亏损，绝大部分出口货物都是由外国船舶运输。中国能够实现贸易顺差的只有对外建筑服务。

中国加入世界贸易组织（WTO）以后，情况发生了根本性变化。中国政府废除了2300多条不符合WTO标准的法律法规和部门规章，同时制定了一系列推动外企进入银行业、保险业、建筑业和运输业的规定。中国加强了在电信和互联网等领域的国际合作，并提高了在这些领域竞争力。此后，服务贸易急剧增加，2001—2017年，中国的世界排名从第12位上升到了第2位。中国的服务进口从393亿美元增加到4676亿美元，年均增长16.7%；占据的世界份额接近10%。同一时期，中国服务出口从310亿美元增加至2282亿美元，年均增长13.3%。毫无疑问，中国服务业的整体发展起到了一定推动作用，出境旅游尤其发展迅速。2017年，中国共有1.3亿人次出国旅游，境外旅游消费达1152.9亿美元。[①]

[①] 《中国与世界贸易组织》白皮书（2018年），国务院新闻办公室网，http://www.scio.gov.cn/zfbps/32832/Document/1632334/1632334.htm，2019年5月25日。

2017年，交通、旅游、建筑等传统服务业总的来看要占到中国服务贸易总额的2/3左右。中国在交通和旅游服务贸易方面存在巨大逆差，建筑服务业出现贸易顺差。

在新兴服务贸易方面，中国在电信、计算机和信息服务领域表现最佳。与此相反，中国在保险服务交易方面存在明显逆差，特别是知识产权有偿使用方面。（详见表3）

表3　　　　　　　　　2017年中国服务贸易额　　　　　　　　单位：十亿美元

	贸易额	出口	进口	平衡状况
所有服务	695.98	228.19	467.79	-239.60
运输	130.10	37.12	92.98	-55.86
旅游	293.71	38.82	254.89	-216.07
建筑	32.50	23.93	8.57	15.36
保险	14.46	4.05	10.41	-6.36
金融	5.31	3.70	1.61	2.09
IT服务	46.96	27.78	19.18	8.60
知识产权	33.35	4.76	28.59	-23.83
文化	3.51	0.76	2.75	-1.99
修理	8.20	5.93	2.27	3.66
制造	18.25	18.07	0.18	17.89
其他商业服务	104.43	61.56	42.87	18.69
政府服务	5.16	1.70	3.46	-1.76

资料来源：《中国对外贸易形势报告（2018年春季）》，商务部综合司网，http://zhs.mofcom.gov.cn/article/cbw/201805/20180502740111.shtml，2019年5月25日。

中国非常重视促进服务贸易发展和扩大规模，将这些政策视之为从"贸易大国"转变为"贸易强国"的重要一步。

2015年2月，国务院印发《关于加快发展服务贸易的若干意见》。"《意见》提出，要充分发挥现代服务业和服务贸易集聚作用，在有条件的地区开展服务贸易创新发展试点，要积极探索信息化背景下新的服务贸易发展模式，打造一批主业突出、竞争力强的大型跨国服务业企业，培育若干具有较强国际影响力的服务品牌，要进一步扩大服务业开放，大力推动服务业对外投资。"[①]这就进一步明确了服务贸易的重要地位，也保证了服务贸易的进一步开展。总之，服务贸易在近年来越来越发挥着重要的作用。

---

① 《国务院印发〈关于加快发展服务贸易的若干意见〉》，《人民日报》2015年2月15日。

三、投资

改革开放以来,中国对外经济活动的一个主要方向就是吸引外资。起初,国际金融组织和外国政府提供的贷款和信贷占据了上风。1979—2000年,此类借款总额达到1471.4亿美元。

20世纪80年代中期,除了合资企业之外,合作企业和外商独资企业也获准建立。外商独资企业最为成功:2016年,中国实际使用外资1260亿美元,其中合资企业占302亿美元(约合24%),合作企业8.3亿美元(0.65%),外资企业861.3亿美元(68.35%),另外88.4亿美元(7%)为含有外资的股份制企业。

20世纪90年代初之前,中国吸引的贷款始终多于外国直接投资;自1992年起,外国直接投资逐渐成为中国接受外资的主要渠道,2010年之后的年度数额超过1000亿美元。根据官方数据,中国1979—2017年改革开放期间总共使用了约1.9万亿美元的外国直接投资,成为这一指标的世界领导者之一。

表4　　　　　　　　　　中国对外国直接投资的吸引力　　　　　　　单位:十亿美元

国家或地区	2010年	2011年	2012年	2013年	2014年	2015年	2016年	2017年
总计	105.7	116.0	111.7	117.6	119.6	126.3	126.8	131.0
日本	4.1	6.3	7.4	7.1	4.3	3.2	3.1	3.3
新加坡	5.4	6.1	6.3	7.2	5.8	6.9	6.0	4.8
大韩民国	2.7	2.6	3.0	3.1	4.0	4.0	4.8	3.7
英国	0.7	0.6	0.4	0.4	0.7	0.5	1.4	1.0
德国	0.9	1.1	1.5	2.1	2.1	1.6	2.7	1.5
法国	1.2	0.8	0.7	0.8	0.7	1.2	0.9	0.8
开曼群岛	2.5	2.2	2.0	1.7	1.3	1.4	5.2	2.2
维尔京群岛	10.4	9.7	7.8	6.2	6.2	7.4	6.7	4.0
加拿大	0.6	0.5	0.4	0.5	0.4	0.2	0.3	0.3
美国	3.0	2.4	2.6	2.8	2.4	2.1	2.4	2.6
澳大利亚	0.3	0.3	0.3	0.3	0.2	0.3	0.3	0.3
香港地区	60.6	70.5	65.6	73.4	81.3	86.4	81.5	94.5
台湾地区	2.5	2.2	2.8	2.1	2.0	1.5	2.0	1.8

资料来源:《中国统计摘要(2017)》,中国统计出版社2017年版,第103页;《中国统计摘要(2018)》,中国统计出版社2018年版,第102页。

随着国家发展优先事项的变化和国民经济结构的调整,吸引到的外国投资的结构也发生了变化。2016 年,处于主导地位的是加工业(355 亿美元,占已使用投资总额的 28%)、房地产(196.5 亿美元,占已使用投资总额的 15.6%)、商业服务(161.3 亿美元,占已使用投资总额的 12.8%)和零售业(152.7 亿美元,占已使用投资总额的 12.6%)。

截至 2016 年底,在中国注册的外商投资企业共 50.5 万家,其中,加工业企业 15.4 万家,批发零售业 12.15 万家,商业服务 5.46 万家,计算机技术 4.32 万家。

近年来,中国不仅成为众所周知的国外投资接受者,而且也是体量巨大的国际投资者。中国的海外投资首次可追溯至 20 世纪 80 年代中期,而后随着 2000 年初对国内资本实施"走出去"战略开始不断增长。2004 年,中国第一次发布了《2003 年度中国对外直接投资统计公报》。①

21 世纪进入第二个十年后,中国投资规模急剧增加,地域分布和投资形式也开始发生显著变化。尤其是在"一带一路"倡议的推动下,中国对外投资的力度持续加大。中国对外投资在 2016 年达到顶峰。(详见表 5)

表 5　　　　　　　　　　2017 年中国对外投资　　　　　　　　单位:百万美元

国家或地区	投资额		截至 2017 年底积累投资额
	2016 年	2017 年	
总计	196 149	158 288	1 809 036
亚洲	130 267	110 040	1 139 323
香港地区	114 232	91 152	981 265
新加坡	3 171	6 320	44 568
非洲	2 398	410	43 296
欧洲	10 693	18 463	110 854
英国	1 480	2 066	20 318
德国	2 380	2 715	12 163
法国	1 499	952	5 702
俄罗斯	1 293	1 548	13 871
拉丁美洲	27 227	14 076	386 892
开曼群岛	13 522	-6 606	249 682
维尔京群岛	12 288	19 301	122 060
北美	20 351	6 498	86 906
美国	16 980	6 425	67 381
澳大利亚	4 186	4 242	36 175

资料来源:《中国统计年鉴(2018)》,中国统计出版社 2018 年版,第 371 页。

---

① 《我首次发布对外直接投资统计公报(权威发布)》,《人民日报》2004 年 9 月 8 日。

值得注意的是香港地区绝对的领先地位：2016年占据中国投资总额的65%以上，累计投资占比67%。投向海外（开曼群岛和维尔京群岛）的资金也相当可观：2016年达258亿美元（占总数的12.5%），累计数额约为1930亿美元（14.2%）。另一方面，中国在东盟国家和澳大利亚的投资成就也很巨大。中国与美国之间的经济依存关系也很明显——中国在美投资累计已达731.7亿美元。

中国在欧洲的投资旨在巩固中国企业在欧洲市场的地位，促进货物沿着"丝绸之路"干线回流到中国。

商业服务（占总数的33.5%）、加工业（14.8%）、批发零售业（10.7%）、信息传递和信息服务（9.5%）、房地产（7.8%）、货币领域（7.6%）、公共服务业（2.8%）、建筑业（2.2%）在中国对外投资的行业结构中处于领先地位。

2017年，中国对外投资额下降29.4%，至1201亿美元。这部分原因是中国资本外流受到更严格的控制，但主要因素是中国对发达国家的投资更为谨慎，特别是美国和欧洲，以确保中国对外投资的安全和稳定。

四、经济特区

中国第一批经济特区设立于1980年，包括深圳、珠海、汕头和厦门，现已闻名世界。1988年，海南岛也被设为经济特区。经济特区在国家现代化和中国对外经济关系的发展中发挥了独特作用，它不仅是"世界之窗"以及与世界市场的"对接点"，而且还是用于测试一系列创新性改革的试验平台，其中包括改革工资和粮食价格、建立外汇交易中心和证券交易所等。

经济特区的发展成就也很明显。1979年，深圳、珠海、汕头、厦门和海南的地区生产总值小于40亿元，在国内生产总值中的份额还不及1%；而2017年，这两个数字分别达到了36170亿元和4.4%，五个地区的人均地区生产总值为16372美元，相当于中国平均水平的两倍。五个经济特区的对外贸易额从2亿美元增加至5500亿美元，其在中国对外贸易总额中的份额从0.4%上升至13.5%。这其中无可争议的领军城市要属深圳，它已成为中国最成功的经济特区。年度对外贸易额显示（2017年约4140亿美元），深圳自2000年初起便开始与上海争夺第一名。

深圳吸引外资的结果也令人印象深刻。1979—2017年，深圳的外国直接投资总额约为900亿美元（详见表6），占中国这一数额总量的4.7%（深圳地区生产总值占中国国内生产总值的比重为2.5%）。

表6　　　　　　　　　　深圳实际使用外资　　　　　　　单位：百万美元

年份	投资	年份	投资
1979	5	1999	1778
1980	28	2000	1961
1981	86	2001	2591
1982	58	2002	3191
1983	113	2003	3623
1984	186	2004	2350
1985	180	2005	2969
1986	365	2006	3269
1987	274	2007	3662
1988	287	2008	4030
1989	293	2009	4160
1990	390	2010	4297
1991	399	2011	4599
1992	449	2012	5299
1993	989	2013	5468
1994	1250	2014	5805
1995	1310	2015	6497
1996	2051	2016	6732
1997	1661	2017	7401
1998	1664		

资料来源：《深圳统计年鉴（2017）》，中国统计出版社2017年版，第318页；《深圳市2017年国民经济和社会发展统计公报》，深圳政府在线网，http://www.sz.gov.cn/cn/xxgk/zfxxgj/tjsj/tjgb/content/post_1333687.html，2019年5月26日。

五、展望

简要总结中国改革开放以来对外经济开放政策的主要成果，可以发现它在中国现代化建设进程中以及在对世界市场规范和规则的采纳中都发挥了不可替代的重要作用。中国已成为世界贸易、吸引外资和海外投资等领域的领导者之一，它很好地适应了世界经济全球化进程，且是主要受益者之一。目前，中国维护全球化，反对保护主义，在各个领域积极开展经济合作。

中国正在努力制定进一步发展对外经济关系的战略，并宣布将会加快转变外贸发展方式和结构更新，培育新的相对竞争优势，以及实现从高增长向高质量的转变。从方法上看，中国采取了"五个提升"的策略。一是打造更广泛的贸易伙伴网络，更积极地利用世界市场。二是改善中国对外贸易和投资活动的地域分布。三是更新对外经济关系的主体——即企业的技术、制度和管理,鼓励中小企业进入世界市场,依靠中国资本打造一批国际竞争力强的母公司和跨国企业。四是优化外贸商品结构,发展高附加值产品,努力提高中国名牌产品的声誉。五是改进现有的并探索新的货物贸易方式,全面发展服务贸易。

实际上,中国具有重要意义的一个战略是建设自由贸易试验区。西安、重庆和成都等地的试验区目的在于以国际标准发展中国西部的对外经济活动,确保中国与陆上"丝绸之路"沿线国家开展高质量的经济合作。2018年中期以来,试验区的主要成果之一——旨在吸引外国投资的"负面清单"管理原则被推广至整个中国(即除了清单上每年都会缩减的"禁区",其他领域都可投资)。

中国准备大幅增加外国进口商品,从而减少其巨大的货物贸易顺差。未来五年,中国的进口总额可能达到8万亿美元。2018年中期,中国减少了汽车和一些消费品的进口关税,2018年11月又在上海举办了首届中国国际进口博览会。

与此同时,中国保留了刺激出口的传统方法,比如提高部分产品的出口退税率,以及维持人民币的软贬值。2014年人民币对美元年平均汇率为6.143,达到峰值;2016年为6.6423,2017年为6.7518。此外,中国也在大力发展跨境电子商务等新型对外贸易。近年来,中国通过了一系列文件来规范经济活动,并于2018年8月颁布了《中华人民共和国电子商务法》。

评估未来10年中国对外经济关系的发展势态,我们几乎可以肯定地说,它将仍是货物和服务贸易领域的世界领导者之一,不断吸引外国资本并在海外投资。中国正在加快建设成为创新型国家,这有利于进一步推动中国出口。中国将会继续采取有效行动,扩大服务贸易——特别是现代服务贸易——的规模,发展电子商务,并通过国家间自由贸易区保持相对有利的对外贸易体制。与此同时,中国对外经济活动的外部条件也将有所恶化。美国和西欧加大了对中国投资的迫害力度,并以防范知识产权侵权和技术泄露为借口,阻挠中国资本参与一系列重大并购交易。美国增加对从中国进口商品的关税,这可能会对中国经济产生重大影响。西方以绝对消极的态度对待"中国制造2025"计划,值得关注;西方似乎正在千方百计地防止自身技术优势遭到削弱。

在这种背景下,"一带一路"合作项目的成功实施不仅能缓冲中国与西方经济互动可能出现的降温,而且也有助于维护和加强中国在世界贸易和投资活动中的地位。可以预见,中国将会对与俄罗斯、欧亚经济联盟、金砖国家、"非西方世界"发展关系更感兴趣。

20 世纪 60 年代中国与欧洲石化企业的贸易
Trade Between Chinese and European Petrochemical Enterprises in the 1960s
［比利时］张丽雅（Valeria Zanier）

张丽雅，比利时鲁汶大学文学院副教授。

［摘　要］20 世纪 60 年代，随着中国国民经济调整工作的开展，中国与欧洲国家的经济往来开始增多。在此过程中，中国从英国等欧洲国家购买了石化产品，引进了相应的技术设备等，既有力推动了中国经济发展，也进一步加强了中国与欧洲国家的经济往来，为世界经济一体化作出了应有贡献。

一、20 世纪 60 年代初：中国石化产业的战略转折点

随着 20 世纪 60 年代初国民经济调整工作的开展，中国与西欧工业企业的关系迎来了一个更"专业"的新阶段，变化的最初信号出现在 1961 年末，中国向英国制造商维克斯公司（Vickers）购买了少量的"子爵"客机。1962 年，化肥市场重新引起了人们的兴趣，这不仅关系到化肥进口，也包括发展生产设施。1963 年，中国从荷兰公司 Continental Engineering（V.N.F. Stork Verkspoor）手中购买了一家尿素厂，随后又向意大利公司 Montecatini 购买了设备、专利和专有技术，建起氨生产厂，并从英国公司 Humphreys & Glasgow 手中购买了合成氨厂。

与此同时，随着中苏关系恶化，中国愈发强调自力更生。在 20 世纪 60 年代初，中国成功试爆第一颗原子弹，并加大力度在石油生产、石油进口、管道和精炼设备进口方面进行探索。

中国在 20 世纪 50 年代发现了新的油田，却没有能力生产全品类的石油产品，因此仍不断寻找新的供应商。1963—1966 年间，中国进出口企业各尽其能，从世界各地采购技术、机械和设备。尽管此时中苏交恶，但中国仍从匈牙利、罗马尼亚和民主德国购买了石油钻塔、涡轮钻具、地震勘探设备和核心取样装置，并且还从古

巴进口了源自美国的催化裂化技术和平台化技术。①

中国不仅就炼油厂和石油设备与德国 Lurgi、法国 Speichem 和 Technip、意大利 ENI 等公司展开谈判，而且还盯上了一些金属冶炼企业及机械公司（德国 Mannesmann 和意大利 Innocenti 公司）。1962 年，中苏交恶的问题很明显已无法轻易化解，而中国市场对西方企业的吸引力日益增强。但到了 1963 年，关于什么对美国商业利益最为有利的争论此起彼伏，美国对华政策开始变得扑朔迷离，充满不确定性。禁运规定方面，中国委员会禁止向中国出售汽油，也禁止出售英国明令禁止的"石油炼化设备"和"油井钻探和勘探设备"。② 不过，资本主义阵营与社会主义阵营之间存在许多灰色地带，这为双方之间的贸易提供了机会。为了让飞机升空，中国需要从国外购买燃油。美国虽对国内企业下了禁令，却也明白很难阻止西欧企业出售此类物资，尤其是英国和荷兰的公司——它们在中国沿海港口建有大型储罐，很容易为中国的国有企业供应汽油。③

二、英国石油公司早期在石化行业的运营案例

英国石油公司是英国最大的独资石油企业，也是世界最大的石油公司之一。在新中国成立后，英国石油公司只是积极主动地将外国石油供应给中国企业，同时谨慎地培养下一阶段更直接的利益。20 世纪 60 年代上半叶，中国对东西方贸易的态度发生转变，对航空业利益有明显影响。英国首先抓住了这一机遇，1961 年 12 月将六架"子爵"客机出售给中国；随后经过更长时间的谈判，法国也成功将"快帆"客机和"云雀"直升机出售给中国。

为进一步开展与西方国家的经贸往来，中国让英国石油公司和壳牌公司提供试购报价。壳牌公司与美国存在密切的利益关系，因此立刻回绝了这一请求，英国石油公司则对燃料交易表现出积极态度。1963 年春季广交会期间，英国石油公司收到了这样的询价："一船航空汽油（15000—18000 吨油轮），价值约 22 万英镑；一船航空涡轮燃料，价值约 15 万英镑；一船照明用煤油，价值约 10 万英镑"。④ 此外，中国企业还表示要购买大量的润滑剂，价值可达 10 万英镑，要求不得是美国原产或含有美国成分的产品。

---

① Mitcham, C. J., *China's Economic Relations with the West and Japan, 1949–79. Grain, Trade and Diplomacy*, London: Routledge, 2005, p.122.
② 1951 年 6 月英国列入对华禁运货物综合清单的商品。参考 *Board of Trade Journal*, 8 November 1957。
③ 参考：Cain, F., *Economic Statecraft During the Cold War: European Responses to the US Embargo*, London: Routledge, 2007。
④ 1963 年 11 月 18 日，北京代办 Ross 写给外交部远东司 Flack 的信。FO 371/170707。

航空用润滑剂具有战略意义，因此受到巴黎统筹委员会的监管限制。1963年，英国石油公司向其直接政府主管部门——电力部询问此事，由此打开了政治考量的潘多拉魔盒。正如一些学者所说，白厅在把控石油利益方面始终存在分歧。① 英国财政部、电力部、外交及联邦办公厅在涉及石油和石油企业的事务中各有不同的优先事项，这让英国石油公司（和壳牌公司）能够对最终决策发挥更大的影响。三个部门之间出现分歧，相互妥协的结果常常是接受石油公司的提议。具体而言，1963年英国向中国供应石油面临三个方面的问题：英国政府主要担心的是惹怒美国；害怕损害许多英国企业在中国的商业利益；顾虑可能使印度感到不安，因为当时印度正面临与中国的边界争议。

担心损害其他英国企业利益是一个敏感问题，它也影响了英国石油公司与英国政府之间的商议。1963年春，中国对外贸易部（以下简称外贸部）副部长卢绪章② 对英国进行了长时间的访问。访问团规模庞大，是中国高级代表首次正式访问一个非社会主义国家。卢绪章访英标志着第二次世界大战后中国与西欧国家的经济关系达到高潮，为中国与西欧企业签订大量合同开辟了道路。英国方面，1963年10月，Humphreys & Glasgow公司将一家合成氨生产厂出售给中国，1964年8月Simon Carves公司转让了一家高压聚乙烯厂。此外，ICI公司也收到了来自中国企业的针对一家化肥厂、一家聚乙烯厂和一家涤纶厂的询价。

1963年8月15日，英国外交大臣休姆勋爵召集会议，讨论向中国出售石油的利弊。会议期间，英国石油公司董事长布里奇曼讲述了公司近期多次尝试进入中国市场的情况："中国曾对极少量的石油反复询价，但从未对报价作过任何回应。"布里奇曼还指出："生意太小，无法营利"。1963年8月，外交大臣办公室会议期间，"大家一致认为，涉及大量交易的长期合同可能会对商业和政治造成不良影响"。休姆勋爵对布里奇曼说："政府当然不会强迫英国石油公司做出任何违背商业判断的事情，但我们认为只要公司不是唯一一家外国供应商，也没有超量供应，我们就不反对这种交易"。③ 休姆的意见得到了英国首相麦克米伦的支持。会议期间，"布里奇曼

---

① Kuiken, J.,"Caught in Transition: Britain's Oil Policy in the Face of Impending Crisis, 1967—1973", *Historical Social Research*, Vol.39, No.4, 2014, pp.272-290.

② 卢绪章（1911—1995），浙江省鄞县人，1937年加入中国共产党，1939年任广大华行上海分行经理，后任该行总经理，为解决中共地下组织的经费问题起了很大的作用，为中国人民的解放事业作出了突出的贡献。新中国成立后先后担任华东贸易部副部长、中国进出口公司经理、外贸部副部长、华侨旅行社社长、国家旅游总局局长、外贸部常务副部长、对外经济贸易部顾问等职，是第五、六、七届全国政协委员。参见《卢绪章同志逝世》，《人民日报》1995年12月21日。

③ 外交大臣办公室会议记录，星期四，1963年8月15日；主题：向中国供应石油；出席人员：休姆、卡恰、麦克尔霍斯、布里奇曼；FO 371/170706。

说如果商业利益巨大,即使与美国发生争执也值"。比如,中国未来 10 年能向英国石油公司购买 2500 万吨的原油和精炼产品。但他认为,这种情况不会很快发生。中国客户可能提出的交易是"(比如)明年购买两三万吨"。如果是这种情况,英国石油公司在美国以及美国公司都会遇到很多困难。总之,从当时的会议报告中可以看到,布里奇曼最后似乎对英国石油公司与中国进行石油贸易持怀疑态度。通过调阅公司档案,笔者发现公司管理层中存在深刻分歧,这也佐证了上述观点。布里奇曼同样认为中国市场吸引力不足。

英国外交大臣作出支持与中国进行买卖的决定后,英国电力部便邀请贸易局、外交及联邦办公厅、英联邦关系部就此协调观点。贸易局最大的担忧是:"如果他们达成交易,而且美国从其他渠道得到了消息,那我们如何是好?"最后,大家达成一致意见——如果英国石油公司与中国达成协议,他们便会立刻告知电力部,再由英国驻华盛顿大使馆立即转告美国方面;当然不能提英国政府早就在为英国石油公司出谋划策的事情。英联邦关系部的主要担忧是印度的反应。对于这种情况,它也同意以类似方式处理,但不能让人觉得英国有义务将本国企业遇到的每一个中国商机都告诉印度。

1964 年 1 月底,休姆获得支持的最终意见正式传达给了英国石油公司。与此同时,鉴于中国在不断催促答复,各个部门同意英国石油公司派出特使前往北京,为他们最终决策争取时间。而且,英国与中方谈判必须绝对保密。8 月 22 日,在与英国电力部和外交及联邦办公厅的会谈中,英国石油公司弗雷泽向外交及联邦办公厅麦克尔霍斯保证,公司派往北京的特使不会走漏风声:首先,这名特使没人认识;其次,"出入中国的商人数目众多,既有英国的也有其他国家的,因此除非是高级别代表团,一般访问不会引起注意"。[①] 弗雷泽称公司对如何答复中国方面非常犹豫:如果达成协议,公司必将遭美国兴师问罪,在印度市场的利益也会受损。[②] "英国石油公司可以随波逐流,但不想引领潮流。"事实上,弗雷泽称,中国似乎也希望扩大自己的供应来源。

1963 年 11 月,英国石油公司远东高级代表贝斯利被秘密派往北京(之所以选择这个人,是因为他在国际商界并不出名,而其职位对中国来说又很合理)。英国政府虽已点头,但英国石油公司拒绝出售燃料油,仅愿供应煤油,谈判就此终止。

[①] 麦克尔霍斯会议记录,FO 371/170707。
[②] 中国:石油供应;Stevenson 先生办公室会议记录,出席人员:电力部 Stevenson 先生(主席)和 E. Wright 先生;外交部 C. M. McLehose 先生;英国石油公司 W. Fraser 先生,R. B. Dummet 先生;1963 年 8 月 22 日;FO 371/170707。

与此同时，ENI 公司和 CFP 公司也加入角逐，[①] 这笔交易最终落入 CFP 公司手中。而英国政府对英国石油公司的做法并不十分满意。20 世纪 60 年代初，英国政府在中英贸易机会上押下重注，并在 1963 年接待了外贸部代表团，他们担心英国石油公司的决定将会葬送英国企业的良好商机。[②]

三、卢绪章访问英国

1963 年，英国政府邀请中国外贸部副部长卢绪章访问英国。卢绪章对资本主义经济实践的深入了解对他在外贸部的工作发挥了很大作用。1952—1964 年，他共访问过 27 个国家（其中只有 6 个是非社会主义国家），签署了 13 份贸易协定（均是非社会主义国家）。

卢绪章于 1963 年春天到访英国，这是中国如此高级别的代表团第一次正式访问非社会主义国家。卢绪章访英标志着第二次世界大战后中国与西欧国家的经济关系日益加强，为与西欧企业签订大量合同开辟了道路。这次访问可以说是新中国与西方世界关系最活跃、最积极阶段的重要起点。卢绪章这样经验丰富的官员被选作代表团团长，表明中国领导人高度重视与西欧地区的关系。

此次访问的目标非常具体，从卢绪章本人的说法中就可以推断出来："中国虽对购买这个国家的工厂、机器和材料感兴趣，但大体上只想获得技术先进的产品，技术要求不太高的那些产品，中国自己就能生产。"[③] 从西方引进技术设备也成为中国后来的重要发展内容之一。

---

① 北京致外交部电报第 864 号，1963 年 11 月 15 日，FO 371/170707。
② Brock to Dummett，1963 年 5 月 24 日，英国石油公司档案，File 8336。
③ TNA, BT 241/646。China Association，第 198 号公报，1963 年 4 月 30 日。

新中国社会主义文化建设的演进及基本经验

Evolution and Basic Experience of Socialist Cultural Construction of People's Republic of China

欧阳雪梅（Ouyang Xuemei）

欧阳雪梅，中国社会科学院当代中国研究所第三研究室主任、研究员，长期担任中国社会科学院创新工程研究项目首席研究员，为中共中央宣传部出版局评审专家、文化和旅游部国家主题性创作项目专家指导委员会委员、中国科协财政项目评审专家。主要研究方向为中华人民共和国史、中国近现代人物研究。代表作有《中华人民共和国文化史（1949—2019）》（主编）、《当代中国文化》《新中国70年社会主义文化建设的演进及基本经验》等。

［摘　要］社会主义文化建设是社会主义事业的重要组成部分。新中国成立70年来，党和政府领导全国人民在社会主义实践中进行文化创造，在历史进步中实现文化进步，向工农大众普及文化，实现了文化产品从短缺到丰富、从服务中国人民到与世界人民交流互鉴的翻天覆地的变化。中国共产党始终把握社会主义文化发展的正确方向，坚持以人民为中心的价值追求，建设社会主义核心价值体系，提高了国家文化软实力，为新中国实现从站起来、富起来到强起来的伟大飞跃提供了重要支撑。

新中国成立70年来，中国共产党立足实际，领导人民不断回答时代和实践提出的问题，推动社会主义文化建设不断发展，重点围绕构筑中国精神、中国价值、中国力量，在丰富广大人民的精神文化生活、促进人的全面发展等方面着力，为新中国实现从站起来、富起来到强起来的伟大飞跃提供了重要支撑。

一、奠定社会主义文化基础，向工农大众普及文化

早在1940年1月，毛泽东在《新民主主义论》中就勾画了新中国文化发展的蓝图："我们不但要把一个政治上受压迫、经济上受剥削的中国，变为一个政治上自由和经济上繁荣的中国，而且要把一个被旧文化统治因而愚昧落后的中国，变为一个

被新文化统治因而文明先进的中国。一句话,我们要建立一个新中国。建立中华民族的新文化,这就是我们在文化领域中的目的。"[1]1949年9月,中国人民政治协商会议第一次全体会议通过的《中国人民政治协商会议共同纲领》规定:"中华人民共和国的文化教育为新民主主义的,即民族的、科学的、大众的文化教育。人民政府的文化教育工作,应以提高人民文化水平、培养国家建设人才、肃清封建的、买办的、法西斯主义的思想、发展为人民服务的思想为主要任务。"[2]1956年11月,毛泽东提出了建设"现代化的文化和科学"[3]的发展目标。

(一)改变文化落后面貌,提高广大人民群众的文化水平

近代以来,中国国弱民穷、公共文化设施极其短缺。1949年,全国各级各类学校在校学生总数为2554.7万人,仅占全国人口总数54167万人的4.7%;全国只有55个公共图书馆、896个文化馆(站)、21个博物馆。[4]

新中国成立后,人民在政治上翻了身,如何让占全国人口90%以上的工农大众在文化上翻身、提高广大人民群众的文化水平摆在新生的人民政权面前。为此,党和政府确定了"教育必须为生产建设服务,为工农服务,学校向工农开门"的方针,[5]各地大力发展工农教育,开展了识字扫盲运动和业余教育;建设公共图书馆、群众艺术馆、文化馆(站)、剧场以及广播、电影设施,活跃基层群众文化,到1966年,农村基本普及了广播网,全国有公共图书馆523个、文化馆(站)4846个、博物馆193个;[6]实行戏曲改革,改戏、改人、改制,剔除旧戏中的各种毒素,改革旧戏班社中的旧徒弟制、养女制等不合理制度,提高艺人的政治、文化及业务水平;[7]实行文字改革,简化汉字,制订和推行《汉语拼音方案》,推广普通话;等等。此外,党和政府还在少数民族地区建立现代教育体系,大力培养少数民族人才。在民主改革中,西藏建立起"第一所民办小学、第一所夜校、第一个识字班、第一个电影放映队、第一个医疗卫生机构"[8]。在地广人稀的内蒙古牧区,出现了"把天空当成明亮的灯光,把草原当成移动的舞台"的红色文化工作队——"乌兰牧骑",给牧民们送去了欢乐。[9]

---

[1] 《毛泽东选集》第2卷,人民出版社1991年版,第663页。
[2] 《建国以来重要文献选编》第1册,中央文献出版社2011年版,第9页。
[3] 《毛泽东年谱(1949—1976)》第3卷,中央文献出版社2013年版,第24页。
[4] 《新中国六十年统计资料汇编》,中国统计出版社2010年版,第72、6、78页。
[5] 中共中央党史研究室:《中国共产党的九十年·社会主义革命和建设时期》,中共党史出版社、党建读物出版社2016年版,第404页。
[6] 《新中国六十年统计资料汇编》,中国统计出版社2010年版,第78页。
[7] 欧阳雪梅主编:《中华人民共和国文化史(1949—2012)》,当代中国出版社2016年版,第21—22页。
[8] 《西藏民主改革50年社会生产力实现三次历史跨越》,中华人民共和国中央人民政府网,http://www.gov.cn/jrzg/2009-03/19/content_1263172.htm,2019年3月19日。
[9] 高平、安胜蓝:《红色基因代代相传》,《光明日报》2017年11月23日。

新中国的文化以"为工农兵服务、为人民大众服务"[①]为宗旨,有计划、有步骤地发展人民文化、人民文艺、人民教育:在最基层的城市街区和农村建立或改善了文化设施,发展新的文学、戏曲、电影、音乐、舞蹈、戏剧、美术等社会文化事业;文艺工作者满腔热情地深入生活,创作了一大批表现人民群众改天换地创举的雅俗共赏的艺术精品,新中国涌现了一批优秀的文艺工作者;国家在建立各级各类学校相衔接的国民教育体系基础上,还实行全日制和半工半读两种教育制度,[②] 既保障了广大劳动人民受教育的权利,也加强了对干部与专业人才的培养,满足了社会主义建设的需要。1964年,农村青壮年中的文盲、半文盲降至48.4%。[③]1965年,学龄儿童入学率达到84.6%,[④] 从1949年到1965年,小学在校生从2439万人发展到1.16亿人;中学在校生从103.9万人发展到933.8万人,另有职业中学学生443.3万人;高等学校在校生由11.7万人发展到67.4万人。[⑤] 全国自然科学技术人员已达245.8万人。[⑥]

(二)确立马克思主义在意识形态中的主导地位

毛泽东曾经指出:"一切奴化的、封建主义的和法西斯主义的文化和教育,应当采取适当的坚决的步骤,加以扫除"。[⑦] 新中国成立初期,党和政府积极组织翻译和出版了一大批马克思主义经典著作,"用马列主义的思想原则在全国范围内和全体规模上教育人民"[⑧]。在抗美援朝运动中,对于接受美国津贴的文化教育机关,分别由政府接办或"委托中国私人团体自办"[⑨],肃清了帝国主义在华文化的影响,开展广泛的宣传教育活动,消除了部分群众存在的"亲美、崇美、恐美"思想,增强了民族自信心。通过企业内部的民主改革和农业、手工业、资本主义工商业三大社会主义改造,劳动光荣、剥削可耻以及社会主义是实现国家富强、人民富裕的光明大道等观念深入人心。20世纪50年代,中共中央号召知识分子学习社会发展史、历史唯物论,同工农群众结合,为国家建设服务,树立为人民服务的观点;成立了中国科学院哲学社会科学部,以马克思主义为指导的哲学社会科学得到发展;等等。马克思主义、毛泽东思想开始向全社会普及,极大地改变了人们的精神面貌。

---

① 《周恩来文化文选》,中央文献出版社1998年版,第221页。
② 《刘少奇选集》下卷,人民出版社1985年版,第324页。
③ 方晓东、李玉非等:《中华人民共和国教育史纲》,海南出版社2002年版,第190页。
④ 《新中国六十年统计资料汇编》,中国统计出版社2010年版,第76页。
⑤ 《新中国六十年统计资料汇编》,中国统计出版社2010年版,第72页。
⑥ 《当代中国的科学技术事业》,当代中国出版社、香港祖国出版社2009年版,第31页。
⑦ 《毛泽东文艺论集》,中央文献出版社2002年版,第117页。
⑧ 《刘少奇选集》下卷,人民出版社1985年版,第82页。
⑨ 中共中央宣传部办公厅、中央档案馆编研部:《中国共产党宣传工作文献选编(1949—1956)》,学习出版社1996年版,第160页。

（三）提出"双百"方针，繁荣发展社会主义文化

1956年4月5日，中共中央政治局扩大会议指出，宣传工作要"用马克思列宁主义的分析方法，用人民的语言，很有说服力地去说明马克思列宁主义的普遍真理和中国具体情况的统一"[①]。当然，"我们信奉马克思主义是正确的思想方法，这并不意味着我们忽视中国文化遗产"[②]。4月28日，毛泽东提出："艺术问题上的百花齐放，学术问题上的百家争鸣，我看这个应该成为我们的方针"，[③]他多次申明"双百"方针是一个基本的、长期的方针，并强调"双百"方针是与坚持马克思主义的指导地位相统一的。"双百"方针提出后，关于文艺批评和文艺理论的探讨逐渐活跃，文艺创作开始呈现出百花齐放的趋势。社会主义文化建设需要解决如何对待中国传统文化和外国文化的问题，对此，毛泽东提出：我们不仅"对中国的文化遗产，应当充分地利用，批判地利用"[④]，而且"一切民族、一切国家的长处都要学，政治、经济、科学、技术、文学、艺术的一切真正好的东西都要学"[⑤]。"古为今用、洋为中用"解决了社会主义文化发展中的文化资源问题，表明了党对"古今中外"问题的科学态度。[⑥]

（四）确立社会主义的价值追求

中国共产党以为人民服务为宗旨，崇尚"不是做官，是做事"[⑦]，提倡"爱祖国、爱人民、爱劳动、爱科学、爱护公共财物"[⑧]为全体国民的公德，表彰劳动模范，讴歌艰苦奋斗、无私奉献的集体主义和革命英雄主义精神；在教育方针上，培养人民德、智、体全面发展[⑨]，"成为有社会主义觉悟的有文化的劳动者"[⑩]。全国人民在党和政府的领导下，建设社会主义的热情高涨，涌现出一批如焦裕禄、王进喜、雷锋式的鞠躬尽瘁、死而后已的先进模范人物，形成了大庆精神、大寨精神、"两弹一星"精神、红旗渠精神等。艰苦创业、奋发图强成为时代的最强音，中华民族的精神面貌和社会风尚焕然一新。

以毛泽东同志为主要代表的中国共产党人回答了社会主义文化的指导思想、宗旨与发展方向等根本性问题，奠定了新中国社会主义文化发展的基石，也创造了中

---

① 《建国以来重要文献选编》第8册，中央文献出版社2011年版，第199页。
② 《毛泽东文集》第3卷，人民出版社1996年版，第191页。
③ 《毛泽东年谱（1949—1976）》第2卷，中央文献出版社2013年版，第570—571页。
④ 《毛泽东文集》第8卷，人民出版社1999年版，第225页。
⑤ 《毛泽东文集》第7卷，人民出版社1999年版，第41页。
⑥ 欧阳雪梅主编：《中华人民共和国文化史（1949—2012）》，当代中国出版社2016年版，第80页。
⑦ 《周恩来传》（三），中央文献出版社2011年版，第869页。
⑧ 《建国以来重要文献选编》第1册，中央文献出版社2011年版，第9页。
⑨ 《三中全会以来重要文献选编》（下），人民出版社1982年版，第1141页。
⑩ 《邓小平文选》第2卷，人民出版社1994年版，第103页。

国历史上从未有过的崭新的人民的文化。但是,"文化大革命"开始后社会主义文化建设的探索遭遇了严重挫折。

二、探索中国特色社会主义文化

"文化大革命"结束后,中国共产党总结和反思新中国成立后正反两方面的经验,坚持真理、修正错误,批评"两个凡是"的错误方针,开展真理标准问题讨论,打破思想禁锢;中共十一届三中全会重新确立了解放思想、实事求是的思想路线,强调必须完整、准确地掌握毛泽东思想的科学体系,中国进入改革开放和社会主义现代化建设新时期。党和政府调整文化政策,探寻具有中国特色的社会主义文化发展与繁荣之路,借鉴国外文化发展的经验,改革文化体制,发展文化市场与文化产业,丰富文化的多样性,既满足人民群众日益增长的精神文化需求,又坚持社会主义先进文化的方向。

(一)拨乱反正,调整文化政策

1977年5月,邓小平提出要"尊重知识、尊重人才"[①],1978年3月,他在全国科学大会上重申知识分子是工人阶级的一部分[②]。1979年10月,邓小平在中国文学艺术工作者第四次代表大会上阐述了文艺与政治、文艺与生活等方面的关系:"要继续坚持毛泽东同志提出的文艺为最广大的人民群众、首先为工农兵服务的方向,坚持百花齐放、推陈出新、洋为中用、古为今用的方针",文艺要"满足人民精神生活多方面的需要"。[③]1980年1月,邓小平强调:"不继续提文艺从属于政治这样的口号",但"文艺是不可能脱离政治的。任何进步的、革命的文艺工作者都不能不考虑作品的社会影响,不能不考虑人民的利益、国家的利益、党的利益"。[④]7月26日,《人民日报》发表了社论《文艺为人民服务、为社会主义服务》,指出"二为"方向"为我国社会主义新时期的文艺工作指出了正确的方向",成为改革开放新时期国家文化方针政策的重要组成部分。1981年6月,中共十一届六中全会通过了《关于建国以来党的若干历史问题的决议》[⑤],科学评价了毛泽东的历史地位,概括了毛泽东思想的科学内涵,充分肯定了毛泽东思想的指导地位,统一了全党全国人民的思想,为维护全党的团结和全国人民的团结、促进中国特色社会主义事业的健康发展

---

① 《邓小平文选》第2卷,人民出版社1994年版,第41页。
② 《邓小平文选》第2卷,人民出版社1994年版,第89页。
③ 《邓小平文选》第2卷,人民出版社1994年版,第209—210页。
④ 《邓小平文选》第2卷,人民出版社1994年版,第255—256页。
⑤ 《关于建国以来党的若干历史问题的决议》,《人民日报》1981年7月1日。

提供了根本保证。

（二）吸收和借鉴人类文明的优秀成果

随着改革开放的逐步展开、对外交往的迅速增加和文化视野的骤然拓宽，中国面临着前所未有的发展机遇。邓小平指出："要以世界先进的科学技术成果作为我们发展的起点"[1]，要着重介绍西方正直进步的学者、作家、艺术家有价值的著作和创作。[2]20世纪80年代，我国出现了译介出版外国著作的热潮，影响较为广泛的主要有"文化：中国与世界丛书""面向世界丛书""走向未来丛书""二十世纪西方哲学译丛""西方哲学流派丛书""世界文化丛书"等，囊括了西方思想文化的经典名著，体现了中国对待人类思想文化遗产的态度。如我国从1981年开始出版的"汉译世界学术名著丛书"迄今已译介出版了700余种，"为中国打开了一扇关闭许久的、向世界开放的窗口"。[3]

（三）建设社会主义精神文明

1979年，中共中央提出"要在建设高度物质文明的同时，提高全民族的教育科学文化水平和健康水平，树立崇高的革命理想和革命道德风尚，发展高尚的丰富多彩的文化生活，建设高度的社会主义精神文明"[4]。1982年，中共十二大把努力建设高度的社会主义精神文明确定为我国社会主义现代化建设的一个战略方针。[5] 社会主义精神文明建设的根本任务是培养"有理想、有道德、有文化、有纪律"的社会主义公民，"用共同理想动员和团结全国各族人民"，提高整个中华民族的思想道德素质和科学文化素质。[6]1986年的中共十二届六中全会、1996年的中共十四届六中全会先后作出了《关于社会主义精神文明建设指导方针的决议》[7]及《关于加强社会主义精神文明建设若干重要问题的决议》[8]，以推动社会主义精神文明建设。

中共十四大确立了邓小平建设有中国特色社会主义理论的指导地位，强调"物质文明和精神文明都搞好，才是有中国特色的社会主义"，"精神文明重在建设"。[9]1991年，江泽民提出要建设"有中国特色社会主义的文化"[10]。从1992年开始，

---

[1] 《邓小平文选》第2卷，人民出版社1994年版，第129页。
[2] 《邓小平文选》第3卷，人民出版社1993年版，第44页。
[3] 于殿利：《"汉译名著"：新时代，新使命》，《人民日报》2019年5月14日。
[4] 《三中全会以来重要文献选编》（上），中央文献出版社2011年版，第204页。
[5] 《十二大以来重要文献选编》（上），中央文献出版社2011年版，第21页。
[6] 《十二大以来重要文献选编》（下），中央文献出版社2011年版，第125页。
[7] 《十二大以来重要文献选编》（下），中央文献出版社2011年版，第121页。
[8] 《十四大以来重要文献选编》（下），中央文献出版社2011年版，第132页。
[9] 《十四大以来重要文献选编》（上），中央文献出版社2011年版，第26—27页。
[10] 江泽民：《在庆祝中国共产党成立七十周年大会上的讲话》，《人民日报》1991年7月2日。

中共中央宣传部设立了精神文明建设"五个一工程"①奖,评选出的优秀作品思想性和艺术性相统一,发挥了积极的引导和示范作用。1994年1月,江泽民在全国宣传思想工作会议上提出并全面阐释了"弘扬主旋律,提倡多样化"的方针,②这是巩固社会主义文化在思想文化领域主导权的国家战略,是坚持"二为"方向和"双百"方针的具体体现。③1997年,中共十五大把建设有中国特色的社会主义文化作为党在社会主义初级阶段基本纲领的重要组成部分,强调以马克思主义为指导,"在全社会形成共同理想和精神支柱,是有中国特色社会主义文化建设的根本",要弘扬民族优秀文化。④2000年,江泽民提出了"三个代表"重要思想,把"始终代表中国先进文化的前进方向"⑤作为党的先进性要求之一。

(四)发展文化产业

改革开放后拓展了文化的经济属性。1978年底,财政部批准《人民日报》等8家报纸因财政补贴不足而提出"事业单位,企业化管理"的要求。⑥1979年1月28日,上海电视台播出了中国电视的第一条商业广告;同年,广州东方宾馆开设了首家营业性音乐茶座,文化产业的雏形开始萌芽。1985年4月,国务院办公厅转发《国家统计局关于建立第三产业统计的报告》⑦,文化、广播电视事业和科学研究事业等纳入第三产业。1989年,国务院批准文化部设立文化市场管理司。⑧1992年,《中共中央国务院关于加快发展第三产业的决定》颁布⑨,国务院办公厅将"文化产业"概念单列,指出文化产业包括"文化娱乐业"、"文化服务业"和"文化艺术商品经营业"等⑩。

随着经济全球化和高新技术的迅速发展,文化与经济、科技日益交融,文化在综合国力竞争中的地位日益突显。1998年,文化部增设文化产业司,标志着我国文化产业已经"由市场和民间自发发展进入政府自觉推动的新阶段"⑪。2000年,《中

---

① 由中宣部组织的精神文明建设"五个一工程"评选活动,自1992年起每年举行一次,评选上一年度各省、自治区、直辖市和中央部分部委,以及解放军总政治部等单位组织生产、推荐申报的精神产品中五个方面的精品佳作。这五个方面是:一部好的戏剧作品,一部好的电视剧(或电影)作品,一部好的图书(限文艺类),一部好的理论文章(限社会科学方面),一部好电影。从1995年起,一首好歌和一部好的广播剧列入评选范围,"五个一工程"的名称不变。
② 《十四大以来重要文献选编》(上),中央文献出版社2011年版,第572页。
③ 欧阳雪梅主编:《中华人民共和国文化史(1949—2012)》,当代中国出版社2016年版,第263页。
④ 《十五大以来重要文献选编》(上),中央文献出版社2011年版,第30—31页。
⑤ 《十五大以来重要文献选编》(下),中央文献出版社2011年版,第154页。
⑥ 李景源、陈威:《中国公共文化发展服务报告(2007)》,社会科学文献出版社2007年版,第34页。
⑦ 国务院办公厅法制局:《中华人民共和国法规汇编(1985年1月—12月)》,法律出版社1986年版,第615页。
⑧ 苏尚尧:《中华人民共和国中央政府机构(1949—1990)》,经济科学出版社1993年版,第517页。
⑨ 《中共中央国务院关于加快发展第三产业的决定》,《人民日报》1992年6月30日。
⑩ 罗干:《重大战略决策——加快发展第三产业》上卷,中国政法大学出版社1992年版,第360—365页。
⑪ 欧阳雪梅主编:《中华人民共和国文化史(1949—2012)》,当代中国出版社2016年版,第269页。

共中央关于制定国民经济和社会发展第十个五年计划的建议》首次将文化产业列入国家发展战略。[①]2002年,中共十六大指出:"文化产业是市场经济条件下繁荣社会主义文化、满足人民群众精神文化需求的重要途径"[②],并将文化分为公益性文化事业和经营性文化产业两部分,这是我党文化建设理论的一个重大突破[③]。政府重点支持和保障建设覆盖城乡的公共文化服务体系,推动文化资源共建共享,改善文化民生;国有经营性文化单位转企改制为文化市场主体,国务院推进政府职能转变,实行管办分离、政企分开、政事分开,改变政府的统包统揽。多主体参与文化建设,极大地解放了文化生产力,文化产业成为国民经济新的增长点,文化产品的供给能力显著提升,图书品种、总量稳居世界第一位。2010年,中国成为世界第一大电视剧生产国、第三大电影生产国。[④]中共十七届六中全会通过的《关于深化文化体制改革推动社会主义文化大发展大繁荣若干重大问题的决定》,提出了建设社会主义文化强国的目标。[⑤]

(五)建设社会主义核心价值体系

在加强公民基本道德规范的基础上,2004年9月,中共十六届四中全会通过了《中共中央关于加强党的执政能力建设的决定》,首次明确提出要"弘扬以爱国主义为核心的民族精神和以改革创新为核心的时代精神"[⑥]。2006年,中共十六届六中全会提出了建设社会主义核心价值体系的战略任务,明确指出:"马克思主义指导思想,中国特色社会主义共同理想,以爱国主义为核心的民族精神和以改革创新为核心的时代精神,社会主义荣辱观,构成社会主义核心价值体系的基本内容"[⑦]。

由于中国搞清楚了什么是社会主义和怎样建设社会主义这个问题,凝聚了改革发展的共识,促进了马克思主义指导思想下的文化多样化发展,文化领域呈现出前所未有的繁荣局面,不仅为坚持与发展中国特色社会主义提供了强大精神力量,而且个性化、形态多样的文化产品为亿万人民提供了丰富多彩的精神食粮。

三、新时代坚持和发展中国特色社会主义文化

经过长期努力,中华民族前所未有地走近世界舞台中央,前所未有地接近实现

---

① 《十五大以来重要文献选编》中,中央文献出版社2011年版,第509页。
② 《十六大以来重要文献选编》(上),中央文献出版社2005年版,第31页。
③ 蔡武:《改革发展繁荣——改革开放30年中国文化发展报告》,文化艺术出版社2008年版,第90页。
④ 张玉玲:《我国文化体制改革取得重大进展》,《光明日报》2011年3月1日。
⑤ 《十七大以来重要文献选编》(下),中央文献出版社2013年版,第562页。
⑥ 《十六大以来重要文献选编》(中),中央文献出版社2011年版,第285页。
⑦ 《十六大以来重要文献选编》(下),中央文献出版社2011年版,第661页。

中华民族伟大复兴的目标，中国特色社会主义进入了新时代。一方面，因为中国用几十年时间走完了发达国家几百年走过的工业化历程，相应地也将长时段的各种矛盾压缩在短时间里集中显现；我国全面深化改革进入深水区，为继续打好改革攻坚战，需要增进改革发展的社会共识，营造良好氛围，汇聚全民族的智慧和力量，保证"两个一百年"奋斗目标的如期实现。另一方面，由于"当今世界正面临百年未有之大变局"①，中国进入与世界强国同场角力的新时代，需要洞察时代风云，把握时代脉搏，为应对全球共同挑战、共同问题提出中国智慧、中国方案。中共十八大以来，以习近平同志为核心的党中央坚持中国特色社会主义文化发展道路，坚定文化自信，以高度的文化自觉与文化担当，坚守中华文化立场，铸造中国精神，促进文明互鉴，增强文化软实力，提高中国在国际上的话语权，丰富和发展了中国特色社会主义文化。

（一）坚定文化自信

习近平在2014年10月15日召开的文艺工作座谈会上指出："增强文化自觉和文化自信，是坚定道路自信、理论自信、制度自信的题中应有之义"。② 在"四个自信"中，文化自信"是更基础、更广泛、更深厚的自信，是更基本、更深沉、更持久的力量"，"坚定文化自信，是事关国运兴衰、事关文化安全、事关民族精神独立性的大问题"。③ 在中国特色社会主义新时代，我们要从世界文明发展、5000多年未中断的中华文明、中国特色社会主义所创造的奇迹来认识和把握中华文化，激发人民群众的文化自豪感。

中国的文化自信，是对包括中华优秀传统文化、革命文化、社会主义先进文化在内的中国特色社会主义文化这一有机整体的自信。在人类文明历史长河中，中国人民创造了源远流长、博大精深的优秀传统文化，为中华民族生生不息、发展壮大提供了强大的精神支撑。"中国优秀传统文化的丰富哲学思想、人文精神、教化思想、道德理念等，可以为人们认识和改造世界提供有益启迪，可以为治国理政提供有益启示，也可以为道德建设提供有益启发"。④ 从中国共产党成立之日起，我们党就是中华优秀传统文化的传承者弘扬者，在革命战争年代创造的以红船精神、井冈山精神、长征精神、延安精神、西柏坡精神等为主要内容的革命文化是中华优秀传统文化的凝聚和升华，是中国人民伟大民族精神的薪火相传。以社会主义核心价值观、民族精神和时代

---

① 习近平：《顺应时代潮流实现共同发展——在金砖国家工商论坛上的讲话》，《人民日报》2018年7月26日。
② 习近平：《在文艺工作座谈会上的讲话》，人民出版社2015年版，第25页。
③ 《十八大以来重要文献选编》（下），中央文献出版社2018年版，第474页。
④ 习近平：《在纪念孔子诞辰2565周年国际学术研讨会暨国际儒学联合会第五届会员大会开幕会上的讲话》（2014年9月24日），《人民日报》2014年9月25日。

精神等为主要内容的社会主义先进文化，代表着时代前进的方向，是当代中国人鲜明的精神标识，体现着中国特色社会主义的独特优势。中华优秀传统文化、革命文化、社会主义先进文化一脉相承、生生不息，贯通中华民族的过去、当下与未来，共同铸就了中国人民精神上的万里长城，支撑起中国文化自信的雄伟大厦。

文化自信的实质是对中国特色社会主义的自信。"当今世界，要说哪个政党、哪个国家、哪个民族能够自信的话，那中国共产党、中华人民共和国、中华民族是最有理由自信的"。[①]伟大的人民、伟大的民族、伟大的民族精神是我们坚定文化自信、进而坚定"四个自信"最大的底气，"没有高度的文化自信，没有文化的繁荣兴盛，就没有中华民族伟大复兴"。[②]"加强文化领域制度建设，举旗帜、聚民心、育新人、兴文化、展形象，积极培育和践行社会主义核心价值观，推动中华优秀传统文化创造性转化、创新性发展，传承革命文化、发展先进文化，努力创造光耀时代、光耀世界的中华文化"[③]是新时代中国特色社会主义文化建设的使命。

（二）建设具有强大凝聚力和引领力的社会主义意识形态

意识形态决定文化前进方向和发展道路。"面对社会思想观念和价值取向日趋活跃、主流和非主流同时并存、社会思潮纷纭激荡的新形势"，"在对待坚持以马克思主义为指导问题上，绝大部分同志认识是清醒的、态度是坚定的。同时，也有一些同志对马克思主义理解不深、理解不透，在运用马克思主义立场、观点、方法上功力不足、高水平成果不多，在建设以马克思主义为指导的学科体系、学术体系、话语体系上功力不足、高水平成果不多。社会上也存在一些模糊甚至错误的认识……在有的领域中马克思主义被边缘化、空泛化、标签化"，[④]针对这些问题，中央提出要坚持和加强党对意识形态工作的全面领导，牢牢掌握意识形态领域的主动权和领导权。学界以马克思诞辰200周年和《共产党宣言》发表170周年为契机，重新思考了马克思主义对于当代中国和世界的意义。

"人心是最大的政治，共识是奋进的动力"。[⑤]中国共产党把凝聚民心作为意识形态工作的出发点和落脚点，既解决实际问题又解决思想问题；坚持用新时代中国特色社会主义思想武装全党、教育人民，巩固全党全国各族人民团结奋斗的共同思想基础，并要求哲学社会科学工作者按照立足中国、借鉴国外，挖掘历史、把握当

---

① 《十八大以来重要文献选编》（下），中央文献出版社2018年版，第348页。
② 习近平：《决胜全面建成小康社会 夺取新时代中国特色社会主义伟大胜利——在中国共产党第十九次全国代表大会上的报告》，《人民日报》2017年10月28日。
③ 习近平：《在庆祝改革开放40周年大会上的讲话》（2018年12月18日），《人民日报》2018年12月19日。
④ 习近平：《在哲学社会科学工作座谈会上的讲话》（2016年5月17日），《人民日报》2016年5月19日。
⑤ 习近平：《在全国政协新年茶话会上的讲话》（2018年12月29日），《人民日报》2018年12月30日。

代、关怀人类、面向未来的思路,着力构建中国特色哲学社会科学,"对国外的理论、概念、话语、方法,要有分析、有鉴别,适用的就拿来用,不适用的就不要生搬硬套"①。我们要坚持党性与人民性相统一的原则,提高新闻舆论的传播力、引导力、影响力、公信力;在思想政治教育中实现政治话语与学术话语的有机结合,"坚持政治性和学理性相统一","坚持价值性和知识性相统一";②坚持以立为本、立破并举,敢于亮剑,批判各种错误思潮;完善意识形态工作责任制,加快文化领域立法,完善文化管理体制,营造风清气正的网络空间,并推动传统媒体与新兴媒体融合发展,建设一批有影响力、竞争力的新型主流媒体,唱响网上主旋律,切实维护国家文化安全和意识形态安全。

(三)用社会主义核心价值观凝心聚力

人民有信仰,国家有力量,民族有希望。中共十八大提出的"倡导富强、民主、文明、和谐,倡导自由、平等、公正、法治,倡导爱国、敬业、诚信、友善"的社会主义核心价值观,③体现了社会主义的本质要求,要以培养担当民族复兴大任的时代新人为着眼点,强化教育引导、实践养成、制度保障,把社会主义核心价值观转化为人们的情感认同和行为习惯,夯实中国特色社会主义的思想道德基础。习近平强调:"革命理想高于天。"④中国共产党人要做共产主义远大理想和中国特色社会主义共同理想的坚定信仰者和忠实践行者,牢记"为中国人民谋幸福,为中华民族谋复兴"的初心和使命⑤;在人民群众中要"厚植爱国主义情怀,把爱国情、强国志、报国行自觉融入坚持和发展中国特色社会主义事业、建设社会主义现代化强国、实现中华民族伟大复兴的奋斗之中"⑥;弘扬以爱国主义为核心的民族精神、以改革创新为核心的时代精神和改革开放铸就的伟大改革开放精神,不断凝聚全国各族人民的精神力量。

(四)坚持以人民为中心

中国共产党始终坚持以人民为中心,把满足人民精神文化需求作为出发点和落脚点,让文化发展成果惠及全体人民,满足人民群众过上美好生活的新期待。一方面,党和政府着力解决文化发展不平衡不充分的问题,加快文化领域供给侧结构性

---

① 《习近平谈治国理政》第2卷,外文出版社2017年版,第341页。
② 《用新时代中国特色社会主义思想铸魂育人贯彻党的教育方针落实立德树人根本任务》,《人民日报》2019年3月19日。
③ 《十八大以来重要文献选编》(上),中央文献出版社2014年版,第25页。
④ 《十八大以来重要文献选编》(下),中央文献出版社2018年版,第347页。
⑤ 习近平:《决胜全面建成小康社会 夺取新时代中国特色社会主义伟大胜利——在中国共产党第十九次全国代表大会上的报告》,《人民日报》2017年10月28日。
⑥ 《十八大以来重要文献选编》(上),中央文献出版社2014年版,第25页。

改革，建设覆盖城乡、便捷高效、保基本、促公平的现代公共文化服务体系，重点加强对农村尤其是对革命老区、少数民族地区、边疆地区、贫困地区的扶助，提高基本公共文化服务标准化、均等化水平，促进城乡、区域均衡发展，以乡村文化振兴、促进乡村特色文化产业发展为抓手，重塑现代乡村发展的内生动力。截至2018年底，西藏自治区"广播、电视人口综合覆盖率分别达到97.1%和98.2%。基本实现市（地）有图书馆、县有综合文化活动中心、乡有文化服务中心，每个行政村有文化室、农家书屋、电影放映室"。①新时代，党和政府促进文化与旅游、科技、金融、制造、建筑、农业、健康等相关产业的融合发展，优化结构、提质增效，为推动经济高质量发展注入文化的动力和活力。另一方面，党和政府着力解决文化"产业化""市场化"发展中的价值导向问题。文化产业不仅担负着文化创新的重任，而且还是传播主流价值观的渠道，把思想精深、艺术精湛、制作精良的文化精品奉献给人民。习近平强调："文艺不能当市场的奴隶，不要沾满了铜臭气"②，我们要"把握好意识形态属性和产业属性、社会效益和经济效益的关系，始终坚持社会主义先进文化前进方向，始终把社会效益放在首位"③，提倡文化文艺工作者走进实践深处，观照人民生活，表达人民心声，用心用情用功抒写人民、描绘人民、歌唱人民；提倡哲学社会科学工作者把学问写进群众心坎里，把当代中国发展进步和当代中国人精彩生活表现好展示好，把中国精神、中国价值、中国力量阐释好，④满足广大人民群众多样化、多层次、多方面的精神文化需求，促进文化消费增长。

（五）讲好中国故事、传播好中国声音

改革开放以来，我国综合国力和国际地位不断提升，国际社会对我国的关注前所未有，但"我们在国际上有时还处于有理说不出、说了传不开的境地，存在着信息流进流出的'逆差'、中国真实形象和西方主观印象的'反差'"⑤。针对西方文化霸权主义和"文明冲突论"，中国共产党提出坚持不同文化和文明间平等、互鉴、对话、包容的文明观。习近平强调，人类文明多样性是世界的基本特征，也是人类进步的源泉，"以文明交流超越文明隔阂、文明互鉴超越文明冲突、文明共存超越文明优越"⑥。面对西方国家渲染"中国威胁论"等论调，党和政府加强传播能力建设，一方面，借助中华传统文化资源和文明古国的优势，梳理中国与其他国家间文明交

---

① 《伟大的跨越：西藏民主改革60年》，《光明日报》2019年3月28日。
② 《十八大以来重要文献选编》（中），中央文献出版社2016年版，第132页。
③ 《习近平关于全面深化改革论述摘编》，中央文献出版社2014年版，第85页。
④ 《坚定文化自信把握时代脉搏聆听时代声音坚持以精品奉献人民用明德引领风尚》，《人民日报》2019年3月5日。
⑤ 《习近平关于社会主义文化建设论述摘编》，中央文献出版社2017年版，第212页。
⑥ 《十八大以来重要文献选编》（下），中央文献出版社2018年版，第735页。

流互鉴的故事,建构"文化中国"的国家形象;另一方面,提高文化开放水平,广泛开展文化交流,参与世界文明对话,让世界更好地了解中国,同时加强话语体系建设,立足中国实际,"提炼标识性概念,打造易于为国际社会所理解和接受的新概念、新范畴、新表述"①。习近平提出的"一带一路"倡议和构建人类命运共同体的中国方案,正是基于各种文明和谐、共存、包容、互鉴的理念,既反映了求和平、谋发展的时代潮流,又贯彻了中国"和而不同"、互利共赢的思想,体现了"大道之行也,天下为公"的胸怀,也向不同文化背景、发展水平的国家阐述了中国发展道路的选择、中国梦与世界梦之间的内在联系、人类多样性文明共存的现实可能性,反映了中国的义利观以及所秉持的"共商共建共享的全球治理观"②。这些表明中国正在形成的文化自觉,既有世界视野,又扎根本土经验,对百年来的西方话语体系和知识体系进行重新审视,重新发现中国,反映出"中国人民不仅将为人类贡献新的发展模式、发展道路,而且将把自己在文化创新创造中取得的成果奉献给世界"③的努力,表现了"中国共产党人为世界谋大同的责任"意识④。这就把党对社会主义文化发展规律的认识推进到新境界。

  新时代文化领域发生的广泛而深刻的变化,表现在建设社会主义文化强国的理念、胸襟和气魄上,文化自信得到彰显,理论创新全面推进,主旋律更加响亮,正能量更加强劲,文化艺术日益繁荣,网信事业快速发展,文化事业和文化产业蓬勃发展,人民的文化获得感、幸福感增强,人民的文化素质不断提高。国家文化软实力和中华文化影响力大幅度提升,中国为世界和平与发展问题贡献的智慧与方案正赢得国际社会越来越多的理解、尊重和认同。如《习近平谈治国理政》一书被看作帮助外界理解中国发展理念和发展道路的一把"钥匙",受到各国读者的欢迎,截至 2018 年 11 月,《习近平谈治国理政》第一卷全球发行量超过 600 万册,第二卷超过 1300 万册。⑤2017 年 3 月,联合国安理会一致通过第 2344 号决议,首次载入"构建人类命运共同体"重要理念,反映了国际社会的共识。⑥此后,这一倡议多次写入联合国文件,并从理念转化为行动,产生了日益广泛而深远的国际影响。

---

① 《习近平谈治国理政》第 2 卷,外文出版社 2017 年版,第 341 页。
② 习近平:《决胜全面建成小康社会 夺取新时代中国特色社会主义伟大胜利——在中国共产党第十九次全国代表大会上的报告》,《人民日报》2017 年 10 月 28 日。
③ 习近平:《在中国文联十大、中国作协九大开幕式上的讲话》,《人民日报》2016 年 12 月 1 日。
④ 《习近平新时代中国特色社会主义思想学习纲要》,学习出版社、人民出版社 2019 年版,第 11 页。
⑤ 吴娜:《以书为媒阅读中国——第 23 届阿尔及尔国际书展中国主宾国活动综述》,《光明日报》2018 年 11 月 27 日。
⑥ 《联合国安理会决议首次载入"构建人类命运共同体"重要理念反映国际社会共识》,《人民日报》2017 年 3 月 21 日。

（六）国家的开放和崛起助推中国文化走向世界

2017年，中国文化产品和服务进出口总额1265亿美元，成为文化产品最大出口国。① 继屠呦呦获得诺贝尔生理学或医学奖，刘慈欣的《三体》、郝景芳的《折叠北京》先后获得科幻界的"雨果奖"，儿童文学作家曹文轩获得国际安徒生奖。② "《三体》在美国销量现在已经向百万大关冲刺，在英国有40万至50万的销量"。③ 贾平凹的作品、麦家的谍战小说在海外持续热销。电视剧《媳妇的美好时代》在非洲引发共鸣，纪录片《舌尖上的中国》征服了大批海外"粉丝"。至2018年12月，"中国与157个国家签署文化合作协定，设立36个海外中国文化中心；约70个国家和地区将汉语教学纳入国民教育体系，海外汉语学习者超过1.2亿人"④。中华文化被世界上越来越多的人所了解、认识，中国文化软实力和国际竞争力得到显著提升。

四、新中国社会主义文化建设的基本经验

新中国成立70年来，中国共产党领导全国人民致力于推动社会主义文化的繁荣发展，不断创新文化建设理论，丰富文化建设实践，探索文化发展规律，走出了一条中国特色社会主义文化发展道路，我们可以总结出以下五个方面的经验。

（一）党对文化工作的领导是关键

党始终把文化改革发展摆在全局工作的重要位置，结合时代要求、围绕党的中心任务提出文化纲领、发展目标及文化政策，把握文化发展的正确方向，对出现的不足及时校准偏差，建立健全领导体制和工作机制，加强文化治理，党发挥了政治领导、思想引领、制度安排、社会动员、道德示范等重要作用，这是新中国社会主义文化不断开拓创新的根本保障。

（二）坚持以马克思主义为指导是保持社会主义文化先进性的根本保证

马克思主义基本原理、马克思主义中国化形成的成果及其文化形态是中国特色哲学社会科学的主体内容和最大增量，⑤ 也是中国特色社会主义文化的主体内容和最大增量。党和政府始终注意聆听时代的声音，回应时代的呼唤，及时总结党和人民在实践创造中的新经验、新认识，不断推进马克思主义理论创新，毛泽东思想、邓

---

① 鲁元珍：《我国文化产品出口快速增长》，《光明日报》2018年2月12日。
② 郭爽：《中国作家郝景芳凭科幻小说〈北京折叠〉获雨果奖》，新华网，http://www.xinhuanet.com//world/2016-08/21/c_1119427592.htm，2019年5月30日。
③ 麦家：《开放的中国让作家走向世界》，《光明日报》2019年3月29日。
④ 邹伟、周玮、白瀛：《崭新的气象——改革开放40年变迁系列述评文化篇》，新华网，http://www.xinhuanet.com/2018-12/05/c_1123810241.htm，2019年5月31日。
⑤ 习近平：《在哲学社会科学工作座谈会上的讲话》(2016年5月17日)，《人民日报》2016年5月19日。

小平理论、"三个代表"重要思想、科学发展观和习近平新时代中国特色社会主义思想有力地回答了现实生活提出的、干部群众关心的重大思想理论问题。中国共产党善于运用马克思主义观点同各种错误观点进行斗争,同时"注意区分政治原则问题、思想认识问题、学术观点问题","推进马克思主义中国化时代化大众化,建设具有强大凝聚力和引领力的社会主义意识形态,使全体人民在理想信念、价值理念、道德观念上紧紧团结在一起"。①

(三)坚持以人民为中心是社会主义文化的价值追求

"为了谁、依靠谁"是社会主义文化改革发展的根本问题。新中国成立以来,党和政府始终坚持文化发展为了人民,文化发展成果由人民共享。人民的需要是文化存在的根本价值所在,坚持面向基层、面向群众,鼓励创作生产受群众欢迎的文化产品,才能使文化发展成果惠及全体人民,不断满足人民多层次、多样化、多方面的精神文化需求。文化发展依靠人民,充分尊重人民的首创精神,充分发挥人民的主体作用,才能使全社会的文化创造活力竞相迸发。在文化建设中要坚持把服务群众同教育引导群众结合起来,把满足需求同提高素养结合起来,以促进人的全面发展为根本目的。社会主义文化以立德树人为根本,中共十九大报告明确提出:"要提高人民思想觉悟、道德水准、文明素养","深入实施公民道德建设工程,推进社会公德、职业道德、家庭美德、个人品德建设,激励人们向上向善、孝老爱亲、忠于祖国、忠于人民"。②社会主义文化以人民为中心,就是丰富人民的精神世界,增强人民的精神力量,满足人民群众过上美好生活的新期待,培养担当民族复兴大任的时代新人。

(四)重视社会主义核心价值体系建设,发挥文化引领风尚、教育人民、服务社会、推动发展的作用

构建符合时代要求的共同理想、价值观念和道德规范始终是新中国文化建设的核心。新中国成立初期高扬革命理想主义;在社会主义精神文明建设中,思想道德建设是重中之重;在社会主义市场经济条件下,建立与之相适应、与社会主义法律规范相协调、与中华民族传统美德相承接的社会主义思想道德体系是重要任务;世纪之交确立了依法治国与以德治国相结合的方略。新中国成立以来,爱国主义、集体主义、社会主义等精神广为弘扬,特别是中共十八大以来,社会主义核心价值观的培育和践行成为凝魂聚气、强基固本的基础工程,使我们始终保持着为"国家富强、民族振兴、人民幸福"而团结奋斗、改革创新的文化主旋律,时代楷模、英雄

---

① 习近平:《决胜全面建成小康社会 夺取新时代中国特色社会主义伟大胜利——在中国共产党第十九次全国代表大会上的报告》,《人民日报》2017年10月28日。
② 习近平:《决胜全面建成小康社会 夺取新时代中国特色社会主义伟大胜利——在中国共产党第十九次全国代表大会上的报告》,《人民日报》2017年10月28日。

模范不断涌现。

（五）正确处理古今中外文化关系，推动中华文化守正创新

文化繁荣发展需要丰富的思想资源。以马克思主义为指导，坚持"不忘本来、吸收外来、面向未来"[①]，在继承中转化、在借鉴中超越是中国特色社会主义文化发展的路径。"不忘本来"即坚守中华文化立场，"中国共产党从成立之日起，既是中国先进文化的积极引领者和践行者，又是中华优秀传统文化的忠实传承者和弘扬者"。[②] 从新中国成立初期坚持推陈出新、"古为今用、洋为中用"，到21世纪初"全面认识祖国传统文化，取其精华，去其糟粕，使之与当代社会相适应、与现代文明相协调，保持民族性，体现时代性"[③]，再到新时代强调深入挖掘中华优秀传统文化蕴含的核心思想理念、传统美德、人文精神，推动中华优秀传统文化实现创造性转化与创新性发展，中国优秀传统文化为中国特色社会主义文化提供了丰厚滋养的沃土。"吸收外来"即放眼世界，吸收借鉴国外优秀文明成果。毛泽东强调："世界上所有国家的有益的东西，我们都要学"，"但要有选择地学，学先进的东西，不是学落后的东西"。[④] 邓小平认为："社会主义要赢得与资本主义相比较的优势，就必须大胆吸收和借鉴人类社会创造的一切文明成果"[⑤]，同时强调："属于文化领域的东西，一定要用马克思主义对它们的思想内容和表现方法进行分析、鉴别和批判"[⑥]，以此丰富和发展本民族文化。"面向未来"即我们要传承中华文化独一无二的理念、智慧、气度和神韵，同时准确判断世界文明发展趋势，善于融通古今中外各种资源，推进中华文化不断守正创新。

综上所述，新中国成立70年来在社会主义革命、建设、改革的实践创造中进行了文化创造，在历史进步中实现了文化进步，[⑦]体现了文化自立、文化自觉和文化自信。"文化是一个国家、一个民族的灵魂。文化兴国运兴，文化强民族强"。[⑧] 在实现中华民族伟大复兴的进程中，我们要在吸取既往经验的基础上坚持不懈地推进社会主义文化强国建设，不断铸就中华文化的新辉煌。

---

① 《十七大以来重要文献选编》(下)，中央文献出版社2013年版，第558页。
② 习近平：《决胜全面建成小康社会 夺取新时代中国特色社会主义伟大胜利——在中国共产党第十九次全国代表大会上的报告》，《人民日报》2017年10月28日。
③ 《十七大以来重要文献选编》(上)，中央文献出版社2013年版，第27页。
④ 《毛泽东文集》第7卷，人民出版社1999年版，第192页。
⑤ 《邓小平文选》第3卷，人民出版社1993年版，第373页。
⑥ 《邓小平文选》第3卷，人民出版社1993年版，第44页。
⑦ 邹伟、周玮、白瀛：《崭新的气象——改革开放40年变迁系列述评文化篇》，新华网，http://www.xinhuanet.com/2018-12/05/c_1123810241.htm，2019年5月31日。
⑧ 习近平：《决胜全面建成小康社会 夺取新时代中国特色社会主义伟大胜利——在中国共产党第十九次全国代表大会上的报告》，《人民日报》2017年10月28日。

自力更生与引进、消化相辅相成
——1949—1978年中国科技发展回顾与启示

Complementation of Self-reliance, Import and Digestion
— Review and Enlightenment of China's Science and Technology Development From 1949 to 1978

董志凯（Dong Zhikai）

董志凯，中国社会科学院经济研究所研究员，博士生导师；中国经济史学会第四届、第五届会长、名誉会长。《中华人民共和国经济档案资料选编》常务副主编，《中华人民共和国经济史》第一、二卷主编。出版的专著包括《解放战争时期的土地改革》《1949—1952年中国经济分析》《新中国工业的奠基石——156项建设研究》《新中国工业经济史（1958—1965）》《中国经济分析1949—1952》《共和国经济风云回眸》《应对封锁禁运——新中国历史一幕》等，并发表相关论文百余篇。

[摘 要] 作为发展中大国搞工业化，新中国在自力更生的方针下，注重并坚持引进、消化、吸收先进国家的科学技术，在此基础上努力创新，建立了独立自主的比较完整的工业体系和国民经济体系，为建设现代化国家、实现中华民族伟大复兴奠定了基础，自力更生方针与引进、消化、吸收、创新相辅相成的辩证思维方法仍然具有现实意义。

新中国成立70年来，经济发展的主要任务是实现工业化。中国产业发展和工业化成功的基本经验既遵循了大国工业化进程的需求共性，又坚持从后发国家独特的实际出发，科技发展方面的特点是在自力更生的方针下引进吸收，在消化吸收的基础上有所创新，形成工业经济的完整体系（或产业链）。在新中国的历史上，自力更生与引进、消化、吸收、创新相辅相成，是工业化、现代化的重要元素。本文仅就此对1949—1978年中国的科技发展作一些历史回顾与分析。

一、自力更生方针来自处理内外经济关系

自力更生方针诞生于由土地革命战争向抗日民族战争转变时期中国共产党领导

的农村革命根据地。1935年12月27日,毛泽东在陕北瓦窑堡党的活动分子会议上作《论反对日本帝国主义的策略》的报告,在报告中提出:"自从帝国主义这个怪物出世之后,世界的事情就联成一气了,要想割开也不可能了。我们中华民族有同自己的敌人血战到底的气概,有在自力更生的基础上光复旧物的决心,有自立于世界民族之林的能力。但是这不是说我们可以不需要国际援助;不,国际援助对于现代一切国家一切民族的革命斗争都是必要的。"[1]1939年9月16日,毛泽东在《和中央社、扫荡报、新民报三记者的谈话》中重申:"中国抗战主要地依靠自力更生。如果过去也讲自力更生,那末,在新的国际环境下,自力更生就更加重要"。"这个政策以自力更生为主,同时不放弃一切可能争取的外援。"[2]1940年12月25日,毛泽东在为中共中央起草的党内指示《论政策》中指出:"我们的根本方针和国民党相反,是在坚持独立战争和自力更生的原则下尽可能地利用外援"。[3]1945年1月10日,毛泽东在陕甘宁边区劳动英雄和模范工作者大会上的讲话中指出:"我们不能学国民党那样,自己不动手专靠外国人,连棉布这样的日用品也要依赖外国。我们是主张自力更生的。我们希望有外援,但是我们不能依赖它,我们依靠自己的努力,依靠全体军民的创造力。"[4]同年8月13日,毛泽东在《抗日战争胜利后的时局和我们的方针》中指出:"我们的方针要放在什么基点上?放在自己力量的基点上,叫做自力更生。我们并不孤立,全世界一切反对帝国主义的国家和人民都是我们的朋友。但是我们强调自力更生,我们能够依靠自己组织的力量,打败一切中外反动派。"[5]

这表明,自力更生方针的诞生与处理中外关系、争取外援相联系。不是不要外援,而是在争取外援时将基点放在自力更生的基础上。新中国成立以后,这一辩证思维方法在工业化建设中获得成功,在改革开放以后40多年的现代化建设中得到进一步发展。

二、实现工业化必须引进科学技术

科技基础薄弱、科技水平落后是中国工业化的重大障碍。"1949年中华人民共和国成立时,制约科技发展的因素很多,国内资源严重不足,国际环境十分恶劣。尽管如此,1949年10月31日,新中国诞生还不到一个月,毛泽东便亲自将中国科

---

[1] 《毛泽东选集》第1卷,人民出版社1991年版,第161页。
[2] 《毛泽东选集》第2卷,人民出版社1991年版,第588、600页。
[3] 《毛泽东选集》第2卷,人民出版社1991年版,第765页。
[4] 《毛泽东选集》第3卷,人民出版社1991年版,第1016页。
[5] 《毛泽东选集》第4卷,人民出版社1991年版,第1132页。

学院的印信颁给院长郭沫若。第二天，中国科学院正式成立。这一举措在全国及海外华裔科技人员中引起了强烈反响。中国科学院建立时，侨居国外的科学家大约有5000人。到1956年底，近2000名科学家回到祖国。到1955年，全国科学技术研究机构已发展为840多个，科学技术人员增加到40多万人"。①

1955年，我国作出了发展核技术和核工业的决定。1956年1月，中共中央在全国知识分子问题会议上发出了"向科学进军"的伟大号召。②4月，毛泽东又在中央政治局扩大会议上提出发展尖端技术的问题，他从巩固国防安全的角度提出，不仅要有更多的飞机大炮，而且要有原子弹，"今天这个世界上，我们要不受人家欺负，就不能没有这个东西"。③根据毛泽东的一系列指示，由周恩来和聂荣臻等牵头，成立了科学技术规划委员会，制定了《一九五六至一九六七年科学技术发展远景规划纲要（修正草案）》。这一规划提出了"重点发展、迎头赶上"的方针，④对新中国尽快建立自己的科学技术体系发挥了重要作用。"1958年，毛泽东又提出要把工作重点转移到技术革命和经济建设上去，发出了'我们也要搞人造卫星'的号令"。⑤

在科学技术落后的基础上，要实现如此宏伟的蓝图，必须借助发达国家的先进技术。就技术而言，任何国家、任何企业都不可能、也没有必要再去重复研究别人早已研究成功并获得应用的技术，那样只会造成经济、技术、人力和资源的极大浪费，并且永远处于落后的境地。只有引进技术才有可能缩短时间，建立自身的研究开发系统，缩小与发达国家的差距。

三、坚持自力更生方针，引进与消化吸收相结合

引进的技术通常包括两种形态：一种是物化形态的技术，如先进的设备、熟练的劳动力，专家、教师、技术人员和管理人员等；另一种是非物化形态的技术，如专利、商标和外形设计等产权技术，以及图纸、设计方案、技术说明书、技术示范和具体指导等专有技术。1978年以前，中国有三次成规模的技术引进，第一次主要从苏联、东欧国家引进，第二次和第三次主要从西方国家引进。这三次都是在坚持自力更生的方针下，同时引进多种形态的技术，并将引进与消化吸收相结合。

---

① 董志凯：《毛泽东与中国科学技术的自主研发》，《当代中国史研究》2006年第6期。
② 董志凯：《毛泽东与中国科学技术的自主研发》，《当代中国史研究》2006年第6期。
③ 《毛泽东文集》第7卷，人民出版社1999年版，第27页。
④ 董志凯：《毛泽东与中国科学技术的自主研发》，《当代中国史研究》2006年第6期。
⑤ 董志凯：《毛泽东与中国科学技术的自主研发》，《当代中国史研究》2006年第6期。

（一）20世纪50年代的技术引进

中国大规模工业化是在新中国成立以后起步的，突出标志就是第一个五年计划确定的以"156项"重点项目为核心的工业基本建设。①

第一次大规模引进技术正值国民经济恢复时期和第一个五年计划时期，我国从苏联和东欧国家引进了数百套成套设备和数千套技术资料，是对设备、资金、人才、设计等物化和非物化形态技术的全面引进。在投资规模和投资结构上，坚持"自力更生为主，争取外援为辅"的方针。在经济建设的资金来源上，中国对外借款为36.4亿元，占"一五"时期国家财政总收入1354.9亿元的2.7%，其余来自国内积累。②

在遭受西方国家封锁、禁运的环境下，新中国通过等价交换的对外贸易方式，获得了苏联和东欧国家的资金、技术和设备援助，其中，引进成套设备是引进技术的主要形式；此外，还通过与苏联和东欧国家签订科学技术合作协定来引进技术。到1959年，"中国从苏联和东欧各国获得了4000多项技术资料。苏联提供的主要是冶炼、选矿、石油、机车制造和发电站等建设工程的设计资料；制造水轮机、金属切削机床等的工艺图纸；生产优质钢材、真空仪器等工业产品的工艺资料。东欧各国提供的主要是工业各部门和卫生、林业、农业等方面的技术资料"。③

"以'156项'为核心，以900余个大中型项目（限额以上项目）为重点的工业建设，使中国大地上史无前例地形成了独立自主的工业体系雏形"。"从1950年第一个项目开始建设，到1969年'156项'实际实施的150项全部建成，历时19年"。④新中国通过引进与消化吸收苏联和东欧国家的技术，填补了在汽车、拖拉机、石油设备、化肥、喷气式飞机、航空发动机、坦克等领域的技术空白，提升了兵器、机床、铁路机车、桥梁、电工器材、无线电器件、合成橡胶、制药、纺织等许多领域的技术水平，实现了航空、核能、火箭、电子、自动化等现代科技的启动，初步建立起比较完整的工业体系，为经济社会的持续发展奠定了坚实基础。

在西方国家对中国实行封锁和禁运的困难条件下，苏联和东欧人民民主国家的援助对中国的经济建设起了重要作用。"一五"时期新建、改建的大中型建设项目，从选择厂址、供应设备、指导建筑安装和开工运转，一直到新产品、供给新产品的技术资料以及培训技术人员、接受留学生和实习生等多方面，苏东国家都给予了具

---

① 董志凯：《"一五"计划与156项建设投资》，《中国投资》2008年第1期。
② 董志凯：《"一五"计划与156项建设投资》，《中国投资》2008年第1期。
③ 《当代中国的基本建设》(上)，当代中国出版社、香港祖国出版社2009年版，第46页。
④ 董志凯：《"一五"计划与156项建设投资》，《中国投资》2008年第1期。

体帮助。①

1950年2月，中国和苏联签订了第一个贷款协定，金额为12亿旧卢布（折合3亿美元），年利率1%，10年内偿还。随后在1951—1955年，又先后与苏联签订了10个贷款协定，年利率为2%，偿还期2—10年。1950—1955年，中国从苏联贷款总额为56.6亿旧卢布（折合人民币53.7亿元）。到1964年，中国提前偿清了全部贷款本息。这些贷款主要用于经济建设、抗美援朝和偿付苏联移交物资的费用等方面。②

"'156项'重点项目的建设经历了苏联援助和自主建设两个阶段。整个50年代属第一个阶段，工程是在苏联专家指导下建设的。"③中国1956年制订的《一九五六至一九六七年科学技术发展远景规划纲要（修正草案）》④，也得到了苏联的帮助，议定了一批两国共同进行研究的和由苏联帮助进行研究的重大科学技术项目。在掌握尖端科学技术、和平利用原子能方面，苏联也给予了一定的帮助。如中苏两国1953年签订了《关于海军订货和在建造军舰方面给予中国以技术援助的协定》⑤、1959年签订了《关于在中国海军制造舰艇方面给予中华人民共和国援助的协定》⑥，这两份协定"帮助中国获得了苏联首批海军技术，奠定了中国制造驱逐舰、核潜艇等现代军舰的基础"⑦。

1959年6月，苏联以和美英等国正在谈判禁止试验核武器的协议以及美苏即将举行领导人会谈为由，提出暂缓按协定向中国提供原子弹的教学模型和图纸资料。⑧随后，苏联对中国的一些援建项目开始延缓。1960年7月16日，"苏联突然照会中国政府，单方面决定全部召回在华苏联专家。在一个多月的时间内，苏联将在华担负重要任务的1390名专家全部撤回国，同时撕毁了两国政府签订的12项协定和两国科学院签订的1个议定书以及343个专家合同和合同补充书，废除了257个科学技术合作项目。苏联一系列蓄意恶化中苏关系的行为，不仅使中国蒙受巨大的经济损失，也极大地伤害了中国人民的感情，给中苏关系造成难以弥合的创伤。中国共产党和中国人民发扬独立自主、自力更生的精神，顶住了巨大的压力"⑨，"156项"

---

① 董志凯：《"一五"计划与156项建设投资》，《中国投资》2008年第1期。
② 《当代中国的基本建设》（上），当代中国出版社、香港祖国出版社2009年版，第47页。
③ 董志凯：《"一五"计划与156项建设投资》，《中国投资》2008年第1期。
④ 《当代中国的科学技术事业》，当代中国出版社1991年版，第76—78页。
⑤ 《当代中国的国防科技事业》（上），当代中国出版社1992年版，第23页。
⑥ 《当代中国的国防科技事业》（下），当代中国出版社1992年版，第229页。
⑦ 刘爱国：《大国造船简史：惊涛骇浪四十年》，中国水运网，http://www.zgsyb.com/html/content/2019-01/30/content_937894.shtml，2019年9月11日。
⑧ 《当代中国的核工业》，当代中国出版社、香港祖国出版社2009年版，第25页。
⑨ 中共中央党史研究室：《中国共产党历史·第二卷（1949—1978）》下册，中共党史出版社2011年版，第643页。

重点项目进入自主建设阶段。中国在吸收苏联此前技术援助的基础上，走上了独立研发核武器的道路。1964年10月16日，中国第一颗原子弹爆炸成功。①

中国能够攻克"156项"重点项目建设过程中的技术难题，成功完成剩余项目的建设工作，离不开在消化、吸收引进技术方面取得的成效。首先，中国在20世纪50年代引进基础上的自主设计能力大大提高，"我国工程界已经学会了许多现代化的工厂、矿井、桥梁、水利建设的设计和施工，在设计大型机械、机车、轮船方面的能力也有很大的提高"②，并在大批引进工程的建设过程中迅速组织起相关的队伍和机构；到1958年开始实施第二个五年计划时，中国已经能做到绝大多数建设项目靠自己设计。其次，我国机械设备和钢材的自给程度大为提高，第一个五年计划之后，我国已经能够自行制造一系列设备，虽然"我国建设所需要的机器和设备有百分之四十左右依靠进口解决"③，但已经改变了过去基本上依靠进口的状况；中国许多工业品已经开始出口，大批生产经营和经济管理人才成长起来。④由于在引进的同时努力学习、消化、吸收新技术，培养了自己的设计、生产能力，从而奠定了新中国初步工业化的物质技术基础。

（二）20世纪60年代的技术引进

20世纪60年代初期，由于"大跃进"运动和严重的自然灾害，国民经济遭遇严重困难。1961年初，中共中央全面调整国民经济，以使之尽可能有计划按比例发展，大力加强农业和轻工业，首先解决人民的"吃、穿、用"问题。

中苏关系破裂后，毛泽东曾考虑扩大从西方国家的经济技术引进。中法建交后，他对来华访问的法国议员代表团说："我们反对资本主义，你们也反对共产主义。但是，还是可以合作"。"希望你们把什么禁运战略物资也反掉。"⑤他甚至提出：在一定时候，可以让日本人来中国办工厂、开矿，向他们学技术。⑥1962年，毛泽东在中共八届十中全会上指出："日本……还准备卖给我们生产维尼纶的世界第一流的设备。而社会主义国家不卖给我们……要利用他们的技术。列宁也利用，斯大林也利用，利用德国的技术、美国的技术。我们现在要走这条路，因为社会主义国

---

① 《加强国防力量的重大成就 保卫世界和平的重大贡献 我国第一颗原子弹爆炸成功》，《人民日报》1964年10月17日。
② 《建国以来重要文献选编》第8册，中央文献出版社1994年版，第19页。
③ 《建国以来重要文献选编》第9册，中央文献出版社1994年版，第189页。
④ 林柏、苏少之：《20世纪50年代中国在引进技术基础上的技术创新》，《当代中国史研究》2006年第5期。
⑤ 《毛泽东外交文选》，中央文献出版社、世界知识出版社1993年版，第520页。
⑥ 毛泽东1964年1月7日听取工交会议情况汇报时的讲话。参见《当代中国的计划工作》办公室：《中华人民共和国国民经济和社会发展计划大事辑要》，红旗出版社1987年版，第212页。

家的尖端不给我们嘛。"① 毛泽东提出了从发达的资本主义国家进口先进设备和先进技术的路子，这对于恢复和发展国民经济是非常重要的。为尽快从经济困难中走出来，逐步解决人民的"吃、穿、用"问题，加强农业和轻工业，化肥、农机等支援农业的工业和化纤等与人民生活息息相关的工业受到重视，这就需要引进西方发达国家的石油、化工、化肥等成套设备，以利于发展农业、轻工业。而当时西方发达国家需要为过剩的商品和资本寻找出路，双方互有需求。为此，中共中央和国务院成立了成套设备进口五人小组，"由方毅（外办兼计委）、李强（外贸部）、张有萱（科委）、叶林（经委）、柴树藩（计委）组成，方毅为组长，柴树藩为副组长"，"小组的任务是在从资本主义国家进口成套设备的谈判和进口过程中，就各部门提出为外贸部和其他部门所不能解决的有关政策和工作问题提出意见，向总理和外贸三人小组作报告，并处理总理交办的其他工作"。②

从1962年起，我国开始从资本主义国家进口成套设备和引进新技术。6月25日，国务院财贸办、国家计委和化工部联合向李先念副总理、李富春副总理和周恩来总理报告，提出向资本主义国家购买生产维尼纶和合成氨先进成套设备。③ 随后于1963年下半年启动的成套设备引进工作侧重于解决人民群众的"吃、穿、用"问题，兼顾发展机械、石油工业等，反映出中苏关系恶化以后，中国更加注重发展国防尖端技术和与之配套的工业技术以及国民经济中缺门、短线的新技术。④

1963年编制的《1963—1972年科学技术发展规划》，改变了20世纪50年代全面发展科学技术的做法，本着"有先赶，有后赶；有所赶，有所不赶"⑤的原则，提出"集中力量解决中国经济建设中急需的、重要的科学技术问题，在任务的安排上，着重打基础，抓两头。抓两头就是一头抓农业和有关解决吃穿用问题的科学技术，一头抓配合国防尖端的科学技术。打基础就是要迅速提高工业科学技术，尤其是基础工业的技术水平，要迅速提高基础科学中许多有关学科的水平"⑥。从1963年中国同日本签订第一个进口维尼纶成套设备合同开始，中国相继从英国、法国、联邦德国、瑞典、意大利、瑞士、荷兰、比利时、奥地利9个国家引进石油、化工、

---

① 《毛泽东传（1949—1976）》下卷，中央文献出版社2003年版，第1256页。
② 中国社会科学院、中央档案馆：《1958—1965中华人民共和国经济档案资料选编·固定资产投资与建筑业卷》，中国财政经济出版社2011年版，第366页。
③ 中国社会科学院、中央档案馆：《1958—1965中华人民共和国经济档案资料选编·固定资产投资与建筑业卷》，中国财政经济出版社2011年版，第360页。
④ 牛建立：《二十世纪六十年代前期中国从西方国家引进成套技术设备研究》，《中共党史研究》2016年第7期。
⑤ 《建国以来重要文献选编》第17册，中央文献出版社1997年版，第491、502页。
⑥ 《当代中国的科学技术事业》，当代中国出版社1991年版，第111页。

冶金、矿山、电子和精密机械等国民经济建设急需的成套设备和技术，共84项。①

通过引进成套技术设备和专利，学习和吸取发达国家许多有益的现代科学技术成果和生产经验，填补了中国科技空白，缩短了科研周期，增强了工业设计能力，完善了生产工艺等。为密切配合原子弹、氢弹和导弹的研究和试验，相关部门研制了品种众多、规格特殊、技术条件严格的新型材料、仪器仪表、精密机械和大型设备等，如电子计算机、电子显微镜、高速照相机、氨分子钟、30万千瓦双水内冷发电机等，设计建造了像攀枝花钢铁基地、第二汽车制造厂、成昆铁路、大型水电站和火电站、重型机械厂等成套设备，而且还带动了核电、航空、航天等相关领域科学技术的跳跃式发展。②

20世纪60年代成套设备和技术专利的引进，我们从西方发达国家学到了当时世界上先进的技术、管理知识，积累了同西方发达国家打交道的经验，特别是怎样引进软件、怎样开展更高层次的合作等，都有益于70年代初期的大规模成套设备引进乃至后来的对外开放。后来大规模技术设备引进的很多骨干人才，不少是参与60年代初期大规模成套设备引进的人员，如这次引进成套设备和专利技术五人小组组长方毅、副组长柴树藩，成为70年代初期大规模引进成套设备的重要成员，参与了重大成套设备引进的谈判。③

（三）20世纪70年代的技术引进

20世纪70年代初，一方面，西方国家发生了经济危机，急于寻找海外市场；另一方面，中美关系缓和，中国重返联合国，中国国内也开始部分纠正"文化大革命"的错误，为扩大技术引进创造了条件。

1973年1月2日，国家计委向国务院提交《关于增加设备进口、扩大经济交流的请示报告》，提出了引进43亿美元成套设备的"四三方案"。④这是我国继"156项"重点项目、20世纪60年代技术引进后的又一次大规模引进计划，也是对"文化大革命"时期僵化封闭做法的突破。"以后在此方案基础上又陆续追加了一批项目，计划进口总额达到51.4亿美元。利用这些设备，通过国内配套和改造，总投资约200亿元，兴建了27个大型工业项目，到1982年全部投产，取得了较好的经济效益。如武钢在1.7米轧机投产后的1984年实现利税6.85亿元，比投产

---

① 中国社会科学院、中央档案馆：《1958—1965中华人民共和国经济档案资料选编·对外贸易卷》，中国财政经济出版社2011年版，"前言"第9页。
② 牛建立：《二十世纪六十年代前期中国从西方国家引进成套技术设备研究》，《中共党史研究》2016年第7期。
③ 牛建立：《二十世纪六十年代前期中国从西方国家引进成套技术设备研究》，《中共党史研究》2016年第7期。
④ 中共中央党史研究室第二研究部：《〈中国共产党历史〉第二卷注释集》，中共党史出版社2012年版，第250页。

前的 1979 年增长 1.66 倍，引进的先进技术还在国内同行业中推广移植，推动国内轧钢、炼钢技术进一步发展。"① 在"四三方案"的带动下，重要的引进项目还有从美国引进彩色显像管成套生产技术项目、利用外汇贷款购买新旧船舶组建远洋船队项目、购买英国三叉戟飞机项目，等等。② 这些都为改革开放新时期的全面开放作了准备。

1976 年粉碎"四人帮"后，从 1978 年初起，中国陆续派出了由谷牧、林乎加、李一氓等率领的多个中央考察团到欧洲、日本、港澳等地访问。③ 谷牧回国后提出，我们与国外先进水平已经有很大差距，应当利用当前国外资金过剩的有利时机，扩大对外引进。这一建议得到叶剑英、李先念等中央领导人的支持。华国锋要求谷牧组织此次出国考察的人员研究出几条有情况分析、有行动措施的意见，提到国务院务虚，以进一步统一认识。④ 1978 年 7 月 6 日至 9 月 9 日，国务院召开务虚会，对外引进是重要议程之一。7 月 11 日，国家计委副主任李人俊介绍了引进的安排，提出了 500 亿美元的引进规模。⑤

1978 年对外引进的规模大幅度增长，引进项目"签约 58 亿美元，相当于 1950 年到 1977 年 28 年中国引进累计完成金额 65 亿美元的 89.2%"。⑥ 20 世纪 70 年代的技术引进，大大突破了过去的引进框架，有着重要的开创意义。

四、不能以牺牲主权为代价

在遭遇西方国家封锁的恶劣环境下，20 世纪 50 年代，中国对来自苏联的技术和设备援助十分珍惜。尽管中国对所有苏方的技术和设备都是通过贸易形式交换取得的，中国却一直称之为"国际主义的无私援助"，虚心向苏联专家学习科学技术知识。在苏联的帮助下，从 20 世纪 50 年代到 60 年代初，中国成功地实现了航空、核能、火箭、电子、自动化等现代科技的启动。⑦

然而在国防尖端技术上，苏联的援助并不可靠。1960 年 6 月，我国派代表团赴苏联谈判两种导弹 7 个项目，1 个大口径炮厂、3 个配套的扩建项目的设计与设备供应期限问题。苏方采取了既不拒绝又不积极援助的态度：设计要在 1961—1963 年

---

① 陈东林：《20 世纪 50—70 年代中国三次大规模对外经济引进》，《上海行政学院学报》2004 年第 6 期。
② 陈东林：《20 世纪 50—70 年代中国三次大规模对外经济引进》，《上海行政学院学报》2004 年第 6 期。
③ 陈东林：《20 世纪 50—70 年代中国三次大规模对外经济引进》，《上海行政学院学报》2004 年第 6 期。
④ 曹普：《谷牧与 1978—1988 年的中国对外开放》，《百年潮》2001 年第 11 期。
⑤ 陈东林：《20 世纪 50—70 年代中国三次大规模对外经济引进》，《上海行政学院学报》2004 年第 6 期。
⑥ 陈东林：《20 世纪 50—70 年代中国三次大规模对外经济引进》，《上海行政学院学报》2004 年第 6 期。
⑦ 周家鼎：《周恩来与中国国防尖端科技事业》，《党的文献》2006 年第 3 期。

才能完成，设备要在1965—1968年才能供应，把建设时间拖到8年之久。虽经反复谈判，苏方始终坚持原来意见不变。这次谈判后不久，7月，苏联政府就照会中国政府，撤离全部在华专家并带走全部设计图纸。8月16日，苏联外贸部通知中国，停止与中国签合同，并对核子仪器、微波设备零件、电子管等已达成协议的商品提出撤销供应。苏联撤走专家，对中国的建设项目、科技合作、特种国防技术、和平利用原子能、与东欧各国合作的技术等方面造成了巨大的损失，使"大跃进"后已经严重困难的中国经济雪上加霜。①

在这样的背景下，对于先进科学技术的研发和探索，中国是放弃还是继续坚持？党和国家领导人面临着抉择。得知苏联政府撤走专家后，1960年7月18日，毛泽东在北戴河中央工作会议上说："要下决心，搞尖端技术。赫鲁晓夫不给我们尖端技术，极好！如果给了，这个账是很难还的。"②在党的领导下，广大科技工作者再次发扬革命战争年代的大无畏精神，绝不苟同苏方提出的与苏联共建长波电台、联合舰队等要求，绝不以牺牲主权为代价妥协。毛泽东在抗日战争时期曾经说过："往往有这种情形，有利的情况和主动的恢复，产生于'再坚持一下'的努力之中"。③运用这种辩证唯物主义的思维方式，在困难和挫折面前，中国共产党带领广大干部与科技工作者千方百计继续研发和探索先进科学技术。

正是由于在引进技术的同时注意了消化吸收，新中国才有了自主创新的能力与底气。

五、技术引进与消化、吸收、创新相结合的要领与途径

（一）引进、消化、吸收的途径多样

20世纪50年代中国向苏联学习的途径大体有三种：第一是大量引进和翻译苏联的各类书籍和资料，通过书本学习。第二是大量派遣党、政、军各方面的干部、技术人员和学生到苏联考察、学习，通过实践学习。第三就是大规模、全方位地聘请苏联顾问和专家来华，向苏联专家学习苏联的制度、经验、方法、技术。④前往苏联学习的人员回国之后，很快就填补了科学技术和教育领域的一些空白，承担了学科建设、人才培养、技术研发和科学研究的重要任务，并且在工作中取得了卓越的成就，成为国家科学技术事业和产业的带头人和组织者。截至2009年，在留苏学者

---

① 董志凯：《毛泽东与中国科学技术的自主研发》，《当代中国史研究》2006年第6期。
② 《建国以来毛泽东军事文稿》下卷，中央文献出版社2010年版，第100页。
③ 《毛泽东选集》第2卷，人民出版社1991年版，第412页。
④ 李涛：《借鉴与发展——中苏教育关系研究：1949—1976》，浙江教育出版社2006年版，第150页。

中有 96 位入选中国科学院院士、103 位入选中国工程院院士、5 位入选中国社会科学院学部委员、12 位为荣誉学部委员，其中有 6 位是双院士、有 4 位荣获国家最高科学技术奖。①聘请苏联专家来华工作也是学习的重要途径。在新中国成立之前，中共中央就多次与苏联磋商，希望得到苏联的经济援助，请苏联专家来中国帮助进行经济建设。到新中国成立前夕，"在华苏联专家已有 600 余人"②。1950 年《中苏友好同盟互助条约》签订后，中苏双方就苏联专家来华工作进行了反复磋商，于 1950 年 3 月 27 日签订了《中苏关于苏联专家在中国工作的条件之协定》。③此后，苏联专家大规模、成系统地来到中国，他们在经济、技术、科研、教育、军事、文化等各个领域帮助中国进行现代化建设。党和政府高度重视苏联专家的作用，1953 年 2 月，毛泽东在全国政协一届四次会议闭幕会上指出："我们现在学习苏联，广泛地学习他们各个部门的先进经验，请他们的顾问来，派我们的留学生去，应该采取什么态度呢？应该采取真心真意的态度，把他们所有的长处都学来"，"一切我们用得着的，统统应该虚心地学习"。④据不完全统计，"从建国前夕刘少奇带来第一批专家（1949 年 8 月）到 1960 年 7 月苏联全部撤退专家前，一般的说法是，来华苏联顾问和专家的总数在 1 万余人"⑤。

引进西方技术的重要途径之一就是吸引海外留学生回国。1949 年 12 月，中央教育部高教司成立第四处，专门负责办理接待留学生归国的工作；政务院文化教育委员会还召集有关部门组成了"办理留学生回国事务委员会"，统一领导海外科学家和留学生回国的各项事宜。在民间和政府的双重努力下，许多科学家和留学生冲破西方国家和台湾当局的重重阻挠，回到祖国怀抱。"据统计，1950—1953 年，先后有约 2000 名留学生回到祖国。到 1957 年，归国人数已经达到 3000 人左右，超过新中国成立前留学海外学者总数的一半。"⑥他们当中的许多人成为我国科学技术领域一些学科的开创者和奠基人，为新中国的科技和教育事业、经济建设和国防建设都作出了巨大的贡献。

引进西方技术的另一重要途径是购买先进设备和技术。例如，1958 年国家拨付巨资从西欧引进大批精密机床和大型发电设备。"为了这次引进，国家共出售储备黄金 300 万两，换取外汇 1.05 亿美元，其中的 2066 万美元作为专款向西欧订购先

---

① 刘新生、赵国明：《外交官历史亲历记》，九州出版社 2013 年版，第 107 页。
② 沈志华：《苏联专家在中国（1949—1960）》，中国国际广播出版社 2003 年版，第 92 页。
③ 中共中央党史研究室、中央档案馆：《中共党史资料》总第 90 辑，中共党史出版社 2004 年版，第 186 页。
④ 《毛泽东文集》第 6 卷，人民出版社 1999 年版，第 264 页。
⑤ 沈志华：《苏联专家在中国（1949—1960）》，中国国际广播出版社 2003 年版，第 406 页。
⑥ 中国科协调宣传部、中国科协创新战略研究院：《中国科技人力资源发展研究报告（2014）——科技人力资源与政策变迁》，中国科学技术出版社 2016 年版，第 156 页。

进机床等精密设备，包括在西德订购重大设备51台、瑞士订购重大设备105台。这批设备成为新中国的'工业母机'，为后来加工万吨以上的水压机立柱、高压反应筒、万吨以上的远洋巨轮主轴、万匹马力柴油机缸体、30万千瓦以上的发电机组等立下汗马功劳。与此同时，国家还动用专项黄金，从西方国家购买制造许可证和柴油机图纸。"①20世纪60年代起，我国在成规模地从西方国家进口成套设备的同时引进了新技术，并且不断消化吸收，促进了国内的经济建设。

"引进—消化—自主创新—再引进—再消化—再自主创新"，已然形成中国工业科研体系中的一个极为重要的逻辑环。

（二）消化吸收的基础在于大众教育

劳动者是最强大的生产力，是生产中的能动因素。毛泽东说："世间一切事物中，人是第一个可宝贵的。"② 其中包含了人的素质提高和受教育问题。"1949年以前，中国的教育十分落后。全国人口中80%以上是文盲，学龄儿童入学率只有20%左右，劳动者很难进入学校学习。全国各级各类学校学生仅占全国人口的5%左右，而且教学设备十分缺乏，教材陈旧落后。1949年之后的近30年间，中国的教育事业尽管也经历种种曲折、磨难，但仍然获得了大幅度的发展。明显的成就是大众教育的兴起，并对中国的社会经济发生了重大影响。学校实行了'向工农开门'的方针。大众教育取得了极为显著的成就。1949年，中等学校的在校学生为126.8万人，1976年上升至5905.5万人；1949年，小学在校学生为2439.1万人，1976年上升至15005.5万人。1965年，中国的小学入学率为89%，中学入学率为24%，20世纪70年代末80年代初，中国城市的文盲率为16.4%、农村的文盲率为34.7%，而同为后发大国的印度的城市文盲率则是34.9%、农村文盲率是67.3%，巴西的城市文盲率为16.8%、农村文盲率为46.3%，埃及的城市文盲率为39.7%、农村的文盲率为70.6%。"③ 中国的大众教育在后发国家尤其是后发大国中明显走在了前列。这一时期的大众教育不仅普遍提升了整个民族的文化素质，而且为以后高等教育发展、为中国科技发展乃至于社会经济的全面发展奠定了一定的基础。

（三）通过举国体制消化吸收、攻关创新

我国是发展中国家里率先进行高技术开发、拥有高技术攻关能力并初步建立了高技术产业的国家。1951年，我国即重视新兴产业，发展了航空工业。1955

---

① 刘爱国：《大国造船简史：惊涛骇浪四十年》，中国水运网，http://www.zgsyb.com/html/content/2019-01/30/content_937894.shtml，2019年9月11日。
② 《毛泽东选集》第4卷，人民出版社1991年版，第1512页。
③ 董志凯：《毛泽东与中国科学技术的自主研发》，《当代中国史研究》2006年第6期。

年作出了发展核技术和核工业的决定。1956 年在第一个长期科技发展规划——《一九五六至一九六七年科学技术发展远景规划纲要（修正草案）》中，确定了计算机技术、半导体技术、自动化技术、无线电技术、核技术、喷气技术等高技术领域的 57 项重点任务和 616 个中心问题，为我国最急需的科技领域，提出了"重点发展，迎头赶上"的方针。①

例如，为加强对原子能工业和尖端武器的研究试验工作的领导，有效组织全国大协作，毛泽东专门批示："要大力协同做好这件工作。"②1961 年初，中共中央在批转聂荣臻《关于 1961 年、1962 年科技工作安排的报告》时，"明确要求把从中央到地方各方面的技术力量组织起来，全国'一盘棋'，扭成'一股绳'，统一安排，分工负责，通力合作，共同完成国防科技任务"。③1962 年 11 月，中央成立了以周恩来总理为主任的 15 人专门委员会，罗瑞卿兼任委员会下设的办公室的主任，形成了强有力的领导指挥机构，加强对原子能工业的领导和原子弹的研制攻关。从此，原子能工业建设和核武器研制的步伐大大加快。④1964 年 5 月和 1965 年 1 月，"毛泽东在听取国家计委关于第三个五年计划和长远规划设想的汇报时，曾两次谈到核武器发展问题，明确指出：原子弹要有，氢弹也要快。周恩来在中国首次核试验成功后，也提到氢弹研制能否加快一些，并要求二机部就核武器发展问题做出全面规划"⑤。1964 年 10 月 16 日，我国自行研制的第一颗原子弹成功爆炸之后，1967 年 6 月 17 日，我国成功进行了 300 万吨级的氢弹试验。从第一颗原子弹爆炸到第一颗氢弹爆炸，苏联用了 4 年，英国用了 4 年零 7 个月，法国用了 8 年零 6 个月，我国仅用了 2 年零 8 个月。而且与国外相比，事故少，成功率高，耗资也最少。1970 年 4 月 24 日，我国第一颗人造卫星升空入轨。⑥

1965 年，中国核动力研究设计院成立。当年毛泽东主席发出核潜艇一万年也要搞出来的豪迈誓言，结果不到十年，中国核动力研究设计院就在非常艰苦的条件下成功地研制出我国第一艘核潜艇，并铸造了我国第一座核动力反应堆、第一座高通量工程试验堆。⑦

除了国防尖端技术攻关任务的统一领导、合作攻关外，从产品设计、试制、生产到原材料的供应都进行全国协作。这促进了民用科技和基础工业的发展。如此规

---

① 董志凯：《毛泽东与中国科学技术的自主研发》，《当代中国史研究》2006 年第 6 期。
② 《建国以来毛泽东军事文稿》下卷，中央文献出版社 2010 年版，第 155 页。
③ 《当代中国的国防科技事业》上，当代中国出版社 1992 年版，第 52 页。
④ 董志凯：《毛泽东与中国科学技术的自主研发》，《当代中国史研究》2006 年第 6 期。
⑤ 《当代中国的核工业》，当代中国出版社、香港祖国出版社 2009 年版，第 46—47 页。
⑥ 董志凯：《毛泽东与中国科学技术的自主研发》，《当代中国史研究》2006 年第 6 期。
⑦ 董志凯：《毛泽东与中国科学技术的自主研发》，《当代中国史研究》2006 年第 6 期。

模的全国大协作，充分显示了社会主义制度的优越性。

由于20世纪50年代我国"根据世界科技发展加速的趋势所作出的具有远见的决策，主管机构强有力的组织领导，以及高科技攻关人员的勤奋拼搏"，到60年代中期和70年代，我国尖端科学技术取得了突破性进展。至80年代末"我国累计向高技术领域的投资超过1000亿元，约占国家全部建设投资的6.3%"，"已拥有一支300多万人的高技术产业队伍，初步形成了一定的产业规模。1987年，我国高技术产业的产值估算已达到740多亿元，约占国民生产总值的6.8%"。①"经过三十年的努力，我们已经建立了相当的物质技术基础。现在，全国已经有38万个工业交通企业，国民经济各部门共拥有4400多亿元的固定资产。我们要坚持自力更生的方针，发展生产，提高劳动生产率，实现四个现代化，必须依靠这个基础，利用这个基础，充分发挥这个基础的作用"。②

当前，中国正处在一个难得的科技发展和经济社会发展双重战略机遇期。中国和世界经济发展史告诉我们：技术引进对后发国家经济起步有重要帮助；但是，一个国家要真正成为科技强国、经济强国，就必须努力提高科技自主创新能力。③曾经有一些人天真地以为，中国只要发展好经济，一切东西都可以买来。20世纪末中国驻南斯拉夫大使馆被炸，惨痛的教训清楚表明：许多核心技术是买不来的。今天，美国挑起的贸易摩擦继续警示我们：即使是民用技术，同样不能完全靠着别人。因此，自力更生方针与引进、消化、吸收、创新相辅相成的辩证思维方法仍然具有现实意义。历史经验表明，真正的核心技术是买不来的。只有拥有强大的科技创新能力，拥有自主的知识产权，才能提高我国的国际竞争力，才能享有受人尊重的国际地位和尊严。毛泽东将科技研发作为国家的重要职能之一，并且在极端困难的条件下仍坚定不移，绝不放弃自主攻关、突破高科技的瓶颈。这种自立自强的精神今天仍然是至关重要的。④

---

① 邓寿鹏、于维栋：《加速我国高技术产业化的历史进程》，《人民日报》1989年1月2日。
② 《李先念论财政金融贸易（1950—1991年）》下卷，中国财政经济出版社1992年版，第540页。
③ 董志凯：《毛泽东与中国科学技术的自主研发》，《当代中国史研究》2006年第6期。
④ 董志凯：《毛泽东与中国科学技术的自主研发》，《当代中国史研究》2006年第6期。

从卫生与健康事业发展看新中国 70 年的成就与经验

An Observation of the Achievements and Experience in Terms of Development of the Health and Well-being Cause During 70 Years Since the Establishment of People's Republic of China

姚力（Yao Li）

姚力，女，1968 年出生，中国社会科学院当代中国研究所研究员，法学博士。主要从事新中国社会史和口述史方面的研究。代表作有：专著《当代中国医疗保障制度史论》《生命叙事与时代印记——新中国 15 位劳模口述》《新中国的农村合作医疗》，论文《中国当代社会史研究的学术视野与问题意识》《中国共产党医疗保障制度的探索与经验》《试论口述历史对中国当代社会史研究的几点启示》《新中国成立初期的劳模表彰及其社会效应》等。

[摘　要] 新中国 70 年卫生与健康事业取得巨大成就，从积贫积弱到人民健康总体上优于中高收入国家平均水平，从缺医少药到织就世界上最大的医疗保障网。我们的基本经验是：始终坚持"为人民健康服务"的初心和使命，把人民健康作为关乎全局的筑基性任务，放在优先发展的重要位置；始终坚持正确的卫生工作方针，从不同时期卫生与健康工作的特点出发，制定适宜的工作策略；始终坚持发挥中国共产党领导的政治优势和社会主义国家的制度优势，遵循公平普惠的原则，将政府主导和全社会广泛参与完美结合。

新中国 70 年，经济社会发展取得的辉煌成就在人民卫生与健康方面表现尤为突出。遵循正确的卫生工作方针，凭借政府、医务工作者和人民群众的共同努力，中国不仅以最快的速度完成了第一次卫生革命，甩掉了"东亚病夫"的帽子，而且不断完善医疗卫生服务体系，改革医疗保障制度，人民健康水平持续快速攀升，古老的中华民族焕发出勃勃生机。

一、历程：人民卫生的跨越式发展

70 年来，在卫生革命、医疗改革、健康中国的旗帜引领下，新中国卫生与健康事业一步步实现了历史性跨越。依据时代特点、中心任务、工作策略和人民健康水平的提升状况，其演进历程大致可以分为三个主要阶段。

（一）完成卫生革命的历史任务（1949—1978年）

新中国成立伊始，缺医少药、疫病流行，人民卫生与健康状况十分危机。为了尽快改变这种状况，在党中央和各级政府的领导下，把预防严重危害人民健康的流行病和严重威胁母婴生命的疾病、建立基层卫生组织作为两大工作重点，广泛发动群众、整治环境卫生、整顿卫生工作队伍、建立医疗保障制度，快速改变了卫生与健康的窘迫局面。1956年，毛泽东骄傲地说："过去说中国是'老大帝国'，'东亚病夫'，经济落后，文化也落后，又不讲卫生，……但是，经过这六年的改革，我们把中国的面貌改变了。我们的成绩是谁也否认不了的。"①

1955年，人间鼠疫基本得到控制。"六十年代初期，天花在我国已告灭绝，比天花在世界范围内灭绝早了十余年。"②霍乱很快在我国绝迹。在各级防治血吸虫病领导小组和血吸虫防治办公室的领导下，曾经长期在福建、浙江、江苏、湖南、江西等省泛滥肆虐的血吸虫病得到控制和有效治疗，送走"瘟神"，呈现"春风杨柳万千条，六亿神州尽舜尧"的安康景象。在"文化大革命"中，卫生工作受到一定干扰破坏，但以"两管五改"③为主要内容的爱国卫生运动仍扎实推进、成效明显，取得了成功研发"青蒿素"等令世界瞩目的医学科学成就，为防治疾病作出巨大贡献。特别是合作医疗红遍全国、"赤脚医生"队伍不断壮大、巡回医疗深入乡村边陲，广大农村的医疗卫生工作成绩突出，极大地推进了人民群众健康水平的提升。

（二）以医疗改革促进卫生与健康事业快速发展（1978—2012年）

党的十一届三中全会后，我国开启了改革开放的历史新时期，医疗卫生事业紧随社会发展的大潮而动。1985年1月，为了贯彻中共十二届三中全会通过的《中共中央关于经济体制改革的决定》精神，卫生部召开全国卫生厅局长会议，随后国务院批转了卫生部起草的《关于卫生工作改革若干政策问题的报告》，医疗改革正式启动。在接下来的几年中，为贯彻执行改革、开放、搞活的总方针，国家在医疗卫生领域积极推行"多渠道办医""简政放权"等改革措施，激发了医疗机构和医务人员的工作热情。

从20世纪90年代末开始，医疗改革进入全面深化阶段。"医改之难，超乎想

---

① 《毛泽东文集》第7卷，人民出版社1999年版，第87页。
② 《当代中国的卫生工作》（上），中国社会科学出版社1986年版，第10页。
③ "两管"，是指管理粪便垃圾、管理饮用水源。"五改"是指改良厕所、畜圈（包括禽窝）、水井（包括水池）、环境和炉灶。

象。"① 同期进行医改的很多国家均面临突围的困境,有的不得不半途而废。医改成了"政治经济和社会的焦点问题,考验的是国家治理体系和能力"②。我国医疗改革迎难而上,在政府主导下谨慎试验、逐步推开,相继建立了城镇职工基本医疗保障制度、新型农村合作医疗制度和城镇居民基本医疗保险制度。与此同时,医疗服务体制、医药生产流通体制改革积极跟进,接连出台改革新政。2009年4月,中共中央、国务院发布《关于深化医药卫生体制改革的意见》,标志着新一轮医改正式启航。日益深化的医疗改革有力推进了卫生与健康事业的进步,到2012年,我国医疗技术和服务水平与1978年相比有了本质性提高。

(三)开启健康中国新行动(2012年至今)

党的十八大以来,中国特色社会主义进入新时代,卫生与健康工作也表现出新特点。一方面随着物质生活水平的提高,人民群众对健康越来越重视,越来越希望获得高水平的医疗卫生服务;另一方面国家对卫生与健康工作给予高度重视,积极统筹规划,不断提出有益于人民健康的新举措。国家意志与人民需求的高度统一,顶层设计与基层力量的互动推进,标志着卫生与健康的中国道路进入了一个新境界。

习近平总书记多次强调:"没有全民健康,就没有全面小康。"③健康与小康相辅相成、齐头并进,在全面建成小康社会和全民健康的路上,全国人民一个都不能落下。2015年10月,党的十八届五中全会提出"推进健康中国建设",从"五位一体"总体布局和"四个全面"战略布局出发,将健康作为一切工作的出发点和落脚点,将卫生与健康工作提升到了国家发展战略的新高度。2016年8月,全国卫生与健康大会在北京召开,中共中央政治局常委悉数出席。习近平在讲话中深刻阐述了推进健康中国建设的重大意义、指导思想和决策部署。会后,中共中央政治局审议通过了《"健康中国2030"规划纲要》,详细而清晰地规划了今后15年健康中国建设的总体部署,以及健康中国"三步走"的目标蓝图。前不久国务院印发了《国务院关于实施健康中国行动的意见》,由国家层面出台《健康中国行动(2019—2030年)》,有针对性地制定了15个重大专项行动,扎实推进健康中国战略有序开展。

二、成就:从"东亚病夫"到"全民健康"

依据1978—2017年的统计数据,国家卫生健康委员会宣布"我国居民健康水

---

① 《迈向健康中国新征程——以习近平同志为总书记的党中央关心卫生与健康工作纪实》,《人民日报》2016年8月20日。
② 《人民公开课:中国共产党与国家治理体系和治理能力现代化》,浙江人民出版社2017年版,第311页。
③ 《习近平关于社会主义社会建设论述摘编》,中央文献出版社2017年版,第99页。

平持续改善，居民主要健康指标总体上优于中高收入国家平均水平"①。如果与新中国成立时相比，卫生与健康事业的成就更加显著，实现了从"东亚病夫"到"全民健康"的质的飞跃。

（一）人民健康水平大幅度提高

在国际上，通常以人均预期寿命、婴儿死亡率和孕产妇死亡率，作为衡量一个国家或地区居民健康水平的主要指标。1949年，我国人均预期寿命只有35岁，婴儿死亡率是200‰，②孕产妇死亡率是1500/10万，③是世界上人口健康状况最差的国家。④1957年我国人均预期寿命达到57岁，1981年提升到67.8岁，远远高于1980—1985年世界平均59.5岁的水平。⑤婴儿死亡率1980年时降低到34‰，1998年降低到16‰，大大低于同期世界中等收入国家53‰和30‰的水平。⑥我国孕产妇死亡率1991年降低到80/10万。⑦2000年，响应联合国提出的千年发展目标，我国承诺最迟在2015年实现孕产妇死亡率在1990年的基数上降低3/4，并于2014年提前实现，是全球为数不多实现这一目标的国家之一。⑧最新的人口健康数据显示，我国人均预期寿命达到77岁，孕产妇死亡率下降到18.3/10万，婴儿死亡率下降到6.1‰。⑨这些数据变化不是简单的增减起伏，而是中国人民从站起来到强起来的标志，是中华民族实现伟大复兴的根本前提。

（二）医疗卫生服务条件不断改善，并愈发向公平均等发展

据1949年统计，我国中西医卫生技术人员共有50.5万人，其中高级技术人员（即高等医学院校毕业的医药人员）仅有38875人，而且绝大部分集中在大城市。全国有医院2600所，病床8万张。⑩县级及以下的基层医疗卫生机构和资源十分匮乏。新中国成立后，大力加强卫生工作队伍建设，建立农村、工矿和城市的基层卫生组织。到1953年底，全国县医院和县卫生院由新中国成立前的1437所发展到2102所，并且开始发展县以下的区、乡基层卫生组织；工矿企业医院由150所发展到

---

① 《病有所医，从"看上病"到"保健康"》，《人民日报》2018年9月4日。
② 《当代中国的卫生工作》（上），中国社会科学出版社1986年版，第2页。
③ 《新中国50年》，中国统计出版社1999年版，第86页。
④ 联合国对人口预期寿命统计和预测表明，1950—1955年世界人口预期寿命平均为46.5岁，发达地区为66.2岁，不发达地区为41.0岁，最不发达地区为35.5岁。参见牟新渝等：《动态人口红利理论与实践》，华龄出版社2015年版，第326页。
⑤ 刘隆健：《世界人口预期寿命和死亡率发展趋势》，《国外医学》（社会医学分册）1989年第2期。
⑥ 胡鞍钢主编：《透视SARS：健康与发展》，清华大学出版社2003年版，第235页。
⑦ 《统筹人口发展战略 实现人口均衡发展——改革开放40年经济社会发展成就系列报告之二十一》，国家统计局网，http://www.stats.gov.cn，2018年9月18日。
⑧ 《2018年全国孕产妇死亡率下降到18.3/10万》，《北京晚报》2019年5月27日。
⑨ 《我国居民人均预期寿命达七十七岁》，《人民日报》2019年5月23日。
⑩ 《当代中国的卫生工作》（上），中国社会科学出版社1986年版，第2—3页。

367 所；全国医院病床数增加了 4 倍多。全国新培养出 6 万多名高、中级卫生人员，60 多万名初级卫生人员。在少数民族聚居地区，建立了 350 个卫生院和 30 多个医院，培养了 2000 多名民族卫生干部。① 到 1965 年，全国省（市、自治区）级、地区级和县级卫生防疫站、妇幼保健站都建立起来；全国综合医院和专科医院发展到 42711 所，其中少数民族地区的医院发展到 6275 所；② 大部分公社都建起卫生院；有的生产大队设有半农半医人员，全国城乡卫生医疗网基本形成。

改革开放后，随着国家经济实力的增强，我国不断增加对医疗卫生的投入，医疗卫生资源、医疗服务能力明显提升。卫生总费用从 1978 年的 110 亿元增长到 2017 年的 51599 亿元，年均增长 17.1%。医疗卫生支出比重逐步上升。1978 年医疗卫生支出占 GDP 的比例为 3%，1988 年为 3.2%，1998 年为 4.3%，2008 年为 4.5%，2017 年上升为 6.2%。自 2001 年以来，个人卫生支出占卫生总费用的比重持续下降，从 2001 年的 60.0% 下降至 2017 年的 28.8%。③ 2017 年，我国医疗卫生机构发展到 98.7 万个，其中医院 3.1 万个，比 1978 年分别增加 81.7 万个和 2.2 万个；医疗卫生机构床位达到 794 万张，增加了 590 万张；基本医疗保险覆盖 13.5 亿人。④ 此外，我国传染病防治成果显著。2011 年甲类和乙类传染病发病率控制在 241.4/10 万的较低水平，有力保障了广大居民的身体健康和生命安全。目前多数疫苗可预防传染病的发病率已降至历史最低水平。2004 年，我国建成并使用全国传染病疫情和突发公共卫生事件网络直报系统，信息平均报告时间从原来的 5 天缩短到 4 小时，卫生应急能力全面提升。目前，传染病信息报告系统覆盖近 7.1 万家医疗机构，系统用户超过 16 万。建成国家、省、市、县四级疾控机构实验室检测网络，中国疾控中心流感、脊髓灰质炎、麻疹、乙脑等实验室成为世界卫生组织参比实验室。中国目前已经具备了 72 小时内检测 300 余种病原体的能力。⑤ 21 世纪以来，我国步入老龄化社会，国家积极推进医养结合，构建养老、孝老、敬老的政策体系和社会环境，老龄事业和产业得以快速发展。2017 年，我国养老服务床位 714 万张，较 2012 年增长了 87%。⑥

（三）建立了比较完善的医疗保障制度

医疗保障制度是涉及人群最广，运行机制最复杂的一项社会保障制度，新中国

---

① 《当代中国的卫生工作》（上），中国社会科学出版社 1986 年版，第 8 页。
② 《当代中国的卫生工作》（上），中国社会科学出版社 1986 年版，第 13 页。
③ 《病有所医，从"看上病"到"保健康"》，《人民日报》2018 年 9 月 4 日。
④ 《服务业在改革开放中快速发展 擎起国民经济半壁江山——改革开放 40 年经济社会发展成就系列报告之十》，国家统计局网，http://www.stats.gov.cn，2018 年 9 月 10 日。
⑤ 《病有所医，从"看上病"到"保健康"》，《人民日报》2018 年 9 月 4 日。
⑥ 《服务业在改革开放中快速发展 擎起国民经济半壁江山——改革开放 40 年经济社会发展成就系列报告之十》，国家统计局网，http://www.stats.gov.cn，2018 年 9 月 10 日。

成立后才真正逐步建立实施，主要历经了创建、改革和建立新型制度三个阶段。

1951年颁行的《中华人民共和国劳动保险条例》，规定了企业职工医疗保障的内容。1952年6月27日，政务院发布了《关于全国各级人民政府、党派、团体及所属事业单位的国家工作人员实行公费医疗预防的指示》，规定分期在全国公职人员中推行公费医疗制度。这两种医疗保障制度属于国家卫生服务保障制度，惠及全体城镇职工。农业合作化运动后农民自发创建合作医疗制度。1959年11月，卫生部在山西省稷山县召开全国卫生工作会议，"合作医疗"一词首次出现在中央文件中。1965年6月26日，毛泽东作出"把医疗卫生工作的重点放到农村去"的指示，进一步推进了农村合作医疗的推广。在"文化大革命"中，合作医疗的最高普及率达到90%，合作医疗的实施者——"赤脚医生"达到180多万人，卫生员、接生员共有420多万人。[1]到20世纪70年代末，三大医疗保障制度基本覆盖了全体国民，中国用世界1%的卫生资源解决了占世界22%人口的医疗卫生问题。

改革开放后，城镇职工医疗保障制度改革从规范看病、控制药费抓起，采取了医疗费用与个人挂钩、社会统筹、加强管理等改革措施。自1993年11月中共十四届三中全会后，开启了统账结合模式的社会医疗保险改革探索试验，并最终将其确定为全国普遍实施的新型医疗保障模式。1998年12月14日，国务院发布《关于建立城镇职工基本医疗保险制度的决定》，标志着城镇职工医疗保障制度改革进入了建立新型医疗保险制度的阶段，传统的公费医疗和劳保医疗制度退出历史舞台，取而代之的是城镇职工基本医疗保险制度。农村合作医疗在经历20世纪八九十年代的低迷后，实现制度创新。2002年10月29日，中共中央国务院发布了《关于进一步加强农村卫生工作的决定》，首次正式提出"新型农村合作医疗"的概念和目标。2003年1月16日，国务院办公厅转发了卫生部、财政部、农业部联合制定的《关于建立新型农村合作医疗制度的意见》，对新型农村合作医疗建立过程中的方式方法、推广进度等问题作出具体规定。

2007年4月4日，国务院常务会议研究部署启动城镇居民基本医疗保险试点，7月10日，《国务院关于开展城镇居民基本医疗保险试点的指导意见》正式下发，明确规定了城镇居民基本医疗保险的具体问题。截至2011年9月底，三项基本医疗保险制度覆盖了95%以上的城乡居民，参保人数增加到12.95亿。[2]2015年，职工基本医疗保险、城镇居民基本医疗保险、新型农村合作医疗政策范围内住院医疗费用报销比例分别在80%以上、70%以上和75%左右，基金最高支付限额分别提高

---

[1] 《全面贯彻执行毛主席的革命卫生路线》，《人民日报》1977年6月26日。
[2] 《国务院医改办主任：不断创新基本医疗保障制度》，新华网，http://www.Xinhuanet.com/，2011年12月16日。

到当地职工年平均工资和当地居民年人均可支配收入的 6 倍。[①]2016 年，我国将城镇居民基本医疗保险和新型农村合作医疗进行整合，并将城乡居民基本医保人均财政补助标准提升为 420 元，2017 年提高到 450 元。2017 年，三项基本医保制度参保人数超过 13 亿，参保率稳固在 95% 以上，[②]我国织起了世界上最大的全民基本医疗保障网。

三、经验：卫生与健康的中国模式

新中国 70 年，卫生与健康事业走出了一条中国特色的发展道路，其中的宝贵经验不仅给中国人民带来了福祉，也为世界各国人民贡献了中国智慧。早在 20 世纪 70 年代中后期，中国基层卫生工作的独特做法和实践经验就受到联合国教科文组织和世界卫生组织的关注，合作医疗和"赤脚医生"被写进《阿拉木图宣言》，作为解决初级卫生保健的成功范例在发展中国家推广。

（一）始终把人民健康放在优先发展的重要位置，纳入各个时期国家发展的大格局和中心任务中，经济社会发展前进一步，人民健康事业就推进一步

新中国成立初期，百废待兴。卫生与健康工作被作为社会改造、建设新国家的任务之一。毛泽东将卫生工作看作全民事业和新中国建设的重要支柱，用大卫生的理念统领各项工作，教育人民提高对卫生与健康的认识，让十分拮据的卫生投入发挥出了最大限度地提升人民健康的价值。1951 年 9 月，他指示各级党委"必须把卫生、防疫和一般医疗工作看作一项重大的政治任务"[③]，不仅要进行经常性的督促检查，而且要在经费上给予保证。1960 年，毛泽东批评"大跃进"中对卫生工作的忽视，指出"把卫生工作看作孤立的一项工作是不对的"，强调"卫生工作之所以重要，是因为有利于生产，有利于工作，有利于学习，有利于改造我国人民低弱的体质，使身体康强，环境清洁，与生产大跃进、文化和技术大革命，相互结合起来。现在，还有很多人不懂这个移风易俗、改造世界的意义"[④]。正是由于党和国家把卫生工作提升到了政治的高度，把它定位为一切工作的基础，才促成了卫生与健康事业的快速发展。

毛泽东的大卫生观在新时代由习近平发展为"大健康观"。2013 年 8 月，习近

---

① 《发展权：中国的理念、实践与贡献白皮书》，国务院新闻办公室网站，http://www.scio.gov.cn/ztk/dtzt/3402/35549/35553/Document/1532310/1532310.htm，2016 年 12 月 1 日。
② 《病有所医，从"看上病"到"保健康"》，《人民日报》2018 年 9 月 4 日。
③ 《毛泽东文集》第 6 卷，人民出版社 1999 年版，第 176 页。
④ 《毛泽东年谱（1949—1976）》第 4 卷，中央文献出版社 2013 年版，第 345 页。

平在会见世界卫生组织总干事陈冯富珍时指出:"中国政府坚持以人为本、执政为民,把维护人民健康权益放在重要位置。"[1]一句话道出了新一届党中央对待人民健康的立场与态度。国家把健康权作为人的基本权益加以保护,不仅要解决人民看病吃药问题,而且包括提供保障人民身体和精神健康的社会福利,促进从食品安全到生态环境一切有益于健康的事业发展。在全面建成小康社会和实现"两个一百年"的奋斗目标中,人民健康是重中之重。习近平多次强调:"使全体中国人民享有更高水平的医疗卫生服务也是我们两个百年目标的重要组成部分。"[2]2015年10月,中共十八届五中全会提出"推进健康中国建设"新目标。党的十九大报告提供,人民健康是民族昌盛和国家富强的重要标志,将人民健康融入所有政策,为人民群众提供全方位全周期健康服务。习近平这种大健康理念具有鲜明的人民性、科学性和时代性,既是对毛泽东大卫生观的继承与发展,也为新时代卫生与健康事业发展奠定了政治和思想基础。

(二)始终以正确的卫生工作方针为指导,既坚持"为人民健康服务"的初心和使命,又依据不同的时代特点,调整阶段性工作重点和策略,使卫生与健康工作不断迈上新台阶

新中国70年卫生与健康事业的发展与正确、科学的卫生工作方针息息相关。早在1950年第一届全国卫生工作会议上,"面向工农兵,预防为主,团结中西医"的卫生工作方针就被确立下来。1952年12月,第二届全国卫生工作会议接受周恩来总理的建议,在卫生工作方针中增加了"卫生工作与群众运动相结合"的内容,使卫生工作方针由三句话变成了四句话。"四大方针"的提出对新中国卫生与健康事业具有奠基意义。1965年6月26日,毛泽东从中国80%的人口在农村的国情出发,针对当时医疗卫生工作"重城市、轻农村"的倾向,提出"把医疗卫生工作的重点放到农村去"。这一指示是对卫生工作四大方针的补充,对医疗卫生工作起到了战略指导作用。

改革开放后,经济社会的快速发展为医疗卫生事业进步创造了有利条件,也对卫生工作提出了改革、创新的要求。1991年召开的七届全国人大四次会议提出了新时期卫生工作方针的基本框架,将"面向工农兵"改成"为人民健康服务",并增加了"依靠科技进步的内容"。1996年以中共中央、国务院名义召开全国卫生工作会议,进一步明确新时期卫生工作的奋斗目标和工作方针。在1997年中共中央、国务院发出的《关于卫生改革与发展的决定》中,将新时期卫生工作方针规定为:"以

---

[1] 《习近平会见世界卫生组织总干事陈冯富珍》,《人民日报》2013年8月21日。
[2] 《习近平会见世界卫生组织总干事陈冯富珍》,《人民日报》2016年7月26日。

农村为重点,预防为主,中西医并重,依靠科技与教育,动员全社会参与,为人民健康服务,为社会主义现代化建设服务。"这一方针在继承"四大方针"合理内核的基础上,强调了卫生与健康事业的"二为"方向,为步履维艰的医疗改革指明了航向。

2016年8月19日至20日,全国卫生与健康大会在北京举行。习近平在讲话中提出:"新形势下,我国卫生与健康工作方针是:以基层为重点,以改革创新为动力,预防为主,中西医并重,将健康融入所有政策,人民共建共享。"① 这是对新时期卫生工作方针的新发展,突出了"大卫生"与"大健康"并重的新观念,符合我国经济社会发展的实际状况和卫生与健康事业发展的大趋势。其中把"以农村为重点"扩展到"以基层为重点",既涵盖农村又包含城镇基层社区。新增加的"以改革创新为动力""将健康融入所有政策,人民共建共享"内容,与我国经济社会发展的新理念相吻合,展现了健康中国战略的力度和决心。

由"四大方针"到充实"以农村为重点",由"新时期卫生方针"到新形势下的"卫生与健康工作方针",尽管表述的繁简、强调的主次,乃至词汇的色彩有所变化,但为人民健康服务、防患于未然、发挥中西医各自优势、动员人民群众广泛参与、共建共享,作为其核心要义和根本原则却始终没有改变。究其根本,它们是符合中国实际、与中国共产党的宗旨和目标相一致的方针,是经过实践反复证明的治国安邦的宝贵经验,也是未来中国发展必须坚持的重要策略。

(三)始终坚持发挥中国共产党领导的政治优势和社会主义国家的制度优势,遵循公平普惠的原则,将政府主导和全社会广泛参与相结合,推动人人参与、人人尽力、人人享有、人人健康

新中国卫生与健康工作始终是中国共产党全心全意为人民服务的重点内容,集中展现了社会主义国家对人的生命和健康的重视,这是卫生与健康事业不断进步的关键所在。离开了中国共产党的指导思想和社会主义原则,卫生与健康工作是不可能取得如此辉煌的成就的。

从新中国一成立,中国共产党和人民政府就义不容辞地承担起了对卫生与健康工作的主体领导责任,发扬群众路线的优良传统,将卫生与健康的主张灌输给每一个人,形成了上下一心、团结一致的强大合力。爱国卫生运动始于1952年,最初是为了粉碎抗美援朝战争中美国的细菌战,消灭传播鼠疫、霍乱、伤寒等传染病的媒介物,这是其名字中"爱国"两字的由来,也是运动得以深入持久开展的情感动力。在党中央和毛泽东的倡导下,全社会的力量被充分动员起来,人们以极大的热情投

---

① 《习近平关于社会主义社会建设论述摘编》,中央文献出版社2017年版,第101页。

入爱国卫生运动中,把"以卫生为光荣,以不卫生为耻辱"[①]作为信条,除"四害"、讲卫生、消灭疾病成为每一个人的责任和义务。一时间,打球、跑步、游泳等体育运动广泛开展起来,"清洁卫生,人人振奋,移风易俗,改造国家"[②],"锻炼身体、保卫祖国"的观念不断深入人心。这样的社会氛围,不仅造就了第一次卫生革命以最快的速度获得胜利,而且极大地宣扬和培育了爱国主义、集体主义的社会主义道德情操。

改革开放后,医疗改革在曲折中前进。党的十八大以来,为了维护最广大人民的利益,尽快解决"看病难、看病贵"的严峻社会问题,国家采取多种措施,一方面大力推进医疗改革,并始终坚持将"广覆盖""保基本"作为出发点和立足点;另一方面逐年增加对医疗卫生事业的投入,将医疗卫生工作重点下沉,加强基层卫生组织建设,将全民健康与扶贫战略紧密结合,使改革开放的红利惠及全体人民。自从2005年基本公共服务均等化提出后,逐步实施城乡统筹、一体化的卫生与健康政策,进一步凸显了社会主义公平公正的原则。随着国家经济实力的增强,医疗救助政策不断完善并得到推广普及,业已实现应保尽保,践行了"以人民为中心"的诺言。中共十八大以来,党中央提出共建共享的发展理念,积极倡导健康行动,加快落实健康中国战略,这一系列新思想、新举措,是对党的初心和使命的坚守。

新中国70年卫生与健康事业的发展有力证明,凭借中国共产党的坚强领导和中国人民的共同努力,凭借中国日益强盛的国力和健康中国的发展战略,凭借70年卫生与健康事业的成就与经验,中国人民一定会迎来一个更加健康幸福的美好未来。

---

① 《毛泽东文集》第8卷,人民出版社1999年版,第150页。
② 《建国以来毛泽东文稿》第6册,中央文献出版社1992年版,第606页。

新中国 70 年社会建设的成就与经验

Achievements and Experience of Social Construction for 70 Years Since the Establishment of People's Republic of China

朱汉国（Zhu Hanguo）

朱汉国，江苏省常州人。北京师范大学历史学院教授、博士生导师。曾任北京师范大学校学术委员、中国社会科学院近代史研究所学术委员、南京大学中华民国史研究中心学术委员、教育部高校历史学科教学指导委员会委员、教育部基础教育专家工作委员会委员、中国现代史学会副会长等职。长期从事中国近现代史教学和研究，著有《中国政党制度史》《当代中国社会思潮研究》《当代北京市居民的消费生活方式》《20世纪的中国·社会生活卷》等，主编《中华民国史》（10 册）、《当代中国社会史》（6 卷）等。

[摘　要] 新中国成立 70 年来，在党和政府的领导下，新中国社会建设取得了巨大成就：建立并日益健全社会保障体系，全国普遍实行城乡居民最低生活保障，社会保险覆盖范围不断扩大，以家庭为基础、社区为依托、机构为补充的社会福利事业发展格局初步形成；建立并不断完善就业与收入分配制度；教育事业取得跨越式发展，人民群众享有越来越多的受教育机会；构建并不断创新社会治理体系；民众生活发生翻天覆地的变化，人们对日益改善的生活条件和不断提升的生活质量满意度越来越高。新中国 70 年的社会建设积累了极为宝贵的经验，如要坚持和加强党的领导，要以经济建设为基础，以改善民生为重点，循序渐进、量力而行等。

新中国成立后，党和政府在加强政治建设、经济建设、文化建设的同时，十分重视社会建设。社会建设与人民生活息息相关，内涵极其丰富，涉及社会保障、收入分配、就业、就学、社会治理等直接关系人民群众利益的诸多问题。70 年来，在中国共产党的领导下，新中国的社会建设取得了巨大的成就，积累了丰富的经验。在新中国成立 70 周年之际，系统梳理新中国社会建设所取得的成就，总结成功的经验，正视面临的挑战，将有助于我们进一步坚定中国特色社会主义道路自信、理论自信、制度自信和文化自信，对推进我国新时代的社会建设，促进全面建成小康社会，实现"两个一百年"奋斗目标，都具有重要的历史意义和深远的现实意义。

一、新中国社会建设的主要成就

新中国成立 70 年来,党和政府一直注重社会建设,并将其作为社会主义现代化建设的目标之一,动员各方面力量,保障民生,促进社会公平正义。尤其是党的十八大以来,以习近平同志为核心的党中央团结带领全国各族人民,"形成并积极推进经济建设、政治建设、文化建设、社会建设、生态文明建设五位一体的总体布局",致力于"解决好人民群众最关心最直接最现实的利益问题","让改革发展成果惠及更多群众,让人民生活更加幸福美满"。① 经过 70 年的探索与发展,新中国社会建设取得了令世界瞩目的成就。

(一)建立并日益健全社会保障体系

建立健全与经济发展水平相适应的社会保障体系,是社会安定的重要保证,也是社会建设的主要内容。新中国成立 70 年来,我国逐步建立了"以社会保险、社会救助、社会福利为基础,以基本养老、基本医疗、最低生活保障制度为重点,以慈善事业、商业保险为补充"②、覆盖城乡的社会保障体系,形成了世界上规模最大的社会保障安全网,社会保障水平不断提高。③

新中国成立之初,社会保障尚属空白。新中国成立后,党和政府采取了一系列保障人民生活安定、社会发展的政策,如对国家公职人员、大学生实行公费医疗制度,在农村实行"五保"制度等。这些制度的实行,对保障群众生活和生产发挥了重要的作用。毋庸讳言,我国在相当长的一段时间里实行的国家(通过政府)保障、城镇单位保障、农村集体保障三大板块组成的"国家—单位"保障制度,尚是一种低水平、低层次的社会保障系统。改革开放以后,党和政府对原有的社会保障模式进行改革,社会保障模式逐步由国家统管向国家、单位、个人三方负担转变,由企业自保向社会互济转变,由现收现付向部分积累转变,由政策调整向法律规范转变,构建了具有中国特色的社会保障体系。

基本建立社会救助体系,普遍实行城乡居民最低生活保障制度,城乡绝大多数贫困群众基本生活得到了较好保障。新中国成立之初,灾民、贫民、无依无靠的孤老残幼等城乡贫困人口众多。党和政府及时开展临时性、应急性救助,妥善解决了历史遗留问题。此后,城市的就业单位和农村生产大队承担了主要的社会保障功

---

① 《习近平谈治国理政》第 2 卷,外文出版社 2017 年版,第 38、364、368 页。
② 胡锦涛:《高举中国特色社会主义伟大旗帜为夺取全面建设小康社会新胜利而奋斗——在中国共产党第十七次全国代表大会上的报告》(2007 年 10 月 15 日),《人民日报》2007 年 10 月 25 日。
③ 中华人民共和国国务院新闻办公室:《为人民谋幸福:新中国人权事业发展 70 年》(2019 年 9 月),《人民日报》2019 年 9 月 23 日。

能，国家和集体对"五保户"、孤残人员等特殊困难群体进行救济。改革开放后，中国进一步建立完善城乡救济制度，对特殊困难群体给予救济。经过70年的发展，中国的社会救助形成了以最低生活保障、特困人员救助供养、受灾人员救助、医疗救助、教育救助、住房救助、就业救助以及临时救助为主体，以社会力量参与为补充的制度体系。[1] 据国家统计局统计，2018年末，全国共有1008万人享受城市居民最低生活保障，3520万人享受农村居民最低生活保障，455万人享受农村特困人员[2]救助供养，全年临时救助[3]1075万人次。[4]

社会保险覆盖范围不断扩大。新中国的社会保险体系从建立到逐渐完善，大体可分为两个阶段：第一阶段是从新中国成立到20世纪80年代初期。1951年以草案颁布实施并经1953年、1956年两次修订公布的《中华人民共和国劳动保险条例》，虽然其适用范围只包括"雇用工人与职员人数在一百人以上的国营、公私合营、私营及合作社经营的工厂、矿场及其附属单位与业务管理机关"和"铁路、航运、邮电的各企业单位及附属单位"[5]，但这标志着当代中国劳动保险制度的初步建立。此后，国家又陆续规定了国家机关、事业单位工作人员养老、医疗、疾病、生育、死亡抚恤的待遇，有关费用由财政拨付。企业职工的劳动保险金一部分由企业直接拨付，一部分（按工资总额3%提取）由全国总工会统筹。[6] "文化大革命"中，劳动保险一度改为"企业保险"，但无法发挥社会保险惠及全社会的功能。第二阶段是从20世纪80年代中期至今。改革开放后，我国的社会保险制度开始逐步健全，较第一阶段有了以下几方面的显著变化：一是确立了基本养老保险与企业补充养老保险和职工个人储蓄性养老保险相结合的制度，明确规定职工个人也要缴费。二是以医疗保险、养老保险为主要内容的农村社会保险开始建立。三是商业保险的恢复和发展。上述变化标志着以养老保险为重点的各类社会保险开始惠及全体城乡居民，传统意义上的劳动保险开始真正转变为普惠型的社会保险。

---

[1] 中华人民共和国国务院新闻办公室：《为人民谋幸福：新中国人权事业发展70年》(2019年9月)，《人民日报》2019年9月23日。

[2] 农村特困人员是指无劳动能力，无生活来源，无法定赡养、抚养、扶养义务人或者其法定义务人无履行义务能力的农村老年人、残疾人以及未满16周岁的未成年人。

[3] 临时救助是国家对遭遇突发事件、意外伤害、重大疾病或其他特殊原因导致基本生活陷入困境，其他社会救助制度暂时无法覆盖或救助之后基本生活暂时仍有严重困难的家庭或个人给予的应急性、过渡性的救助。

[4] 国家统计局：《中华人民共和国2018年国民经济和社会发展统计公报》，国家统计局网，http://www.stats.gov.cn/tjsj/zxfb/201902/t20190228_1651265.html，2019年2月28日。

[5] 《建国以来重要文献选编》第2册，中央文献出版社1992年版，第55页。

[6] 钟财：《〈中共中央关于建立社会主义市场经济体制若干问题的决定〉名词术语解释》，人民出版社1994年版，第241页。

表1 2018年全国参加社会保险人数统计 单位：万人

社会保险类别	参加城镇职工基本养老保险人数	参加城乡居民基本养老保险人数	参加基本医疗保险人数	参加失业保险人数
人数	41848	52392	134452	19643
社会保险类别	全国领取失业保险金人数	参加工伤保险人数**	参加生育保险人数	
人数	223	23868	20435	

说明：参加基本医疗保险人数中，参加职工基本医疗保险人数为31673万人，参加城乡居民基本医疗保险人数为89741万人。

** 参加工伤保险人数中，参加工伤保险的农民工人数为8085万人。

资料来源：国家统计局：《中华人民共和国2018年国民经济和社会发展统计公报》，国家统计局网，http://www.stats.gov.cn/tjsj/zxfb/201902/t20190228_1651265.html，2019年2月28日。

初步形成以家庭为基础、社区为依托、机构为补充的社会福利事业发展格局。在党和政府的领导与引导下，广泛动员社会力量，以"孤老、孤残、孤儿"等群体为主要对象的福利服务不断走向社会化。据统计，截至2018年末，全国共有各类提供住宿的社会服务机构3.3万个，其中养老服务机构3万个，儿童服务机构664个；设有社会服务床位782.4万张，其中养老服务床位746.3万张，儿童服务床位10.4万张；建有社区服务中心2.7万个、社区服务站14.5万个。[①]

（二）建立并不断完善就业与收入分配制度

就业是民生之本，是保障和改善人民群众生活的重要条件。新中国成立之初，我国工业基础薄弱、服务业发展滞后，绝大多数劳动者以农业为生。新中国成立后，党和政府十分重视民众的就业问题。我国在相当长的一段时期内，社会成员的就业主要由国家统一管理，多在国营或集体单位就业。这种就业制度在一定程度上受制于社会经济发展的程度，但它对保障人民群众的生活、保持社会稳定曾起到了一定的作用。改革开放以来，随着经济体制改革的深入，个体经济、私营经济、外资经济等各种类型的非公有制经济迅速发展，国家的就业制度开始突破原有的局限，农民非农就业人数迅速增加，社会就业方式日趋多元化，劳动力资源得到更为充分的利用。党的十八大以来，在以习近平同志为核心的党中央领导下，实施就业优先战略和积极就业政策，深化就业创业体制机制改革，不断强化各方面重视就业、支持就业的导向，实现经济发展与扩大就业良性互动，在推动高质量发展中创

---

① 国家统计局：《中华人民共和国2018年国民经济和社会发展统计公报》，国家统计局网，http://www.stats.gov.cn/tjsj/zxfb/201902/t20190228_1651265.html，2019年2月28日。

造更多高质量的就业机会,为经济社会持续健康发展发挥了重要支撑作用。[1]据统计,2018年末,全国农民工总量为28836万人,其中外出农民工为17266万人、本地农民工为11570万人。[2]从就业结构来看,第三产业在1994年和2011年分别超过第二产业和第一产业,成为吸纳就业人数最多的产业。而且,非公有制经济成为城镇就业的主渠道。2018年,城镇非公有制经济就业人员占比从1978年的0.2%提高到83.6%。其中,城镇私营企业、个体就业人员分别为13952万人、10440万人,分别占城镇就业人员的32.1%、24.0%。总体来看,新中国成立70年来,我国就业总量从1949年的1.8亿人增加到2018年的7.8亿人,扩大了3.3倍,其中城镇就业达到4.3亿人,比1949年增加了27.3倍。[3]城镇登记失业率长期处于4.1%以内的较低水平。[4]

健全合理的收入分配制度是与劳动就业制度息息相关的重要制度。纵观新中国70年的收入分配制度,大致可划分两个阶段:一是20世纪50—80年代,随着50年代生产资料私有制社会主义改造的完成,我国开始实行按劳分配的收入分配制度。二是改革开放以来,随着经济体制改革的不断推进,我国确立了实行以公有制为主体、多种经济成分共同发展的基本经济制度,与此相适应,形成了以按劳分配为主体、多种分配方式相结合的收入分配制度,城乡居民的收入来源也从单一走向多元。党的十八大以来,党和政府高度重视收入分配问题,着力深化收入分配制度改革,城乡和区域收入差距持续缩小,收入分配格局明显改善。

总体来看,改革开放新时期的积极就业政策和新型分配制度的实施,充分调动了人们的劳动积极性,增强了社会活力,夯实了民众的生活基础。

(三)教育事业取得跨越式发展

百年大计,教育为本。1949年新中国成立时,我国的教育基础十分薄弱,全国5.4亿人口约80%不识字,学龄儿童入学率仅占20%,只有3000多万名小学在校生,100多万名中学在校生,10多万名大学在校生,大中小学在校生规模类似"倒图钉形"。[5]在如此薄弱的基础上,党和政府大力推行义务教育,迅速完成了

---

[1] 国家统计局人口司:《就业规模不断扩大就业形势长期稳定——新中国成立70周年经济社会发展成就系列报告之十九》,国家统计局网,http://www.stats.gov.cn/ztjc/zthd/sjtjr/d10j/70cj/201909/t20190906_1696328.html,2019年9月9日。

[2] 国家统计局:《中华人民共和国2018年国民经济和社会发展统计公报》,国家统计局网,http://www.stats.gov.cn/tjsj/zxfb/201902/t20190228_1651265.html,2019年2月28日。

[3] 国家统计局人口司:《就业规模不断扩大就业形势长期稳定——新中国成立70周年经济社会发展成就系列报告之十九》,国家统计局网,http://www.stats.gov.cn/ztjc/zthd/sjtjr/d10j/70cj/201909/t20190906_1696328.html,2019年9月9日。

[4] 中华人民共和国国务院新闻办公室:《为人民谋幸福:新中国人权事业发展70年》(2019年9月),《人民日报》2019年9月23日。

[5] 张力:《新中国70年教育事业的辉煌历程》,《中国教育报》2019年9月14日。

对旧中国教育制度的改造，强化基础教育建设，向工人、农民敞开教育之门，保障了广大人民群众受教育的基本权利。尽管在"文革"期间，我国的教育事业遭遇了严重挫折，但不可否认的是，我国许多基础教育设施就是在20世纪六七十年代建设起来的。改革开放新时期，我国的教育事业实现了跨越式发展：一方面以"教育要面向现代化，面向世界，面向未来"[①]为指针，探索开辟了中国特色社会主义教育发展道路；另一方面启动实施科教兴国战略和人才强国战略，推动教育改革发展迈上一个新台阶，为加快社会主义现代化建设和促进人的全面发展提供了有力支持。党的十八大以来，以习近平同志为核心的党中央坚持以人民为中心的发展思想，作出优先发展教育事业、加快教育现代化、建设教育强国的战略部署，推动中国特色社会主义新时代的教育现代化迈上新征程。截至2018年末，全国小学、初中、高中、大学的在校生人数分别为10339万人、4653万人、3935万人、3833万人，已经呈现"正梯形"。"全国小学学龄儿童净入学率为99.95%，初中阶段、高中阶段、高等教育的毛入学率分别为100.9%、88.8%、48.1%，学前教育毛入园率81.7%，这些指标已达同期中上收入国家平均水平。"[②]新中国教育事业的发展，已构建了基本完善的中国特色社会主义现代化教育体系，极大地提高了国民的思想道德素质、科学文化素质和健康素质，"实现了从人口大国到人力资源大国的转变"[③]，为社会主义现代化建设作出了人力资源开发和知识创新等多方面贡献。

（四）构建并不断创新社会治理体系

作为社会建设的重大任务，社会治理是"在党的领导和政府的主导下，政府与社会、市场等多元主体共同协商协作，共同凝聚社会共识、解决社会问题，促进社会和谐发展的动态过程"[④]。社会治理从社会管理演进而来，虽然在党和政府的文件中提出较晚，党的十八届三中全会首次在党的报告中提出"社会治理"的概念，但社会治理、社会管理体系所蕴含的内容与职责，已伴随着新中国的成长而不断发展和完善、创新。纵观新中国70年的历程，我国的社会治理（管理）体系建设大体经历了三个发展阶段：第一阶段，从1949年新中国成立至1978年党的十一届三中全会，我国的社会治理模式基本上依托强大的行政力量实行管理。如在城镇依托单位或街居体制实行社会管理；在乡村依托基层党、团组织或人民公社体制实行管理。

[①] 《邓小平文选》第3卷，人民出版社1993年版，第35页。
[②] 张力：《新中国70年教育事业的辉煌历程》，《中国教育报》2019年9月14日。
[③] 袁贵仁：《百年大计 教育为本——党的十六大以来教育事业改革发展回顾（2002—2012）》，人民出版社2012年版，第403页。
[④] 国务院研究室编写组：《十二届全国人大二次会议〈政府工作报告〉辅导读本》，人民出版社2014年版，第295页。

第二阶段,从 1978 年党的十一届三中全会至 2012 年党的十八大,我国在社会治理领域冲破原有的社会管理模式,开始探索中国特色社会主义社会管理的新路径,通过对生产流通体制、劳动人事制度的改革,放松城市单位制、街居制的社会管理模式,社会管理一些重要领域和关键环节的改革取得了重要进展。第三阶段,从 2012 年党的十八大至今,在习近平新时代中国特色社会主义思想的指引下,全面深化社会治理变革,着力推进社会治理体系和社会治理能力现代化。

回顾我国社会治理体系建设的历程,取得的成就主要有:一是基本实现了由高度集中、管控较严的社会管理体制逐步转向中国特色社会主义社会治理体制。在党委领导、政府主导下,政府、社会、市场、公众多元主体参与共建共治共享的社会治理格局初步确立。二是基本公共服务体系不断完善,人民群众的获得感、幸福感不断增强。三是社会治安综合治理体系不断完善,人民群众的安全感日益提高。经过 70 年的发展和建设,我国已经基本形成了"党委领导、政府主导、社会协同、公众参与、法治保障"[①]的社会治理体系。社会治理体系的建立和完善,对协调社会力量、稳定社会局面、保障我国的社会主义现代化建设发挥了重要作用。

(五)社会民生发生翻天覆地的变化

新中国成立后,尤其是改革开放以来,随着党和政府以民生为重点的社会建设的大力发展,特别是扶贫脱贫工作取得骄人成绩,城乡居民收入保持了快速增长,从温饱不足迈向全面小康,居民消费水平明显提升,生活质量显著改善,城乡居民生活发生了翻天覆地的变化。

城乡居民收入显著增长。新中国成立时,国家百废待兴,经济凋零,民生困苦。1949 年,我国居民年人均可支配收入仅为 49.7 元。[②] 随着社会主义革命和建设的开展,经济逐渐恢复发展,人民生活水平开始提高。1956 年,全国居民年人均可支配收入增长为 98 元。[③] 但是,直到 1978 年,我国国民收入的提升还较为缓慢。改革开放以后,随着我国经济持续高速发展,城乡居民收入得以快速提高。特别是党的十八大以来,居民收入一直保持快速增长,年均增长达 7.4%,超过经济增速,形成了世界上人口规模最为庞大的中等收入群体。"2018 年,全国居民人均可支配收

[①] 《十八大以来重要文献选编》(中),中央文献出版社 2016 年版,第 819 页。

[②] 国家统计局:《人民生活实现历史性跨越阔步迈向全面小康——新中国成立 70 周年经济社会发展成就系列报告之十四》,国家统计局网,www.stats.gov.cn/ztjc/zthd/sjtjr/d10j/70cj/201909/t20190906_1696323.html,2019 年 9 月 9 日。

[③] 中华人民共和国国务院新闻办公室:《为人民谋幸福:新中国人权事业发展 70 年》(2019 年 9 月),《人民日报》2019 年 9 月 23 日。

入达到 28228 元,比 1956 年实际增长 36.8 倍。"①

民众生活质量不断提升。随着社会建设的推进和城乡居民收入的增长,人民群众的生活质量不断提升。一方面,消费水平逐年提高。1956 年全国居民年人均消费支出仅为 88 元,至 2018 年"人均消费支出为 19853 元,比 1956 年实际增长 28.5 倍"。②另一方面,消费结构发生明显变化。改革开放以来,我国城镇和农村居民家庭恩格尔系数③在逐年降低,已分别由 1978 年的 57.5% 和 67.7% 下降到 2018 年的 27.7% 和 30.1%。④2018 年,全国城乡居民平均恩格尔系数为 28.4%,比 1978 年降低了 35.5 个百分点。⑤我国城乡居民的生活水平已进入联合国划分的"富裕"区间标准。

民众生活条件日益改善。改革开放以来,党和政府推出的一大批惠民举措落地实施,民众的日常生活日益丰富多彩,居住条件显著改善,出行和社会交往越来越便利,文化休闲娱乐已成为人们日常生活的重要内容。例如,在住房方面,2018 年,城镇居民人均住房建筑面积达到 39.0 平方米,比 1956 年增加 33.3 平方米,增长 5.8 倍;农村居民人均住房建筑面积达到 47.3 平方米,比 1978 年增加 39.2 平方米,增长 4.8 倍。⑥在出行方面,截至 2018 年,全国铁路营业里程达 13.1 万公里,比 1949 年增长 5 倍,其中高速铁路达 2.9 万公里,占世界高速铁路的 60% 以上;全国公路总里程达 485 万公里,其中高速公路通车里程 14.3 万公里,97.1% 的建制村通了客车;农村地区有 99.9% 的户所在自然村通公路,实现了"县县通公路";全国城镇居民家庭平均每百户家用汽车拥有量达 41 辆,农村居民家庭平均每百户家用汽车拥有量达 22.3 辆。⑦在公共文化服务方面,截至 2018 年,全国共有公共图书馆 3176 个,比 1949 年

---

① 中华人民共和国国务院新闻办公室:《为人民谋幸福:新中国人权事业发展 70 年》(2019 年 9 月),《人民日报》2019 年 9 月 23 日。
② 中华人民共和国国务院新闻办公室:《为人民谋幸福:新中国人权事业发展 70 年》(2019 年 9 月),《人民日报》2019 年 9 月 23 日。
③ 恩格尔系数即居民家庭食品消费支出占消费总支出的比重,是国际上通用的衡量居民生活水平高低的一项重要指标,一般随居民家庭收入和生活水平的提高而下降。联合国粮农组织曾根据恩格尔系数的高低,对世界各国居民的生活水平进行划分,即一个国家平均家庭恩格尔系数大于 60% 为贫困,50%—60% 为温饱,40%—50% 为小康,30%—40% 属于相对富裕,20%—30% 为富裕,20% 以下为极其富裕。参见彭训文:《中国人还有更多追求》,《人民日报》(海外版)2018 年 5 月 7 日。
④ 《中华人民共和国第十届全国人民代表大会第四次会议文件汇编》,人民出版社 2006 年版,第 186 页;国家统计局:《中华人民共和国 2018 年国民经济和社会发展统计公报》,国家统计局网,2019 年 2 月 28 日,http://www.stats.gov.cn/tjsj/zxfb/201902/t20190228_1651265.html。
⑤ 中华人民共和国国务院新闻办公室:《为人民谋幸福:新中国人权事业发展 70 年》(2019 年 9 月),《人民日报》2019 年 9 月 23 日。
⑥ 中华人民共和国国务院新闻办公室:《为人民谋幸福:新中国人权事业发展 70 年》(2019 年 9 月),《人民日报》2019 年 9 月 23 日。
⑦ 中华人民共和国国务院新闻办公室:《为人民谋幸福:新中国人权事业发展 70 年》(2019 年 9 月),《人民日报》2019 年 9 月 23 日。

增长 56.7 倍；文化馆（群众艺术馆）3328 个、乡镇（街道）文化站 41193 个、村（社区）综合性文化服务中心 340560 个；博物馆总数达 5354 家。① 在旅游方面，全年国内游客达 55.4 亿人次，国内居民出境达 1.62 亿人次，其中因私出境达 1.55 亿人次。② 人们对日益改善的生活条件和不断提升的生活质量满意度越来越高。

绝对贫困基本消除。新中国成立以来，党和政府带领全国各族人民为消除贫困作出了巨大努力。改革开放以来，中国持续开展以农村扶贫开发为中心的减贫行动。党的十八大以来，党中央"把贫困人口脱贫作为全面建成小康社会的底线任务和标志性指标"③，作出打赢脱贫攻坚战的决策部署，确保到 2020 年"现行标准下农村贫困人口实现脱贫、贫困县全部摘帽、解决区域性整体贫困"④。中国脱贫攻坚力度之大、规模之广、影响之深前所未有，脱贫攻坚成就卓著。"农村贫困人口（按照 2010 年贫困标准）由 1978 年的 7.7 亿人减少至 2018 年的 1660 万人，农村贫困发生率由 1978 年的 97.5% 下降至 2018 年的 1.7%。"2012—2018 年，中国每年有 1000 多万人稳定脱贫。中国成为世界上减贫人口最多的国家，是第一个完成联合国千年发展目标减贫目标的发展中国家，对全球减贫贡献率超过 70%。⑤

二、新中国社会建设面临的挑战

经过 70 年的艰辛奋斗，新中国稳定解决了十几亿人的温饱问题，社会建设取得了令人瞩目的成就，正在向全面小康迈进。但毋庸讳言，我国在社会建设过程中仍面临艰巨的任务和严峻的挑战，如脱贫攻坚任务依然艰巨，城乡区域发展和收入分配差距依然较大，改善民生方面还有不少短板等。我们必须正视这些问题，应对挑战，以满足人民对美好生活的向往。

党的十九大后，党中央把打赢精准脱贫攻坚战作为全面建成小康社会的三大攻坚战之一。在肯定扶贫脱贫成就的同时，我们还应清醒认识全面打赢脱贫攻坚战仍面临一定的困难和挑战：一是直接影响脱贫攻坚目标任务实现的问题；二是脱贫攻

---

① 中华人民共和国国务院新闻办公室：《为人民谋幸福：新中国人权事业发展 70 年》(2019 年 9 月)，《人民日报》2019 年 9 月 23 日。
② 国家统计局：《中华人民共和国 2018 年国民经济和社会发展统计公报》，国家统计局网，2019 年 2 月 28 日，http://www.stats.gov.cn/tjsj/zxfb/201902/t20190228_1651265.html。
③ 中华人民共和国国务院新闻办公室：《改革开放 40 年中国人权事业的发展进步》(2018 年 12 月)，人民出版社 2018 年版，第 8 页。
④ 《习近平关于全面建成小康社会论述摘编》，中央文献出版社 2016 年版，第 14 页。
⑤ 中华人民共和国国务院新闻办公室：《为人民谋幸福：新中国人权事业发展 70 年》(2019 年 9 月)，《人民日报》2019 年 9 月 23 日。

坚工作仍需进一步改进的问题；三是需要长期逐步解决的问题。[①]这充分说明脱贫攻坚任务依然艰巨，还要继续付出艰苦努力。

我国社会还存在发展不充分的问题。社会发展的不充分问题，在社会领域主要体现在解决民生问题还存在短板，有关社会保障体系尚需进一步完善，社会治理体系和治理能力还有待进一步提升和加强。民生领域的短板主要是指与人民群众生活息息相关的教育、医疗、养老等方面还面临不少问题，与人民群众的期待还有一定距离。此外，食品安全、环境污染、社会治安等也是人民群众较为关注的问题。这些问题的存在，说明我国的社会发展还不充分，社会建设还面临繁重的任务和严峻的挑战。

由于我国幅员辽阔，人口众多，虽然党和政府采取了诸如西部大开发、新农村建设、精准扶贫等一系列举措，力争保障全国协调发展和区域均衡发展，但由于自然、经济等原因，我国区域间仍存在发展不平衡和收入分配有差距等问题。

一是城乡发展不平衡和城乡居民收入分配的差距。从20世纪50年代开始，我国逐渐形成城乡二元社会结构。在优先发展工业的政策主导下，城乡发展的差距在逐渐加大。这种城乡经济不平衡发展直接导致城乡居民收入的差距，（见表2）1957年工业职工年平均工资一度是农民年人均收入的9倍。

表2　　　　　　　　1952—1977年我国工业职工、农民收入差距情况

	1952年	1957年	1962年	1965年	1970年	1977年
工业职工年人均收入（元）	476.6	660.5	648.7	603.0	551.1	574.7
农民年人均纯收入（元）	62	73	99	107.2	113.7	117.1
工业职工、农民年人均收入差距比	7.7∶1	9.0∶1	6.6∶1	5.6∶1	4.8∶1	4.9∶1

资料来源：根据中国工业年鉴编委会编的《中国工业年鉴（1993）》（中国劳动出版社1993年版）相关数据制作。

改革开放后，城乡居民的收入都得到了不同程度的提高，但是两者间的收入仍有较大差距。（见表3）2018年与1990年相比，城乡居民年人均可支配收入虽各自增长了25倍和21倍，但两者之间仍有2倍以上的差距。

城乡居民收入上的差距直接反映在两者的消费水平和生活质量上。据统计，2000年城乡家庭恩格尔系数分别为39.4%和49.1%，至2018年分别为27.7%和30.1%，可见城镇家庭的恩格尔系数低于农村家庭，当然也应看到两者的差距在缩小。农村家庭所拥有的代表现代生活主要耐用消费品明显少于城镇家庭，如2017年

[①] 习近平：《在解决"两不愁三保障"突出问题座谈会上的讲话》，《求是》2019年第16期。

城镇居民平均每百户拥有空调 128.6 台、计算机 80.8 台、照相机 29.1 台,农村居民平均每百户拥有空调 52.6 台、计算机 29.2 台、照相机 3.9 台。[①]

表3　　　　1990—2018 年城乡居民年人均可支配收入变化情况

	1990 年	2000 年	2009 年	2012 年	2017 年	2018 年
城镇居民年人均可支配收入（元）	1510.2	6255.7	16900.5	24126.7	36396.2	39251
农村居民年人均可支配收入（元）	686.3	2282.1	5435.1	8389.3	13432.4	14617
城乡居民年人均可支配收入差距比	2.2∶1	2.7∶1	3.1∶1	2.9∶1	2.7∶1	2.7∶1

资料来源：国家统计局：《中国统计年鉴（2018）》，中国统计出版社 2018 年版，第 184 页。2018 年数据参见《中华人民共和国 2018 年国民经济和社会发展统计公报》，国家统计局网，http://www.stats.gov.cn/tjsj/zxfb/201902/t20190228_1651265.html，2019 年 2 月 28 日。

二是不同地区经济发展不平衡和居民收入分配的差距。当代中国社会发展的不平衡同样体现在地区之间，尤其是东南沿海地区与西部及边疆地区之间。据调查，2017 年我国东部沿海地区人均生产总值明显高于西北、西南地区。通过表 4 可见，东部沿海各省市（除河北省外）的人均生产总值，均明显高于西北、西南各省。东部地区北京、上海、天津为直辖市，与西部各省无可比性，但就江苏省而言，其人均生产总值是西部甘肃省的 3.8 倍。

表4　　　2017 年东部、西北、西南地区部分省份人均生产总值　　　　单位：元

区域	省　份	人均生产总值	区域	省　份	人均生产总值
东部地区	北　京	128994	西北地区	陕　西	57266
	上　海	126634		宁　夏	50765
	天　津	118944		新　疆	44941
	江　苏	107150		青　海	44047
	浙　江	92057		甘　肃	28497
	福　建	82677	西南地区	重　庆	63442
	广　东	80932		四　川	44651
	山　东	72807		西　藏	39267
	河　北	45387		贵　州	37956
				云　南	34221

资料来源：国家统计局：《中国统计年鉴（2018）》，中国统计出版社 2018 年版，第 70 页。

---

① 国家统计局：《中国统计年鉴（2018）》，中国统计出版社 2018 年版，第 180、183 页。

地区之间经济发展的不平衡也一定程度地反映到居民的收入分配和消费生活的差距上。如表5所示，无论是人均收入，还是人均消费，东部的浙江省明显要高于中西部的省份，而中部的河南省则要高于西部的贵州省。

我国区域发展的差异不仅影响不同区域居民的收入分配和消费水平，也影响不同区域居民医疗、教育等一系列有关民生方面的问题。这种发展不平衡和收入分配的差距问题，已是我国社会建设和发展中亟待正视和必须解决的问题。

表5　2013—2017年浙江、河南、贵州年人均可支配收入和人均消费支出对比

单位：元

省份	项目	2013年	2014年	2015年	2016年	2017年
浙江	人均收入	29775.0	32657.6	35537.1	38529.0	42045.7
	人均消费	20610.1	22552.0	24116.9	25526.6	27079.1
河南	人均收入	14203.7	15695.2	17124.8	18443.1	20170.0
	人均消费	10002.5	11000.4	12712.1	12712.3	13729.6
贵州	人均收入	11083.1	12371.1	13696.6	15121.1	16703.6
	人均消费	8288.0	9303.4	10413.8	11931.6	12969.6

资料来源：国家统计局：《中国统计年鉴（2018）》，中国统计出版社2018年版，第185、187页。

三、新中国社会建设的历史经验

新中国的社会建设，经过70年的发展积累了极为宝贵的经验。主要体现在以下几个方面：

（一）社会建设要坚持和加强党的全面领导

新中国70年社会建设的历程告诉我们，中国共产党始终是中国社会主义建设事业的坚强领导核心，在社会建设中发挥着"总揽全局、协调各方"的领导作用，把握方向、确定愿景、整合资源、制定政策，取得了伟大的成就，深刻揭示了"中国特色社会主义最本质的特征是中国共产党的领导"[1]。因此，我们必须要坚持和加强党对社会建设事业的全面领导，充分发挥党推进社会建设事业的核心作用，不断提高党构建社会主义和谐社会的能力。

（二）社会建设要以经济建设为基础

新中国的社会建设是在旧中国积贫积弱、一穷二白的基础上起步的，通过对生

---

[1] 习近平：《在庆祝全国人民代表大会成立六十周年大会上的讲话（2014年9月5日）》，《求是》2019年第18期。

产资料私有制的社会主义改造实现了向社会主义的过渡。1956年，党的八大基于国情，对我国社会主要矛盾作出了准确的判断，明确指出国内的主要矛盾是人民对于建立先进的工业国的要求同落后的农业国的现实之间的矛盾，是人民对于经济文化迅速发展的需要同当前经济文化不能满足人民需要的状况之间的矛盾。[①] 对于处于社会主义初级阶段的中国，社会建设和发展的中心应该是以经济建设为中心，大力发展生产力，以满足人们对于物质文化迅速发展的需要和对美好生活的向往。但是，我党在进行社会主义建设的探索中，也曾发生过曲折。1978年，党的十一届三中全会果断作出了把党和国家的工作重心转移到经济建设上来，实行改革开放的历史性决策。改革开放40多年，我国经济持续快速发展，综合国力显著增强，人民群众生活得到极大改善。新中国社会建设70年的经验告诉我们，社会建设必须以经济建设为基础。

（三）社会建设要以改善民生为重点，循序渐进、量力而行

社会建设和发展离不开经济的发展，但经济发展的目的应以满足人民群众日益增长的物质文化需要和改善民生为重点。新中国成立之初，基础薄，家底弱。人民群众热切希望改变经济落后的局面，热切希望改变生活困苦的状况。但是，社会建设尤其在改善民生问题上，既要尽力而为，也要循序渐进、量力而行。要坚持从实际出发，将人民群众的收入提高建立在劳动生产率提高基础上，将人民群众的福利水平提高建立在经济和财力可持续增长基础上。这是新中国社会建设实践揭示的又一经验。

回顾新中国70年社会建设的发展历程，总结其成就与经验，分析其发展中遇到的困难和挑战，对于我国未来的社会建设和发展，无疑具有重要的历史意义和深远的现实意义。现今，中国特色社会主义已进入新时代。党的十九大报告在对决胜全面建成小康社会作出部署的同时，明确了从2020年到21世纪中叶分两步走全面建设社会主义现代化国家的新目标：第一阶段，从2020年到2035年，在全面建成小康社会的基础上，再奋斗15年，基本实现社会主义现代化。第二阶段，从2035年到21世纪中叶，在基本实现现代化的基础上，再奋斗15年，把我国建成富强民主文明和谐美丽的社会主义现代化强国。到那时，我国物质文明、政治文明、精神文明、社会文明、生态文明将全面提升，实现国家治理体系和治理能力现代化，成为综合国力和国际影响力领先的国家，全体人民共同富裕基本实现，我国人民将享有更加幸福安康的生活。[②] 中国特色社会主义新时代的到来，开启了全面建设社会主义现代化国家的新征程。

---

① 《建国以来重要文献选编》第9册，中央文献出版社1994年版，第341页。
② 习近平：《决胜全面建成小康社会 夺取新时代中国特色社会主义伟大胜利——在中国共产党第十九次全国代表大会上的报告》，《人民日报》2017年10月28日。

新中国 70 年：中国如何成为消除极端贫困的国家？
In 70 years how did the New China eliminate extreme poverty?

［英国］唐迈（Michael Dunford） 齐冰（Qi Bing）

唐迈，英国萨塞克斯大学功勋荣誉教授、英国皇家社会科学院院士。

齐冰，北京体育大学马克思主义学院副教授，硕士生导师，中国社科院政治学所博士后。

［摘　要］新中国成立 70 年来，在消除极端贫困方面取得了显著成绩。这主要得益于中国共产党以及中央政府的正确领导，并为此制定了科学合理的贫困治理政策。在政策的执行过程中，中央和地方政府针对不同的情况还会对政策进行调整，从而很好地保证了脱贫政策的贯彻执行。

一、新中国如何用 70 年消除贫困？

目前中国减贫计划取得了显著成就，但在 1949 年新中国成立之初中国却一穷二白，当时属于极端贫困的人口绝大部分集中在农村地区。近年来，农村贫困人口持续快速下降，中国政府致力于确保到 2020 年中国家庭的收入不低于国家贫困线。

自改革开放以来贫困率的下降在很大程度上是由于持续的高经济增长率和快速的城市化，与此同时，具体的扶贫措施也发挥了重要作用。起初，这些扶贫措施主要涉及贫困县和贫困村庄的区域发展政策。这些措施的影响是巨大的。然而，随着贫困的减少，仍然存在一些问题，这些问题越来越难以通过以发展为导向的减贫和区域发展政策来解决。

为了在 2020 年消除贫困，完成中国共产党第一个百年奋斗目标，就必须协调经济发展和人民最低生活保障。

为了解决这些问题，2013—2015 年间，中国实施了新的精准扶贫计划，引入了针对单个家庭的新措施。[1] 而这一方案的目的就是查明具体的贫穷家庭情况，以帮助

---

① Weiss, J., *Poverty Targeting in Asia*, Cheltenham and Nothampton, MA.: Edward Elgar, 2005, pp.1-33.

他们脱贫。这些精准扶贫的措施是富有成效的。

本文的目的旨在通过目标工具认定中国农村贫困人口的一些主要鲜明特征,来研究近期针对性政策有效识别贫困家庭的程度、其贫困原因以及帮助他们脱贫所采取的措施。

二、农村贫困的演变与扶贫政策

在中国,贫困一直是困扰农村发展的主要问题。1990年,城市贫困几乎不存在,尽管随着国家保障就业的结束,进城农民的人数增加,城市贫困在20世纪90年代有所增加,但在2005年,根据相对城市生活成本调整后的农村贫困线以下人口仅占城市居民和移民的1.3%,[①]而同时期农村的比例则为2.5%。2010年全国农村贫困线提高到每户2300元(348美元),农村贫困人数比例跃升至17.2%。近年来,这一数字迅速下降,2016年达到4335万人,占4.5%,计划到2020年将其降为零。

通过国际数据的对比就能够看出中国减贫记录的伟大成就。在世界银行每天1.9美元的贫困标准时,中国的贫困人口数量从1981年的8.778亿下降到2013年的

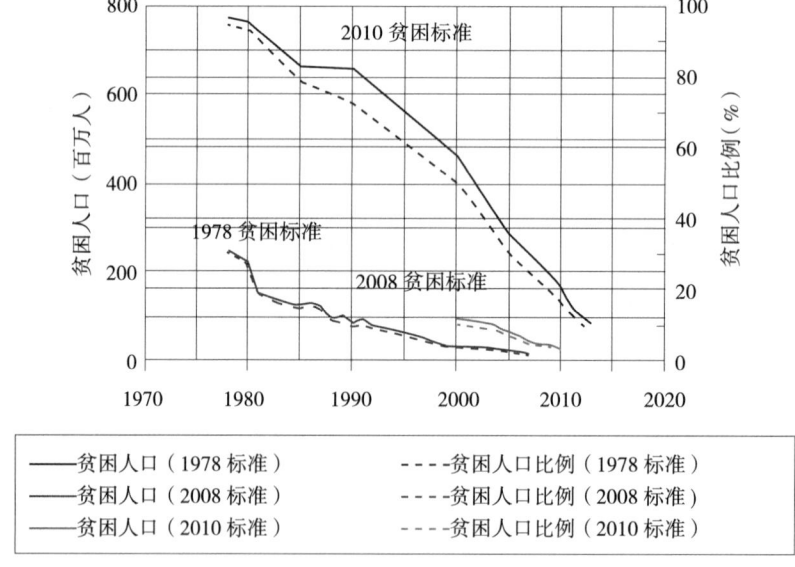

图1　1978—2016年中国贫困人口状况

资料来源:国家统计局网,http://www.stats.gov.cn/,2019年4月1日。

[①] Park, A., & Wang, D., "Migration and urban poverty and inequality in China", *China Economic Journal*, Vol.3, No.1, pp.49-67.

2520万，占世界减贫总量的70.06%。20世纪80年代末90年代初，只有中国的贫困人口在不断减少，世界其他地区尤其是东欧、中亚、拉丁美洲、撒哈拉以南非洲地区的贫困人口则出现了显著增加。

表1　　　　1981—2013年每日1.9美元的贫困人口数量　　　　　　单位：百万

	1981	1990	1999	2013	1981—2013年减少人数
东亚及太平洋地区	1115.6	987.1	695.9	73.2	1042.4
中国	877.8	755.8	507.9	25.2	852.6
欧洲和中亚	-	13.3	36.8	7.7	
拉丁美洲和加勒比地区	47.0	62.5	69.3	27.8	19.2
中东及北非	-	14.4	10.6	9.5	
南亚	504.8	503.1	476.8	257.3	247.5
撒哈拉以南非洲	-	282.0	380.3	400.8	
全世界	1903.5	1866.8	1731.9	782.7	1120.8
除中国以外的地区	1025.7	1111.0	1224.0	757.5	268.2

资料来源：世界银行、贫困与不平等数据库。

如前所述，虽然持续和快速的经济增长在减少贫穷方面发挥了重要作用，但具体的扶贫措施也很重要。在计划经济时期，中国在医疗和教育方面取得了重大进展，预期寿命、人口和识字率都出现了国际上的显著增长。在改革开放初期的1978—1985年，扶贫在很大程度上是制度改革的直接结果。在这一阶段，农村贫困人口从2.5亿下降到1.25亿，占农村人口的比例从30.7%下降到14.8%。

改革开放初期的几年，城乡差距缩小了。然而，随着工业化和城市化进程的推进，城乡居民平均收入比从1983年的1.85提高到2009年的3.66。[①] 在这种情况下，扶贫政策的新阶段于1986年开始，并一直持续到1993年。

1985年，贫困家庭大多居住在人均年收入不足200元的县，分布在18个贫困地区，其中，2个地区位于中国东部（32个县），7个位于中部（206个县），9个位于西部（172个县）。1986年6月，为了解决贫困地区的贫困问题，中国成立了国务院贫困地区经济开发领导小组[②]（后多次更名，现称国务院扶贫开发领导小组办公室），并提供了相应的解决方案：一是主要针对最需要增加农村人均纯收入的地区；二是推动经济发展，鼓励艰苦奋斗，提高居民基本收入。最初在全国确立了331个

---

① 国家统计局网，http://www.stats.gov.cn/，2019年4月1日。
② 《国务院贫困地区经济开发领导小组举行首次会议》，《人民日报》1986年6月20日。

重点贫困县名单,以发展特色产业(种植业、水产养殖业、畜牧业等高附加值产品的生产、加工和产业化)为主要政策手段。在这个阶段,贫困人口从1992年的1.25亿下降到8000万,从14.8%下降到8.8%。

从1994年到2001年,国家八七扶贫攻坚计划涉及592个全国认定的贫困县,覆盖了72%的农村贫困人口。这些措施旨在解决贫困家庭和乡村的温饱问题,旨在在7年内使8000万人摆脱贫困。

2001年9月,《中国农村扶贫开发纲要(2001—2010年)》[①]公布,其目的是帮助尚未解决基本吃穿问题的贫困地区,帮助其贫困人口增加家庭收入。这些方案不同于以前的方案,因为它们涉及参与性村庄规划。全面推进农村建设,实现农村经济转型和自给自足。这一阶段涉及一种新的目标方法,即确定村庄和家庭。到2002年底,592个关键减贫县和148051个村庄在中国中部和西部民族地区、革命老区、边境地区和特殊困难的地区被确定为符合国家贫困资助(包括西藏自治区的73个县)的地区。东部贫困县从国家名单中剔除,由省级政府负责,其中,重点县贫困村占55.6%。中央根据收入、社会地理条件确定县,优先发展边远山区和少数民族地区。

2011年12月,《中国农村扶贫开发纲要(2011—2020年)》指出:"扶贫对象规模大,相对贫困问题凸显,返贫现象时有发生,贫困地区特别是集中连片特殊困难地区(以下简称连片特困地区)发展相对滞后,扶贫开发任务仍十分艰巨。"[②]这些地区包括680个县,其中包括444个地质灾害防治县,频发的自然灾害,可以使得刚逃过灾害的家庭重新陷入贫困。其中,国家贫困县440个。全国贫困县总数保持不变(592个),但省级政府对列入名单的贫困县作了一些调整。全国贫困县中,深度贫困县189个,少数民族贫困县133个。592个贫困县中,有240个县未列入贫困县名单,贫困县总数为832个。新方案的目标是确保农村贫困人口能够获得粮食、衣服、义务教育、保健和住房保障,将贫困农村家庭的收入增长率提高到高于全国平均水平,并确保公共服务供应接近全国平均水平。

2013—2014年,为了在减贫和农村最低生活保障制度之间建立有效联系,并为消除农村贫困作出贡献,中国出台了精确或有针对性的减贫战略,即"精准扶贫"。"精准扶贫"工作被确定为"十三五"规划(2016—2020年)的主要目标之一,并被视为一项重大创新,其目标包括准确识别的贫困家庭和地区、贫困问题卡片、建立计算机记录、认真动员的资源和定制计划的设计和实施(包括工业支援、

---

① 《中国农村扶贫开发纲要(2001—2010年)》,《人民日报》2001年9月20日。
② 《中国农村扶贫开发纲要(2011—2020年)》,《人民日报》2011年12月2日。

小额贷款、基础设施供应,改善住房条件、培训和就业安置、教育和医疗援助和其他措施)、家庭脱贫。同时,国家制定了精准的贫困县退出标准和程序。截至2016年底,贫困人口仍为832个县、贫困村12.9万个。如果一个县的人口低于贫困线的2%(中国西部地区为3%),这个县就可以从名单上除名。2017年,28个县摆脱贫困,这是30年来名单上贫困县数量第一次减少。截至2018年10月,西藏自治区已有30个县(区)从名单中退出。

为更好落实中央"实施精准扶贫方略,加快贫困人口精准脱贫"的发展战略,2015年11月29日,中共中央、国务院下发《关于打赢脱贫攻坚战的决定》,指出:"加强对扶贫工作绩效的社会监督,开展贫困地区群众扶贫满意度调查,建立对扶贫政策落实情况和扶贫成效的第三方评估机制。评价精准扶贫成效,既要看减贫数量,更要看脱贫质量,不提不切实际的指标,对弄虚作假搞'数字脱贫'的,要严肃追究责任。"[①]这些目标的承诺不仅是一贯坚持的,而且长期得到越来越多的财政支持。

经过多年经验积累,中国对贫困标准的认定和确定目标的时间已经大大缩短。政府一直持续关注个别极端贫困地区并最优先关注那些贫困县的经济发展,以及贫困村和14个集中连片特殊类型贫困地区。进入21世纪,随着采取有针对性的扶贫措施,以单个贫困家庭为目标则更加重要。正如前文所述,本文的主要目的是通过大量贫困户的家庭调查,通过识别目标家庭特征,来检验当前扶贫政策和农村社区,以及在现实中当前的政策在多大程度上是家庭最需要的,至少在家庭收入方面。

综上所述,中国已经在扶贫工作方面取得了显著的成绩,保持高速经济发展是扶贫的重要因素之一,一系列扶贫政策的实施与国家和地区的经济增长相互促进,共同推动了扶贫工作。政府在关注首批贫困县之后,随后也关注了贫困村,最近更开始关注的是大型社区服务机构(集中连片特殊类型贫困地区)。中国政府越来越关注以发展为导向的扶贫,同时也重视全国农村的最低生活保障和公共服务。研究结果表明,采取双边扶贫措施非常重要。非常明显的是,要解决一些遗留问题,支持无法工作的家庭的措施越发重要,改善低收入群体负担不起的医疗和教育服务的机会的措施也越来越重要。与此同时,在家庭平均收入和中等收入方面,贫困县和非贫困县之间仍然存在着很大的差别,而贫困对某些少数群体的不利影响仍然较大,这些少数群体集中在资源很少和经常遭受自然灾害的最偏远地区。如果将这些领域纳入集体发展援助更广泛的区域发展战略,在这些领域可能使过去在全国范围运作的机制能够以区域规模运作,提供更多就业收入和经济发展机遇。

---

① 《中共中央国务院关于打赢脱贫攻坚战的决定》,《人民日报》2015年12月8日。

新中国外交 70 年的国际环境变化：分期、演变和动力
International Environment Changes During Chinese 70-Years' Diplomacy Since the Establishment of People's Republic of China: Periodization, Evolution and Momentum

王健（Wang Jian） 顾炜（Gu Wei）

王健，上海社会科学院国际问题研究所所长、研究员、博导。兼任上海国际关系学会副会长、当代中国研究所国情调研（上海）基地秘书长、上海犹太研究中心执行主任。曾任以色列耶路撒冷希伯来大学杜鲁门研究所和美国斯坦福大学国际安全与合作研究中心访问学者。分别入选美国国务院和日本外务省访问者项目、美国亚洲协会 21 世纪青年领袖项目。研究重点是国际政治经济学、中东和犹太（以色列）问题、中外关系、中国当代史。在专业核心期刊发表论文三十余篇，作品多次荣获上海市社会科学成果奖。

顾炜，上海社会科学院国际问题研究所副研究员。

[摘 要] 在中华人民共和国成立和发展的 70 年间，国际环境发生了深刻的变化，从美苏对抗的冷战时期发展到冷战后的多极化时期。国际环境中的行为体数目和类型不断增加、国际结构愈加复杂、国际议题的内容和领域更加丰富的现实，显示了国际环境从简单走向复杂、从分隔走向融合的发展脉络。当前，国际结构的变化进入关键期，多种进程并存角力的局面仍将持续，科技进步将继续推动国际环境的变化。在国际环境不断变化的过程中，中国既是亲历者，也是推动国际环境变化的重要力量。

2019 年，中华人民共和国迎来了 70 周年华诞。新中国外交的发展是与共和国的成长发展同步演进的，也与二战以后国际格局和外部国际环境变化密不可分。回顾 70 年来外部国际环境的变化，准确把握其发展分期和脉络，不仅有助于中国应对国际环境新变化提出的挑战，也有助于我们更加全面深刻地理解中国外交的发展，并为新时代中国外交提供有益的历史经验和智慧。

一、70 年国际环境变化的基本分期

以 70 年作为整体时段观察国际环境的变化，我们发现以 1991 年苏联解体为

界,国际环境变化可以基本划分为两个阶段,第一阶段是以美苏对抗为核心内容的冷战时期,第二阶段是世界向多极化发展的时期。

(一)美苏对抗的冷战时期

1945年,随着第二次世界大战在欧洲战场和亚洲战场的相继结束,战后的国际政治格局开始逐步形成。在缺少共同敌人的新背景下,美苏战时同盟的基础开始瓦解,国家利益与意识形态之争日渐突出。乔治·凯南发回的八千字电报、丘吉尔发表的富尔顿演说,以及美国出台的杜鲁门主义,逐步揭开了美国与苏联的冷战序幕。美国推出"马歇尔计划",并成立北大西洋公约组织,苏联则针锋相对地推行"莫洛托夫计划",在东欧建立"经济互助委员会"和华沙条约组织。两个德国的相继建立,不仅分裂了德国与欧洲,也显示了美苏两个超级大国在冷战初期的激烈争夺态势。在这一大背景下,1949年10月1日,中华人民共和国宣告成立,并采取"一边倒"的外交政策,"壮大了社会主义力量,明显地改变了战后东西方力量的对比"[①]。

从1949年到1991年的四十余年冷战时期,一直存在着两种相互角力的力量,推动着国际政治格局的发展。第一种力量是美苏之间以及两大阵营之间的激烈争夺,其主要影响是固定了"冷战"这一基本的国际政治形态。1950年朝鲜战争爆发,两大阵营在亚洲激烈对抗,使朝鲜半岛至今仍然分裂并成为冷战的"活化石"。苏联推动东欧地区建立华约,使欧洲形成了北约和华约相互对抗的态势,以U-2侦察机事件和数次柏林危机为焦点,显示了双方对抗的激烈程度。在拉美地区,古巴导弹危机险些将美苏拖入新的世界大战。在中东地区,数次中东战争的背后都能看到美苏两国对不同中东国家的支持。当然,冷战本身经历过高潮和低谷,在20世纪70年代相对缓和后,20世纪80年代,美国推出新遏制政策和"星球大战计划",美苏之间的争夺再掀高潮。尽管有上述起伏,但美苏争夺的重要影响是使冷战持续发展并绵延了40余年。

第二种力量是反对美苏霸权的力量。这些反对性力量主要来自两个方面。一是来自各自阵营内部。在社会主义阵营内部,无论是苏联与南斯拉夫关系的破裂还是中苏关系的恶化,都反映出各国对苏联大国沙文主义的反抗。在资本主义阵营内部,法国退出北约军事一体化组织和与中国建交的举动,以及欧共体的不断发展,都显示了部分国家开展自主外交的倾向。二是来自两大阵营之外。随着反殖民化运动的发展,位于亚非拉地区的前殖民地国家纷纷独立。它们发起不结盟运动、建立

[①] 方连庆、刘金质、王炳元主编:《战后国际关系史(1945—1995)》(上),北京大学出版社1999年版,第151页。

"七十七国集团"等国际组织,加强相互合作,开展反帝反殖反霸的斗争,成为消解美苏霸权、推动冷战结束的重要力量。

美苏之间的激烈争夺和对自己霸权的维护,与反对美苏霸权的力量之间相互角力,推动了国际政治格局的发展和演变。1991年12月,在东欧剧变后,超级大国苏联解体,宣告了冷战的终结。

(二)冷战后的世界向多极化发展

谁也未曾预料到,持续数十年的冷战会以超级大国苏联的解体宣告结束。但这一结果彻底改变了国际环境的政治生态,美国成为仅存的超级大国,冷战后的世界甚至被认为是一个美国独霸的单极世界。美国也通过多种方式维护自己的独霸地位。20世纪90年代前半期,美国与日本的同盟关系出现漂流,很大程度上是因为日本经济被视作美国面临的威胁,[①] 日本被美国视为挑战其霸主地位的国家,美国有意疏远并打击日本。2001年的"9·11"事件对美国造成了巨大的冲击和挑战,美国在全球范围发动反恐战争的重要目标之一也是维护自己的霸权地位。在全球不同地区,美国采取不同的战略举措,如在中东推动民主改造计划、在欧洲推动北约东扩、在亚洲实施亚太再平衡战略和"印太战略"等,都有挤压其他大国战略空间的意图,也同样意在维护美国的霸权地位。

与美国维护霸权地位同时并行的是世界各国对多极化的追求。欧洲一体化进程不断推进,欧共体发展为欧洲联盟,并实现了数次东扩,成为包括部分中东欧国家在内的拥有20多个成员国的庞大组织,还发行了自己的货币——欧元。这些进展使欧盟成为世人瞩目的重要力量。俄罗斯虽然经历了20世纪最后10年的低谷,但在21世纪的头10年间,凭借油价高位运行带来的收益,也实现了一定程度的国家发展,其庞大的核武库和较强的军事能力依然维护着俄罗斯的大国地位。尽管21世纪的第二个10年遇到困难,但俄罗斯通过发展欧亚经济联盟,介入中东事务,也在勉力维持自己的影响力和大国地位。相比而言,中国的不断崛起更加令全世界瞩目,在成功抵御了1998年亚洲经济危机和2008年全球金融危机的负面影响后,持续快速增长的经济使中国在2010年迎来质的飞跃,中国成为世界第二大经济体,并成为影响世界政治的重要一极力量。

追求世界多极化的中国、俄罗斯、欧盟,与追求单极世界的美国在部分问题上形成竞争和矛盾。例如,美国与欧盟在伊拉克战争期间曾产生严重分歧;俄罗斯与美国在北约东扩、科索沃危机、叙利亚危机、乌克兰危机、伊朗核问题等议题上一直存在矛盾;针对中国崛起,美国推出重返亚太战略,特别是特朗普上台后,对中

---

① 〔日〕五百旗头真编:《日美关系史》,周永生等译,世界知识出版社2012年版,第331页。

国实施贸易战、科技战的极限施压，推进"印太战略"，试图遏制中国的发展。美国和其他多极力量之间的竞争，成为冷战后影响世界政治局势发展的重要动力。

因此，过去70年间，世界政治环境发生了深刻变化，从冷战时期的美苏对抗转变为冷战后的多极化发展。这一基本分期构成了中国外交的大背景，中国也成为推动世界多极化趋势的重要力量。

二、国际环境变化的主要脉络和具体表现

纵观国际环境在70年间的变化，两条脉络是显见的。一方面，国际环境从简单走向复杂，任何单一化的认识已经不能反映国际环境的现实；另一方面，国际环境从分割走向融合，复合性的特点和趋势已经难以逆转。

（一）国际环境从简单走向复杂

70年来，国际环境从简单走向复杂的变化脉络是明显存在的，具体表现在行为体、结构和议题三个方面。

1. 参与世界事务的行为体在数量、种类和活跃度方面不断增加

行为体，是国际环境的组成单元，也是最为活跃的组成部分。国家是国际环境中最重要的行为体，70年前，组成世界的国家数目不过几十个。人们根据二战的结果把国家分为战胜国与战败国，苏联、美国、中国等国家是战胜国，意大利、德国、日本等成为战败国。随着冷战的爆发，激烈争夺的美苏在分区占领德国的基础上，推动成立了联邦德国和民主德国。在朝鲜半岛则出现了朝鲜和韩国两个国家。战争的结果导致新国家出现，这是国家数目增多的第一种方式。英国、法国等老牌资本主义国家在二战中遭到严重削弱，民主化和反殖民化浪潮在战后席卷全球，由此在亚洲、非洲和拉丁美洲诞生了一大批新国家。这是国家数目增多的第二种方式。冷战结束后，南斯拉夫内战和苏联解体使东欧、南欧和中亚诞生了一批新独立国家。这是国家数目增多的第三种方式。由此，历经70年的发展，当今世界的国家数目已从几十个发展为现在的近200个。

在这近200个国家中，没有任何两个国家是相同的。俄罗斯、加拿大、美国、中国等，在领土面积上都排名世界前列；而与它们相比，梵蒂冈、新加坡等国家，领土面积非常小，是城市型国家。除先天条件外，各国在经济发展水平、人口数量、资源禀赋等方面的差别巨大，所以很难有统一的标准划分国家的类别。除了大小国的传统划分外，冷战后还有了中等国家（或中等强国）的类别。[①]但中等国家的

---

① 阎学通、齐皓等：《中国与周边中等国家关系》，社会科学文献出版社2015年版。

特点，并不仅仅局限在体量方面，韩国、澳大利亚等中等国家的外交具有自己的独特特点，并开展了合作。[①]不同国家由于参加了不同的国际组织，又获得了不同的身份特征，例如南非在非洲国家的身份之外，还是金砖国家集团的成员，也是新兴经济体。国家行为体在数量和种类方面的增多，无疑不仅给世界增添了更多的色彩，也使国际环境更加复杂。

除了国家行为体外，国际组织、非政府组织、跨国公司、个人等非国家行为体相较70年前也更加活跃，甚至能够影响世界的核心议题和整体局势。

与国家一样，国际组织的数目在70年的时间里不断增加。联合国是最重要的国际组织，也是覆盖范围最广的国际组织。围绕经济、体育、文化、教育等不同议题，世界银行、国际货币基金组织、国际奥委会、世界卫生组织等全球性国际组织发挥着各自的影响。各个地区依据本地区特点和共同需要，建立了不同类型的地区性组织。非洲联盟、东南亚国家联盟、美洲国家组织等是以地理区域划分而建立的地区组织。阿拉伯国家联盟、伊斯兰合作组织等，带有明显的宗教、民族等特征。有些组织，如华沙条约组织、经互会等成了历史名词，但同时期建立的北大西洋公约组织却实现了扩大。为应对金融危机，二十国集团应运而生；也因为在金融危机中的良好表现，"金砖国家"被命名并建立金砖国家集团开展合作。在次地区层次，许多经济合作机制也发挥着重要作用。例如，围绕澜沧江、湄公河的可持续发展，中国、柬埔寨、老挝、缅甸、泰国和越南6个国家建立起澜湄合作机制，开展务实的经济合作。又如，在中东欧地区，由匈牙利、波兰、捷克和斯洛伐克组成的维谢格拉德集团，是重要的次地区合作机制。国际组织和国际机制的数量和类型大幅增加，在推动各国开展合作、协调政策方面发挥了重要作用。

非政府组织、跨国公司、个人也愈加成为国际环境中的重要行为体。跨国公司的发展改变了世界经济的运行方式，通过网络连接起世界的各个部分，很多跨国公司打破了时间与空间的限制，成为生产永不停歇、运营始终持续的公司，带来了巨大的经济效益。个人也不再只是因为身居总统等国家元首的高位才能够影响世界，比尔·盖茨和乔布斯等人不仅富可敌国，而且影响了科技发展和流行文化。以本·拉登和基地组织为代表的恐怖分子和恐怖组织对国际安全影响巨大，并使反恐成为整个世界的核心议题之一。

针对这些非国家行为体的出现和发展，国家行为体在理念和行动上既存共识，也含分歧，相应地造成国家之间的矛盾与合作。"9·11"事件使恐怖组织等非国家行为体受到全世界的普遍关注，美国发动了数场反恐战争，各国围绕基地组织、伊

---

① 韩国、澳大利亚、墨西哥、土耳其、印度尼西亚五个国家在2013年9月组建了中等强国合作体（MIKTA）。

斯兰国等恐怖势力的反恐合作一直持续，但在对恐怖主义的认知、产生根源和消除手段等方面则存在严重分歧。中东地区的冲突和动荡产生了大量难民，这些难民涌入欧洲引发了难民危机，甚至间接影响了英国民众"脱欧"公投的结果。对于如何处理难民问题，各国之间、各国内部都存在严重分歧。

国家行为体与非国家行为体之间也相互作用、相互影响。例如，跨国私人经济力量对经济主权的侵蚀很严重。最为典型的例子就是跨国公司。由于跨国公司的战略目标很少会同东道国的经济发展目标完全一致，因而，它们对于东道国为了实现既定的发展目标采取的许多政策措施，经常表现出一种本能的抵抗和规避。跨国公司在国际间进行了大规模资金转移，对东道国，甚至母国货币金融政策、社会福利、收入分配的消极作用同样不可低估。

所以，每种行为体都是国际环境中的重要组成部分，它们彼此之间相互影响、相互作用，推动着国际环境的不断复杂化。

2. 由行为体组成的结构在全球和地区两个层次上更加复杂

结构是国际环境中的主要行为体依据权力大小的差别所形成的较为稳定的分布形态，是我们对国际环境进行认识和分类的主要标准或依据。结构一旦形成，就具有相对稳定的特点，且国际环境中运行的规则和制度会被设计成对结构形态的反映，并被用来维持结构的稳定。结构的相对稳定并非意味着结构不会发生变化，各主要行为体之间的力量对比变化是国际格局演变的物质基础和推动力量，[①]也是结构改变的标识物。力量对比的变化可能通过战争、国家解体等方式急剧实现，因为某些战败国或解体国家将被严重削弱；也可能是逐渐积累量变而最终通过质变实现，因为和平时期国家的崛起和衰落是一个渐进的过程。整体上看，70年间国际环境的结构变得更加复杂。

冷战时期，美苏各自圈定盟友，世界被划分为两大阵营，两极结构是国际环境的基本形态。体系层次的两极结构影响了国际环境的方方面面，在政治、经济、军事、文化等领域都得到映射或传导。在经济领域，美国推出马歇尔计划，苏联抛出莫洛托夫计划；在军事领域，美国主导建立北约，苏联在东欧建立华约；意识形态的对抗，是文化领域的核心分野。经过数十年的竞争与较量，苏联逐渐显现出颓势，并以自身的解体宣告了冷战的结束，两极结构不复存在，国际环境在结构要素上实现了一次急剧变化。冷战后的世界，新的结构被逐渐塑造。最初因为仅存美国一个超级大国的现实，使得相当多的观点，特别是来自美国的观点，认为世界变成

---

① 徐蓝：《20世纪国际格局的演变——一种宏观论述》，《历史教学》（下半月刊）2013年第10期。

了单极体系。[①]但人们也很快发现，单极体系并不能十分准确地描绘国际环境的结构形态，主要大国都以各种方式追求成为世界的"一极"。整体上看，"一超多强"[②]更符合冷战后的世界现实，而多极化是结构变化的主流趋势。美国、中国、俄罗斯和欧盟都是可以影响世界格局的重要力量。

尽管在整体上可以认为世界是一个多极世界，但并不是所有大国在所有领域都具有相同的位置，也就是说，不同领域中的权力结构并不相同。在核领域，原本只有5个安理会常任理事国是核国家，5大国维持着核领域的权力平衡。但印度1974年爆炸了原子弹。苏联解体又导致核不扩散体系遇到危机以及部分国家对核能力的显性或隐性的追求，使核扩散成为冷战后的世界性问题。核领域权力结构的平衡被打破，朝鲜核问题、伊朗核问题等，都表明核领域的权力结构正在发生变化。在传统的军事领域，除美国具有超强能力外，俄罗斯凭借对苏联武器库的继承，依然可以维护其大国地位，但中国的能力正在上升、中国研发的武器在世界市场上也逐渐被认可，这些都显示着军事领域权力结构的变化。经济领域的权力结构与军事领域显著不同，俄罗斯在石油等能源领域外，几乎没有发言权，中国经济的连续高速增长使其经济影响力显著增加，并在2010年超越日本跃居世界第二位，日本与欧盟在经济领域具有较大的发言权，但这些国家也都难以撼动美国经济的霸主地位。文化领域通常很难简单地进行权力分配。好莱坞电影的全球流行显示了美国文化的巨大影响，更是美国软实力的典型表现，[③]但欧盟、中国、俄罗斯等行为体在不同地区具有差异性的文化影响。不同领域中权力结构的不同，不仅意味着任何一个国家很难独霸世界，也意味着多极世界本身具有复杂性的特点。

在体系层次，我们通常更多关注大国，而忽略中小国家，因为大国的数目决定了体系的极性和结构。但在地区层次，中小国家的力量和作用将更多地显现出来。冷战时期，两极结构影响下的地区结构具有相似性，都以超级大国为中心，东欧以苏联为核心，欧盟则在美国的庇护之下。两极结构的终结释放了很多活跃因素，特别是在地区层次。各国在地区与次地区层次上分别建立了许多机制与组织，并开展跨地区合作。地区机制内部的权力结构呈现多样性，并不与体系层次的多极结构相一致。美国在东亚的同盟体系依旧以美国为核心，呈现轴辐结构，但中国的崛起使东亚出现了"二元格局"，"经济上靠中国、安全上靠美国"的描述显示了东亚地区结构的领域分异。[④]北约为美国和欧洲进行定期磋商建立了框架，但"它主要靠美国

[①] Charles Krauthammer, "The Unipolar Moment," *Foreign Affairs*, Vol. 70, No. 1, 1990/1991, pp.23-33.
[②] 〔英〕巴里·布赞：《美国和诸大国：21世纪的世界政治》，刘永涛译，上海人民出版社2007年版。
[③] 〔美〕约瑟夫·奈：《硬权力与软权力》，门洪华译，北京大学出版社2005年版。
[④] 周方银：《中国崛起、东亚格局变迁与东亚秩序的发展方向》，《当代亚太》2012年第5期。

一家的军事实力维持",[1]所以北约可以被简化为"美国+欧洲"的结构。在欧盟内部,情况相当复杂,英法德三国协调合作推动欧盟发展,但欧元区的核心是法国和德国,并且随着欧盟的东扩,分歧与地理边界重合,形成了"老欧洲"与"新欧洲"的分野,某种意义上也是一种"中心—边缘"结构的反映。东盟十国都是中小国家,所以权力结构呈扁平状。苏联解体后诞生的欧亚地区,俄罗斯作为继承者成为独联体的核心,之后又推动了集体安全条约组织和欧亚经济联盟的建设,尽管这些组织覆盖的地理范围和功能存在差别,但都显示出一种以俄罗斯为中心的"一强多弱"结构。[2]

这些内部结构不同的地区共同构成了世界,但不同地区对全球事务的影响并不相同。当地区影响力发生"此升彼降"时,国际环境在结构要素上正在发生着变化。二战的重要结果是终结了欧洲的世界中心地位,尽管欧洲较为发达的工业基础和不断深化的一体化进程维持了欧洲的重要影响,但科技发展的中心和前沿已经转移到地球的另一侧美国。美苏在航空航天等新兴领域的竞赛在推动科技发展之余,也使世界中心逐步调整。日本经济的腾飞和亚洲四小龙的发展,使东亚成为世界经济的活跃地区,加上中国的不断崛起,提升了东亚对全球事务的影响。1998年亚洲金融危机造成的全球性影响,也从一个反面显示了东亚不断上升的影响力。当美国在21世纪为应对中国崛起而实施重返亚太战略时,东亚地区的世界地位和活跃程度再次明显提升,"东升西降"更趋明朗。[3]尽管各国对世界中心位于哪个地区的问题存在不同看法,但以本国为中心制定地区战略是各国应对国际环境变化的主要措施。近年来,俄罗斯抛出的"大欧亚伙伴关系"战略、中国提出的"一带一路"倡议、美国推出的"印太战略"等,都在试图加强各自国家与世界不同地区之间的联系,以推动国际环境发生有利于本国的变化。从客观效果来看,国际环境因为这些战略的提出和相互作用正在孕育着新的结构变化。

综上所述,经过70余年的发展,国际环境的结构呈现更加明显的复合型特点。大国之间开展竞争与合作,对多极世界的追求和对单极世界的维护影响着国际格局的走向。与此同时,小国在一些领域依然团结,通过建立国际组织集体发声,代表了一种"非极化"进程,"非极力量"在冷战后发展迅速,[4]并在努力推动国际结构的扁平化。在不同地区建立的许多地区组织和次地区组织,在发挥各自功能的同时,也增加了结构的复合性和复杂性。

---

[1] 〔美〕亨利·基辛格:《世界秩序》,胡利平等译,中信出版社2015年版,第105页。
[2] 顾炜:《双重结构与俄罗斯地区一体化战略》,《世界经济与政治》2013年第10期。
[3] 陈须隆:《国际秩序嬗变炙烤美国偏执心态》,《人民日报》(海外版)2014年11月28日。
[4] 刘建飞:《国际格局演进与国际秩序重塑》,《当代世界与社会主义》2015年第5期。

3. 行为体关注的议题在领域和内容上更加丰富

传统上,国家行为体主要关注安全、经济等领域的国际议题,但行为体的增多、结构的复杂化以及科技经济发展推动的社会变革使行为体关注的议题在领域和内容上更加丰富,从而推动国际环境在全范围和多领域发生变化。

安全议题的内容在传统上主要是国家安全,包括领土完整、主权独立等具体方面。联合国安理会、欧安组织、上海合作组织等国际组织和机制,在关注国家安全的同时,也结合本组织的实际情况,重点关注地区安全[①]或全球安全问题。随着人权概念的不断发展,人的安全愈加受到重视。海外公民利益保护和各国开展的撤侨行动等,都表明人的安全成为安全议题的重要内容。各国在人权与主权关系、人道主义干涉、保护的责任等概念和议题上存在分歧性观点,并直接或间接影响了科索沃危机、利比亚危机和俄格冲突等焦点事件的处理,所以人的安全问题对国家安全和地区安全都具有影响。这是安全议题在不同层次上逐渐丰富的内容。

冷战时期,当我们判断一个问题是否是安全议题时,似乎唯一的标准是"它是否与军事相关",如果相关,就会被视为安全议题并加以重视。[②]然而,冷战的结束为国家安全领域增添了不少新问题。[③]特别是在安全的参与主体日益多元化和整个社会复杂性不断增加的影响下,安全议题的内容在领域上逐渐丰富。例如,能源管道的铺设及其输送的问题,不仅关乎沿线国家的能源保障,也将影响各国经济的持续发展。俄罗斯与乌克兰之间围绕能源输送问题的争执,不仅影响了乌克兰的油气供应,也影响了下游的西欧国家在冬季的取暖问题。所以,能源安全已成为安全议题的重要内容。而非典型性肺炎、埃博拉病毒等各种传染性疾病的全球蔓延,环境污染、气候变化等问题的跨国界影响等,都意味着生态安全成为各国关注的重要安全议题。所以,70年间国际环境的安全议题在内容上不断丰富,不仅涉及传统安全,也包括越来越多的非传统安全议题。

1945年,当美国在日本投下原子弹时,一个新的时代揭开了序幕。核武器的巨大威力,使各国在升级战争方面小心谨慎,也就在客观上限制了战争的强度和范围,这直接造就了数十年的冷战。尽管美苏两国进行着激烈的军备竞赛,但双方都把竞争控制在有限的常规武器范围,避免出现无法承受的核战争后果。因此,核威慑的巨大影响使整个世界在整体上实现了持续和平,并且延续到冷战后的今天。然

---

① 有关地区安全问题的较为全面的研究,可参见〔英〕巴里·布赞、〔丹〕奥利·维夫:《地区安全复合体与国际安全结构》,潘忠岐等译,上海人民出版社2010年版。
② David A. Baldwin, "The concept of security," *Review of International Studies*, Vol. 23. 1997, p.9.
③ 〔美〕彼得·卡赞斯坦主编:《国家安全的文化》,宋伟、刘铁娃译,北京大学出版社2009年版,第8页。

而，冷战结束和苏联解体将原本被掩盖的矛盾暴露出来，局部冲突的风险更为突出。冷战后南斯拉夫内战、科索沃危机、车臣战争等，都是旧有矛盾的集中爆发。各国为打击恐怖主义在阿富汗、伊拉克、叙利亚等地采取军事行动；俄格冲突以及近年来俄罗斯与乌克兰和北约在黑海地区的尖锐对峙等，都显示出局部地区冲突的风险日益凸显，且冲突升级的可能性不能排除。特别是美国对小型核武器的研制，使得战争的危险比冷战以来任何时候都要严重，和平并非高枕无忧、依然需要付出努力、通过开展合作来争取和维持。

而国家的不平衡发展和利益的矛盾冲突始终影响着国际安全局势，并且会引发国家间的竞争。在大规模战争被谨慎避免的同时，科技的发展使国家之间的竞争与较量在虚拟领域和新疆域中更加突出。网络技术的发展在便捷经济和社会生活的同时，也使网络战和网络威慑成为网络安全领域中的重点问题。网络技术使非国家行为体的活动能力得到提升，网络黑客甚至有能力引发国家之间的网络战。各国也越加重视对本国信息安全的维护。技术进步大大拓展了人类的活动空间，使海洋、极地和空天领域不再深不可测或遥不可及，并使它们成为安全问题关注的新疆域。深海探测技术的发展使国家重视海洋资源开发和对海洋主权的争夺，极地冰盖下蕴藏的丰富能源对各国的能源安全愈加重要，临近空间与外层空间是国家军事侦察能力的保证，并将影响海洋和陆地作战的结果，所以成为安全领域争夺的制高点，是打赢未来战争的重点领域。各国在这些新疆域的技术较量将影响未来的世界安全环境。

在经济领域，相互矛盾甚至是针锋相对的进程同时存在。欧洲一体化进程形成多速发展局面的同时，英国脱欧代表了一种逆地区化的主张。美国在退出各种全球化议程的同时，却也将北美自由贸易协定更新为美国—墨西哥—加拿大协议，也即是说美国既有反全球化的意图，也同时在调整地区化。尽管欧洲为地区一体化提供了发展样板，但不同地区在模式和类型的选择上并没有完全照搬欧洲，各地区实际上存在差别。欧洲一体化以法国和德国为主要领导国家，遵循传统的地区主义发展路径，从经济外溢到其他领域，并不断深化地区合作水平。东亚地区奉行开放的地区主义原则，东南亚国家联盟、亚太经合组织等地区组织和机制对东亚一体化起到了推动作用。而在欧亚地区，俄罗斯凭借历史传统和实力优势成为推动地区发展一体化的主导核心，但随着形势的发展，地区内的部分国家也选择同域外国家开展更紧密的经济合作，如参与到中国推动的"一带一路"国际合作中。

不仅不同地区存在差别，不同国家在经济发展模式上也存在很多差异。资本主义国家在经济类型上并非整齐划一，美国以市场为导向，日本是发展型资本主义，德国则是"社会市场"资本主义体系，"它们的根本差异对世界经济的性质和动因至关重要"。① 而同为社会主义国家，苏联的改革遇到重重问题，最终失败而自身解体，但中国的社会主义市场经济取得了令世人瞩目的巨大成就。有关发展中国家和经济转轨国家如何进行经济改革的问题，国际金融机构推出了"华盛顿共识"，但在部分国家遭遇了失败，而以中国经验为蓝本的"北京共识"，在取得一定成功的同时，也在很多方面受到质疑和挑战。发达国家与发展中国家的分野已经不能准确描述全球经济发展的现实，以金砖国家为代表的新兴市场和新兴经济体走出了一条新路。因此，不同经济发展模式之间不仅存在着竞争，也存在相互借鉴的方面。

不同发展模式通常将导致不同地区和不同国家在经济发展的速度、水平等方面存在差别，传统上，我们将世界各国按照经济水平的不同划分为发达国家与发展中国家。与冷战时期发展中国家始终处于弱势地位不同，冷战后特别是21世纪以来，发展中国家整体上获得了巨大发展，很多发展中国家的经济发展速度超过了发达国家，新兴经济体整体崛起。而在发展中国家群体内部，不同国家的经济发展速度也不相同，这对发展合作和国际发展格局都构成影响。②

不同模式、不同层次、不同速度之间的差别，尽管为各国制定对外经济合作的政策提供了多种选择，但不同组合的出现无疑增加了世界经济环境的复杂性。特别是全球化与地区化、发达国家和新兴发展中国家在全球经济中的合作竞争尤其引人注目。

（二）国际环境从分割走向融合

70年前，国际环境被冷战形成的两极体系分裂开来，这种分割存在于政治、军事、经济等多个领域。北约与华约是军事上的分割和对立，经互会和布雷顿森林体系是相互分割的经济体系。以布雷顿森林体系为主导的资本主义世界经济体系，由美国领导，位于西欧地区的传统西方国家是主要参加国。而以经互会为主要机制的社会主义经济体系，由苏联及东欧的社会主义国家参加。两大经济体系奉行不同的经济运行规则和理念，在促进相关国家发展经济和开展合作的同时，两者之间交流不多，并存在着竞争关系。体系的两极结构投射在地区层面，形成了东欧和西欧的分裂；投射在同一民族中，使原本的统一民族国家分裂为两个国家，出现了联邦德国与民主德国、朝鲜与韩国；甚至是投射在同一个城市柏林，东柏林与西柏林的划分都反映了两极结构的尖锐对立。在政治层面的东西矛盾之外，在经济层面还存在着明显的南北矛盾，即发达经济体与发展中经济体之间存在着分割与矛盾。

---

① 〔美〕罗伯特·吉尔平：《全球政治经济学：解读国际经济秩序》，杨宇光等译，上海人民出版社2003年版，第165—190页。

② 竺彩华、张璐超：《国际发展格局变化与中国新发展观》，《和平与发展》2016年第1期。

从 20 世纪 60 年代起，融合逐渐成为各方的需求。被分离的民族向往着统一，所以柏林墙并不能阻隔两个柏林和两个德国之间的联系，勃兰特的新东方政策推动了两个德国的接近。在美苏各自主导的阵营内部，倍感束缚的国家在追求更为独立的外交政策，或者退出既有阵营，或者与另一阵营的国家进行接触与合作。法国与中国建交、退出北约军事一体化机构，南斯拉夫没有加入华沙条约组织、阿尔巴尼亚退出华约等，都显示了人为的分割和分裂并不符合各国的希望与需要。还有一些融合受到经济利益的驱动。例如，英国等西欧国家申请加入欧共体在相当程度上都是被欧洲联合所带来的经济发展吸引。

此外，世界经济的发展、跨国公司的全球拓展、生产环节的全球性分布，都在不断推动全球化，促进世界各国的融合。20 世纪 70 年代发生的资本主义经济危机，使发达国家重新思考自己的经济发展模式，促进了南北合作的开展，也成为世界进一步融合的推动力。受经济危机影响，国际政治经济学产生，促进了不同研究方法的融合，也增强了人们对世界的认识能力。

冷战结束后，融合进一步发展。在全球层次，冷战的结束使得从世界范围内进行资源优化配置成为可能，各国在推动商品、服务和资本的自由流动方面逐渐取得共识。多边贸易体系从关贸总协定发展到世贸组织，各国越来越将政策朝着贸易和投资壁垒减少的方向改进。这些都推动着经济全球化趋势。特别是随着科技发展，特别是信息革命的产生，经济全球化进入 20 世纪以后不断加强。在经济全球化的推动下，经济体系不再分裂为两个平行市场，世界贸易组织等全球性经济组织成为各国参与经济全球化进程的重要渠道。2000 年格鲁吉亚成为世界贸易组织成员方，中国在 2001 年加入世界贸易组织，俄罗斯也在 2011 年加入了世贸组织，这些进展都显示了世界经济的不断融合。

在地区层次，地区一体化在世界各地蓬勃发展，使地区内部的融合不断推进。冷战时期，西欧一体化几乎"一枝独秀"，欧洲共同体经历数十年的发展，从自由贸易区发展为关税同盟，进而推进到经济共同体和国家联盟阶段。冷战后，地区一体化在不同地区"百花齐放"，特别是在多边贸易体制谈判进展缓慢的背景下，区域一体化就成为补充。欧洲联盟诞生，并发行了统一货币欧元。在地理范围上，中东欧国家逐步加入欧盟，实现了与西欧的融合，欧盟至 2016 年成为具有 28 个成员国的重要地区组织，统一的大欧洲逐渐形成。参照欧盟的发展经验，东南亚地区建立了东南亚国家联盟，非洲成立了非洲联盟，苏联解体后诞生的欧亚地区以俄罗斯为中心建立了欧亚经济联盟。这些不同的地区一体化组织，尽管内部结构和运行规则存在差别，但共同推动了世界经济的地区化发展。甚至可以认为，冷战后的世界是一个地区构成的世界。[①]地区融合也推动了世界的融合。

信息技术的革命缩短了人与人之间的距离，改变了文化与信息传播的方式。二战时期，美国总统罗斯福和英国首相丘吉尔靠广播鼓舞民众的士气，电影是人们了解其他国家文化的重要载体。此后的数十年间，电视的普及，特别是网络技术的发展，使人们对其他文化的了解在速度、内容等方面实现了几何倍数的增长。作为单独个体的每个人，可以利用网络和社交软件，了解外部世界，促进了更多理解和融合。即使是距离遥远的国家发生的事件，也几乎可以在第一时间传遍世界的每一个角落，地球成为名副其实的"地球村"。人口的全球流动使很多国家内部出现了融合趋势，传统的单一民族国家有了更多的外来移民，形成了新的多民族共同生活的大家庭。

整体上看，70年国际环境的发展变化使各国之间越来越相互依赖，融合是大势所趋。但也必须承认，国际环境的复杂性意味着在不断融合的同时，也存在着一些分割和分裂的趋势。例如，朝鲜退出六方会谈、发展核武器，遭到了制裁和孤立。英国退出欧盟，使地区化进程出现某种程度的逆转趋势，并引发了有关"多速欧洲"的巨大争议，德法等老欧洲国家希望根据各国的不同目标设计不同的解决方案，但位于中东欧地区的波兰、捷克等国，则担心"多速欧洲"方案将把它们排除在重要的政策和进程之外。谁也无法否认欧元区与非欧元区之间、西欧各国与21世纪才加入欧盟的中东欧国家之间存在经济发展程度的差别，而这种差别如果被制度设计固定下来，则可能导致欧盟的分裂甚至是解体。美国总统特朗普自2017年执政以来，宣布美国退出巴黎气候协定和重新谈判北美自由贸易协定的决定，给全球化和地区化带来了冲击，某种意义上甚至是倒退。2018年开始，美国特朗普政权为了维护自身霸权，遏制中国发展，不惜试图在贸易，特别是高科技领域与中国"脱钩"，都对世界的融合构成挑战。但各国对融合的需要将进一步推动世界的融合趋势。

三、国际环境变化的动力和趋势

尽管诸如苏联解体这样的重大事件急剧改变了国际结构并推动了国际环境的变化，但整体上看，70年间国际环境的变化并非杂乱无章形成的，也不是一蹴而就的，把握其动力来源对于判断未来的趋势尤为重要。

（一）国际环境变化的动力

国际环境的变化包含三个方面的动力。

[①]〔美〕彼得·卡赞斯坦：《地区构成的世界——美国帝权中的亚洲和欧洲》，秦亚青、魏玲译，北京大学出版社2007版。

第一,治理问题和科技进步推进了合作的需求和可能,催生了国际组织等新行为体的诞生,也赋予很多弱势行为体更多的行动能力。万国邮政联盟等早期国际组织的诞生是由于技术进步带来了国家间开展业务性合作的需要,20世纪后诞生的全球性国际组织如国际联盟和联合国等,其主要功能在于维护世界和平与安全,管控冲突、防止新的大战爆发。在不同领域,如世界卫生组织对全球卫生治理的贡献等,都体现了国际组织的重要作用。在不同地区诞生的地区性国际组织,如阿拉伯国家联盟、美洲国家组织等,也为促进地区的和平与发展贡献了力量。这类多边性国际组织,不仅加强了国家间合作,也赋予中小国家更多的话语权,使它们能够更多地参与到国际事务中。通信、交通等技术的进步,为人口的跨国界流动提供了更加便利的渠道,也促进了跨国公司、非政府组织等行为体的业务拓展。各种行为体的出现和发展都受益于科技发展推动的全球化进程。

第二,地理空间的不同归属使国家获得了不同的身份认同,为国际环境的多层次变化提供了路径,推动了国际环境在结构方面的复杂化。每一个国家都位于不同的地理空间,空间范围的差别使国家获得了不同的身份。例如,捷克在冷战时期属于苏东阵营,冷战后,捷克在地理上位于中东欧,但随着欧盟的东扩,捷克成为欧盟成员国,参与大范围的欧洲一体化进程。作为中东欧国家,捷克在次地区层次上既参与了中东欧国家与中国的"16+1"合作,也加强了同维谢格拉德集团各成员国的合作。而地区的概念不仅是地理上的,也是经济、政治和文化上的。① 中亚五国与俄罗斯在经济、政治,乃至文化方面存在许多不同,五国之间又存在许多共性和联系,这是中亚地区可以从整个后苏联空间中分离出来并被独立认识的重要原因。由此,空间的不同框定,国家身份的不同归属,使我们可以从不同层次上认识国际环境。层次的增多使国际环境更加复杂,并且不同层次上的结构也存在差别,使国家的对外活动更加多元化。

第三,发展的不平衡、利益诉求的差别化与时间线交互组合,促进了不同进程的产生,使多种进程并存于国际环境中并彼此出现融合的趋势。每个国家先天的资源禀赋不同,制度和发展模式也存在差别,使得国家发展的不平衡性始终存在,并使国家在对外交往中的利益诉求存在差别。由此,当全球化能够满足国家的需求时,国家将更多参与全球化进程;当地区化更符合国家的利益时,国家对地区化的参与将更加侧重;如果无法满足国家的需要,或者带来了更多的负面影响,国家也可能选择退出某一进程。正如英国在20世纪70年代加入欧共体、又在近年提出退出欧盟一样,国家对国际环境中的某一进程的态度并不是一成不变的,特别是在不

---

① 吴心伯:《论亚太大变局》,《世界经济与政治》2017年第6期。

同的时间阶段,国家的发展状态和利益诉求千差万别,并由此产生了不同的态度和政策。因此,地区化与逆地区化、全球化与逆全球化等进程获得不同国家的支持和参与,并存于国际环境中。

上述三种动力同时存在并相互作用,共同推动了国际环境在70年间从简单逐渐走向复杂,从分割走向融合。

(二)国际环境的变化趋势

从当前的发展态势上看,国际环境在未来的发展趋势包括如下三个方面。

第一,结构变化进入关键时期。冷战后,美国维护单极世界的努力与主要大国对多极世界的追求共同塑造了国际环境的结构变化。但当中国于 2010 年实现经济总量跃居世界第二位的标志性成就后,有关国际体系结构是否会出现两极化的讨论一时成为政策界和理论界的热点话题,[①] 中美在多领域的竞争与合作也成为全世界关注的焦点。尽管中国目前取得的主要进步是在经济领域,但中国在军事、政治等领域的实力和影响力也在逐步上升。未来的发展取决于主要大国的国家发展和实力对比,无论走势如何,当前和今后一段时期,国际环境的结构变化进入了关键时期,这也成为影响整个国际环境的最重要因素。

第二,多种进程仍将共存并彼此角力。到 2019 年 7 月,英国脱欧仍然未能完成全部程序,漫长的脱欧谈判是地区化进程与逆地区化进程相互角力的最好证明。特朗普推动的美国"退群"政策,不仅是单边主义的实践,也仍将是逆全球化进程的典型表现。所以,全球化与逆全球化、地区化与逆地区化进程之间的较量仍将持续。主要大国之间的竞争与合作将持续存在,在不同领域或对手或伙伴的多重身份将影响各国对外政策的制定和调整。希望大国多承担责任、多提供公共产品的意愿与中小国家抛开大国、共同合作的意愿同时存在。政治与经济在进程上的不同步仍将持续,经济全球化要求消除边界等障碍,但政治原则和政治观念的差别依然强调边界的重要性。[②] 人口的全球流动,在不同国家推动融合进程的同时,也会因为与原生国家的联系而割裂驻在国的社会认同,加剧部分国家政治的分极化。[③] 这些彼此矛盾却又共同存在的进程将继续影响国际环境的变化。

第三,行为体的增加和行为体能力的提升将受益于信息技术、人工智能等新领域的发展。科技的发展一直是国际环境变化的主要推动力。近年来,信息技术、人

[①] 阎学通在 2005 年有关国际格局的讨论中就提出 2020 年有可能出现"两超多强格局"或者说"两极格局",参见阎学通:《国际格局的变化趋势》,《现代国际关系》2005 年第 10 期。

[②] 〔美〕亨利·基辛格:《世界秩序》,胡利平等译,中信出版社 2015 年版,第 483 页。

[③] 王缉思:《世界政治进入新阶段》,搜狐网,2018 年 7 月 20 日,https://www.sohu.com/a/242302105_618426?sec=wd&spm=smpc.author.fd-d.89.1557728873392A9N9O3L。

工智能等新领域取得的进步正在逐步改变着人们的生活，也将由此影响到国际环境的变化。网络空间和信息技术的发展，使人类活动越发"数据化"，可以进行计量和分析。① 通过窃取数据，网络黑客有能力引发国家之间的误解，甚至是将国家推向战争。这体现了技术变化对行为体能力的提升作用。而人工智能的发展甚至可能为国际环境提供新的行为体。以信息技术为代表的新技术革命将深刻改变世界发展格局，② 国际政治向世界政治变化的趋势也将持续发展。

四、中国外交与国际环境的变化

没有任何一个国家生活在真空中，所以国际环境的变化与每个国家的发展，特别是对外关系息息相关。自 1949 年新中国成立以来的 70 年间，中国外交与国际环境的互动是双向的，中国外交既受制于国际环境的变化，同时中国外交本身也推动了国际环境的变化。

（一）从"一边倒"到全方位开放

二战结束之后，中国于 1946 年进入解放战争时期。在冷战逐渐拉开帷幕的大背景下，美国出于对共产主义的疑虑，支持了国民党政权和蒋介石。最终，国民党败退台湾，中华人民共和国成立，并选择了"一边倒"的外交政策，加入社会主义阵营。此时，同中国建交的主要是苏联和东欧的社会主义国家以及亚非拉等洲的新独立国家。朝鲜半岛分裂后，新中国为保卫国家安全，同美国主导的"联合国军"打了一场朝鲜战争，更加巩固了中国与社会主义阵营的关系。国际环境在冷战初期的变化决定了中国的外交政策选择。

在"一边倒"的同时，中国也积极拓展外交空间。1955 年，中国在万隆会议上倡导求同存异的理念，为万隆精神的形成作出贡献，也奠定了中国同亚非国家合作的基础。20 世纪 60、70 年代亚非拉民族独立和解放运动的发展，为中国外交开辟了更为广阔的发展空间，促使中国形成了"三个世界"的外交理论。中国同亚非拉国家开展友好合作，为 1971 年中国恢复在联合国的合法席位奠定了坚实基础，中国的影响力不断扩大。20 世纪 60 年代，由两党矛盾导致的国家矛盾使中国与苏联的关系恶化，中国在反抗苏联大国沙文主义的同时，调整了外交政策。1964 年法国同中国建立外交关系，为中国打开了同西方世界交流接触的渠道。1972 年尼克松访华，中美发表上海公报，开启了关系正常化的进程，也使中美苏"大三角"关系成

---

① Viktor Mayer-Schönberger and Kenneth Cukier, *Big Data: A Revolution That Will Transform How We Live, Work and Think*, Boston: Houghton Mifflin Harcourt, 2013, pp.73-97.
② 《未来 15 年国际经济格局变化和中国战略选择》，《管理世界》2018 年第 12 期。

为影响世界格局的重要因素。在美国的带动下,西方世界的诸多国家纷纷与中国建交或谋求关系正常化,1979年中美建交,中国外交取得了重大突破,中国与西方世界的关系得到明显改善。

20世纪80年代,中国开始改革开放,对世界形势作出新的判断,认为和平与发展是时代的主题,不再以意识形态划界来制定外交政策。冷战结束,东欧剧变和苏联解体,中国与诸多国家的关系全面恢复。与此同时,中国紧紧抓住了新一轮全球化发展的机遇,通过改革开放,主动融入世界,中国的对外关系形成了全方位开放的新局面。中国成为亚太经合组织的成员、与东盟建立了自由贸易区,同俄罗斯、哈萨克斯坦、吉尔吉斯斯坦、塔吉克斯坦和乌兹别克斯坦等国成立上海合作组织,同俄罗斯、南非、印度、巴西成立金砖国家集团,推动了全方位合作的开展。2018年6月,中国贸易伙伴遍及220个国家和地区,签署涉及24个国家和地区的16个自贸协定。[1] 截至2019年3月,中国已与178个国家建立外交关系,与100多个国家及地区建立了不同形式的伙伴关系。[2]

(二)中国是国际环境变化的推动者

在我们看到中国与国际环境难以分割的同时,我们也应该看到整个70年间,中国是国际环境中的活跃行为体,是国际环境变化的推动者,中国外交推动了国际环境走向更加公正合理。

中国提出的和平共处五项原则逐渐被世界接受,推动了国际关系民主化的发展。中国与亚非拉国家的合作,为三个世界理论的提出奠定了基础,推动中国在20世纪70年代调整对外关系。在中国的主动调整下,中美苏"大三角"关系发生变化,影响了冷战的进程,也推动了体系结构的演变。中国在21世纪跃升为世界第二大经济体,使体系结构的变化出现了新趋势。2008年金融危机后,中国推动成立二十国集团,以加强合作的方式集体应对。在新兴经济体群体性崛起后,中国推动同俄罗斯、巴西、印度、南非等国家成立金砖国家集团,发出了新兴经济体的声音。这些都有力地推动了经济和社会的发展,促进了各国之间的合作,是中国对全球治理的积极贡献。中国的改革开放和取得的巨大成就,为转型国家提供了可以借鉴的发展模式,也为广大发展中国家提供了后发国家经济发展的样板。中国加入世界贸易组织,不仅扩大了世贸组织的覆盖范围和影响力,也推动了多边经济合作的开展,促进了世界经济的融合进程。中国解决了13亿多人民的温饱问题,减少了

---

[1] 《白皮书:中国已与24个国家和地区签署16个自贸协定》,中国自由贸易区服务网,2018年6月28日,http://fta.mofcom.gov.cn/article/fzdongtai/201806/38166_1.html。

[2] 《中华人民共和国与各国建立外交关系日期简表》,外交部网,https://www.fmprc.gov.cn/web/ziliao_674904/2193_674977/。

7亿多贫困人口,仅过去5年就减贫6800多万人,①占全球减贫人口总数的70%以上,率先实现贫困人口减半的千年发展目标,不仅为世界减贫贡献了中国奇迹,而且提供了中国方案,成为世界各国减贫工作的有利借鉴。中国发展后,并没有满足于自我的成就,而是积极分享自己的发展成果,不断扩大对外援助额。目前中国对外援助额占世界的比重不断提高,与美国、日本、德国的对外援助额的相对差距不断缩小,得到了国际组织和许多国家的积极肯定。中国是联合国会费第二大出资国(12.01%)、联合国维和行动经费第二大出资国(15.22%)、安理会五个常任理事国中派出维和人员最多的国家。②中国派出维和人员3.9万余人次,参与维和任务区道路修建工程1.3万余公里,运输总里程1300万公里,接诊病人17万多人次,完成武装护卫巡逻等任务300余次。③中国积极参与反恐、打击海盗等国际合作。中国海军在亚丁湾、索马里海域护航行动常态化。自2008年至2018年,中国海军先后派出31批护航编队、100艘次舰艇、67架舰载直升机、26000余名官兵;共执行护航任务1198批次,安全护送6600余艘中外船舶,并成功解救、接护和救助70余艘遇险的中外船只。④中国积极推动朝鲜核问题、伊朗核武问题、中东问题、叙利亚问题、阿富汗问题等地区热点问题的解决。中国坚定支持《巴黎协定》应对气候变化。党的十八大以来,中国政府援建重大基础设施项目300余个,实施民生援助项目2000余个,为受援国培训各类人员近40万人次,提供紧急人道主义援助177批次。⑤

在地区层次上,中国与东盟国家率先建成自由贸易区,在增进东亚地区合作的同时,也推动了亚太地区秩序的变化。中国推动上合组织的建立和发展,率先以地区合作的方式打击恐怖主义等"三股势力",引领了世界反恐斗争,也促进了中亚地区的和平稳定。2000年,中国与非洲国家在南南合作的基础上,建立中非合作论坛对话机制,加强了同非洲国家的了解和磋商,增进了友谊和合作。2004年,中国同阿拉伯国家联盟各国宣布成立"中国—阿拉伯国家合作论坛",加强了同阿拉伯国家的对话与合作。2015年,中国与拉美和加勒比各国成立中国—拉美和加勒比国

---

① 《中国向联合国提交的〈国家人权报告〉》,《人民日报》2018年10月19日。
② 《中国足额缴纳联合国会费与摊款》,新华网,2019年5月9日,http://www.xinhuanet.com/2019-05/09/c_1124472137.htm。
③ 《中国晒维和成绩单,迄今已派出近4万名维和人员》,人民网,2019年2月19日,http://military.people.com.cn/n1/2019/0219/c1011-30805289.html。
④ 《护航十周年,海军发布〈中国海军护航档案〉》,中国军网,http://www.81.cn/hj/2018-12/24/content_9386773.htm。
⑤ 《积极开展对外援助推动构建人类命运共同体》,商务部网,http://www.mofcom.gov.cn/article/ae/ai/201710/20171002656068.shtml。

家共同体（拉共体）论坛，中拉论坛成为推进中国与拉美国家整体合作的重要平台。

在不断取得地区外交成就的同时，中国的外交思路也发生了新的变化。2013年，中国召开周边外交工作座谈会，提出了"亲诚惠容"的周边外交理念，突出周边地区在中国发展大局和外交全局中的重要作用，显示了中国对外部环境的新认识和新判断。中国还积极践行"真实亲诚"理念加强与发展中国家的关系。2013年，中国提出"一带一路"倡议，创设亚投行，设立丝路基金，带动了沿线国家的经济发展和互联互通建设，为很多国家提供了对外合作的新路径，不仅推动了国际环境的进一步融合，也加强了各国之间的合作。中国提出的人类命运共同体理念，代表了文化交融、文明互鉴的发展趋势，有利于国际环境的平稳健康发展。

回顾70年的发展历程，世界塑造了中国，中国也影响了世界，这是一个相互影响的互动过程。中国外交虽然受制于国际环境变化，但中国也通过自身发展，不断成为国际环境变化的主动塑造者。无论未来国际环境怎样变化，中国都是其中一个非常重要的行为体，中国外交将继续发挥举足轻重的影响作用。

新中国 70 年独立自主和平外交实践与经验

The Practice and Experience of the Independent and Peaceful Diplomacy for 70 Years Since the Establishment of People's Republic of China

王巧荣（Wang Qiaorong）

王巧荣，中国社会科学院大学中华人民共和国国史系硕士生导师，法学博士，研究员。研究领域：当代中国外交史、中美关系及国家海洋权益。主要研究成果：《APEC 与中美关系》（专著，2010 年 8 月），《21 世纪的中国》（译著），并先后在《美国研究》《思想教育理论导刊》《中共党史研究》《当代中国史研究》及《毛泽东邓小平理论研究》等学术期刊发表学术论文 40 余篇。主持、参与国家级、省部级课题 6 项。目前主持国家社科基金项目《新中国成立以来党维护国家海洋权益经验研究》、中国社会科学院马工程重点项目《新中国外交理论创新与基本经验研究》。

[摘　要] 新中国成立以来，中国外交工作在党的领导下，围绕党和国家的中心工作，服务大局，为国家的发展建设保驾护航。不仅有力地维护了中国的独立、主权、领土完整，为中国国内的社会主义建设创造了有利的外部环境，而且大大提高了中国在国际上的声誉和地位。在新中国实现从站起来、富起来到强起来的历史性飞跃中发挥了积极的促进作用。70 年来，中国的外交实践成就显著，也积累了许多宝贵的经验。

新中国成立以来，中国外交工作在党的领导下，围绕党和国家的工作中心，服务大局，积极为国家的发展建设保驾护航。不仅有力地维护了中国的独立、主权、领土完整，为中国国内的社会主义建设创造了有利的外部环境，而且大大提高了中国在国际上的声誉和地位。在新中国实现从站起来、富起来到强起来的历史性飞跃中发挥了积极促进作用。70 年来，中国的外交实践成就显著，也积累了许多宝贵的经验。

一、新中国 70 年独立自主和平外交的历史演进

新中国是在半殖民地半封建的废墟上建立起来的，其面临的基本任务是：实现

国家主权独立、领土完整，捍卫和保障人民的生存权利；在恢复国民经济和建立完整国民经济体系的基础上，建设和实现社会主义现代化，为人民谋幸福。新中国外交的根本目标是维护独立权、平等权和发展权，为国内的发展建设创造良好的国际环境，同时，不断提高国家的国际地位和国际影响力。为此，70年来，中国外交工作者立足中国安全利益和发展利益，始终坚持独立自主的和平外交方针，不断丰富中国外交内容和方式、手段，拓展中国外交的渠道和领域，卓有成效地实现了中国外交的目标。伴随国际国内局势不断发展变化和国内发展战略不断调整，不同阶段，中国外交侧重点有所不同。中国外交大体经历如下几个发展阶段。

（一）坚持独立自主，坚定捍卫国家独立权和平等权（1949—1978年）

这一时段，国际格局的显著特点是美苏冷战对峙从欧洲向全球扩展，美苏两个超级大国间虽无热战，但由两国在地缘政治上对峙、争霸引发的地区热点问题、代理人战争却此起彼伏，因而造成国际安全局势持续紧张。新中国所面临的国际安全局势也深受美苏两国在亚太乃至全球范围内的对峙、对抗和争霸斗争的影响。新中国成立之初，以美国为首的西方阵营对新中国采取政治孤立、经济封锁和军事围堵政策，企图把新生的共和国扼杀在摇篮之中；20世纪60年代中后期，美苏两个超级大国分别从南北两个方向对中国进行战略挤压，中国被迫同时应对两个超级大国所带来的威胁，安全形势异常严峻；20世纪60年代末期，苏联在中国北部边境地区陈兵百万，并针对中国搞大国沙文主义，成为中国安全的主要威胁。为应对美苏两国不同程度对中国安全利益构成的威胁，以毛泽东同志为核心的党中央，坚持独立自主的和平外交方针，明确把"保障本国独立、自由和领土主权的完整，拥护国际的持久和平和各国人民间的友好合作，反对帝国主义的侵略政策和战争政策"[1]确立为中国的外交政策原则，并先后通过"一边倒""反帝反修""一条线"战略，捍卫了新中国主权独立、领土完整，赢得了大国的尊严，使新中国在国际社会站稳了脚跟。

旧中国遭受列强侵略的百年屈辱史，使新中国领导人无比珍惜来之不易的国家独立主权和领土完整。早在1949年6月15日，毛泽东在新政协筹备会议第一次全体会议开幕词中就庄严宣告："中国必须独立，中国必须解放，中国的事情必须由中国人民自己作主张，自己来处理，不容许任何帝国主义国家再有一丝一毫的干涉。"[2]为此，1949年9月29日，在中国人民政治协商会议第一届全体会议通过的具有临时宪法作用的《共同纲领》中，明确规定新中国外交政策为："对于国民党政府

---

[1] 《人民代表大会制度重要文献选编》第1册，中国民主法制出版社、中央文献出版社2015年版，第85页。
[2] 《毛泽东选集》第4卷，人民出版社1991年版，第1465页。

与外国政府所订立的各项条约和协定,中华人民共和国中央人民政府应加以审查,按其内容,分别予以承认,或废除,或修改,或重订。""凡与国民党反动派断绝关系,并对中华人民共和国采取友好态度的外国政府,中华人民共和国中央人民政府可在平等、互利及互相尊重领土主权的基础上,与之谈判,建立外交关系。""中华人民共和国联合世界上一切爱好和平、自由的国家和人民。首先是联合苏联、各人民民主国家和各被压迫民族,站在国际和平民主阵营方面,共同反对帝国主义侵略,以保障世界的持久和平。"[1]史家把这些原则概括为"另起炉灶""打扫干净屋子再请客""一边倒"三大方针。"另起炉灶",就是要同旧中国丧权辱国的外交一刀两断,在互相尊重主权、领土完整和平等互利的基础上,经过谈判,同世界各国建立新的外交关系。依据"打扫干净房子再请客"方针,新中国有步骤、有计划地废除了一切不平等条约,肃清了帝国主义在华特权。这不仅恢复和巩固了中国的独立与主权,而且为同世界各国建立和发展新的平等互利合作关系开辟了道路。"一边倒"是指中国站在以苏联为首的和平民主阵营一边。在这"一边倒"方针指引下,中国把发展同苏联和其他社会主义国家的关系放在首位,新中国因而很快得到他们的承认支持。1949年10月2日,在新中国成立第二天,苏联外交部致电中国外交部长周恩来,表示苏联决定与中华人民共和国建立外交关系,并互派大使。[2]随之,两国建立正式外交关系。1950年2月,中苏两国签署了《中苏友好同盟互助条约》,两国结为同盟,共同反对美国为首的帝国主义的侵略政策和战争政策,并保证以友好合作的精神,并遵照平等、互利、互相尊重国家主权与领土完整及不干涉对方内政的原则,发展和巩固中苏两国之间的经济与文化关系,彼此给予一切可能的经济援助,并进行必要的经济合作。[3]《中苏友好同盟互助条约》的签订使中苏两国友谊以法律形式固定下来,在一定程度上为新生的共和国提供了一个有利的外部环境。同时,中苏关系的发展也促进了中国同其他社会主义国家友好合作关系的发展,截至1950年1月,新中国得到所有社会主义国家的承认,并与除南斯拉夫外所有社会主义国家建立了正式外交关系。这不仅有利于维护世界的和平,也有利于巩固新生的共和国政权。

针对美国的敌对政策,新中国通过抗美援朝、炮击金门、抗美援越,打乱了美国企图从朝鲜、中国台湾地区、印度支那三条战线威胁自身的战略部署,卓有成效维护了自身的安全利益,同时也提高了自身的国际地位。1954年4月,解决朝鲜问题、印度支那问题的国际会议在日内瓦举行,中国应邀出席会议。这是新中国首次

---

[1] 《人民代表大会制度重要文献选编》第1册,中国民主法制出版社、中央文献出版社2015年版,第85—86页。
[2] 裴坚章:《中华人民共和国外交史(1949—1956年)》,世界知识出版社1994年版,第13—14页。
[3] 《中华人民共和国条约集·第1集(1949—1951)》,法律出版社1957年版,第2页。

以大国身份出现在多边国际舞台。中国代表团利用西方国家间矛盾，争取多数，着重应对美国，为印支问题和平解决作出了积极贡献。中国坚持以和平谈判解决国际争端的立场，赢得了国际社会的称赞，树立了新中国爱好和平、维护和平的良好形象。

为了开展同周边新独立民族国家的团结合作，中国领导人提出了和平共处五项原则，这是国际关系史上的一个伟大创举，顺应了当时新独立民族国家渴望建立平等国际关系的历史潮流。这一原则首先得到印度、缅甸响应。1955年4月，和平共处五项原则被纳入亚非会议的"万隆精神"中，成为亚非各国开展团结合作的重要指针。此后，经过60多年的实践，和平共处五项原则不仅成为中国对外政策的基石，也逐渐被国际社会所普遍接受，成为规范国际关系的准则。

20世纪60年代，为应对美苏两个超级大国分别在南北两个方向对中国造成的威胁，中国政府坚持反帝、反修方针，与美国的霸权主义和苏联的大国沙文主义进行了坚决的斗争，使新中国成为一支独立于美苏两大集团之外的国际政治力量。同时，中国努力发展和改善与"两个中间地带"国家间的关系。中国首先发展同亚非拉国家的团结合作。为消除边界及其他历史问题对中国与周边关系的影响，中国政府坚持睦邻友好政策，先后同尼泊尔、蒙古国、阿富汗、巴基斯坦签订边界协定，同印度尼西亚解决了华侨双重国籍问题，一定程度上为进一步发展同相关国家的关系创造了有利条件。中国还积极支持亚非拉人民的民族解放斗争，提出了对非洲和阿拉伯国家关系的五项原则以及中国对外经济技术援助八项原则，对增进中国同亚非拉国家的相互了解和团结合作发挥了重要作用，也奠定了中国发展同第三世界国家友好合作关系的基础。同时，中国通过开展民间外交、政府外交促进中国与西方阵营部分国家间关系实现重大突破。1964年1月，中法建立正式外交关系，这是新中国外交的重大胜利，打开了美国围堵、遏制新中国的缺口。中法建交被西方媒体喻为"外交核爆炸"，轰动国际社会。随后，意大利、加拿大等国也开始向中国靠近。

1969年，中苏发生珍宝岛冲突后，苏联在中国北部边境陈兵百万，不断挑起武装冲突，对中国领土主权构成严重威胁，并倡议建立"亚洲集体安全体系"，企图孤立中国。美国为改变在美苏争霸中不利局面，在亚洲采取收缩战略，并向中国抛出缓和关系"橄榄枝"。中国政府审时度势，抓住机会，调整了对美政策，邀请美国总统尼克松于1972年2月访华，实现中美关系由对峙到缓和的历史性突破。为了适应国际反霸斗争的需要，毛泽东提出了划分"三个世界"的战略思想和从日本到欧洲一直到美国的"一条线"的战略，倡导团结一切可以团结的力量集中对付苏联的威胁。

中美关系改善开创了中国外交的新格局。中国与西方阵营绝大多数国家随之建立了正式外交关系。1971年10月25日，第26届联合国大会恢复了中国在联合国的一切合法权利，[①]新中国在国际政治舞台上赢得了大国地位。中国外交的活动范围从此扩展到整个国际舞台。截至1978年底同中国建交的国家已达116个。[②]

（二）坚持和平发展，为国内经济建设营造良好的国际环境（1979—2012年）

这一时段，国际格局发生了深刻而复杂的变化，战后持续40多年的美苏冷战对峙的两极格局因苏联解体而结束，后冷战时期国际格局一度处于美国一超独霸状态，美国凭借其超强实力，在全球扮演"世界警察"角色，极力打造以其为主导的世界秩序。通过"新干涉主义"，策划"颜色革命""阿拉伯之春"等，在东欧、中东等地区推行"西方民主"。还试图以"华盛顿共识"塑造世界经济秩序。2008年源于美国的世界金融海啸宣告"华盛顿共识"的破产，美国等西方国家经济实力严重受损。伴随经济实力的相对下降，美国及传统发达国家参与国际事务的意愿和能力相对下降，也使国际格局和国际秩序出现深刻调整。另一方面，以金砖国家为代表的新兴经济体群体性崛起，在国际事务中的话语权、影响力增强。面对国际格局的持续变化，基于"和平与发展是当今世界两大主题"的科学判断，党和国家始终把建设社会主义现代化强国作为工作重心，不断推进中国改革开放由点到面逐步深入。这一时期，中国独立自主的和平外交在一如既往维护安全利益的同时，服务国家大局，为中国经济实现跨越式的发展营造了良好的国际环境。

20世纪80年代初，美苏争霸态势趋于平衡，双方认识到谁也不能打世界大战，特别是核大战。中国领导人因而认为"在较长时间内不发生大规模的世界战争是有可能的"。这是对一段时间内关于战争危险"迫在眉睫"看法的修正。中国作为国际格局中独立于美苏之外的一支重要力量，加在美苏任何一方，都会使国际战略力量失去平衡，既不利于国际局势的稳定，对中国自身也不利。在此情况下，中国果断调整"一条线"的战略方针，确立了新时期独立自主的和平外交政策。其核心是不结盟、不对抗、不针对第三国。

中国积极在和平共处五项原则的基础上发展同世界各国友好关系。在促进建交后中美关系稳定发展的同时，本着"结束过去，开辟未来"的精神，于1989年5月实现了中苏两国关系正常化，开启中国全方位外交的新征程。在香港、澳门问题上，中国先后与英国和葡萄牙达成了协议，消除了中国同西欧国家开展外交关系的一大障碍。中国同周边国家的双边关系有了很大改善。1979年2月中旬，印度外

---

① 《联大以压倒多数通过恢复我在联合国合法权利、驱逐蒋帮的阿尔巴尼亚、阿尔及利亚等国提案》，《人民日报》1971年10月27日。
② 《中华人民共和国与各国建立外交关系日期简表》，外交部网，http://infogate.fmprc.gov.cn/web/fw_673051/lbfw_673061/fazl+673083/t527514.shtml，2020年3月3日。

长阿塔尔·比哈里·瓦杰帕伊对中国进行正式访问,①这是中印两国关系僵冷近20年之后,两国政府间的第一次高级接触。1988年12月,印度总理拉吉夫·甘地访华,②把中印关系推进到一个新的阶段。中国政府坚决反对各种霸权主义,为政治解决柬埔寨问题、阿富汗问题作出积极贡献。

自1989年下半年起,国际局势急转直下,东欧剧变、苏联解体引发国际格局大动荡、大组合,而以美国为首的西方国家以中国发生1989年春夏之交的政治风波为借口,对华实行全面制裁,致使中国面临严重不利的外部环境。对此,中国政府坚持独立自主政策予以回击,同时采取韬光养晦、有所作为的方针,突破了西方国家的制裁,妥善处理西方大国制造的一系列危机事件,维护了国家稳定和发展大局。通过伙伴外交,确立了中国与各大国面向21世纪的双边关系框架。同时,中国奉行睦邻友好政策,同所有周边国家都建立和恢复了正式外交关系。全面解决了与俄罗斯、哈萨克斯坦、吉尔吉斯斯坦、塔吉克斯坦等国历史遗留的边界问题。并先后于1996年、1997年,同这些国家就建立边境信任措施和相互裁减军事力量达成协议。稳定了中国北部边境。1997年7月和1999年12月,香港、澳门先后回归祖国,中国领土上殖民统治的历史被彻底终结。2001年6月14日,上海合作组织的成立,③对于促进本地区安全与稳定,加强成员国间各领域合作交流具有重要意义。1997年12月,东盟+中国、日本、韩国和中国+东盟首脑非正式会晤在马来西亚吉隆坡成功举行,④开启了中国与东盟国家关系发展的新征程。2001年12月,中国加入世界贸易组织,标志中国越来越深入融入国际机制中。

21世纪初,伴随中国经济多年快速发展,中国迅速成长为全球性大国,综合国力和国际地位大幅提升。国际社会对中国的期待与压力也急剧上升。一方面希望中国承担更多国际责任的呼声不断提高,另一方面"中国威胁论"的声浪也一浪高过一浪。党中央冷静分析国内外形势,紧紧抓住战略机遇期,继续坚持韬光养晦,有所作为的外交方针,积极推进"和谐世界"的构建。推动中国外交进一步向多层次、多领域迅速拓展,逐步形成了大国是关键,周边是首要,发展中国家是基础,多边是舞台的总体布局。

(三)坚持和平、发展、合作、共赢,推进共同发展(2012—2019年)

中共十八大以来,国际格局和世界秩序出现进一步深刻调整,世界面临百年

---

① 《印度外长瓦杰帕伊到达北京》,《人民日报》1979年2月13日。
② 《印度总理拉吉夫·甘地今日抵京访问我国》,《人民日报》1988年12月19日。
③ 《中俄哈吉塔乌元首签署联合声明 决定接受乌兹别克斯坦共和国作为完全平等成员加入"上海五国"》,《人民日报》2001年6月15日。
④ 《江泽民将出席东盟—中日韩和中国—东盟首脑非正式会晤》,《人民日报》1997年12月3日。

未有之大变局。美国总统特朗普执政以来，打着"美国第一"旗号，大搞贸易保护主义、单边主义，目标针对对美国具有竞争性的大国，给大国关系带来诸多不确定性。经过数十年快速发展，中国在世界上创造了"中国奇迹"。中国成为世界第二大经济体、世界第一制造大国、最大贸易国；让6亿多人口成功脱贫，成为联合国千年发展目标的最佳实践，中国的综合国力和国际影响力得到快速提升。中国特色社会主义进入新时代。同时，也应该看到，中国发展也面临一系列的问题和困难，诸如发展不平衡不充分的一些突出问题尚未解决，发展质量和效益还不高，创新能力不够强，实体经济水平有待提高，生态环境保护任重道远；民生领域还有不少短板，脱贫攻坚任务艰巨，城乡区域发展和收入分配差距依然较大等。新时代中国社会的主要矛盾已经由人民日益增长的物质文化需要同落后的社会生产之间的矛盾，转化为人民日益增长的美好生活需要和不平衡不充分的发展之间的矛盾。面对风云变幻的国际国内局势，以习近平同志为核心的党中央牢牢把握中国和世界发展大势，在对外工作上进行了一系列重大理论和实践创新，形成了习近平新时代中国特色社会主义外交思想。这一时段，中国外交的目标是为实现"两个一百年"奋斗目标、实现中华民族伟大复兴的中国梦创造良好的外部环境，使中华民族以更加昂扬的姿态屹立于世界民族之林。在习近平新时代中国特色社会主义外交思想的指导下，中国外交向全方位、多层次、立体化方向推进。

积极推进大国协调和合作。为避免中美两国陷入"修昔底德陷阱"，习近平主席倡导构建不冲突、不对抗、相互尊重、合作共赢的中美新型大国关系理念，对中美两国保持良性的竞争合作关系发挥了重要作用。特朗普执政后，尽管两国在战略问题、经贸问题上分歧有所增多，但中美两国元首保持密切联系和良性互动，就两国及双方共同关心的问题进行及时有效的沟通，并就发展协调、合作、稳定的中美关系达成共识，为中美关系的发展指明了方向。中俄战略协作伙伴关系在高水平不断深化。两国元首保持密切交往与磋商，就中俄关系和共同关心的国际和地区问题深入交换意见。两国各领域务实合作也逐步推进。中欧关系取得突破性发展。2014年3月22日至4月1日，国家主席习近平访问了荷兰、法国、德国、比利时及欧盟总部，这是中国元首首次访问欧盟总部。此次访问从战略全局的视角给予中欧关系以新的定位。双方发表的《关于深化互利共赢的中欧全面战略伙伴关系的联合声明》，强调要深化中欧关系，全面落实《中欧合作2020战略规划》，共同打造和平、增长、改革、文明四大伙伴关系。① 由于日本在钓鱼岛、历史等问题上频繁采取挑衅行动，中日关系一度面临严重困难局面。2018年10月，日本首相安倍晋三对华进行正式访问期间，双方确认，

---

① 《结合中欧两大力量 打造四大伙伴关系》，《人民日报》（海外版）2014年4月1日。

将恪守中日四个政治文件的各项原则,妥善处理历史、台湾问题,维护两国关系政治基础,①为两国关系重回互惠务实合作轨道创造了有利条件。

周边外交成为中国外交的优先发展方向。2013年10月,新中国成立以来首次周边外交工作座谈会在北京举行,会议确立的与邻为善、以邻为伴,"亲诚惠容"的周边外交方针,促进了中国同周边国家的睦邻友好合作不断深化。同时,积极推进"一带一路"标志性的合作项目,诸如中蒙二连浩特——扎门乌德跨境经济合作区、策克口岸跨境铁路、莫斯科——喀山高铁、中哈(连云港)物流合作基地、瓜达尔港建设与运营、中老铁路、雅万高铁、缅甸皎漂工业园与深水港等逐步落地,使中国的发展惠及周边国家,实现共同发展,树立了负责任的大国形象。

中国与发展中国家的团结合作关系实现了跨越式的发展。2013年3月,习近平主席作为国家元首首次出访,就访问了非洲三国,提出"真实亲诚"的对非工作方针,并强调同发展中国家合作,要坚持正确义利观。2018年9月初,中非合作论坛峰会在北京举行,来自53个非洲国家和非洲联盟的代表齐聚北京。②其间,中非双方一致同意构建更加紧密的中非命运共同体。与此同时,习近平主席先后于2013年5月底到6月初、2014年7月和2016年11月三次访问拉美国家,推动了中国——拉共体论坛的成立。③中拉论坛是拉美首次以区域整体合作方式与中国展开双边合作,使中拉关系发展迈入新的阶段。2016年1月,在中国与阿拉伯联盟建立关系60周年之际,习近平主席对沙特阿拉伯、埃及、伊朗与阿盟的历史性访问,全面提升了中阿战略合作关系。

中国积极参与全球治理。针对近年来国际舞台上孤立主义、保守主义、单边主义抬头,全球化遇阻的现象,中国一如既往,继续坚持多边主义,重视发挥以联合国为代表的多边组织和机制的作用,积极引导国际体系变革方向,提升新兴市场和发展中国家的代表性和话语权。中国支持联合国在国际事务中发挥更大作用,维护联合国的地位和权威,并全面参加联合国各领域的工作。同时,中国领导人积极参与二十国集团峰会、核安全峰会、金砖国家领导人峰会、东亚峰会、亚太经合组织等国际性和地区性多边组织的各项活动,在这些区域和全球多边合作中,就相应区域和全球性问题提出了中国主张、中国方案,得到与会各国普遍认同,对会议进程形成重要引领。如:为应对世界经济复苏乏力问题,中国倡导公平、开放、全面、创新的发展观,并积极主动地参与和引领国际发展合作,提出"一带一路"倡议,成立金砖国家开发银行和应急储备基金、上海合作组织开发银行、丝路基金、亚投

---

① 《推动中日关系在重回正轨基础上行稳致远》,《人民日报》2018年10月27日。
② 《期待中非合作提质升级》,《人民日报》2018年9月5日。
③ 《中国—拉美和加勒比国家领导人巴西利亚会晤联合声明》,《人民日报》2014年7月19日。

行等,以开放姿态"欢迎各国搭乘中国发展'顺风车'",体现中国大国担当。2013年,习近平主席提出"一带一路"倡议以来,"一带一路"建设已经取得了显著成就。截至 2018 年 8 月,全球 100 多个国家和国际组织同中国签署共建"一带一路"的合作文件,中国与沿线国家已建设 80 多个境外经贸合作区,与沿线 11 个国家和地区签署并实施了自由贸易协定。①"一带一路"倡议成为中国参与全球开放合作、促进全球共同发展繁荣、推动构建人类命运共同体的中国方案。

二、新中国 70 年独立自主和平外交取得的经验

（一）坚持党对外交工作的集中统一领导

坚持党对外交工作的集中统一领导,是新中国外交取得巨大成就的根本保证。新中国 70 年的外交实践证明,坚持党的领导,外交工作就能不断取得新的胜利。中国外交工作坚持党的领导,就是坚持以马克思列宁主义、毛泽东思想、邓小平理论、"三个代表"重要思想、科学发展观、习近平新时代中国特色社会主义思想为指导,把思想认识统一到中央提出的对外大政方针和战略部署上来,切实贯彻中央制定的各项外交政策。2017 年 12 月,在会见 2017 年度驻外使节工作会议与会使节讲话中,习近平主席强调:外交战线全体同志要认真学习贯彻党的十九大精神和新时代中国特色社会主义思想。要牢固树立"四个意识",坚定"四个自信",自觉在思想上政治上行动上同党中央保持高度一致,坚决维护党中央权威和集中统一领导,坚决贯彻执行党中央外交方针政策,坚决维护国家利益和民族尊严,坚持外交为民,全心全意为人民服务。②2018 年 3 月,中央外事工作领导小组改为中央外事工作委员会,进一步凸显了党中央对外事外交工作的集中统一领导和全面领导。新形势下,中央外事工作委员会将发挥决策议事协调作用,强化顶层设计和统筹协调,提高把方向、谋大局、定政策能力,推进对外工作体制机制改革,加强外事工作队伍建设,推动外交理论和实践创新,确保党中央对外决策部署落到实处,为外事工作不断开创新局面提供有力指导。

（二）外交工作要围绕党和国家的中心工作

外交是内政的延伸,服务党和国家的中心工作是外交工作的使命。在美苏两极冷战对峙前半期,中国先是面临来自美国的政治、经济和军事方面全面对抗,后又遭受美苏两个超级大国分别从南北两个方面的威胁,中国外交在捍卫中国安全利益,

---

① 《一带一路,共筑美好未来》,《人民日报》2018 年 8 月 20 日;《细数一带一路六大"获得感"》《一带一路,惠及千家万户》,《人民日报》2018 年 8 月 17 日。

② 《习近平接见 2017 年度驻外使节工作会议与会使节并发表重要讲话》,《人民日报》2017 年 12 月 30 日。

争取得到更多国家的承认,促进中国在国际社会站稳脚跟方面作出积极贡献。改革开放后,经济建设成为党和国家工作重心。中国外交服务国家大局,为国内经济建设营造了稳定的外部环境。党的十八大以来,中国外交通过着力打造三大平台——主场外交平台、共建"一带一路"平台和外交部省区市全球推介活动平台,对提升中国重点城市的国际知名度和发展格局,促进中国进一步对外开放发挥了重要作用。

(三)科学把握国际国内形势

科学分析国际国内形势新变化和发展趋势,深刻把握时代发展潮流,是确定一国外交政策的依据。70年来,特别是改革开放以来,面对复杂多变的国际环境,中国领导人坚持运用辩证唯物主义和历史唯物主义的世界观和方法论,科学总结国际关系历史变迁的经验,深刻把握和研判国际局势发展变化的新情况、新形势及其对中国的影响,统筹国内国际两个大局,统筹发展安全两件大事,既聚焦重点,又统揽全局,制定了一系列外交方针政策,指引中国外交服务大局,为新中国站起来、富起来、强起来创造了良好的外交环境。当前,我国正处于实现"两个一百年"奋斗目标的历史交汇期,世界处于百年未有之大变局,两者同步交织、相互激荡。要在历史关键时期推进各项事业,实现中华民族伟大复兴的中国梦,必须把国内发展需要和国际形势的发展变化统筹起来,全面提高综合国力、国际竞争力与抵御内外风险的能力。深刻把握世界发展大势,要牢牢掌握四个方面的大势:既要把握世界多极化加速推进的大势,又要重视大国关系深入调整的态势;既要把握经济全球化持续发展的大势,又要重视世界经济格局深刻演变的动向;既要把握国际环境总体稳定的大势,又要重视国际安全受到挑战的错综复杂局面;既要把握各种文明交流互鉴的大势,又要重视不同思想文化相互激荡的现实。①

(四)对国家实力及应承担的国际责任要有一个清醒的认识

国家实力是一个综合性概念。在国际政治中,国家实力是指行为主体所拥有的维系其生存和发展的全部物质和非物质力量,以及它们维护自身利益、推行对外战略和影响其他行为主体的能力。因而,国家实力是开展外交工作的基础,是进行外交定位的前提。改革开放以来,中国领导人对中国实力地位的清醒认识,使中国在关键时刻作出正确的外交抉择。进入21世纪以来,随着中国经济飞速发展,中国综合国力显著提升,中国越来越接近世界舞台的中心,国际社会对中国在国际社会承担更多的国际义务有更多的期待,先有"负责任的利益攸关者",后有"中美共治"及"中国责任论"等议论;英国脱欧、美国特朗普专注"美国第一"后,国际社会

---

① 《坚持以新时代中国特色社会主义外交思想为指导 努力开创中国特色大国外交新局面》,《人民日报》2018年6月24日。

有关"中国责任论"的呼声更高。对此,中国领导人保持了清醒头脑,对中国基本国情、国际地位有明确的认识。党的十九大报告指出:"我国仍处于并将长期处于社会主义初级阶段的基本国情没有变,我国是世界最大发展中国家的国际地位没有变。"[①]因此,发展仍是第一要务。不过,中国并没有因此推卸作为大国的责任。为应对世界经济复苏乏力问题,中国提出"一带一路"倡议,成立金砖国家开发银行和应急储备基金、上海合作组织开发银行、丝路基金、亚投行等重大合作项目,以开放姿态促进世界共同发展,体现中国的大国担当。

(五)坚持独立自主的外交政策

独立自主是党在领导中国革命和建设实践中总结出的重要原则,是中国外交的根本立场。70年来,中国始终奉行独立自主的外交政策。改革开放前,在独立自主外交方针的指引下,中国坚定不移地反对霸权主义和强权政治。既反对帝国主义和反华反共势力对中国的侵犯和干涉,也反对苏联的大国沙文主义的威胁,有效维护国家主权和领土完整。改革开放后,中国始终主张世界上所有国家不论大小、富贫、强弱一律平等,各国的事应由各国人民自己去管,世界上的事应由各国协商解决。中国自己决不称霸,也坚决反对来自任何方面和以任何形式出现的霸权主义。中国在任何时候和任何情况下都坚持独立自主,对一切国际问题都根据其本身的是非曲直决定自己的态度和对策。中国决不依附于任何一个超级大国,也决不同它们任何一方结盟。

(六)坚持走和平发展道路

70年来,中国始终坚持和平的外交政策。自20世纪50年代中期,在中国领导人的倡导和推动下,和平共处五项原则逐渐发展为国际社会公认的国际关系准则。它不仅促进了中国与世界各国的友好合作,也为建立公正合理的国际新秩序奠定了基础。改革开放以来,中国成功地走上了一条与本国国情和时代特征相适应的和平发展道路。进入21世纪后,伴随中国经济持续快速增长,中国以何种方式实现崛起,引起国际社会的普遍关注。党中央深入研究历史经验教训,把握当今时代潮流,明确提出中国将始终不渝坚持走和平发展的道路。强调中国不走德、意、日法西斯穷兵黩武的道路,不走美、苏称霸世界的道路。

三、结束语

70年来,在国际国内局势的风云变幻中,中国外交经受住了考验,并取得了巨

[①]《中国共产党第十九次全国代表大会文件汇编》,人民出版社2017年版,第10页。

大成就。中国政府卓有成效的外交工作,为新中国实现从站起来到富起来、强起来的伟大飞跃营造了良好的外部环境,对新中国从世界舞台的边缘逐步走近世界舞台中心发挥了积极推动作用。同时,站在新的历史起点上,中国外交还面临一系列重大挑战。其中最具全局性的挑战是在复杂多变的世界局势中把握中国的历史方位。习近平指出,世界处于百年未有之大变局,其基本内涵是指世界舞台中心转移引发了国际权势结构和国际秩序的重大调整与变革。自近代以来,整个世界一直是由欧美发达国家所主导,无论是欧洲人主导的殖民扩张时代,还是美苏主导的霸权对抗时代,一直到冷战后美国的单极独霸时代,都有一个共同点,那就是整个世界的权力集中在西方发达国家手中,国际秩序主要由它们主导,非西方国家居于国际舞台的边缘,没有发言权。进入21世纪以来,一大批新兴经济体和发展中国家群体性崛起,世界经济中心和全球战略中心从欧洲大西洋地区向亚洲太平洋地区转移,近代以来欧美发达国家主导国际政治的局面正在发生根本性变化。由此带来国际体系和游戏规则的深刻调整,整个世界的面貌将为之焕然一新,不能不说是一场"全球大变局"。在这百年未有之大变局中,如何把握自身的历史方位,维护不断扩展的国家利益,根据国内外需求承担更大的全球责任,是中国外交面临的重大而严峻的挑战。以习近平同志为核心的党中央准确把握时代进步潮流,提出构建人类命运共同体倡议,宣告中国坚定走和平发展道路,积极推动建设相互尊重、公平正义、合作共赢的新型国际关系,为人类解开变局之惑提供理论引领、合作倡议、行动指南。

中国传统外交政策的演变：海外视角
Evolution of Traditional Foreign Policy: View from Abroad

[俄罗斯] 德米特里·萨夫金（Savkin Dmitry）

德米特里·萨夫金，俄罗斯伊尔库茨克国立理工大学副校长、贝尔加金砖学院院长。

[摘　要] 改革开放四十余年来，中国外交政策继续贯彻执行和平共处五项原则，在外交领域里取得了丰硕的成绩。中共十八大以来，中国外交政策继续与时俱进，提出了新的外交指导理念，从而更好地承担起了世界领导者的角色。

改革开放40余年来，中国已经变成了世界主要强国之一，并且正在逐步成为世界上规模最大的经济体。想要了解中国传统外交政策的演变，我们需要深刻理解当代中国外交政策的背景。

近年来，全球经济增长放缓给各国政府带来了许多问题，尤其是那些利用外国劳动力获取最终产品的国家。这一情况致使某些国家采取了非常不健康的单边贸易限制、禁令和其他类型的保护主义做法。例如，美国施加限制，提高关税和其他贸易壁垒，目的是迫使中国改变美国口中所谓的"不公平贸易做法"。又如，日本最近对韩国实施的限制。

不同的国际价值观和体系使得多边协作与合作变得愈发困难。现有制度无法应对技术进步和全球化以及其他跨国力量带来的复杂变化。例如，黑客攻击对民用基础设施和金融系统造成的损害有时可能比传统常规武器造成的损害还要大。这就意味着，各国需要重新分配他们在新型国防方面的军事支出。

随着世界的发展和全球化的推进，新出现的问题正在挑战传统的全球治理机制，比如气候变化和数据治理。新兴技术正在改变社会和经济体的运行方式，而传统的全球治理制度无法对此类技术加以适当监管。许多全球治理组织都致力于处理同样的问题，但它们的观念、目标和能力往往相互冲突。

1989年9月4日，邓小平在同几位中央负责同志的谈话中指出："对于国际局势，概括起来就是三句话：第一句话，冷静观察；第二句话，稳住阵脚；第三句话，沉着应付。不要急，也急不得。要冷静、冷静、再冷静，埋头实干，做好一件事，我们自己的事。"①过去几十年来，中华人民共和国一直奉行邓小平在处理国际事务中的这一观念。一直以来，中华人民共和国的外交政策奉行和平共处五项原则，即"互相尊重主权和领土完整、互不侵犯、互不干涉内政、平等互利、和平共处"②。就实际效果来看，这些原则促进了以"睦邻友好关系"为重点的外交政策，目的是防止外部不稳定。

中共十八大以来，中国采取了更为积极的外交政策。在短短5年当中，中国就主办了5次重要的首脑会议：亚洲相互协作与信任措施会议第四次峰会（2014年5月）、亚太经济合作组织峰会（2014年11月）、G20杭州峰会（2016年9月）、"一带一路"国际合作高峰论坛（2017年5月）和第九届金砖国家峰会（2017年9月）。在此过程中，习近平在中国的外交政策领域引入了几个新的理念，如构建人类命运共同体、新型大国关系、中国特色大国外交等。

2013年6月，习近平在同美国总统奥巴马共同会见记者时的讲话中指出："双方同意，共同努力构建新型大国关系，相互尊重，合作共赢，造福两国人民和世界人民。国际社会也期待中美关系能够不断改善和发展。中美两国合作好了，就可以做世界稳定的压舱石、世界和平的助推器。"③这种"新型大国关系"意在加强两国在国际事务和全球问题上的合作与协调。

2014年11月，习近平在中央外事工作会议上的讲话中指出："中国必须有自己特色的大国外交"，"要高举和平、发展、合作、共赢的旗帜，统筹国内国际两个大局，统筹发展安全两件大事，牢牢把握坚持和平发展、促进民族复兴这条主线，维护国家主权、安全、发展利益，为和平发展营造更加有利的国际环境，维护和延长我国发展的重要战略机遇期，为实现'两个一百年'奋斗目标、实现中华民族伟大复兴的中国梦提供有力保障"④。"中国特色的大国外交"是以中国外交的独特性为基础，这种独特性立足于中国的基本国情。

2015年9月，习近平在纽约联合国总部发表重要讲话指出："当今世界，各国相互依存、休戚与共。我们要继承和弘扬联合国宪章的宗旨和原则，构建以合作共赢为核心的新型国际关系，打造人类命运共同体。"⑤而且，中国也在不断推动构建人类命运共同体理念的落实，为人类社会的共同发展贡献力量。

---

① 《邓小平文选》第3卷，人民出版社1993年版，第321页。
② 《周恩来年谱（1949—1976）》上卷，中央文献出版社1997年版，第342页。
③ 《习近平谈治国理政》第1卷，外文出版社2018年版，第279页。
④ 《习近平谈治国理政》第2卷，外文出版社2017年版，第441页。
⑤ 《习近平谈治国理政》第2卷，外文出版社2017年版，第522页。

由此可见，中国不断扩大的全球足迹和想要更加深入地融入国际体系的愿望正在改变全球治理格局。中国外交政策的现代化也为其他国家提供了机会。在中国启动外交政策现代化进程，以期在全球范围内推动新倡议之前，那些呼吁在世界政策中体现正义并且获得尊重的较小国家，缺少一个像现在中国这样的国际仲裁者的支持。

与其他大国和地区参与者在经济方面的相互依赖，最近已经成为中国外交政策的一个重要组成部分。世界各地的政策制定者似乎在工作中想当然地认为，紧密的经济联系自然会导致紧密的政治联系。但是中国与美国、日本和另外一些国家的关系证明了这种想法是错误的。

在过去的10年中，中国一直在现有全球体系内认真工作。然而，现在的问题是，鉴于中国日益增长的经济实力和政治影响力，中国未来是将继续融入现有的体系，还是试图建立自己的全球治理规则和规范。

回顾过去，中国从未对全球经济发展产生过如此深远的影响。但近年来，中国倡导建立金砖国家开发银行、亚洲基础设施投资银行和设立丝绸之路基金，这三个多边金融机构的授权资本总额超过2000亿美元。与此同时，习近平提出"一带一路"倡议，这是一项规模巨大、史无前例的计划，以期在广阔的欧亚大陆上提高互联互通。

不过，与在美国霸权下建立的传统全球金融机构相比，由中国主导的机构还不够全面。尽管如此，仍有许多西方观察家感觉受到了威胁，例如，他们认为亚洲基础设施投资银行正在破坏由西方主导的世界银行的自由议程。然而，在治理风格、结构、资源获取和操作实施方面，亚投行表现出了与世界银行惊人的相似之处。因此，尽管亚投行可能会削弱美国的领导地位，但它并没有违反多边投资银行最基本的规则。所以说，中国并非主张完全放弃"基于规则"的国际秩序，而是寻求对这一体系进行改革。

中国的外交政策可以用"过渡"一词来形容，这与中国政治精英和专家对本国的自我认知密切相关。与此同时，中国作为发展中国家，是一个正在向世界强国转型的大国。它仍然发挥着区域大国的作用，并在国际关系方面与其他区域大国运行地方双边制度。但是，"一带一路"倡议首次提出了涉及甚至超越欧亚大陆的一体化项目，并且这一尝试大获成功。

作为一个区域国家，中国正在试图建立区域安全机制（其中一些已经实现制度化，比如上海合作组织），并在区域内发挥调解作用（比如，朝鲜半岛问题和最近的日韩会谈）。

作为一个发展中国家，中国与其他发展中国家分享经验。作为一个新兴大国，中国寻求与其他对现状不满的大国缔结同盟和建立伙伴关系，最明显的例子就是金砖国家的组成（巴西、俄罗斯、中国、印度、南非）。

作为世界大国的一员、联合国安理会常任理事国和二十国集团成员，中国提出全球议程，分担全球责任。

在习近平领导下的中国不会是一个接受世界现状的大国，它将继续提出新的观念和倡议，从而使世界秩序更加公正。"一带一路"倡议也是中国为实现自我认知而采取的现代化战略。近来，随着中国公司在"一带一路"倡议的保护下取得成功，越来越多的华侨回到中国，就职于中国的大学、医院、研发中心和工业园区并将他们的经验带回这个国家，为祖国建设贡献自己的力量。

"一带一路"倡议面临的阻挠性因素分析
An Analysis on Challenges faced by the Belt and Road Initiative

［白俄罗斯］苏加克·瓦金（Vadzim Suhak）

苏加克·瓦金，白俄罗斯—中国"一带一路"发展研究中心、白俄罗斯国家科学院系统分析与战略研究中心研究员。

［摘　要］"一带一路"倡议自提出以来得到了沿线国家的大力响应，但同时也面临一些困难。对此，中国不断丰富倡议的内容，并为此提供保障机制。为推动落实"一带一路"倡议，中国应继续保持和完善相关内容，同时其他参与国也应发挥自己的主动性，丰富和完善倡议内容，以更好地推动倡议的开展和落实。

一、引言

中国提出的"一带一路"倡议获得了数十个国家的热烈响应，这些国家希望在"一带一路"框架范围内积极寻找与中国的相互协作方案。如今，已有上百个国家和地区以及众多国际组织对"一带一路"倡议表示支持。中国表示，中国不仅是"一带一路"共建项目的倡议者，也是项目的重要参与方，并且将在实践中负责实施该项任务。[①]"一带一路"倡议实际上已经成为现代国际社会的新主张，其与二十国集团相比，范围更广、形式更加多样化且更具代表性。[②]

"一带一路"倡议有助于改变欧亚地区政治、经济环境以及世界舞台上整体力量的平衡。然而遗憾的是，围绕该倡议的讨论涉及经济利益、区域力量平衡的可能变化，但未涵盖未来影响该倡议成功实施的各种风险。

根据世界银行的最新评估报告，到2030年，"一带一路"基础设施项目将可促进项目参与国国内生产总值增长3.35%，对未参与项目的国家，将会促进其相关联

---

① 《共建"一带一路"：理念、实践与中国的贡献》，外文出版社2017年版，第66页。
② 《"一带一路"倡议达到新水平》，http://inosmi.info/initsiativa-odin-poyas-odin-put-vykhodit-na-novyy-uroven.html，2019年5月21日。

的交通网络建设项目生产总值增长 2.61%。① 中国领导人认为,"一带一路"倡议是增强中国世界影响力的举措,很多专家则认为,"一带一路"倡议作为中国主导的地缘经济概念,不仅适用于欧亚国家,还适用于非洲国家乃至整个世界。②

有学者指出,"一带一路"倡议将会遭遇诸多困难:项目投资失败、烂债、倡议参与国公民的反华情绪等。③ 如今,公开反对"一带一路"倡议的国家只有两个:印度和美国。西欧国家和日本则对该倡议持非常谨慎的态度,一方面表示愿意扩大与中国的贸易、金融和投资合作,另一方面则采取相应措施,以应对与该倡议有关的风险:日本在国际社会上积极推动"高质量基础设施"概念;欧盟则针对"一带一路"倡议和中国投资制定统一的协调政策,中国与中东欧国家的"17+1合作"平台以及中国在欧洲国家战略经济领域的投资引起了许多西欧国家的担心。④

近年来,中国的工资、社保及退休金不断上涨。因此,中国的商品价格也在不断上涨,这导致中国商品的竞争力有所下降。通过控制世界基础设施来降低运费价格是降低中国商品价格的一种方法,"一带一路"项目旨在解决这一问题。中国的国际储备仍然以美元为主,现如今,中国富余的财政资源可用于对其他国家进行投资和信贷。⑤

通往欧洲的陆路运输路线可以绕开中国在海运方面所遭遇的诸多问题。中国商品海运路线必经的关键节点极不稳定,这些关键节点包括:南中国海的马六甲海峡是海上运输的咽喉要道,美国海军在此保持着经常性部署。曼德海峡和苏伊士运河则是通往地中海的大门,它们处于长期不稳定地区内。正因为中国对这几处关键节点的依赖性过大,因此不得不开发一条替代性的陆路运输路线。⑥

从另一方面来讲,"新丝绸之路"实际上指代通往欧洲的所有道路,这些道路将由道路铺设者及道路途经国共同管理。"一带一路"不仅是一个包含公路、铁路、货

---

① 《中国的"一带一路"拥抱旧世界》, https://www.fondsk.ru/news/2019/05/01/kitajskie-pojas-i-put-ohvatyvajut-staryj-svet-48108.html, 2019 年 5 月 21 日。

② 斯普特尼克·巴赫季耶尔·艾尔加舍夫:《在"一带一路"倡议框架范围内,国家利益对于中亚国家非常重要》, https://uz.sputniknews.ru/analytics/20190503/11407547/Bakhtir-Ergashev-v-proekte-OPOP-dlya-stran-TsA-vazhny-natsionalnye-interesy.html, 2019 年 5 月 19 日。

③ 斯普特尼克·巴赫季耶尔·艾尔加舍夫:《在"一带一路"倡议框架范围内,国家利益对于中亚国家非常重要》, https://uz.sputniknews.ru/analytics/20190503/11407547/Bakhtir-Ergashev-v-proekte-OPOP-dlya-stran-TsA-vazhny-natsionalnye-interesy.html, 2019 年 5 月 19 日。

④ 《以中国为中心的世界"一带一路"高峰论坛》, http://ru.valdaiclub.com/a/highlights/forum-vysokogo-urovnya/, 2019 年 5 月 25 日。

⑤ 《是什么让白俄罗斯参与"一带一路"倡议》, https://www.sb.by/articles/prityazhenie-investitsiy.html#, 2019 年 5 月 19 日。

⑥ 德米特里·扎沃罗特内:《新丝绸之路:中国准备取得世界霸权》, http://antifashist.com/item/novyj-shelkovyj-put-kitaj-gotovitsya-k-mirovoj-gegemonii.html, 2019 年 5 月 19 日。

运站和高架桥在内的物流运输网络，同时也是一条技术纽带，中国将把部分生产项目转移至"一带一路"倡议参与国。同时，"丝绸之路"不仅涉及亚洲国家，也涉及重要的欧洲大国。①

2019年4月，中国国家主席习近平在第二届"一带一路"国际合作高峰论坛开幕式上的主旨演讲中指出："我们将同更多国家商签高标准自由贸易协定，加强海关、税收、审计监管等领域合作"。②由此可见，中国在推动"一带一路"建设方面所付出的努力。

二、"一带一路"倡议的评价：实施该倡议面临的机遇与挑战

随着"一带一路"倡议的不断推广，西方国家针对该倡议既给出了合理评价，也进行了无理批评并表达了各种担忧。许多专家担心实施"一带一路"倡议可能会遭遇不同风险和阻力，此类评价既涉及"一带一路"倡议的缺点，也涉及倡议的优点，既包括倡议面临的风险，也包括倡议面临的机遇。

下面对"一带一路"倡议的现状、未来发展前景和可能的阻碍因素进行分析。在各类学刊和大众传播媒体上集中反映了如下观点。

序号	倡议的当前状况、面临的各种因素	机遇	可能出现的风险与挑战
1	中国宏观经济和政治稳定	可以快速实施大型基础设施项目	
2	中国的政治体制为中央集中领导的政治体制。在中国"一带一路"倡议中发挥决定性作用的是国家，而非私有企业	所有国家机构都提供政治支持	存在有效的替代方案的风险
3	中国具有大量的外汇储备并成立了丝绸基金和亚洲基础设施投资银行	这些外汇储备和基金可用作"一带一路"倡议项目的投资与融资担保	各参与国对现有金融体系缺乏影响力，会导致符合各国利益需求的项目招商过程变得更为复杂
4	人民币汇率稳定	可以进行资本投资并推动人民币国际化	结算过程中排除不可立即变现、无法兑换的本币，将给"一带一路"倡议参与国带来金融安全风险

---

① 德米特里·扎沃罗特内：《新丝绸之路：中国准备取得世界霸权》，http://antifashist.com/item/novyj-shelkovyj-put-kitaj-gotovitsya-k-mirovoj-gegemonii.html，2019年5月19日。
② 习近平：《齐心开创共建"一带一路"美好未来——在第二届"一带一路"国际合作高峰论坛开幕式上的主旨演讲》，《人民日报》2019年4月27日。

续表

序号	倡议的当前状况、面临的各种因素	机遇	可能出现的风险与挑战
5	"一带一路"倡议覆盖的地理范围广；"一带一路"倡议参与国总人口约为44亿（占世界总人口的63%），经济总量约为21万亿美元（约占世界经济总量的29%）	"一带一路"倡议可以开辟多条途经不同国家的替代性商品运输线路，并且能够吸引更多的国家参与构建"人类命运共同体"	"一带一路"倡议将会改变亚洲政治和经济领域的力量平衡。倡议参与国有可能面临对其不利的利益重新分配
6	"一带一路"倡议参与国家的文化多样性	通过实施巨型项目、开展公开外交及人文交流活动，可以传播中国的"软实力"，打造中国在世界的正面积极形象	如西方和亚洲许多专家所声称的，中国中央集中领导的国内政治体制高度集中、在少数民族地区实行"民族一家亲"政策，特别是在与中亚民族邻近的民族地区推行该政策，将给中国树立一种欺负近邻的形象
7	中国称愿与其他国家共同繁荣发展	理论上，"一带一路"倡议可给参与国带来经济发展机遇	中国宣称实施"一带一路"倡议的声明将给人们带来过高期望，如未来无法实现这些期望，将令人大失所望
8	中国声明坚持建设生态友好、低碳型基础设施项目	"一带一路"倡议有助于发展生态清洁型生产项目（理论上）；要想长期落实该经济发展倡议，中方和伙伴国政府现在就需意识到生态风险并在投资项目框架范围内采取相应措施，以提升社会和环境保护的责任感	仅在"一带一路"项目实施的前三年，中国已经与丝绸之路经济带沿线的20多个国家签订了钢铁和水泥生产企业迁移或建设协议，这些企业均是大气污染严重的项目；中国通过此种方式可解决自身环境问题；中国经常被指责牺牲环境，中国全球能源金融数据库的统计数据显示，2018年，"一带一路"项目中的"碳"项目占比为42%（《"一带一路"：明确道路并拓宽纽带》，https://eadaily.com/ru/news/2019/05/03/odin-poyas-odin-put-utochnenie-puti-i-rasshirenie-poyasa，2019年5月19日）
9	基础设施发展领域成熟先进的技术、管理经验和知识	"一带一路"沿线国家可引进吸收中国先进的技术、社会经济发展经验和知识（理论上）	各国企业都想摆脱落后的工艺技术（包括中国），这可能导致人们担心引进的技术方案会与当地环境保护法规相抵触
10	中国人力资源丰富	可以调动大量人力资源进行大型项目建设，其中包括在国外开展基础设施项目建设	中国"剩余"人口向"一带一路"倡议参与国迁移与同化的风险

续表

序号	倡议的当前状况、面临的各种因素	机遇	可能出现的风险与挑战
11	联合国安理会第2344号决议呼吁国际社会通过建设"一带一路"来加强地区经济合作进程	"一带一路"倡议在世界舞台上已获得合法性;中方有实施"一带一路"倡议的义务	各国对"一带一路"倡议态度不一:有些国家积极响应该倡议,有些国家则对该倡议持敌对态度。欧洲委员会2019年3月12日发布的与中国关系有关的新闻稿中,一方面将中国称为"合作和协商伙伴",另一方面又视中国为"经济和体制竞争对手";美国对"一带一路"倡议的态度极为强硬;"一带一路"倡议将削弱美国和北约利用欧洲战略性港口来遏制中国崛起的能力
12	已经取得初步成果	5年内,78个国家的"一带一路"项目数达到1674个,其中14%的项目出现了某种困难,86%的项目暂未出现任何问题; 有关中欧班列返程列车空车现象的论调被推翻,数据显示,返程列车占用率达50%—70%; 5年内,共开通356条国际客运和货运航线,新增大量国际航班,几乎每天都有定期国际航线开通的消息	
13	"一带一路"倡议作为全球国际合作项目具有协同增效的效应	降低参与者的交易成本、简化签证制度、匹配标准和规范、统一法律基础、优化相互贸易规则,从理论上讲有助于提升商品和服务贸易规模,增加投资	未参与"一带一路"倡议的国家将成为"被抛弃的国家"
14	中国商品竞争力强	可以提高"一带一路"贸易参与国之间的商品贸易额	在经济、技术领域没有较强竞争力的国家无法抵抗来自中国的压力,这将导致其国内生产企业日益萧条并破产; 发达国家与中国的贸易结构正在逐步恶化,其国际收支逆差将不断加大
15	商品生产厂家数量不断增加	"一带一路"倡议参与国的中小企业竞争加剧	相较本地商品,对中国进口商品的需求将增强,由此将导致本地生产厂家被挤出现有市场,出现国内生产企业破产关闭及高技术人才外流现象; "一带一路"倡议对于中小企业而言将是挑战; 许多"一带一路"倡议参与国的本土企业还未经历过中国商品的严重竞争,但未来当中国商品数量成倍增加时,其势必与中国商品竞争(斯普特尼克、巴赫季耶尔·艾尔加舍夫:《在"一带一路"倡议框架内,国家利益对中亚国家而言非常重要》,https://uz.sputniknews.ru/analytics/20190503/11407547/Bakhtir-Ergashev-v-proekte-OPOP-dlya-stran-TsA-vazhny-natsionalnye-interesy.html,2019年5月19日)

续表

序号	倡议的当前状况、面临的各种因素	机遇	可能出现的风险与挑战
16	存在数量众多的国际自由贸易区	在"一带一路"倡议提出后的5年内,已建立82个外国经济贸易合作区,其总投资额为289亿美元。有些国家将对与中国共同分享消费市场持消极态度,为与"一带一路"倡议参与国保持利益平衡,中国将积极构建法律基础,以鼓励和保护中国国内的外国投资	"一带一路"倡议各参与国担心将会在有限的消费市场上与中国生产企业加大竞争,导致本土企业的产品和服务市场占有率下降; "一带一路"倡议参与国应从自由贸易区的开放中得出适当的结论,并制定相应的预防措施,从而保证在与更强、经验更为丰富的合作伙伴开展贸易的过程中能够最大限度地保护自身利益; 现在尚未可知,除中国以外的其他国家是否会成为未来贸易全球化和自由化进程的受益者
17	中国的地缘政治雄心	对于中国而言,经济利益并不一定是其实施"一带一路"倡议的主要目标。中国对欧洲、非洲、东南亚国家针对基础设施和能源项目进行投资、在铁路和港口建设项目上投资,其地缘政治利益可能高于经济利益	历史上中国曾被一些国家孤立并被迫融入西方国家主导的国际秩序,因此,部分国家担心中国存在地缘政治野心; 无论是在东南亚地区,还是在非洲大陆,抑或是拉丁美洲乃至欧洲,重新制订"游戏规则"都会加剧与主要地缘政治玩家的竞争关系
18	生产过剩危机下的中国产能过剩	在提升出口量的条件下为中国工业品出口开拓新销售市场; 短期内,"一带一路"倡议可消化中国诸多工业领域的过剩产能	影响诸如欧亚经济联盟等地区联合体的有效运转
19	"一带一路"倡议常出现各个项目交易条件不透明的情况	可通过实施更加透明的经营模式来提升利益相关者对"一带一路"倡议项目的信任度; 必须明确中国方面的动机,消除各声明中存在的矛盾之处。习近平主席在第二届"一带一路"国际合作高峰论坛上强调:"坚持一切合作都在阳光下运作,共同以零容忍态度打击腐败"	中国未公布哪些国家及以何种形式参与"一带一路"倡议的信息; "一带一路"倡议框架范围内的相互谅解备忘录尚未公布(《以中国为中心的世界"一带一路"高峰论坛》,http://ru.valdaiclub.com/a/highlights/forum-vysokogo-urovnya/,2019年5月25日); 通过中国和各国的公开渠道查明"一带一路"倡议框架范围内的交易信息十分困难,导致某些独立组织时常捕风捉影地谈论所谓的"腐败问题"
20	中国向受援国提供借款的条件不符合经济合作与发展组织发展援助委员会制定的标准	这可能导致受援国出现金融危机。正如"一带一路"倡议的批评者所指出的那样,在某些情况下,中国明显意识到个别国家无力偿还借款,但仍向其提供巨额贷款以获取某些特许权,如取得融资建设的基础设施项目的控制权	

续表

序号	倡议的当前状况、面临的各种因素	机遇	可能出现的风险与挑战
21	中国未向借款国家提出西方国家通常提出的各类附带要求，如进行民主改革、调整管理体制、遵守环境标准、劳工标准等	西方专家经常将中国的借贷行为视为对西方国家激励民主进程和传播所谓"最佳方案"的破坏	
22	中国提供经济"关联贷款"	关联性不仅在于中国承包商使用中国建筑材料、设备和中国劳动力来实施合同，还在于要求受援国采用中国体系和中国公司，在与"一带一路"倡议有关的大规模投资背后，专家发现中国试图建立发展中国家对中国的经济依附关系，以便中国后续通过操纵这些发展中国家，实施中国重构国际经济体系和世界运输物流体系的战略，乃至建立以中国为主导的世界秩序； 西方国家将中国的借贷行为视为"债务陷阱"，虽然多数情况下，责任主要在于各国政府，因其很难计算出项目的潜在收益且在缺乏对贷款条件和所有潜在风险进行认真分析的情况下急于申请中国贷款，而中国方面不得不回应"一带一路"倡议批评者有关"债务陷阱"的指责（《以中国为中心的世界"一带一路"高峰论坛》，http://ru.valdaiclub.com/a/highlights/forum-vysokogo-urovnya/，2019 年 5 月 25 日）； 值得注意的是，参与"一带一路"倡议的亚洲国家政府更迭会对项目构成潜在威胁，因新政府倾向于与前任政府保持距离（《"一带一路"：明确道路并拓宽纽带》，https://eadaily.com/ru/news/2019/05/03/odin-poyas-odin-put-utochnenie-puti-i-rasshirenie-poyasa，2019 年 5 月 19 日）； 中国引用了以下统计数据来反驳有关"债务陷阱"的观点：2018 年非洲欠国际货币基金组织和世界银行的债务占比为 36%，欠中国的债务占比仅为 1.8%（德米特里·科瑟列夫：《一个论坛——多个故事："一带一路"给中国带来了什么》，https://sputnik.by/columnists/20190429/1040982800/Forum-odin--syuzhetov-mnogo-Chto-prines-Kitayu-Odin-poyas-odin-put.html）	
23	没有制定"一带一路"倡议项目实施的效率标准	中国方面将面临有关协议条款苛刻、承包商选择不透明、交货期限延迟、承诺贷款提供不及时等问题的索赔要求	
24	没有制定"一带一路"倡议框架内的项目归类标准	中国发展和改革委员会编写使用"一带一路"品牌的项目清单，根据新规范，"一带一路"倡议框架内的所有项目均需进行严格的审计和研究（《"一带一路"：明确道路并拓宽纽带》，https://eadaily.com/ru/news/2019/05/03/odin-poyas-odin-put-utochnenie-puti-i-rasshirenie-poyasa，2019 年 5 月 19 日）	
25	中国收入分配不均（30%的收入掌握在最富裕的1%的人手中）	可以集中资本并用于投资	可能导致出现群体性抗议活动
26	"一带一路"倡议的基础设施项目利润率低、投资回收周期长	私有企业对"一带一路"倡议的兴趣度不高且参与度有限	

续表

序号	倡议的当前状况、面临的各种因素	机遇	可能出现的风险与挑战
27	大部分"一带一路"沿线国基础设施差且缺少充足的资源	"一带一路"沿线国的工业化和城市化进程正在实施中,这将迫使其借助中国技术、投资和人力资源来建设新的基础设施项目	"一带一路"倡议参与国多为经济相对落后的国家,其劳动力素质不高,基础设施状况较差
28	"一带一路"沿线地区(阿富汗、伊朗、伊拉克)的政治环境不稳定且极端主义盛行;"一带一路"倡议参与国经济发展水平各不相同	"一带一路"倡议的协同效应有助于稳定政治制度并减少军事和政治冲突	"一带一路"倡议参与国经常出现政权更迭,新当局的政权未必能够保有前政权对"一带一路"倡议的热情;存在过境国政策和关税变化的风险
29	中国国内的社会经济状况存在一系列的问题	中国积累的各种问题要求其必须寻找解决方案,这可解释中国经济扩张的必要性。中国面临人口增长、福利增加、水资源短缺、气候变化、粮食安全等严峻挑战	中国内部问题溢出的风险
30	"一带一路"倡议参与国的反对态度(甚至在中国西部地区也存在这一问题)	专家指出中国企业存在的一系列问题:项目融资缺乏透明度,不遵守环境保护、技术安全等领域的国家标准和国际标准等;西方专家担心各国对中国形成过度的债务依赖关系,进而导致这些国家部分或完全丧失主权	
31	世界经济和政治局势	用某些国家的成功来衡量另外一些国家的失败	经济下行及其衰退可能随时影响"一带一路"倡议的实施
32	存在有关中国领导层不能持续贯彻"一带一路"倡议的担忧	或将根据中国的需求灵活改变战略	需要在中国的指导性文件、发展战略和计划中强调"一带一路"倡议
33	中国存在能源安全问题:经济快速增长及城市化导致中国对碳氢化合物的进口需求急剧增加;不久的将来,中国碳氢化合物进口量将占其总需求量的75%左右	中国对石油和天然气进口的依赖迫使中国必须实现碳氢化合物进口来源和供应渠道多样化战略;实施"一带一路"框架内的项目应可解决能源安全保障问题	大部分碳氢化合物通过美国控制的马六甲海峡进入中国;大部分陆路运输通道都经过局势不稳定的地区
34	确保"一带一路"经济项目的安全性	美国担心中国在境外建立军事基地并部署军队,以确保"一带一路"倡议框架内经济项目安全	
35	中国开发北极地区的计划	扩大"一带一路"项目的地理范围	中国发布《中国的北极政策》白皮书,引发美国对冰上"丝绸之路"倡议的担忧
36	"一带一路"倡议参与国在建筑、环境、交通领域的标准各不相同	"一带一路"倡议参与国发表声明来协调、统一各类标准	制度因素可能影响项目造价、建设期限及其可行性

续表

序号	倡议的当前状况、面临的各种因素	机遇	可能出现的风险与挑战
37	缺乏明确法规来规范境外投资的反腐败责任；美国的《海外反腐败法》（Foreign Corrupt Practices Act）自1977年起生效，不仅可以根据该法律惩罚直接向外国官员行贿的行为，还可惩罚利用中间人影响决策者的行为	中国政府必须加强投资者在遵守受援国法规方面的责任感，采取措施预防投资公司腐败行为的发生	在境外投资时，缺乏相应法规来明确腐败责任，从而使中国投资者在短期内处于优势地位
38	针对境外投资活动的监管并未纳入有关改善环境状况的工作要求	中国投资者是否应在环境保护方面对欠发达国家和发展中国家更加负责？在立法层面，建议中国在"一带一路"倡议框架内制定生态保护规范	欠发达国家和发展中国家的政府可以降低环境标准以吸引外国投资，尽管基础设施项目通常会带来生态系统变化的风险、生物多样性降低的风险以及建设和运营期间的环境污染风险

三、结论

中方承认，"一带一路"倡议在实施过程中会不时出现一些问题，但对于规模如此庞大的项目而言，这是很自然的情况，最重要的是要有解决问题的常态心理。① 为了更好地推动"一带一路"倡议得到落实，中国不断扩大改革开放，为"一带一路"倡议的实施提供保障机制。与此同时，其他参与国也应发挥好自己的作用，共同推动"一带一路"倡议得到更好的落实。值得注意的是：中国将"一带一路"项目定义为"倡议"，即表明中国试图强调其既非单方面的计划，也非单纯的援助，有意参与项目的国家需提交其商业计划。②

---

① 《中国的"一带一路"拥抱旧世界》，https://www.fondsk.ru/news/2019/05/01/kitajskie-pojas-i-put-ohvatyvajut-staryj-svet-48108.html，2019年5月21日。
② Отношения между Арменией и Китаем могут быть намного шире и разнообразнее– руководитель фонда "Китай-Евразия".

折冲与共处：中国和美国关系的历史变迁（1949—2019）

Contradictions and Coexistence: Evolution of the Relationship Between China and the USA (1949-2019)

宫力（Gong Li）

宫力，中共中央党校（国家行政学院）国际战略研究院教授，国家社会科学基金评审组专家。主要研究方向：中国外交、中美关系。马克思主义理论研究与建设工程重点教材《当代中国外交》首席专家。出版个人专著《峰谷间的震荡：1979年以来的中美关系》《毛泽东与中美外交风云》等10余部。发表论文《当代中国外交：70年的探索与启示》《"三个世界划分"理论对当代中国的深远影响》等200余篇。

[摘　要] 新中国成立后，中美关系经历过对抗与对话，折冲与共处，逐渐了解和认清了对方。改革开放与中美关系形成良性互动，是对时代主题"和平与发展"认识逐步加深并相适应的变化过程。70年中国和美国交往历史表明：中美关系从来都是在克服困难中前行，中美关系的内生动力已经形成。新时代虽然大国竞争加剧，但两国利益交织无法切割，推进以协调、合作、稳定为基调的中美关系是事关全局的战略抉择。

中华人民共和国成立以来与美国的关系70载，经历过了对抗与对话、折冲与共处、斗争与合作，竞争与协调，现已发展成为当今世界最为重要的双边关系。美国作为最发达的头号强国，西方世界的领袖，它的对华方针不能不对当代中国的发展进程产生影响；而对美方针从来都是中国对外战略思考的重点之一。从这个意义上说，温故知新，总结历史经验，处理好中美关系对稳定大局具有特殊的意义。

一、从对抗走向缓和

抗日战争胜利后，中国共产党为实现国内和平作出了巨大的努力，但是蒋介石最终还是发动了内战。美国政府在中国人民从黑暗走向光明的时刻，站到了中国人民的"敌对方面"。在这种情况下，中共选择了与美国抗争到底的路线。

1949年春，美国眼见蒋介石集团大势已去，曾一度试探与新中国打交道的可能性。中国人民解放军占领南京之后，美国驻华大使司徒雷登没有立即走掉。对此，中共方面作出积极反应。1949年4月28日，毛泽东致电淮海战役总前委及华东野战军负责人，指出："如果美国及英国能断绝和国民党的关系，我们可以考虑和它们建立外交关系的问题"。① 但是，美国一方面想通过同中共的接触，保持其在中国大陆的利益，另一方面又不愿意立即与蒋介石政权一刀两断，终于失去了这次机会。

新中国成立之初，美国以中华人民共和国政府没有作出"接受国际义务"的诺言为借口，拒不承认新中国，剥夺中华人民共和国进入联合国的合法权利，并限制对中国的战略物资出口。这些敌对行为理所当然地引起了中国方面的极大愤怒。中国的政策是针锋相对："只要一天它们不改变敌视的态度，我们就一天不给帝国主义国家在中国以合法的地位。"② 这样，中美关系就无可挽回地恶化了。

朝鲜战争对于已陷入僵局的中美关系来说，无疑是雪上加霜，它所产生的影响既深且巨。美军仁川登陆，不顾中国警告，一路北上，进逼鸭绿江，中国被迫出兵，中美在朝鲜战场兵戎相见。朝鲜战争爆发后，美国派遣第七舰队封锁了台湾海峡，并且开始鼓吹"台湾的法律地位未定"，致使台湾问题复杂化，由此发展成中美关系中的巨大障碍。1954年12月，美国政府又与台湾当局签订所谓"共同防御"条约，在干涉中国内政的泥潭中愈陷愈深。

到了20世纪60年代中期，美国直接派出地面部队侵入越南南方，使中国感到美国的最终矛头仍然是指向中国。1964年8月，北部湾事件爆发，美国总统约翰逊正式宣布轰炸北越，武装干涉升级。对此，中国发出了警告："侵略越南民主共和国的战火是美国点起的。美国既然这样作了，越南民主共和国就取得了反侵略的行动权利，一切维护日内瓦协议的国家也取得了支援越南民主共和国反侵略的行动权利。"③ 这种表述使美国人"重新想起了1950年朝鲜战争期间，中国反对美国军队靠近鸭绿江时所发出的警告"④。

不过，这一时期的中美关系也并非没有一点可取之处。至少，这两个大国在敌视和对抗中也曾表现出某种节制以及政策上的灵活性。例如：中美大使级会谈的持

---

① 《毛泽东外交文选》，中央文献出版社、世界知识出版社1994年版，第83页。
② 《毛泽东选集》第4卷，人民出版社1991年版，第1435页。
③ 《中华人民共和国政府发表声明 美国对越南民主共和国的侵犯就是对中国的侵犯》，《人民日报》1964年8月6日。
④ Allen S.Whiting, *The Chinese Calculus of Deterrence: India and Indochina*, Ann Arbor,The University of Mickigan Press,1975, p.175.

续进行；在两次台湾海峡危机和越南战争中，中美都留有余地，尽各自所能避免直接的军事冲突等等。最为重要的是，在这风云起伏的 20 年里，中美两国逐渐了解和认清了对方，从而减少了由于错误判断而产生的许多盲目性。这些积极的因素又为后来中美关系的解冻和发展准备了必要的条件。

斗转星移，到了 20 世纪 60 年代末 70 年代初，世界上各种力量经过"大动荡、大分化、大改组"逐渐形成了新的战略格局。美国由于陷入越战泥潭，实力受损，在与苏联争霸的斗争中开始处于守势，不得不进行战略收缩，并考虑改善对华关系。而苏联则在国际事务中越来越奉行霸权主义的政策，并表现出咄咄逼人的气势，对中国也构成了很大的威胁。

毛泽东敏锐地察觉到这种国际关系的巨大变革，开始重新审视中美关系。这时毛泽东最先注意到，正准备竞选美国总统的尼克松发表了一篇微妙的文章，除了表达美国应尽早从越南脱身的意向之外，还试探性地发出某种信号："从长远来看，我们简直经不起永远让中国留在国际大家庭之外，来助长它的狂热，增进它的仇恨，威胁它的邻国。在这个小小的星球上，容不得十亿最有才能的人民生活在愤怒的孤立状态之中"①。虽然尼克松的文章重复了中国的所谓"威胁"这样的老调，但有价值的是，他看到并且指出了打开通向中国之路的重要性。毛泽东指示周恩来密切关注美国的战略动向，推动中美关系走向缓和。为了实现这一目标，毛泽东于 1971 年，通过"乒乓外交"打开了中美关系走向缓和的大门。

1972 年 2 月，尼克松访华，毛泽东对尼克松指出："来自美国方面的侵略，或者来自中国方面的侵略，这个问题比较小，也可以说不是大问题，因为现在不存在我们两个国家互相打仗的问题。你们想撤一部分兵回国，我们的兵也不出国。"②毛泽东的话意在说明，既然中美没有根本利害冲突，双方应当排除障碍，改善关系。在两国元首定下基调之后，中美发表《上海公报》，在关键的台湾问题上，中方重申：台湾是中国的一个省，解放台湾是中国的内政，别国无权干涉。美方声称："美国认识到，在台湾海峡两边的所有中国人都认为只有一个中国，台湾是中国的一部分。美国政府对这一立场不提出异议。"③美方这是第一次公开承认中国只有一个，台湾是中国的一部分，这就为下一步实现两国关系正常化奠定了基础。

---

① Richard M.Nixon, "Asia After Vietnam", *Foreign Affairs*,vol.46, October 1967, p.121. 尼克松当选后，于 1969 年 1 月 20 日，在其就职演说中再次透露其要与中国接触的意向。他说道："让一切国家都知道，在本政府当政时期，我们的通话线路是敞开的。一个民族不管其人口多少，都不能生活在愤怒的孤立状态之中。"根据毛泽东的指示，《人民日报》于 1969 年 1 月 28 日全文刊载了这篇演讲。
② 《毛泽东外交文选》，中央文献出版社、世界知识出版社 1994 年版，第 595 页。
③ 《联合公报》，《人民日报》1972 年 2 月 28 日。

此后中美关系有了新的进展。1973年2月17日，毛泽东会见美国总统特使基辛格，发表了重要的见解。他在提到中美相互接近时说："只要目标相同，我们也不损害你们，你们也不损害我们，共同对付一个王八蛋。"用如此坦率的语言来阐明两国关系的实质，既反映了毛泽东特有的风格，也表明苏联因素在中美关系中所起的举足轻重的作用。接着，毛泽东指出："我说要搞一条线，就是纬度，美国、日本、中国、巴基斯坦、伊朗、土耳其、欧洲。"[①]这实际上是提出了一个联美抗苏的宏大构想。随后一个新的世界地理政治图的轮廓开始形成了。

二、改革开放与中美关系相辅相成

1978年12月，中共十一届三中全会重新确立了实事求是思想路线，提出"全党工作的着重点应该从一九七九年转移到社会主义现代化建设上来"[②]。由此拉开了中国改革开放的帷幕。与此同时，中美建交谈判也在紧密进行，1978年12月1日，在为十一届三中全会作准备的中央工作会议期间，中央政治局常委召集与会部分省委第一书记和大军区司令员，由邓小平向他们通报中央政治局常委会议正在考虑的重大问题，第一条就是要实现与美国正式建交。在中美建交谈判的最后关头，美国坚持建交后仍要向台湾出售有选择的武器，这一问题卡住了。邓小平亲自出马当场拍板，搁置争议，先行建交，保留重新提起这一问题的权利。[③]他还做了党内一些老同志的工作，强调指出：中美建交"这确实是个大局"[④]。这是因为，此时改革开放的蓝图已在他的心中形成，而美国则是对外开放的最大对象，如果不对美国开放，对外开放至少要打一半的折扣，这就是"大局"。为适应这一巨大的转折，中国领导人一再强调，外交要为国内经济建设创造良好的国际环境，经济因素在当代中国外交中的分量空前加大，这是过去任何时期都不能比拟的深刻变化。中国借助对外交往的扩大和中美建交创造的良好外部环境，吸收大量国外的资金和先进技术，学习了先进的科学观念和管理经验，由此极大地推动了中国经济建设和社会的变革。中美经贸关系开始加深并且取得了突破性的进展。中美贸易协定的正式签订，使中美互相给予最惠国待遇的问题获得解决，从而加强了中美经贸发展的势头。

---

① 毛泽东会见基辛格时的谈话（1973年2月17日），外交部［73］办文特1号。
② 《十一届三中全会以来党的历次全国代表大会中央全会重要文件选编》（上），中央文献出版社1997年版，第17页。
③ 邓小平对美国谈判代表伍德科克说：如卡特总统对外说向台湾出售武器，我方不同意。如卡特谈话涉及此事，中方也要立即表态。现在要避开不谈，以后我们双方再来讨论；"如果美国继续向台湾出售武器，从长远讲，将会对中国以和平的方式解决台湾问题设置障碍，最终只能导致武力解决。"《邓小平年谱（1975—1997）》（上），中央文献出版社2004年版，第453页。
④ 宫力：《邓小平与中美外交风云》，红旗出版社2015年版，第127页。

中美建交后，中国引进外资的工作开始加速。1979年10月4日，邓小平在中共省、市、自治区委员会第一书记座谈会上提出："我提议充分研究一下怎样利用外资的问题。"①1980年4月，中国政府批准美国沈伊建设有限公司与中国旅行社北京分社合资兴建北京长城饭店，由此开创了中美合资举办企业的先河。②1980年4月24日，中国银行与芝加哥第一国民银行、日本兴业银行以及华润公司签订协议，成立全资财务公司，营业范围以东南亚为主，遍及世界各地。公司在香港注册，实收资本1000万港元，三家银行各占30%，华润10%。同年6月，美国大通银行与中国银行及中信公司在纽约组织大型贸易研讨会，三百家美国大企业的领导人参加，讨论中美贸易有关问题。③

中美两国政府及其官员对于中美经济贸易的发展给予了有力的支持。邓小平从1979年开始曾先后5次接见美国西方石油公司总裁哈默，向他承诺，中国对外开放的政策不会变。由此促成了当时中国最大的利用外资项目。1982年3月，中美双方签署合作开发平朔煤矿的协议书。1987年9月，年产1535万吨煤的安太堡露天煤矿建成投产。使中国煤矿工业有了跨越式的发展，缩短了与发达国家之间的巨大差距。④

随着中国经济高速发展，中美之间以经济贸易为基础的交流与合作大大促进了双边关系的全面展开。20世纪80年代，中国领导人改变了对战争爆发可能性的估计。邓小平认为："在较长时间内不发生大规模的世界战争是有可能的，维护世界和平是有希望的。"⑤在此基础上，邓小平进一步提出和平与发展是当今世界两个真正大的问题的战略观点。他在会见日本工商会议访华团时指出："现在世界上真正大的问题，带全球性的战略问题，一个是和平问题，一个是经济问题或者说发展问题。和平问题是东西问题，发展问题是南北问题。概括起来，就是东西南北四个字。南北问题是核心问题"⑥。中共十三大将邓小平的观点概括为"和平和发展两大主题"⑦。中共十四大指出"和平与发展是当代世界两大主题"⑧。中共十五大进一步提出："和平与发展是当今时代的主题。"⑨在此之后的中共十六大直至十九大都重申了这一

---

① 《邓小平文选》第2卷，人民出版社1994年版，第198页。
② 陈继勇：《论80年代以来美国对华直接投资的特点、问题及其对策》，《世界经济与政治》1992年第11期。
③ 梅仁毅：《70年代的中美贸易与香港的作用》，顾云深、石源华、金光耀主编：《鉴往知来——百年来中美经济关系的回顾与前瞻》，复旦大学出版社1999年版，第65页。
④ 详见巨文辉：《邓小平与平朔煤矿》，《史志研究》2003年第2期。
⑤ 《邓小平文选》第3卷，人民出版社1993年版，第127页。
⑥ 《邓小平文选》第3卷，人民出版社1993年版，第105页。
⑦ 《十三大以来重要文献选编》(上)，人民出版社1991年版，第7页。
⑧ 《十四大以来重要文献选编》(上)，人民出版社1996年版，第11页。
⑨ 《十五大以来重要文献选编》(上)，人民出版社2000年版，第41页

观点。

中共对时代主题的认知由过去的"战争与革命"调整为"和平与发展",这是一个具有转折意义的改变,由此带来中国与世界关系翻天覆地的变化。首先,认定和平因素超过了战争因素,成为时代主流,中国抓住这一千载难逢的历史机遇,顺理成章展开全方位和平外交,为国内如火如荼的现代化建设创造出有利的国际环境。其次,南北问题即发展问题成为核心,极大地坚定了中国以经济建设为中心的决心,并促使中国在国际上努力沟通南北关系,成为沟通南北之间的桥梁,增强了中国的国际地位和影响力。

20世纪80年代初,根据美苏全球争霸态势发生的变化,中国对外交战略进行了巨大调整,改变了"一条线"的战略,坚定地站在和平力量一边。中共十二大强调"坚持执行独立自主的对外政策","中国决不依附于任何大国或者国家集团",[①] 由此拉开与美国的距离,但坚持在中美三个公报所确立的原则基础上改善、发展与美国关系;松动了与苏联的关系,在消除影响中苏关系正常化三大障碍的基础上,改善同苏联的关系,逐步实现与苏联关系正常化;同时改善同受美苏影响较大的国家的关系,从而做到了在和平共处五项原则基础上,与世界上所有国家建立和发展友好关系,开展经济文化交流和合作。由此在美苏争霸的格局下,最早地成功退出冷战,不在美苏之间站队,采取一种超脱的立场,左右逢源,拓展了自己的外交空间。

改革开放是当代中国具有深远意义的基本国策,也是中国在历史的关键时刻走出的关键性的一步,不仅改变了国内的陈规陋习和落后面貌,而且极大地改变了中国人对美国对世界的认知,观念得到进一步更新,[②] 有效地增进了中国与世界各国的沟通和友谊,加快了中国顺应时代潮流的步伐,加速了中国与世界经济接轨的历史进程。在改革开放与世界经济的适应过程中,中国逐步改变了僵化的计划经济体制,中共十二大提出"计划经济为主,市场调节为辅"[③],十二届三中全会提出"有计划的商品经济"[④],突破了把计划经济与商品经济对立的观念。中共十三大提出:"我们必须以更加勇敢的姿态进入世界经济舞台"[⑤]。1992年6月,在邓小平南方谈话后,中共中央正式提出"社会主义市场经济体制"[⑥]的新概念,并在同年10月召开的中共十四大上得到确认。江泽民指出:"我国经济体制改革的目标是建立社会主义

---

① 《十二大以来重要文献选编》(上),人民出版社1986年版,第39—40页。
② 邓小平在1978年10月说:"我们派了不少人出去看看,使更多的人知道世界是什么面貌。关起门来,固步自封,夜郎自大,是发达不起来的。"《邓小平文选》第2卷,人民出版社1994年版,第132页。
③ 《十二大以来重要文献选编》(上),人民出版社1986年版,第22页。
④ 《十二大以来重要文献选编》(中),人民出版社1986年版,第569页。
⑤ 《十三大以来重要文献选编》(上),中央文献出版社1991年版,第23页。
⑥ 《江泽民文选》第1卷,人民出版社2006年版,第202页。

市场经济体制,以利于进一步解放和发展生产力。"① 这一深刻变化不仅极大地解放了生产力,释放出巨大的经济活力,而且使中国与美国等市场经济国家找到了共同点,而这对中国全方位和平外交的深入展开具有不可估量的意义。中国经济进入新的高速发展阶段,中国改革开放与中美关系的发展形成了良性互动,中美之间经济贸易交流与合作,为中国国内方兴未艾的改革和现代化事业提供了强有力的支撑。在此基础上,中国与美国的政治关系、经贸关系、科技合作、交流和民间往来,都有了长足的发展。

随着对外开放的扩大和思想观念的转变,中国开始积极参与多边外交,努力学习和适应国际规则。1999年11月,中美经过长达25轮的谈判达成《关于中国加入世界贸易组织的双边协议》,这是关键性的突破。2001年12月,中国正式加入了WTO,在履行国际义务和责任的同时享有相关权利,发挥积极和建设性的作用。与此同时,中国外交政策建设性的调整也促进了中国改革开放的进程,改革开放与中美关系形成了良性互动,中国与国际社会逐步形成良性循环。中国不断地从各种国际合作中受益,同时也在国际合作中以自己的方式对世界和平和发展作出贡献,全方位地促进了中国对外关系的展开。

三、在克服困难中前行

中美关系70年的历程从来都是在克服困难中前行。1978年12月,美国在中美建交谈判中基本上接受了中国的三项条件:与台湾断交、撤军、废约。但中美之间在台湾问题上纠葛并未结束。这主要是由于中美建交后不久,美国国会便通过了一个违背中美建交联合公报原则的所谓"与台湾关系法",并且在暂停一年之后重又恢复并扩大向台湾当局出售武器。中国对里根政府制造"两个中国"和"一中一台"的言论,以及提高向台湾出售武器的质量和扩大其规模作出了强烈的反应。在此期间,中美双方在美国向台湾出售武器的问题上进行了激烈的斗争,中美关系存在着倒退的危险。

中国方面据理力争,与美方进行多次交涉与谈判,终于在1982年8月17日,就分步骤直到最后彻底解决美国向台湾出售武器问题,发表了中美联合公报(即中美"八一七"公报)。美国政府声明:它不寻求执行一项长期向台湾出售武器的政策,它向台湾出售的武器,在性能和数量上将不超过中美建交后近几年供应的水平,它准备逐步减少它对台湾的武器出售,并经过一段时间导致最后的解

---

① 《江泽民文选》第1卷,人民出版社2006年版,第226页。

决。①"八一七"公报达成使中美关系度过危机。

1989年6月,北京政治风波爆发后,美国在西方国家中带头对中国实行制裁使中美关系发生逆转。中美双方在人权、对华最惠国待遇、武器扩散等问题上出现一系列的摩擦和争斗。进入90年代,苏联以及东欧发生剧变,使美国受到鼓舞,由此加大了对中国的压力,企图以压促变。

为应对北京政治风波和冷战后的国际风云变幻,邓小平提出了冷静观察、稳住阵脚、沉着应对等一系列战略策略方针,为中国外交指明了方向。邓小平提出:"中国自己要稳住阵脚,否则,人家就要打我们的主意","要维护我们独立自主、不信邪、不怕鬼的形象。"②据此,中国坚持内政不容干涉的原则,沉着应对,坚决顶住西方的压力,并逐步稳定了国内的政局。

与此同时,邓小平在外交战略层面赋予"韬光养晦"这一中国历史典故以新的含义,从中国的基本国情和国际力量对比的现实出发,提出要韬光养晦,埋头苦干,不扛旗,不当头,过头的话不说,过头的事不做。由此避免了引火烧身,避免了因大国对抗而导致局面失控、影响国内现代化建设大局的不利情况的出现。在此基础上,邓小平还提出,中国在国际舞台上不是无足轻重,是能够并且应该有所作为的。这说明韬光养晦和有所作为是一个有机的整体,不是消极的方针而是积极的方针,不是权宜之计而是长期的战略方针。

在此期间,邓小平为了不使中美双边关系完全破裂,还提出了"中美两国之间尽管有些纠葛,有些这样那样的问题和分歧,但归根到底中美关系是要好起来才行。这是世界和平和稳定的需要"③的战略思路,并与美国总统布什特使斯考克罗夫特进行了重要会谈。与此同时,为排除美国国会对继续延长中国最惠国待遇的干扰,中国方面陆续采取了一些缓和中美关系的措施。在此基础上,邓小平在对美关系方面提出了增加信任,减少麻烦,加强合作,不搞对抗的方针,使中美关系逐步走出僵局。1997年江泽民访美指出:我们应该在认清共同利益和共同责任的基础上,总结过去,着眼未来,确定发展21世纪的中美两国关系的指导方针:(1)坚持用战略眼光和长远观点来审视和处理中美关系。(2)积极寻求共同利益的汇合点。(3)恪守中美三个联合公报。(4)相互尊重、平等协商、求同存异。(5)妥善处理台湾问题。④由此中美关系逐渐步入正轨。

进入21世纪,如何抓住机遇,继续发展同美国的关系,努力营造一个良好的

---

① 《中华人民共和国与美利坚合众国联合公报》,《人民日报》1982年8月18日。
② 《邓小平文选》第3卷,人民出版社1993年版,第319—320页。
③ 《邓小平文选》第3卷,人民出版社1993年版,第350页。
④ 《十五大以来重要文献选编》(上),人民出版社2000年版,第67页。

国际环境,以便更好地和平发展成为中国外交的一个突出问题。

小布什政府在2000年上台之初,曾把中美关系定位为"战略竞争对手"关系。但形势比人强,自从美国发生"9·11"事件后,在"反恐"的国际大背景下,美国迅速调整了对华政策,由于"反恐"和防止"核扩散"的需要,美国进一步协调和改善与中国的关系。在此基础上,中美关系以小布什总统2002年和2005年两次访华和胡锦涛2006年4月访美为契机,迅速改善了双边关系。

2009年,奥巴马就任美国总统后,中美关系经历了短暂的平稳过渡,风波再起。2010年以来,美国有步骤地"重返亚洲"引发地缘政治的震动。中美两国在谷歌事件、对台军售、会见达赖、人民币汇率等问题上接连出现摩擦,关系趋紧。随后,美国又利用"天安舰事件"加强美日同盟、美韩同盟,并高调介入南海争端。特别是2015年以来,美国在南海问题上不断批评中国,同时以航行自由为名,不断派出军舰、飞机进入南海。2017年特朗普总统上任后加大了对南海的骚扰力度。

美国在亚洲的一连串动作有其针对中国的一面,但主要是以牵制、防范为主,很难与冷战时期的围堵包围相提并论。毕竟时代不同了。美国要经营这样一个反华包围圈,似乎不太可能成为现实。就拿印度来说,1962年中印边境冲突交恶之时,印度都没有跑到美国战车上,更何况现在。东盟一些国家虽然愿意借助美国力量,在东南亚实现大国平衡,但其在经济上高度依赖中国,不会跟随美国与中国为敌。

为了探寻如何构建长期稳定的中美关系,2013年6月,中国国家主席习近平与美国总统奥巴马在美国加州举行"庄园会晤",提出建设"中美新型大国关系",并精辟阐述了新型大国关系的内涵是不冲突不对抗、相互尊重、合作共赢。[①]2014年,奥巴马访问中国,两国元首瀛台会晤,加深了双方的沟通和理解,同意共同推进中美新型大国关系。

推动构建中美新型大国关系是中国新一届领导集体处理中美关系的重要主张。但在美国政界和战略学界一直有不同声音,特别是随着中国的崛起和影响力扩大,关于中美关系逼近对抗"临界点"的声音在美国开始升高。

特朗普总统就任后,于2017年4月6日至7日,与习近平在美国佛罗里达州海湖庄园举行首次会晤。两国元首进行了超过7个小时的深入交流,就中美关系和共同关心的重大国际地区问题交换意见。两国元首保持持续沟通,可以避免战略误判,为中美关系发展奠定了基础。双方宣布建立外交安全对话、全面经济对话、执法及网络安全对话、社会和人文对话四个高级别对话机制。但这些对话机制由于美

---

① 习近平:《论坚持推动构建人类命运共同体》,中央文献出版社2018年版,第34—35页。

国政策的调整，只得到部分实施。

2017年11月，特朗普总统访华，成为中共十九大之后中国接待的首个国家元首。中国要在相互尊重、合作共赢的基础上与美国建立稳定的新型大国关系。这种关系将使两国能够更好地完成各自的国内目标；也将使两国更有能力应对当今世界的诸多挑战。这是中国对美政策的实质，也是中方对中美关系的真正期待。习近平与特朗普再次确认了两国日益增长的共同利益，以及为了两国人民的利益，双方需要进行更好和更密切的合作。但是在此后不久，中美关系烽烟再起。

美国政府2017年12月推出《美国国家安全战略报告》，提出："大国竞争时代已回归"，要威慑和制约"企图构建与美国价值观和利益对立的世界"的"修正主义国家"中国和俄罗斯。[①]在中美战略竞争加剧的背景下，中美在贸易平衡、知识产权等问题上出现激烈的矛盾与摩擦，引发国际社会的普遍担忧。但总的来说，中美贸易不会归零，经贸关系依然是中美关系的压舱石。事实上经过70年的持续发展，中美经贸关系已是深度交融、相互依存。两国都从对方进口大量商品和服务。中国是美国最大的农产品和飞机出口市场；中国消费者每年购买苹果手机和通用、福特、菲亚特克莱斯勒美国三大汽车品牌在华生产的合资汽车，分别占当年苹果手机和三大汽车品牌全球销量的21%和33%。贸易战无疑会产生较大负面影响，但是目前中国对美贸易依存度已有显著下降：中国贸易对象多元化，与更多的贸易伙伴贸易量不断上升。中国能够消化中美贸易摩擦带来的负面影响。

2018年12月1日，习近平应邀同美国总统特朗普在阿根廷布宜诺斯艾利斯举行会晤。双方同意，在互惠互利基础上拓展合作，在相互尊重基础上管控分歧，共同推进以协调、合作、稳定为基调的中美关系。[②]这是中美关系新的航标。在新形势下，中国愿意在一个中国原则基础上推进中美双边对话，管控分歧，互利合作，稳定中美关系大局。

四、对中美关系70年演进的再认识

纵观中美关系70年的发展历程，两国的相互依存度全面提升，共同利益不是减少而是增多了，特别是改革开放以来，中美各个层面包括政治、外交、军事、文化、教育、体育、人员往来、旅游等双边交流持续扩展，夯实了中美关系的基础。中美关系内生动力已经形成，两国业已形成你中有我、我中有你，无法割裂，无法

[①] The White House, *National Security Strategy of the United States of America*, December,2017, p.25, https://www.whitehouse.gov/wp-content/uploads/2017/12/NSS-Final-12-18-2017-0905-2.pdf.
[②] 《习近平同美国总统特朗普举行会晤》，《人民日报》2018年12月3日。

脱钩,谁也离不开谁的局面。例如,中美贸易额现已超过6300多亿美元,是中美建交时的200多倍。中国质优价廉的产品,在满足美国市场需求的同时,减少了美国的支出和通货膨胀压力,增进了美国消费者的福利。由于中国商品进入美国市场,美国消费者每年至少节约数百亿美元的支出。中美还在能源、农业、环境、投资保护、产品质量和食品安全等多个领域开展合作,成为中美实现互惠共赢,深化合作的增长点。中美之间的相互依存对稳定中美关系具有战略意义,这是中美两国之间最有力的纽带,也是任何人都切割不断的。

另一方面,70年后的今天,随着中国的日渐崛起,大国竞争加剧,中美关系又走到一个十字路口,面临重大的考验,那就是美国如何适应中国的崛起,中国如何应对恶性竞争,双方如何避免陷入"修昔底德陷阱"①。其实美国对此早有疑虑。中国也不回避这一问题。2014年1月22日,习近平接受美国《世界邮报》记者采访时,回应过中国崛起后是否会和美国陷入"修昔底德陷阱"这一焦点问题,习近平指出,我们都应该努力避免陷入"修昔底德陷阱",强国只能追求霸权的主张不适用于中国,中国没有实施这种行动的基因。②中国流传数千年的文明历来崇尚和平、和谐,奉行"亲仁善邻,国之宝也"③的理念,追求"和而不同"④的最高境界,这是中国强大的传统基因,已经融入中国人的血脉之中,体现了中华民族悠久的文化传承,也是中国不称霸,不争霸,坚持走和平发展道路的历史底蕴。

从中国的视角来看,由于中美战略竞争加剧,中国所面对的国际环境更为复杂,更为多变。为了避免"零和博弈戏",实现更远大的发展目标,中国需要高超的外交智慧来处理中美关系,来应对美国的"霸权焦虑",仔细区分中国的核心利益、重要利益、一般利益以及微小的利益,并由此作出不同的反应。要把反对霸权主义与同有霸权行为的国家发展正常国家间关系严格区分开来。对霸权主义,我们要坚决抵制,谁搞霸权,我们都反对,但尽量做到斗而不破、争而不裂,生意照做,国家间的关系照常开展。中美关系虽有深层次的矛盾和各种问题,但大的全面性的战略冲突是可以、也是应当避免的。因为中美利益相互交织的格局不会改变。中美之间在反恐、气候变化、防止核扩散、应对全球性等问题上仍然需要合作。中美关系已远远超出双边关系的范畴,成为21世纪世界上最重要的国际关系。

---

① 古希腊时期,修昔底德认为,当年雅典崛起引起强国斯巴达的恐惧,成为爆发战争的根源。后人将此称为"修昔底德陷阱"。
② 《习近平"避免陷入'修昔底德陷阱'意义重大"》,《文汇报》2014年1月24日。
③ 见《左传·隐公六年》。
④ 见《论语·子路》。

总而言之，中美关系发展的基础和内生动力仍然存在。两国的政治家应从大局出发，加强沟通，避免误判，同时要相向而行，减少麻烦，管控分歧，不搞对抗，在平等公平的竞争中形成双方都能接受的新的规范，共同推进以协调、合作、稳定为基调的中美关系，共同维护亚太和全球的安全与繁荣。

苏联和中国（1949—1955 年）：研究军事—政治互动的前景

The Soviet Union and the People's Republic of China over the Period of 1949-1955: A Study on the Prospect of the Interaction Between Military Affairs and Politics

［俄罗斯］帕威尔·诺维科夫（Novikov Pavel）

帕威尔·诺维科夫，俄罗斯伊尔库茨克技术大学历史与哲学系主任、研究员。

[摘　要] 通过对 1949—1955 年苏联和中国的军事、政治交流进行研究，不仅可以进一步推动中苏关系史研究，也可为历史学其他研究提供借鉴。

新思想的跨界交流是世界发展的一个重要现象。没有任何一个国家、任何一个社会可以不受外部智力的影响。就社会经济快速发展实践的传播经验、政治经济思想、军事和技术合作进行案例研究极具科学意义。

继承性是最珍贵的社会资源，必须予以珍惜和创造性地发展。唯有掌握了可靠的历史知识才能清晰、明确地理解国家所付出的各种努力。因此，我们认为，很有必要对国家领导人与军事领导人间的相互配合、军事经验的传承、和平条件下的军事建设与战争条件下的战斗行动之间的关系进行深入研究。战争对国家发展的影响具有多样化特征，这一因素的重要性不容小觑。无论是从历史科学的角度看，还是从俄罗斯和中国两国公众的角度看，均有必要对这一影响进行综合分析。

中国现代科学文献和教学书籍中有关 20 世纪上半叶中国历史主要情况的内容引起了俄罗斯研究人员的极大兴趣。对中国阐释与自身发展相关联的重要事件的经验进行研究则对当代俄罗斯及俄高等教育机构有所裨益。

目前，俄罗斯在涉及第二次世界大战的史料研究上已取得一定的成果，对当时的军事行动甚至个别战斗的情况作出了详细描述。对细节的重现能够确保在还原历史时具有最大的清晰度和最强的说服力，能够迅速揭露后期宣传中的错谬之处。科学认识的成功与否有赖于数据库的扩展情况，以及是否能够脱离意识形态的偏见、实现研究方法的改进。在我们看来，讨论和争议变得更加具有实质性，其事实与逻辑方面的内容比以往任何时候都更加丰富。历史学家并不急于总结，也不急于提出

（可能仅是暂时的）可以解释一切的一般性方案和理论模型，而是更倾向于关注资料来源、分析和深入探讨史学中业已经形成的观点。

俄罗斯军人、公民的生活在文化和社会领域紧密相关，共同打造了相同的行为模式和素养。无论是在和平时期还是在战争时期，掌握快速学习的能力、善于忍耐、时刻作好长期抗争和自我牺牲的准备、遵守纪律、强调集体需求高于个人需求等，都是异常有效的行为模式和素养。军事行为会限制甚至抵消纯粹经济动机的影响。当一个人准备好献出自己的生命时，金钱的作用将不可避免地退居二线。"战略性"动机不仅可以推动部分地区的经济增长，还明显能够抑制其他地区的发展。不考虑军事因素，就无法全面了解俄罗斯不同地区的社会经济发展情况，军队建设的规模和优先级别会影响国家的自我意识和国家的长远目标。

1917年秋，俄罗斯发生了影响世界历史进程的重要事件。布尔什维克通过民族自决的口号赢得了深受帝国主义列强压迫的不同民族的支持。为了实现世界革命的理念，布尔什维克支持国际共产主义组织。1919年11月22日，东方各族人民共产主义组织全俄代表大会在莫斯科召开；1920年5—6月，俄国共产党（布尔什维克）中央委员会西伯利亚局下设少数民族部门，其任务是团结西伯利亚地区的所有外国共产党团体；1920年夏，成立了俄国共产党（布尔什维克）朝鲜分部，归西伯利亚局东方分部管理；1921年初，在伊尔库茨克成立了共产国际东方局；共产国际于1943年解散；1947年秋，共产党和工人党情报局成立，该组织的目的是协调共产党在国际范围内的活动。

苏日战争爆发前，苏联远东地区军队总司令A. M. 瓦西列夫斯基元帅向中国人民发出号召："红军，伟大的苏联人民军队，将帮助中国和友好的中国人民。我们的军队就在这里，在东方，高举战斗的旗帜，帮助中国、东北地区和朝鲜各族人民摆脱日本的奴役和压迫"。1945年8月9日，苏联对日本最精锐的地面部队实施了强有力的打击，在短时间内击败了日本关东军，从而加速了日本的投降并挽救了数百万人的生命。击溃日本不仅解除了日本对苏联长期的威胁，还为中国和朝鲜人民的解放提供了援助，为亚洲各国民族解放运动的发展创造了有利的条件。国际形势的变化使苏联领导层在20世纪20年代初制定的外交政策能够得以实施。

俄罗斯历史学家特别强调，苏联已将原日本关东军的所有装备全部移交给了中国共产党的军队。1945—1946年间，苏联军队军事占领下的东北地区是中国共产党领导的军队训练的基地。与此同时，苏联在第二次世界大战中取得的胜利使其付出了巨大的代价，承受了巨大的人力和物力损失。苏联的国民经济亟待恢复，因此，苏联领导人试图避免与以美国为首的资本主义阵营发生直接的军事冲突。1945—1946年世界共产主义国家革命军事实力已不及1919—1920年时的情况。然而，无论是在普遍的马克思主义理论中，还是在制定国家策略的过程中，实施进攻性军事行动的可能性仍然是重点讨论的对象。

1945年以来，苏联的外交政策一直保持着双重性。一方面，苏联的党和国家领导层奉行的政策是在世界范围内传播共产主义思想，扩大和加强社会主义区域，支持革命运动和民族解放运动；另一方面，他们力求保护本国的国际利益、维护和平。

当代俄罗斯史学家认为，对斯大林个人崇拜的谴责引发了世界共产主义运动的分裂和危机。中国共产党反对批判斯大林的思想遗产。1956年，共产党和工人党情报局解散。为了克服危机，苏联共产党于1957年、1960年和1969年在莫斯科召集了三次国际会议，但仍未能恢复团结。因此，历史经验清楚地表明军事决策与政治理论之间存在密切的联系。

从白俄罗斯视角看白俄罗斯与中国在面对保护主义不断增长的国际关系背景下的合作发展前景

Prospects for the Development of Belarusian-Chinese Cooperation in the Face of Increasing Protectionism in International Relations: A view from Belarus

[白俄罗斯] 弗·贝尔斯基（V.Belsky） 德·普里姆斯基茨（D.Primschitz） 塔·维尔金斯卡娅（T.Viartinskaya） 德·贝拉斯诺（D.Berasneu） 科·扎伊采娃（K.Zaitsava）

弗·贝尔斯基，经济学博士，国家科学机构白俄罗斯国家科学院经济研究所所长。

德·普里姆斯基茨，经济学博士，国家科学机构白俄罗斯国家科学院经济研究所研究与创新副所长。

塔·维尔金斯卡娅，经济学博士，国家科学机构白俄罗斯国家科学院经济研究所对外经济关系与国际一体化司长。

德·贝拉斯诺，国家科学机构白俄罗斯国家科学院经济研究所对外贸易问题研究司司长。

科·扎伊采娃，国家科学机构白俄罗斯国家科学院经济研究所宏观经济与金融政策司投资政策科科长。

[摘 要] 本文分析了白俄罗斯与中国信任全面战略伙伴关系与互利合作的重要方面。其中特别强调，在世界经济保护主义不断增强的背景下，在落实政治、贸易与经济、信贷与投资和区域间合作的过程中评估当前状况并查明当前趋势。需要强调的是，与中华人民共和国开展合作是白俄罗斯共和国对外政策的最优先工作之一，且进一步深化合作完全符合国家的长远利益。两国双边关系发展的方向与机制是根据在特定领域内与中华人民共和国进行互动，以加强两国友谊与增加两国人民的福祉为重点而制定的。

一、引言

由于美国企图抑制中国及其伙伴的发展，从而导致国际关系体系中的保护主义不断强化，且世界主要经济体之间的贸易冲突不断增加。在此背景下，确保全球市场竞争力和世贸组织能力的传统自由主义办法在经过数十年的演变之后,目前很有可能遭到舍弃。其后果已经对整个世界经济体系产生了负面影响。

在这种情况下,中国是当前世界贸易和多边主义架构的主要维护者,也是保护和发展全球经济体系现行制度的支持者。[1]高速的社会经济发展,平衡外交和国内政策,以及科学界对制定和实施全面发展长期战略的广泛参与,构成了前所未有的高水平经济潜力,并为预测中华人民共和国的国际地位将进一步增强提供了证据。

在这方面,能够决定白俄罗斯共和国与中华人民共和国在各个活动领域的双边合作实现互惠发展前景的问题尤为重要。

二、政治合作

自白俄罗斯与中国于1992年建立外交关系以来,两国已经建立了多项机制,以便开展最高级别的定期互访,举行积极的议会间对话,在国际组织内进行合作,并且通过"白俄罗斯共和国总统政府——中共中央对外联络部"、两国外交部以及白俄罗斯与中国政府间合作委员会开展积极合作。白中两国的双边关系法律框架已经得到显著改善。

2015年签署的《中华人民共和国和白俄罗斯共和国友好合作条约》确认,深化两国之间的友好关系和全面战略伙伴关系符合两国及人民的基本利益,满足双边关系现代化发展的实际需要,有助于维护欧亚地区的和平、安全和稳定,从而为进一步改善各领域合作奠定基础。

白俄罗斯总统亚历山大·卢卡申科于2016年9月访华,随后,双方签署了《中华人民共和国和白俄罗斯共和国关于建立相互信任、合作共赢的全面战略伙伴关系的联合声明》,标志着两国关系已经提升至一个新的层面。

2017年5月,习近平在北京会见白俄罗斯总统卢卡申科。习近平在会见时指出:"中白两国建立相互信任、合作共赢的全面战略伙伴关系,开启了中白关系发展新阶段。双方在涉及彼此核心利益和重大关切问题上坚定相互支持,务实合作呈现全方位、多层次发展的良好态势,在国际和地区问题上保持密切协作。""中方视白俄罗斯为共建'一带一路'的重要合作伙伴,愿同白方深挖合作潜力,实现共赢发展"。[2]为此,双方已经作出积极努力,以增强和大力补充中国与白俄罗斯已经实现

---

[1]《中国在保护和发展全球经济体系的现行制度方面发挥支持者的作用》,http://russian.news.cn/2018-12/28/c_137704625.htm,2018年12月29日。

[2]《习近平会见白俄罗斯总统卢卡申科》,新华网,http://www.xinhuanet.com/politics/2017-05/16/c_1120980522.htm,2017年5月16日。

的高水平合作，不过，双方仍然存在尚未发挥的重大潜力，可以用于进一步改善双方的关系状态。

目前，中国在与其伙伴签署的国际条约中采用了16种不同的政治互动形式，以便从外交角度区分与众多伙伴的双边合作的优先级。与白俄罗斯相比，中华人民共和国与个别邻国（柬埔寨、老挝、缅甸、泰国、越南）和某些非洲国家（莫桑比克、刚果、塞拉利昂、塞内加尔、纳米比亚、津巴布韦）的合作级别更高。中国与巴基斯坦和俄罗斯的政治合作级别最高。

提高两国关系的地位势在必行，而且要进一步积极发展中白政治对话。这主要是由于两国在国内和对外政策方面秉持共同的原则，对世界议程上最重要的问题看法基本一致，以及互相尊重对方决定自身发展道路的主权。这一事实决定了白俄罗斯共和国需要对中华人民共和国的全球和地区的举措和项目提供更加完善的政治支持，毫无疑问，这也考虑到白俄罗斯的利益及其在欧亚经济联盟框架内的义务。

然而，落实拟议办法有可能带来与第三国关系恶化的风险。例如，在国际议程的敏感问题上积极支持中国的立场——比如关于在北极、太平洋和中国南海开展合作的微妙方面——有可能导致白俄罗斯与北美洲、西欧和东南亚个别伙伴之间的双边关系出现不良的紧张局面。应与中方合作处理这些风险，从而在关于双边贸易、经济、投资和信贷合作的框架内将这些风险转化为白俄罗斯的额外经济利益。

三、贸易与经济合作

尽量两国之间的政治关系不断加强，但白俄罗斯与中国之间的贸易与经济关系对白俄罗斯而言仍未实现充分平衡。（见图1）

自1998年以来，白俄罗斯向中国出口的货物仅增加了4.8倍，金额仅为4.824亿美元，而白俄罗斯从中国进口的货物增加了将近76倍，达到31.556亿美元。这导致2018年白俄罗斯出现了巨大的贸易逆差，金额达到26.732亿美元[1]。虽然现在看来难以相信，但事实上直到2006年白俄罗斯与中国的贸易顺差仍然稳定在1亿美

---

[1] 《2018年白俄罗斯共和国与选定国家的对外贸易数据》，白俄罗斯共和国国家统计委员会网，http://www.belstat.gov.by/ofitsialnaya-statistika/realny-sector-ekonomiki/statistika-vneshneekonomicheskoy-deyatelnosti/vneshnyaya-torgovlya-tovarami/operativnye-dannye/dannye-o-vneshney-torgovle-respubliki-belarus-po-otdelnym-stranam/，2019年2月12日。

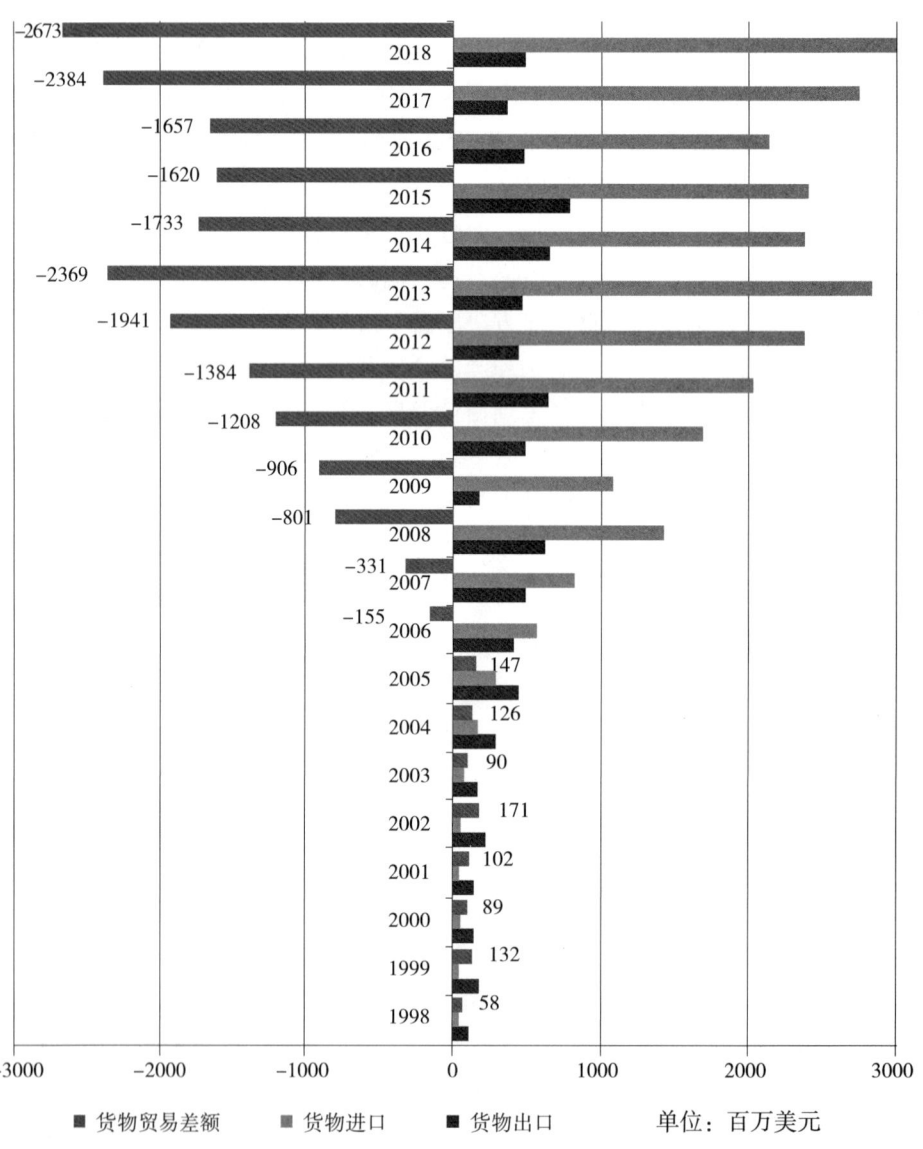

图1 1998—2018年白俄罗斯与中国之间的商品贸易

元左右①。

2018 年,中国与白俄罗斯之间的贸易额与 2017 年相比增长了 17.1%。作为参考,中国与白俄罗斯共和国邻国之间的货物贸易量增速更高。例如,至 2018 年底,中国与俄罗斯之间的贸易额达到 1070 亿美元,与 2017 年相比增长了 27.1%。俄罗斯从中国进口的货物增长 12%,达到 470 亿美元,而俄罗斯向中国出口的货物增长 42.7%,达到 590 亿美元。②2018 年,中国与乌克兰之间的贸易额达到 98 亿美元,与前一年相比增加了 27% 以上。③

显然(图 2),钾肥占对中国的出口销售额的 58%。这一比例略低于 1998 年,当时钾肥的出口供应占白俄罗斯对中国的出口额的 79.7% 以上。2018 年供应给中国的白俄罗斯钾肥出口价与白俄罗斯共和国供应其他主要化肥买家(印度、美国、印度尼西亚、马来西亚、孟加拉国、挪威、泰国等)的平均价格水平相当。

与 1998 年相比,白俄罗斯向中国供应的工程产品所占份额显著减少,比如卡车、特殊用途车辆、内燃机、机床及其零件、轿车和拖拉机零件。诸如集成电路等高科技产品的出口量也呈现大幅减少的趋势。与此同时,附加值低的原材料和农业产品出口量显著增加,包括聚酰胺、石制品、肉类和乳制品、亚麻和未经加工的原木。这一事实表明,应当改善白俄罗斯对中国的出口结构④。

图 3 的数据显示,在分析期内,白俄罗斯从中国进口的产品类型多样且技术复杂。

例如,1998 年进口最多的是滚珠轴承或滚柱轴承(占白俄罗斯从中国进口总额的 11.4%)。然而到了 2018 年,这一位置已经被高科技产品占据,比如通信设备(11.2%)和自动数据处理机(4.9%)。此外,如果说在 1998 年,八种主要货物占从

---

① 《白俄罗斯共和国向选定的非独联体国家出口货物》,白俄罗斯共和国国家统计委员会网,http://www.belstat.gov.by/ofitsialnaya-statistika/realny-sector-ekonomiki/statistika-vneshneekonomicheskoy-deyatelnosti/vneshnyaya-torgovlya-tovarami/godovye-dannye/eksport-tovarov-iz-respubliki-belarus-po-stranam-sng/,2019 年 2 月 14 日;《白俄罗斯共和国从独联体以外的个别国家进口货物》,白俄罗斯共和国国家统计委员会网,http://www.belstat.gov.by/ofitsialnaya-statistika/realny-sector-ekonomiki/statistika-vneshneekonomicheskoy-deyatelnosti/vneshnyaya-torgovlya-tovarami/godovye-dannye/import-tovarov-v-respubliku-belarus-po-otdelnym-stranam-vne-sng/,2019 年 2 月 14 日。
② 《2018 年中国与俄罗斯的贸易额达到 1070.568 亿美元》,http://russian.news.cn/2019-01/14/c_137742516.htm,2019 年 2 月 14 日。
③ 《乌克兰希望与中国在贸易、经济和其他关键领域加强合作》,漫步者新闻,https://news.rambler.ru/other/41623211-ukraina-hochet-usilit-sotrudnichestvo-s-knr-v-klyuchevyh-oblastyah-pervyy-vitse-premer/,2019 年 2 月 19 日。
④ 《出口最重要的产品》,白俄罗斯共和国国家统计委员会网,http://www.belstat.gov.by/ofitsialnaya-statistika/realny-sector-ekonomiki/statistika-vneshneekonomicheskoy-deyatelnosti/vneshnyaya-torgovlya-tovarami/godovye-dannye/eksport-vazhneyshikh-vidov-produktsii/,2019 年 2 月 2 日。

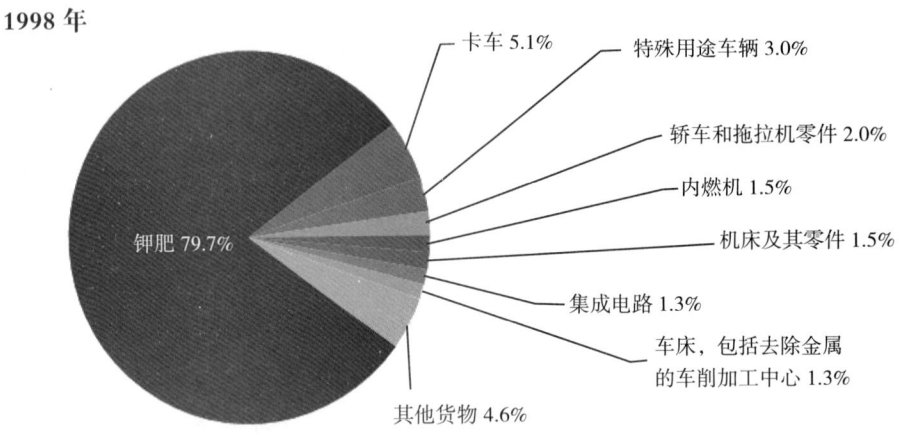

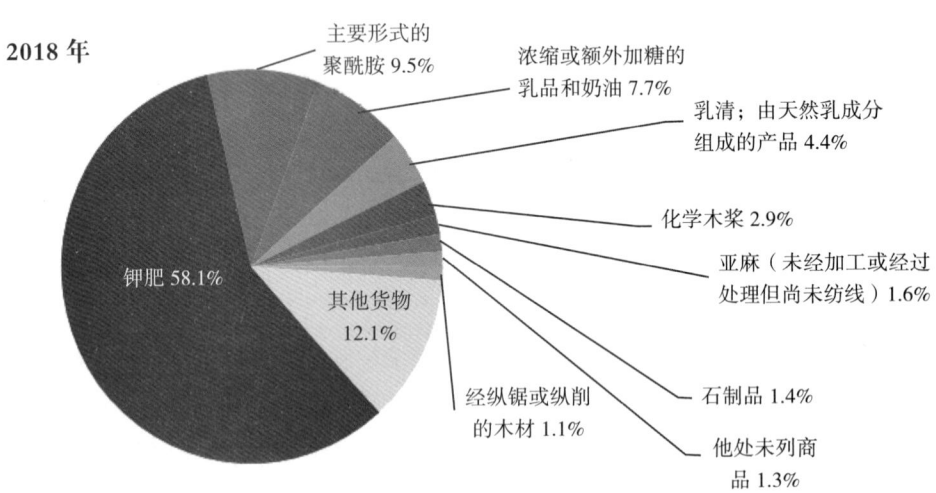

图 2　1998 年和 2018 年白俄罗斯向中国出口的商品结构（占总额百分比）

中国进口总额的 50.6%，那么到了 2018 年，它们仅占 31.8%，这说明供应的货物类型更加多样化。

分析中国从世界各地的进口中增长最多的货物，并与白俄罗斯企业的能力进行比较，可以确定由白俄罗斯向中国市场的供应中最受关注的货物包括：集成电路（中国市场中的主要竞争者为：韩国、马来西亚、日本、美国、菲律宾、新加坡、越南）；零售包装药剂（德国、法国、意大利、美国、瑞典、英国、瑞士、日本、澳大利亚）；乙烯聚合物（沙特阿拉伯、伊朗、韩国、阿联酋、泰国、新加坡、美国）；护肤品（韩国、法国、日本、美国、英国、比利时、西班牙、澳大利亚、德国）；医疗器械（美国、德国、日本、墨西哥、奥地利、韩国、爱尔兰、以

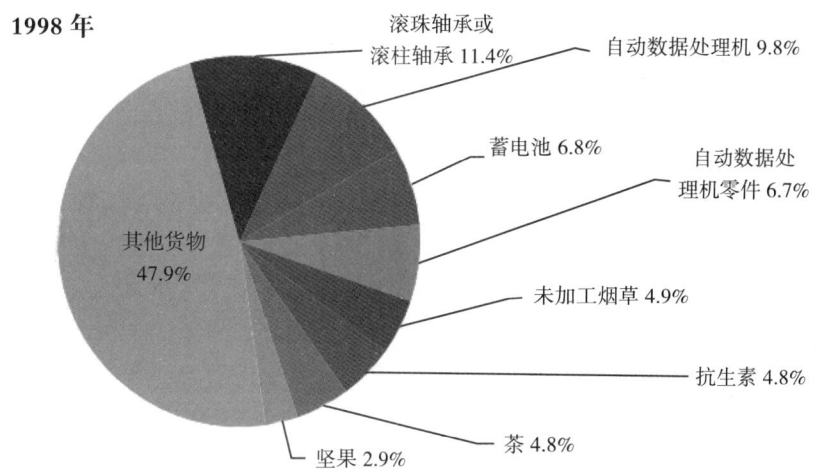

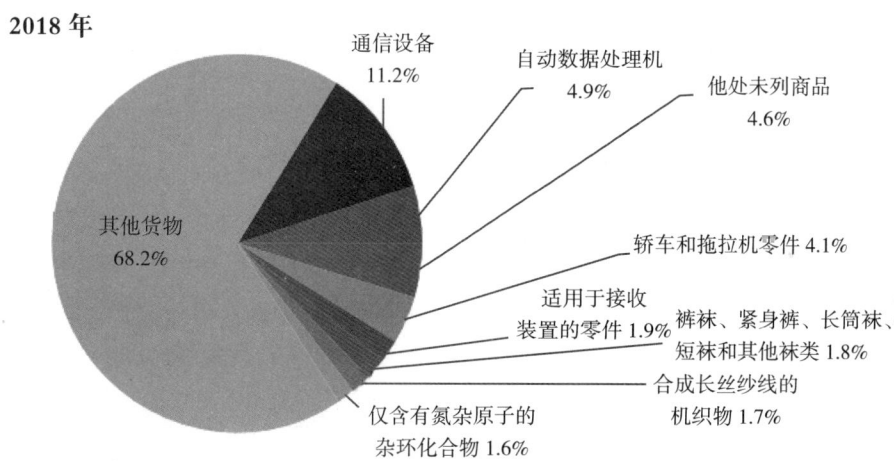

图 3 1998 年和 2018 年白俄罗斯从中国进口的商品结构（占总额百分比）

色列、荷兰、越南）；特殊功能机械设备（日本、德国、韩国、美国、意大利、瑞士、马来西亚、瑞典和新加坡）；测量或检查工具、器械和机器（德国、日本、美国、韩国、大不列颠、以色列、马来西亚、法国、意大利）；化学木浆、苏打或硫酸盐（巴西、加拿大、智利、印度尼西亚、美国、俄罗斯、芬兰、乌拉圭、瑞典）；人血，用于治疗、预防或诊断的动物血（德国、美国、瑞士、爱尔兰、法国、奥地利、比利时、日本、英国和西班牙）；用于物理或化学分析的工具和装置（美国、日本、德国、新加坡、英国、瑞士、爱尔兰、法国、瑞典、韩国）。（见表 1）

表1 过去5年，白俄罗斯向全球出口的主要商品项目中，
中国进口额增幅最大的项目

海关编码	商品项目	2014—2018年中国进口额增量（十亿美元）	2018年白俄罗斯全球出口额（十亿美元）
8542	集成电路	94.2	87.0
3004	零售包装药剂	5.3	214.0
3901	主要形式的乙烯聚合物	4.2	116.7
3304	护肤品	7.7	56.8
9018	医疗器械	2.6	42.8
8479	特殊功能机械设备	3.0	41.8
9031	测量或检查工具、器械和机器	4.5	24.9
4703	化学木浆、苏打或硫酸盐	6.5	14.2
3002	人血；用于治疗、预防或诊断的动物血；抗血清	4.3	15.4
9027	用于物理或化学分析的工具和装置	2.6	16.3

注：本表由笔者根据来自美国国际贸易委员会（ITC）贸易地图的国际贸易数据编制而成。

在美国与中国之间爆发的"贸易战"将导致中国加大对其市场中其他更加可预测供应商的搜寻力度。此外，中国试图将其对美国的出口转向其他国家。因此，白俄罗斯的农业、化学、冶金和家具生产商将有机会填补美国在中国市场失去的商机。①

白俄罗斯的制造商应密切关注在电气设备以及医疗设备方面抓住商机的可能性，因为这类产品具有高科技含量和高附加值。中国的耕地使用非常集约；耕地面积有限、消耗巨大且污染严重，加之中国人口多，这些因素使得向中国出口农业产品非常重要。这就保证了中国对白俄罗斯向其出口的主要产品——钾肥的稳定需求。此外，根据中华人民共和国商务部于2018年5月28日发布的《主要消费品供需状况统计调查分析报告》，高收入人群对购买优质进口货物的兴趣越来越高。因此，超过20%的受访消费者在购买进口产品方面的花费占支出总额的30%或以上。其中占据最大份额的是化妆品（高达36.1%），其次是母婴产品、手表和眼镜、汽车和珠宝。这些情况表明，白俄罗斯的化妆品和婴儿食品制造商有希望进入中国市场。

对消费品供需情况的统计研究显示，大多数消费者（37.1%）认为中国市场最缺乏的产品是鲜奶。中国在世界乳品市场上的份额从2002年的5%上升到2016年的12%，预计到2021年将达到14%。目前，中国乳品市场是世界市场中增长最快

---

① ［白俄罗斯］弗·贝尔斯基：《美国与中华人民共和国之间的贸易冲突：背景和当前状况》，明斯克法律和经济学出版社2018年版，第33—39页。

的部分,其年营业额达550亿美元,全球排名前三。2018年3月,在北京举行的中国奶业发展国际论坛上有人指出,截至2017年底,中国的奶产量达到4000万吨—4200万吨,而国内消费则超过5330万吨。因此,即使国内奶产量增加也无法充分弥补短缺,继而导致对外国乳制品及其原材料的购买量增加。2017年,中国的乳制品进口额增加了44.2%,达到51亿美元,2018年增加了10.5%,达到56亿美元。未来10年,中国对乳制品的需求还将稳步增长。根据法国吉来咨询公司(GIRA)专家的实际估计,中国未来几年的年度乳品消费量预计将达到下列水平,2020年,5758万吨;2021年,5886万吨;2022年,6006万吨;2023年,6119万吨;2024年,6223万吨;2025年,6320万吨;2026年,6422万吨。根据咨询机构北京东方戴瑞乳业信息咨询有限公司的预测,到2030年,中国乳品市场的容量将达到6660万吨的水平。[①]

中国国内市场的明显趋势为白俄罗斯的乳制品出口商带来了长期机遇。然而,抓住这些机遇需要白俄罗斯出口商采取与其国内不同的非标准办法,从而制定具有针对性的营销组合,注重创新,关心中国消费者的需要。采用这种战略的一个实例是奶酪"粉红女王"的生产历程。2018年上半年,来自香港地区的中国客户要求著名瑞士工厂Stadlemann的代理为其制作传统奶酪,但要求做成粉红色。该公司的技术人员花了7个月的时间寻找一种天然染料,使奶酪呈现粉红色,但不会改变其成熟过程和感官品质。2019年初,专门为中国的美食家创作的奶酪"粉红女王"被送至客户手中。此外,瑞士和其他西欧国家的餐馆也热情地接受了这种品相非凡的奶酪,并且对购买这种奶酪愈发感兴趣。

值得注意的是,白俄罗斯的奶业生产商已经积极地进入了中国市场——2018年的出口额增长近10倍,超过6000万美元。去年进入中国市场的主要奶产品出口商包括:祖母奶罐开放型股份公司、贝兰多开放型股份公司、卡林科维奇乳品厂联合企业、萨乌斯金产品开放型股份公司、Berioza奶酪制造厂开放型股份公司和Primemilk有限责任公司。

我们相信,进一步提升白俄罗斯产品在中国市场的竞争力将有助于:

——创建统一的国家品牌,从而协调推广白俄罗斯的产品(例如,白俄罗斯制造、白俄罗斯乳品、白俄罗斯奶酪、白俄罗斯香肠等),并且考虑到中国消费者的认知特点,以民族风格对其进行装饰,在白俄罗斯共和国农业部和外交部的共同主持下积极开展推广工作。

——在中国创建发展成熟的商品分销网络,第一步是在省级建立商品分销网。

——向白俄罗斯企业提供分期运输货物的出口信贷。

---

① [白俄罗斯]弗·贝尔斯基:《中国的乳制品市场,状况和发展前景》,《农业经济》2019年第1期。

——中国投资商进入白俄罗斯的出口导向型制造商的股份资本。

——在微博和微信等社交网络以及中国的B2C电商平台（天猫、京东商城和一号店）推广白俄罗斯的品牌。

应当认识到，白俄罗斯的公司特别是中小型企业并不总是拥有充足的财务资源和经验丰富的高资质销售领域专家，如果他们了解关于中国的具体情况，就能有效地在中国市场推广其产品。

为白俄罗斯的出口商开发信息和咨询支持系统所面临的一个重大问题是过度商业化。外国（美国、加拿大、芬兰等）的经验表明，国家向出口商提供的在于免费向其提供多数信息和咨询服务，或象征性地收取一些费用。

消除与中国之间的贸易不平衡的关键因素之一应当是增加白俄罗斯的服务出口。即使是在今天，白俄罗斯的货物和服务对中国的出口量也大致相同。2018年白俄罗斯与中国旅游年以及自2018年8月起在两国之间推行的免签制度为增加旅游服务出口构建了额外基础。与此同时，只有在中国的媒体和视频内容平台（比如优酷、抖音）上开展高质量且大规模的永久性广告宣传，才能在这方面取得重大成果，此外，还需要中国的知名博主参与其中。

考虑到中国作为白俄罗斯战略伙伴的重要性，似乎应当扩大白俄罗斯在中国的外交影响力，在白俄罗斯共和国驻华大使馆创建一个采取贸易代表团形式的专门经贸单位。这将使大使馆工作人员能够提供范围更加广泛的信息和咨询服务，为最重要的出口项目提供外交支持，更加有效地保护在国外的出口商的利益，协助制造商参与在中国举行的展览会和交易会，打造积极的商业形象。

四、信贷与投资合作

信贷与投资是在加强白俄罗斯共和国与中华人民共和国双边合作方面的最有活力的领域之一。如果说2010—2013年，中国投资占白俄罗斯经济中外国直接投资总额的比例不超过1.0%，2014—2017年，这一比例上升到2.0%—3.0%，而在2018年升至新高，为3.1%。

在过去10年中，中国对白俄罗斯经济的投资额增加了141.6倍，其中直接投资增加了934.5倍。2009—2018年，外国直接投资占中国对白俄罗斯经济投资总额的比例在去年年底增加了48.4%，达到了55%（图4）。

截至2018年底，来自中国的直接投资额达到创纪录的1.091亿美元，是2017年的2.8倍多。就流入白俄罗斯共和国的外国直接投资净额而言，中国在俄罗斯和塞浦路斯之后排名第三。吸引中国直接投资的结构也发生了变化：2012年以来，权

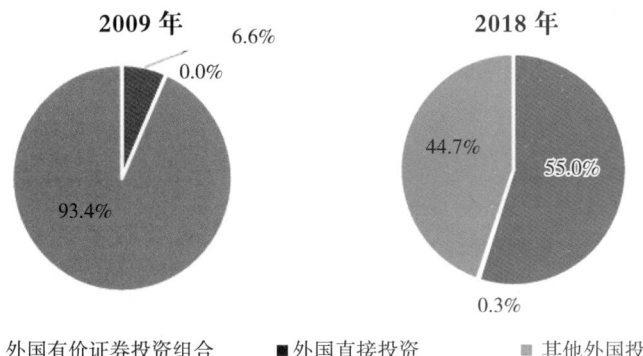

图 4 中国在白俄罗斯共和国的投资结构

益工具和股份（48.4%）首次超过债务工具（43.4%）。[①]（见图 5）

这一趋势主要是由于中白工业园区（巨石工业园）的投资活动加剧。至 2018 年中，第一期 1.5 亿美元融资（总投资 5 亿美元）中约 1.2 亿美元由中国最大的投资商招商局集团分配，将这些资金用于建设和开发该工业园区。迄今为止，已建成 10 万平方米的房地产，包括一个商业中心、若干仓库和一个贸易及展览中心。2018 年，该工业园区筹集到 7050 万外国直接投资。

在此背景下，作为中国在国外设立的最大优先级工业园区，有必要进一步落实园区发展。如今在此园区内，已经创造了欧亚范围内前所未有的行政和税收优惠。这片领土正在系统开发，并且建立了生产、行政和社会基础设施。在下一阶段，建

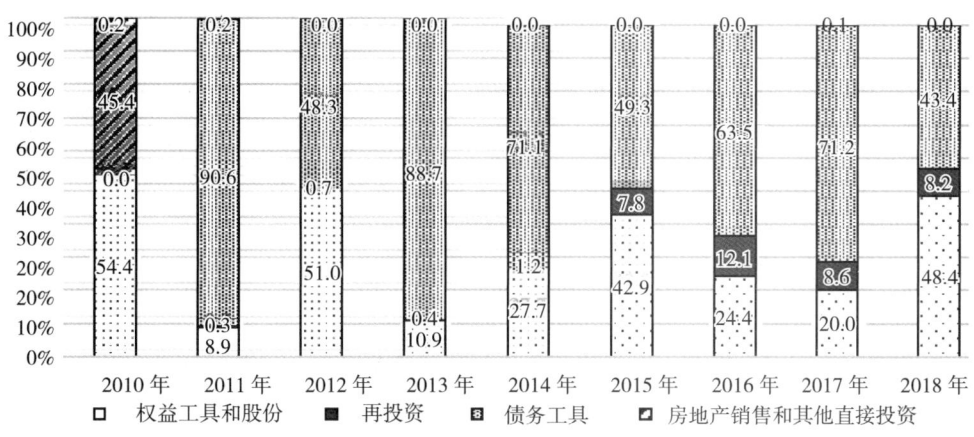

图 5 2010—2018 年中国在白俄罗斯共和国的直接投资结构

---

① 《白俄罗斯与中国的信贷与投资合作》，白俄罗斯共和国驻华大使馆网，http://china.mfa.gov.by/ru/invest/，2019 年 2 月 2 日。

议在不参考亚洲市场的情况下，重视园区的广告和信息推广，以及与潜在居民和投资者相关的个体工作，从而确保园区居民的产品能够走向大型地区市场。

尽管中国信贷融资具有众所周知的优势，但传统意义上高水平的约束性贷款（50%或以上）在吸引来自中国的外国直接投资方面构成一个限制性因素。通常而言，这种办法在投资项目的经济评估和环境评估方面都会引起质疑。

与此同时，白俄罗斯共和国政府担任由中方提供的贷款的担保人，由于项目效率低下，开展贷款服务和偿还工作会消耗预算资源。在公共资源有限的情况下，必须从约束性贷款转向无关借贷和直接投资，其中中方可以作为战略投资伙伴和有价证券组合的投资商。然而，尽管在2017年为一些试点企业的去国有化和私有化作出了准备，但迄今为止，白俄罗斯共和国仍然没有采用这种用于吸引中国直接投资的机制。

鉴于白俄罗斯的借方严格遵守付款纪律，白俄罗斯与中国的金融机构之间达到了相当的信任水平，这表明中方银行与白方银行和公司之间的互动有可能转变为没有国家作为借方或担保人参与的直接互动。例如，在没有政府担保的情况下，白俄罗斯电信部门迄今为止共计从中国吸引了大约5000万美元的贷款。在信贷与投资领域开展此类合作将大大扩大白俄罗斯与中国在商界的联系。

白俄罗斯在双边信贷与投资合作的首要任务是在顾及白俄罗斯长远利益的情况下，激发对中国投资的吸引力，从而发展战略经济活动。目前，有必要将投资资源集中在高科技产业的发展上，并且侧重于外国市场。

为了进一步提高白俄罗斯共和国的高科技部门对中国投资的吸引力，可以考虑采取下列措施：

——基于对投资部门优先级的界定，引入有效的投资定向机制，并吸引这些部门参与中国公司（技术领导者）的间接举措。

——优化和改进高科技、知识密集型和出口导向型项目的收益和偏好。

——制定战略方案，以便当地公司参与中国投资的公司和企业的价值链。

五、地区间合作

如今，不仅是直辖市，全中国各个地区的经济规模都与欧洲国家的平均水平相当。例如，广东省、山东省、江苏省的GDP均超过1万亿美元。

白俄罗斯的每个地区和明斯克市在中国都有两个或更多的姐妹地区。白俄罗斯共和国的5号总统令规定，白俄罗斯每个地区均须完成吸引1亿美元中国投资的任务。然而，还没有任何一个地区达到报告指标的水平：2017年，布雷斯特地区吸引了来自中国的直接投资310万美元，格罗德诺地区吸引了80万美元，明斯克地区吸引了5860万美元，明斯克市吸引了5040万美元。

2018年，地区之间至少进行了25次高级别访问。与此同时，此等高强度的合作对于白俄罗斯经济来说尚未转化为重大的经济利益，且地区间合作尚未成为深化白中经贸关系的有效因素。造成这一事实的主要原因包括：

——白俄罗斯的统计数据没有记录两国地区级别之间的贸易与投资，从而难以对地区范围内的贸易、经济、信贷和投资合作开展全因素分析。

——白俄罗斯的决策中心（执行委员会、部委和部门、企业——出口商）缺乏关于中国地区市场的状况及其结构和发展趋势的信息。

——促进国内产品进入中国地区市场的主要工具在于分散发展的分销链，而这些分销链并没有构成发展成熟的国家商品分销网络。在中华人民共和国境内没有设立白俄罗斯的地区贸易办事处。

为增进白俄罗斯共和国与中华人民共和国之间的地区间合作，有必要落实下列大有可为的措施：

——制定白俄罗斯共和国与中华人民共和国之间关于发展地区间合作的全面战略，其中涵盖地区范围内的所有合作领域，包括贸易、投资、科学与技术、环境、教育和文化。

——与中方开展合作，以便来自白俄罗斯各地区的公司在其与中国建立的姐妹地区实现互惠（获得来自地方当局的补贴、税收优惠、开设代表办事处的互惠条件等）。

——在白俄罗斯共和国与中华人民共和国的技术园区结构的基础上，促进地区间的创新和科技合作。

六、结论

与中华人民共和国开展合作是白俄罗斯对外政策中的优先级向量之一。发展两国之间的战略伙伴关系完全符合国家的长远利益，目的在于相互加强国际立场，促进可持续发展，提高两国的经济竞争力。我们相信，落实这些办法和大有可为的措施可以进一步推动白俄罗斯与中国之间在政治、贸易、经济、信贷、投资和地区间合作等方面的发展，从而增进两国之间的友谊和两国人民的福祉。

白俄罗斯和中国：21 世纪的命运共同体
Belarus and China: a Community of Future for the 21st Century

［白俄罗斯］韦尔盖奇科·谢尔盖（Siarhei Viarheichyk）

韦尔盖奇科·谢尔盖，白俄罗斯共和国驻华参赞（2015—2019 年）。

［摘　要］相互信任以及历史、政治和经济的共同性是中白两国人民构建命运共同体的基础；相似的历史经历构成了两国合作交流的历史基础；共同的社会发展方向为两国开展合作提供了政治制度保障；不断扩大的交流合作使两国的经济往来愈加紧密。

作为白俄罗斯驻华外交人员，我有幸成为白中两国间一系列重要事件的见证者。很早以前，我的生活就与中国关联起来。最初，我是对复杂而有趣的汉语产生了兴趣，并于 2004 年到北京进行学习。其后，我又曾两度在白俄罗斯驻华大使馆工作（共约 7 年半时间），此间白中两国均发生了巨大变化，这让我有机会可以客观地分析两国关系的发展历程。中国的文化、历史及独特性给我留下了深刻印象，中国不仅在我个人生活中留下了不可磨灭的痕迹，甚至也影响了我亲属的生活选择。

我对中国的最初印象源自汉语学习，源自中文旧报刊阅读以及与曾到访过中国的朋友之间的交谈。2007 年之后，我先后在白俄罗斯外交部地区司及白俄罗斯驻华大使馆工作，直接参与了发展白中两国关系的相关工作。

目前，白中两国关系达到了两国关系史上的最高水平。然而，我们经常听到的问题是白中两国关系如何达到这一水平以及为何能够达到这一水平？众所周知，白中两国国土面积、人口数量差异巨大（白俄罗斯领土面积约 20.7 万平方公里，相当于中国的陕西省或湖南省面积；人口仅有 950 万，与中国海南省或深圳市人口相当）；两国相距 6000 多公里，没有共同的边界；两国文化迥异。我曾经的领导、白俄罗斯共和国驻华特命全权大使基里尔·鲁德于 2018 年 4 月在北京师范大学作演讲时曾从历史、政治和经济三方面谈及了白中两国人民为何有许多共同点、为何拥有共同的命运以及为何同向而行的三点原因。

一、历史

我们两国的历史有许多相似之处,如均遭遇过外部侵略、在通往国家独立的道路上进行过艰苦探索、致力于建设社会主义、追求国家的复兴和繁荣。

第二次世界大战在白中两国的历史上都留下了深刻而悲惨的印记。白俄罗斯曾被希特勒德国侵占 3 年之久,白俄罗斯人民在战争期间为自己的每一寸土地而战,约 1/3 的白俄罗斯人丧失生命。1944 年 7 月 3 日白俄罗斯获得解放,7 月 3 日也由此成为现代白俄罗斯的独立日。白俄罗斯现代历史学家明确指出,中国公民参与了白俄罗斯被占领土上的游击战,中国女孩朱敏(朱德元帅的女儿)的故事广为流传。1941 年,朱敏与其他伊万诺夫国际儿童院的学生在被法西斯侵略者占领的白俄罗斯苏维埃社会主义共和国领土上生活,她在那个动荡的年代蒙受苦难的同时,给苏联游击队提供了必要的帮助。① 中国老一辈人通过《红樱桃》那部电影了解了她的事迹。为了纪念其功绩,白俄罗斯方面曾两次授予朱敏勋章("白俄罗斯解放 60 周年"勋章和"白俄罗斯解放 65 周年"勋章)。遗憾的是,朱敏于 2009 年 4 月(白胜利日之前)去世,其勋章被转交给其家人。具有深刻象征意义的还有前中国大使曾获得"白俄罗斯解放 75 周年"勋章。②

苏联红军中的许多白俄罗斯人曾帮助中国人民战胜日本军国主义,1939 年苏联飞行员保卫中国领空的壮举、1945 年 8 月苏联红军帮助中国解放中国东北的历史是举世皆知的。我的爷爷韦尔盖奇科·彼得曾是远东第一方面军独立摩托车旅的一名战士,在中国东北地区参加了对日本关东军的战斗,为中国解放斗争作出了自己的贡献。他也是为白俄罗斯独立而战的反法西斯同盟和反军国主义同盟的一员。白俄罗斯解放时他年仅 19 岁,应召参加红军。1944 年,他参加了柯尼斯堡战役,其后又参加了远东的战斗。此外,白俄罗斯人也铭记南京大屠杀这一事件,当时几十万中国平民死亡。我本人出生在首都明斯克近郊的特罗斯特内兹村(该村庄因紧邻德国设立的纳粹集中营而为世人所熟知),法西斯分子曾在集中营里烧死来自欧洲各国的 20 余万人。对战争的悲惨记忆塑造了我们两国人民爱好和平的性格。

二、政治

中国是最早承认白俄罗斯共和国独立的国家之一,1992 年 1 月两国建立了外交

---

① https://hist.bsu.by/faculty/novosti-fakulteta/2933-krasnaya-vishnya-chzhu-min-doch-marshala-chzhu-de.html,2019 年 5 月 17 日。

② http://china.mfa.gov.by/ru/embassy/news/cfb3f43ee9da738c.html,2019 年 5 月 17 日。

关系。白俄罗斯总统亚历山大·卢卡申科和中国国家主席习近平是好朋友,相近的政治观点、趋同的价值判断将他们两人连接到一起。白俄罗斯和中国被称为"铁哥们",① 两国领导人紧密的个人关系及每年举行的最高级别会晤营造出了良好的政治氛围,打造出两国相似的发展之路。

2016年9月,白俄罗斯和中国决定建立相互信任、合作共赢的全面战略伙伴关系。② 双方没有止步于已取得的成就,而是持续发展外交关系。随着双方合作的不断增强,白俄罗斯驻华大使馆的外交官人数不断增加,白俄罗斯在中国主要地区开设总领馆(2010年在上海开设;2018年在广州开设;2020年拟在重庆开设)。③

白中两国在国际组织(联合国、上海合作组织、亚信会议)框架内的相互支持也是白中两国全面战略伙伴关系的例证;白俄罗斯是中国与中东欧国家合作机制的观察员国;白俄罗斯支持中国"一带一路"倡议,该倡议与白俄罗斯总统提出的"加速一体化进程"高度契合;白俄罗斯是欧亚经济联盟和东欧的重要组成部分,此外,白俄罗斯具有集装箱运输枢纽的区位优势,欧亚大陆上的多边贸易也由此更加活跃。

三、经济

鉴于白俄罗斯与中国的经济体量差异巨大,专家通常更重视两国经济的质量。根据世界银行的数据,2018年,白俄罗斯人均国内生产总值以购买力平价计算为19960美元,在世界各国中位居第71位,中国的这一数值为18210美元,位居第77位,这表明白中两国均为中等收入国家。另一个重要的经济指标是全球营商环境排名,根据2019年全球营商环境排名数据,白俄罗斯位居第37位(2018年为第38位),中国位居第46位(2018年为第78位)。如上所述的经济相似性及经济特点使两国能够共同发展并沿着相同道路前行。

2010年以来,两国一直在推动规模巨大的合作项目,即中白巨石工业园项目。该工业园占地112.5平方公里,享受特殊的法律制度安排。该园享有的税收优惠制度可持续至2062年,这在其他国家是没有的。该园生产的产品可在俄罗斯及欧亚经济联盟其他成员国市场上销售,迄今已有56家企业入园,不仅有白中两国的企业,

---

① https://www.sb.by/articles/lukashenko-belarus-i-kitay-zheleznye-bratya.html,2019年5月17日。
② http://president.gov.by/ru/news_ru/view/vstrecha-s-predsedatelem-vsekitajskogo-komiteta-narodnogo-politicheskogo-konsultativnogo-soveta-kitaja-juj-14530/,2019年5月17日。
③ https://www.belta.by/politics/view/genkonsulstvo-belarusi-otkroetsja-v-kitajskom-chuntsine-v-2020-godu-355956-2019/,2019年5月17日。

还有来自俄罗斯、美国、欧盟和以色列的企业。2019年7月2日，在巨石工业园举行了"一带一路"区域合作发展论坛，该论坛强调了巨石工业园是融合欧洲和亚洲经济利益的平台，是"一带一路"上的明珠。①白中两国均致力于将工业园发展成为"一带一路"国际合作空间中最具竞争力的平台，目前我们正在研究在工业园实行离岸交易的可能性，并将交易向中国、欧盟等国开放。

白中两国每年货物与服务贸易额为35亿—40亿美元。据白俄罗斯统计数据，2018年白俄罗斯对华出口额为4.82亿美元，进口额为31.58亿美元，白对华贸易逆差为27亿美元（逆差的主要原因是白方不仅需要自华采购消费品，还需采购白中联合企业的配套设备）。②

白中还实施大规模的基础设施项目。得益于中方贷款及在白的中国企业，白能源、道路建设、水泥及木材加工等行业均实现了现代化，首都明斯克还建有北京饭店。当然，也存在一些不太成功的项目。现在，白中两国都在改变增长模式，从以数量为重转向以质量为先，因此2016年两国国家领导人决定将两国合作的优先方向由信贷改为投资——投资巨石工业园。如果考虑到直接投资与GDP的相互关系，那么中国对白投资巨大，在过去3年内约投资4亿美元。③

2007年以来，中国一直向白俄罗斯提供无偿技术援助。在过去的12年内，双方完成了总价值达1.25亿美元的8个项目，并正在继续落实总额为9500万美元的其他项目，即在12年时间里，白俄罗斯共获得总额达2.25亿美元的中方技术援助。④到2023年，我们将使用中方的无偿援助在白首都建造国家足球体育场和符合国际标准的游泳馆，为落实上述项目，中方将向白方提供2.25亿美元资金⑤。如此宏伟而雄心勃勃的项目将成为中国在欧洲的标志性项目。

白中两国的服务贸易在数量和质量上也达到了新的水平。2018年在中国举行了白俄罗斯旅游年活动；白俄罗斯与中国大陆签署了互免签证协定（中国公民可在30日内在白境内短期停留），白俄罗斯与香港和澳门地区也签署了互免签证协定；白俄罗斯为中国游客修建了基础设施，在诸如机场、银行、博物馆、商店等地添加中

---

① https://industrialpark.by/novosti/2019/v-industrialnom-parke-velikij-kamen-sostoyalsya-pervyj-forum-po-regionalnomu-sotrudnichestvu-i-razvitiyu-v-ramkah-iniciativy-poyas-i-put.html，2019年5月17日。
② http://dataportal.belstat.gov.by/AggregatedDb，2019年5月17日。
③ https://www.belta.by/economics/view/rudyj-bezopasnost-i-prozrachnost-prichiny-po-kotorym-biznes-knr-vybiraet-put-cherez-belarus-353356-2019，2019年5月17日。
④ http://www.ctv.by/rastyot-belorusskiy-eksport-v-kitay-menyaetsya-ego-struktura-intervyu-s-poslom-belarusi-v-knr，2019年5月17日。
⑤ http://www.ctv.by/rastyot-belorusskiy-eksport-v-kitay-menyaetsya-ego-struktura-intervyu-s-poslom-belarusi-v-knr，2019年5月17日。

文标识，打造中文环境；北京至明斯克已开设有直航，还开设了兼有白俄罗斯传统菜肴和中餐的餐厅，此外，白方还为中国游客打造了专属的旅游路线。

2019年是白中两国教育年。双方签署了新版的互相承认教育证书和学位证书的政府间协议；① 白中两国正在实施的教育项目超过200个，每年有超过2100名中国学生进入白高校学习，最受欢迎的专业为经济、法律、计算机、音乐。对于中国学生而言，安全、花费低廉、教学质量高、有机会在白中企业就业是在白俄罗斯学习的最主要优势。目前，在白俄罗斯共开设有4所孔子学院和7间孔子课堂，白俄罗斯国立大学孔子学院已经作为示范孔院。有近800名白俄罗斯学生在中国高校学习，设有白俄罗斯研究中心的高校有：北京第二外国语学院、天津外国语大学、华东师范大学（上海）和四川大学。不久前，中国开设了白俄罗斯语教学课程，这一切均表明中国人民希望了解白俄罗斯这一遥远国家的民族心态和文化的良好愿望。

总而言之，白中两国人民命运共同体的基础不是彼此之间的差异，而是彼此间的相互信任，是彼此之间历史、政治和经济的共同性。

---

① http://china.mfa.gov.by/ru/embassy/news/e32659c18260e237.html，2019年5月17日。

新中国史通史研究及其编纂方法

Research on the General History of New China History and Its Compilation Methods

宋月红（Song Yuehong）

宋月红，中国社会科学院当代中国研究所理论研究室主任，兼研究所机关党委副书记；政治学博士，研究员，博士生导师、博士后合作导师。主要从事中共党史、国史研究，以及西藏研究、台湾问题研究。中华人民共和国国史学会常务理事，中国社会科学院马克思主义史学理论论坛秘书长。代表性著作有《中华人民共和国史研究的理论与方法》（第一作者）、《当代中国政治发展史论》《当代中国的西藏政策与治理》等。曾获中国社会科学院优秀科研成果著作二等奖、论文三等奖。享受国务院政府特殊津贴。

[摘　要] 在马克思主义国家观和历史观的指导下，国史通史研究和编纂围绕关于新中国的国家理论，构建并形成国史观、国史理论和国史研究理论。国家观与历史观辩证统一，互为思想认识基础与前提。关于新中国的国家理论，是关于什么是新中国、如何建设和发展新中国的政治理论与历史理论的有机统一。国史观是关于国史的基本立场、观点和方法，属于历史哲学范畴，国史理论则是历史哲学基础上关于国史的理论形态，并指导国史研究理论发展。中国共产党的领导和执政，是国史通史的本质内涵与特征。适合中国国情的社会主义发展道路、基本制度、理论与实践，是国史通史的基本要义与内核。世界是相互联系的整体，中国与世界的关系是国史通史的重要成因、内涵与构成。在国史通史研究和编纂的学科结构与布局中，应从社会基本矛盾入手，把整个国史内涵分为经济基础与上层建筑两大部类，同时加强国史理论研究、党史党建研究、制度史研究和改革开放史研究，积极构建中国特色和时代意义的国史编纂学，不断形成和发展国史特别是国史通史研究和编纂体系。

新中国史，是正在发展着的活的历史，波澜壮阔，丰富多彩，不断进步。研究和编纂国史，不仅需要国史的阶段史、时期史、专门史和专题史，而且更需要国史的全部历史、整体历史，特别是反映和揭示国史的主题与主线、主流与本质的历史，具体则集中表现为国史通史。从严格意义上说，国史主要是指国史通史。国史通史研究和编纂具有基础性、战略性和根本意义，其学理基础蕴涵着深远的历史思维、哲学思维及其思想理论体系，研究和编纂方法也具有总体性、多重性和综合性。在马克思主义国家观和历史观的指导下，国史研究和编纂围绕关于新中国的国家理论，构建并形成国史观、国史理论和国史研究理论。

一、新中国史通史的基本内涵与特色

国史是新中国历史发展中活的社会有机体，应主要从新中国的社会形态、社会性质、社会主要矛盾，以及新中国的国体与政体、道路与制度、理论与实践的结合中认识和研究。其一，即使是国史的政治史、经济史、文化史、社会史和外交史等，如果不从国家建设和发展的整体性出发，不把各专门史、专题史融合起来，特别是不以国史的主题、主线、主流与本质加以贯通，也仅仅是国史的构成。其二，在内涵与结构上，国史主要是指中央以及中央与地方之间关系的历史，也包括地方史中具有典型代表性、国家意义的历史，如反"藏独""疆独"史等。它与地方史相互联系而不可分割，但不是地方史、部门史的单一性、机械性的集合。其三，国史是时刻在向前发展和贯通的，只有进行时而没有完成时。而且，国史的专门史在某些时段可能会中断或终结，但国史则始终是在变化发展和进行之中的。其四，一般来说，通史的种类有多种，如专门史等也可以有"通史"，但这样的通史终究还是纵通性或时间段性的专门史，而非整体性、一体化的通史。因此，对于国史，既不能认为国史通史是不存在的，也不能认为一次性就能完成国史通史的研究和编纂。

国史使历史与现实最为紧密地结合在一起，国史问题是历史问题，更是政治问题。研究和编纂国史通史，是国史自身不断发展所决定的，是国史所蕴含的共产党执政规律、社会主义建设规律和人类社会发展规律所规定的。国史通史在历史内涵与历史进程上既是"全面"的、又是"贯通"的。研究和编纂国史，以"体"和"用"观之，国是"体"，史则是"用"，旨在通过国家历史，由史迄今乃至未来，以国为本、以史为鉴，认识和研究国家是什么、当今怎么样和未来怎么办。不仅如此，在历史研究和编纂中，一方面，分期问题既是历史问题，又是认识问题。古代史和近代史的分期一般称为"断代""断限"，而当代史的分期则主要是指同一个时代的"时期""阶段"等，因为当代史的阶段性与连续性、继承性与发展性的统一更加鲜明，更富有时代特色。

新中国成立以来，国史与中共党史同向融合、与时俱进。国史通史的研究和编纂随着中共党史研究的发展而趋向成熟。具有代表性的研究成果主要是：（1）胡乔木著《中国共产党的三十年》[①]。1951年是中国共产党成立30周年、新中国即将成

---

① 胡乔木：《中国共产党的三十年》，《人民日报》1951年6月22日。

立3周年。该著记述了中国共产党30年历史,其中涵盖了新中国成立初期3年的国史,并融入30年党史国史的基本总结之中,由此也开创了国史通史研究和编纂与中共党史研究的有机结合。(2)党的十一届六中全会通过《关于建国以来党的若干历史问题的决议》[1]。这一决议将新中国成立以来32年历史追溯到新中国成立以前的28年党史,把新中国前和后的党史国史内在地结合和统一起来,同时概括性地总结了党的十一届三中全会开启改革开放最初3年的历史经验,也把改革开放前和后的党史国史联系、拓展与深化开来,并推向未来发展。(3)《当代中国》大型丛书。该丛书以新中国省制史、行业史、领域史和部门史为基础,上溯古代和近代,下至20世纪80年代改革开放,系统性地研究和编纂了党和国家事业的历史渊源、创立与发展,各卷集合起来,就成了首部比较严格意义上的国史通史。(四)当代中国研究所著《中华人民共和国史稿》(5卷)[2]。该著概述了新中国自1949年10月1日开国到1984年10月20日党的十二届三中全会通过《中共中央关于经济体制改革的决定》[3],即从新中国成立到加快以城市为重点的经济体制改革35年间的国史。上述成果为国史通史的研究和编纂奠定了重要基础。但是,正式的国史通史还尚未完整地确立起来。而且,国史是正在发展的,国史发展到哪里,国史通史不仅应从内涵上、时段上贯通到哪里,而且还应在学科上既融通于又相对独立于中共党史研究,构建起研究和编纂国史通史的学理和学术规范,并不断成熟和完善其理论体系和方法论体系。

国史以中国共产党、中国人民和中华民族为历史发展主体。研究和编纂国史通史,既需要从整体、全局和深远意义上,又需要从基础和根本意义上,描述国史的总体面貌和历史进程,具体地、历史地认识和把握国史发展及其历史与逻辑关系,把国史同中共党史统一于中华民族发展史乃至人类社会发展史之中,揭示国史发展的主题与主线、主流与本质,探寻国史发展的经验与规律,展望国家发展前景和总趋势。

中国共产党的领导和执政,是国史通史的本质内涵与特征。没有共产党就没有新中国。中国共产党领导全国各族人民成立新中国,奠基、开创和发展中国革命、建设和改革开放事业。新中国成立以来,党从领导人民为夺取全国政权而奋斗的党,成为领导人民掌握全国政权并长期执政的党,又从受到外部封锁和实行计划经济条件下领导国家建设的党,成为对外开放和发展社会主义市场经济条件下领导国

---

[1] 《总结经验,团结前进! 十一届六中全会在北京举行 全会一致通过〈关于建国以来党的若干历史问题的决议〉》,《人民日报》1981年6月30日。
[2] 当代中国研究所:《中华人民共和国史稿》,当代中国出版社2012年版。
[3] 《十二大以来重要文献选编》(中),人民出版社1986年版,第558—587页。

家建设的党。归结起来,"中国特色社会主义最本质的特征是党的领导,最大的优势也是党的领导"①。党的领导和执政是新中国建设和发展的根本历史逻辑、政治逻辑、理论逻辑和实践逻辑。党的领导和执政、党的建设和发展、新中国的建设和发展"三位一体",既是党史又是国史的总主题。

"人民是历史的创造者"②,马克思主义唯物史观指导下的人民史观是国史通史的根本政治立场和哲学基础。新中国以人民民主专政为国体,以人民代表大会制度为政体,国家的一切权力属于人民,"人民民主是社会主义的生命"③。在这个意义上说,国史就是中国人民掌握自己命运、建设自己国家的历史进程。研究和编纂国史,可以是某一历史事件的纪事本末,也可以是某一历史人物的生平思想业绩,但这些事件和人物无不产生于人民群众的广泛社会实践和生产生活之中,无不来自人民群众的意志和利益,或与之相联系。研究和编纂国史特别是通史,必须尊重人民的历史主体地位和首创精神,将人民史观贯穿始终,深刻揭示党与人民群众、与中华民族的关系。

适合中国国情的社会主义发展道路、基本制度、理论与实践,是国史通史的基本要义与内核。只有社会主义才能救中国,只有中国特色社会主义才能发展中国。中国共产党探求救国救民的真理,建设和发展社会主义新中国,相继开辟了"符合中国实际的新民主主义革命道路、社会主义改造和社会主义建设道路、中国特色社会主义道路"④,不断把社会主义现代化建设事业推向前进。新中国的社会形态、社会性质和社会主要矛盾,蕴涵着社会主义发展道路、基本制度、理论与实践的历史必然性和规律性。这些虽然可以通过局部的、阶段性的历史加以反映,但唯有以新中国全部的和整体的历史,以及正在发展着的历史,才能完整体现、充分展示,并不断揭示其历史价值和深远意义。

世界是相互联系的整体,中国与世界的关系是国史通史的重要成因、内涵与构成。马克思、恩格斯说:"各民族的原始封闭状态由于日益完善的生产方式、交往以及因交往而自然形成的不同民族之间的分工消灭得越是彻底,历史也就越是成为世界历史。"⑤新中国独立自主、自力更生,推动自己和世界和平发展、交流互鉴,反对霸权主义和强权政治,不仅深刻改变着自己的前途命运,而且深刻影响着世界

---

① 《〈关于新形势下党内政治生活的若干准则〉〈中国共产党党内监督条例〉辅导读本》,人民出版社 2016 年版,第 192 页。
② 《习近平谈治国理政》,外文出版社 2014 年版,第 5 页。
③ 《习近平总书记系列重要讲话读本》,学习出版社、人民出版社 2014 年版,第 76 页。
④ 《习近平关于实现中华民族伟大复兴的中国梦论述摘编》,中央文献出版社 2013 年版,第 25 页。
⑤ 《马克思恩格斯选集》第 1 卷,人民出版社 1995 年版,第 88 页。

历史发展进程，推进中华民族伟大复兴和世界社会主义、人类社会发展进步。研究和编纂国史通史，不仅要把国史与世界史相互联系和比较，而且需要把世界史作为国史发生、发展的时代背景和国际环境条件。历史车轮滚滚向前，时代潮流浩浩荡荡。只有将一个国家和民族的历史与人类社会发展相联系，才能透视出人类社会历史发展的本质和时代发展的方向。

国史通史既具有一般通史的基础性、普遍性和规律性，又具有自身特殊性、时代性和前沿性。国史通史是历史的，又是现实的，也是在继承与发展中与时俱进、通向未来发展的。国史通史是国史的阶段性与连续性、局部性与整体性、地方性与国家性的辩证统一，进而具体地、历史地揭示马克思主义中国化和社会主义现代化建设事业，以及新中国的物质文明、政治文明、精神文明、社会文明和生态文明建设及其相互关系。

二、关于新中国史通史的"八重"研究和编纂法

在历史研究和编纂中，我国古代史学有史德、史才、史学、史识之说，近代则在考古学和考据学上倡导"二重证据法"或"三重证据法"，将"纸上之材料"与"地下之新材料"相互印证，或曰"取地下之实物与纸上之遗文互相释证"，"取异族之故书与吾国之旧籍互相补正"，"取外来之观念，与固有之材料互相参证"。[①] 现当代以来，马克思主义历史科学在中国传播和发展，推动中国史学研究以唯物史观为指导，在建设和发展历史哲学、历史理论的基础上，丰富和发展治史观念和方法。

国史、国史研究的综合性也决定了国史通史研究和编纂的多重性。概括起来，国史通史具有如下相互联系、交叉融合的"八重"研究和编纂法。

（一）中华民族史总体法

在党的领导下，中国人民、中华民族共同缔造了新中国，开辟并不断推进中华民族伟大复兴的新纪元和新进程，实现中华民族从站起来、富起来到强起来的伟大飞跃。新中国的国史就是中国人民、中华民族的创业史、奋斗史和发展史，是中国人民、中华民族对人类社会发展进步作出新的更大贡献的历史。新中国的国史蕴涵于中华文明、中华民族精神之中，而中华文明是中国人民创造的，中华民族精神是中国人民培育的。研究和编纂中华民族发展史，实质上就是研究和编纂中华文明史、中国人民发展史。新中国是一个统一的多民族国家，各民族平等团结互助和谐、共同团结进步和繁荣发展。从中华民族史研究和编纂国史通史，有利于将中华

---

① 陈寅恪：《王静安先生遗书序》，《金明馆丛稿二编》，上海古籍出版社1980年版，第219页。

民族自古以来的发展史、中华各民族的发展史统一于国史，巩固和增强中华民族共同体意识，为中华民族伟大复兴提供深厚的历史根基和精神动力。国史是中华民族共同缔造的，中华民族是国史的主体力量，同样国史也是需要中华民族共同编纂的。特别是在祖国尚未完全统一的条件下，从中华民族史研究和编纂国史，有利于从历史上、从国家主权和领土完整上充分阐明"台湾自古以来是中国不可分割的一部分""两岸同属一个中国""台湾人是台湾人、也是中国人"，坚决反对和抵制"台独"，为推进祖国和平统一大业提供历史、政治、理论和实践基础。

（二）新旧中国对比法

国史的历史与逻辑起点在于，新中国之新从何而来、新在哪里。历史地看，一是近代以来的旧中国处于半殖民地半封建社会。二是为创建新中国而奋斗的新民主主义革命。新中国的成立，彻底结束了旧中国腐朽、落后的社会形态，由新民主主义过渡到社会主义，并将新中国建设成为社会主义社会。对比新旧中国，根据历史由旧到新的变革，深刻揭示新中国坚持党的领导、走社会主义道路的历史必然性和规律性。新中国的"新"，关键在于社会形态的变革、社会生产力的解放和发展、社会制度的先进性。新中国的"新"又是在不断发展和与时俱进的，而不是停滞不前的。新旧中国对比，有利于透过新中国成立以来建设和发展的历史进程和成就，总结历史经验和发展规律，揭示新中国历史发展的主流与本质，展望新中国社会主义现代化建设的前景，把新中国的昨天、今天和明天联系和贯通起来。

（三）改革开放前后历史时期统一法

改革开放是新中国成立以来党和国家历史上具有深远意义的伟大转折，改革开放以来的历史是开创和发展中国特色社会主义的历史。改革开放前后两个历史时期，既相互联系又有重大区别，但本质上都是党领导人民进行社会主义建设的实践探索。在研究和编纂国史中，坚持和贯彻唯物辩证法，把改革开放前后两个历史时期乃至国史的阶段性与连续性辩证统一起来，同时彰显改革开放是当代中国发展进步的关键一招，进而阐明只有改革开放才能发展中国、发展社会主义、发展马克思主义，坚持和发展中国特色社会主义是当代中国发展进步的根本方向。把改革开放前后两个历史时期统一起来，国史就在根本和实质意义上实现了贯通和融通。否则，所谓的国史通史也只能是历史的"组装"和"拼凑"，失去了其历史的真实面貌、内涵与精神实质。"中国特色社会主义在改革开放中产生，也必将在改革开放中发展壮大。"[①] 改革开放前后两个历史时期的统一，就是奠基、开创和发展社会主义的国史通史，是坚持和发展中国特色社会主义的国史通史。

---

① 《习近平关于全面深化改革论述摘编》，中央文献出版社2014年版，第1页。

（四）"五位一体"统筹法

新中国从20世纪50年代生产资料私有制的社会主义改造基本完成到社会主义现代化的基本实现，处于并将长期处于社会主义初级阶段。[①]这是新中国的基本国情和最大实际，也是建设中国特色社会主义的总依据，总体布局则是"五位一体"，即经济建设、政治建设、文化建设、社会建设和生态文明建设。它遵循社会主义初级阶段基本路线，蕴涵中国特色社会主义道路、理论体系、制度和文化。"五位一体"这一结构体系中，"五位"涵盖了国史的基本构成，"一体"则反映了国史的基本逻辑关系。只有"五位"而没有"一体"，国史则成为"条条块块"的分布而彼此不相"通"。统筹"五位一体"研究和编纂国史，有利于将历史的点与面、纲与目结合起来，鲜明地反映和揭示其主体与脉络、内在机理与逻辑。

（五）思想、制度和实践融合法

历史是人类社会的思想认识、社会制度和生产生活实践的过程，主要表现为思想史、制度史和实践史。思想史、制度史和实践史是相互联系的。思想史来自生产生活，但历史上产生的思想超前或滞后，都不能转化为社会实践而成为真正意义上的历史；制度史也产生于思想和社会活动，但制度既有实然的，又有应然的，不一定全部存在或作用于社会实践。历史归根结底是生产生活史。只有思想史或制度史，历史都是单一、片面或残缺的。研究和编纂国史通史，当然包括思想史、制度史和实践史，特别是三者的融合，才是生产生活的历史，也才是真实意义上的国史。研究和编纂国史通史，要把马克思主义中国化、优秀传统文化在新中国的创造性转化和创新性发展，以及中华文明在当代中国对人类一切先进文明的吸收借鉴，与新中国的社会制度、体制机制和中国共产党领导全国各族人民进行的中国革命、建设和改革的伟大实践，融为一体，贯通于新中国的社会形态、社会性质和社会主要矛盾之中，并统一于人民群众不断广泛而深入的生产生活。

（六）中央与地方关系互动法

新中国的国家机构实行民主集中制原则，在中央的统一领导下，充分发挥地方的主动性、积极性。行政区域划分中，全国分为省、自治区、直辖市，以及香港、澳门特别行政区，省、自治区分为自治州、县、自治县、市，县、自治县（旗）分为乡、民族乡、镇。国史中的中央与地方的关系主要是指中央国家机构与省、自治区、直辖市和特别行政区的关系。中央与地方关系史，是我国传统史学研究的重要领域，也应是国史研究和编纂的一条基线。新中国实行单一制的国家结构形式，中央与地方关系史中既有普遍性，是国史的重要内容，同时又有地方特殊性，其中具

[①]《中国共产党章程》，人民出版社2012年版，第3页。

有国史性和国史意义的历史则属于国史或与国史相联系。除中央国家机构的理论与实践外，如成立新中国时全国各地的解放和政权建立，地方工作和行业发展中的经验在全国的试行和推行，改革开放历史进程中在地方的试点及其在全国的推广，实现祖国统一大业中的香港、澳门回归，以及反分裂国家的理论、政策与实践等，在一定意义上构成了国史的基本脉络。在国史研究和编纂中，将中央与地方关系互动起来，有利于推进国家行政建制史、祖国统一大业史、社会生活史和历史地理等的研究，进一步丰富、完善和发展国史的内涵与特点。

（七）中国和世界比较法

根据马克思关于世界历史的思想，立足中国，面向世界，把中国的历史、现实和前途命运置于人类社会历史发展、人类命运共同体和世界社会主义发展之中。在国史中，把中华文明与人类文明充分结合起来，探寻中国与世界文明交流互鉴，特别是社会主义先进文明发展的历史必然性和根本动因。既要描述新中国的外交史、对外国际关系史，又要讲述国际经济和政治秩序以及新中国在世界治理体系中的地位与作用。同时，在经济全球化及其比较中，探讨新中国在世界历史和现实中的经济社会发展阶段与水平，从历史大视野中分析新中国发展道路和制度的优势与特点，彰显新中国的独立自主与和平发展。发展海外中国学，讲好中国故事，传播好中国声音，推动人类命运共同体建设。

（八）党史国史一体法

中共党史与国史的历史逻辑、理论逻辑是辩证统一的。在近现代中国历史发展中，国史是这一历史的基核，中共党史则是这一历史的内核。党史国史的融合和贯通，不仅构成国史通史的基本内涵，而且彰显了国史通史的本质特征。在国史通史研究和编纂中，把党史、国史结合起来，以党史研究引领和推动国史研究，推动哲学社会科学一体化、系统化地构建党史国史的价值体系、理论体系和学科体系。同时，遵循国史研究的规律与特点，推动国史研究科学化、规范化，该党史的突出党史研究，而该国史的则要着重国史研究，推动国史研究与党史研究既相互联系又区别开来。

在国史通史研究和编纂的学科结构与布局中，应从社会基本矛盾入手，把整个国史内涵分为经济基础与上层建筑两大部类，同时加强国史理论研究、党史党建研究、制度史研究和改革开放史研究，积极构建中国特色和时代意义的国史编纂学，不断形成和发展国史特别是国史通史研究和编纂体系。

唯物史观在新中国创建前后的创造性运用和发展
The Creative Application and Development of Materialist Conception of History before and after the Construction of People's Republic of China

金民卿（Jin Minqing）

金民卿，研究员，博士生导师，现任中国社会科学院近代史研究所党委书记、副所长。中宣部文化名家暨"四个一批"人才、国家"万人计划"哲学社会科学领军人才，享受国务院政府特殊津贴专家，国家监委特约监察员，全国党建研究会特邀研究员，中央"马工程"项目首席专家，中国历史唯物主义学会副会长。主要研究领域为：马克思主义中国化、毛泽东生平与思想、文化与意识形态、中共党史党建、中国近现代史。出版《马克思主义中国化的思想逻辑》《马克思主义中国化思想史论》《青年毛泽东的思想转变之路》等14部学术著作，在《人民日报》《光明日报》《求是》《马克思主义研究》等发表论文近200篇。

［摘　要］在新中国创建前后这个新旧政权更替、新旧制度变革的重大历史时期，以毛泽东为代表的中国共产党人，运用唯物史观的社会基本矛盾理论、阶级斗争理论、历史主体理论、意识形态反作用理论等，分析中国革命的原因和经验，丰富和发展了马克思主义的社会革命学说；运用唯物史观的国家本质理论、国家功能理论、国家消亡理论、无产阶级专政理论等，创立中国化的无产阶级专政即人民民主专政理论，丰富和发展了马克思主义的国家学说；运用唯物史观的革命性质理论、社会发展阶段理论、社会发展道路理论、过渡时期理论等，形成中国化马克思主义的过渡时期理论和中国社会主义革命道路理论，丰富和发展了马克思主义的社会主义学说。

马克思主义中国化的关键，就是中国马克思主义者独立自主地把马克思主义基本原理同中国具体实际和时代特征进行创造性的结合，实现实践创新和理论创新。马克思主义发展史上的一个带有规律性的现象，就是马克思主义的某些重要观点在特定历史条件下被提到前沿加以突出强调和运用。列宁指出："不同的历史时期时而特别突出马克思主义的这一方面，时而特别突出马克思主义的那一方面……把注意力主要放在这一方面或那一方面，并不取决于主观愿望，而取决于总的历史条件。"① 新中国成立是一个划时代意义的大事件，根本扭转了近代以来中国发展的方向，推动"中国的历史，从此开辟了一个新的时代"②，迎来中华民族发展史上最广泛深刻的制度变革。在这个新旧政权更替、新旧制度变革的重大历史时期，马克思主义的唯物史观就被突出地提到了实践和理论前沿加以创造性运用和发展，形成了马克思主义中国化的一次理论创新高潮，产生了一系列影响深远的重大理论成果。

一、创造性地运用唯物史观的社会基本矛盾理论、阶级斗争理论、历史主体理论、意识形态反作用理论等，分析中国革命的原因和经验，丰富和发展马克思主义的社会革命学说

经过长期艰苦卓绝的革命斗争，中国共产党领导人民进行的新民主主义革命即将取得彻底胜利。当此之时，中国革命为什么发生、为什么取得胜利，成为一个需要认真总结和科学回答的重大理论问题，而正是在这个问题上，国内外一些反动势力发出错误声音并进行污蔑攻击，一些动摇分子出现模糊认识。为此，毛泽东在总结中国共产党28年基本经验、批判美国白皮书及艾奇逊书信的过程中，相继发表了《论人民民主专政》和《丢掉幻想，准备斗争》《别了，司徒雷登》《为什么要讨论白皮书？》《"友谊"，还是侵略？》《唯心历史观的破产》等系列评论，创造性地运用唯物史观的社会基本矛盾理论、阶级斗争理论、历史主体理论、意识形态反作用理论等，深刻剖析中国革命发生的深层原因和胜利的基本经验，在有力批判错误观点的同时，深化和丰富了新民主主义革命理论，实现了马克思主义社会革命理论方面的创新发展。

（一）揭露帝国主义侵略中国的历史和现实，批判美帝国主义者关于中国革命发生原因的错误观点，揭示动摇分子错误认识的历史观原因

面对中国革命胜利，广大人民群众分外高兴，而国际帝国主义者和国内反对派则十分生气。他们一方面为自己的失败作各种辩护，另一方面对革命发生和胜利的原因作错误分析。1949年8月5日，美国国务院发表的《美国与中国的关系》白皮书及艾奇逊给杜鲁门的信件就是代表。于是，毛泽东借助对它们的评论，揭露美帝国主义侵略中国的历史和现实，剖析美国对华政策的侵略本质，批判他们对中国革命的唯心主义解释，批评国内一些动摇分子对美帝国主义的错误认识及其原因，既对反对派给以有力回击，又以科学理论来武装教育人民。

---

① 《列宁专题文集：论马克思主义》，人民出版社2009年版，第299页。
② 《毛泽东文集》第5卷，人民出版社1996年版，第348页。

第一，从阶级实质和历史观的角度，批判艾奇逊关于中国革命发生原因的谬论。毛泽东指出，艾奇逊胡诌了一大篇中国近代史，把中国革命发生的原因归结为两个方面，"一因人口太多，二因西方思想的刺激"[①]。

艾奇逊讲的第一个原因是中国"人口太多了，饭少了，发生革命"[②]。国民党政府像过去的晚清政府一样，无法解决这么多人的吃饭问题，人民没有饭吃，于是就发生了革命；中国共产党将来也解决不了这个问题，"中国将永远是天下大乱，只有靠美国的面粉，即是说变成美国的殖民地，才有出路"[③]。然而，这完全是不符合历史和现实的。中国人民起来革命的原因，的确是因为没有饭吃，但绝不是因为人太多，而"完全是帝国主义、封建主义、官僚资本主义和国民党反动政府的残酷无情的压迫和剥削的结果"[④]。中国共产党在解放区的经济建设就解决了人民的吃饭问题，将来会解决得更好。

艾奇逊讲的第二个原因是，"西方的新观念输入了中国，引起了革命"[⑤]。近代以来西方人给中国带来了先进技术和文化，介绍了许多新思想，激起了中国人的"骚动和不安"，于是就发生了中国革命。毛泽东指出，中国革命之所以发生，"不是什么西方思想的输入引起了'骚动和不安'，而是帝国主义的侵略引起了反抗"[⑥]，因为帝国主义侵略导致了中国经济衰落和阶级斗争尖锐化，于是人民起来反抗帝国主义及其在中国的代理人，这才是中国革命的实质。

艾奇逊的谬论既反映了其资产阶级本质，也是其"资产阶级的唯心的历史观"的体现，这种唯心史观把革命发生的原因归结为人口问题和外在因素，而不是内部因素即中国社会基本矛盾，这是典型的人口决定论和外因决定论，既不符合历史常识，更严重违背了历史规律，是"无聊的伪造的因果论"[⑦]。

第二，从历史和现实的结合上揭露和批判帝国主义对中国的侵略。美国白皮书和艾奇逊的信件，在污蔑中国革命、掩饰自身失败的同时，掩饰和美化帝国主义侵略中国的历史和罪恶。从历史上来看，自从1840年帮助英国人进行鸦片战争开始，美帝国主义从来就没有停止过对中国的侵略，他们不仅在物质上而且在精神上侵略中国人民，"美帝国主义比较其他帝国主义国家，在很长的时期内，更加注重精神侵

[①]《毛泽东选集》第4卷，人民出版社1991年版，第1516页。
[②]《毛泽东选集》第4卷，人民出版社1991年版，第1510页。
[③]《毛泽东选集》第4卷，人民出版社1991年版，第1511页。
[④]《毛泽东选集》第4卷，人民出版社1991年版，第1511页。
[⑤]《毛泽东选集》第4卷，人民出版社1991年版，第1513页。
[⑥]《毛泽东选集》第4卷，人民出版社1991年版，第1513页。
[⑦]《毛泽东选集》第4卷，人民出版社1991年版，第1516页。

略方面的活动，由宗教事业而推广到'慈善'事业和文化事业"①。这种以宗教、慈善、文化为表面形式的精神侵略更具有欺骗性，应该把美帝国主义侵略中国的历史写成教科书来教育人民。

从现实上看，美国对华政策完全是帝国主义和殖民主义的政策。美国支持国民党发动内战的实质是"美国出钱出枪，蒋介石出人，替美国打仗杀中国人，借以变中国为美国殖民地的战争"②，这是美国在二战后在全世界实施侵略政策的重要组成部分。美帝国企图把中国变成其殖民地，但由于世界和平民主力量的发展，不能采取大规模的直接进攻政策，只能采取帮助国民党反动派打内战的方式，利用国民党反动派来统治中国。当然，这个侵略政策在中国人民的解放战争中彻底失败了。

第三，揭示国内动摇分子认不清美帝国主义本质、对美国抱有幻想的历史观根源。在中国革命即将胜利之时，美帝国主义并不甘心自己的失败，企图在中国寻找新的代理人。毛泽东在新政治协商会议筹备会上的讲话中指出，"帝国主义者及其走狗中国反动派对于他们在中国这块土地上的失败，是不会甘心的。他们还会要互相勾结在一起，用各种可能的方法，反对中国人民"③。于是，他们鼓动所谓的"民主个人主义"者走"中间道路""第三条道路"，企图在中国内部形成反对派，声称"中国悠久的文明和她的民主个人主义终于会再显身手，中国终于会摆脱外国的羁绊。对于中国目前和将来一切朝着这个目标的发展，我认为都应当得到我们的鼓励"④。这种鼓动的根本目的，就是"要推翻马克思列宁主义，推翻中国共产党领导的人民民主专政的制度"⑤。他们谎称，马克思列宁主义和人民民主专政制度是"外国的"，在中国扎不了根。

在美帝国主义的鼓动下，国内确实有一部分被艾奇逊称为"民主个人主义者"的人，因为阶级局限性和缺乏唯物史观的指导，不能够把作为统治阶级的美帝国主义分子同不当权的美国人民区分开来，被美帝国主义分子的某些甜言蜜语所欺骗，头脑中还残留着反人民的思想，成为人民中国的中间派或右派。毛泽东指出：这些人之所以在对美国统治者、国民党、苏联和中国共产党的认识上出现错误，陷入被动地位，"就是因为他们没有或不赞成用历史唯物主义的观点去看问题的缘故"⑥。为此，先进的中国人就应当用科学理论来教育和帮助他们，做好说服、争取、团结工

---

① 《毛泽东选集》第4卷，人民出版社1991年版，第1506页。
② 《毛泽东选集》第4卷，人民出版社1991年版，第1491页。
③ 《毛泽东选集》第4卷，人民出版社1991年版，第1465页。
④ 《毛泽东选集》第4卷，人民出版社1991年版，第1486页。
⑤ 《毛泽东选集》第4卷，人民出版社1991年版，第1488页。
⑥ 《毛泽东选集》第4卷，人民出版社1991年版，第1487页。

作,批评他们的动摇性和落后性,促使他们思想觉醒,站到人民大众方面来,成为革命的力量。

(二)运用社会基本矛盾理论和阶级斗争学说,揭示近代以来中国的经济基础变化和阶级斗争发展,分析中国革命发生的深刻根源和基本原因

在中国革命取得彻底胜利、革命发生发展过程中的各个内外矛盾都已充分暴露出来的时候,毛泽东坚持马克思主义的立场、观点和方法,全面分析中国革命与内外各方面的相互关系,诸如一百年来的中外关系尤其是中美关系、中苏关系,中国革命和世界革命的相互关系,国民党反动派和中国人民的关系等;深入研究中国革命中的各种因素,诸如中国各阶级、各阶层人民对帝国主义、封建主义、官僚资本主义的态度,各民主党派、各人民团体和各界民主人士在反帝国主义斗争中的态度,自由主义者或所谓民主个人主义者在整个对内对外关系中的态度,帝国主义政治酝酿和发动的新阴谋以及中国人民如何对付等。正是在这种复杂关系和多重因素的深入分析中,毛泽东揭示了中国革命发生的深刻根源。

第一,运用唯物史观的社会基本矛盾原理,分析中国革命发生的深刻根源。唯物史观认为,社会革命绝不是个人阴谋、外来力量影响、某种思想理论诱导的结果,而是社会基本矛盾发展所造成的历史必然。恩格斯在批评唯心史观时指出,历史发展"与其说是个别人物,即使是非常杰出的人物的动机,不如说是使广大群众、使整个整个的民族,并且在每一民族中间又是使整个整个阶级行动起来的动机;而且也不是短暂的爆发和转瞬即逝的火光,而是持久的、引起重大历史变迁的行动"[①]。这种深层次的动因就是社会基本矛盾,即生产力和生产关系、经济基础和上层建筑之间的矛盾运动。马克思指出:"社会的物质生产力发展到一定阶段,便同它们一直在其中运动的现存生产关系或财产关系(这只是生产关系的法律用语)发生矛盾。于是这些关系便由生产力的发展形式变成生产力的桎梏。那时社会革命的时代就到来了。随着经济基础的变更,全部庞大的上层建筑也或慢或快地发生变革。"[②] 就是说,生产力发展所引起的生产关系的变革发展到一定阶段,必然带来占支配地位的生产关系即经济基础的深刻变动,建立在经济基础之上并由其决定的上层建筑不可避免地要随之发生变革,这就是社会革命。

中国革命发生的原因,既不能从主观动机中去寻找,也不能从外在因素中去寻找,而必须从中国近代以来社会经济变化中分析。毛泽东指出,鸦片战争失败以来,"帝国主义的侵略刺激了中国的社会经济,使它发生了变化"[③],造成了中国的买

[①] 《马克思恩格斯文集》第4卷,人民出版社2009年版,第304页。
[②] 《马克思恩格斯文集》第2卷,人民出版社2009年版,第591—592页。
[③] 《毛泽东选集》第4卷,人民出版社1991年版,第1484页。

办制度、官僚资本，中国经济中出现了帝国主义直接经营的经济，官僚资本主义的买办经济，在帝国主义和官僚资本主义挤压中艰难生存的民族资本主义经济，以及受到严重冲击而陷于破产的农业经济，这些变化极大地改变了中国经济的基本结构和发展趋势。帝国主义的侵略，造成了中国半殖民地半封建社会的生产关系，严重阻碍中国社会生产力的发展，造成了中国经济的严重落后，人民生活处于水深火热之中，根本无法解决最基本的生存问题即"吃饭问题"。帝国主义的军事侵略，"加上政治上、经济上、文化上的侵略和压迫，造成了中国人对于帝国主义的仇恨，使中国人想一想，这究竟是怎么一回事，迫使中国人的革命精神发扬起来，从斗争中团结起来"①。这就是说，帝国主义的侵略造成了中国社会经济发生深刻变化，并由此而导致生产关系和社会思想的深度变革，这是中国革命发生的深刻原因和内在逻辑。

第二，运用唯物史观的阶级斗争理论，分析中国革命发生的直接原因。在阶级社会中，阶级斗争是历史发展的直接动力。"每一历史时代的经济生产以及必然由此产生的社会结构，是该时代政治的和精神的历史的基础；因此（从原始土地公有制解体以来）全部历史都是阶级斗争的历史，即社会发展各个阶段上被剥削阶级和剥削阶级之间、被统治阶级和统治阶级之间斗争的历史"②。阶级分析是马克思主义分析社会历史问题的金钥匙，是历史唯物主义的基本方法。毛泽东指出："阶级斗争，一些阶级胜利了，一些阶级消灭了。这就是历史，这就是几千年的文明史。拿这个观点解释历史的就叫做历史的唯物主义，站在这个观点的反面的是历史的唯心主义。"③在阶级社会中绝不能离开阶级斗争理论、丢掉阶级分析方法，否则就会在重大社会问题的分析上陷入错误。

用阶级斗争理论、阶级分析方法来看待中国革命，就能够把中国革命发生的原因看得十分清楚。近代以来，帝国主义侵略在给中国社会经济带来深刻变化、使中国日益陷入半殖民地半封建社会的同时，深刻改变了中国社会的阶级结构，出现了一大批新生的社会阶级。侵略造成了中国的买办制度、官僚资本，形成了半殖民地半封建社会条件下的买办阶级、官僚资产阶级，他们作为帝国主义的帮凶残酷压迫中国人民。随着近代中国民族工业的产生发展，中国民族资产阶级和无产阶级形成并不断发展起来；在帝国主义及其代理人的剥夺下，中国农业发展受到极大冲击，广大农民和小生产者纷纷破产，造成了数以万万计的贫农群众即半无产阶级；在思想文化渐变中，出现了数百万新式知识分子。这些不同阶级的政治、经济和社会地位各不相同，关系复杂交织，总体上形成了两大斗争阵营，"西方资产阶级就在东方

---

① 《毛泽东选集》第 4 卷，人民出版社 1991 年版，第 1484 页。
② 《马克思恩格斯文集》第 2 卷，人民出版社 2009 年版，第 9 页。
③ 《毛泽东选集》第 4 卷，人民出版社 1991 年版，第 1487 页。

造成了两类人，一类是少数人，这就是为帝国主义服务的洋奴；一类是多数人，这就是反抗帝国主义的工人阶级、农民阶级、城市小资产阶级、民族资产阶级和从这些阶级出身的知识分子，所有这些，都是帝国主义替自己造成的掘墓人，革命就是从这些人发生的。"①这就是说，帝国主义的侵略造成了中国社会特殊的压迫阶级群体和被压迫阶级群体，随着作为压迫阶级的国内反对派对被压迫阶级的剥削日益严重，国内阶级矛盾日益尖锐化，中国革命也就必然发生。所以，中国革命的发生绝不是什么因为"人口太多"和西方影响下的"骚动和不安"，而是中国国内阶级斗争尖锐化的结果。

第三，帝国主义者和人民群众在阶级斗争中形成了两种不同的逻辑和结果。近代以来中国革命的本质，就是中国人民反抗帝国主义和封建主义压迫的阶级斗争。在这场持久的艰苦而长期的阶级斗争中，帝国主义者和国内反对派的逻辑同广大人民群众的逻辑是完全不同的。对此，毛泽东尖锐地指出："捣乱，失败，再捣乱，再失败，直至灭亡——这就是帝国主义和世界上一切反动派对待人民事业的逻辑，他们决不会违背这个逻辑的。这是一条马克思主义的定律。……斗争，失败，再斗争，再失败，再斗争，直至胜利——这就是人民的逻辑，他们也是决不会违背这个逻辑的。这是马克思主义的又一条定律。"②正是这样的逻辑决定了，帝国主义者和国内反动力量不愿看到中国人民的解放和中华民族的独立，他们会想尽一切办法来封锁和限制中国发展。对此，毛泽东表达了中国共产党和中国人民的气魄和准备："封锁吧，封锁十年八年，中国的一切问题都解决了。"③新中国成立后的历史充分验证了毛泽东的这个判断。对于美国怀着幻想的自由主义者或"民主个人主义"者存在糊涂思想，对美帝国主义者抱有幻想，不能认清美帝国主义政策的本质，一个极其重要的原因就在于他们缺乏唯物史观的阶级斗争理论和阶级分析方法，他们没有认识到美帝国主义者同美国人民是不同的，美国的科学技术、经济力量、政治权力都是由资本家控制的，"抓在资本家手里，不抓在人民手里，其用处就是对内剥削和压迫，对外侵略和杀人"④。美国资产阶级决不会无私地帮助中国人，他们资助中国人是要把中国变成美国的殖民地。

（三）运用历史主体理论和意识形态反作用理论，分析中国革命胜利的群众基础和思想原因，强调马克思主义对中国革命的重大指导意义

唯物史观既强调历史发展规律的客观必然性，又重视历史发展主体的主观能动

---

① 《毛泽东选集》第4卷，人民出版社1991年版，第1513页。
② 《毛泽东选集》第4卷，人民出版社1991年版，第1486—1487页。
③ 《毛泽东选集》第4卷，人民出版社1991年版，第1496页。
④ 《毛泽东选集》第4卷，人民出版社1991年版，第1495页。

性，既强调人民群众的历史主体力量，又强调先进政党的领导力量，既强调社会实践对社会意识的决定性作用，又强调科学理论对社会实践的指导力量。毛泽东运用这种生动的历史辩证法思想，科学总结了中国革命胜利的基本原因。

第一，运用人民群众创造历史的历史主体理论，分析中国革命胜利的阶级基础和群众基础。在历史发展主体的问题上，马克思主义打破了长期占据统治地位的英雄史观，科学阐明了人民群众是历史创造者的观点。19世纪40年代，马克思在《神圣家族》中就提出，"历史活动是群众的活动"，决定历史发展的是"行动着的群众"。[①] 19世纪80年代，恩格斯在《路德维希·费尔巴哈和德国古典哲学的终结》中再次强调，任何重大的社会变革运动都是人民群众推动的结果，是人民自己创造了自己的历史，而不是个别英雄人物或者某种外在于人的"观念"。毛泽东也多次强调，人民是历史发展的根本动力，兵民是胜利之本，人民群众不仅是物质财富和精神财富的创造者，更是社会革命的真正主体，创造并不断改造着社会关系。

中国革命的根本力量就是来自人民群众，革命的实质就是人民群众反抗帝国主义和封建主义压迫的斗争。随着近代中国社会发展和社会各阶级力量变化，中国社会形成了由工人阶级、农民阶级、城市小资产阶级和民族资产阶级在内的广大人民群众，他们是中国革命的主体力量。中国共产党领导中国革命取得胜利的一个根本原因和经验，就是始终坚持人民群众创造历史的基本观点，毫不动摇地站在人民的立场上，坚定不移地依靠、发动和组织群众，"获得了数万万人民群众的拥护，其中，也获得了大多数知识分子尤其是青年学生们的拥护。"[②] 广大人民群众在中国共产党的领导下，思想上逐步觉醒，认清了帝国主义的侵略本质，激发起顽强的斗争精神，奋起抵抗外来侵略者及其在中国的代理人，为中华民族的独立和振兴而斗争，形成了最广泛的革命统一战线，使中国革命获得了坚实的阶级基础和牢固的群众基础，这是革命胜利的力量源泉。

第二，运用意识形态反作用理论，分析中国革命胜利的思想基础，阐明了马克思主义的重大指导意义。中国革命取得胜利的一个至关重要的原因，就在于有马克思列宁主义的指导以及用这个理论武装起来的先进政党的领导。近代以来，中国人民为反抗封建主义和帝国主义压迫进行长期斗争。然而，在很长时间内，"中国人没有什么思想武器可以抗御帝国主义。旧的顽固的封建主义的思想武器打了败仗了，抵不住，宣告破产了。不得已，中国人被迫从帝国主义的老家即西方资产阶级革命

---

① 《马克思恩格斯文集》第1卷，人民出版社2009年版，第287页。
② 《毛泽东选集》第4卷，人民出版社1991年版，第1485页。

时代的武器库中学来了进化论、天赋人权论和资产阶级共和国等项思想武器和政治方案，组织过政党，举行过革命，以为可以外御列强，内建民国。但是这些东西也和封建主义的思想武器一样，软弱得很，又是抵不住，败下阵来，宣告破产了。"① 中国愈益陷入了半殖民地半封建的深渊，"国家的情况一天一天坏，环境迫使人们活不下去。怀疑产生了，增长了，发展了。"②

正在中国人彷徨迷茫之际，俄国十月革命取得了胜利。中国人从十月革命那里看到了希望的曙光，找到了救国救民的真理——马克思列宁主义，成立了中国共产党，中国发生了开天辟地的大事变。"十月革命一声炮响，给我们送来了马克思列宁主义。十月革命帮助了全世界的也帮助了中国的先进分子，用无产阶级的宇宙观作为观察国家命运的工具，重新考虑自己的问题。"③ "自从中国人学会了马克思列宁主义以后，中国人在精神上就由被动转入主动。"④ 正是因为拥有了马克思主义这个放之四海而皆准的普遍真理，以中国共产党为代表的中国先进分子，把握了历史发展规律和发展方向，明确了中国的社会性质和主要矛盾，科学分析中国具体国情，深入分析新民主主义革命的力量、对象、任务和前途，不断在实践和理论上发展前进，历经北伐战争、土地革命战争、抗日战争和解放战争，取得了新民主主义革命的彻底胜利，从根本上改变了中国的面貌。正是因为马克思主义对中国革命的巨大作用，毛泽东在总结党28年领导革命斗争的经验时，把马克思主义真理视为强大的武器："谢谢马克思、恩格斯、列宁和斯大林，他们给了我们以武器。这武器不是机关枪，而是马克思列宁主义。"⑤

当然，马克思主义在中国革命中之所以能够发挥如此巨大的作用，关键是中国共产党人并不是教条主义地机械照搬马克思主义，而是独立自主地创造性地把马克思主义基本原理同中国具体实际相结合，不断推进马克思主义的中国化、大众化和时代化。正如毛泽东所说，"马克思列宁主义来到中国之所以发生这样大的作用，是因为中国的社会条件有了这种需要，是因为同中国人民革命的实践发生了联系，是因为被中国人民所掌握了。任何思想，如果不和客观的实际的事物相联系，如果没有客观存在的需要，如果不为人民群众所掌握，即使是最好的东西，即使是马克思列宁主义，也是不起作用的。"⑥

---

① 《毛泽东选集》第4卷，人民出版社1991年版，第1514页。
② 《毛泽东选集》第4卷，人民出版社1991年版，第1470页。
③ 《毛泽东选集》第4卷，人民出版社1991年版，第1471页。
④ 《毛泽东选集》第4卷，人民出版社1991年版，第1516页。
⑤ 《毛泽东选集》第4卷，人民出版社1991年版，第1469页。
⑥ 《毛泽东选集》第4卷，人民出版社1991年版，第1515页。

二、创造性地运用唯物史观的国家本质理论、国家功能理论、无产阶级专政理论等,创立中国化的无产阶级专政即人民民主专政理论,丰富和发展马克思主义的国家学说

国家学说是唯物史观的重要内容,对国家的产生、本质、功能、趋势和政权形式等作出了科学系统的阐述。在马克思主义看来,"国家是社会在一定发展阶段上的产物",是社会分工发展的必然结果,是私有制发展的必然产物,是阶级矛盾不可调和的产物,"从社会中产生但又自居于社会之上并且日益同社会相异化的力量"。国家在表面上看来是居于全社会之上、代表全社会各阶级共同利益的全民机构,但在实质上则是统治阶级用来镇压被统治阶级的工具,"是最强大的、在经济上占统治地位的阶级的国家",社会各阶级在国家中的地位和关系,决定着国家的性质和特征。国家是一个历史范畴,不是从来就有的,也不是永远存在的,其产生和最终消亡都是历史发展的必然,阶级斗争的发展最终必然导致无产阶级专政,并通过这一专政最后消灭私有制和阶级,"随着阶级的消失,国家也不可避免地要消失。在生产者自由平等的联合体的基础上按新方式来组织生产的社会,将把全部国家机器放到它应该去的地方,即放到古物陈列馆去,同纺车和青铜斧陈列在一起。"但是,在阶级和国家消亡的历史条件没有成熟之前,国家不仅不可能消失,而且在特定情况下需要大力加强和完善。无产阶级专政是人类从阶级社会走向无阶级社会的过渡,无产阶级夺取国家政权后首先要建立和巩固无产阶级专政,经过长期努力为消灭私有制和阶级创造条件,最终达到无阶级的共产主义社会。①

中国人民解放战争取得决定性胜利后,建立一个什么样的新中国,成为一个最紧迫的重大实践和理论问题。为此,毛泽东带领中国共产党人深入研究马克思主义的国家观,特别是国家本质理论、国家功能理论、国家消亡理论、无产阶级专政理论等,比较鉴别当时世界上最重要的国体和政体制度,把唯物史观的国家学说同中国革命的成功经验、社会发展的具体实际、传统文化的优秀内容有机结合起来,对即将成立的新中国的阶级性质、国体和政体、新政权的功能和发展趋势等进行了深入的理论探索,创立了具有中国特点的无产阶级专政学说即人民民主专政理论,实现了马克思主义国家学说上的理论创新。

(一)初步阐述新中国的经济基础、国体制度、政体形式和政权实质,明确新中国的制度选择和发展方向,开始提出人民民主专政的国家理论

国家的基础是经济问题,新中国的经济性质、经济制度自然是新中国创建过程

---

① 《马克思恩格斯文集》第4卷,人民出版社2009年版,第189、189、191、193页。

中首先就要思考的问题。1947年12月25日至28日,中共中央在陕北杨家沟召开会议(史称"十二月会议"),毛泽东作《目前形势和我们的任务》的报告,全面阐述了打倒蒋介石、解放全中国的重大任务和十大军事原则,初步涉及了胜利之后创建新中国的一些重大问题,特别是结合当时中国经济社会发展的状况,根据新民主主义理论,提出了新中国的经济纲领、经济结构和经济指导方针:"没收封建阶级的土地归农民所有,没收蒋介石、宋子文、孔祥熙、陈立夫为首的垄断资本归新民主主义的国家所有,保护民族工商业。这就是新民主主义革命的三大经济纲领。"新民主主义国家的经济结构框架是:"(1)国营经济,这是领导的成分;(2)由个体逐步地向着集体方向发展的农业经济;(3)独立小工商业者的经济和小的、中等的私人资本经济。这些,就是新民主主义的全部国民经济。"新民主主义国民经济的指导方针是:"发展生产、繁荣经济、公私兼顾、劳资两利"。这些论述对新中国经济性质、经济制度、经济结构都有重大意义。当然,因为当时的直接任务是夺取战争胜利还不是建立新中国,因此这个论述着重从新民主主义革命的角度来谈。[①]

国家问题的核心是政权,国家的制度选择、国体即国家内部的阶级关系、政体即政权组织形式问题,自然成为新中国创建中的重中之重。1948年5月,中共中央宣传部关于重印《左派幼稚病》第二章前言的通知中,在党的文件中首次出现"人民民主专政"的概念:"列宁在本书中所说的,是关于无产阶级专政。今天在我们中国,则不是建立无产阶级专政,而是建立人民民主专政。这种人民民主专政的内容和无产阶级专政的内容的历史区别,就是:我们的人民民主专政是无产阶级领导的、人民大众的、反帝反封建反官僚资本的新民主主义革命,这种革命的社会性质,不是推翻一般资本主义,乃是建立新民主主义的社会,建立各个革命阶级联合专政的国家;而无产阶级专政则是推翻资本主义,建设社会主义。"[②]但是,很显然,这里对人民民主专政只是从新民主主义革命的角度进行界定的,讲得并不具体也不够准确。

1948年9月,全国范围的大决战已经开始,中国革命胜利已经不可阻挡,筹划新中国已经成为一个紧迫的任务。为此党中央于9月8日至13日召开了政治局扩大会议(史称"九月会议")。毛泽东在会议上所作的报告、总结,以及会后起草的《中共中央关于九月会议的通知》等文献,系统总结党领导人民多年局部执政的经验,比较借鉴和深入分析了当时国际上不同的国体制度和政体形式,第一次比较清晰地阐述了新中国的国体、政体、国号,明确了新中国的制度选择和发展方向。

---

① 参见《毛泽东选集》第4卷,人民出版社1991年版,第1253—1256页。
② 《中共中央文件选集》第17册,中共中央党校出版社1992年版,第190页。

毛泽东提出，我们就是要打倒帝国主义、封建主义和官僚资本主义的反动专政，建立无产阶级领导的以工农联盟为基础的人民民主专政："我们政权的阶级性是这样：无产阶级领导的，以工农联盟为基础，但不是仅仅工农，还有资产阶级民主分子参加的人民民主专政。"① 人民民主专政这个独创性的国体制度，继承了大革命时期"联合战线"、抗日战争时期联合政府的内容，但比联合政府概念更加准确，更加能够反映新中国的特征和性质。这个政权性质突出体现了新中国人民当家作主的本质："我们是人民民主专政，各级政府都要加上'人民'二字，各种政权机关都要加上'人民'二字，如法院叫人民法院，军队叫人民解放军，以示和蒋介石政权不同。我们有广大的统一战线，我们政权的任务是打倒帝国主义、封建主义和官僚资本主义，要打倒它们，就要打倒它们的国家，建立人民民主专政的国家。"②

具有中国特色的国体要通过具有中国特色的政体形式来体现，这个特殊的政体形式就是人民代表大会制度：人民民主专政的实质是无产阶级专政，因此新中国的政权制度要采用无产阶级的民主集中制，而不采用资产阶级的议会制，我们决不搞三权鼎立模式。当然，正如国体上不简单照搬苏联的无产阶级专政模式一样，政体上也不简单照搬"苏维埃"的名称，"过去我们叫苏维埃代表大会制度，苏维埃就是代表会议，我们又叫'苏维埃'，又叫'代表大会'，'苏维埃代表大会'就成了'代表大会代表大会'。这是死搬外国名词。现在我们就用'人民代表会议'这一名词。"③ 这个政体制度，把中国共产党的民主集中制原则延伸和提升到国家政权的高度，成为实现中国人民当家作主的最好形式。

这次会议的通知中明确提出了新中国的国号——"中华人民共和国"，并提出成立中华人民共和国中央政府的任务："准备在一九四九年召集中国一切民主党派、人民团体和无党派民主人士的代表们开会，成立中华人民共和国临时中央政府。"④ 会议还在初步分析新中国经济性质和结构的基础上，阐述了新中国的社会主要矛盾问题，在资产阶级民主革命完成之后，"中国内部的主要矛盾就是无产阶级和资产阶级之间的矛盾，外部就是同帝国主义的矛盾。"⑤ 与此同时，内部还有民族之间的矛盾、工人和农民之间的矛盾等，当然这些都已经不是对抗性矛盾了，这种矛盾可以在工农联盟内部以供给机器、组织合作社、参加国家管理等方式来解决。在一定意义上说，九月会议是筹划新中国的第一个重要会议，运用唯物史观的国家学说首次阐述

---

① 《毛泽东文集》第5卷，人民出版社1996年版，第135页。
② 《毛泽东文集》第5卷，人民出版社1996年版，第135—136页。
③ 《毛泽东文集》第5卷，人民出版社1996年版，第136页。
④ 《毛泽东选集》第4卷，人民出版社1991年版，第1347页。
⑤ 《毛泽东文集》第5卷，人民出版社1996年版，第145—146页。

了中国化马克思主义的国家理论,在新中国创建史上具有开创性和先导性意义。

(二)在规划新中国的过程中,进一步明确新政权的领导核心、领导力量和基础力量,强调人民民主专政的无产阶级专政实质和鲜明的中国特色

九月会议后,中国共产党在领导战略决战、夺取全国胜利的同时,开始把创建新中国提到了实践和理论前沿,在实践上提出了一系列新的政策和要求,在理论上提出了一些重要的新论断,进一步丰富和充实了人民民主专政的国家学说。

1949年1月6日至8日,中共中央召开政治局会议,形成了《目前形势和党在一九四九年的任务》①的文件,其中对国内阶级关系变化和成立新中国政权问题作出了一些论述,主要是:随着中国共产党领导人民即将在全国范围内战胜国民党,中国阶级力量的对比已经在发生根本变化,广大人民群众脱离国民党的影响和控制而站到中共方面,自由资产阶级不再跟着国民党走而向中共寻找出路,各民主党派和人民团体的代表应邀正陆续到解放区准备同中共一起建立新中国。中国共产党要领导人民将革命进行到底,而决不能半途而废,对于国民党的所谓和平谈判阴谋必须给以彻底揭露和打击。各主要解放区内要建立各级人民代表会议,并选举各级人民政府委员会,为建立新中国作好准备。中共要领导召集没有反动派代表参加的、以完成中国人民革命任务为目标的、各民主党派各人民团体的政治协商会议,宣告中华人民民主共和国的成立,组成中央政府,并通过共同纲领。

1949年1月底2月初,斯大林的特使米高扬来到西柏坡,了解中国共产党关于夺取全国胜利后建立新中国的问题,毛泽东在同他的谈话中系统地阐述了中国共产党关于新政权的实质、特征、领导核心等方面的主张。他指出,中国共产党即将建立的新政权,就是在工农联盟基础上的人民民主专政,它的实质就是无产阶级专政,但依据中国的实际情况称为人民民主专政更加合乎情理,更加能够为人民所接受。新中国的政权是由各党各派、社会知名人士参加的民主联合政府,除共产党外还有长期同共产党合作的几个民主党派参与。但是,国家政权的领导权始终牢固掌握在中国共产党手里,这是确定不移、丝毫不能动摇的,中国共产党是国家的领导核心,同时要不断加强和扩展统一战线。②

1949年3月,在七届二中全会的报告和总结讲话中,毛泽东突出强调了人民民主专政的领导力量和基础力量,新中国政权的鲜明特色。"无产阶级领导的以工农联盟为基础的人民民主专政,要求我们党去认真地团结全体工人阶级、全体农民阶级和广大的革命知识分子,这些是这个专政的领导力量和基础力量。"③只有搞好领

---

① 《毛泽东文集》第5卷,人民出版社1996年版,第229—236页。
② 参见《毛泽东传(1893—1949)》,中央文献出版社1996年版,第909—910页。
③ 《毛泽东选集》第4卷,人民出版社1991年版,第1436—1437页。

导力量和基础力量的团结，才能巩固新政权，同时也必须要尽可能团结小资产阶级和民族资产阶级。这种阶级性质决定了新中国在国家制度上坚持了无产阶级专政的实质，同西方的资产阶级专政有着本质的区别，但是也不同于苏联的阶级关系相对单一的无产阶级专政制度。在国家政权的组织形式上，我们也有鲜明的特色，采取人民代表会议制度和党的代表会议制度，这种制度与无产阶级共和国的苏维埃制度本质相同，但"在内容上我们和苏联的无产阶级专政的苏维埃是有区别的，我们是以工农联盟为基础的人民苏维埃，'苏维埃'这个外来语我们不用，而叫做人民代表会议"①。这种政体建构显示出中国共产党实践上的自主性和理论上的独创性，体现了"马克思主义的普遍真理与中国革命的具体实践的统一"②的特色。

（三）在总结党的历史经验、批判帝国主义者攻击的过程中，深入阐发马克思主义的国家学说，阐明人民民主专政的重要职能和重大意义，深化和完善人民民主专政理论

依据唯物史观的国家本质、功能和消亡学说，结合中国共产党领导中国革命的具体实际和历史经验，以及人民的历史性和具体性内涵，进一步阐明了人民民主专政国家的实质、功能和发展趋势。毛泽东在《论人民民主专政》中，简明扼要地阐述了马克思主义关于国家发展和消亡的理论，揭示了国家的本质和发展趋势。他指出："阶级消灭了，作为阶级斗争的工具的一切东西，政党和国家机器，将因其丧失作用，没有需要，逐步地衰亡下去，完结自己的历史使命，而走到更高级的人类社会。""消灭阶级，消灭国家权力，消灭党，全人类都要走这一条路的，问题只是时间和条件。""对于工人阶级、劳动人民和共产党，则不是什么被推翻的问题，而是努力工作，创设条件，使阶级、国家权力和政党很自然地归于消灭，使人类进到大同境域。"③

在此基础上，毛泽东总结党领导人民进行革命斗争的历史经验，明确指出人民民主专政的领导力量是工人阶级及其政党，依靠力量是工农联盟，发展方向是社会主义，职能就是保护人民权利和根本利益。中国共产党领导人民长期斗争并取得胜利的基本经验，就是团结包括工人阶级、农民阶级、城市小资产阶级和民族资产阶级在内的中国最广大人民群众，在工人阶级领导之下结成统一战线，建立工人阶级领导的以工农联盟为基础的人民民主专政的国家；就是联合世界上平等待我的各个民族和各国人民组成国际统一战线，共同奋斗。在现阶段的中国，人民主要就是"工人阶级，农民阶级，城市小资产阶级和民族资产阶级"，这些阶级在工人阶级和

---

① 《毛泽东文集》第5卷，人民出版社1996年版，第265页。
② 《毛泽东文集》第5卷，人民出版社1996年版，第259页。
③ 《毛泽东选集》第4卷，人民出版社1991年版，第1468—1469页。

共产党的领导下组成人民自己当家作主的国家和政府,对人民实行民主,对敌人实行专政,"对人民内部的民主方面和对反动派的专政方面,互相结合起来,就是人民民主专政"①。人民民主专政是保证人民利益,实现社会主义和共产主义的重要工具,在现阶段只能加强不能削弱:"我们现在的任务是要强化人民的国家机器,这主要地是指人民的军队、人民的警察和人民的法庭,借以巩固国防和保护人民利益。以此作为条件,使中国有可能在工人阶级和共产党的领导之下稳步地由农业国进到工业国,由新民主主义社会进到社会主义社会和共产主义社会,消灭阶级和实现大同。"②

在批判资产阶级对人民民主专政攻击的过程中,毛泽东进一步分析了人民民主专政的职能和任务,阐明了坚持人民民主专政国家政权的极端重要性,指出,人民民主专政的一个根本职能就是要通过对内外反对派实行专政来保护人民,它是维护中国最广大人民群众根本利益不受侵犯的重要法宝,"是一个很好的东西,是一个护身的法宝,是一个传家的法宝,直到国外的帝国主义和国内的阶级被彻底地干净地消灭之日,这个法宝是万万不可以弃置不用的。"当然,人民民主专政通过对人民内部实行民主的方式,既要服务人民又要引导和教育人民,"这个政府是人民自己的政府。这个政府的工作人员对于人民必须是恭恭敬敬地听话的。同时,他们又是人民的先生,用自我教育或自我批评的方法,教育人民。"③在政协会议开幕式上,针对帝国主义者和国内反对派的攻击和破坏,毛泽东再次强调:"人民民主专政的国家制度是保障人民革命的胜利成果和反对内外敌人的复辟阴谋的有力武器,我们必须牢牢地掌握这个武器。"④

三、创造性地运用唯物史观的革命性质理论、社会发展阶段理论、社会发展道路理论、过渡时期理论等,形成了中国化马克思主义的过渡时期理论和中国社会主义革命道路理论,丰富和发展马克思主义的社会主义学说

成立新中国后,一个具有战略意义的重大现实问题历史地摆在毛泽东和中国共产党人面前,那就是如何实现从新民主主义向社会主义过渡,领导中国朝着社会主义和共产主义的目标发展。这个问题同唯物史观的革命性质理论、历史发展趋势理论、社会发展阶段理论、社会发展道路理论、过渡时期理论等密切相关。毛泽东结合新中国成立之后中国社会发展的具体实际和当时的时代特征,综合运用和发展

---

① 《毛泽东选集》第4卷,人民出版社1991年版,第1475页。
② 《毛泽东选集》第4卷,人民出版社1991年版,第1476页。
③ 《毛泽东选集》第4卷,人民出版社1991年版,第1503页。
④ 《毛泽东文集》第5卷,人民出版社1996年版,第344页。

唯物史观的这些基本理论,创造性地提出了中国的过渡时期理论,形成了具有中国特点的社会主义改造和革命道路理论,实现了马克思主义社会主义革命理论上理论创新。

(一)运用唯物史观的社会革命阶段性理论,在新民主主义革命理论中提出中国革命两步走的战略,新中国成立前新民主主义社会理论在党内基本共识

社会革命阶段性问题,是唯物史观的重要内容。早在马克思主义创立之时,马克思就提出,在人类解放的进程中有政治解放和人的解放两个阶段,政治解放虽然是社会的一大进步,但"政治解放本身并不就是人的解放"[1],它只是封建社会的解体及"市民社会的革命"[2],只是资产阶级这个特定的阶级解放自己的"革命",实质是资产阶级民主革命。而"人的解放"则是通过无产阶级进行"彻底的革命"而实现的"普遍的人的解放",即所有社会阶级和所有社会成员的解放,"推翻使人成为被侮辱、被奴役、被遗弃和被蔑视的东西的一切关系"[3],也就是共产主义革命。马克思主义的这个社会革命阶段性理论在新民主主义革命理论中得到了具体体现。

在创立新民主主义革命理论时,毛泽东根据中国的具体情况明确提出,中国革命要分两步走,先进行新民主主义革命,之后再进行社会主义革命。他认为,中国革命的方向和目标就是要在中国实现社会主义和共产主义,但是中国近代以来是半殖民地半封建,中国革命不可能"毕其功于一役",必须要分两步走,第一步是完成新民主主义革命,第二步是完成社会主义革命。然而,当时正在进行新民主主义革命,没有也不可能详细论述如何从新民主主义革命向社会主义革命过渡和转化的问题:是要在新民主主义革命后,首先进入一个独立的新民主主义社会阶段,在新民主主义社会发展到一定程度后,再开始向社会主义过渡?还是在新民主主义革命完成后,不需要经历一个独立的新民主主义社会阶段,直接开始向社会主义过渡,当这个过渡时期完成后就直接进入社会主义社会呢?当时并没有明确的答案。

新中国成立前,这个问题已经有了一个明确答案。毛泽东、刘少奇、周恩来、张闻天等党内主要理论家形成了共识:在新中国成立后,中国将要经历一个独立的新民主主义社会阶段,新民主主义社会建设到一定程度后,才能向社会主义过渡。张闻天在《关于东北构成及经济建设基本方针的提纲》中明确使用"新民主主义社会"概念,并阐述了这个社会阶段的基本矛盾和发展前景。刘少奇在1948年的九月会议上,专门论述了新民主主义社会的经济成分、主要矛盾,以及新民主主义社会向社会主义社会过渡等问题。毛泽东对刘少奇的观点表示赞同,也讲了新民主主义

---

[1] 《马克思恩格斯文集》第1卷,人民出版社2009年版,第38页。
[2] 《马克思恩格斯文集》第1卷,人民出版社2009年版,第44页。
[3] 《马克思恩格斯文集》第1卷,人民出版社2009年版,第11页。

与社会主义的关系以及如何过渡和过渡的时间问题。七届二中全会上，毛泽东提到"由新民主主义社会发展到将来的社会主义社会"①，提出要先搞一段新民主主义社会后再向社会主义过渡，并阐述了新民主主义社会的政治经济和文化问题。1950年6月，他在全国政协一届二次会议上继续认为，向社会主义过渡还在很远的将来："我们的国家就是这样地稳步前进，经过战争，经过新民主主义的改革，而在将来，在国家经济事业和文化事业大为兴盛了以后，在各种条件具备了以后，在全国人民考虑成熟并在大家同意了以后，就可以从容地和妥善地走进社会主义的新时期。"②也就是说，毛泽东此时继续沿用先前的思路，即在新民主主义革命完成之后，先进行新民主主义社会建设，待各种条件具备、人民也同意后，再向社会主义过渡。

（二）根据新中国成立后的经济社会发展实践，运用生产力和生产关系辩证关系原理分析向社会主义过渡的问题，明确中国过渡时期的基本内涵及其总路线和总任务，形成中国化马克思主义的过渡时期理论

过渡时期理论是唯物史观的重要组成部分。马克思恩格斯在《共产党宣言》中就已经提出，共产党人的最近目的就是使无产阶级形成为阶级，推翻资产阶级的统治，无产阶级在夺取政权后建立自己的政治统治，以此为前提条件逐步夺取资产阶级的全部资本，把一切生产工具集中在国家即组织成为统治阶级的无产阶级手里，并尽可能快地增加生产力的总量，实现消灭私有制的最终目标。也就是说，推翻资产阶级之后到建立无阶级的共产主义社会之间要有一个过渡时期。1853年，在给魏德迈的信中，马克思明确提出无产阶级专政是阶级社会走向无阶级社会的过渡。在《哥达纲领批判》中，马克思明确提出了"过渡时期"理论："在资本主义社会和共产主义社会之间，有一个从前者变为后者的革命转变时期。同这个时期相适应的也有一个政治上的过渡时期，这个时期的国家只能是无产阶级的革命专政。"③列宁在十月革命后，进一步阐述了无产阶级专政学说，并根据俄国当时的实际情况先后采取了战时共产主义政策和新经济政策领导苏俄的过渡。这些理论和实践探索，给中国共产党人提供了参考，但是中国的情况又与苏联不同，过渡时期的内涵、过渡的方式、过渡的时间等都有自己的特殊性，需要中国共产党人进行独立自主的新探索。

在恢复国民经济任务展开和取得成效后，中国共产党人很快开始思考过渡时期问题。这个问题涉及对中国社会主义革命特殊道路的理论探索，是新中国成立后马克思主义理论发展的重要组成部分。在这个问题上，中国共产党人有一个很大的思想转变。这个转变是在客观实际发生重大变化的情况下开始的，经过了慎重、深

---

① 《毛泽东选集》第4卷，人民出版社1991年版，第1432页。
② 《毛泽东文集》第6卷，人民出版社1999年版，第80页。
③ 《马克思恩格斯文集》第3卷，人民出版社2009年版，第445页。

刻的理论探讨,甚至进行激烈的内部争论,并进行了多方面调查研究和广泛征询意见,最后才形成了统一认识和政策决策。

在新中国成立前,中共领导人对新民主主义革命胜利后先建设新民主主义社会再向社会主义过渡,形成了共识。但是,随着新中国成立后的实践发展,中国共产党人的理论思考发生了重大变化。一方面,到了1952年,恢复国民经济的任务提前完成,国营工商业和私营工商业的产值比例发生了重大变化,国营经济已经超过私营经济,土地改革后农村中的互助合作社、农业合作社和少数集体农庄逐步发展起来。这就意味着,中国的生产关系和生产力变革正在兴起。另一方面,恢复国民经济的任务完成后,全国范围内的大规模经济建设就要开始,这种经济建设是什么性质的建设,朝向什么样的目标发展,就不能不有一个明确的战略思路。这就是要探索中国下一步的社会制度建构的问题,即中国如何向社会主义过渡、什么时候开始过渡等。这些实践上的变化和紧迫任务,促使毛泽东等人开始从长远和战略的角度,展开新的理论思考。

据薄一波回忆,在1952年9月24日的中央书记处会议上,毛泽东率先提出向社会主义过渡问题:"毛主席讲了一段话。大意是:我们现在就要开始用10年到15年的时间基本上完成到社会主义的过渡,而不是10年或者以后才开始过渡。"① 这意味着毛泽东已经开始改变原来的想法,重新思考由新民主主义向社会主义转变的时间、步骤、方法等,思考是否应该从国民经济恢复后就开始向社会主义过渡,而不是在新民主主义社会结束后才开始过渡。

从1952年10月到次年2月,毛泽东多次谈到过渡时期问题,在自己深入思考后,又反复征询他人意见,逐步形成比较明确的观点。1953年2月27日,他在中央政治局会议上讲道:"什么叫过渡时期?过渡时期的步骤是走向社会主义……在10年到15年或更多一点时间内,基本上完成国家工业化及对农业、手工业、资本主义工商业的社会主义改造。要水到渠成,防止急躁情绪。"② 显然,经过了半年的思考、调查和总结,毛泽东关于过渡时期的思想已经基本成熟:从新民主主义向社会主义的过渡是一个渐进过程,不存在一个独立的新民主主义社会阶段,新民主主义建设也就是向社会主义的过渡,这个过渡的过程就是对生产资料所有制进行社会主义改造的过程;过渡时期不是在新民主主义社会完成以后即在新中国成立15年以后才开始,而是在新中国成立时就已经开始,大约需要10到15年的时间;这个过渡是以工业化为核心内容的生产力发展与以"三大改造"为核心的生产关系变革同

---

① 薄一波:《若干重大决策与事件的回顾》上卷,中共中央党校出版社1991年版,第213页。
② 薄一波:《若干重大决策与事件的回顾》上卷,中共中央党校出版社1991年版,第215页。

时进行、相互支撑、互为条件的。

在1953年6月15日召开的中央政治局会议上，毛泽东已经把确立新民主主义的社会秩序、由新民主主义走向社会主义、确保私有财产这三种提法看作是不正确的观点，对过渡时期的内涵作了清晰的界定，对过渡时期的总路线和总任务作了比较完整的说明："从中华人民共和国成立，到社会主义改造基本完成，这是一个过渡时期。党在过渡时期的总路线和总任务，是要在十年到十五年或者更多一些时间内，基本上完成国家工业化和对农业、手工业、资本主义工商业的社会主义改造。"[①]此后，经过半年时间的讨论、宣传和完善，毛泽东关于过渡时期的理论逐步得到全党全社会的认同。1953年12月13日，在审改《为动员一切力量把我国建设成为伟大的社会主义国家而斗争》的宣传提纲时，毛泽东对过渡时期及其总路线作出完整表述："从中华人民共和国成立，到社会主义改造基本完成，这是一个过渡时期。党在这个过渡时期的总路线和总任务，是要在一个相当长的时期内，逐步实现国家的社会主义工业化，并逐步实现国家对农业、对手工业和对资本主义工商业的社会主义改造。"[②]

过渡时期总路线中的"一化"和"三改"，体现了唯物史观中生产力和生产关系辩证关系的基本原理。当时，学习和宣传总路线的提纲中明确指出："社会主义工业是对整个国民经济实行社会主义改造的物质基础，只有充分强大的社会主义工业才能吸引、改组和代替资本主义工业，才能支持社会主义的商业，改造和代替资本主义商业，才能用新的技术来改造个体的农业和手工业，才能最迅速地扩大生产，积累资金，造就社会主义的建设人才，培养社会主义的习惯，从而创造保证社会主义完全胜利的经济上、文化上和政治上的前提"[③]。毛泽东也曾对"一化三改"的关系作出明确阐述，认为二者是"一体两翼"的关系，是新民主主义转向社会主义的这个历史过程的两个方面，代表生产力的社会主义工业化在这个转变中处于基础、主体、主导地位，是根本任务和目的，实现生产关系重大转变就是要通过改变经济基础为生产力发展创造条件，"只有完成了由生产资料的私人所有制到社会主义所有制的过渡，才有利于社会生产力的迅速向前发展，才利于在技术上起一个革命"[④]。当然，我国在后来贯彻总路线的过程中出现了急于求成和急躁冒进，工业化没有完成，而"三化"工作又做得有些粗糙，过渡时期被严重缩短，留下了一些长远隐患。但是，由此而否定了"一化三改"，否定过渡时期理论的合理性，甚至对毛泽东大

---

① 《毛泽东年谱（1949—1976）》第2卷，中央文献出版社2013年版，第116页。
② 《毛泽东文集》第6卷，人民出版社1999年版，第316页。
③ 《建国以来重要文献选编》第4册，中央文献出版社1993年版，第701页。
④ 《毛泽东文集》第6卷，人民出版社1999年版，第316页。

加指斥,是不公允的。正如薄一波所说:"对历史实践,对党和人民过去的奋斗,任何时候都不能求全责备;求全责备、'指点'前贤,那不是历史唯物主义的态度。实事求是,该肯定的成绩充分肯定,不足的以至失误的地方,严肃正视,并分析原因,取得教益,作为今后的鉴戒,这才是我们要采取的历史唯物主义态度。"[①]

(三)把历史发展规律普遍性和历史发展道路特殊性理论运用到中国具体实际,深刻把握中国社会主义改造和革命的特殊性,形成具有中国特点的社会主义革命道路理论

历史唯物主义一方面强调历史发展规律的普遍性,另一方面又坚持历史发展道路的特殊性,这就是关于历史发展问题上的辩证法。在《共产党宣言》中,马克思恩格斯完整揭示了人类历史发展的客观规律,明确提出了"两个必然"的历史发展总趋势——"资产阶级的灭亡和无产阶级的胜利是同样不可避免的"[②]。在《政治经济学批判》序言中,马克思进一步指出:在人类历史发展规律的支配下,人类社会形态总体上经历前后相继的不同历史时代,"大体说来,亚细亚的、古希腊罗马的、封建的和现代资产阶级的生产方式可以看做是经济的社会形态演进的几个时代。"[③]

但是,历史发展趋势并不是按照统一的模式来实现的,不同国家和民族因其特殊国情和历史传统,历史发展的具体道路是不一样的,这就是历史发展道路特殊性的思想。19世纪70年代,马克思在研究俄国公社问题时提出了东方社会理论,认为俄国、印度、中国等东方国家可以依据自己的特殊情况,不一定要经历资本主义痛苦这个"卡夫丁峡谷",在有效抵御内外破坏性力量、积极保存和传承自己特殊优势、充分吸收资本主义发展成果的基础上,直接走向更高级的社会发展阶段。列宁在新的历史条件下进一步强调,人类历史发展具有普遍规律,而这种作为一般性存在的普遍规律是从特殊性中概括出来而又必须通过特殊性表现出来的。他指出:"世界历史发展的一般规律,不仅丝毫不排斥个别发展阶段在发展的形式或顺序上表现出特殊性,反而是以此为前提的。"他还特别强调,"在东方那些人口无比众多、社会情况无比复杂的国家里,今后的革命无疑会比俄国革命带有更多的特殊性。"[④]中国就是这样的"人口无比众多、社会情况无比复杂的"的东方国家,其革命也"带有更多的特殊性"。

在党的七届二中全会上,毛泽东就已经开始考虑中国新民主主义革命向社会主义革命转变及其特殊性问题。他提出,新民主主义向社会主义的转变必须要结合中

---

① 薄一波:《若干重大决策与事件的回顾》上卷,中共中央党校出版社1991年版,第230页。
② 《马克思恩格斯文集》第2卷,人民出版社2009年版,第43页。
③ 《马克思恩格斯文集》第2卷,人民出版社2009年版,第592页。
④ 《列宁专题文集:论社会主义》,人民出版社2009年版,第357—358、359—360页。

国实际来进行，中国不能像苏联那样直接搞社会主义，而要以和平方式过渡到社会主义，"将来由新民主主义革命转变到社会主义革命那一次就不用流血了，而可能和平解决。"① 当然，和平过渡是有条件的，这些条件就是人民解放军的存在，无产阶级掌握国家政权，以及共产党的不腐败等，全党必须保持十分清醒的头脑，将未来的社会主义革命和建设事业不断推向前进。

在过渡时期总路线确定后，中国共产党领导人民对农业、私人手工业和资本主义工商业进行社会主义改造，到党的八大召开之际基本完成，我国社会主义制度基本确立，实现了中华民族发展史上最广泛、最深刻的社会制度变革。在这个过程中，中国共产党人探索形成了一条具有中国特点的社会主义革命道路。对此，毛泽东曾说过："我们进行社会主义革命所用的方法是和平的方法……在我国的条件下，用和平的方法，即用说服教育的方法，不但可以改变个体的所有制为社会主义的集体所有制，而且可以改变资本主义所有制为社会主义所有制。"② 这条特殊道路的开创是艰辛的，其实践和思想的成果也是丰富的。

在领导农业社会主义改造过程中，毛泽东和中共中央抓住农业合作化这个核心问题，形成了一条不同于苏联的具有中国特点的农业社会主义改造和革命道路。

早在1943年，毛泽东就已经提出要从制度和生产力两个方面来考虑中国农村的变革：经过土地革命推翻封建主义剥削关系，这是第一个革命；此后，要进行生产方式的革命，将个体经济为基础的劳动互助合作组织即农民的农业生产合作社加以发展，这是第二次革命；这两次革命都是农业生产关系和生产制度上的革命，尽管这两次革命都没有使生产工具发生变化，但是通过生产关系的变革解放了劳动者的生产力；在此基础上，可以进一步发展生产力。③ 按照这个思路，新中国土地改革即第一个革命完成后，第二次革命也就要提上日程了。由此，农业合作化问题进入实践变革进程和理论思考视野。经过几年努力，农业合作化运动取得了重大成就，农业社会主义改造运动快速发展。

在实践探索及其成就的基础上，1955年7月31日，中央召开了省市自治区书记会议，毛泽东作了《关于农业合作化问题》④的报告，系统总结农业合作化的历史和经验，对农业合作化的道路、方针、阶级路线、发展方向、总体规划等作了全面概括：对农业的社会主义改造，是同工业化、手工业改造、资本主义工商业改造同时进行的，而不是先工业化再集体化的道路；是由互助组到初级社再到高级社的渐

---

① 《毛泽东文集》第5卷，人民出版社1996年版，第262页。
② 《毛泽东文集》第7卷，人民出版社1999年版，第1—2页。
③ 《毛泽东文集》第3卷，人民出版社1996年版，第70—71页。
④ 《毛泽东文集》第6卷，人民出版社1999年版，第418—443页。

进式改造道路，而不是先建立机械化基础然后通过政权力量突然实施集体化的突变式改造道路；是因地制宜、逐步推进的道路，而不是一刀切的道路。在时间上，从中华人民共和国成立直到第三个五年计划完成，在基本上完成社会主义工业化、手工业和资本主义工商业的社会主义改造同时，基本上完成农业方面的社会主义改造。在步骤上，农业社会主义改造采取"逐步前进的办法"：第一步，按照自愿和互利的原则，号召农民组织仅仅带有某些社会主义萌芽的农业生产互助组；第二步，在互助组的基础上，仍然按照自愿和互利的原则，号召农民组织以土地入股和统一经营为特点的小型的带有半社会主义性质的农业生产合作社；第三步，在这些小型的半社会主义的合作社的基础上，按照同样的自愿和互利的原则，号召农民进一步地联合起来，组织大型的完全社会主义性质的农业生产合作社，使农民从自己的经验中逐步地提高社会主义的觉悟程度，逐步地改变他们的生活方式，保证增产而避免减产，同时也能够很好地训练大量的合作社管理人员和技术人员。在方法方针上，实行自愿互利、加强领导、因地制宜、及时指导、全面规划、稳步推进。这个概括，完整系统地阐述了具有中国特点的农业社会主义改造和革命道路理论。

在领导资本主义工商业社会主义改造的过程中，中国共产党创立了一条具有中国特点的、通过国家资本主义方式对资本主义工商业进行社会主义改造的和平革命道路。

1953年之前，毛泽东、刘少奇、周恩来等对资本主义工商业的社会主义改造问题都已经开始有所思考。1950年6月23日，毛泽东提出，中国共产党要领导人民过"在全国范围内实行社会主义改造的那一关"，就是要"实行私营工业国有化和农业社会化"，提出了对待资本主义工商业的总方向，[1]但实现国有化的方式还不明确。1952年9月24日，毛泽东提出，资本主义工商业正通过公私合营、加工订货、工人监督、资本公开等发生了性质上的变化，变成了新式的资本主义。[2]这实际上是在思考通过国家资本主义方式改造资本主义工商业。1953年2月，他提出"对民族资产阶级，可以采取赎买的办法"[3]。这就是毛泽东的采取渐进方式、通过中间环节逐步改造资本主义的思路。与毛泽东同时，刘少奇也作出了自己的思考，他更多地参考苏联的方式。1952年10月20日，他在给斯大林的信中提出，我们国家经过10年左右的发展后，私人工业的数目将非常少（10%），绝大部分都是国营工业（90%），那时候私人工业无法独立经营，要依赖国家供给原材料、收购和推销他们的成品及银行贷款等；"到那时，我们就可以毫不费力地把私人工业收归国家经营"；可以"劝告资本家把自己的工厂献给国家"，国家给资本家分配工作、保障他们的

---

[1] 《毛泽东文集》第6卷，人民出版社1999年版，第80页。
[2] 《毛泽东年谱（1949—1976）》第1卷，中央文献出版社2013年版，第604页。
[3] 《毛泽东年谱（1949—1976）》第2卷，中央文献出版社2013年版，第33页。

生活；特殊的情况下，国家可以"付给资本家一部分代价"①。这就是刘少奇的收归、捐献、赎买等方式。周恩来对刘少奇的献厂方式提出不同看法，认为不仅做不到而且会发生大偏差。尽管现在不能说采用什么方式，"但总的来说，就是和平转变的道路"，采取不流血的方式、经过相当长时间的自然转变，"经过各种国家资本主义的方式，达到阶级消灭"，"将来要和平、愉快、健康地进入社会主义，使每个人都能各得其所，我们要做很好的安排"。②这就是周恩来提出的不流血的和平转变、通过国家资本主义达到阶级消灭的方式。总的来看，在1953年前，中国共产党人对资本主义工商业改造有了一些初步思考，提出了国家资本主义、赎买、献厂、收归等不同设想，主导思路是采用和平方式而不是流血方式，已经显示出中国的特点。

在实践中逐步形成用国家资本主义改造资本主义工商业的思路。1953年5月27日，李维汉向党中央呈送的《资本主义工业的公私关系问题》报告提出：国家资本主义是利用、限制、改造资本主义工业，将其纳入国家计划轨道，使资本主义工业逐步过渡到社会主义的主要形式，是利用资本主义工业来训练干部并改造资产阶级分子的主要环节；公私合营是国家资本主义的高级形式，最有利于将私有企业改造成社会主义企业。这个报告引起中央高度重视。此后，对资本主义工商业改造越来越成为中共领导人思考的焦点问题。

6月15日和19日，李维汉在中央政治局会议上作《关于利用、限制和改组资本主义工商业的若干问题》报告，比较清晰地阐发了逐步实现对资本主义商业改造的理论。在这个会议上，毛泽东也对资本主义工商业社会主义改造问题作了阐述，提出对工业要采用加工订货和公私合营两种方式改造，对商业则逐年把它挤掉，使商业资本家转为工业家。不久，毛泽东把资本主义工业和商业合在一起思考。这次中央政治局会议，是资本主义工商业改造进程中的一个里程碑，把资本主义工商业改造的指导思想和基本方针确定下来，就是要通过国家资本主义方式，逐步实现对资本主义工商业进行社会主义改造。

此后，毛泽东对国家资本主义问题作了深入研究。1953年7月9日，毛泽东对国家资本主义的性质、目的、作用作了集中的概括："中国现在的资本主义经济，其绝大部分是在人民政府管理之下的，用各种形式和国营社会主义经济联系着的，并受工人监督的资本主义经济。这种资本主义经济已经不是普通的资本主义经济，而是一种特殊的资本主义经济，即新式的国家资本主义经济。它主要地不是为了资本家的利润而存在，而是为了供应人民和国家的需要而存在。……因此，这种新式国

---

① 参见《建国以来重要文献选编》第3册，中央文献出版社1992年版，第368页。
② 《周恩来统一战线文选》，人民出版社1984年版，第238页。

家资本主义经济是带着很大的社会主义性质的，是对工人和国家有利的。"①毛泽东的研究为系统提出资本主义工商业改造理论奠定了基础。

1953年7月29日在中央政治局会议上的讲话中，以及9月7日和15日同民主党派和工商界代表的两次谈话中，毛泽东系统阐述了经过国家资本主义完成对私营工商业改造的方针政策：第一，对资本主义工商业的改造，就是走国家资本主义的道路，经过国家资本主义走向社会主义，这是我们实现对资本主义工商业的社会主义改造的根本路径。这条道路同苏联的方法是不同的。"我们对私营资本主义工商业的改造，必须通过国家资本主义逐步过渡到社会主义。""资产阶级不接受国家资本主义，没有别的路走，大势所趋，非走这条路不可。我们对资产阶级不实行国家资本主义，也没有别的路，因为现在不能没收他们的财产，而且需要他们。"②第二，我们对资本主义工商业的改造是逐步进行的，渐进式的分为两步走，"头一步是变资本主义为国家资本主义，把独立的、不受限制的、有自由市场的资本主义，变为不独立、受限制、没有自由市场的资本主义，即国家资本主义。第二步由国家资本主义变为社会主义，消灭阶级"。③第三，对私营企业要"有所不同、一视同仁"。第四，对工商业、手工业改造要坚持逐步、自愿原则。第五，搞国家资本主义必须要有准备、有计划、有步骤地搞，不打无准备之仗。

1955年10月27、29日，毛泽东邀集全国工商业联合会执行委员会的委员座谈私营工商业的社会主义改造问题，系统阐发了资本主义工商业改造的理论：对资本主义工商业的改造，是一种制度的变革，必须要作好充分准备，有计划、有步骤、有秩序地进行，要讲求自愿，不能太急；对资本主义工商业的改造同时也是对人的变革，必须把二者结合起来，在改造工商业的同时改造资产阶级。

1955年11月16日至24日，中央政治局召集有各省、市、自治区党委代表参加的资本主义工商业改造的会议，讨论通过了《中央关于资本主义工商业改造问题的决议（草案）》（1956年2月24日追认为正式决议）。决议指出：我们对于资产阶级，第一是用赎买和国家资本主义的方法，有偿地而不是无偿地，逐步地而不是突然地改变资产阶级的所有制；第二是在改造他们的同时，给予他们以必要的工作安排；第三是不剥夺资产阶级的选举权，并且对于他们中间积极拥护社会主义改造而在这个改造事业中有所贡献的代表人物给以恰当的政治安排。在对较大的私营企业实行公私合营的基础上，把对私营工商业的社会主义改造从个别企业公私合营推进到全行业公私合营，实行定息制度。这是从资本主义私有制过渡到完全的社会主

---

① 《毛泽东文集》第6卷，人民出版社1999年版，第282页。
② 《毛泽东文集》第6卷，人民出版社1999年版，第285页。
③ 《毛泽东文集》第6卷，人民出版社1999年版，第287页。

义公有制的具有决定意义的重大步骤。

这次会议之后，资本主义工商业的社会主义改造进入高潮，在短时间内就实现了全国的社会主义改造，1956年底全国私营工商业的公私合营基本完成。刘少奇在八大报告中指出：改变生产资料私有制为社会主义公有制这个极其复杂和困难的历史任务，现在在我国已经基本上完成了；我国社会主义和资本主义谁战胜谁的问题，现在已经解决了；广大农民在合作化运动中不断地得到好处，逐渐地习惯于集体生产的方式，比较自然、顺利地接受了集体所有制，在全国范围的土地改革完成以后不到四年的时间内，基本上完成了农业的社会主义改造；对于私人手工业的社会主义改造，一般也是采取合作化的形式，实行了公私合营；国家对于资本主义工商业采取了利用、限制和改造的政策，工人阶级又同民族资产阶级建立了经济上的联盟，并且在这种联盟中实现了国营经济对于资本主义经济的领导，使资本主义私有制逐步地经过各种形式的国家资本主义转变为社会主义的全民所有制。

总之，中国共产党人牢牢立足于中国具体实际，参考列宁的国家资本主义理论和新经济政策，独立自主地进行对资本主义工商业进行社会主义改造的实践和理论探索，创立了具有中国特点的资本主义工商业社会主义改造和革命道路理论。这个理论在马克思主义理论发展史上具有重要意义，是对社会主义革命理论的创新发展，不仅是中国社会主义改造和革命的理论指导，而且具有十分重要的世界性意义。对此，毛泽东当时就指出："我们现在对资本主义工商业的社会主义改造，实际上就是运用从前马克思、恩格斯、列宁提出过的赎买政策。它不是国家用一笔钱或者发行公债来购买资本家的私有财产（不是生活资料，是生产资料，即机器、厂房这些东西），也不是用突然的方法，而是逐步地进行"。这种和平改造的政策和做法，此前在社会主义运动史上没有真正实践过，中国这样做就是对马克思主义理论的突破和发展。中国的社会主义改造也为其他国家树立了榜样，创造了新路，在世界社会主义运动史乃至人类文明发展史上都具有重要意义。"我国的社会主义改造，包括工商业的社会主义改造，不仅有全国的意义，还有国际的意义。整个世界都是要走社会主义道路的，在私营工商业的社会主义改造方面，我们在世界上是走在前面的，中国的资本家将来是先进者"[①]。

[①] 《毛泽东文集》第6卷，人民出版社1999年版，第499、502页。

从大历史的角度审视中华人民共和国 70 年

70 Years of the History of People's Republic of China from the Perspective of Great History

程美东（Cheng Meidong）

程美东，安徽无为人。北京大学马克思主义学院教授、博士生导师。教育部思政课教学指导委员会委员、高职高专分教指委副主任，全国毛泽东哲学思想研究会理事兼副秘书长，北京高校中国化马克思主义教学研究会会长，北京高校思想政治课特聘教授，北京高校思想政治课名师工作室负责人，北京市哲学社会科学中国化马克思主义发展研究基地负责人兼首席专家，北京市中共党史学会常务理事。曾主持并完成"现代化视野下的中国梦研究""改革开放以来中国共产党处理重大突发事件经验教训研究"等国家社会科学基金课题，以及"马克思主义中国化研究学科现状与前景研究""中国现代化思想史""北京市民办高校党建研究""中国化马克思主义概论教学体系研究""改革开放以来中国价值体系的变迁"等教育部社科基金项目和北京市社科基金项目。主要从事马克思主义中国化、中共党史、中国现代化等方面的研究。

[摘　要] 本文从大历史的视角审视了中华人民共和国 70 年的历史发展定位。全文共分三个部分：一、从后发现代化国家建国 70 年的角度考察新中国 70 年的成就。文章将新中国 70 年的发展情况与日本、德国以及亚非拉美一些后发现代化国家建国 70 年的现代化发展情况作了比较，认为新中国发展速度居于领先地位；二、中华人民共和国历史 70 年发展与中国历史上王朝建立 70 年发展比较研究。文章将新中国 70 年时的发展状况与中国古代汉、唐、宋、明、清诸朝代建立 70 年前后的发展状况进行了比较研究，发现这些王朝在建立 70 年时基本达到了王朝发展的快速上升期，多数出现了盛世之治，就这一点上看与新中国 70 年的发展状况具有相似性。但是，本文指出：在比较新中国 70 年与中国历史上王朝 70 年的历史发展时，要防止循环史观的研究方法、要防止静态的研究方法、要防止离开历史时间和历史空间研究等的弊端；三、从国际共运历史发展的角度审视新中国 70 年的社会主义实践。新中国 70 年的发展是社会主义道路在落后国家成功发展的典型，新中国 70 年的发展丰富了社会主义的理论和实践，新中国 70 年的发展使得社会主义制度大放异彩、提升了人们对社会主义活力的认识。

关于大历史（macro-history），黄仁宇有过这样的解释："应当广泛地利用归纳法将现有的史料高度地压缩，先构成一个简明而前后连贯的纲领，和西欧史与美国史有了互相比较的幅度与层次，才能谈得上进一步的研究"。"为什么称为中国大历史？中国过去150年内经过人类历史上规模最大的一次革命，从一个闭关自守中世纪的国家蜕变而为一个现代国家，影响到10亿人口的思想信仰、婚姻教育与衣食住行，其情形不容许我们用寻常尺度衡量。"① "大历史"就是主张"从技术的角度看历史，不是从道德的角度检讨历史"。黄仁宇在用大历史的视角研究中国历史时，注重从小事件看大道理；从长远的社会、经济结构观察历史；注重从中西比较的角度研究中国历史问题。用大历史的观点来审视新中国70年就是要避免西方政治道德主义来简单否定、污名中华人民共和国历史的认识误区，而要从新中国发展与近代世界现代化发展的内在要求和成效、从新中国发展与中国历史发展的成效、从新中国发展与国际共运发展的命运与前途这三个角度来加以审视。如此，我们方能得出相对客观公允的结论。

一、从后发现代化国家建国70年的角度考察新中国70年的成就②

进行比较研究是现在学术界很流行的一种研究方法，它有助于人们拓宽视野、形成动态的历史认识。但是比较研究要想获得科学的结论，其前提是必须要找到科学的比较对象，要遵循一定的科学的规则。考察中华人民共和国的历史成就，简单地孤立地进行70年的纵向比较是不够的，需要横向地加以比较，从世界的发展大势中加以考察，这样才能更加准确地确定它的世界方位。现代化是近代以来人类发展的大势，现代化程度实现的高低是当今世界衡量一个国家和社会文明程度的基本尺度。所以，研究新中国70年的历史，应当置于现代化的视野之下。但是，世界各个国家发展现代化的模式和途径并不完全一样，原生型和后发型现代化国家发展模式就有很大差别。原生型现代化国家，主要是英国，世界上多数属于后发现代化国家，如德日俄，如拉美、非洲、亚洲国家。中国是在陷入半殖民地状态后走向现代化发展途径的，属于典型后发现代化国家发展。基于以上的认识，我在分析考察新中国70年的世界历史方位时，选择了德日、拉美、亚洲一些国家作为参照系，以这些国家建立独立民族国家70年的历史发展成效作为参照对象来加以研究。我想从以下几个方面来加以考察：

---

① 黄仁宇：《中国大历史》，生活·读书·新知三联书店1997年版，第2、7页。
② 本节部分内容参见程美东：《现代化视野下的新中国六十年——以民族国家独立60年为视角》，《学习与探索》2009年第5期。

(一)民族国家独立对于后发现代化国家发展具有转折性关键意义

独立统一的民族国家对于这个国家社会现代化的发展起着决定性的推动作用,无论是德国、日本、俄国这些已经走在世界现代化前列的国家,还是亚洲、非洲、拉美那些广大的处于现代化发展中低级层次的国家,他们走上现代化发展的道路都是在现代民族国家建立之后取得的。没有现代民族国家的独立,既不可以获得本国现代化发展所必需的安全的外部环境,也无法形成强大的内在的各种整合所需的公共国家权力,那样就自然无法走上现代化道路。所以,实现民族国家独立,按照现代化的原则和思路重新组建统一的民族国家是所有现代国家从落后走向发达的必由之路。

表1   1900—1940年世界主要发达国家钢产量   (单位:万吨)

年份	美国	德国	英国	沙俄(苏联)	法国	日本
1900年	1035.2	664.6	498.0	221.1	159.0	0.1
1910年	2651.4	1369.9	647.6	344.4	341.3	25.2
1913年	3180.3	1893.5	778	479.0	468.7	38.2
1920年	4280.9	853.8	921.2	16.2	270.6	81.1
1930年	4135.3	1151.1	744.3	576.1	944.4	228.9
1940年	6076.6	1914.1(联邦德国)	1318.4	1900.0	441.3	685.6

资料来源:冶金工业部情报研究总所技术经济室:《国内外钢铁统计(1949—1979)》,冶金工业出版社1981年版,第32—33页。

1871年1月德国实现统一前分为300多个邦国,在当时的世界和欧洲均无地位。德国统一后在40年间就一跃为欧洲和世界最强国家行列。1870—1913年德国谷物产量由1500万吨增至3100多万吨。1871—1914年,其铁路从2.1万公里增至6.2万公里,轮船吨位由8.2万吨增至510万吨。1851—1900年间,世界重大科技成果中,美国有33项,法国75项,英国106项,而德国达202项,超过了英法美的总和。[1]1901—1920年,诺贝尔奖获奖情况:美国2人次,英国8人次,法国11人次,德国20人次。而在此前的1750—1800年间,世界重大科技成果:英国37项,法国54项;1801—1850年间在重大科技成果发明中,英国92项,法国144项,德国榜上无名。[2]1889年工业总产值超过农业,德国成为工业国家。1850—1870年德国农业净产值从50亿马克增长至67亿马克。1870—1913年间,德国的煤炭开采量从3400万吨增加到27730万吨。1860—1870年德国的工业增长率年均增长为2.7%;1870—1880年即达到4.1%;1880—1890年为6.4%;1890—1900年为6.1%。

---

[1] 丁建弘:《发达国家的现代化道路》,北京大学出版社1999年版,第438页。
[2] 李宗发:《财富创造论——国民财富产生原理研究》,经济管理出版社2006年版,第285页。

表2　　　　　　　　1870—1914年德国若干经济发展数据

	1871—1914年			谷物产量（万吨）	1870—1913年	
铁路（万公里）	2.1—6.2				1500—3100	
轮船吨位（万吨）	8.2—510					
获诺贝尔奖情况（人次）	1901—1920年			文盲率	1865年	5.25%
	美国	2			1881年	2.38%
	英国	8			1895年	0.33%
	法国	11		工业增长率	1860—1870年	2.7%
	德国	20			1870—1880年	4.1%
世界重大科技成果（个）	1750—1800年	1801—1850年	1851—1900年		1880—1890年	6.4%
					1890—1900年	6.1%
	美国			33		
	英国	37	92	106	农业净产值（亿马克）	1889年	工业国家
	法国	54	144	75		1850—1870年	50—67
	德国		榜上无名	202	煤炭开采量（万吨）	1870—1913年	3400—27730

资料来源：吴于廑等：《世界史·近代史编》，高等教育出版社2001年版，第238、239—241页。

文盲率1865年为5.25%、1881年为2.38%和1895年为0.33%。

日本在1887—1936年的50年间，国民生产总额增长了近20倍。钢铁产量在明治维新后的30年才只有5万吨，40年后达到685万吨，增长了136倍。尤其日本的教育现代化的发展速度要远远高于其他行业。日本在1872年就颁布了新学制，一方面规定了学习西方的教育制度，一方面规定了义务教育。其小学入学率在1873年为28.1%，1891年为50%，1900年为80%，1902年为90%，1911年为98.2%。[①]

表3　　　1960—1970年和1970—1980年若干发展中国家国内生产
总值和制造业增值年均增长率（%）

国别	国内生产总值年均增长率		制造业增值年均增长率	
	1960—1970年	1970—1980年	1960—1970年	1970—1980年
卢旺达	4.4	7.7	21.0	25.7
利比亚	23.0	3.1	0.1	24.3

---

① 冯昭奎：《日本经济》，高等教育出版社1999年版，第38、96页。

续表

国别	国内生产总值年均增长率		制造业增值年均增长率	
	1960—1970年	1970—1980年	1960—1970年	1970—1980年
加蓬	9.1	10.8	2.0	19.5
韩国	8.6	9.5	17.6	16.6
孟加拉国	3.0	5.3	5.4	13.6
伊朗	9.4	2.8	10.6	12.8
印度尼西亚	3.0	7.7	3.0	12.5

资料来源：托尔本·M.鲁普斯托尔夫：《印尼的工业发展：成就和前景》，《东南亚研究资料》1986年第2期。

表3中列出的发展中国家基本上都是在二战之后实现独立的，他们在实现独立后的国内生产总值和制造业增值年均增长率总体上都是呈现出高速增长的态势（一些国家因为战乱等导致的政局不稳使得经济发展波动大，甚至出现倒退）。

（二）新中国70年发展成效领先于后发现代化国家建国70年

有关的人士研究认为，1814—1936年间，中国年均经济增长率在2%至2.5%左右，如无日本侵华战争，则1933—1953年间的中国的GDP应增加1.63倍（作者注：中国大陆的经济在1952年才恢复到抗战前的水平），实际上只增加了0.28倍，而日本侵华战争给中国造成的财产损失和战争消耗，达1000多亿美元。[1]1949年后新中国在获得国家独立后的70年，中国的发展速度基本接近两位数。

上面的数字充分表明，新中国成立70年来的社会成就巨大，仅粮食一项而言，从1949年的11318万吨上升到2018年的65700万吨，70年间增加到原来的5.8倍（这个时期人口增加到原来的2.6倍、耕地由人均3亩减少到1.35亩），人均粮食产量增加了80%多，这个成就是了不起的。钢铁增加到原来的60多倍、煤炭增加到100多倍、棉花增加到13倍。所以，从这个纵向的比较来看，新中国的成就非常辉煌。即使是改革开放前30年我们走过一些弯路，但总体来看，发展速度还是很快的。"毛泽东的经济记录无论在许多方面有多大的缺点，仍然是中国奠定现代工业化基础时代的记录，实际上，这一记录优越于德国、日本和俄国工业化的可比阶段。"[2]

---

[1] 罗荣渠等：《中国现代化历程的探索》，北京大学出版社1992年版，第226、218页。

[2] [美]莫里斯·梅斯纳：《毛泽东的中国及其发展》，张瑛等译，社会科学文献出版社1992年版，第486—487页。

表4　　　　　　　　　　1949—2018年中国经济发展数据

类别	1949年	1952年	1976年	1978年	1999年	2008年	2018年
钢铁（万吨）	15.8	135	2046	3178	12426	50116	9.28亿吨
煤炭（万吨）	3200	6649	44000	61800	104363	271600	36.8亿吨
粮食（万吨）	11318	16392	28631	30477	50839	52850	65700
人均粮食（公斤）	239（1950年数据）	285	305	317	404	398	443
棉花（万吨）	44.44	130.37	205.54	216.7	382.88	780	609.6
肉类（猪牛羊肉，单位：万吨）	220	338	781	856	4762（肉类共5949）	7269	8517
石油（万吨）	12	44	8716	10405	16000	19000	19000
铁路（公里）	26200（实际能运行的只有22600）		46262		66400	80000	13.1万公里，高铁2.9万公里
GDP（亿元，人民币）		679，人均119元	2944，人均316元	3645，人均381元	89677，人均7159元	300670.0，人均22674.92元	90.03万亿元，13.7万亿美元，人均约6.6万人民币，9900美元
每万人中有大学生人数	2.2		8.9			46	1192
出国留学生		2763	860		38989（2000年）	144000（2007年）	66万
人口	55196万	57482万	93717万	96259万	125786万	132802万	13.9亿

资料来源：依据历年《中国统计年鉴》绘制。

1947年，中国高校有207所（大学55所、独立学院75所、专科学校77所），在校生155036人；2018年，全国普通高等学校和成人高等学校共计2663所，其中本科院校1245所，高职高专院校1418所，在校生3833万。1978年中国的高等教育毛入学率只有1.55%，1988年为3.7%，2001年毛入学率达到11%，2008年全国各类高等教育总规模达到2907万人，高等教育毛入学率达到23.3%；2014年在校生规模达到3559万人，居世界第一，毛入学率达到37.5%；2017年在学总规模达到3779万人，毛入学率达到45.7%；2018年达到48%。1949年全国有小学34.68万所，学生2439.1万人。2000年中国的文盲率由1949年的80%下降到6.72%；2001年1月1日，中国向世界宣布：中国如期实现了基本普及九年义务教育和基本扫除青壮年文盲的战略目标。中国人均寿命由1949年的35岁增到2000年71.4岁和2008年的73岁，2018年的 74 岁。尤其值得一提的是，中国在最基层占 80% 人口的广大农村实行了村民自治制度，村民们在自己居住的地域实行民主选举、民主决策、民主管理、民主监督。

中国这 70 年的发展与同时期获得独立的其他发展中国家相比较，其经济发展的成效远远大于其他国家，具体情况可以参见表 5。

表 5　　　　1960—2017 年部分国家和地区人均 GDP　　　　（单位：美元）

年份	印度	印度尼西亚	菲律宾	撒哈拉以南非洲地区	东亚及太平洋地区（不包括高收入地区）	拉美及加勒比海地区	海地	中国
1960 年	82	53（1967 年）	254	129	90	369	70	89
2017 年	1979	3846	2988	1574	7201	9271	765	8836

资料来源：笔者根据世界银行发布的相关数据绘制。

印度在 1960 年的人均 GDP 是 82 美元，几乎与中国一样，到 2017 年底他们是 1979 美元，中国是 8836 美元；印度增长了 23 倍，而中国增长了 98 倍；同期内印度尼西亚增长了 71 倍，菲律宾增长了约 11 倍，撒哈拉以南非洲地区增长了约 12 倍，东亚及太平洋地区增长了 79 倍，拉美及加勒比海地区增长了 24 倍，海地增长了约 10 倍（该国 1804 年爆发独立革命）。这个数据充分证明，在后发现代化国家，1949 年后的中国发展速度是领先的。

从表 6 可以看出，拉美四个重要国家在二战后 50 年与美国发展相比是越来越慢、差距越来越大，只有墨西哥基本持平。而中国却呈现出越来越快、差距越来越小的趋势。1949 年我们人均 GDP 只有美国的 1.2%，到 2000 年提高到 2.5%，到 2017 年更是提高到近 14.7%。这个数字就可以充分说明中国 70 年发展的速度，尤其是改革开放以来突飞猛进的发展情况。

表 6　1950—2000 年部分拉美国家、中国人均 GDP 占美国人均 GDP 百分比

国家	1950 年	2000 年
阿根廷	52	30
巴西	17	10
智利	40	35
哥伦比亚	23	18
墨西哥	25	26
中国	1.2（1949 年）	2.5（2000 年），14.7（2017 年）

资料来源：拉美国家数据参见［美］弗朗西斯·福山：《落后之源——诠释拉美和美国的发展鸿沟》，刘伟译，中信出版集团 2015 年版，第 71 页；中国数据根据世界银行发布的数据计算得来。

新中国70年成功发展的事实对于世界的意义就是，为人类美好追求提供了中国智慧和中国方案，"中国特色社会主义道路、理论、制度、文化不断发展，拓展了发展中国家走向现代化的途径，给世界上那些既希望加快发展又希望保持自身独立性的国家和民族提供了全新选择，为解决人类问题贡献了中国智慧和中国方案。"[①]

二、从中国历史发展的角度审视新中国70年的历史发展

以大历史的视角来审视新中国的发展，需要从世界现代化历史发展的角度来加以横向的比较审视，也需要从中国历史的长时段中加以审视，那就是在中国历史上中华人民共和国历史应当居于何种地位？要作这方面的分析，一个直接简单的办法就是以中国历史上王朝建立70年前后的发展情况与新中国70年前后加以宏观比较，看看二者之间有哪些共同的特点。当然，从历史时间的角度来看，这种简单的历法时间的比较是不够科学的，因为不同历史时代的历法时间内历史发展的特点并不一样，古代世界人类社会发展的70年与近代社会发展的70年无论其内容和发展速度、取向都有不同的特点。但是，作为中国完整文明史的延续和发展，对于中华人民共和国历史的研究必须要放到整个中国历史当中加以考察，只有这样的研究和审视，才能凸显其历史主体的价值和意义，才能更加清晰展现中华人民共和国的历史定位，才能更加明白中国未来的发展走向；选取中国历史上重要王朝建立70年的发展情况作为比较，主要是找到一个大致的历史比较点，而不是仅仅限于这个70年，其实就历史的发展内容来说50年、70年、100年都是一个相对的参照系和发展趋势而已，真正的实质性内容往往并不停留于简单的固定的年份。

（一）中华人民共和国70年发展与中国历史上王朝建立70年发展比较研究

这个类似性就是中国历史上重要王朝寿命在200年以上的，如西汉（210年）、唐（289年）、宋（319年）、明（277年）、清（268年），在建立70年左右往往达到它的鼎盛期，经济、政治、文化、国防、人民生活都居于该朝代的上升期，与同时期的周边邻国比较，也居于明显的优势地位，整体上呈现出欣欣向荣的繁荣局面。

西汉建立于公元前202年，其建立70年（公元前132年）正是汉武帝意气风发开始独立执政的时候。汉武帝生于公元前156年，公元前141年即位。其即位之初，汉朝经过60年奉行黄老政策的休养生息，实行轻徭薄赋、宽刑正法，使得当

[①] 习近平：《决胜全面建成小康社会 夺取新时代中国特色社会主义伟大胜利——在中国共产党十九次全国代表大会上的报告》，人民出版社2017年版，第10页。

时的国家出现了安居乐业的和谐场景,"吏安其官,民乐其业,畜积岁增,户口寝息"①。从汉初"至武帝之初七十年间,……非遇水旱,则民人给家足,……京师之钱累百巨万,贯朽而不可校。太仓之粟陈陈相因,……阡陌之间成群,乘牸牝者摈而不得会聚。守闾阎者食粱肉,为吏者长子孙,居官者以为姓号。人人自爱而重犯法,先行谊而黜愧辱焉。于是罔疏而民富,役财骄溢,或至并兼;豪党之徒以武断于乡曲;宗室有土,……外事四夷,内兴功利,役费并兴"②。公元前132年汉武帝即位正好10年,公元前135年其祖母去世使得他少了羁绊,使得他可以大展宏图。公元前133年他就谋划打击匈奴——这个对于当时的汉朝威胁最大的外部敌人,此后的14年间,他发动了对于匈奴的大规模打击,使得自汉初一直威胁汉朝的匈奴被逐出漠北,解除了北部最大的外患。紧接着,他遣使通西域,定闽粤,征高丽,拓蜀郡,使得国土北至贝加尔湖,南达海南岛,西至新疆,东至大海,中国疆域空前广阔。同时设立太学、独尊儒术、任用贤能、改革币制、盐铁官营。可以说西汉建立70年后的汉武帝时代达到了中国历史的一个国力空前强大全面强大的时期,虽然因为军事行动过于频繁一度国库空虚、民众生活有所影响,但国家的强大是空前的。

唐朝是公元618年建立的,70年后的688年是武则天统治时期。武则天虽然在唐高宗时候就参与政事,但名正言顺地治理国家还是公元683年高宗去世之后,她才成为实际上的最高统治者,尤其是公元690年她改国号称帝。公元688年是武则天称帝前的两年,此时是唐高宗时期的延续,该阶段唐朝经济社会持续发展,社会稳定、国泰民安。虽然时人批评武则天主政乃"奸人妒妇之恒态也",但也认为她"犹泛延谠议,时礼正人。初虽牝鸡司晨,终能复子明辟,飞语辩元忠之罪,善言慰仁杰之心,尊时宪而抑幸臣,听忠言而诛酷吏。有旨哉,有旨哉!"③可以说,唐朝建立70年前后国家很有生机和活力,处于明显的上升阶段。

北宋建立于公元960年,70年后的1030年正是宋仁宗当政时期。这一年年仅20岁的仁宗皇帝在崇政殿主持殿试,录取了欧阳修、蔡襄,此时的宋仁宗很有大干一番的抱负。当时的北宋经过宋太祖、宋太宗、宋真宗三代皇帝的经营,到仁宗即位时边境安定、经济发展、社会繁荣,社会总体上达到了北宋前所未有的水准,宋仁宗即位后又宽刑仁慈、重视文化、发展农业,文化科技发展迅速,唐宋八大家中六个都产生在他当政时期。后人对于宋仁宗时代评价很高,曾国藩曾将宋仁宗与汉武帝、唐太宗、元世祖并列,乾隆把宋仁宗视为自己最佩服的三个帝王之一。由此可见宋朝建立70年前后的宋仁宗时代在该朝代中的地位了。

---

① 《资治通鉴》,中华书局1956年版,第496页。
② 金少英集释,李庆善整理:《汉书·食货志集释》,中华书局2017年版,第94—98页。
③ 《旧唐书》,中华书局1975年版,第133页。

明朝建立于 1368 年，70 年后的 1438 年是明英宗统治的年代。英宗是 1435 年即位的，当时才 8 岁，1438 年才 11 岁，自然只是挂名皇帝而已。但在即位前，经过太祖、成祖、仁宗、宣宗的努力，明朝已经进入该朝的盛世阶段，出现了"仁宣之治"的大好局面。明朝的转折点就发生在明英宗时代，标志就是 1449 年的"土木堡之变"，御驾亲征的明英宗被瓦剌俘虏。虽然这是明朝建立 81 年的时候，但从本文的大历史眼光来看，其意义没有多少区别。

清朝入关是 1644 年，70 年后的 1714 年是康熙末年，这是清朝历史上有名的康乾盛世的开始阶段。康熙平三藩、收台湾、败沙俄、征服噶尔丹、轻徭薄赋、与民休息、奖励垦荒、致力治河、重视科举，整个社会呈现皇皇天朝大国的气象。有人认为康乾盛世中康熙最盛，他是英明的君主、伟大的政治家，是千古一帝。所以，清朝建立 70 年的时候是清朝最辉煌的时候。

从上述中国历史上几个大一统的持续时间很长的王朝建立 70 年的角度来审视新中国成立 70 年，我们发现，虽然其所处的时代差异大、各自的生产力内容有所差异，但是整体的发展趋势是有共同性的，那就是都呈现出总体上升的趋势，甚至在这个时间段前后达到了该制度体系下最好的发展水平。这也充分说明，中华人民共和国的历史发展与中国古代历史的发展具有内在动力和方向的一致性，从中国大历史的角度来看，这是对于中国历史发展的健康继承和更高层次的升华。中国古代这些王朝建立 70 年的时候往往也是该王朝由盛而衰的转折时期，这个事实应该引起我们的重视，需要我们汲取中国历史上王朝由盛而衰的经验教训。

（二）不要机械、简单、静态地比较中华人民共和国 70 年与中国历史上王朝 70 年的历史发展

我之所以尝试将新中国 70 年与中国历史上的 70 年加以比较，主要是想从完整的中国历史视角认识中华人民共和国的地位，从中可以使我们更全面地认识中国历史发展的特点、趋势，对于人们更深刻了解和认识中华人民共和国发展的必然性和规律性是有借鉴意义的。但是，在这个比较研究中一定要注意用历史唯物主义的观点来加以审视，而不能机械、简单、静态地进行比较研究。

首先，要防止循环史观的研究方法。中国古代史学研究注重史料的收集、整理，注重史实的考证辨伪，注重历史道德评价，这些都是非常有价值的方法和传统，但也有一个不足，就是历史方法论中缺乏用进步的、生产力为基础的唯物史观来认识历史的发展趋势和发展规律，比如，在认识历代王朝兴替更新的问题上，喜欢用循环史论来加以解释，喜欢用"三十年河东，三十年河西"来解释历史变迁的规律，以这样的史观来进行比较研究肯定无法得出科学的结论。用循环史观来比较中华人民共和国历史和中国王朝历史发展，很容易用中国古代历史上出现的问题来

简单类比当代中国历史发展，那样不仅很容易得出悲观和消极的结论，更重要的在于其结论是非科学的。坚持这样的史观来进行比较研究，其危害往往比不研究危害更大，因为它是以科学研究的名义进行的，具有迷惑一般观众的合理的资源背景。防止以循环史观来比较中华人民共和国史与中国古代王朝史研究的弊端，重点是防止以下几点：离开生产力决定论的观点来进行历史比较研究；离开特定社会关系来进行比较研究；离开人民的具体性来进行历史比较研究。中华人民共和国的历史发展与中国历史上的王朝史发展最大的区别就是它是迎着世界现代化的潮流前进的，以社会主义为价值取向、以人民群众为中心，它走出了中国历史上王朝家天下循环怪圈。

其次，要防止静态的研究方法。比较历史研究，有时需要点对点、面对面、人对人、事对事的直接类比，但这种类比更多是一种研究视野、研究方法，它给我们深入研究问题提供一种认识取向，而绝不是就事论事、就人论人、就个别谈个别，它启发我们的是如何破解在这些貌似规律性的问题背后的原因和规律。把中华人民共和国成立70年和中国历史上王朝建立70年进行比较，如果采取静态的研究方法，就会把古代历史上发生的事情简单地移植到同时段的历史过程当中，比如把中国历史上封建王朝一般70年左右开始由盛而衰、寿命一般200年左右的史实简单套用到对于中华人民共和国历史的预测和判断。这样就是机械和静态的研究方法，忽视了历史活动主体所具有的活跃性、发展性、能动性、动态性特点，使得生动丰富的历史研究变成了僵死的数学换算。

最后，要防止离开历史时间和历史空间研究的弊端。历史时间与历法时间最大的区别在于其载体，历史时间的载体是特定的人类活动，而历法时间的载体是自然存在，离开历史时间去进行历史长度的比较研究，就是符号研究而已，活生生的历史内容被抽得一干二净。历史空间是历史主体活动及客观环境，忽视历史空间来进行历史比较研究，会呈现出虚假成果，这样的研究成果与游戏没有本质上的区别。对于新中国70年与中国历史上封建王朝70年的比较研究，如果离开了历史时间和历史空间的研究，其结论一定是荒唐的、南辕北辙的，哪怕这种研究在具体的逻辑和方法上是多么的严密和认真。比如，中国古代历史中的王朝活动空间基本不出亚洲大陆，而近代以来中国的历史尤其是中华人民共和国的历史活动空间是整个人类日益密切联系的地球；中国古代王朝的发展是以当时世界范围内农业社会生产力为基础的，而当代中国的发展是以世界范围的工业化、科技化为基础的。我们在对不同历史时间和空间的历史活动进行比较研究时就需要具体分析，需要寻找不同历史活动背后的问题，离开了特定的时空就不可能进行科学的研究和得出客观的结论。

三、从国际共运历史发展的角度审视新中国 70 年社会主义实践

人类的历史进入 19 世纪中叶，出现了以马克思主义为指导的国际共产主义运动的历史潮流，尤其是十月社会主义革命之后，社会主义制度和国家由理想变为现实。苏俄支持下成立的第三共产国际有力地推动了世界共产主义运动的发展，"在其帮助下，世界五大洲先后建立了 70 多个共产主义政党。党员总人数约达 400 多万"[①]。20 世纪可以说是国际主义运动大发展的时期，到 20 世纪 80 年代"社会主义各国最繁荣时，其领土面积占世界陆地面积 1/4 以上，人口约占世界总人口的 1/3，工业产值约占世界的 2/5，国民收入约占世界的 1/3"，[②] 中国共产党领导的共产主义运动是这风起云涌的社会主义运动中的一个；在苏东剧变、国际共产主义运动遭受严重挫折后，中国共产党不但继续高举社会主义的大旗，而且使中国成为社会主义呈现勃勃生机的国家。所以，无论从哪个角度来说，研究坚持社会主义道路的中华人民共和国的历史，都必须要从国际共产主义运动历史发展的角度来加以审视。

（一）中华人民共和国 70 年的发展是社会主义道路在落后国家成功发展的典型

社会主义作为一个严谨的概念术语产生于欧洲，但是作为一种追求自由、平等、幸福的朴素思想，可以说东西方很多民族早已有之。人类很多的思想对于来世的向往其实就含有这种思想的价值追求，中国古代的大同思想在一定程度上看就是一种朴素的社会主义思想。社会主义这个词语在欧洲比较早地出现在 16 世纪天主教的用语中，他们当时借以反对文艺复兴后个性解放带来的私欲膨胀、自私自利的个人主义泛滥的现象，它反对的是个人主义公开至上的价值取向，希望从全社会的角度来思考社会政策、引领社会发展方向。后来的空想社会主义是空想社会主义者侧重从批判西方社会在当时发展过程中出现的普遍的自私自利的现象而提出的一种社会理想，只不过他们把实现这种社会理想的途径寄托在道德良心的改善和发现上。19 世纪 40 年代马克思主义诞生后，社会主义成为科学，社会主义运动才逐渐发展成为一场波及世界范围的革命实践运动。

马克思、恩格斯一开始把社会主义革命的首创权寄托在当时比较发达的欧美国家身上，1846 年马克思、恩格斯在《德意志意识形态》中指出："共产主义只有作为占统治地位的各民族'一下子'同时发生的行动，在经验上才是可能的，而这是以生产力的普遍发展和与此相联系的世界交往为前提的。"[③] 恩格斯在 1847 年的《共产主义原理》一文中指出："共产主义革命将不是仅仅一个国家的革命，而是将在

---

① 肖枫：《社会主义向何处去》，当代世界出版社 1997 年版，第 31 页。
② 肖枫：《社会主义向何处去》，当代世界出版社 1997 年版，第 45 页。
③ 《马克思恩格斯选集》第 1 卷，人民出版社 2012 年版，第 166 页。

一切文明国家里，至少在英国、美国、法国、德国同时发生的革命，在这些国家的每一个国家中，共产主义革命发展得较快或较慢，要看这个国家是否有较发达的工业，较多的财富和比较大量的生产力。因此，在德国实现共产主义革命最慢最困难，在英国最快最容易。共产主义革命也会大大影响世界上其他国家，会完全改变并大大加速它们原来的发展进程。它是世界性的革命，所以将有世界性的活动场所。"[1] 1872 年，马克思认为："巴黎公社之所以失败，就是因为在一切主要中心，如柏林、马德里以及其他地方，没有同时爆发同巴黎无产阶级斗争的高水平相适应的伟大革命运动。"[2] 实际上，他把巴黎公社失败的原因归咎于欧洲没有同时爆发革命。1892 年，恩格斯在《社会主义从空想到科学的发展》的英文版导言中说："欧洲工人阶级的胜利，不是仅仅取决于英国。至少需要英法德三国的共同努力，才能保证胜利。在法国和德国，工人运动远远地超过了英国。在德国，工人运动的胜利甚至指日可待了。"[3] 恩格斯在 1893 年 6 月 27 日给保尔·拉法格的信中写道："但是，无论是法国人、德国人或英国人，都不能单独赢得消灭资本主义的光荣。如果法国——可能如此——发出信号，那末，斗争的结局将决定于受社会主义影响最深、理论最深入群众的德国；虽然如此，不管是法国还是德国，都还不能保证最终的胜利，只要英国还留在资产阶级手中。"[4]

十月革命发展了马克思、恩格斯关于无产阶级的共产主义革命必须首先在发达国家同时爆发才能取得胜利的思想，使得帝国主义国家中最薄弱的落后国家成功取得了革命的胜利。但十月革命胜利后的苏俄及在其支持下成立的第三国际一开始把推动世界共产主义运动的中心放在了欧洲。欧洲革命失败后，他们才把革命的中心放到了其他国家和地区，而在亚洲他们把日本视为革命的希望。最后在日本革命迟迟没有动静时，他们才注意到了中国革命的重要性，才意识到了中国共产党领导的共产主义革命的重要意义。中国共产党领导的新民主主义革命又和苏联的城市中心论的革命模式不一样，独创性地开创了农村包围城市的道路，以此建立了中华人民共和国。所以，中华人民共和国从诞生之始就蕴含了马克思主义发展论的理论逻辑和实践逻辑。

二战后世界上有 16 个国家的共产党、工人阶级性质的政党建立了社会主义国家。在这些社会主义国家中，多数是欧洲国家，苏联、捷克斯洛伐克、南斯拉夫、保加利亚、匈牙利、罗马尼亚、民主德国、阿尔巴尼亚；亚洲有中国、蒙古、朝鲜、越南、

---

[1] 《马克思恩格斯选集》第 1 卷，人民出版社 1995 年版，第 241 页。
[2] 《马克思恩格斯全集》第 18 卷，人民出版社 1964 年版，第 180 页。
[3] 《马克思恩格斯选集》第 3 卷，人民出版社 1995 年版，第 718 页。
[4] 《马克思恩格斯全集》第 39 卷，人民出版社 1974 年版，第 87 页。

柬埔寨、老挝；美洲有古巴。1989—1991年，苏东爆发剧变，这些社会主义国家在很短的时间内先后改旗易帜，国际共产主义运动遭受严重挫折。其他7个落后基础上建立的社会主义国家除了柬埔寨外，至今仍然坚持社会主义的道路，其中中国的社会主义事业呈现格外繁荣的局面，显示出来的生机和活力令世界瞩目。

中国坚持社会主义道路不仅向世人表明，世界上至少还有1/4左右的人民仍然高举马克思主义、社会主义的大旗，表明马克思主义没有过时、社会主义没有失败。而中国特色社会主义事业的蓬勃兴旺、领先于世界的发展速度，更是表明社会主义制度具有极大的优越性。同时，这个事实也表明，只要领导有方、措施得当、步骤合适，在落后国家建立起繁荣富强的社会主义国家完全是可能的。新中国70年的成功是以农民为主体的殖民地半殖民地落后国家进行民族革命、阶级革命和社会主义革命和建设的成功典范，这个成功给那些正在走社会主义道路的国家增添了无尽的信心和力量，尤其给那些落后国家发展社会主义提供了现实的经验和长远的方法借鉴。

（二）中华人民共和国70年的发展丰富了社会主义的理论和实践

近代中国的先贤志士为了救国救民，从西方求得了马克思主义、进行了共产主义革命，使得中国日益走上实现中国梦的康庄大道。马克思主义给中国人民增添了新鲜的思想血液，使中国人的思维方式、眼界、社会实践的方向产生了新的飞跃，但同时中国共产党人以自己扎实的实践、深刻的思辨、智慧的选择，通过反复的共产主义实践和马克思主义的理论研究，不断地丰富着马克思主义。

新中国成立70年来，中国人民在中国共产党的领导下开创的社会主义伟大事业创造了一个又一个辉煌，这些辉煌的成就不仅仅体现在物质文明的超乎寻常的发展上，更体现在对于社会主义理论认识的更加清晰和自信上。新中国70年社会主义发展，从理论和实践两个方面大大丰富了社会主义的内涵和外延，使得社会主义的原则性和时代性、未来性结合得更好了。

民主德国领导人克伦茨对于中国改革开放成功的原因作了这样的分析：中国的成功首先在于它在改革开放之初确定了四项基本原则，即坚持社会主义道路、坚持人民民主专政、坚持中国共产党的领导、坚持马克思列宁主义毛泽东思想。中国共产党从东欧剧变、苏联解体中得出的教训，不同于某些欧洲政党。历史证明，没有共产党的领导，就没有社会主义。中国成功的另一条重要经验就是坚持理论联系实际，反对教条主义。尽管不利的国际环境对中国构成了巨大的挑战，但是中国领导层明确地表示要坚持政策持续性和改革开放，坚持全民族的团结。[①]

[①] 李瑞琴：《一位共产党前领导人眼中的中国特色社会主义新时代》，《光明日报》2019年6月21日。

中国改革开放成功的原因是多方面的，最根本的原因在于我们善于将马克思主义基本原理与中国的具体实际结合起来，善于在理想和现实、原则性与灵活性之间把握平衡点，使得我们总体的方向正确、步骤稳妥。而且，不仅仅改革开放我们坚持了这个原则，可以说，整个新中国70年我们总体成功的原因都是坚持了这一个原则，从而使得我们对社会主义的理论和实践作了丰富和发展。这方面的贡献至少表现为以下的内容：

（1）坚持走出了一条中国特色的工业化道路。富国强兵是近代中国梦的基本内容，富国强兵的重要物质基础就是工业化，而工业化建设需要大量的资金。资本主义国家通过残暴的原始积累和海外扩张获得了大量的资金，而新中国作为社会主义国家不可能运用那样的手段，在这种背景下我们搞现代化就只能自力更生了。新中国通过三大改造，为工业化的发展创造了公有制的基础，使得中国在二十几年的时间从一个农业大国手工业大国迅速发展为工业门类比较齐全、工业体系比较完整的国家，不能不归功于我们独特的工业化道路。这可以说是对马克思主义理论的一大贡献。

（2）建立了一套中国特色、人民民主的社会主义政治制度，将人类政治文明的优势与中国特色的具体国情有机结合起来了。我们在新中国成立初期就相继建立了多党合作和政治协商制度、人民代表大会制度、民族区域自治制度，改革开放后我们又建立了村民自治制度，确立了依法治国的方针，使得党的领导、依法治国、人民当家作主三者统一的政治制度在中国形成。这套制度把政治所要求的秩序性和效率性目标很好地落到实处，使得社会主义所追求的民主、公正和人民性有机结合起来，将民主的形式与民主的实质在现实条件允许的可能下结合得很是得体。没有这一套行之有效的政治制度的保障，中国的社会主义事业的兴旺发达是不可能的。而这一套制度的创造性则毫无疑问是古今中外没有的，它对于社会主义政治理论和实践无疑是个极大的丰富和发展。

（3）确立了社会主义市场经济理论和制度。在传统社会主义国家，几乎都把计划经济和市场经济对立起来，以是否取舍其中之一作为判断姓"社"姓"资"的基本标准，改革开放之后的中国在对国际国内经济发展的理论和实践进行了深入思考后，审慎而又决然地实行了社会主义市场经济，使得市场经济与社会主义结合在了一起，使得中国特色社会主义经济制度充满了生机和活力，这个理论和实践上的突破对于世界社会主义来说当然是个巨大的贡献。

（三）中华人民共和国70年的发展使得社会主义制度大放异彩，提升了人们对社会主义活力的认识

苏东剧变后的一段时间里，在一些人眼里尤其是那些仇视社会主义的人眼中，

社会主义一度变成了一个敏感词，甚至是一个负面词语，在国内外社会主义制度成为一些人嘲笑、贬低的对象，社会主义从一个当初令人憧憬向往的美好理想转而成为一切黑暗落后的象征。而今天中国特色社会主义流光溢彩的生机以铁的事实粉碎了贴在社会主义上面的各种负面标签，使人们对于社会主义的应有之义产生了更多兴趣。有人说，一到中国，才感受到社会主义的活力；也有人说，100年前社会主义救中国，100年后中国救社会主义。这样的说法虽然不一定周密严谨，但是其中所表达的意义是很明显的，就是中国社会主义道路的成功为社会主义重新正名，让人们开始认真从社会主义的角度来思考那些现在奉行资本主义、正陷入危机和困惑阶段的国家的前途和命运问题。正是从这个意义上，我觉得新中国70年的发展使得社会主义制度大放异彩，使得人们对社会主义的活力有了更多的期待和更深刻的认识。

中华人民共和国成立70周年：来自白俄罗斯的观点
70th anniversary of the PRC: a view from Belarus

［白俄罗斯］阿·阿·托济克（Anatoliy A.Tozik）

阿·阿·托济克，白俄罗斯国立大学孔子学院院长，白俄罗斯前副总理、白俄罗斯前驻华特命全权大使。

［摘　要］本人曾作为白俄罗斯驻华外交官，亲历并见证了新中国的发展进程。新中国成立70年来，特别是近40余年的发展经验表明，在中国共产党的领导下，中国的发展势头无可阻挡，中国的复兴对世界而言是机遇而非挑战，中国的经验值得其他国家和地区学习与借鉴。

我于2006—2011年担任白俄罗斯共和国驻华大使，期间正值新中国成立60周年，于是我有幸亲身感受到了中国人民为筹备新中国成立60周年各项庆祝活动所展现出的爱国热诚与激情，从许多中国人眼中我能感受到其为自己的祖国感到骄傲和自豪的心情，而天安门广场上声势浩大的庆祝活动至今令我记忆犹新。我相信新中国成立70周年的庆祝活动将给中国社会带来更大的影响，将使中国人民更加团结，将激励中国人民更加努力地把自己的祖国建设成为世界上最繁荣的国家之一，新中国成立70周年的纪念活动将成为实现中华民族伟大复兴梦想的又一重要里程碑。

当然，新中国的建设并非一帆风顺。中国曾历经一个多世纪的动荡，整个国家和人民曾陷入劳苦困顿之中，数千万人失去生命，但欧洲却严重低估了中国在第二次世界大战中所起到的作用。在我看来，中国为世界反法西斯战争取得胜利所作出的贡献远比西方想象的要大得多。

新中国成立70年来走过了一段艰辛的历程，其在改革开放40多年来所取得的社会经济发展成就在世界历史上是独一无二的。40多年间，中国从一个大国发展成为一个世界强国，这是史无前例的壮举。西方国家在新中国成立最初的一二十年间给中国社会经济发展带来的是负面影响，而苏联则在20世纪50年代向中国提供了巨大的援助：成千上万名苏联专家来到中国帮助中国恢复经济、建设工厂。我的中国朋友曾向我讲述白俄罗斯拖拉机厂商参与新中国第一家拖拉机厂建设的情况，并赠送给我印有白俄罗斯同胞照片的厂报复印件。

20世纪70年代末至80年代初期，中共中央领导明确表示，不应照搬别国经验，不应人为地加快国家发展，并决定建设有中国特色的社会主义。我认为，在中国实施的改革开放政策构想中存在两个基本原则，即以人民为中心和建设小康社会，这两条原则确保了中国能够取得前所未有的成功，而中国的成功则引发了世界各国的不同心理反应：钦佩、惊讶、担忧等等。通过研究中国社会经济发展经验，我得出如下结论：中国所积累的经验不仅对中国的未来发展、对东南亚地区的发展有所裨益，而且在很大程度上对世界上其他国家的发展具有重要的实践意义。也许未来我们都将认同这一点，即中国所建立起来的社会经济发展模式将成为21世纪的最佳模式。

中国共产党在推动国家发展上起到何种作用？这是一个不容回避的问题。我作为苏联共产党党员的时间超过20年，见证了这个伟大政党的解散，这令我十分痛苦。在我看来，苏联共产党的悲剧在于自身发展停滞、丧失了批判性地（及自我批评式地）评估形势及预判未来的能力。而中国共产党善于从苏共的悲剧中吸取经验并持续地总结教训。对于马克思主义，毛泽东曾明确指出："马克思列宁主义并没有结束真理，而是在实践中不断地开辟认识真理的道路"[①]。我深信，中国共产党是得到了中国人民充分信任和全力支持的真正领导者，当今的中国是团结的中国，正是在这种团结中我看到了中国的未来。

另一个不能回避的问题是：对其他国家而言，中国是否构成威胁？一些国家惧怕中国显示出的政治经济快速发展的能力，这已并非秘密。中共中央总书记习近平在中共十九大报告中指出："经过长期努力，中国特色社会主义进入了新时代，这是我国发展新的历史方位"；"这个新时代，是承前启后、继往开来、在新的历史条件下继续夺取中国特色社会主义伟大胜利的时代，是决胜全面建成小康社会、进而全面建设社会主义现代化强国的时代，是全国各族人民团结奋斗、不断创造美好生活、逐步实现全体人民共同富裕的时代，是全体中华儿女勠力同心、奋力实现中华民族伟大复兴中国梦的时代，是我国日益走近世界舞台中央、不断为人类作出更大贡献的时代。"[②] 中国人民非常清楚，在一个动荡的、病态的世界中想要实现上述目标是不可能的。因此，为了实现上述目标，中国将（某种程度上也可理解为被迫）帮助其他国家和人民（为幸福安宁生活而努力的国家和人民）过上幸福安宁的生活。我们这个时代的独特之处就在于，如果中国不稳定，世界将因而变得更加不稳定。

---

① 《毛泽东选集》第1卷，人民出版社1991年版，第296页。
② 习近平：《决胜全面建成小康社会 夺取新时代中国特色社会主义伟大胜利——在中国共产党第十九次全国代表大会上的报告》，《人民日报》2017年10月28日。

这或许是历史上首次出现一个大国的战略利益和目标与人类社会的战略利益和目标相吻合的场景。可以说，正是基于对 21 世纪世界文明发展规律的深刻理解，中国才提出了诸如人类命运共同体、"一带一路"建设这类对人类社会有现实意义的倡议。对于认为中国对其他国家构成威胁的人，我建议其可以反问自己这样一个问题，即中国为什么需要威胁其他国家？

显而易见，中国对现代世界发展的影响和贡献正变得越来越重要。我依然清楚地记得人们曾满怀喜悦和希望来结束冷战时代，但事实证明，世界并没有因此而变得更美好，相反世界充斥着越来越多的问题且其未来更难以预测。这是因为，第二次世界大战后形成的制衡机制随着冷战的结束而崩塌，而该制衡机制曾保障了世界的相对稳定和可预测性。现如今，世界需要一种与 21 世纪的实际情况相匹配的新制衡机制。在这个新的制衡机制中，军事实力将不可能扮演其在 20 世纪曾扮演过的主导性角色，政治、经济和道德因素将在新机制中发挥决定性作用。中国在这一新制衡机制（实际上可视为一种新世界秩序）的构建过程中所起的作用不容小觑。

过去 40 多年的发展已表明，中国共产党和国家领导集体已经为国家发展积累了战略知识和人才储备，从而可为国家和人民确立正确的、可实现的目标，并激励和领导人民来实现这些目标。很显然，中国的"第一个百年奋斗目标"即将实现，我衷心祝愿中国人民顺利实现"第二个百年奋斗目标"，中国的发展和崛起对世界而言并非威胁，相反，是世界各国及其人民的机遇！

东邻观华 70 年
——日本学界的当代中国研究掠影
An Observation of China by an Eastern Neighbour for 70 Years
— A Brief Description of Modern Chinese Studies by Japanese Academics

何培忠（He Peizhong）

何培忠，1952 年出生，中国社会科学院研究员。1975 年毕业于山东大学，1978 年考入中国社会科学院，1984 年在日本青少年研究所进修，2000 年日本国士馆大学访问学者，2003 年日本东京大学客座教授。2010 年被评为"享受国务院政府特殊津贴专家"，2013 年退休。现任中国社会科学院国际中国学研究中心副主任，中华人民共和国国史学会理事。至今发表十余部专著 600 余万字研究成果，涉及海外中国学等多研究领域。

[摘 要] 日本是中国近邻，自古至今一直关注中国问题研究。本文以日本现代中国学会为主，简要介绍日本的当代中国研究轨迹。日本现代中国学会成立于 1951 年，是以研究当代中国为主的全国性学会，每年举办一次全国性学术会议，以中国的最新发展和日本学者最关注的中国事务为对象选定会议主题，这些主题不仅反映了日本学界对中国的关心所在，也反映出了日本学界的中国观。回眸日本学界在不同时期关注的中国问题与中国观的变化，可以从另一个角度了解新中国的成长与变化。

2019 年 10 月 1 日，我们将迎来新中国成立 70 周年华诞。从结束百年屈辱"站起来"，到经过改革开放、艰苦奋斗，建成小康社会"富起来"，然后是在"任尔东西南北风"的"捧杀"之中屹立不动"强起来"，新中国成立 70 年的发展史表明，中华民族正走向伟大的民族复兴。

作为从古代到现代一直与中国关系密切的近邻日本，对这一时期中国的发展一直高度关注和研究。本文以日本现代中国学会为主，简要介绍日本的当代中国研究。

日本现代中国学会是在中华人民共和国成立不到两周年的 1951 年 5 月成立的，这是一个以研究当代中国为主的全国性学会，每年举办一次全国性学术会议，以中国的最新发展和日本学者最为关注的中国事务为对象选定会议主题。2019 年 10 月

19—20日，即我们欢度70年华诞大约长假休息结束后第一个周六和周日，该学会将在日本关西学院大学举办2019年的学术大会。

日本现代中国学会历届会议的主题是与中国的发展紧密连在一起的，不仅反映了日本学界对中国的关心所在，也反映出了他们的中国观。回眸日本学界在不同时期关注中国的问题与中国观的变化，可以从另一个角度了解新中国的成长与变化。

一、憧憬与困惑的转变——新中国成立初期到20世纪70年代

新中国成立之初，日本学界对新中国满怀憧憬。其原因之一，是他们中的大多数人为曾服务于日本的侵华政策深陷自责，成为"悔恨的共同体"；原因之二，是面对满目疮痍的战后日本社会，对新中国的建设充满期待。仁井田升（1904—1966）、吉川幸次郎（1904—1980）、平冈武夫（1909—1995）、松本善海（1912—1974）、贝冢茂树（1904—1987）等一批著名中国学家都发表了对新中国诞生的看法。认为中国发生的事情，实际上是中国农民"第一次依靠合理的信仰，而不是像过去那样依靠不合理的信仰团结了起来"。心理学家南博1952年访华后，甚至发表了"中国——超越欧洲的国家"感言。研究中国文学的村上知行也发表了"新中国——觉醒的5亿人"文章，用新中国大力消灭蚊蝇的例子讲述中国人建设自己国家的热情，给日本人留下深刻印象。于是，"新中国文化的特质"，就成了首届现代中国学会的主题，"思想改造""经济建设""总路线""知识分子的作用"则成为20世纪50年代日本学界研究中国问题的关键词。（详见表1）

表1　　　　　1951—1959年日本现代中国学会大会主题

第1届	新中国文化的特质	1951
第2届	思想改造——土地改革与工业化	1952
第3届	关于中国的经济建设——新中国创世家庭中知识分子的作用	1953
第4届	中国过渡期的总路线	1954
第5届	中国的社会主义建设	1955
第6届	鲁迅	1956
第7届	中国现阶段的诸矛盾	1957
第8届	中国的社会主义建设与日中关系	1958
第9届	人民公社	1959

尽管新中国成立之后，日本政府追随美国，对中国采取敌视态度，"亲华"与"反华"学者观点对立，但日本学界的整体氛围是对新中国充满期待，把中国出现的

新鲜事物视为日本学习的榜样,认为获得革命成功的中国充满了魅力。

日本学者的这一心理,在 20 世纪六七十年代还表现在对中国事务的"跟随"上。

例如,20 世纪 60 年代上半期日本现代中国学会的年会主题,仍然以中国经济建设为主,认真分析中国社会主义的"一般性和特殊性",到了下半期,就跟随中国时局转为大谈"阶级斗争""文化革命""世界革命"等。(详见表 2)

表 2 　　　　　1960—1969 年日本现代中国学会大会主题

第 10 届	中国建设回顾与展望	1960
第 11 届	日中关系与中国研究	1961
第 12 届	人民公社的诸问题	1962
第 13 届	中国社会主义的一般性与特殊性	1963
第 14 届	日中关系的回顾与展望	1964
第 15 届	中国阶级斗争理论的诸问题	1965
第 16 届	中国现代史的诸问题——从孙中山到鲁迅	1966
第 17 届	"文化大革命"	1967
第 18 届	亚洲中的中国与日本	1968
第 19 届	世界革命与中国	1969

对于"文化大革命"的爆发,日本学界最初相当困惑,但在反省自身不光彩的历史、憧憬新中国的心理支配下,亲华的学者作出了跟随中国步伐的选择,对"文化大革命"大力赞扬,认为是在完成辛亥革命没有做到的事情,是一场社会主义教育运动和反贪腐运动,是用"群众批判的形式撤换社会主义建设中官僚化了的当权派和进行没有完成的城市化的社会主义建设"[①],是人类发展史上伟大的实验。

到了 20 世纪 70 年代,日本现代中国学会年会的主题几乎被革命的词汇所覆盖,"文革""无产阶级专政""继续革命""路线斗争"等成了这一时期中国研究的重点,(详见表 3)并热衷于对这些观点的理解和进一步阐述。

而另一些学者有的从冷静的立场出发,有的从意识形态的立场出发,对"文革"进行了批评。对"文革"的不同态度,造成了日本中国学家之间的大分裂,使很多人陷入困惑之中,不知道如何理解、如何把握、如何跟随中国的步伐。1976 年第 26 届大会的主题"路线斗争与现代化课题"和 1979 年第 29 届大会的主题"现代中国的课题——革命的逻辑与国家的逻辑"就反映了这一点。

---

① 〔日〕小岛丽逸:《中国的城市化与农村建设》,龙溪书房 1978 年版,后记。

表3　　　　　　　　1970—1979年日本现代中国学会大会主题

第20届	毛泽东思想	1970
第21届	中国向现代世界提出了什么？	1971
第22届	中国的科学——技术与人	1972
第23届	"文化大革命"之后的社会主义建设	1973
第24届	中国社会主义与第三世界	1974
第25届	无产阶级专政的历史经验与发展	1975
第25届	路线斗争与现代化课题	1976
第27届	"文化大革命"10周年回顾	1977
第28届	中国社会主义的新阶段——"继续革命"与"现代化"	1978
第29届	现代中国的课题——革命的逻辑与国家的逻辑	1979

从憧憬中国革命的成功，认为中国是个令人羡慕的国家，到步步紧跟中国的步伐，对中国的每一新生事物大加赞扬，认为中国是值得称颂的国家，尔后，"文革"爆发，事态的发展往往出人意料，使日本许多研究中国的学者不知所措，加之海外的中国研究和海外学者的中国观一直受国际风云的干扰，日本的中国学也未逃脱意识形态的窠臼，此阶段的日本学界充满对中国事务备感困惑的气氛。

从憧憬转变为困惑，此阶段日本学界的中国观发生了很大变化。

二、特殊却也正常的转变——改革开放后的中国

日本学者认为，日本学界真正有"社会科学意义"的中国研究，是从20世纪80年代开始的。其原因有：中日恢复邦交关系、缔结了中日友好条约，日本学者放下了沉重的战争包袱，可以较为客观地看待中国事务；中国实施了改革开放政策，研究条件有了极大改善，可以进行较为深入的实证研究。20世纪80年代后的日本现代中国研究成果累累，观点纷呈，既有对中国改革开放政策的肯定和对社会进步与变化的赞扬或建议，也有对中国日趋强大的怀疑甚至批评。研究方法的多样性，研究人员的不同背景，使日本学界的中国观多样化。但无论持何观点，大家都一致认为，中国是一个开放的有巨大变化和迅速发展的国家。在改革开放的前10年，日本学者主要在讨论中国特色社会主义问题，（详见表4）在尔后的这10年中，日本学者探讨的主要是实施改革开放后中国社会出现的种种问题，（详见表5）对社会主义的去向表达了深切的关心。

表4　　　　　　　　1980—1989年日本现代中国学会大会主题

第30届	转变期的中国	1980
第31届	社会主义的民主主义与现代化——什么是中国式社会主义	1981
第32届	中国社会主义的现阶段与改革的课题	1982
第33届	中国社会主义建设的转变与课题——以十二大分析为中心	1983
第34届	中国社会主义——混乱与创造	1984
第35届	中国式社会主义的摸索	1985
第36届	中国社会主义——其历史的局限性	1986
第37届	现代中国社会的民主主义与改革	1987
第38届	社会主义初级阶段论与现代中国	1988
第39届	改革10年——矛盾的结构	1989

表5　　　　　　　　1990—1999年日本现代中国学会大会主题

第40届	中国·亚洲社会主义的现在——传统·现代化·国际关联	1990
第41届	现代中国的中央与地方	1991
第42届	改革开放的新阶段与中国社会主义的去向	1992
第43届	中国社会的历史变动	1993
第44届	现代中国的内部与外部——中华世界形象方面透视	1994
第45届	邓小平的时代——改革开放政策的功罪	1995
第46届	东亚的国际关系与中国的结构变化	1996
第47届	历史中的1997年——香港回归后的中华民族主义	1997
第48届	改革开放的20年——展望21世纪	1998
第49届	建国50年——毛泽东·邓小平时代与21世纪中国	1999

1988年日本庆应大学教授小岛朋之发表了《中国学实况》(《生きた中国学》)一书。他在该著作中提出，观察、分析和研究中国问题不能从单一角度出发，而应采用多种视角，因为中国同世界上的其他国家一样，也是一个普通的国家。1949年中国结束了欧洲列强和日本在经济上、军事上的侵略后，一直致力于国家的独立与富强、统一与建设，这同任何国家的发展史没有区别。但中国又不仅仅是一个普通的国家，因为她是一个拥有超过11亿人口、有数千年文明发展史的发展中国家，现代化是她努力奋斗的目标，而且，这一目标要在社会主义的框架内实现。此外，中国地大物博，历史悠久。悠久的历史会对现代化的进程产生种种影响，中国本身就构成了一个世界。因而，从世界的角度看，中国是个既普通又特殊的国家。只有将这几点结合起来，才能理解现代中国所发生的一切。

小岛的观点实际上也提出了研究中国问题时要站在中国立场上、客观分析中国事物的方法论。过去日本学者追随西方学者喜爱从意识形态出发分析中国事务的做法,认为中国体制有别于西方国家,是个"特殊"的分析对象。小岛强调,中国是个追求富强的普通国家,根据本国情况,是在社会主义框架内追求民族复兴的国家,这样的追求和中国的各种做法,是可以理解的,是正常的。既特殊又正常,称为这一时期日本学界中有代表性的中国观。

进入 21 世纪后,随着中国经济的快速增长,一个日益对世界有影响力的中国渐渐出现在世人面前,此时的日本学者,开始把注意力放在中国与外界的关系和影响方面。2009 年第 59 届现代中国学会的主题"中华人民共和国的 60 年——完成了什么?走向哪里?"反映了日本学者对新中国成立 60 年成就的肯定以及对中国日益走向世界舞台中央的展望。(详见表 6)

表 6　　　　　　　　2000—2009 年日本现代中国学会大会主题

第 50 届	现代中国研究 50 年	2000
第 51 届	21 世纪全球化与国际自我认同——新"中体西用"论	2001
第 52 届	日中关系的新阶段——从摩擦走向共生	2002
第 53 届	世界中的中国——强权体制·经济发展·地域差别·社会不安的前景	2003
第 54 届	东亚地区间的融合与相克的构图——从现代中国研究的观点出发	2004
第 55 届	21 世纪的日中关系与中国的权力结构——政治·经济·文化·社会	2005
第 56 届	"文革"40 年与中国的现在	2006
第 57 届	重新审视毛泽东时代——中华人民共和国 60 年的再确认	2007
第 58 届	对 1978 年时代划分说的再探讨	2008
第 59 届	中华人民共和国的 60 年——完成了什么?走向哪里?	2009

三、强大而不容小觑的中国

根据日本共同社的报道,中国在 2010 年超过日本,成为仅次于美国的世界第二大经济体,这是中国实施改革开放奋斗 30 余年的惊人成就,也是一个令中华民族感到骄傲和自豪之事,距实现中华民族伟大复兴之梦越来越接近的感觉使中国人备受鼓舞。是年,在第 60 届日本现代中国学大会上,"'超级大国'中国的光和影"成了会议主题,这个主题反映了日本学界对世界将出现一个强大的中国的必然性已了然于胸,同时也在担忧强大的中国给世界带来影响。(见表 7)

中国经济发展道路的成功和国际影响力的日益增强在世界已形成共识。对于新中国所选择的发展道路和结果,各国的认识和解读虽然不尽相同,但有很大的一个共同认识是,在中国经济快速发展中,外贸的贡献率占了很大一部分。2006 年,哈佛大学著名经济史学教授尼尔·弗格森和柏林自由大学石里克教授就共同创造出了一个新词

"中美国"（Chimerica），以强调中美经济关系联系的紧密性，称中美已走入共生时代。这一词受到了日本学者的重视，日本学者认为，中国是美国最大的债权国，中美在经济方面是互补的，"高消费的美国经济"，是由"高储蓄的中国经济"支撑着，21世纪"中美利坚"结构中的美国已其实是强弩之末，是用借债方式管理世界。

表7　　　　　　　　2010—2019年日本现代中国学会大会主题

第60届	"超级大国"中国的光和影	2010
第61届	思考辛亥革命以来的百年	2011
第62届	中国社会与传媒、交流	2012
第63届	从环境问题思考日中合作	2013
第64届	思考日中关系	2014
第65届	探究日本的中国研究	2015
第66届	用成本衡量中国的各类现象	2016
第67届	俄罗斯革命百年与中国	2017
第68届	新世纪中国研究的挑战——明治维新150年改革开放40年	2018
第69届	中国的民间	2019

2018年美国挑起中美贸易战，动用国家力量打压中国民间企业华为公司。对此，日本学者指出，这些举动反映了美国试图保住其世界霸主地位，抢夺量子计算机、5G领导权地位的努力，是"衰退的美国"与"兴起的中国"之间的争夺之战，这个争夺之战也许需要二三十年才能看出结果，中国的经济也会遭遇极大的困难。但中国具有"越遭打压，越会坚强"的"体质"，因而这二三十年，完全可以看作是由美国主导的"中美利坚"格局转变为由中国主导的"中美利坚"格局的过渡期。①

即将举办的第69届日本现代中国学会的主题是"中国的民间"，选定这一主题的原因是，日本学者认为，无论从文化史方面看还是从社会发展史方面看，"民间"在中国都有强大的力量，中国民间力量的充分发挥，会使中国变得更加强大。过去，海外的中国研究总是注意中国"体制"的特殊，很少留意这一领域的研究，华为的成功似乎已使美国的统治集团体会到了中国民间的力量，而日本学者将目光集中到这一点，表明日本的现代中国研究和对中国的认识又有了更深入的发展。

经过对中华人民共和国成立70年的观察与研究，日本学者已有了统一认识——中国已是一个打压不住的不容小觑的强大国家。

---

① 〔日〕矢吹晋：《5G量子霸権——米中冷戦の冷戦ゆくえ》，《中国情报ハンドブック》2019特集3，第51页。

俄罗斯和欧亚研究的历史回顾
Historical Review of Russian and Eurasian Studies

孙壮志（Sun Zhuangzhi）

孙壮志，中国社会科学院俄罗斯东欧中亚研究所所长，研究员、博士生导师。2010 年获得国务院批准享受政府特殊津贴，2019 年入选中宣部文化名家暨"四个一批"理论人才工程。兼任中国上海合作组织研究中心执行主任、中国中亚友好协会副会长、中国社科院中俄战略协作高端合作智库副理事长兼秘书长、中国廉政研究中心副理事长、社会变迁研究会副会长、中国上海合作组织睦邻友好合作委员会理事、中联部当代世界研究中心常务理事等。主要研究方向为独联体国家社会政治与国际关系、区域合作、上海合作组织等。

[摘　要] 新中国成立 70 年来，俄罗斯与欧亚研究经历了一个逐步发展的过程，从专门研究机构和专家学者的数量，以及科研成果的产出来看，20 世纪 90 年代是一个重要的转折时期，对不同问题的研究均表现出鲜明的阶段性特征。对苏联问题的研究曾有过一个黄金时期，高质量成果成倍推出，有影响的专家学者不断涌现，但苏联的解体和十余个欧亚国家的独立，使刚刚走向成熟的研究工作不得不进行调整，包括从专业基础研究向国别研究转变。进入新世纪，俄罗斯和欧亚问题研究进入第二个黄金时期，除基础理论研究以外，应用对策研究也得到一定程度的加强。2013 年 9 月，习近平主席在哈萨克斯坦提出建设"丝绸之路经济带"的重要倡议，俄罗斯、中亚、乌克兰、白俄罗斯、南高加索等国的研究迎来新的契机，俄罗斯和欧亚学科进入一个百花齐放的新时期。

新中国成立 70 年来，俄罗斯与欧亚研究经历了一个逐步发展的过程，从专门研究机构和专家学者的数量，以及科研成果的产出来看，20 世纪 90 年代是一个重要的转折时期，对不同问题的研究均表现出鲜明的阶段性特征。

一、对苏联问题的研究

新中国成立后，外交上实行"一边倒"方针，使中国和苏联的关系迅速接近，大量中国学生到苏联学习、深造，不少有留学经历或者国内高校培养的优秀俄语人才成为第一批研究苏联问题的专家。从介绍苏联社会主义建设的成就到翻译有代表性的著作，国内出现了专门研究苏联问题的机构和学者。如20世纪50年代出版了《中苏友谊史》《中苏外交史》等著作，1965年成立了苏联东欧研究所，开始归属中联部领导，1981年改属中国社会科学院，培养了一批研究苏联问题的专家。

随着中苏关系恶化，政治关系和意识形态的尖锐对立，给苏联问题研究带来重大影响，对苏联政治路线的批判和对沙俄侵华历史的揭露，使学术问题带有浓重的政治色彩。直到20世纪80年代中苏关系开始松动，中国走向改革开放，对苏联问题的研究才走向正常，并很快进入一个黄金时期。不仅高质量成果成倍推出，有影响的专家学者不断涌现，对苏联政治、经济、外交的研究，包括一些理论思考，都达到前所未有的高度，各种各样的学术观点争奇斗艳，形成了一批苏联问题研究的代表作，在国际上也受到同行的赞誉。中国社会科学院苏联东欧所、世界历史所、北京大学、陕西师范大学、南开大学、外交学院、华东师大等单位的专家出版和发表了一批有影响的专著、论文，比如孙成木等著：《十月革命史》，张义德主编：《苏联现代史（1917—1945）》，柳植：《苏联社会主义道路研究》，林军：《中苏关系（1689—1989）》，陈之骅主编：《苏联史纲（1917—1937）》（上、下），周尚文、叶书宗、王斯德著：《新编苏联史（1917—1985）》，刘克明、金挥主编：《苏联政治经济体制七十年》，金挥、陆南泉、张康琴主编：《苏联经济概论》等。苏联国内历史研究被"解禁"，大量新的材料甚至档案资料也呈现出来，国内对苏联不同历史阶段、重要历史问题的研究成果集中问世，对特定时期内政外交的评价还出现了论争，促进了研究的深入。当时关于苏联经济改革的论文也是堪称一时之盛，不少观点对中国当时的经济改革有一定的参考和借鉴意义。苏联问题研究当时成为国际政治、世界经济和世界历史领域非常活跃的"显学"，吸引了不少年轻的人才。

二、当代俄罗斯和欧亚研究的起步

苏联的解体和10余个欧亚国家的独立，使刚刚走向成熟的研究工作又要进行调整，包括从专业基础研究向国别应用研究转变。一方面长期研究苏联问题的专家对苏联解体的深层原因进行系统分析，如江流、徐葵、单天伦主编：《苏联剧变研究》，陆南泉、姜长斌主编：《苏联剧变深层次原因研究》，陈之骅、吴恩远、马龙闪主编：《苏联兴亡史纲》，邢广程：《苏联高层决策70年》等；另一方面开始对地区形势的发展变化进行跟踪研究,对以全新面貌走上国际舞台的俄罗斯联邦和新独立的欧亚国家开始关注,一些有分量的成果逐渐问世,奠定了对当代俄罗斯和欧亚问题研究的基础。在欧亚国家当中,与中国邻近的中亚国家、地缘战略地位相对重要的乌克兰、爆发族际和国家冲突的南高加索国家受到较多关注,出现了很多研究这些新独立国家的专著和论文,年轻的专家队伍也稳步成长。

在这个欧亚大陆的重要区域,最重要的研究对象还是苏联的继承国俄罗斯,尽管面对的问题更为复杂多样,观察的视角经常变化,但系统的研究并没有中断,一些研究机构及时改变学科设置,加上出国交流的机会越来越多,新一代的专家大都有在对象国做访问学者的经历,专业理论的积淀也比较扎实。整个20世纪90年代无论是对作为历史问题的苏联从兴盛到解体的反思、还是对新俄罗斯、新独立欧亚国家的全面研究,都达到了一个全新的高度,包括根据地区出现的新情况、新变化,对学科布局作了相应的调整,为后续系统研究奠定了良好的基础。

由于受到国内环境和科研投入不足的影响,90年代出现了人才流失等问题,俄罗斯和欧亚问题的研究受到一些影响,一度在个别领域出现青黄不接的问题,在一些基础不错的高校表现得更为明显。但随着双边关系的快速提升和上海合作组织的成立,形势对俄罗斯、中亚的研究提出更为紧迫的要求,除基础研究以外,应用研究也得到一定程度的加强。对俄罗斯东欧中亚的研究明显地表现出转折的特征,开始逐步走向新的发展。

三、21世纪初年的欧亚研究进入繁荣阶段

进入21世纪,随着地区形势发生的新变化,特别是中国与俄罗斯、欧亚国家双边关系的快速发展,对这个地区从学术上加强研究,成为国际问题研究机构普遍的共识,除了中国社会科学院、中国国际问题研究所(院)、中国现代国际关系研究所(院)、上海国际问题研究所(院)等专业机构以外,一些高校也开始重视俄罗斯问题研究,加大人才引进和培养力度。中国社会科学院的俄罗斯、中亚、乌克兰等学科也得到专门的扶持,"颜色革命""三股势力"等问题的发生让该领域研究重新受到重视,俄罗斯和欧亚问题研究进入第二个黄金时期。中国社会科学院等研究机构实施创新工程以后,对科研的投入大幅增加,与对象国学术机构的交流非常频繁、顺畅。互联网和现代技术手段的应用,让学者获得信息的渠道更为便捷。

这个阶段围绕俄罗斯、欧亚国家十年发展,出版和发表了一系列具有广泛影响力的学术成果,如李静杰总主编、中国社会科学院俄罗斯东欧中亚所推出的多卷本

《十年巨变》以及《叶利钦时代的俄罗斯》《中亚五国概论》《中国与中亚》《俄罗斯十年》《中亚新格局与地区安全》等，华东师大冯绍雷等主编的《俄罗斯转型时代丛书》等。无论是专著还是论文，其研究的深度，包括学术的规范性都达到了一个全新的水平，北京各机构和高校对俄罗斯、中亚的研究，上海有关机构和高校对俄罗斯的研究，兰州和乌鲁木齐的高校、研究机构对中亚的研究，辽宁对俄罗斯经济转型的研究等，不仅有知名的学术带头人，而且形成比较强的研究团队和自己的研究专长。

欧亚地区的多边合作和一些新成立的国际组织，特别是2001年成立的上海合作组织，同样成为新的研究热点，对独联体及其框架内俄罗斯主导的次区域合作，很多学者进行了较全面的评述，其中有代表性的如《独联体十年：现状、问题和前景》《上海合作组织研究》等，特点是都属于集体研究的成果，带有综合性、总结性，体现了较长时间跟踪研究的权威性。

四、"一带一路"建设对欧亚研究提出新要求

2013年9月，习近平主席在哈萨克斯坦提出建设"丝绸之路经济带"的重要倡议，中亚也因此成为"一带一路"的首倡之地，而与俄罗斯主导的欧亚经济联盟对接又成为新的尝试。俄罗斯、中亚、乌克兰、白俄罗斯、南高加索等国的研究迎来新的契机，各高校纷纷成立相关的国别研究中心，中国社会科学院也在俄罗斯、乌克兰、白俄罗斯、亚美尼亚等国成立中国研究中心。国别研究达到了前所未有的新高度，关于俄罗斯、哈萨克斯坦、乌克兰等重点国家的成果很有代表性，关于普京执政、中俄关系、中国和欧亚国家关系的评述性著作、论文占了相当大比例，对很多问题的思考颇有见地，如《中国的中亚外交》《从叶利钦到普京：俄罗斯宪政之路》《俄罗斯发展前景与中俄关系走向》《普京新时期的俄罗斯（2011—2015）：政治稳定与国家治理》等。中国社科院俄罗斯东欧中亚所的《俄罗斯发展报告》《中亚发展报告》等黄皮书也有一定的学术影响力。

"一带一路"倡议在欧亚地区面临巨大的机遇，同时也面临很多风险和挑战，对相关问题的评价需要基础理论研究和应用对策研究相结合，既重视研究的专业视角，也重视区域国别的特殊情况。这个时期的研究也体现出了战略性、前瞻性与应用性、可操作性兼具的特点，为中国与俄罗斯、欧亚国家务实合作的深化以及相关部门的决策提供直接的智力支持。学者们既研究"一带一路"建设在欧亚地区推进的路径、方式，特别是"一带一路"和欧亚经济联盟的对接，也关注地区国家对"一带一路"的态度，对可能遇到的困难和风险作出实事求是的分析。

由于欧亚地区的地缘政治日趋复杂，大国博弈不断升级，多边合作此起彼落，很多学术成果也从宏观的、历史的、专业的角度对这些问题作了深入的研究，如《中美俄在中亚：竞争与合作》《独联体国家颜色革命研究》《中亚地缘政治沿革：历史、现状与未来》等，都得到学界比较高的评价。可以说，"一带一路"背景下对俄罗斯和欧亚问题的研究，进入一个高水准的、百花齐放的新时期。